互联网金融知识丛书

商业银行互联网金融业务法律法规汇编

中国互联网金融协会 编

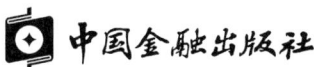

责任编辑:曹亚豪
责任校对:刘 明
责任印制:丁淮宾

图书在版编目(CIP)数据

商业银行互联网金融业务法律法规汇编/中国互联网金融协会编.—北京:中国金融出版社,2019.4
ISBN 978-7-5049-9926-9

Ⅰ.①商… Ⅱ.①中… Ⅲ.①互联网络—应用—商业银行—银行业务—法规—汇编—中国 Ⅳ.①D922.281.9

中国版本图书馆CIP数据核字(2018)第303537号

商业银行互联网金融业务法律法规汇编
Shangye Yinhang Hulianwang Jinrong Yewu Falü Fagui Huibian

出版
发行   中国金融出版社

社址　北京市丰台区益泽路2号
市场开发部　(010)63266347,63805472,63439533(传真)
网上书店　http://www.chinafph.com
　　　　　(010)63286832,63365686(传真)
读者服务部　(010)66070833,62568380
邮编　100071
经销　新华书店
印刷　保利达印务有限公司
尺寸　185毫米×260毫米
印张　41
字数　898千
版次　2019年4月第1版
印次　2019年4月第1次印刷
定价　116.00元
ISBN 978-7-5049-9926-9
如出现印装错误本社负责调换　联系电话(010)63263947

《商业银行互联网金融业务法律法规汇编》编委会

主 任 委 员：李东荣
副主任委员：初本德 陆书春 杨 农 朱 勇 吕罗文
　　　　　　许其捷 李 倩 易 琮
委　　　员：(以姓氏拼音为序)
　　　　　　陈则栋 季海楠 李 健 鲁 政 沈一飞
　　　　　　万俊杰 王新华 肖 翔 辛 路 杨 彬
　　　　　　张黎娜 周国林
编 写 组：中国互联网金融协会
　　　　　　(以下以名称拼音为序)
　　　　　　包商银行股份有限公司
　　　　　　民生银行股份有限公司
　　　　　　浙江网商银行股份有限公司
　　　　　　中信百信银行股份有限公司
编写组成员：(以姓氏拼音为序)
　　　　　　班林芳 陈琳琳 陈则栋 成 颖 褚晋蓉
　　　　　　付大源 管正刚 金晓烨 居未伟 李 贺
　　　　　　李 鹏 李宏伟 刘 辉 刘 鑫 刘学波
　　　　　　戚培坚 商可为 苏 莉 王 娟 王 琳
　　　　　　杨 彬 张 嵩 周 梦 周子剑
校 对 组：(以名称拼音为序)
　　　　　　江苏银行股份有限公司
　　　　　　廊坊银行股份有限公司
　　　　　　平安银行股份有限公司
校对组成员：(以姓氏拼音为序) 陈传萍 褚天舒 李晓彪

编者按

近年来，随着互联网技术不断发展及居民互联网消费需求不断增加，我国互联网金融行业快速发展，在促进普惠金融发展、提升金融服务质量和效率、满足多元化投融资需求等方面发挥了积极作用，展现出广阔的市场空间和发展潜力。与此同时，互联网金融行业也陆续暴露出一些问题和风险隐患，对金融监管也带来了新的挑战。

党中央、国务院高度重视互联网金融的发展和风险防范。2015年7月，中国人民银行等十部委联合印发《关于促进互联网金融健康发展的指导意见》。2016年10月，国务院办公厅发布《互联网金融风险专项整治工作实施方案》，要求以"打击非法，保护合法；积极稳妥，有序化解；明确分工，强化协作；远近结合，边整边改"为原则，规范各类互联网金融业态，优化市场竞争环境，有序化解系统性风险，促进行业良性健康发展。

中国互联网金融协会紧紧围绕"服务监管、服务行业、服务社会"的职能定位，在积极配合和深度参与互联网金融风险专项整治工作中，认真梳理了商业银行开展互联网金融业务的相关监管文件，形成了本汇编。由于涉及商业银行监管的文件较多，受篇幅所限，本汇编仅收录商业银行开展互联网金融业务应遵守的相关法律、法规、政策等文件。

本汇编得到包商银行股份有限公司、民生银行股份有限公司、平安银行股份有限公司、网商银行股份有限公司、中信百信银行股份有限公司、廊坊银行股份有限公司、江苏银行股份有限公司的大力支持，在此一并致谢。另外，因编者水平有限，难免有疏漏和不足之处，敬请读者批评指正。

目　录

第一部分　基础篇

【账户管理】

支付结算办法 …………………………………………………………………… 3
人民币银行结算账户管理办法 ………………………………………………… 37
中国人民银行关于印发《人民币银行结算账户管理办法实施细则》的通知 …… 49
中国人民银行办公厅关于严格执行人民币银行结算账户管理制度有关事项
　的通知 ………………………………………………………………………… 57
中国人民银行关于规范人民币银行结算账户管理有关问题的通知 ………… 60
中国人民银行办公厅关于印发《人民币银行结算账户管理系统业务处理办法》
　的通知 ………………………………………………………………………… 67
中国人民银行关于进一步加强人民币银行结算账户开立、转账、现金支取
　业务管理的通知 ……………………………………………………………… 87
中国人民银行关于加强银行卡业务管理的通知 ……………………………… 91
中国人民银行关于加强银行业金融机构人民币同业银行结算账户管理的通知 …… 95
中国人民银行关于改进个人银行账户服务加强账户管理的通知 …………… 100
中国人民银行关于落实个人银行账户分类管理制度的通知 ………………… 105
中国人民银行关于优化企业开户服务的指导意见 …………………………… 108
中国人民银行关于改进个人银行账户分类管理有关事项的通知 …………… 111

【业务管理】

(一) 存款业务 …………………………………………………………………… 114
　个人存款账户实名制规定 …………………………………………………… 114
　储蓄管理条例 ………………………………………………………………… 116
　存款保险条例 ………………………………………………………………… 120

中国人民银行关于存款保险制度实施有关事项的通知 …………… 124

（二）贷款业务 ………… 131

贷款通则 ……………………………………………………… 131

固定资产贷款管理暂行办法 ………………………………… 142

流动资金贷款管理暂行办法 ………………………………… 147

个人贷款管理暂行办法 ……………………………………… 154

中国银监会关于印发《项目融资业务指引》的通知 ………… 159

中国银行业监督管理委员会办公厅关于加强信贷管理严禁违规放贷的通知 …… 162

中国人民银行关于印发《商业银行授权、授信管理暂行办法》的通知 …… 164

商业银行集团客户授信业务风险管理指引 ………………… 170

中国银行业监督管理委员会关于印发《商业银行授信工作尽职指引》的通知 …… 174

中国银监会关于印发《贷款风险分类指引》的通知 ………… 186

商业银行贷款损失准备管理办法 …………………………… 190

中国银保监会办公厅关于进一步做好信贷工作提升服务实体经济质效的通知 …… 193

中国银监会关于印发商业银行委托贷款管理办法的通知 ……… 195

中国银行保险监督管理委员会关于印发银行业金融机构联合授信管理办法
（试行）的通知 …………………………………………… 199

（三）理财业务 ………… 206

商业银行个人理财业务管理暂行办法 ………………………… 206

中国银行业监督管理委员会办公厅关于商业银行开展个人理财业务风险提示
的通知 ……………………………………………………… 214

中国银监会办公厅关于进一步规范商业银行个人理财业务有关问题的通知 …… 216

中国银监会关于进一步规范商业银行个人理财业务投资管理有关问题的通知 …… 219

中国银监会办公厅关于进一步规范商业银行个人理财业务报告管理有关问题
的通知 ……………………………………………………… 222

商业银行理财产品销售管理办法 …………………………… 224

中国银监会关于进一步加强商业银行理财业务风险管理有关问题的通知 …… 236

关于进一步规范银行理财产品穿透登记工作的通知 ………… 238

商业银行理财业务监督管理办法 …………………………… 240

商业银行理财子公司管理办法 ……………………………… 256

（四）代销业务 ………… 267

中国银监会关于规范商业银行代理销售业务的通知 …………………… 267
中国银监会关于进一步加强商业银行代理保险业务合规销售与风险管理
　的通知 …………………………………………………………………… 272
中国保险监督管理委员会关于印发《商业银行代理保险业务监管指引》
　的通知 …………………………………………………………………… 276
中国保监会　中国银监会关于进一步规范商业银行代理保险业务销售行为
　的通知 …………………………………………………………………… 283

(五) 同业业务 ………………………………………………………………… 287
中国银行业监督管理委员会办公厅关于规范同业代付业务管理的通知 …… 287
关于规范金融机构同业业务的通知 ………………………………………… 289
中国银监会办公厅关于规范商业银行同业业务治理的通知 ……………… 293

(六) 外汇业务 ………………………………………………………………… 295
中华人民共和国外汇管理条例 ……………………………………………… 295
国家外汇管理局关于印发《银行办理结售汇业务管理办法实施细则》的通知 … 301

第二部分　创新篇

【监督指导】

中国银行业监督管理委员会关于印发《商业银行金融创新指引》的通知 ……… 315
中国人民银行　工业和信息化部　公安部　财政部　工商总局　法制办银监会
　证监会　保监会　国家互联网信息办公室关于促进互联网金融健康发展的
　指导意见 ………………………………………………………………… 320
中国银监会关于印发银行业金融机构全面风险管理指引的通知 ……………… 325
中国人民银行　银监会关于加大对新消费领域金融支持的指导意见 ………… 333
中国银监会关于提升银行业服务实体经济质效的指导意见 …………………… 336
中国银监会关于银行业风险防控工作的指导意见 ……………………………… 341
中国银监会关于切实弥补监管短板提升监管效能的通知 ……………………… 346
中国证监会关于开展创新创业公司债券试点的指导意见 ……………………… 349
中国银监会办公厅关于2018年推动银行业小微企业金融服务高质量发展
　的通知 …………………………………………………………………… 352
关于进一步支持商业银行资本工具创新的意见 ………………………………… 357

互联网金融从业机构反洗钱和反恐怖融资管理办法（试行） …… 358

【专项治理】

国务院办公厅关于印发互联网金融风险专项整治工作实施方案的通知 …… 363

中国人民银行关于加强支付结算管理防范电信网络新型违法犯罪有关事项
的通知 …… 370

中国人民银行　中央宣传部　中央网信办　中央维稳办　发展改革委
工业和信息化部　公安部　财政部　住房城乡建设部　工商总局
国务院法制办　银监会　证监会　保监会　国家信访局　最高人民法院
最高人民检察院关于进一步做好互联网金融风险专项整治清理整顿工作
的通知 …… 375

关于对互联网平台与各类交易场所合作从事违法违规业务开展清理整顿
的通知 …… 380

中国银监会关于整治银行业金融机构不规范经营的通知 …… 382

中国银监会关于集中开展银行业市场乱象整治工作的通知 …… 384

中国银监会关于进一步深化整治银行业市场乱象的通知 …… 390

中国银监会办公厅关于开展银行业"违法、违规、违章"行为专项治理工作
的通知 …… 400

中国银监会办公厅关于开展银行业"监管套利、空转套利、关联套利"专项
治理的通知 …… 411

中国银监会办公厅关于开展银行业"不当创新、不当交易、不当激励、不当
收费"专项治理工作的通知 …… 420

（一）网络借贷 …… 428

关于开展"现金贷"业务活动清理整顿工作的通知 …… 428

中国银监会　教育部　人力资源社会保障部关于进一步加强校园贷规范管理
工作的通知 …… 430

关于规范整顿"现金贷"业务的通知 …… 433

关于做好P2P网络借贷风险专项整治整改验收工作的通知 …… 437

中国银行保险监督管理委员会　中华人民共和国公安部　国家市场监督管理总局
中国人民银行关于规范民间借贷行为　维护经济金融秩序有关事项的通知 …… 442

网络借贷信息中介机构业务活动管理暂行办法 …… 444

中国银监会办公厅、工业和信息化部办公厅、工商总局办公厅关于印发网络

借贷信息中介机构备案登记管理指引的通知 ……………………… 453
中国银监会办公厅关于印发网络借贷资金存管业务指引的通知 ……… 457
中国银监会办公厅关于印发网络借贷信息中介机构业务活动信息披露指引
　　的通知 ……………………………………………………………………… 462
最高人民法院关于审理民间借贷案件适用法律若干问题的规定 ……… 471
关于印发《P2P网络借贷风险专项整治工作实施方案》的通知 ……… 476
关于开展网络借贷资金存管测评工作的通知 …………………………… 481

(二) 互联网支付 ……………………………………………………………… 483
中国人民银行办公厅关于进一步加强无证经营支付业务整治工作的通知 … 483
最高人民法院　中国人民银行关于依法规范人民法院执行和金融机构协助
　　执行的通知 ………………………………………………………………… 490
电子支付指引 (第一号) …………………………………………………… 492
中国银监会、中国人民银行关于加强商业银行与第三方支付机构合作业务
　　管理的通知 ………………………………………………………………… 498
中国银行业监督管理委员会关于印发《电子银行安全评估指引》的通知 … 500
中国人民银行关于规范支付创新业务的通知 …………………………… 507
中国人民银行关于印发《条码支付业务规范 (试行)》的通知 ……… 510
非金融机构支付服务管理办法 …………………………………………… 518
非金融机构支付服务管理办法实施细则 ………………………………… 526
非银行支付机构网络支付业务管理办法 ………………………………… 532

(三) 资产管理 ……………………………………………………………… 540
中国人民银行　中央宣传部　中央维稳办　国家发展改革委　工业和信息化部
　　公安部　财政部　住房城乡建设部　工商总局　国务院法制办　银监会
　　证监会　保监会　国家网信办　国家信访局　最高人民法院　最高人民检察院
　　关于印发《通过互联网开展资产管理及跨界从事金融业务风险专项整治工作实
　　施方案》的通知 ………………………………………………………… 540
关于加大通过互联网开展资产管理业务整治力度及开展验收工作的通知 …… 544
国务院办公厅关于清理整顿各类交易场所的实施意见 ………………… 547
金融资产管理公司条例 …………………………………………………… 551
财政部关于印发金融资产管理公司有关业务风险管理办法的通知 …… 555
财政部　银监会关于印发《金融企业不良资产批量转让管理办法》的通知 …… 562

中国银监会关于进一步规范银行业金融机构信贷资产转让业务的通知 …… 568
中国银监会办公厅关于规范银行业金融机构信贷资产收益权转让业务的通知 … 570
基金管理公司特定客户资产管理子公司风险控制指标管理暂行规定 …… 572
中国保监会关于清理规范保险资产管理公司通道类业务有关事项的通知 …… 577
中国银监会关于印发金融资产管理公司资本管理办法（试行）的通知 …… 579
金融资产投资公司管理办法（试行） …… 614
中国人民银行 中国银行保险监督管理委员会 中国证券监督管理委员会
　国家外汇管理局关于规范金融机构资产管理业务的指导意见 …… 625

（四）互联网金融广告 …… 635
工商总局等十七部门关于印发《开展互联网金融广告及以投资理财名义从事
　金融活动风险专项整治工作实施方案》的通知 …… 635
互联网广告管理暂行办法 …… 639

第一部分

基础篇

文献一览

附录表

【账户管理】

支付结算办法

(银发〔1997〕393号)

中国人民银行各省、自治区、直辖市分行,深圳经济特区分行;各政策性银行,国有商业银行,交通银行,中信实业银行,中国光大银行,华夏银行,中国民生银行:

为了贯彻实施《中华人民共和国票据法》和国务院批准的《票据管理实施办法》,维护支付结算秩序,促进社会主义市场经济的发展,现将《支付结算办法》印发你们执行,并通知如下:

一、《支付结算办法》自1997年12月1日起施行,同时废止1988年12月19日印发的《银行结算办法》。

二、自1997年12月1日起取消国有商业银行签发50万元大额银行汇票通过人民银行清算资金的规定;各商业银行跨系统汇划款项和系统内50万元(含)以上大额汇划款项仍通过人民银行清算资金和转汇。

三、华东三省一市银行汇票结算办法及其会计核算手续将另文下发,新办法下发之前,仍按现行办法执行。

四、各家银行要加强领导,做好宣传、培训和组织执行等各项准备工作,确保《支付结算办法》的顺利实行。

对《支付结算办法》施行中的情况和问题,请及时报告中国人民银行总行。

中国人民银行
一九九七年九月十九日

第一章 总 则

第一条 为了规范支付结算行为,保障支付结算活动中当事人的合法权益,加速资金周转和商品流通,促进社会主义市场经济的发展,依据《中华人民共和国票据法》(以下简称《票据法》)和《票据管理实施办法》以及有关法律、行政法规,制定本办法。

第二条 中华人民共和国境内人民币的支付结算适用本办法,但中国人民银行另有规定的除外。

第三条 本办法所称支付结算是指单位、个人在社会经济活动中使用票据、信用卡和汇兑、托收承付、委托收款等结算方式进行货币给付及其资金清算的行为。

第四条 支付结算工作的任务，是根据经济往来组织支付结算，准确、及时、安全办理支付结算，按照有关法律、行政法规和本办法的规定管理支付结算，保障支付结算活动的正常进行。

第五条 银行、城市信用合作社、农村信用合作社（以下简称银行）以及单位和个人（含个体工商户），办理支付结算必须遵守国家的法律、行政法规和本办法的各项规定，不得损害社会公共利益。

第六条 银行是支付结算和资金清算的中介机构。未经中国人民银行批准的非银行金融机构和其他单位不得作为中介机构经营支付结算业务。但法律、行政法规另有规定的除外。

第七条 单位、个人和银行应当按照《银行账户管理办法》的规定开立、使用账户。

第八条 在银行开立存款账户的单位和个人办理支付结算，账户内须有足够的资金保证支付，本办法另有规定的除外。没有开立存款账户的个人向银行交付款项后，也可以通过银行办理支付结算。

第九条 票据和结算凭证是办理支付结算的工具。单位、个人和银行办理支付结算，必须使用按中国人民银行统一规定印制的票据凭证和统一规定的结算凭证。

未使用按中国人民银行统一规定印制的票据，票据无效；未使用中国人民银行统一规定格式的结算凭证，银行不予受理。

第十条 单位、个人和银行签发票据、填写结算凭证，应按照本办法和附一《正确填写票据和结算凭证的基本规定》记载，单位和银行的名称应当记载全称或者规范化简称。

第十一条 票据和结算凭证上的签章，为签名、盖章或者签名加盖章。

单位、银行在票据上的签章和单位在结算凭证上的签章，为该单位、银行的盖章加其法定代表人或其授权的代理人的签名或盖章。

个人在票据和结算凭证上的签章，应为该个人本名的签名或盖章。

第十二条 票据和结算凭证的金额、出票或签发日期、收款人名称不得更改，更改的票据无效；更改的结算凭证，银行不予受理。

对票据和结算凭证上的其他记载事项，原记载人可以更改，更改时应当由原记载人在更改处签章证明。

第十三条 票据和结算凭证金额以中文大写和阿拉伯数码同时记载，二者必须一致，二者不一致的票据无效；二者不一致的结算凭证，银行不予受理。

少数民族地区和外国驻华使领馆根据实际需要，金额大写可以使用少数民族文字或者外国文字记载。

第十四条 票据和结算凭证上的签章和其他记载事项应当真实，不得伪造、变造。

票据上有伪造、变造的签章的，不影响票据上其他当事人真实签章的效力。

本条所称的伪造是指无权限人假冒他人或虚构人名义签章的行为。签章的变造属于伪造。

本条所称的变造是指无权更改票据内容的人，对票据上签章以外的记载事项加以改变的行为。

第十五条 办理支付结算需要交验的个人有效身份证件是指居民身份证、军官证、警官证、文职干部证、士兵证、户口簿、护照、港澳台同胞回乡证等符合法律、行政法规以及国家有关规定的身份证件。

第十六条 单位、个人和银行办理支付结算必须遵守下列原则：

一、恪守信用，履约付款；

二、谁的钱进谁的账，由谁支配；

三、银行不垫款。

第十七条 银行以善意且符合规定和正常操作程序审查，对伪造、变造的票据和结算凭证上的签章以及需要交验的个人有效身份证件，未发现异常而支付金额的，对出票人或付款人不再承担受委托付款的责任，对持票人或收款人不再承担付款的责任。

第十八条 依法背书转让的票据，任何单位和个人不得冻结票据款项。但是法律另有规定的除外。

第十九条 银行依法为单位、个人在银行开立的基本存款账户、一般存款账户、专用存款账户和临时存款账户的存款保密，维护其资金的自主支配权。对单位、个人在银行开立上述存款账户的存款，除国家法律、行政法规另有规定外，银行不得为任何单位或者个人查询；除国家法律另有规定外，银行不代任何单位或者个人冻结、扣款，不得停止单位、个人存款的正常支付。

第二十条 支付结算实行集中统一和分级管理相结合的管理体制。

中国人民银行总行负责制定统一的支付结算制度，组织、协调、管理、监督全国的支付结算工作，调解、处理银行之间的支付结算纠纷。

中国人民银行省、自治区、直辖市分行根据统一的支付结算制度制定实施细则，报总行备案；根据需要可以制定单项支付结算办法，报经中国人民银行总行批准后执行。中国人民银行分、支行负责组织、协调、管理、监督本辖区的支付结算工作，调解、处理本辖区银行之间的支付结算纠纷。

政策性银行、商业银行总行可以根据统一的支付结算制度，结合本行情况，制定具体管理实施办法，报经中国人民银行总行批准后执行。政策性银行、商业银行负责组织、管理、协调本行内的支付结算工作，调解、处理本行内分支机构之间的支付结算纠纷。

第二章 票 据

第一节 基本规定

第二十一条 本办法所称票据，是指银行汇票、商业汇票、银行本票和支票。

第二十二条 票据的签发、取得和转让，必须具有真实的交易关系和债权债务关系。

票据的取得，必须给付对价。但因税收、继承、赠与可以依法无偿取得票据的，不受给付对价的限制。

第二十三条 银行汇票的出票人在票据上的签章，应为经中国人民银行批准使用的该银行汇票专用章加其法定代表人或其授权经办人的签名或者盖章。银行承兑商业汇票、办理商业汇票转贴现、再贴现时的签章，应为经中国人民银行批准使用的该银行汇票专用章加其法定代表人或其授权经办人的签名或者盖章。银行本票的出票人在票据上的签章，应为经中国人民银行批准使用的该银行本票专用章加其法定代表人或其授权经办人的签名或者盖章。

单位在票据上的签章，应为该单位的财务专用章或者公章加其法定代表人或其授权的代理人的签名或者盖章。个人在票据上的签章，应为该个人的签名或者盖章。

支票的出票人和商业承兑汇票的承兑人在票据上的签章，应为其预留银行的签章。

第二十四条 出票人在票据上的签章不符合《票据法》《票据管理实施办法》和本办法规定的，票据无效；承兑人、保证人在票据上的签章不符合《票据法》《票据管理实施办法》和本办法规定的，其签章无效，但不影响其他符合规定签章的效力；背书人在票据上的签章不符合《票据法》《票据管理实施办法》和本办法规定的，其签章无效，但不影响其前手符合规定签章的效力。

第二十五条 出票人在票据上的记载事项必须符合《票据法》《票据管理实施办法》和本办法的规定。票据上可以记载《票据法》和本办法规定事项以外的其他出票事项，但是该记载事项不具有票据上的效力，银行不负审查责任。

第二十六条 区域性银行汇票仅限于出票人向本区域内的收款人出票，银行本票和支票仅限于出票人向其票据交换区域内的收款人出票。

第二十七条 票据可以背书转让，但填明"现金"字样的银行汇票、银行本票和用于支取现金的支票不得背书转让。

区域性银行汇票仅限于在本区域内背书转让。银行本票、支票仅限于在其票据交换区域内背书转让。

第二十八条 区域性银行汇票和银行本票、支票出票人向规定区域以外的收款人出票的，背书人向规定区域以外的被背书人转让票据的，区域外的银行不予受理，但出票人、背书人仍应承担票据责任。

第二十九条 票据背书转让时，由背书人在票据背面签章、记载被背书人名称和背书日期。背书未记载日期的，视为在票据到期日前背书。

持票人委托银行收款或以票据质押的，除按上款规定记载背书外，还应在背书人栏记载"委托收款"或"质押"字样。

第三十条 票据出票人在票据正面记载"不得转让"字样的，票据不得转让；其直接后手再背书转让的，出票人对其直接后手的被背书人不承担保证责任，对被背书人提示付款或委托收款的票据，银行不予受理。

票据背书人在票据背面背书人栏记载"不得转让"字样的，其后手再背书转让的，记载"不得转让"字样的背书人对其后手的被背书人不承担保证责任。

第三十一条 票据被拒绝承兑、拒绝付款或者超过付款提示期限的，不得背书转让。背书转让的，背书人应当承担票据责任。

第三十二条 背书不得附有条件。背书附有条件的，所附条件不具有票据上的效力。

第三十三条 以背书转让的票据，背书应当连续。持票人以背书的连续，证明其票据权利。非经背书转让，而以其他合法方式取得票据的，依法举证，证明其票据权利。

背书连续，是指票据第一次背书转让的背书人是票据上记载的收款人，前次背书转让的被背书人是后一次背书转让的背书人，依次前后衔接，最后一次背书转让的被背书人是票据的最后持票人。

第三十四条 票据的背书人应当在票据背面的背书栏依次背书。背书栏不敷背书的，可以使用统一格式的粘单，粘附于票据凭证上规定的粘接处。粘单上的第一记载人，应当在票据和粘单的粘接处签章。

第三十五条 银行汇票、商业汇票和银行本票的债务可以依法由保证人承担保证责任。

保证人必须按照《票据法》的规定在票据上记载保证事项。保证人为出票人、承兑人保证的，应将保证事项记载在票据的正面；保证人为背书人保证的，应将保证事项记载在票据的背面或粘单上。

第三十六条 商业汇票的持票人超过规定期限提示付款的，丧失对其前手的追索权，持票人在作出说明后，仍可以向承兑人请求付款。

银行汇票、银行本票的持票人超过规定期限提示付款的，丧失对出票人以外的前手的追索权，持票人在作出说明后，仍可以向出票人请求付款。

支票的持票人超过规定的期限提示付款的，丧失对出票人以外的前手的追索权。

第三十七条 通过委托收款银行或者通过票据交换系统向付款人或代理付款人提示付款的，视同持票人提示付款；其提示付款日期以持票人向开户银行提交票据日为准。

付款人或代理付款人应于见票当日足额付款。

本条所称"代理付款人"是指根据付款人的委托，代理其支付票据金额的银行。

第三十八条 票据债务人对下列情况的持票人可以拒绝付款：

（一）对不履行约定义务的与自己有直接债权债务关系的持票人；

（二）以欺诈、偷盗或者胁迫等手段取得票据的持票人；

（三）对明知有欺诈、偷盗或者胁迫等情形，出于恶意取得票据的持票人；

（四）明知债务人与出票人或者持票人的前手之间存在抗辩事由而取得票据的持票人；

（五）因重大过失取得不符合《票据法》规定的票据的持票人；

（六）对取得背书不连续票据的持票人；
（七）符合《票据法》规定的其他抗辩事由。

第三十九条 票据债务人对下列情况不得拒绝付款：
（一）与出票人之间有抗辩事由；
（二）与持票人的前手之间有抗辩事由。

第四十条 票据到期被拒绝付款或者在到期前被拒绝承兑，承兑人或付款人死亡、逃匿的，承兑人或付款人被依法宣告破产的或者因违法被责令终止业务活动的，持票人可以对背书人、出票人以及票据的其他债务人行使追索权。

持票人行使追索权，应当提供被拒绝承兑或者被拒绝付款的拒绝证明或者退票理由书以及其他有关证明。

第四十一条 本办法所称"拒绝证明"应当包括下列事项：
（一）被拒绝承兑、付款的票据种类及其主要记载事项；
（二）拒绝承兑、付款的事实依据和法律依据；
（三）拒绝承兑、付款的时间；
（四）拒绝承兑人、拒绝付款人的签章。

第四十二条 本办法所称退票理由书应当包括下列事项：
（一）所退票据的种类；
（二）退票的事实依据和法律依据；
（三）退票时间；
（四）退票人签章。

第四十三条 本办法所称的其他证明是指：
（一）医院或者有关单位出具的承兑人、付款人死亡证明；
（二）司法机关出具的承兑人、付款人逃匿的证明；
（三）公证机关出具的具有拒绝证明效力的文书。

第四十四条 持票人应当自收到被拒绝承兑或者被拒绝付款的有关证明之日起3日内，将被拒绝事由书面通知其前手；其前手应当自收到通知之日起3日内书面通知其再前手。持票人也可以同时向各票据债务人发出书面通知。

未按照前款规定期限通知的，持票人仍可以行使追索权。

第四十五条 持票人可以不按照票据债务人的先后顺序，对其中任何一人、数人或者全体行使追索权。

持票人对票据债务人中的一人或者数人已经进行追索的，对其他票据债务人仍可以行使追索权。被追索人清偿债务后，与持票人享有同一权利。

第四十六条 持票人行使追索权，可以请求被追索人支付下列金额和费用：
（一）被拒绝付款的票据金额；
（二）票据金额自到期日或者提示付款日起至清偿日止按照中国人民银行规定的同档次流动资金贷款利率计算的利息；
（三）取得有关拒绝证明和发出通知书的费用。

被追索人清偿债务时，持票人应当交出票据和有关拒绝证明，并出具所收到利息和费用的收据。

第四十七条　被追索人依照前条规定清偿后，可以向其他票据债务人行使再追索权，请求其他票据债务人支付下列金额和费用：

（一）已清偿的全部金额；

（二）前项金额自清偿日起至再追索清偿日止，按照中国人民银行规定的同档次流动资金贷款利率计算的利息；

（三）发出通知书的费用。

行使再追索权的被追索人获得清偿时，应当交出票据和有关拒绝证明，并出具所收到利息和费用的收据。

第四十八条　已承兑的商业汇票、支票、填明"现金"字样和代理付款人的银行汇票以及填明"现金"字样的银行本票丧失，可以由失票人通知付款人或者代理付款人挂失止付。

未填明"现金"字样和代理付款人的银行汇票以及未填明"现金"字样的银行本票丧失，不得挂失止付。

第四十九条　允许挂失止付的票据丧失，失票人需要挂失止付的，应填写挂失止付通知书并签章。挂失止付通知书应当记载下列事项：

（一）票据丧失的时间、地点、原因；

（二）票据的种类、号码、金额、出票日期、付款日期、付款人名称、收款人名称；

（三）挂失止付人的姓名、营业场所或者住所以及联系方法。

欠缺上述记载事项之一的，银行不予受理。

第五十条　付款人或者代理付款人收到挂失止付通知书后，查明挂失票据确未付款时，应立即暂停支付。付款人或者代理付款人自收到挂失止付通知书之日起12日内没有收到人民法院的止付通知书的，自第13日起，持票人提示付款并依法向持票人付款的，不再承担责任。

第五十一条　付款人或者代理付款人在收到挂失止付通知书之前，已经向持票人付款的，不再承担责任。但是，付款人或者代理付款人以恶意或者重大过失付款的除外。

第五十二条　银行汇票的付款地为代理付款人或出票人所在地，银行本票的付款地为出票人所在地，商业汇票的付款地为承兑人所在地，支票的付款地为付款人所在地。

第二节　银行汇票

第五十三条　银行汇票是出票银行签发的，由其在见票时按照实际结算金额无条件支付给收款人或者持票人的票据。

银行汇票的出票银行为银行汇票的付款人。

第五十四条 单位和个人各种款项结算，均可使用银行汇票。

银行汇票可以用于转账，填明"现金"字样的银行汇票也可以用于支取现金。

第五十五条 银行汇票的出票和付款，全国范围限于中国人民银行和各商业银行参加"全国联行往来"的银行机构办理。跨系统银行签发的转账银行汇票的付款，应通过同城票据交换将银行汇票和解讫通知提交给同城的有关银行审核支付后抵用。代理付款人不得受理未在本行开立存款账户的持票人为单位直接提交的银行汇票。省、自治区、直辖市内和跨省、市的经济区域内银行汇票的出票和付款，按照有关规定办理。

银行汇票的代理付款人是代理本系统出票银行或跨系统签约银行审核支付汇票款项的银行。

第五十六条 签发银行汇票必须记载下列事项：

（一）表明"银行汇票"的字样；

（二）无条件支付的承诺；

（三）出票金额；

（四）付款人名称；

（五）收款人名称；

（六）出票日期；

（七）出票人签章。

欠缺记载上列事项之一的，银行汇票无效。

第五十七条 银行汇票的提示付款期限自出票日起1个月。

持票人超过付款期限提示付款的，代理付款人不予受理。

第五十八条 申请人使用银行汇票，应向出票银行填写"银行汇票申请书"，填明收款人名称、汇票金额、申请人名称、申请日期等事项并签章，签章为其预留银行的签章。

申请人和收款人均为个人，需要使用银行汇票向代理付款人支取现金的，申请人须在"银行汇票申请书"上填明代理付款人名称，在"汇票金额"栏先填写"现金"字样，后填写汇票金额。

申请人或者收款人为单位的，不得在"银行汇票申请书"上填明"现金"字样。

第五十九条 出票银行受理银行汇票申请书，收妥款项后签发银行汇票，并用压数机压印出票金额，将银行汇票和解讫通知一并交给申请人。

签发转账银行汇票，不得填写代理付款人名称，但由人民银行代理兑付银行汇票的商业银行，向设有分支机构地区签发转账银行汇票的除外。

签发现金银行汇票，申请人和收款人必须均为个人，收妥申请人交存的现金后，在银行汇票"出票金额"栏先填写"现金"字样，后填写出票金额，并填写代理付款人名称。申请人或者收款人为单位的，银行不得为其签发现金银行汇票。

第六十条 申请人应将银行汇票和解讫通知一并交付给汇票上记明的收款人。

收款人受理银行汇票时，应审查下列事项：

（一）银行汇票和解讫通知是否齐全、汇票号码和记载的内容是否一致；

（二）收款人是否确为本单位或本人；

（三）银行汇票是否在提示付款期限内；

（四）必须记载的事项是否齐全；

（五）出票人签章是否符合规定，是否有压数机压印的出票金额，并与大写出票金额一致；

（六）出票金额、出票日期、收款人名称是否更改，更改的其他记载事项是否由原记载人签章证明。

第六十一条 收款人受理申请人交付的银行汇票时，应在出票金额以内，根据实际需要的款项办理结算，并将实际结算金额和多余金额准确、清晰地填入银行汇票和解讫通知的有关栏内。未填明实际结算金额和多余金额或实际结算金额超过出票金额的，银行不予受理。

第六十二条 银行汇票的实际结算金额不得更改，更改实际结算金额的银行汇票无效。

第六十三条 收款人可以将银行汇票背书转让给被背书人。

银行汇票的背书转让以不超过出票金额的实际结算金额为准。未填写实际结算金额或实际结算金额超过出票金额的银行汇票不得背书转让。

第六十四条 被背书人受理银行汇票时，除按照第六十条的规定审查外，还应审查下列事项：

（一）银行汇票是否记载实际结算金额，有无更改，其金额是否超过出票金额；

（二）背书是否连续，背书人签章是否符合规定，背书使用粘单的是否按规定签章；

（三）背书人为个人的身份证件。

第六十五条 持票人向银行提示付款时，必须同时提交银行汇票和解讫通知，缺少任何一联，银行不予受理。

第六十六条 在银行开立存款账户的持票人向开户银行提示付款时，应在汇票背面"持票人向银行提示付款签章"处签章，签章须与预留银行签章相同，并将银行汇票和解讫通知、进账单送交开户银行。银行审查无误后办理转账。

第六十七条 未在银行开立存款账户的个人持票人，可以向选择的任何一家银行机构提示付款。提示付款时，应在汇票背面"持票人向银行提示付款签章"处签章，并填明本人身份证件名称、号码及发证机关，由其本人向银行提交身份证件及其复印件。银行审核无误后，将其身份证件复印件留存备查，并以持票人的姓名开立应解汇款及临时存款账户，该账户只付不收，付完清户，不计付利息。

转账支付的，应由原持票人向银行填制支款凭证，并由本人交验其身份证件办理支付款项。

该账户的款项只能转入单位或个体工商户的存款账户，严禁转入储蓄和信用卡账户。

支取现金的，银行汇票上必须有出票银行按规定填明的"现金"字样，才能办理。未填明"现金"字样，需要支取现金的，由银行按照国家现金管理规定审查支付。

持票人对填明"现金"字样的银行汇票，需要委托他人向银行提示付款的，应在银行汇票背面背书栏签章，记载"委托收款"字样、被委托人姓名和背书日期以及委托人身份证件名称、号码、发证机关。被委托人向银行提示付款时，也应在银行汇票背面"持票人向银行提示付款签章"处签章，记载证件名称、号码及发证机关，并同时向银行交验委托人和被委托人的身份证件及其复印件。

第六十八条 银行汇票的实际结算金额低于出票金额的，其多余金额由出票银行退交申请人。

第六十九条 持票人超过期限向代理付款银行提示付款不获付款的，须在票据权利时效内向出票银行作出说明，并提供本人身份证件或单位证明，持银行汇票和解讫通知向出票银行请求付款。

第七十条 申请人因银行汇票超过付款提示期限或其他原因要求退款时，应将银行汇票和解讫通知同时提交到出票银行。申请人为单位的，应出具该单位的证明；申请人为个人的，应出具该本人的身份证件。对于代理付款银行查询的该张银行汇票，应在汇票提示付款期满后方能办理退款。出票银行对于转账银行汇票的退款，只能转入原申请人账户；对于符合规定填明"现金"字样银行汇票的退款，才能退付现金。

申请人缺少解讫通知要求退款的，出票银行应于银行汇票提示付款期满一个月后办理。

第七十一条 银行汇票丧失，失票人可以凭人民法院出具的其享有票据权利的证明，向出票银行请求付款或退款。

第三节 商业汇票

第七十二条 商业汇票是出票人签发的，委托付款人在指定日期无条件支付确定的金额给收款人或者持票人的票据。

第七十三条 商业汇票分为商业承兑汇票和银行承兑汇票。

商业承兑汇票由银行以外的付款人承兑。

银行承兑汇票由银行承兑。

商业汇票的付款人为承兑人。

第七十四条 在银行开立存款账户的法人以及其他组织之间，必须具有真实的交易关系或债权债务关系，才能使用商业汇票。

第七十五条 商业承兑汇票的出票人，为在银行开立存款账户的法人以及其他组织，与付款人具有真实的委托付款关系，具有支付汇票金额的可靠资金来源。

第七十六条 银行承兑汇票的出票人必须具备下列条件：

（一）在承兑银行开立存款账户的法人以及其他组织；

（二）与承兑银行具有真实的委托付款关系；

（三）资信状况良好，具有支付汇票金额的可靠资金来源。

第七十七条 出票人不得签发无对价的商业汇票用于骗取银行或者其他票据当事人的资金。

第七十八条 签发商业汇票必须记载下列事项：

（一）表明"商业承兑汇票"或"银行承兑汇票"的字样；

（二）无条件支付的委托；

（三）确定的金额；

（四）付款人名称；

（五）收款人名称；

（六）出票日期；

（七）出票人签章。

欠缺记载上列事项之一的，商业汇票无效。

第七十九条 商业承兑汇票可以由付款人签发并承兑，也可以由收款人签发交由付款人承兑。

银行承兑汇票应由在承兑银行开立存款账户的存款人签发。

第八十条 商业汇票可以在出票时向付款人提示承兑后使用，也可以在出票后先使用再向付款人提示承兑。

定日付款或者出票后定期付款的商业汇票，持票人应当在汇票到期日前向付款人提示承兑。

见票后定期付款的汇票，持票人应当自出票日起 1 个月内向付款人提示承兑。

汇票未按照规定期限提示承兑的，持票人丧失对其前手的追索权。

第八十一条 商业汇票的付款人接到出票人或持票人向其提示承兑的汇票时，应当向出票人或持票人签发收到汇票的回单，记明汇票提示承兑日期并签章。付款人应当在自收到提示承兑的汇票之日起 3 日内承兑或者拒绝承兑。

付款人拒绝承兑的，必须出具拒绝承兑的证明。

第八十二条 商业汇票的承兑银行，必须具备下列条件：

（一）与出票人具有真实的委托付款关系；

（二）具有支付汇票金额的可靠资金；

（三）内部管理完善，经其法人授权的银行审定。

第八十三条 银行承兑汇票的出票人或持票人向银行提示承兑时，银行的信贷部门负责按照有关规定和审批程序，对出票人的资格、资信、购销合同和汇票记载的内容进行认真审查，必要时可由出票人提供担保。符合规定和承兑条件的，与出票人签订承兑协议。

第八十四条 付款人承兑商业汇票，应当在汇票正面记载"承兑"字样和承兑日期并签章。

第八十五条 付款人承兑商业汇票，不得附有条件；承兑附有条件的，视为拒绝承兑。

第八十六条 银行承兑汇票的承兑银行，应按票面金额向出票人收取万分之五的手续费。

第八十七条　商业汇票的付款期限,最长不得超过6个月。

定日付款的汇票付款期限自出票日起计算,并在汇票上记载具体的到期日。

出票后定期付款的汇票付款期限自出票日起按月计算,并在汇票上记载。

见票后定期付款的汇票付款期限自承兑或拒绝承兑日起按月计算,并在汇票上记载。

第八十八条　商业汇票的提示付款期限,自汇票到期日起10日。

持票人应在提示付款期限内通过开户银行委托收款或直接向付款人提示付款。对异地委托收款的,持票人可匡算邮程,提前通过开户银行委托收款。持票人超过提示付款期限提示付款的,持票人开户银行不予受理。

第八十九条　商业承兑汇票的付款人开户银行收到通过委托收款寄来的商业承兑汇票,将商业承兑汇票留存,并及时通知付款人。

(一) 付款人收到开户银行的付款通知,应在当日通知银行付款。付款人在接到通知日的次日起3日内(遇法定休假日顺延,下同)未通知银行付款的,视同付款人承诺付款,银行应于付款人接到通知日的次日起第4日(遇法定休假日顺延,下同)上午开始营业时,将票款划给持票人。

付款人提前收到由其承兑的商业汇票,应通知银行于汇票到期日付款。付款人在接到通知日的次日起3日内未通知银行付款,付款人接到通知日的次日起第4日在汇票到期日之前的,银行应于汇票到期日将票款划给持票人。

(二) 银行在办理划款时,付款人存款账户不足支付的,应填制付款人未付票款通知书,连同商业承兑汇票邮寄持票人开户银行转交持票人。

(三) 付款人存在合法抗辩事由拒绝支付的,应自接到通知日的次日起3日内,作成拒绝付款证明送交开户银行,银行将拒绝付款证明和商业承兑汇票邮寄持票人开户银行转交持票人。

第九十条　银行承兑汇票的出票人应于汇票到期前将票款足额交存其开户银行。承兑银行应在汇票到期日或到期日后的见票当日支付票款。

承兑银行存在合法抗辩事由拒绝支付的,应自接到商业汇票的次日起3日内,作成拒绝付款证明,连同商业银行承兑汇票邮寄持票人开户银行转交持票人。

第九十一条　银行承兑汇票的出票人于汇票到期日未能足额交存票款时,承兑银行除凭票向持票人无条件付款外,对出票人尚未支付的汇票金额按照每天万分之五计收利息。

第九十二条　商业汇票的持票人向银行办理贴现必须具备下列条件:

(一) 在银行开立存款账户的企业法人以及其他组织;

(二) 与出票人或者直接前手之间具有真实的商品交易关系;

(三) 提供与其直接前手之间的增值税发票和商品发运单据复印件。

第九十三条　符合条件的商业汇票的持票人可持未到期的商业汇票连同贴现凭证向银行申请贴现。贴现银行可持未到期的商业汇票向其他银行转贴现,也可向中国人民银行申请再贴现。贴现、转贴现、再贴现时，应作成转让背书，并提供贴现申请人与其直接前手之间的增值税发票和商品发运单据复印件。

第九十四条 贴现、转贴现和再贴现的期限从其贴现之日起至汇票到期日止。实付贴现金额按票面金额扣除贴现日至汇票到期前1日的利息计算。

承兑人在异地的，贴现、转贴现和再贴现的期限以及贴现利息的计算应另加3天的划款日期。

第九十五条 贴现、转贴现、再贴现到期，贴现、转贴现、再贴现银行应向付款人收取票款。不获付款的，贴现、转贴现、再贴现银行应向其前手追索票款。贴现、再贴现银行追索票款时可从申请人的存款账户收取票款。

第九十六条 存款人领购商业汇票，必须填写"票据和结算凭证领用单"并签章，签章应与预留银行的签章相符。存款账户结清时，必须将全部剩余空白商业汇票交回银行注销。

第四节　银行本票

第九十七条 银行本票是银行签发的，承诺自己在见票时无条件支付确定的金额给收款人或者持票人的票据。

第九十八条 单位和个人在同一票据交换区域需要支付各种款项，均可以使用银行本票。

银行本票可以用于转账，注明"现金"字样的银行本票可以用于支取现金。

第九十九条 银行本票分为不定额本票和定额本票两种。

第一百条 银行本票的出票人，为经中国人民银行当地分支行批准办理银行本票业务的银行机构。

第一百零一条 签发银行本票必须记载下列事项：

（一）表明"银行本票"的字样；

（二）无条件支付的承诺；

（三）确定的金额；

（四）收款人名称；

（五）出票日期；

（六）出票人签章。

欠缺记载上列事项之一的，银行本票无效。

第一百零二条 定额银行本票面额为1千元、5千元、1万元和5万元。

第一百零三条 银行本票的提示付款期限自出票日起最长不得超过2个月。

持票人超过付款期限提示付款的，代理付款人不予受理。

银行本票的代理付款人是代理出票银行审核支付银行本票款项的银行。

第一百零四条 申请人使用银行本票，应向银行填写"银行本票申请书"，填明收款人名称、申请人名称、支付金额、申请日期等事项并签章。申请人和收款人均为个人需要支取现金的，应在"支付金额"栏先填写"现金"字样，后填写支付金额。

申请人或收款人为单位的，不得申请签发现金银行本票。

第一百零五条 出票银行受理银行本票申请书，收妥款项签发银行本票。用于转账的，在银行本票上划去"现金"字样；申请人和收款人均为个人需要支取现金的，在银行本票上划去"转账"字样。不定额银行本票用压数机压印出票金额。出票银行在银行本票上签章后交给申请人。

申请人或收款人为单位的，银行不得为其签发现金银行本票。

第一百零六条 申请人应将银行本票交付给本票上记明的收款人。

收款人受理银行本票时，应审查下列事项：

（一）收款人是否确为本单位或本人；

（二）银行本票是否在提示付款期限内；

（三）必须记载的事项是否齐全；

（四）出票人签章是否符合规定，不定额银行本票是否有压数机压印的出票金额，并与大写出票金额一致；

（五）出票金额、出票日期、收款人名称是否更改，更改的其他记载事项是否由原记载人签章证明。

第一百零七条 收款人可以将银行本票背书转让给被背书人。

被背书人受理银行本票时，除按照第一百零六条的规定审查外，还应审查下列事项：

（一）背书是否连续，背书人签章是否符合规定，背书使用粘单的是否按规定签章；

（二）背书人为个人的身份证件。

第一百零八条 银行本票见票即付。跨系统银行本票的兑付，持票人开户银行可根据中国人民银行规定的金融机构同业往来利率向出票银行收取利息。

第一百零九条 在银行开立存款账户的持票人向开户银行提示付款时，应在银行本票背面"持票人向银行提示付款签章"处签章，签章须与预留银行签章相同，并将银行本票、进账单送交开户银行。银行审查无误后办理转账。

第一百一十条 未在银行开立存款账户的个人持票人，凭注明"现金"字样的银行本票向出票银行支取现金的，应在银行本票背面签章，记载本人身份证件名称、号码及发证机关，并交验本人身份证件及其复印件。

持票人对注明"现金"字样的银行本票需要委托他人向出票银行提示付款的，应在银行本票背面"持票人向银行提示付款签章"处签章，记载"委托收款"字样、被委托人姓名和背书日期以及委托人身份证件名称、号码、发证机关。被委托人向出票银行提示付款时，也应在银行本票背面"持票人向银行提示付款签章"处签章，记载证件名称、号码及发证机关，并同时交验委托人和被委托人的身份证件及其复印件。

第一百一十一条 持票人超过提示付款期限不获付款的，在票据权利时效内向出票银行作出说明，并提供本人身份证件或单位证明，可持银行本票向出票银行请求付款。

第一百一十二条 申请人因银行本票超过提示付款期限或其他原因要求退款时,应将银行本票提交到出票银行,申请人为单位的,应出具该单位的证明;申请人为个人的,应出具该本人的身份证件。出票银行对于在本行开立存款账户的申请人,只能将款项转入原申请人账户;对于现金银行本票和未在本行开立存款账户的申请人,才能退付现金。

第一百一十三条 银行本票丧失,失票人可以凭人民法院出具的其享有票据权利的证明,向出票银行请求付款或退款。

第五节 支 票

第一百一十四条 支票是出票人签发的,委托办理支票存款业务的银行在见票时无条件支付确定的金额给收款人或者持票人的票据。

第一百一十五条 支票上印有"现金"字样的为现金支票,现金支票只能用于支取现金。

支票上印有"转账"字样的为转账支票,转账支票只能用于转账。

支票上未印有"现金"或"转账"字样的为普通支票,普通支票可以用于支取现金,也可以用于转账。在普通支票左上角划两条平行线的,为划线支票,划线支票只能用于转账,不得支取现金。

第一百一十六条 单位和个人在同一票据交换区域的各种款项结算,均可以使用支票。

第一百一十七条 支票的出票人,为在经中国人民银行当地分支行批准办理支票业务的银行机构开立可以使用支票的存款账户的单位和个人。

第一百一十八条 签发支票必须记载下列事项:

(一)表明"支票"的字样;
(二)无条件支付的委托;
(三)确定的金额;
(四)付款人名称;
(五)出票日期;
(六)出票人签章。

欠缺记载上列事项之一的,支票无效。

支票的付款人为支票上记载的出票人开户银行。

第一百一十九条 支票的金额、收款人名称,可以由出票人授权补记。未补记前不得背书转让和提示付款。

第一百二十条 签发支票应使用炭素墨水或墨汁填写,中国人民银行另有规定的除外。

第一百二十一条 签发现金支票和用于支取现金的普通支票,必须符合国家现金管理的规定。

第一百二十二条 支票的出票人签发支票的金额不得超过付款时在付款人处实有

的存款金额。禁止签发空头支票。

第一百二十三条 支票的出票人预留银行签章是银行审核支票付款的依据。

银行也可以与出票人约定使用支付密码，作为银行审核支付支票金额的条件。

第一百二十四条 出票人不得签发与其预留银行签章不符的支票；使用支付密码的，出票人不得签发支付密码错误的支票。

第一百二十五条 出票人签发空头支票、签章与预留银行签章不符的支票、使用支付密码地区，支付密码错误的支票，银行应予以退票，并按票面金额处以百分之五但不低于1千元的罚款；持票人有权要求出票人赔偿支票金额2%的赔偿金。对屡次签发的，银行应停止其签发支票。

第一百二十六条 支票的提示付款期限自出票日起10日，但中国人民银行另有规定的除外。超过提示付款期限提示付款的，持票人开户银行不予受理，付款人不予付款。

第一百二十七条 持票人可以委托开户银行收款或直接向付款人提示付款。

用于支取现金的支票仅限于收款人向付款人提示付款。

持票人委托开户银行收款的支票，银行应通过票据交换系统收妥后入账。

持票人委托开户银行收款时，应作委托收款背书，在支票背面背书人签章栏签章、记载"委托收款"字样、背书日期，在被背书人栏记载开户银行名称，并将支票和填制的进账单送交开户银行。持票人持用于转账的支票向付款人提示付款时，应在支票背面背书人签章栏签章，并将支票和填制的进账单交送出票人开户银行。收款人持用于支取现金的支票向付款人提示付款时，应在支票背面"收款人签章"处签章，持票人为个人的，还需交验本人身份证件，并在支票背面注明证件名称、号码及发证机关。

第一百二十八条 出票人在付款人处的存款足以支付支票金额时，付款人应当在见票当日足额付款。

第一百二十九条 存款人领购支票，必须填写"票据和结算凭证领用单"并签章，签章应与预留银行的签章相符。存款账户结清时，必须将全部剩余空白支票交回银行注销。

第三章　信用卡

第一百三十条 信用卡是指商业银行向个人和单位发行的，凭以向特约单位购物、消费和向银行存取现金，且具有消费信用的特制载体卡片。

第一百三十一条 信用卡按使用对象分为单位卡和个人卡；按信誉等级分为金卡和普通卡。

第一百三十二条 商业银行（包括外资银行、合资银行）、非银行金融机构未经中国人民银行批准不得发行信用卡。

非金融机构、境外金融机构的驻华代表机构不得发行信用卡和代理收单结算业务。

第一百三十三条 申请发行信用卡的银行、非银行金融机构，必须具备下列条件：

（一）符合中国人民银行颁布的商业银行资产负债比例监控指标；

（二）相应的管理机构；
（三）合格的管理人员和技术人员；
（四）健全的管理制度和安全制度；
（五）必要的电信设备和营业场所；
（六）中国人民银行规定的其他条件。

第一百三十四条 商业银行、非银行金融机构开办信用卡业务须报经中国人民银行总行批准；其所属分、支机构开办信用卡业务，须报经辖区内中国人民银行分、支行备案。

第一百三十五条 凡在中国境内金融机构开立基本存款账户的单位可申领单位卡。单位卡可申领若干张，持卡人资格由申领单位法定代表人或其委托的代理人书面指定和注销。

凡具有完全民事行为能力的公民可申领个人卡。个人卡的主卡持卡人可为其配偶及年满18周岁的亲属申领附属卡，申领的附属卡最多不得超过两张，也有权要求注销其附属卡。

第一百三十六条 单位或个人申领信用卡，应按规定填制申请表，连同有关资料一并送交发卡银行。符合条件并按银行要求交存一定金额的备用金后，银行为申领人开立信用卡存款账户，并发给信用卡。

第一百三十七条 单位卡账户的资金一律从其基本存款账户转账存入，不得交存现金，不得将销货收入的款项存入其账户。

个人卡账户的资金以其持有的现金存入或以其工资性款项及属于个人的劳务报酬收入转账存入。严禁将单位的款项存入个人卡账户。

第一百三十八条 发卡银行可根据申请人的资信程度，要求其提供担保。担保的方式可采用保证、抵押或质押。

第一百三十九条 信用卡备用金存款利息，按照中国人民银行规定的活期存款利率及计息办法计算。

第一百四十条 信用卡仅限于合法持卡人本人使用，持卡人不得出租或转借信用卡。

第一百四十一条 发卡银行应建立授权审批制度；信用卡结算超过规定限额的必须取得发卡银行的授权。

第一百四十二条 持卡人可持信用卡在特约单位购物、消费。单位卡不得用于10万元以上的商品交易、劳务供应款项的结算。

第一百四十三条 持卡人凭卡购物、消费时，需将信用卡和身份证件一并交特约单位。智能卡（下称IC卡）、照片卡可免验身份证件。

特约单位不得拒绝受理持卡人合法持有的、签约银行发行的有效信用卡，不得因持卡人使用信用卡而向其收取附加费用。

第一百四十四条 特约单位受理信用卡时，应审查下列事项：
（一）确为本单位可受理的信用卡；

（二）信用卡在有效期内，未列入"止付名单"；

（三）签名条上没有"样卡"或"专用卡"等非正常签名的字样；

（四）信用卡无打孔、剪角、毁坏或涂改的痕迹；

（五）持卡人身份证件或卡片上的照片与持卡人相符，但使用 IC 卡、照片卡或持卡人凭密码在销售点终端上消费、购物，可免验身份证件（下同）；

（六）卡片正面的拼音姓名与卡片背面的签名和身份证件上的姓名一致。

第一百四十五条 特约单位受理信用卡审查无误的，在签购单上压卡，填写实际结算金额、用途、持卡人身份证件号码、特约单位名称和编号。如超过支付限额的，应向发卡银行索权并填写授权号码，交持卡人签名确认，同时核对其签名与卡片背面签名是否一致。无误后，对同意按经办人填写的金额和用途付款的，由持卡人在签购单上签名确认，并将信用卡、身份证件和第一联签购单交还给持卡人。

审查发现问题的，应及时与签约银行联系，征求处理意见。对止付的信用卡，应收回并交还发卡银行。

第一百四十六条 特约单位不得通过压卡、签单和退货等方式支付持卡人现金。

第一百四十七条 特约单位在每日营业终了，应将当日受理的信用卡签购单汇总，计算手续费和净计金额，并填写汇（总）计单和进账单，连同签购单一并送交收单银行办理进账。

第一百四十八条 收单银行接到特约单位送交的各种单据，经审查无误后，为特约单位办理进账。

第一百四十九条 持卡人要求退货的，特约单位应使用退货单办理压（刷）卡，并将退货单金额从当日签购单累计金额中抵减，退货单随签购单一并送交收单银行。

第一百五十条 单位卡一律不得支取现金。

第一百五十一条 个人卡持卡人在银行支取现金时，应将信用卡和身份证件一并交发卡银行或代理银行。IC 卡、照片卡以及凭密码在 POS 上支取现金的可免验身份证件。

发卡银行或代理银行压（刷）卡后，填写取现单，经审查无误，交持卡人签名确认。超过支付限额的，代理银行应向发卡银行索权，并在取现单上填写授权号码。办理付款手续后，将现金、信用卡、身份证件和取现单回单联交给持卡人。

第一百五十二条 发卡银行收到代理银行通过同城票据交换或本系统联行划转的各种单据审核无误后办理付款。

第一百五十三条 信用卡透支额，金卡最高不得超过 1 万元，普通卡最高不得超过 5 千元。

信用卡透支期限最长为 60 天。

第一百五十四条 信用卡透支利息，自签单日或银行记账日起 15 日内按日息万分之五计算，超过 15 日按日息万分之十计算，超过 30 日或透支金额超过规定限额的，按日息万分之十五计算。透支计息不分段，按最后期限或者最高透支额的最高利率档次计息。

第一百五十五条 持卡人使用信用卡不得发生恶意透支。

恶意透支是指持卡人超过规定限额或规定期限,并且经发卡银行催收无效的透支行为。

第一百五十六条 单位卡在使用过程中,需要向其账户续存资金的,一律从其基本存款账户转账存入。

个人卡在使用过程中,需要向其账户续存资金的,只限于其持有的现金存入和工资性款项以及属于个人的劳务报酬收入转账存入。

第一百五十七条 个人卡持卡人或其代理人交存现金,应在发卡银行或其代理银行办理。

持卡人凭信用卡在发卡银行或代理银行交存现金的,银行经审查并收妥现金后,在存款单上压卡,将存款单回单联及信用卡交给持卡人。

持卡人委托他人在不压卡的情况下代为办理交存现金的,代理人应在信用卡存款单上填写持卡人的卡号、姓名、存款金额等内容,并将现金送交银行办理交存手续。

第一百五十八条 发卡银行收到代理银行通过同城票据交换或本系统联行划转的各种单据审核无误后,为持卡人办理收款。

第一百五十九条 持卡人不需要继续使用信用卡的,应持信用卡主动到发卡银行办理销户。

销户时,单位卡账户余额转入其基本存款账户,不得提取现金;个人卡账户可以转账结清,也可以提取现金。

第一百六十条 持卡人还清透支本息后,属于下列情况之一的,可以办理销户:

(一)信用卡有效期满45天后,持卡人不更换新卡的;

(二)信用卡挂失满45天后,没有附属卡又不更换新卡的;

(三)信用卡被列入止付名单,发卡银行已收回其信用卡45天的;

(四)持卡人死亡,发卡银行已收回其信用卡45天的;

(五)持卡人要求销户或担保人撤销担保,并已交回全部信用卡45天的;

(六)信用卡账户两年(含)以上未发生交易的;

(七)持卡人违反其他规定,发卡银行认为应该取消资格的。

发卡银行办理销户,应当收回信用卡。有效信用卡无法收回的,应当将其止付。

第一百六十一条 信用卡丧失,持卡人应立即持本人身份证件或其他有效证明,并按规定提供有关情况,向发卡银行或代办银行申请挂失。发卡银行或代办银行审核后办理挂失手续。

第四章 结算方式

第一节 基本规定

第一百六十二条 本办法所称结算方式,是指汇兑、托收承付和委托收款。

第一百六十三条 单位在结算凭证上的签章,应为该单位的财务专用章或者公章加其法定代表人或者其授权的代理人的签名或者盖章。

第一百六十四条 银行办理结算，给单位或个人的收、付款通知和汇兑回单，应加盖该银行的转讫章；银行给单位或个人的托收承付、委托收款的回单和向付款人发出的承付通知，应加盖该银行的业务公章。

第一百六十五条 结算凭证上的记载事项，必须符合本办法的规定。结算凭证上可以记载本办法规定以外的其他记载事项，除国家和中国人民银行另有规定外，该记载事项不具有支付结算的效力。

第一百六十六条 按照本办法的规定必须在结算凭证上记载汇款人、付款人和收款人账号的，账号与户名必须一致。

第一百六十七条 银行办理结算向外发出的结算凭证，必须于当日至迟次日寄发；收到的结算凭证，必须及时将款项支付给结算凭证上记载的收款人。

第二节　汇　兑

第一百六十八条 汇兑是汇款人委托银行将其款项支付给收款人的结算方式。

第一百六十九条 单位和个人的各种款项的结算，均可使用汇兑结算方式。

第一百七十条 汇兑分为信汇、电汇两种，由汇款人选择使用。

第一百七十一条 签发汇兑凭证必须记载下列事项：

（一）表明"信汇"或"电汇"的字样；

（二）无条件支付的委托；

（三）确定的金额；

（四）收款人名称；

（五）汇款人名称；

（六）汇入地点、汇入行名称；

（七）汇出地点、汇出行名称；

（八）委托日期；

（九）汇款人签章。

汇兑凭证上欠缺上列记载事项之一的，银行不予受理。

汇兑凭证记载的汇款人名称、收款人名称，其在银行开立存款账户的，必须记载其账号。欠缺记载的，银行不予受理。

委托日期是指汇款人向汇出银行提交汇兑凭证的当日。

第一百七十二条 汇兑凭证上记载收款人为个人的，收款人需要到汇入银行领取汇款，汇款人应在汇兑凭证上注明"留行待取"字样；留行待取的汇款，需要指定单位的收款人领取汇款的，应注明收款人的单位名称；信汇凭收款人签章支取的，应在信汇凭证上预留其签章。

汇款人确定不得转汇的，应在汇兑凭证备注栏注明"不得转汇"字样。

第一百七十三条 汇款人和收款人均为个人，需要在汇入银行支取现金的，应在信、电汇凭证的"汇款金额"大写栏，先填写"现金"字样，后填写汇款金额。

第一百七十四条 汇出银行受理汇款人签发的汇兑凭证，经审查无误后，应及时向汇入银行办理汇款，并向汇款人签发汇款回单。

汇款回单只能作为汇出银行受理汇款的依据，不能作为该笔汇款已转入收款人账户的证明。

第一百七十五条 汇入银行对开立存款账户的收款人，应将汇给其的款项直接转入收款人账户，并向其发出收账通知。

收账通知是银行将款项确已收入收款人账户的凭据。

第一百七十六条 未在银行开立存款账户的收款人，凭信、电汇的取款通知或"留行待取"的，向汇入银行支取款项，必须交验本人的身份证件，在信、电汇凭证上注明证件名称、号码及发证机关，并在"收款人签盖章"处签章；信汇凭签章支取的，收款人的签章必须与预留信汇凭证上的签章相符。银行审查无误后，以收款人的姓名开立应解汇款及临时存款账户，该账户只付不收，付完清户，不计付利息。

支取现金的，信、电汇凭证上必须有按规定填明的"现金"字样，才能办理。未填明"现金"字样，需要支取现金的，由汇入银行按照国家现金管理规定审查支付。

收款人需要委托他人向汇入银行支取款项的，应在取款通知上签章，注明本人身份证件名称、号码、发证机关和"代理"字样以及代理人姓名。代理人代理取款时，也应在取款通知上签章，注明其身份证件名称、号码及发证机关，并同时交验代理人和被代理人的身份证件。

转账支付的，应由原收款人向银行填制支款凭证，并由本人交验其身份证件办理支付款项。

该账户的款项只能转入单位或个体工商户的存款账户，严禁转入储蓄和信用卡账户。

转汇的，应由原收款人向银行填制信、电汇凭证，并由本人交验其身份证件。转汇的收款人必须是原收款人。原汇入银行必须在信、电汇凭证上加盖"转汇"戳记。

第一百七十七条 汇款人对汇出银行尚未汇出的款项可以申请撤销。申请撤销时，应出具正式函件或本人身份证件及原信、电汇回单。汇出银行查明确未汇出款项的，收回原信、电汇回单，方可办理撤销。

第一百七十八条 汇款人对汇出银行已经汇出的款项可以申请退汇。对在汇入银行开立存款账户的收款人，由汇款人与收款人自行联系退汇；对未在汇入银行开立存款账户的收款人，汇款人应出具正式函件或本人身份证件以及原信、电汇回单，由汇出银行通知汇入银行，经汇入银行核实汇款确未支付，并将款项汇回汇出银行，方可办理退汇。

第一百七十九条 转汇银行不得受理汇款人或汇出银行对汇款的撤销或退汇。

第一百八十条 汇入银行对于收款人拒绝接受的汇款，应即办理退汇。汇入银行对于向收款人发出取款通知，经过2个月无法交付的汇款，应主动办理退汇。

第三节 托收承付

第一百八十一条 托收承付是根据购销合同由收款人发货后委托银行向异地付款

人收取款项，由付款人向银行承认付款的结算方式。

第一百八十二条 使用托收承付结算方式的收款单位和付款单位，必须是国有企业、供销合作社以及经营管理较好，并经开户银行审查同意的城乡集体所有制工业企业。

第一百八十三条 办理托收承付结算的款项，必须是商品交易，以及因商品交易而产生的劳务供应的款项。代销、寄销、赊销商品的款项，不得办理托收承付结算。

第一百八十四条 收付双方使用托收承付结算必须签有符合《经济合同法》的购销合同，并在合同上订明使用托收承付结算方式。

第一百八十五条 收付双方办理托收承付结算，必须重合同、守信用。收款人对同一付款人发货托收累计3次收不回货款的，收款人开户银行应暂停收款人向该付款人办理托收；付款人累计3次提出无理拒付的，付款人开户银行应暂停其向外办理托收。

第一百八十六条 收款人办理托收，必须具有商品确已发运的证件（包括铁路、航运、公路等运输部门签发运单、运单副本和邮局包裹回执）。

没有发运证件，属于下列情况的，可凭其他有关证件办理托收：

（一）内贸、外贸部门系统内商品调拨，自备运输工具发送或自提的；易燃、易爆、剧毒、腐蚀性强的商品，以及电、石油、天然气等必须使用专用工具或线路、管道运输的，可凭付款人确已收到商品的证明（粮食部门凭提货单及发货明细表）。

（二）铁道部门的材料厂向铁道系统供应专用器材，可凭其签发注明车辆号码和发运日期的证明。

（三）军队使用军列整车装运物资，可凭注明车辆号码、发运日期的单据；军用仓库对军内发货，可凭总后勤部签发的提货单副本，各大军区、省军区也可比照办理。

（四）收款人承造或大修理船舶、锅炉和大型机器等，生产周期长，合同规定按工程进度分次结算的，可凭工程进度完工证明书。

（五）付款人购进的商品，在收款人所在地转厂加工、配套的，可凭付款人和承担加工、配套单位的书面证明。

（六）合同规定商品由收款人暂时代为保管的，可凭寄存证及付款人委托保管商品的证明。

（七）使用"铁路集装箱"或将零担凑整车发运商品的，由于铁路只签发一张运单，可凭持有发运证件单位出具的证明。

（八）外贸部门进口商品，可凭国外发来的账单、进口公司开出的结算账单。

第一百八十七条 托收承付结算每笔的金额起点为1万元。新华书店系统每笔的金额起点为1千元。

第一百八十八条 托收承付结算款项的划回方法，分邮寄和电报两种，由收款人选用。

第一百八十九条 签发托收承付凭证必须记载下列事项：

（一）表明"托收承付"的字样；

（二）确定的金额；
（三）付款人名称及账号；
（四）收款人名称及账号；
（五）付款人开户银行名称；
（六）收款人开户银行名称；
（七）托收附寄单证张数或册数；
（八）合同名称、号码；
（九）委托日期；
（十）收款人签章。

托收承付凭证上欠缺记载上列事项之一的，银行不予受理。

第一百九十条 托收。收款人按照签订的购销合同发货后，委托银行办理托收。

（一）收款人应将托收凭证并附发运证件或其他符合托收承付结算的有关证明和交易单证送交银行。收款人如需取回发运证件，银行应在托收凭证上加盖"已验发运证件"戳记。

对于军品托收，有驻厂军代表检验产品或有指定专人负责财务监督的，收款人还应当填制盖有驻厂军代表或指定人员印章（要在银行预留印模）的结算通知单，将交易单证和发运证件装入密封袋，并在密封袋上填明托收号码；同时，在托收凭证上填明结算通知单和密封袋的号码。然后，将托收凭证和结算通知单送交银行办理托收。

没有驻厂军代表使用代号明件办理托收的，不填结算通知单，但应在交易单证上填写保密代号，按照正常托收办法处理。

（二）收款人开户银行接到托收凭证及其附件后，应当按照托收的范围、条件和托收凭证记载的要求认真进行审查，必要时，还应查验收付款人签订的购销合同。凡不符合要求或违反购销合同发货的，不能办理。审查时间最长不得超过次日。

第一百九十一条 承付。付款人开户银行收到托收凭证及其附件后，应当及时通知付款人。通知的方法，可以根据具体情况与付款人签订协议，采取付款人来行自取、派人送达、对距离较远的付款人邮寄等。付款人应在承付期内审查核对，安排资金。

承付货款分为验单付款和验货付款两种，由收付双方商量选用，并在合同中明确规定。

（一）验单付款。验单付款的承付期为3天，从付款人开户银行发出承付通知的次日算起（承付期内遇法定休假日顺延）。

付款人在承付期内，未向银行表示拒绝付款，银行即视作承付，并在承付期满的次日（遇法定休假日顺延）上午银行开始营业时，将款项主动从付款人的账户内付出，按照收款人指定的划款方式，划给收款人。

（二）验货付款。验货付款的承付期为10天，从运输部门向付款人发出提货通知的次日算起。

对收付双方在合同中明确规定，并在托收凭证上注明验货付款期限的，银行从其规定。

付款人收到提货通知后,应即向银行交验提货通知。付款人在银行发出承付通知的次日起 10 天内,未收到提货通知的,应在第 10 天将货物尚未到达的情况通知银行。在第 10 天付款人没有通知银行的,银行即视作已经验货,于 10 天期满的次日上午银行开始营业时,将款项划给收款人;在第 10 天付款人通知银行货物未到,而以后收到提货通知没有及时送交银行,银行仍按 10 天期满的次日作为划款日期,并按超过的天数,计扣逾期付款赔偿金。

采用验货付款的,收款人必须在托收凭证上加盖明显的"验货付款"字样戳记。托收凭证未注明验货付款,经付款人提出合同证明是验货付款的,银行可按验货付款处理。

(三)不论验单付款还是验货付款,付款人都可以在承付期内提前向银行表示承付,并通知银行提前付款,银行应立即办理划款;因商品的价格、数量或金额变动,付款人应多承付款项的,须在承付期内向银行提出书面通知,银行据以随同当次托收款项划给收款人。

付款人不得在承付货款中,扣抵其他款项或以前托收的货款。

第一百九十二条 逾期付款。付款人在承付期满日银行营业终了时,如无足够资金支付,其不足部分,即为逾期未付款项,按逾期付款处理。

(一)付款人开户银行对付款人逾期支付的款项,应当根据逾期付款金额和逾期天数,按每天万分之五计算逾期付款赔偿金。

逾期付款天数从承付期满日算起。承付期满日银行营业终了时,付款人如无足够资金支付,其不足部分,应当算作逾期 1 天,计算 1 天的赔偿金。在承付期满的次日(遇法定休假日,逾期付款赔偿金的天数计算相应顺延,但在以后遇法定休假日应当照算逾期天数)银行营业终了时,仍无足够资金支付,其不足部分,应当算作逾期 2 天,计算 2 天的赔偿金。余类推。

银行审查拒绝付款期间,不能算作付款人逾期付款,但对无理的拒绝付款,而增加银行审查时间的,应从承付期满日起计算逾期付款赔偿金。

(二)赔偿金实行定期扣付,每月计算一次,于次月 3 日内单独划给收款人。在月内有部分付款的,其赔偿金随同部分支付的款项划给收款人,对尚未支付的款项,月终再计算赔偿金,于次月 3 日内划给收款人;次月又有部分付款时,从当月 1 日起计算赔偿金,随同部分支付的款项划给收款人,对尚未支付的款项,从当月 1 日起至月终再计算赔偿金,于第 3 月 3 日内划给收款人。第 3 月仍有部分付款的,按照上述方法计扣赔偿金。

赔偿金的扣付列为企业销货收入扣款顺序的首位。付款人账户余额不足全额支付时,应排列在工资之前,并对该账户采取"只收不付"的控制办法,待一次足额扣付赔偿金后,才准予办理其他款项的支付。因此而产生的经济后果,由付款人自行负责。

(三)付款人开户银行对付款人逾期未能付款的情况,应当及时通知收款人开户银行,由其转知收款人。

(四)付款人开户银行要随时掌握付款人账户逾期未付的资金情况,俟账户有款时，必须将逾期未付款项和应付的赔偿金及时扣划给收款人，不得拖延扣划。在各单位的流动资金账户内扣付货款，要严格按照国务院关于国营企业销货收入扣款顺序的规定（即从企业销货收入中预留工资后，按照应缴纳税款、到期货款、应偿付货款、应上缴利润的顺序）扣款；同类性质的款项按照应付时间的先后顺序扣款。

（五）付款人开户银行对不执行合同规定、三次拖欠货款的付款人，应当通知收款人开户银行转知收款人，停止对该付款人办理托收。收款人不听劝告，继续对该付款人办理托收，付款人开户银行对发出通知的次日起1个月之后收到的托收凭证，可以拒绝受理，注明理由，原件退回。

（六）付款人开户银行对逾期未付的托收凭证，负责进行扣款的期限为3个月（从承付期满日算起）。在此期限内，银行必须按照扣款顺序陆续扣款。期满时，付款人仍无足够资金支付该笔尚未付清的欠款，银行应于次日通知付款人将有关交易单证（单证已作账务处理或已部分支付的，可以填制应付款项证明单）在2日内退回银行。银行将有关结算凭证连同交易单证或应付款项证明单退回收款人开户银行转交收款人，并将应付的赔偿金划给收款人。

对付款人逾期不退回单证的，开户银行应当自发出通知的第3天起，按照该笔尚未付清欠款的金额，每天处以万分之五但不低于50元的罚款，并暂停付款人向外办理结算业务，直到退回单证时止。

第一百九十三条 拒绝付款。对下列情况，付款人在承付期内，可向银行提出全部或部分拒绝付款：

（一）没有签订购销合同或购销合同未订明托收承付结算方式的款项。

（二）未经双方事先达成协议，收款人提前交货或因逾期交货付款人不再需要该项货物的款项。

（三）未按合同规定的到货地址发货的款项。

（四）代销、寄销、赊销商品的款项。

（五）验单付款，发现所列货物的品种、规格、数量、价格与合同规定不符，或货物已到，经查验货物与合同规定或发货清单不符的款项。

（六）验货付款，经查验货物与合同规定或与发货清单不符的款项。

（七）货款已经支付或计算有错误的款项。

不属于上述情况的，付款人不得向银行提出拒绝付款。

外贸部门托收进口商品的款项，在承付期内，订货部门除因商品的质量问题不能提出拒绝付款，应当另行向外贸部门提出索赔外，属于上述其他情况，可以向银行提出全部或部分拒绝付款。

付款人对以上情况提出拒绝付款时，必须填写"拒绝付款理由书"并签章，注明拒绝付款理由，涉及合同的应引证合同上的有关条款。属于商品质量问题，需要提出商品检验部门的检验证明；属于商品数量问题，需要提出数量问题的证明及其有关数量的记录；属于外贸部门进口商品，应当提出国家商品检验或运输等部门出具的证明。

开户银行必须认真审查拒绝付款理由，查验合同。对于付款人提出拒绝付款的手续不全、依据不足、理由不符合规定和不属于本条七种拒绝付款情况的，以及超过承付期拒付和应当部分拒付提为全部拒付的，银行均不得受理，应实行强制扣款。

对于军品的拒绝付款，银行不审查拒绝付款理由。

银行同意部分或全部拒绝付款的，应在拒绝付款理由书上签注意见。部分拒绝付款，除办理部分付款外，应将拒绝付款理由书连同拒付证明和拒付商品清单邮寄收款人开户银行转交收款人。全部拒绝付款，应将拒绝付款理由书连同拒付证明和有关单证邮寄收款人开户银行转交收款人。

第一百九十四条　重办托收。收款人对被无理拒绝付款的托收款项，在收到退回的结算凭证及其所附单证后，需要委托银行重办托收，应当填写四联"重办托收理由书"，将其中三联连同购销合同、有关证据和退回的原托收凭证及交易单证，一并送交银行。

经开户银行审查，确属无理拒绝付款，可以重办托收。

第一百九十五条　收款人开户银行对逾期尚未划回，又未收到付款人开户银行寄来逾期付款通知或拒绝付款理由书的托收款项，应当及时发出查询。付款人开户银行要积极查明，及时答复。

第一百九十六条　付款人提出的拒绝付款，银行按照本办法规定审查无法判明是非的，应由收付双方自行协商处理，或向仲裁机关，人民法院申请调解或裁决。

第一百九十七条　未经开户银行批准使用托收承付结算方式的城乡集体所有制工业企业，收款人开户银行不得受理其办理托收；付款人开户银行对其承付的款项应按规定支付款项外，还要对该付款人按结算金额处以百分之五罚款。

第四节　委托收款

第一百九十八条　委托收款是收款人委托银行向付款人收取款项的结算方式。

第一百九十九条　单位和个人凭已承兑商业汇票、债券、存单等付款人债务证明办理款项的结算，均可以使用委托收款结算方式。

第二百条　委托收款在同城、异地均可以使用。

第二百零一条　委托收款结算款项的划回方式，分邮寄和电报两种，由收款人选用。

第二百零二条　签发委托收款凭证必须记载下列事项：

（一）表明"委托收款"的字样；

（二）确定的金额；

（三）付款人名称；

（四）收款人名称；

（五）委托收款凭据名称及附寄单证张数；

（六）委托日期；

（七）收款人签章。

欠缺记载上列事项之一的，银行不予受理。

委托收款以银行以外的单位为付款人的,委托收款凭证必须记载付款人开户银行名称;以银行以外的单位或在银行开立存款账户的个人为收款人的,委托收款凭证必须记载收款人开户银行名称;未在银行开立存款账户的个人为收款人的,委托收款凭证必须记载被委托银行名称。欠缺记载的,银行不予受理。

第二百零三条 委托。收款人办理委托收款应向银行提交委托收款凭证和有关的债务证明。

第二百零四条 付款。银行接到寄来的委托收款凭证及债务证明,审查无误办理付款。

(一)以银行为付款人的,银行应在当日将款项主动支付给收款人。

(二)以单位为付款人的,银行应及时通知付款人,按照有关办法规定,需要将有关债务证明交给付款人的应交给付款人,并签收。

付款人应于接到通知的当日书面通知银行付款。

按照有关办法规定,付款人未在接到通知日的次日起3日内通知银行付款的,视同付款人同意付款,银行应于付款人接到通知日的次日起第4日上午开始营业时,将款项划给收款人。

付款人提前收到由其付款的债务证明,应通知银行于债务证明的到期日付款。付款人未于接到通知日的次日起3日内通知银行付款,付款人接到通知日的次日起第4日在债务证明到期日之前的,银行应于债务证明到期日将款项划给收款人。

银行在办理划款时,付款人存款账户不足支付的,应通过被委托银行向收款人发出未付款项通知书。按照有关办法规定,债务证明留存付款人开户银行的,应将其债务证明连同未付款项通知书邮寄被委托银行转交收款人。

第二百零五条 拒绝付款。付款人审查有关债务证明后,对收款人委托收取的款项需要拒绝付款的,可以办理拒绝付款。

(一)以银行为付款人的,应自收到委托收款及债务证明的次日起3日内出具拒绝证明连同有关债务证明、凭证寄给被委托银行,转交收款人。

(二)以单位为付款人的,应在付款人接到通知日的次日起3日内出具拒绝证明,持有债务证明的,应将其送交开户银行。银行将拒绝证明、债务证明和有关凭证一并寄给被委托银行,转交收款人。

第二百零六条 在同城范围内,收款人收取公用事业费或根据国务院的规定,可以使用同城特约委托收款。

收取公用事业费,必须具有收付双方事先签订的经济合同,由付款人向开户银行授权,并经开户银行同意,报经中国人民银行当地分支行批准。

第五章 结算纪律与责任

第二百零七条 单位和个人办理支付结算,不准签发没有资金保证的票据或远期支票,套取银行信用;不准签发、取得和转让没有真实交易和债权债务的票据,套取银行和他人资金;不准无理拒绝付款,任意占用他人资金;不准违反规定开立和使用账户。

第二百零八条 银行办理支付结算，不准以任何理由压票、任意退票、截留挪用客户和他行资金；不准无理拒绝支付应由银行支付的票据款项；不准受理无理拒付、不扣少扣滞纳金；不准违章签发、承兑、贴现票据，套取银行资金；不准签发空头银行汇票、银行本票和办理空头汇款；不准在支付结算制度之外规定附加条件，影响汇路畅通；不准违反规定为单位和个人开立账户；不准拒绝受理、代理他行正常结算业务；不准放弃对企事业单位和个人违反结算纪律的制裁；不准逃避向人民银行转汇大额汇划款项。

第二百零九条 单位、个人和银行按照法定条件在票据上签章的，必须按照所记载的事项承担票据责任。

第二百一十条 单位签发商业汇票后，必须承担保证该汇票承兑和付款的责任。

单位和个人签发支票后，必须承担保证该支票付款的责任。

银行签发银行汇票、银行本票后，即承担该票据付款的责任。

第二百一十一条 商业汇票的背书人背书转让票据后，即承担保证其后手所持票据承兑和付款责任。

银行汇票、银行本票或支票的背书人背书转让票据后，即承担保证其后手所持票据付款的责任。

单位或银行承兑商业汇票后，必须承担该票据付款的责任。

第二百一十二条 票据的保证人应当与被保证人对持票人承担连带责任。

第二百一十三条 变造票据除签章以外的记载事项的，在变造之前签章的人，对原记载事项负责，在变造之后签章的人，对变造之后的记载事项负责；不能辨别在票据被变造之前或者之后签章的，视同在变造之前签章。

第二百一十四条 持票人超过规定期限提示付款的，银行汇票、银行本票的出票人、商业汇票的承兑人，在持票人作出说明后，仍应当继续对持票人承担付款责任；支票的出票人对持票人的追索，仍应当承担清偿责任。

第二百一十五条 付款人及其代理付款人以恶意或者重大过失付款的，应当自行承担责任。

第二百一十六条 商业汇票的付款人在到期前付款的，由付款人自行承担所产生的责任。

第二百一十七条 承兑人或者付款人拒绝承兑或拒绝付款，未按规定出具拒绝证明、或者出具退票理由书的，应当承担由此产生的民事责任。

第二百一十八条 持票人不能出示拒绝证明、退票理由书或者未按规定期限提供其他合法证明丧失对其前手追索权的，承兑人或者付款人应对持票人承担责任。

第二百一十九条 持票人因不获承兑或不获付款，对其前手行使追索权时，票据的出票人、背书人和保证人对持票人承担连带责任。

第二百二十条 持票人行使追索权时，持票人及其前手未按《票据法》规定期限将被拒绝事由书面通知其前手的，因延期通知给其前手或者出票人造成损失的，由没有按照规定期限通知的票据当事人，在票据金额内承担对该损失的赔偿责任。

第二百二十一条　票据债务人在持票人不获付款或不获承兑时，应向持票人清偿《票据法》规定的金额和费用。

第二百二十二条　单位和个人签发空头支票、签章与预留银行签章不符或者支付密码错误的支票，应按照《票据管理实施办法》和本办法的规定承担行政责任。

第二百二十三条　单位为票据的付款人，对见票即付或者到期的票据，故意压票、拖延支付的，应按照《票据管理实施办法》的规定承担行政责任。

第二百二十四条　持卡人必须妥善保管和正确使用其信用卡，否则，应按规定承担因此造成的资金损失。

第二百二十五条　持卡人使用单位卡发生透支的，由其单位承担透支金额的偿还和支付透支利息的责任。持卡人使用个人卡附属卡发生透支的，由其主卡持卡人承担透支金额的偿还和支付透支利息的责任；主卡持卡人丧失偿还能力的，由其附属卡持卡人承担透支金额的偿还和支付透支利息的责任。

第二百二十六条　持卡人办理挂失后，被冒用造成的损失，有关责任人按照信用卡章程的规定承担责任。

第二百二十七条　持卡人违反本办法规定使用信用卡进行商品交易、套取现金以及出租或转借信用卡的，应按规定承担行政责任。

第二百二十八条　单位卡持卡人违反本办法规定，将基本存款账户以外的存款和销货款收入的款项转入其信用卡账户的；个人卡持卡人违反本办法规定，将单位的款项转入其信用卡账户的，应按规定承担行政责任。

第二百二十九条　特约单位受理信用卡时，应当按照规定的操作程序办理，否则，由其承担因此造成的资金损失。

第二百三十条　发卡银行未按规定时间将止付名单发至特约单位的，应由其承担因此造成的资金损失。

第二百三十一条　银行违反本办法规定，未经批准发行信用卡的；帮助持卡人将其基本存款账户以外的存款或其他款项转入单位卡账户，将单位的款项转入个人卡账户的；违反规定帮助持卡人提取现金的，应按规定承担行政责任。

第二百三十二条　非金融机构、非银行金融机构、境外金融机构驻华代表机构违反规定，经营信用卡业务的，应按规定承担行政责任。

第二百三十三条　付款单位对收款单位托收的款项逾期付款，应按照规定承担赔偿责任；付款单位变更开户银行、账户名称和账号，未能及时通知收款单位，影响收取款项的，应由付款单位承担逾期付款赔偿责任；付款单位提出的无理拒绝付款，对收款单位重办的托收，应承担自第一次托收承付期满日起逾期付款赔偿责任。

第二百三十四条　单位和个人办理支付结算，未按照本办法的规定填写票据或结算凭证或者填写有误，影响资金使用或造成资金损失；票据或印章丢失，造成资金损失的，由其自行负责。

第二百三十五条　单位和个人违反本办法的规定，银行停止其使用有关支付结算工具，因此造成的后果，由单位和个人自行负责。

第二百三十六条 付款单位到期无款支付，逾期不退回托收承付有关单证的，应按规定承担行政责任。

第二百三十七条 城乡集体所有制工业企业未经银行批准，擅自办理托收承付结算的，应按规定承担行政责任。

第二百三十八条 单位和个人违反《银行账户管理办法》开立和使用账户的，应按规定承担行政责任。

第二百三十九条 对单位和个人承担行政责任的处罚，由中国人民银行委托商业银行执行。

第二百四十条 收款人或持票人委托的收款银行的责任，限于收到付款人支付的款项后按照票据和结算凭证上记载的事项将票据或结算凭证记载的金额转入收款人或持票人账户。

付款人委托的付款银行的责任，限于按照票据和结算凭证上记载事项从付款人账户支付金额。但托收承付结算中的付款人开户银行，应按照托收承付结算方式有关规定承担责任。

第二百四十一条 银行办理支付结算，因工作差错发生延误，影响客户和他行资金使用的，按中国人民银行规定的同档次流动资金贷款利率计付赔偿金。

第二百四十二条 银行违反规定故意压票、退票、拖延支付，受理无理拒付、擅自拒付退票、有款不扣以及不扣、少扣赔偿金，截留挪用结算资金，影响客户和他行资金使用的，要按规定承担赔偿责任。因重大过失错付或被冒领的，要负责资金赔偿。

第二百四十三条 银行违反本办法规定将支付结算的款项转入储蓄和信用卡账户的，应按规定承担行政责任。

第二百四十四条 银行违反规定签发空头银行汇票、银行本票和办理空头汇款的，应按照规定承担行政责任。

第二百四十五条 银行违反规定故意压票、退票、拖延支付，受理无理拒付、擅自拒付退票、有款不扣以及不扣、少扣赔偿金，截留、挪用结算资金的，应按规定承担行政责任。

第二百四十六条 银行未按规定通过人民银行办理大额转汇的，应按规定承担行政责任。

第二百四十七条 银行在结算制度之外规定附加条件，影响汇路畅通的，应按规定承担行政责任。

第二百四十八条 银行违反《银行账户管理办法》开立和管理账户的，应按规定承担行政责任。

第二百四十九条 违反国家法律、法规和未经中国人民银行批准，作为中介机构经营结算业务的；未经中国人民银行批准，开办银行汇票、银行本票、支票、信用卡业务的，应按规定承担行政责任。

第二百五十条 金融机构的工作人员在票据业务中玩忽职守，对违反规定的票据予以承兑、付款、保证或者贴现的，应按照《票据管理实施办法》的规定承担行政责任或刑事责任。

第二百五十一条 违反本办法规定擅自印制票据的，应按照《票据管理实施办法》的规定承担行政责任。

第二百五十二条 邮电部门在传递票据、结算凭证和拍发电报中，因工作差错而发生积压、丢失、错投、错拍、漏拍、重拍等，造成结算延误，影响单位、个人和银行资金使用或造成资金损失的，由邮电部门负责。

第二百五十三条 伪造、变造票据和结算凭证上的签章或其他记载事项的，应当承担民事责任或刑事责任。

第二百五十四条 有利用票据、信用卡、结算凭证欺诈的行为，构成犯罪的，应依法承担刑事责任。情节轻微，不构成犯罪的，应按照规定承担行政责任。

第六章 附 则

第二百五十五条 本办法规定的各项期限的计算，适用民法通则关于计算期间的规定。期限最后一日是法定休假日的，以休假日的次日为最后一日。

按月计算期限的，按到期月的对日计算；无对日的，月末日为到期日。

本办法所规定的各项期限，可以因不可抗力的原因而中止。不可抗力的原因消失时，期限可以顺延。

第二百五十六条 银行汇票、商业汇票由中国人民银行总行统一格式、联次、颜色、规格，并在中国人民银行总行批准的印制厂印制。由各家银行总行组织定货和管理。

银行本票、支票由中国人民银行总行统一格式、联次、颜色、规格，并在中国人民银行总行批准的印制厂印制，由中国人民银行各省、自治区、直辖市、计划单列市分行负责组织各商业银行定货和管理。

信用卡按中国人民银行的有关规定印制，信用卡结算凭证的格式、联次、颜色、规格由中国人民银行总行统一规定，各发卡银行总行负责印制。

汇兑凭证、托收承付凭证、委托收款凭证由中国人民银行总行统一格式、联次、颜色、规格，由各行负责印制和管理。

第二百五十七条 银行办理各项支付结算业务，根据承担的责任和业务成本以及应付给有关部门的费用，分别收取邮费、电报费、手续费、凭证工本费（信用卡卡片费）、挂失手续费，以及信用卡年费、特约手续费、异地存取款手续费。收费范围，除财政金库全部免收、存款不计息账户免收邮费、手续费外，对其他单位和个人都要按照规定收取费用。

邮费，单程的每笔按邮局挂号信每件收费标准收费；双程的每笔按邮局挂号信二件收费标准收费；客户要求使用特快专递的，按邮局规定的收费标准收取；超重部分按邮局规定的标准加收。

电报费，每笔按四十五个字照电报费标准收取，超过的字数按每字收费的标准加收。急电均加倍收取电报费。

手续费，按银行规定的标准收取。

银行办理支付结算业务按照附二《支付结算业务收费表》收取手续费和邮电费。

信用卡统一的收费标准，中国人民银行将另行规定。

支票的手续费由经办银行向购买人收取，其他结算的手续费、邮电费一律由经办银行向委托人收取。

凭证工本费，按照不同凭证的成本价格，向领用人收取。

第二百五十八条 各部门、各单位制定的有关规定，涉及支付结算而与本办法有抵触的，一律按照本办法的规定执行。

中国人民银行过去有关支付结算的规定与本办法有抵触的，以本办法为准。

第二百五十九条 本办法由中国人民银行总行负责解释、修改。

第二百六十条 本办法自1997年12月1日起施行。

附一　正确填写票据和结算凭证的基本规定

附二　支付结算业务收费表（略）

附一

正确填写票据和结算凭证的基本规定

　　银行、单位和个人填写的各种票据和结算凭证是办理支付结算和现金收付的重要依据，直接关系到支付结算的准确、及时和安全。票据和结算凭证是银行、单位和个人凭以记载账务的会计凭证，是记载经济业务和明确经济责任的一种书面证明。因此，填写票据和结算凭证，必须做到标准化、规范化，要要素齐全、数字正确、字迹清晰、不错漏、不潦草，防止涂改。

　　一、中文大写金额数字应用正楷或行书填写，如壹（壹）、贰（貳）、叁、肆（肆）、伍（伍）、陆（陸）、柒、捌、玖、拾、佰、仟、万（萬）、亿、元、角、分、零、整（正）等字样。不得用一、二（两）、三、四、五、六、七、八、九、十、念、毛、另（或0）填写，不得自造简化字。如果金额数字书写中使用繁体字，如贰、陆、亿、萬、圆的，也应受理。

　　二、中文大写金额数字到"元"为止的，在"元"之后，应写"整"（或"正"）字，在"角"之后可以不写"整"（或"正"）字。大写金额数字有"分"的，"分"后面不写"整"（或"正"）字。

　　三、中文大写金额数字前应标明"人民币"字样，大写金额数字有"分"的，"分"后面不写"整"（或"正"）字。

　　四、中文大写金额数字前应标明"人民币"字样，大写金额数字应紧接"人民币"字样填写，不得留有空白。大写金额数字前未印"人民币"字样的，应加填"人民币"三字。在票据和结算凭证大写金额栏内不得预印固定的"仟、佰、拾、万、仟、佰、拾、元、角、分"字样。

　　五、阿拉伯小写金额数字中有0时，中文大写应按照汉语语言规律、金额数字构成和防止涂改的要求进行书写。举例如下：

　　（一）阿拉伯数字中间有0时，中文大写金额要写零字。如￥1,409.50，应写成人民币壹仟肆佰零玖元伍角。

　　（二）阿拉伯数字中间连续有几个0时，中文大写金额中间可以只写一个零字。如￥6,007.14，应写成人民币陆仟零柒元壹角肆分。

　　（三）阿拉伯金额数字万位或元位是0，或者数字中间连续有几个0，万位、元位也是0，但千位、角位不是0时，中文大写金额中可以只写一个零字，也可以不写零字。如￥1,680.32，应写成人民币壹仟陆佰捌拾元零叁角贰分，或者写成人民币壹仟陆佰捌拾元叁角贰分；又如￥107,000.53，应写成人民币壹拾万柒仟元零伍角叁分，或者写成人民币壹拾万零柒仟元伍角叁分。

　　（四）阿拉伯金额数字角位是0，而分位不是0时，中文大额；元后面应写零字。如￥16,409.02，应写成人民币壹万陆仟肆佰零玖元零贰分；又如￥325.04，应写成人民币叁佰贰拾伍元零肆分。

六、阿拉伯小写金额数字前面，均应填写人民币符号￥（或草写：￥）。阿拉伯小写金额数字要认真填写，不得连写分辨不清。

七、票据的出票日期必须使用中文大写。为防止变造票据的出票日期，在填写月、日时，月为壹、贰和壹拾的，日为壹至玖和壹拾、贰拾和叁拾的，应在其前加零；日为拾壹至拾玖的，应在其前加壹。如1月15日，应写成零壹月壹拾伍日。再如10月20日，应写成零壹拾月零贰拾日。

八、票据出票日期使用小写填写的，银行不予受理。大写日期未按要求规范填写的，银行可予受理，但由此造成损失的，由出票人自行承担。

人民币银行结算账户管理办法

(中国人民银行令〔2003〕第5号)

为规范人民币银行结算账户的开立和使用,维护经济金融秩序稳定,中国人民银行制定了《人民币银行结算账户管理办法》,经2002年8月21日第34次行长办公会议通过,现予公布,自2003年9月1日起施行。

行长　周小川
二〇〇三年四月十日

第一章　总　则

第一条　为规范人民币银行结算账户(以下简称银行结算账户)的开立和使用,加强银行结算账户管理,维护经济金融秩序稳定,根据《中华人民共和国中国人民银行法》和《中华人民共和国商业银行法》等法律法规,制定本办法。

第二条　存款人在中国境内的银行开立的银行结算账户适用本办法。

本办法所称存款人,是指在中国境内开立银行结算账户的机关、团体、部队、企业、事业单位、其他组织(以下统称单位)、个体工商户和自然人。

本办法所称银行,是指在中国境内经中国人民银行批准经营支付结算业务的政策性银行、商业银行(含外资独资银行、中外合资银行、外国银行分行)、城市信用合作社、农村信用合作社。

本办法所称银行结算账户,是指银行为存款人开立的办理资金收付结算的人民币活期存款账户。

第三条　银行结算账户按存款人分为单位银行结算账户和个人银行结算账户。

(一)存款人以单位名称开立的银行结算账户为单位银行结算账户。单位银行结算账户按用途分为基本存款账户、一般存款账户、专用存款账户、临时存款账户。

个体工商户凭营业执照以字号或经营者姓名开立的银行结算账户纳入单位银行结算账户管理。

(二)存款人凭个人身份证件以自然人名称开立的银行结算账户为个人银行结算账户。

邮政储蓄机构办理银行卡业务开立的账户纳入个人银行结算账户管理。

第四条　单位银行结算账户的存款人只能在银行开立一个基本存款账户。

第五条 存款人应在注册地或住所地开立银行结算账户。符合本办法规定可以在异地（跨省、市、县）开立银行结算账户的除外。

第六条 存款人开立基本存款账户、临时存款账户和预算单位开立专用存款账户实行核准制度，经中国人民银行核准后由开户银行核发开户登记证。但存款人因注册验资需要开立的临时存款账户除外。

第七条 存款人可以自主选择银行开立银行结算账户。除国家法律、行政法规和国务院规定外，任何单位和个人不得强令存款人到指定银行开立银行结算账户。

第八条 银行结算账户的开立和使用应当遵守法律、行政法规，不得利用银行结算账户进行偷逃税款、逃废债务、套取现金及其他违法犯罪活动。

第九条 银行应依法为存款人的银行结算账户信息保密。对单位银行结算账户的存款和有关资料，除国家法律、行政法规另有规定外，银行有权拒绝任何单位或个人查询。对个人银行结算账户的存款和有关资料，除国家法律另有规定外，银行有权拒绝任何单位或个人查询。

第十条 中国人民银行是银行结算账户的监督管理部门。

第二章　银行结算账户的开立

第十一条 基本存款账户是存款人因办理日常转账结算和现金收付需要开立的银行结算账户。下列存款人，可以申请开立基本存款账户：

（一）企业法人。

（二）非法人企业。

（三）机关、事业单位。

（四）团级（含）以上军队、武警部队及分散执勤的支（分）队。

（五）社会团体。

（六）民办非企业组织。

（七）异地常设机构。

（八）外国驻华机构。

（九）个体工商户。

（十）居民委员会、村民委员会、社区委员会。

（十一）单位设立的独立核算的附属机构。

（十二）其他组织。

第十二条 一般存款账户是存款人因借款或其他结算需要，在基本存款账户开户银行以外的银行营业机构开立的银行结算账户。

第十三条 专用存款账户是存款人按照法律、行政法规和规章，对其特定用途资金进行专项管理和使用而开立的银行结算账户。对下列资金的管理与使用，存款人可以申请开立专用存款账户：

（一）基本建设资金。

（二）更新改造资金。

（三）财政预算外资金。

（四）粮、棉、油收购资金。

（五）证券交易结算资金。

（六）期货交易保证金。

（七）信托基金。

（八）金融机构存放同业资金。

（九）政策性房地产开发资金。

（十）单位银行卡备用金。

（十一）住房基金。

（十二）社会保障基金。

（十三）收入汇缴资金和业务支出资金。

（十四）党、团、工会设在单位的组织机构经费。

（十五）其他需要专项管理和使用的资金。

收入汇缴资金和业务支出资金，是指基本存款账户存款人附属的非独立核算单位或派出机构发生的收入和支出的资金。

因收入汇缴资金和业务支出资金开立的专用存款账户，应使用隶属单位的名称。

第十四条　临时存款账户是存款人因临时需要并在规定期限内使用而开立的银行结算账户。有下列情况的，存款人可以申请开立临时存款账户：

（一）设立临时机构。

（二）异地临时经营活动。

（三）注册验资。

第十五条　个人银行结算账户是自然人因投资、消费、结算等而开立的可办理支付结算业务的存款账户。有下列情况的，可以申请开立个人银行结算账户：

（一）使用支票、信用卡等信用支付工具的。

（二）办理汇兑、定期借记、定期贷记、借记卡等结算业务的。

自然人可根据需要申请开立个人银行结算账户，也可以在已开立的储蓄账户中选择并向开户银行申请确认为个人银行结算账户。

第十六条　存款人有下列情形之一的，可以在异地开立有关银行结算账户：

（一）营业执照注册地与经营地不在同一行政区域（跨省、市、县）需要开立基本存款账户的。

（二）办理异地借款和其他结算需要开立一般存款账户的。

（三）存款人因附属的非独立核算单位或派出机构发生的收入汇缴或业务支出需要开立专用存款账户的。

（四）异地临时经营活动需要开立临时存款账户的。

（五）自然人根据需要在异地开立个人银行结算账户的。

第十七条　存款人申请开立基本存款账户，应向银行出具下列证明文件：

（一）企业法人，应出具企业法人营业执照正本。

（二）非法人企业，应出具企业营业执照正本。

（三）机关和实行预算管理的事业单位，应出具政府人事部门或编制委员会的批文或登记证书和财政部门同意其开户的证明；非预算管理的事业单位，应出具政府人事部门或编制委员会的批文或登记证书。

（四）军队、武警团级（含）以上单位以及分散执勤的支（分）队，应出具军队军级以上单位财务部门、武警总队财务部门的开户证明。

（五）社会团体，应出具社会团体登记证书，宗教组织还应出具宗教事务管理部门的批文或证明。

（六）民办非企业组织，应出具民办非企业登记证书。

（七）外地常设机构，应出具其驻在地政府主管部门的批文。

（八）外国驻华机构，应出具国家有关主管部门的批文或证明；外资企业驻华代表处、办事处应出具国家登记机关颁发的登记证。

（九）个体工商户，应出具个体工商户营业执照正本。

（十）居民委员会、村民委员会、社区委员会，应出具其主管部门的批文或证明。

（十一）独立核算的附属机构，应出具其主管部门的基本存款账户开户登记证和批文。

（十二）其他组织，应出具政府主管部门的批文或证明。

本条中的存款人为从事生产、经营活动纳税人的，还应出具税务部门颁发的税务登记证。

第十八条 存款人申请开立一般存款账户，应向银行出具其开立基本存款账户规定的证明文件、基本存款账户开户登记证和下列证明文件：

（一）存款人因向银行借款需要，应出具借款合同。

（二）存款人因其他结算需要，应出具有关证明。

第十九条 存款人申请开立专用存款账户，应向银行出具其开立基本存款账户规定的证明文件、基本存款账户开户登记证和下列证明文件：

（一）基本建设资金、更新改造资金、政策性房地产开发资金、住房基金、社会保障基金，应出具主管部门批文。

（二）财政预算外资金，应出具财政部门的证明。

（三）粮、棉、油收购资金，应出具主管部门批文。

（四）单位银行卡备用金，应按照中国人民银行批准的银行卡章程的规定出具有关证明和资料。

（五）证券交易结算资金，应出具证券公司或证券管理部门的证明。

（六）期货交易保证金，应出具期货公司或期货管理部门的证明。

（七）金融机构存放同业资金，应出具其证明。

（八）收入汇缴资金和业务支出资金，应出具基本存款账户存款人有关的证明。

（九）党、团、工会设在单位的组织机构经费，应出具该单位或有关部门的批文或证明。

（十）其他按规定需要专项管理和使用的资金，应出具有关法规、规章或政府部门的有关文件。

第二十条 合格境外机构投资者在境内从事证券投资开立的人民币特殊账户和人民币结算资金账户纳入专用存款账户管理。其开立人民币特殊账户时应出具国家外汇管理部门的批复文件，开立人民币结算资金账户时应出具证券管理部门的证券投资业务许可证。

第二十一条 存款人申请开立临时存款账户，应向银行出具下列证明文件：

（一）临时机构，应出具其驻在地主管部门同意设立临时机构的批文。

（二）异地建筑施工及安装单位，应出具其营业执照正本或其隶属单位的营业执照正本，以及施工及安装地建设主管部门核发的许可证或建筑施工及安装合同。

（三）异地从事临时经营活动的单位，应出具其营业执照正本以及临时经营地工商行政管理部门的批文。

（四）注册验资资金，应出具工商行政管理部门核发的企业名称预先核准通知书或有关部门的批文。

本条第二项、第三项还应出具其基本存款账户开户登记证。

第二十二条 存款人申请开立个人银行结算账户，应向银行出具下列证明文件：

（一）中国居民，应出具居民身份证或临时身份证。

（二）中国人民解放军军人，应出具军人身份证件。

（三）中国人民武装警察，应出具武警身份证件。

（四）香港、澳门居民，应出具港澳居民往来内地通行证；台湾居民，应出具台湾居民来往大陆通行证或者其他有效旅行证件。

（五）外国公民，应出具护照。

（六）法律、法规和国家有关文件规定的其他有效证件。

银行为个人开立银行结算账户时，根据需要还可要求申请人出具户口簿、驾驶执照、护照等有效证件。

第二十三条 存款人需要在异地开立单位银行结算账户，除出具本办法第十七条、第十八条、第十九条、第二十一条规定的有关证明文件外，应出具下列相应的证明文件：

（一）经营地与注册地不在同一行政区域的存款人，在异地开立基本存款账户的，应出具注册地中国人民银行分支行的未开立基本存款账户的证明。

（二）异地借款的存款人，在异地开立一般存款账户的，应出具在异地取得贷款的借款合同。

（三）因经营需要在异地办理收入汇缴和业务支出的存款人，在异地开立专用存款账户的，应出具隶属单位的证明。

属本条第二项、第三项情况的，还应出具其基本存款账户开户登记证。

存款人需要在异地开立个人银行结算账户，应出具本办法第二十二条规定的证明文件。

第二十四条 单位开立银行结算账户的名称应与其提供的申请开户的证明文件的名称全称相一致。有字号的个体工商户开立银行结算账户的名称应与其营业执照的字号相一致；无字号的个体工商户开立银行结算账户的名称，由"个体户"字样和营业执照记载的经营者姓名组成。自然人开立银行结算账户的名称应与其提供的有效身份证件中的名称全称相一致。

第二十五条 银行为存款人开立一般存款账户、专用存款账户和临时存款账户的，应自开户之日起3个工作日内书面通知基本存款账户开户银行。

第二十六条 存款人申请开立单位银行结算账户时，可由法定代表人或单位负责人直接办理，也可授权他人办理。

由法定代表人或单位负责人直接办理的，除出具相应的证明文件外，还应出具法定代表人或单位负责人的身份证件；授权他人办理的，除出具相应的证明文件外，还应出具其法定代表人或单位负责人的授权书及其身份证件，以及被授权人的身份证件。

第二十七条 存款人申请开立银行结算账户时，应填制开户申请书。开户申请书按照中国人民银行的规定记载有关事项。

第二十八条 银行应对存款人的开户申请书填写的事项和证明文件的真实性、完整性、合规性进行认真审查。

开户申请书填写的事项齐全，符合开立基本存款账户、临时存款账户和预算单位专用存款账户条件的，银行应将存款人的开户申请书、相关的证明文件和银行审核意见等开户资料报送中国人民银行当地分支行，经其核准后办理开户手续；符合开立一般存款账户、其他专用存款账户和个人银行结算账户条件的，银行应办理开户手续，并于开户之日起5个工作日内向中国人民银行当地分支行备案。

第二十九条 中国人民银行应于2个工作日内对银行报送的基本存款账户、临时存款账户和预算单位专用存款账户的开户资料的合规性予以审核，符合开户条件的，予以核准；不符合开户条件的，应在开户申请书上签署意见，连同有关证明文件一并退回报送银行。

第三十条 银行为存款人开立银行结算账户，应与存款人签订银行结算账户管理协议，明确双方的权利与义务。除中国人民银行另有规定的以外，应建立存款人预留签章卡片，并将签章式样和有关证明文件的原件或复印件留存归档。

第三十一条 开户登记证是记载单位银行结算账户信息的有效证明，存款人应按本办法的规定使用，并妥善保管。

第三十二条 银行在为存款人开立一般存款账户、专用存款账户和临时存款账户时，应在其基本存款账户开户登记证上登记账户名称、账号、账户性质、开户银行、开户日期，并签章。但临时机构和注册验资需要开立的临时存款账户除外。

第三章 银行结算账户的使用

第三十三条 基本存款账户是存款人的主办账户。存款人日常经营活动的资金收付及其工资、奖金和现金的支取，应通过该账户办理。

第三十四条 一般存款账户用于办理存款人借款转存、借款归还和其他结算的资金收付。该账户可以办理现金缴存，但不得办理现金支取。

第三十五条 专用存款账户用于办理各项专用资金的收付。

单位银行卡账户的资金必须由其基本存款账户转账存入。该账户不得办理现金收付业务。

财政预算外资金、证券交易结算资金、期货交易保证金和信托基金专用存款账户不得支取现金。

基本建设资金、更新改造资金、政策性房地产开发资金、金融机构存放同业资金账户需要支取现金的，应在开户时报中国人民银行当地分支行批准。中国人民银行当地分支行应根据国家现金管理的规定审查批准。

粮、棉、油收购资金、社会保障基金、住房基金和党、团、工会经费等专用存款账户支取现金应按照国家现金管理的规定办理。

收入汇缴账户除向其基本存款账户或预算外资金财政专用存款户划缴款项外，只收不付，不得支取现金。业务支出账户除从其基本存款账户拨入款项外，只付不收，其现金支取必须按照国家现金管理的规定办理。

银行应按照本条的各项规定和国家对粮、棉、油收购资金使用管理规定加强监督，对不符合规定的资金收付和现金支取，不得办理。但对其他专用资金的使用不负监督责任。

第三十六条 临时存款账户用于办理临时机构以及存款人临时经营活动发生的资金收付。

临时存款账户应根据有关开户证明文件确定的期限或存款人的需要确定其有效期限。存款人在账户的使用中需要延长期限的，应在有效期限内向开户银行提出申请，并由开户银行报中国人民银行当地分支行核准后办理展期。临时存款账户的有效期最长不得超过 2 年。

临时存款账户支取现金，应按照国家现金管理的规定办理。

第三十七条 注册验资的临时存款账户在验资期间只收不付，注册验资资金的汇缴人应与出资人的名称一致。

第三十八条 存款人开立单位银行结算账户，自正式开立之日起 3 个工作日后，方可办理付款业务。但注册验资的临时存款账户转为基本存款账户和因借款转存开立的一般存款账户除外。

第三十九条 个人银行结算账户用于办理个人转账收付和现金存取。下列款项可以转入个人银行结算账户：

（一）工资、奖金收入。

（二）稿费、演出费等劳务收入。

（三）债券、期货、信托等投资的本金和收益。

（四）个人债权或产权转让收益。

（五）个人贷款转存。

（六）证券交易结算资金和期货交易保证金。
（七）继承、赠与款项。
（八）保险理赔、保费退还等款项。
（九）纳税退还。
（十）农、副、矿产品销售收入。
（十一）其他合法款项。

第四十条 单位从其银行结算账户支付给个人银行结算账户的款项，每笔超过5万元的，应向其开户银行提供下列付款依据：
（一）代发工资协议和收款人清单。
（二）奖励证明。
（三）新闻出版、演出主办等单位与收款人签订的劳务合同或支付给个人款项的证明。
（四）证券公司、期货公司、信托投资公司、奖券发行或承销部门支付或退还给自然人款项的证明。
（五）债权或产权转让协议。
（六）借款合同。
（七）保险公司的证明。
（八）税收征管部门的证明。
（九）农、副、矿产品购销合同。
（十）其他合法款项的证明。

从单位银行结算账户支付给个人银行结算账户的款项应纳税的，税收代扣单位付款时应向其开户银行提供完税证明。

第四十一条 有下列情形之一的，个人应出具本办法第四十条规定的有关收款依据。
（一）个人持出票人为单位的支票向开户银行委托收款，将款项转入其个人银行结算账户的。
（二）个人持申请人为单位的银行汇票和银行本票向开户银行提示付款，将款项转入其个人银行结算账户的。

第四十二条 单位银行结算账户支付给个人银行结算账户款项的，银行应按第四十条、第四十一条规定认真审查付款依据或收款依据的原件，并留存复印件，按会计档案保管。未提供相关依据或相关依据不符合规定的，银行应拒绝办理。

第四十三条 储蓄账户仅限于办理现金存取业务，不得办理转账结算。

第四十四条 银行应按规定与存款人核对账务。银行结算账户的存款人收到对账单或对账信息后，应及时核对账务并在规定期限内向银行发出对账回单或确认信息。

第四十五条 存款人应按照本办法的规定使用银行结算账户办理结算业务。
存款人不得出租、出借银行结算账户，不得利用银行结算账户套取银行信用。

第四章　银行结算账户的变更与撤销

第四十六条　存款人更改名称，但不改变开户银行及账号的，应于 5 个工作日内向开户银行提出银行结算账户的变更申请，并出具有关部门的证明文件。

第四十七条　单位的法定代表人或主要负责人、住址以及其他开户资料发生变更时，应于 5 个工作日内书面通知开户银行并提供有关证明。

第四十八条　银行接到存款人的变更通知后，应及时办理变更手续，并于 2 个工作日内向中国人民银行报告。

第四十九条　有下列情形之一的，存款人应向开户银行提出撤销银行结算账户的申请：

（一）被撤并、解散、宣告破产或关闭的。
（二）注销、被吊销营业执照的。
（三）因迁址需要变更开户银行的。
（四）其他原因需要撤销银行结算账户的。

存款人有本条第一项、第二项情形的，应于 5 个工作日内向开户银行提出撤销银行结算账户的申请。

本条所称撤销是指存款人因开户资格或其他原因终止银行结算账户使用的行为。

第五十条　存款人因本办法第四十九条第一项、第二项原因撤销基本存款账户的，存款人基本存款账户的开户银行应自撤销银行结算账户之日起 2 个工作日内将撤销该基本存款账户的情况书面通知该存款人其他银行结算账户的开户银行；存款人其他银行结算账户的开户银行，应自收到通知之日起 2 个工作日内通知存款人撤销有关银行结算账户；存款人应自收到通知之日起 3 个工作日内办理其他银行结算账户的撤销。

第五十一条　银行得知存款人有本办法第四十九条第一项、第二项情况，存款人超过规定期限未主动办理撤销银行结算账户手续的，银行有权停止其银行结算账户的对外支付。

第五十二条　未获得工商行政管理部门核准登记的单位，在验资期满后，应向银行申请撤销注册验资临时存款账户，其账户资金应退还给原汇款人账户。注册验资资金以现金方式存入，出资人需提取现金的，应出具缴存现金时的现金缴款单原件及其有效身份证件。

第五十三条　存款人尚未清偿其开户银行债务的，不得申请撤销该账户。

第五十四条　存款人撤销银行结算账户，必须与开户银行核对银行结算账户存款余额，交回各种重要空白票据及结算凭证和开户登记证，银行核对无误后方可办理销户手续。存款人未按规定交回各种重要空白票据及结算凭证的，应出具有关证明，造成损失的，由其自行承担。

第五十五条　银行撤销单位银行结算账户时应在其基本存款账户开户登记证上注明销户日期并签章，同时于撤销银行结算账户之日起 2 个工作日内，向中国人民银行报告。

第五十六条 银行对一年未发生收付活动且未欠开户银行债务的单位银行结算账户,应通知单位自发出通知之日起 30 日内办理销户手续,逾期视同自愿销户,未划转款项列入久悬未取专户管理。

第五章 银行结算账户的管理

第五十七条 中国人民银行负责监督、检查银行结算账户的开立和使用,对存款人、银行违反银行结算账户管理规定的行为予以处罚。

第五十八条 中国人民银行对银行结算账户的开立和使用实施监控和管理。

第五十九条 中国人民银行负责基本存款账户、临时存款账户和预算单位专用存款账户开户登记证的管理。

任何单位及个人不得伪造、变造及私自印制开户登记证。

第六十条 银行负责所属营业机构银行结算账户开立和使用的管理,监督和检查其执行本办法的情况,纠正违规开立和使用银行结算账户的行为。

第六十一条 银行应明确专人负责银行结算账户的开立、使用和撤销的审查和管理,负责对存款人开户申请资料的审查,并按照本办法的规定及时报送存款人开销户信息资料,建立健全开销户登记制度,建立银行结算账户管理档案,按会计档案进行管理。

银行结算账户管理档案的保管期限为银行结算账户撤销后 10 年。

第六十二条 银行应对已开立的单位银行结算账户实行年检制度,检查开立的银行结算账户的合规性,核实开户资料的真实性;对不符合本办法规定开立的单位银行结算账户,应予以撤销。对经核实的各类银行结算账户的资料变动情况,应及时报告中国人民银行当地分支行。

银行应对存款人使用银行结算账户的情况进行监督,对存款人的可疑支付应按照中国人民银行规定的程序及时报告。

第六十三条 存款人应加强对预留银行签章的管理。单位遗失预留公章或财务专用章的,应向开户银行出具书面申请、开户登记证、营业执照等相关证明文件;更换预留公章或财务专用章时,应向开户银行出具书面申请、原预留签章的式样等相关证明文件。个人遗失或更换预留个人印章或更换签字人时,应向开户银行出具经签名确认的书面申请,以及原预留印章或签字人的个人身份证件。银行应留存相应的复印件,并凭以办理预留银行签章的变更。

第六章 罚 则

第六十四条 存款人开立、撤销银行结算账户,不得有下列行为:

(一)违反本办法规定开立银行结算账户。

(二)伪造、变造证明文件欺骗银行开立银行结算账户。

(三)违反本办法规定不及时撤销银行结算账户。

非经营性的存款人,有上述所列行为之一的,给予警告并处以 1000 元的罚款;经营性的存款人有上述所列行为之一的，给予警告并处以1万元以上3万元以下的罚款；构成犯罪的，移交司法机关依法追究刑事责任。

第六十五条 存款人使用银行结算账户，不得有下列行为：

（一）违反本办法规定将单位款项转入个人银行结算账户。

（二）违反本办法规定支取现金。

（三）利用开立银行结算账户逃废银行债务。

（四）出租、出借银行结算账户。

（五）从基本存款账户之外的银行结算账户转账存入、将销货收入存入或现金存入单位信用卡账户。

（六）法定代表人或主要负责人、存款人地址以及其他开户资料的变更事项未在规定期限内通知银行。

非经营性的存款人有上述所列第一项至第五项行为的，给予警告并处以1000元罚款；经营性的存款人有上述所列第一项至第五项行为的，给予警告并处以5000元以上3万元以下的罚款；存款人有上述所列第六项行为的，给予警告并处以1000元的罚款。

第六十六条 银行在银行结算账户的开立中，不得有下列行为：

（一）违反本办法规定为存款人多头开立银行结算账户。

（二）明知或应知是单位资金，而允许以自然人名称开立账户存储。

银行有上述所列行为之一的，给予警告，并处以5万元以上30万元以下的罚款；对该银行直接负责的高级管理人员、其他直接负责的主管人员、直接责任人员按规定给予纪律处分；情节严重的，中国人民银行有权停止对其开立基本存款账户的核准，责令该银行停业整顿或者吊销经营金融业务许可证；构成犯罪的，移交司法机关依法追究刑事责任。

第六十七条 银行在银行结算账户的使用中，不得有下列行为：

（一）提供虚假开户申请资料欺骗中国人民银行许可开立基本存款账户、临时存款账户、预算单位专用存款账户。

（二）开立或撤销单位银行结算账户，未按本办法规定在其基本存款账户开户登记证上予以登记、签章或通知相关开户银行。

（三）违反本办法第四十二条规定办理个人银行结算账户转账结算。

（四）为储蓄账户办理转账结算。

（五）违反规定为存款人支付现金或办理现金存入。

（六）超过期限或未向中国人民银行报送账户开立、变更、撤销等资料。

银行有上述所列行为之一的，给予警告，并处以5000元以上3万元以下的罚款；对该银行直接负责的高级管理人员、其他直接负责的主管人员、直接责任人员按规定给予纪律处分；情节严重的，中国人民银行有权停止对其开立基本存款账户的核准，构成犯罪的，移交司法机关依法追究刑事责任。

第六十八条 违反本办法规定，伪造、变造、私自印制开户登记证的存款人，属非经营性的处以1000元罚款；属经营性的处以1万元以上3万元以下的罚款；构成犯罪的，移交司法机关依法追究刑事责任。

第七章 附 则

第六十九条 开户登记证由中国人民银行总行统一式样，中国人民银行各分行、营业管理部、省会（首府）城市中心支行负责监制。

第七十条 本办法由中国人民银行负责解释、修改。

第七十一条 本办法自 2003 年 9 月 1 日起施行。1994 年 10 月 9 日中国人民银行发布的《银行账户管理办法》同时废止。

中国人民银行关于印发《人民币银行结算账户管理办法实施细则》的通知

(银发〔2005〕16号)

中国人民银行各分行、营业管理部、省会(首府)城市中心支行,各政策性银行、国有独资商业银行、股份制商业银行,国家邮政局邮政储汇局:

现将《人民币银行结算账户管理办法实施细则》(以下简称《实施细则》)印发给你们,并就有关事项通知如下:

一、《国务院对确需保留的行政审批项目设定行政许可的决定》(国务院令〔2004〕412号)明确规定,"银行账户行政许可证核发"为人民银行职责范围内的行政许可项目。据此,《人民币银行结算账户管理办法》(以下简称《办法》)中所称"开户登记证"相应改为"开户许可证"。同时,《办法》第三十二条、第五十五条关于"银行撤销单位银行结算账户时应在其基本存款账户开户登记证上注明销户日期并签章"的规定以及第六十七条关于对该条第(二)项所列"开立或撤销单位银行结算账户,未按本办法规定在其基本存款账户开户登记证上予以登记、签章"的处罚规定不再适用。

二、在已运行人民币银行结算账户管理系统(以下简称账户管理系统)的省(自治区、直辖市)使用《实施细则》规定的"开户许可证";尚未运行账户管理系统的省(自治区、直辖市),仍使用《中国人民银行关于实施〈人民币银行结算账户管理办法〉有关事项的通知》(银发〔2003〕163号)规定的"开户核准通知书"。

三、请中国人民银行各分行、营业管理部、省会(首府)城市中心支行将本通知转发至所在省(自治区、直辖市)的城市商业银行、农村商业银行、农村合作银行、城乡信用社和外资银行,并做好本省(自治区、直辖市)的宣传和培训等工作,确保《办法》和《实施细则》的有效实施。

实施中的情况和问题,请及时报告中国人民银行。

附件:人民币银行结算账户管理办法实施细则

中国人民银行
二〇〇五年一月十九日

附件

人民币银行结算账户管理办法实施细则

第一章 总 则

第一条 为加强人民币银行结算账户（以下简称银行结算账户）管理，维护经济金融秩序稳定，根据《人民币银行结算账户管理办法》（以下简称《办法》），制定本实施细则。

第二条 《办法》和本实施细则所称银行，是指在中华人民共和国境内依法经批准设立，可经营人民币支付结算业务的银行业金融机构。

第三条 中国人民银行是银行结算账户的监督管理部门，负责对银行结算账户的开立、使用、变更和撤销进行检查监督。

第四条 中国人民银行通过人民币银行结算账户管理系统（以下简称账户管理系统）和其他合法手段，对银行结算账户的开立、使用、变更和撤销实施监控和管理。

第五条 中国人民银行对下列单位银行结算账户实行核准制度：

（一）基本存款账户；

（二）临时存款账户（因注册验资和增资验资开立的除外）；

（三）预算单位专用存款账户；

（四）合格境外机构投资者在境内从事证券投资开立的人民币特殊账户和人民币结算资金账户（以下简称 QFII 专用存款账户）。

上述银行结算账户统称核准类银行结算账户。

第六条 《办法》中"开户登记证"全部改为开户许可证。开户许可证是中国人民银行依法准予申请人在银行开立核准类银行结算账户的行政许可证件，是核准类银行结算账户合法性的有效证明。

中国人民银行在核准开立基本存款账户、临时存款账户（因注册验资和增资验资开立的除外）、预算单位专用存款账户和 QFII 专用存款账户时分别颁发基本存款账户开户许可证、临时存款账户开户许可证和专用存款账户开户许可证（附式1）。

第七条 人民银行在颁发开户许可证时，应在开户许可证中载明下列事项：

（一）"开户许可证"字样；

（二）开户许可证编号；

（三）开户核准号；

（四）中国人民银行当地分支行账户管理专用章；

（五）核准日期；

（六）存款人名称；

（七）存款人的法定代表人或单位负责人姓名；

（八）开户银行名称；

（九）账户性质；

（十）账号。

临时存款账户开户许可证除记载上述事项外，还应记载临时存款账户的有效期限。

第八条 《办法》和本实施细则所称"注册地"是指存款人的营业执照等开户证明文件上记载的住所地。

第二章 开 户

第九条 存款人应以实名开立银行结算账户，并对其出具的开户申请资料实质内容的真实性负责，法律、行政法规另有规定的除外。银行应负责对存款人开户申请资料的真实性、完整性和合规性进行审查。中国人民银行应负责对银行报送的核准类银行结算账户的开户资料的合规性以及存款人开立基本存款账户的唯一性进行审核。

第十条 境外（含港澳台地区）机构在境内从事经营活动的，或境内单位在异地从事临时活动的，持政府有关部门批准其从事该项活动的证明文件，经中国人民银行当地分支行核准后可开立临时存款账户。

第十一条 单位存款人因增资验资需要开立银行结算账户的，应持其基本存款账户开户许可证、股东会或董事会决议等证明文件，在银行开立一个临时存款账户。该账户的使用和撤销比照因注册验资开立的临时存款账户管理。

第十二条 存款人为临时机构的，只能在其驻在地开立一个临时存款账户，不得开立其他银行结算账户。

存款人在异地从事临时活动的，只能在其临时活动地开立一个临时存款账户。

建筑施工及安装单位企业在异地同时承建多个项目的，可根据建筑施工及安装合同开立不超过项目合同个数的临时存款账户。

第十三条 《办法》第十七条所称"税务登记证"是指国税登记证或地税登记证。

存款人为从事生产、经营活动的纳税人，根据国家有关规定无法取得税务登记证的，在申请开立基本存款账户时可不出具税务登记证。

第十四条 存款人凭《办法》第十九条规定的同一证明文件，只能开立一个专用存款账户。

合格境外机构投资者申请开立 QFII 专用存款账户应根据《办法》第二十条的规定出具证明文件，无须出具基本存款账户开户许可证。

第十五条 自然人除可凭《办法》第二十二条规定的证明文件申请开立个人银行结算账户外，还可凭下列证明文件申请开立个人银行结算账户：

（一）居住在境内的中国公民，可出具户口簿或护照。

（二）军队（武装警察）离退休干部以及在解放军军事院校学习的现役军人，可出具离休干部荣誉证、军官退休证、文职干部退休证或军事院校学员证。

（三）居住在境内或境外的中国籍的华侨，可出具中国护照。

（四）外国边民在我国边境地区的银行开立个人银行账户，可出具所在国制发的

《边民出入境通行证》。

（五）获得在中国永久居留资格的外国人，可出具外国人永久居留证。

第十六条　《办法》第二十三条第（一）项所称出具"未开立基本存款账户证明"（附式2）适用以下三种情形：

（一）注册地已运行账户管理系统，但经营地尚未运行账户管理系统的；

（二）经营地已运行账户管理系统，但注册地尚未运行账户管理系统的；

（三）注册地和经营地均未运行账户管理系统的。

第十七条　存款人为单位的，其预留签章为该单位的公章或财务专用章加其法定代表人（单位负责人）或其授权的代理人的签名或者盖章。存款人为个人的，其预留签章为该个人的签名或者盖章。

第十八条　存款人在申请开立单位银行结算账户时，其申请开立的银行结算账户的账户名称、出具的开户证明文件上记载的存款人名称以及预留银行签章中公章或财务专用章的名称应保持一致，但下列情形除外：

（一）因注册验资开立的临时存款账户，其账户名称为工商行政管理部门核发的"企业名称预先核准通知书"或政府有关部门批文中注明的名称，其预留银行签章中公章或财务专用章的名称应是存款人与银行在银行结算账户管理协议中约定的出资人名称；

（二）预留银行签章中公章或财务专用章的名称依法可使用简称的，账户名称应与其保持一致；

（三）没有字号的个体工商户开立的银行结算账户，其预留签章中公章或财务专用章应是个体户字样加营业执照上载明的经营者的签字或盖章。

第十九条　存款人因注册验资或增资验资开立临时存款账户后，需要在临时存款账户有效期届满前退还资金的，应出具工商行政管理部门的证明；无法出具证明的，应于账户有效期届满后办理销户退款手续。

第二十条　《办法》第二十七条所称"填制开户申请书"是指，存款人申请开立单位银行结算账户时，应填写"开立单位银行结算账户申请书"（附式3），并加盖单位公章。存款人有组织机构代码、上级法人或主管单位的，应在"开立单位银行结算账户申请书"上如实填写相关信息。存款人有关联企业的，应填写"关联企业登记表"（附式4）。存款人申请开立个人银行结算账户时，应填写"开立个人银行结算账户申请书"（附式5），并加其个人签章。

第二十一条　中国人民银行当地分支行在核准存款人开立基本存款账户后，应为存款人打印初始密码，由开户银行转交存款人。

存款人可到中国人民银行当地分支行或基本存款账户开户银行，提交基本存款账户开户许可证，使用密码查询其已经开立的所有银行结算账户的相关信息。

第二十二条　开户银行和存款人签订的银行结算账户管理协议的内容可在开户申请书中列明，也可由开户银行与存款人另行约定。

第二十三条　存款人符合《办法》和本实施细则规定的开户条件的，银行应为其开立银行结算账户。

第三章 结算账户的使用

第二十四条 《办法》第三十六条所称"临时存款账户展期"的具体办理程序是，存款人在临时存款账户有效期届满前申请办理展期时，应填写"临时存款账户展期申请书"（附式6），并加盖单位公章，连同临时存款账户开户许可证及开立临时存款账户时需要出具的相关证明文件一并通过开户银行报送中国人民银行当地分支行。

符合展期条件的，中国人民银行当地分支行应核准其展期，收回原临时存款账户开户许可证，并颁发新的临时存款账户开户许可证。不符合展期条件的，中国人民银行当地分支行不核准其展期申请，存款人应及时办理该临时存款账户的撤销手续。

第二十五条 《办法》第三十八条所称"正式开立之日"具体是指：对于核准类银行结算账户，"正式开立之日"为中国人民银行当地分支行的核准日期；对于非核准类单位银行结算账户，"正式开立之日"为银行为存款人办理开户手续的日期。

第二十六条 当存款人在同一银行营业机构撤销银行结算账户后重新开立银行结算账户时，重新开立的银行结算账户可自开立之日起办理付款业务。

第二十七条 《办法》第四十一条所称"有下列情形之一的"，是指"有下列情形之一"，且符合"单位从其银行结算账户支付给个人银行结算账户的款项每笔超过5万元"的情形。

第二十八条 《办法》第四十二条所称"银行应按第四十条、第四十一条规定认真审查付款依据或收款依据的原件，并留存复印件"是指：对于《办法》第四十条规定的情形，单位银行结算账户的开户银行应认真审查付款依据的原件，并留存复印件；对于《办法》第四十一条规定的情形，个人银行结算账户的开户银行应认真审查收款依据的原件，并留存复印件。

存款人应对其提供的收款依据或付款依据的真实性、合法性负责，银行应按会计档案管理规定保管收款依据、付款依据的复印件。

第二十九条 个人持出票人（或申请人）为单位且一手或多手背书人为单位的支票、银行汇票或银行本票，向开户银行提示付款并将款项转入其个人银行结算账户的，应按照《办法》第四十一条和本实施细则第二十八条的规定，向开户银行出具最后一手背书人为单位且被背书人为个人的收款依据。

第三十条 《办法》第四十四条所称"规定期限"是指银行与存款人约定的期限。

第四章 变更与撤销

第三十一条 《办法》第四十六条所称"提出银行结算账户的变更申请"是指，存款人申请办理银行结算账户信息变更时，应填写"变更银行结算账户申请书"（附式7）。属于申请变更单位银行结算账户的，应加盖单位公章；属于申请变更个人银行结算账户的，应加其个人签章。

第三十二条 存款人申请变更核准类银行结算账户的存款人名称、法定代表人或单位负责人的，银行应在接到变更申请后的 2 个工作日内，将存款人的"变更银行结算账户申请书"、开户许可证以及有关证明文件报送中国人民银行当地分支行。

符合变更条件的，中国人民银行当地分支行核准其变更申请，收回原开户许可证，颁发新的开户许可证。不符合变更条件的，中国人民银行当地分支行不核准其变更申请。

第三十三条 存款人因《办法》第四十九条第（一）项、第（二）项原因撤销银行结算账户的，应先撤销一般存款账户、专用存款账户、临时存款账户，将账户资金转入基本存款账户后，方可办理基本存款账户的撤销。

第三十四条 存款人因《办法》第四十九条第（三）项、第（四）项原因撤销基本存款账户后，需要重新开立基本存款账户的，应在撤销其原基本存款账户后 10 日内申请重新开立基本存款账户。

存款人在申请重新开立基本存款账户时，除应根据《办法》第十七条的规定出具相关证明文件外，还应出具"已开立银行结算账户清单"（附式 8）。

第三十五条 存款人申请撤销银行结算账户时，应填写"撤销银行结算账户申请书"（附式 9）。属于申请撤销单位银行结算账户的，应加盖单位公章；属于申请撤销个人银行结算账户的，应加其个人签章。

第三十六条 银行在收到存款人撤销银行结算账户的申请后，对于符合销户条件的，应在 2 个工作日内办理撤销手续。

第三十七条 《办法》第五十四条所称交回"开户登记证"是指存款人撤销核准类银行结算账户时应交回开户许可证。

第三十八条 存款人申请临时存款账户展期，变更、撤销单位银行结算账户以及补（换）发开户许可证时，可由法定代表人或单位负责人直接办理，也可授权他人办理。

由法定代表人或单位负责人直接办理的，除出具相应的证明文件外，还应出具法定代表人或单位负责人的身份证件；授权他人办理的，除出具相应的证明文件外，还应出具法定代表人或单位负责人的身份证件及其出具的授权书，以及被授权人的身份证件。

第三十九条 对于按照《办法》和本实施细则规定应撤销而未办理销户手续的单位银行结算账户，银行应通知该单位银行结算账户的存款人自发出通知之日起 30 日内办理销户手续，逾期视同自愿销户，未划转款项列入久悬未取专户管理。

第五章 账户的管理

第四十条 中国人民银行当地分支行通过账户管理系统与支付系统、同城票据交换系统等系统的连接，实现相关银行结算账户信息的比对，依法监测和查处未经中国人民银行核准或未向中国人民银行备案的银行结算账户。

第四十一条 账户管理系统中的银行机构代码是按照中国人民银行规定的编码规则为银行编制的，用于识别银行身份的唯一标识，是账户管理系统的基础数据。

中国人民银行负责银行机构代码信息的统一管理和维护。银行应按要求准确、完整、及时地向中国人民银行当地分支行申报银行机构代码信息。

第四十二条 中国人民银行应将开户许可证作为重要空白凭证进行管理，建立健全开户许可证的印制、保管、领用、颁发、收缴和销毁制度。

第四十三条 开户许可证遗失或毁损时，存款人应填写"补（换）发开户许可证申请书"（附式10），并加盖单位公章，比照《办法》和本实施细则有关开立银行结算账户的规定，通过开户银行向中国人民银行当地分支行提出补（换）发开户许可证的申请。申请换发开户许可证的，存款人应缴回原开户许可证。

第四十四条 单位存款人申请更换预留公章或财务专用章，应向开户银行出具书面申请、原预留公章或财务专用章等相关证明材料。

单位存款人申请更换预留公章或财务专用章但无法提供原预留公章或财务专用章的，应向开户银行出具原印签卡片、开户许可证、营业执照正本、司法部门的证明等相关证明文件。

单位存款人申请变更预留公章或财务专用章，可由法定代表人或单位负责人直接办理，也可授权他人办理。由法定代表人或单位负责人直接办理的，除出具相应的证明文件外，还应出具法定代表人或单位负责人的身份证件；授权他人办理的，除出具相应的证明文件外，还应出具法定代表人或单位负责人的身份证件及其出具的授权书，以及被授权人的身份证件。

第四十五条 单位存款人申请更换预留个人签章，可由法定代表人或单位负责人直接办理，也可授权他人办理。

由法定代表人或单位负责人直接办理的，应出具加盖该单位公章的书面申请以及法定代表人或单位负责人的身份证件。

授权他人办理的，应出具加盖该单位公章的书面申请、法定代表人或单位负责人的身份证件及其出具的授权书、被授权人的身份证件。无法出具法定代表人或单位负责人的身份证件的，应出具加盖该单位公章的书面申请、该单位出具的授权书以及被授权人的身份证件。

第四十六条 存款人应妥善保管其密码。存款人在收到开户银行转交的初始密码之后，应到中国人民银行当地分支行或基本存款账户开户银行办理密码变更手续。

存款人遗失密码的，应持其开户时需要出具的证明文件和基本存款账户开户许可证到中国人民银行当地分支行申请重置密码。

第六章 附 则

第四十七条 本实施细则所称各类申请书，可由银行参照本实施细则所附申请书式样，结合本行的需要印制，但必须包含本实施细则所附申请书式样中列明的记载事项。

第四十八条 《办法》和本实施细则所称身份证件，是指符合《办法》第二十二条和本实施细则第十五条规定的身份证件。

第四十九条 本实施细则由中国人民银行负责解释、修改。
第五十条 本实施细则自 2005 年 1 月 31 日起施行。

附式 1　开户许可证（略）
附式 2　未开立基本存款账户证明（略）
附式 3　开立单位银行结算账户申请书（略）
附式 4　关联企业登记表（略）
附式 5　开立个人银行结算账户申请书（略）
附式 6　临时存款账户展期申请书（略）
附式 7　变更银行结算账户申请书（略）
附式 8　已开立银行结算账户清单（略）
附式 9　撤销银行结算账户申请书（略）
附式 10　补（换）发开户许可证申请书（略）

中国人民银行办公厅关于严格执行人民币银行结算账户管理制度有关事项的通知

(银办发〔2006〕230号)

中国人民银行上海总部,各分行、营业管理部、省会(首府)城市中心支行,深圳市中心支行,各政策性银行、国有商业银行、股份制商业银行:

自人民币银行结算账户管理系统(以下简称账户管理系统)在全国推广运行以来,人民银行各分支机构和各银行机构依托账户管理系统办理银行结算账户日常业务并开展银行结算账户清理核实,规范了银行结算账户的开立和使用,促进了银行账户实名制的落实,整顿了经济金融秩序。但是,近期出现了一些银行机构和个别人民银行分支机构不严格按照银行结算账户规章制度办理银行结算账户业务和放松银行结算账户管理的现象。为进一步加强银行结算账户管理,现将有关事项通知如下:

一、严格按照相关规章制度办理银行结算账户业务

银行机构和人民银行分支机构应严格按照《人民币银行结算账户管理办法》(中国人民银行令〔2003〕第5号,以下简称《账户管理办法》)、《人民币银行结算账户管理办法实施细则》(以下简称《实施细则》)、《人民币银行结算账户管理系统业务处理办法》(银办发〔2005〕13号文印发,以下简称《业务处理办法》)等相关规章制度,通过账户管理系统准确、完整、及时地办理银行结算账户业务。

(一)银行机构应负责对存款人申请资料的真实性、完整性和合规性进行审查,且应对存款人开户证明文件的原件进行审查(人民银行另有规定的除外)。存款人在申请开立一般存款账户或非预算单位专用存款账户时,银行机构应严格按照《账户管理办法》等规章制度的规定,要求存款人完整地出具相关证明文件,不能仅凭其出具的基本存款账户开户许可证和开户申请书就为其开立相关账户。银行机构为存款人开立核准类银行结算账户必须经人民银行核准;未经人民银行核准,不得为存款人开立核准类银行结算账户。

人民银行分支机构应负责对核准类银行结算账户开户申请资料的完整性、合规性以及存款人开立基本存款账户的唯一性进行审核。对于存款人申请开立账户名称为单位名称后加内设机构(部门)名称或资金性质的专用存款账户或账户名称为建筑施工及安装单位名称后加项目部名称的临时存款账户的,人民银行分支机构应按照《中国人民银行关于规范人民币银行结算账户管理有关问题的通知》(银发〔2006〕71号)的相关规定,认真审核、严格把关,防止存款人违规开立账户名称与单位名称不一致

的银行结算账户。

（二）银行机构和人民银行分支机构在通过账户管理系统办理银行结算账户业务时，应严格按照《业务处理办法》的规定，将存款人相关信息准确、完整地提交账户管理系统，并确保书面相关资料与提交账户管理系统的相关信息保持一致，不得故意遗漏相关信息或弄虚作假。

（三）银行机构和人民银行分支机构应严格按照《账户管理办法》等规章制度的要求，在规定时间内为存款人办理银行结算账户的开立、变更和撤销业务，不得无故拖延。银行机构为存款人开立一般存款账户、非预算单位专用存款账户和个人银行结算账户后，应在5个工作日内通过账户管理系统向人民银行当地分支机构备案。人民银行分支机构在收到银行机构报送的基本存款账户、临时存款账户和预算单位专用存款账户的开户资料后，应在2个工作日内完成对开户申请资料的审核。

（四）银行机构应加强对银行结算账户使用的管理。一般存款账户和不符合取现规定的专用存款账户一律不得办理现金支取业务，未经人民银行核准的核准类银行结算账户一律不得办理支付结算业务。

二、建立健全银行结算账户业务复核制度

人民银行各分支机构和各银行机构应严格按照银发〔2006〕71号文的要求，建立健全银行结算账户业务复核制度，加强内部控制和管理，防止银行结算账户业务处理"一手清"。

账户管理系统的一、二级操作员可以由一人兼任，三级操作员和高级业务主管也可以由一人兼任，但一、二级操作员与三级操作员或高级业务主管不得由一人兼任。对于不再使用的操作员，人民银行分支机构或银行机构应及时进行删除；对于一定时期内不使用的操作员，应及时办理停用。

三、加强对银行结算账户业务的监督和管理

（一）各银行机构应指定专人负责银行结算账户业务并定期进行内部检查；各银行总行应定期检查所辖营业机构执行银行结算账户规章制度的情况，并及时纠正违规开立和使用银行结算账户的行为。人民银行分支机构应加强对辖区内银行机构办理银行结算账户业务情况的监督，对于银行机构提供虚假开户申请资料欺骗人民银行核准开立基本存款账户、临时存款账户、预算单位专用存款账户或者超过期限或未向人民银行报送账户开立、变更、撤销等资料的，人民银行当地分支机构应按照《账户管理办法》第六十七条的规定对相关银行机构进行处罚。

（二）人民银行各分支机构应定期对本机构办理银行结算账户业务的情况进行检查，及时纠正违规开立、变更和撤销银行结算账户的行为；加强对所辖分支机构办理银行结算账户业务的指导和监督。人民银行工作人员在办理银行结算账户时违反有关规定的，将依据《中华人民共和国中国人民银行法》《中华人民共和国行政许可法》等法规制度进行处理。

请人民银行上海总部，各分行、营业管理部、省会（首府）城市中心支行，深圳市中心支行及时将该通知转发至辖区内各城市商业银行、农村商业银行、农村合作银行、城市信用社、农村信用社和外资银行。

中国人民银行办公厅
二〇〇六年九月十八日

中国人民银行关于规范人民币银行结算账户
管理有关问题的通知

(银发〔2006〕71号)

人民银行上海总部,各分行、营业管理部,省会(首府)城市中心支行,深圳市中心支行,各政策性银行、国有商业银行、股份制商业银行:

针对人民币银行结算账户管理制度执行和人民币银行结算账户管理系统(以下简称账户管理系统)实施工作中反映的情况和问题,为进一步规范人民币银行结算账户管理,现就有关问题通知如下:

一、银行结算账户的开立

(一)基本存款账户

1. 机关和实行预算管理的事业单位开立基本存款账户,应出示《人民币银行结算账户管理办法》(中国人民银行令〔2003〕第5号,以下简称《办法》)第十七条规定的证明文件。因年代久远,批文丢失等原因无法提供政府人事部门或编制委员会的批文或登记证书的,凭上级单位或主管部门出具的证明及财政部门同意其开户的证明开立基本存款账户。

机关和实行预算管理的事业单位出具的政府人事部门或编制委员会的批文或登记证书上,有两个或两个以上名称的,可以分别开立基本存款账户。

以两个或两个以上名称分别开立基本存款账户录入账户管理系统时,如该类单位有两个组织机构代码,可分别录入开立基本存款账户的名称对应的组织机构代码;如该类单位只有一个组织机构代码,则只可录入一个组织机构代码,且该组织机构代码证上的单位名称应与其开立的基本存款账户名称一致。

2. 外地常设机构开立基本存款账户,应出具其驻在地政府主管部门的批文。对于已经取消对外地常设机构审批的省(市),外地常设机构应出具派出地政府部门的证明文件开立基本存款账户。

3. 单位设立的独立核算的附属机构开立基本存款账户,应出具该附属机构隶属单位的基本存款账户开户许可证和相关批文。单位设立的独立核算的附属机构,仅指单位附属独立核算的食堂、招待所、幼儿园。

4. 按照《中华人民共和国工会法》成立的具有社会团体法人资格的工会组织,可以凭社团法人登记证书开立基本存款账户。

不具有社会团体法人资格的工会组织,应按照《办法》第十九条的规定开立专用存款账户,账户名称可为单位名称加资金性质,即单位名称后加"工会"字样。

工会账户资金的存入和使用，应符合《中华人民共和国工会法》及其他有关规定。

5. 其他组织开户时应提供其主管部门或相关管理部门出示的证明。其他组织是指按照现行的法律法规规定可以成立的组织，如业主委员会、村民小组等组织。

6. 存款人营业执照已被工商管理部门吊销或工商管理部门不再为其换发已到期营业执照的，银行不得为存款人开立银行结算账户。原已开立的银行结算账户应按《办法》第四十九条的有关规定予以撤销。

7. 存款人在开立基本存款账户时，应按照《人民币银行结算账户管理办法实施细则》（银发〔2005〕16号文印发，以下简称《实施细则》）第二十条规定填写上级法人或主管单位及关联企业的有关信息。各银行应遵循"了解你的客户"的原则，认真审核存款人上级法人、主管单位及关联企业的信息，履行尽职调查的义务。

8. 财政、税务、工商等国家行政管理部门的派出机构可直接办理其银行结算账户的清理核实手续。

9. 按《实施细则》第十三条的规定开户时无需提供税务登记证的存款人，应出示证明其无需办理税务登记证的文件或税务机关出具的证明。

（二）专用存款账户

1. 按照国家有关规定或存款人资金管理有特殊需要的，单位开立的专用存款账户的名称可以为单位名称后加内设机构（部门）名称或资金性质，但专用存款账户的预留签章应与专用存款账户名称一致。

存款人以单位名称后加内设机构（部门）名称开立专用存款账户时，应向银行出具单位按《办法》及《实施细则》规定开立专用存款账户的证明文件、单位负责人的身份证件、内设机构（部门）负责人的身份证件、单位授权该内设机构（部门）开户的授权书。同时，按规定填写"开立单位银行结算账户申请书"及"以单位名称后加内设机构（部门）名称开立专用存款账户申请书附页"（附表1）。单位授权其内设机构（部门）开户的授权书中应载明：单位内设机构（部门）名称、内设机构（部门）负责人姓名，以及内设机构（部门）因账户开立、使用和撤销而产生的所有法律责任由授权单位承担等内容。

存款人以单位名称后加资金性质开立专用存款账户时，应向银行出具单位按《办法》及《实施细则》规定开立专用存款账户的证明文件。"开立单位银行结算账户申请书"填写的"账户名称"为单位名称后加资金性质。

以单位名称后加内设机构（部门）名称或资金性质开立的专用存款账户，应该纳入账户管理系统管理。在账户管理系统相关功能开发之前，属于核准类银行结算账户的，暂采取在开户许可证上手工注明账户名称的方式发放开户许可证，并在手工注明处加盖账户管理专用章。银行应将该类账户的账户清单报送人民银行当地分支行（上海地区报送人民银行上海总部）。

2. 本地建筑施工单位开立专用存款账户，应向银行出具其开立基本存款账户规定的证明文件、基本存款账户开户许可证和相关的建筑施工及安装合同。存款人可以按照国家现金管理的有关规定从该账户支取现金。

3. 金融机构就存放同业资金开立专用存款账户，应向银行出具其开立基本存款账户规定的证明文件、基本存款账户开户许可证和双方签署的资金存放协议。

4. 全国性的企业集团所属机构众多，且所属机构按《办法》和《实施细则》规定不具备独立开户主体资格的，企业集团总公司或集团内的法人单位在异地以总公司名称或法人单位名称加所属机构名称开立收入汇缴和业务支出专用存款账户时，按规定需提供总公司或法人单位营业执照正本、基本存款账户开户许可证原件、总公司或法人单位负责人身份证件原件的，也可采取以下方式处理：

企业集团总公司将集团内所属机构名称、拟开户银行名称、账户名称清单，以及企业集团总公司的营业执照正本、基本存款账户开户许可证原件、负责人身份证件原件交拟开户银行总行。开户银行总行将以上证明文件审核后，以正式文件的形式将企业集团总公司以及集团内所属机构的开户信息和具体要求下发给其营业机构。企业集团总公司或集团内的法人单位在异地拟开户银行的营业机构开户时，则可提供相关证明文件的复印件。复印件上必须注明"与原件相符"字样，并加盖企业集团总公司或集团内的法人单位公章。企业集团总公司应对其出具的相关证明文件和开户资料的真实性负责，开户银行总行应负责对企业集团总公司提供的证明文件和开户资料的真实性进行审查。

未经过上述审核程序的，存款人不得以营业执照正本复印件、基本存款账户开户许可证复印件、身份证件复印件代替营业执照正本、基本存款账户开户许可证原件、身份证件原件开立银行结算账户。

（三）临时存款账户

异地建筑施工及安装单位开立的临时存款账户名称可以为建筑施工及安装单位名称后加项目部名称，但临时存款账户的预留签章应与临时存款账户名称一致。

当建筑施工及安装单位以建筑施工及安装单位名称后加项目部名称开立临时存款账户时，应出具建筑施工及安装单位按《办法》及《实施细则》规定开立临时存款账户所需提供的证明文件、建筑施工及安装单位的基本存款账户开户许可证、建筑施工及安装单位负责人的身份证、项目部负责人的身份证、建筑施工及安装单位授权该项目部开户的授权书。同时，按规定填写"开户单位银行结算账户申请书"及"建筑施工企业以建筑施工企业名称后加项目部名称开立临时存款账户申请书附页"（附表2）。建筑施工及安装单位授权项目部开户的授权书中应载明：项目部名称、项目部负责人姓名，以及项目部因账户开立、使用和撤销而产生的所有法律责任由该建筑施工及安装单位承担等内容。

以建筑施工及安装单位名称后加项目部名称开立的临时存款账户，应该纳入账户管理系统管理。在账户管理系统相关功能开发之前，暂采取在开户许可证上手工注明账户名称的方式发放开户许可证，并在手工注明处加盖账户管理专用章。银行应将该类账户的账户清单报送人民银行当地分支行（上海地区报送人民银行上海总部）。

二、银行结算账户的变更及撤销

（一）存款人以单位名称后加内设机构（部门）名称开立的专用存款账户，内设机构（部门）名称、电话、地址、邮编，内设机构（部门）负责人姓名、证件种类和号码项也属于可变更事项，当存款人变更以上账户信息时，应填制"变更以单位名称后加内设机构（部门）名称开立专用存款账户申请书附页"（附表3），并出具有关部门的证明文件。

该类专用存款账户的撤销手续与其他银行结算账户的撤销手续相同。

（二）建筑施工及安装单位以建筑施工及安装单位名称后加项目部名称开立的临时存款账户，项目部名称、电话、地址、邮编，项目部负责人姓名、证件种类和号码项也属于可变更事项，当存款人变更以上账户信息时，应填制"变更以建筑施工企业名称后加项目部名称开立临时存款账户申请书附页"（附表4），并出具有关部门的证明文件。

该类临时存款账户的撤销手续与其他银行结算账户的撤销手续相同。

（三）存款人申请撤销核准类银行结算账户后，开户银行应将开户许可证及"撤销银行结算账户申请书"送达人民银行当地分支行（上海地区送达人民银行上海总部）。符合销户条件的，人民银行上海总部、当地分支行在"撤销银行结算账户申请书"的空白处签署审核意见，将"撤销银行结算账户申请书"的开户银行联退回开户银行留存，并通过账户管理系统撤销该账户；同时，将"撤销银行结算账户申请书"的存款人联通过开户银行退回存款人。

不符合销户条件的，人民银行上海总部、当地分支行在"撤销银行结算账户申请书"的空白处签署审核意见，将"撤销银行结算账户申请书"的开户银行联退回开户银行留存；同时，将开户许可证、"撤销银行结算账户申请书"的存款人联通过开户银行退回存款人。

三、银行结算账户的管理

（一）备案类银行结算账户的备案方式

银行应通过账户管理系统向人民银行上海总部、当地分支行报备备案类银行结算账户，无须报送纸质资料。

（二）付款依据的审核

1. 单位从其银行结算账户支付给个人银行结算账户的款项，每笔超过5万元的，应向其开户银行提供《办法》第四十条所规定的相关付款依据。银行应对相关付款依据进行审核并留存该证明文件的复印件。

2. 个人持申请人为单位、收款人为个人且未经背书转让的银行汇票或银行本票向开户银行提示付款，将款项转入其个人银行结算账户的，只需出票时由付款银行审核其付款依据，收款银行无需审核收款依据。

（三）久悬银行账户

1. 对于存款人名称、工商营业执照号码、组织机构代码、税务登记证号等重要要素缺失的久悬银行账户，银行应按照《办法》第五十一条进行处理。该类账户暂不纳入账户管理系统管理，银行应将账户清单报送人民银行当地分支行（上海地区报送人民银行上海总部）。

存款人地址、电话等其他基本要素缺失的久悬银行账户,应纳入账户管理系统管理。开户银行将该类账户录入账户管理系统时,在缺失要素栏目录入"9999"。

2. 存款人有久悬银行账户的,银行不得为其办理其他银行结算账户的开立和变更业务。

3. 一年以上未发生收付活动且欠有银行贷款的单位银行结算账户,也可作为久悬银行账户纳入账户管理系统管理。

(四)清理核实工作结束后,银行应向人民银行当地分支行报送未办理清理核实手续的银行结算账户清单(上海地区报送人民银行上海总部)。人民银行当地分支行将未清理核实银行结算账户清单逐级报送至人民银行分行、营业管理部、省会(首府)城市中心支行和深圳市中心支行,再由人民银行上海总部、分行、营业管理部、省会(首府)城市中心支行和深圳市中心支行向社会发出公告。在发出公告两个月后,存款人仍未办理清理核实手续的,在其第一次办理支付结算业务时,开户银行应先要求存款人办理清理核实手续,再办理该存款人的支付结算业务。

(五)建立健全银行结算账户业务复核制度

人民银行上海总部、各分支行和银行应建立健全银行结算账户业务复核制度,加强内部控制和管理,防止银行结算账户业务处理"一手清"。具体措施如下:

1. 开户银行应当对存款人提交的开户申请资料的真实性、完整性和合规性进行双人审查,并签章予以确认。

2. 人民银行上海总部、各分支行应指派专人(不得为临时人员)对开户银行所报送开户申请资料的完整性、合规性进行审核;审核无误后,登记开户申请资料交接单(内容包括存款人名称、开户银行名称、申请资料种类和名称、时间、审核人、录入员等要素,格式可自行设计),交账户管理系统录入员。

3. 账户管理系统录入员对收到的开户申请资料及交接单确认无误后,按照相关的业务规章制度,进行银行结算账户的核准处理,打印开户许可证,交账户管理系统高级业务主管。

4. 账户管理系统高级业务主管在开户许可证上加盖账户管理专用章之前,应当对存款人书面开户申请资料中的存款人名称、工商营业执照号、组织机构代码、税务登记证号等重要信息再次进行审核,并与账户管理系统存贮的相关信息进行核对,核对无误后方能加盖账户管理专用章。

(六)开户许可证管理

存款人遗失开户许可证,应在报刊媒体上进行遗失公告,宣布该开户许可证作废。存款人提出申请补发开户许可证时,应出具遗失证明和已进行遗失公告的证明,人民银行上海总部、各分支行按照《实施细则》第四十三条的规定办理开户许可证的补发。

(七)严格执行银行结算账户管理制度

人民银行上海总部、各分支行和银行应严格执行《办法》《实施细则》《人民币银行结算账户管理系统业务处理办法》(银办发〔2005〕13号文印发)等规章制度,通过账户管理系统办理银行结算账户业务。银行应负责对存款人开户申请资料的真实性、完整性和合规性进行审查，且应对存款人开户证明文件的原件（人民银行另有规定的除外）进行审查。人民银行上海总部、各分支行应负责对核准类银行结算账户的开户申请资料的完整性、合规性以及存款人开立基本存款账户的唯一性进行审核。

（八）人民银行上海总部、各分行、营业管理部、省会（首府）城市中心支行、深圳市中心支行应按照《办法》《实施细则》《人民币银行结算账户管理系统业务处理办法》《中国人民银行办公厅关于做好个人银行结算账户集中申报及导出工作的通知》（银办发〔2005〕196号）及《中国人民银行办公厅关于做好个人银行结算账户数据移送工作的通知》（银办发〔2005〕261号）等有关规定，做好银行结算账户日常管理工作。如账户管理系统在正常运行中出现重大故障，或个人银行结算账户申报、导出及移送等工作出现重大异常情况，影响银行结算账户业务的处理时，人民银行上海总部、各分支行应立即报告总行支付结算司，并随后正式上报有关详细情况。

四、规范对伪造变造开户证明文件事件的处理

（一）银行在办理银行结算账户业务时，发现伪造变造开户证明文件的，应留置开户申请书及伪造变造的开户证明文件原件，复印留存其他开户申请资料，并及时报送人民银行当地分支行（上海地区报送人民银行上海总部）。人民银行上海总部、当地分支行应对存款人是否伪造变造开户证明文件进一步予以核实。

人民银行上海总部、各分支行在对开户银行报送的存款人开户申请资料进行审核时发现伪造变造开户证明文件的，应扣留开户证明文件复印件及开户申请书。

（二）对于通过伪造变造开户证明文件开立的银行结算账户，开户银行应立即停止为该银行结算账户办理支付结算业务，并通知存款人立即撤销该银行结算账户。

（三）对于伪造变造开户证明文件的存款人，人民银行上海总部、当地分支行应依据《办法》第六十四条、第六十八条的规定进行处理。

存款人伪造变造身份证件、工商营业执照、税务登记证、组织机构代码证、财政证明文件的，人民银行上海总部、当地分支行应将相关情况通报公安、工商管理、税务、质（技）监、财政等部门。

对于非法存款人（即存款人不是合法设立的单位）骗取开立单位银行结算账户的，人民银行上海总部、当地分支行应向当地公安部门报案。

（四）对于在伪造变造开户证明文件事件中存在涂改、倒卖、出租、出借开户许可证，或以其他形式非法转让开户许可证行为的存款人，人民银行上海总部、当地分支行应依据《行政许可法》第八十条的规定进行处理。

（五）对于在伪造变造开户证明文件事件中提供虚假开户申请资料欺骗人民银行许可开立核准类银行结算账户的银行，人民银行上海总部、当地分支行应依据《办法》第六十七条的规定进行处理，并对其银行结算账户业务进行重点检查。

（六）人民银行上海总部、当地分支行应及时将伪造变造开户证明文件事件及其处理结果向辖区内的各银行进行通报，并要求各银行提高警惕、加强防范；同时，应将伪造变造开户证明文件事件及其处理结果上报上级行。

军队单位和中央预算单位账户开立和管理的相关问题另行通知。

本通知自下发之日起执行。请人民银行上海总部，各分行、营业管理部、省会（首府）城市中心支行和深圳市中心支行将本通知转发至所在省（自治区、直辖市）的城市商业银行、农村商业银行、农村合作银行、城乡信用社和外资银行。请各单位将执行情况和执行过程中遇到的问题及时报告人民银行总行。

附表：

1. 以单位名称后加内设机构（部门）名称开立专用存款账户申请书附页（略）
2. 建筑施工企业以建筑施工企业名称后加项目部名称开立临时存款账户申请书附页（略）
3. 变更以单位名称后加内设机构（部门）名称开立专用存款账户申请书附页（略）
4. 变更以建筑施工企业名称后加项目部名称开立临时存款账户申请书附页（略）

中国人民银行
二〇〇六年三月八日

中国人民银行办公厅关于印发《人民币银行结算账户管理系统业务处理办法》的通知

(银办发〔2007〕74号)

中国人民银行上海总部,各分行、营业管理部、省会(首府)城市中心支行,深圳市中心支行;各政策性银行、国有商业银行、股份制商业银行,中国邮政储蓄银行:

为完善人民币银行结算账户管理系统(以下简称账户管理系统)的功能,进一步加强和改进人民币银行结算账户(以下简称银行结算账户)管理,中国人民银行组织建设了账户管理系统(二期),并对原试行的《人民币银行结算账户管理系统业务处理办法(试行)》(银办发〔2005〕13号印发)进行了修订。现将修订后的《人民币银行结算账户管理系统业务处理办法》(以下简称《业务处理办法》)印发给你们,并就有关事项通知如下。

一、在账户管理系统(二期)运行后,对于按照《中国人民银行关于规范人民币银行结算账户管理有关问题的通知》(银发〔2006〕71号)的规定,以单位名称后加内设机构(部门)名称或资金性质作为账户名称开立的专用存款账户以及以单位名称后加项目部名称作为账户名称的临时存款账户,中国人民银行分支机构和银行机构应采取变更账户名称的方式,依据《业务处理办法》的有关规定,将专用存款账户和临时存款账户中的内设机构(部门)信息、资金性质信息、项目部信息等信息录入账户管理系统(二期);对于预算单位专用存款账户和临时存款账户,还应收回原以手工注明账户名称方式发放的开户许可证,并通过账户管理系统换发新版开户许可证。

二、在账户管理系统(二期)运行后,对于《中国人民银行关于规范人民币银行结算账户管理有关问题的通知》规定的重要要素缺失的久悬银行结算账户,银行机构应按照《业务处理办法》的有关规定通过账户管理系统(二期)进行备案;银行机构因网络等原因无法办理的,应将相关银行结算账户的清单报送至中国人民银行当地分支机构,由其代为办理。

三、除法律、行政法规另有规定外,未经中国人民银行总行批准,中国人民银行分支机构不得向任何单位和个人提供账户管理系统(二期)中的银行结算账户信息,也不得将账户管理系统(二期)与外系统进行连接。

请中国人民银行上海总部,各分行、营业管理部、省会(首府)城市中心支行,深圳市中心支行将本通知转发至所在省(区、市)的城市商业银行、农村商业银行、农村合作银行、城市信用社、农村信用社和外资银行,并做好宣传和培训等工作。

实施过程中如遇问题,请及时报告中国人民银行总行支付结算司。

附件:人民币银行结算账户管理系统业务处理办法

中国人民银行办公厅
二〇〇七年四月六日

附件

人民币银行结算账户管理系统业务处理办法

第一章 总 则

第一条 为规范人民币银行结算账户管理系统（以下简称账户管理系统）的业务处理，加强对人民币银行结算账户（以下简称银行结算账户）的管理，依据《人民币银行结算账户管理办法》（中国人民银行令〔2003〕第5号发布）和《人民币银行结算账户管理办法实施细则》（银发〔2005〕16号文印发）等规章制度，制定本办法。

第二条 中国人民银行负责统一建设、维护和管理账户管理系统。账户管理系统设立总行数据处理中心和省级数据处理中心。

中国人民银行总行建立总行数据处理中心。

中国人民银行上海总部、各分行、营业管理部、省会（首府）城市中心支行（以下统称省级数据处理中心管理行）建立省级数据处理中心。中国人民银行各分支机构和各银行机构通过省级数据处理中心办理银行结算账户业务。

本办法所称银行结算账户业务，是指对银行结算账户的开立、变更、撤销、年检、查询、统计、监测等业务。

第三条 核准类银行结算账户的开立、变更和撤销由中国人民银行当地分支机构通过账户管理系统进行核准。

备案类银行结算账户的开立、变更和撤销由银行机构通过账户管理系统进行备案；银行机构因网络等原因无法办理的，可由中国人民银行当地分支机构代为办理。

第四条 对于核准类银行结算账户的开立、变更，银行机构可以书面报送方式、网络报送方式或磁介质报送方式向中国人民银行当地分支机构报送存款人书面相关资料和电子信息，具体报送方式由中国人民银行当地分支机构确定。对于核准类银行结算账户的撤销，银行机构应以书面报送方式向中国人民银行当地分支机构报送存款人书面相关资料。

对于备案类银行结算账户，银行机构需要由中国人民银行当地分支机构代为通过账户管理系统备案的，应当向中国人民银行当地分支机构报送存款人书面相关资料。

本办法所称书面报送方式是指银行机构将存款人书面相关资料报送中国人民银行当地分支机构。

本办法所称网络报送方式是指银行机构按规定格式将存款人相关信息录入账户管理系统待核准数据库，同时将存款人书面相关资料报送中国人民银行当地分支机构。银行机构可对待核准数据库的银行结算账户信息进行变更、删除和查询。

本办法所称磁介质报送方式是指银行机构按规定格式将存款人相关信息导入磁介质，连同存款人书面相关资料一并报送中国人民银行当地分支机构。

本办法所称存款人书面相关资料是指存款人办理银行结算账户的开立、变更或撤销等手续时，按规定向银行机构出具的证明文件和申请书等书面资料。

第五条 银行机构应对存款人书面相关资料的真实性、完整性和合规性进行审查；采用网络报送或磁介质报送方式的，还应确保电子信息与书面相关资料内容的一致性。

对于核准类银行结算账户，中国人民银行当地分支机构应对银行机构报送的存款人书面相关资料的完整性、合规性及其与相应电子信息内容的一致性进行审核；对于代为备案的备案类银行结算账户，中国人民银行当地分支机构应对存款人书面相关资料与相应电子信息内容的一致性进行审核。

第六条 对于核准类银行结算账户，银行机构采用书面报送方式的，中国人民银行当地分支机构应依据审核合格的存款人书面相关资料，将相关信息准确、完整地录入账户管理系统并进行业务处理。业务处理成功的，应在有关申请书上签署意见，加盖账户管理专用章后，留存书面相关资料的复印件；业务处理不成功的，应在有关申请书上签署意见，加盖账户管理专用章后，将书面相关资料退回报送银行。

银行机构采用网络报送方式的，中国人民银行当地分支机构应以银行机构代码和账号调取账户管理系统待核准数据库中的相关信息，与审核合格的存款人书面相关资料核对无误后进行业务处理。业务处理成功的，应在有关申请书上签署意见，加盖账户管理专用章后，留存书面相关资料的复印件；业务处理不成功的，应在有关申请书上签署意见，加盖账户管理专用章后，将书面相关资料退回报送银行，并删除相关信息报文。

银行机构采用磁介质报送方式的，中国人民银行当地分支机构应将磁介质信息导入账户管理系统待核准数据库，以银行机构代码和账号调取相关信息，与审核合格的存款人书面相关资料核对无误后进行业务处理。业务处理成功的，应在有关申请书上签署意见，加盖账户管理专用章后，留存书面相关资料的复印件；业务处理不成功的，应在有关申请书上签署意见，加盖账户管理专用章后，将书面相关资料退回报送银行，并删除相关信息报文。

第七条 中国人民银行通过从支付系统、同城票据清算系统等存贮有银行结算账户信息的业务系统采集有关账户信息，与账户管理系统存贮的账户信息进行比对，实现对银行结算账户开立、变更、撤销和使用情况的非现场监督管理。

第八条 中国人民银行分支机构和银行机构应依据有关法规制度，准确、完整、及时地办理银行结算账户业务。

中国人民银行分支机构和银行机构应指定专人负责银行结算账户业务，建立健全银行结算账户业务授权制度和业务复核制度，加强内部控制和管理，防止银行结算账户业务处理"一手清"。

第九条 中国人民银行分支机构和银行机构应在国家法定工作日通过账户管理系统办理银行结算账户业务。

第十条 中国人民银行分支机构应按照属地管理原则，对所在城市银行结算账户的开立、使用、变更、撤销等业务进行监督管理。

第二章　银行结算账户的开立

第十一条　存款人申请开立基本存款账户，中国人民银行当地分支机构应将存款人名称、存款人类别、存款人注册地（住所地，下同）地区代码、银行机构代码、账号、开户日期等信息提交账户管理系统进行审核。

存款人类别为企业法人、非法人企业、有字号个体工商户、无字号个体工商户的，还应提交其工商营业执照注册号。

存款人有组织机构代码证书的，还应提交其组织机构代码。

存款人因"转户"原因撤销基本存款账户后申请重新开立基本存款账户的，还应提交其原基本存款账户开户许可证核准号。

银行机构采用网络或磁介质报送方式的，中国人民银行当地分支机构应对存款人类别、存款人注册地地区代码、账号等信息进行复核。

第十二条　中国人民银行当地分支机构按照本办法第十一条的规定提交信息后，通过网络方式访问工商行政管理部门、技术监督管理部门的相关信息系统，对提交的存款人名称、工商营业执照注册号或组织机构代码的一致性进行核查（以下简称在线核查）。核查结果不一致的，应依据存款人书面相关资料进行核对。提交信息有误的，应依据存款人书面相关资料对提交的信息进行相应修改；提交信息无误的，经复核后，继续进行基本存款账户的核准业务处理。

第十三条　存款人符合基本存款账户开立条件的，中国人民银行当地分支机构应将存款人的地址、邮政编码、电话、法定代表人（或单位负责人，下同）姓名、法定代表人的身份证件种类及编号、证明文件种类、证明文件编号、经营范围、注册资金币种、注册资金金额、产业分类、行业归属等信息提交账户管理系统。

存款人为从事生产、经营活动的纳税人的，还应提交其税务登记证（国税或地税）编号。

存款人有上级法人的，还应提交其上级法人的基本存款账户开户许可证核准号、单位名称、法定代表人的姓名、法定代表人的身份证件种类及编号；上级法人有组织机构代码证书的，还应提交上级法人的组织机构代码；

存款人有上级主管单位的，还应提交其上级主管单位基本存款账户开户许可证核准号、单位名称、单位负责人的姓名、单位负责人的身份证件种类及编号；主管单位有组织机构代码证书的，还应提交主管单位的组织机构代码；

存款人有关联企业的，还应提交其所有关联企业的名称、法定代表人姓名；关联企业有组织机构代码证书的，还应提交其组织机构代码。

第十四条　中国人民银行当地分支机构按照本办法第十三条的规定提交信息后，发现提交的税务登记证编号与在线核查得到的相关信息不一致的，应依据存款人书面相关资料进行核对。提交信息有误的，应依据存款人书面相关资料对提交的信息进行修改；提交信息无误的，经复核后，继续进行基本存款账户的核准业务处理。

中国人民银行当地分支机构发现提交的存款人上级法人或主管单位的名称与账户

管理系统中存贮的相关信息不一致的,应依据存款人书面相关资料进行核对。提交信息有误的,应依据存款人书面相关资料对提交信息进行相应修改;提交信息无误的,可继续进行基本存款账户的核准业务处理。

第十五条 中国人民银行当地分支机构按照本办法第十一条至第十四条的规定进行业务处理后,应将账户管理系统显示的信息与存款人书面相关资料进行核对。核对不一致的,应依据书面相关资料进行相应修改;核对一致的,应打印基本存款账户开户许可证正、副本和存款人密码。

第十六条 存款人申请重新开立基本存款账户,中国人民银行当地分支机构应将账户管理系统显示的存款人原基本存款账户信息与存款人书面相关资料进行核对。核对不一致的,可依据书面相关资料进行修改和补充,但不得修改存款人注册地的地区代码;需修改存款人名称、组织机构代码或工商营业执照注册号的,经授权后进行修改。核对一致的,进行基本存款账户核准的业务处理。

第十七条 存款人申请开立预算单位专用存款账户,中国人民银行当地分支机构应将银行机构代码、账号、资金性质、开户日期、基本存款账户开户许可证核准号、基本存款账户开户地区代码等信息提交账户管理系统审核。银行机构采用网络或磁介质报送方式的,中国人民银行当地分支机构应对账号进行复核。

存款人符合开户条件的,中国人民银行当地分支机构应将账户名称、证明文件种类及编号、取现标识等信息提交账户管理系统。账户名称为存款人名称加内设机构(部门)名称的,还应提交内设机构(部门)名称、地址、邮政编码、电话、负责人姓名、负责人身份证件种类及编号。账户名称为存款人名称加资金性质名称的,应提交资金性质名称。存款人有资金管理人信息的,还应提交资金管理人的姓名、身份证件种类及编号。

中国人民银行当地分支机构应将账户管理系统显示的信息与存款人书面相关资料进行核对。中国人民银行当地分支机构依据本条第一款、第二款提交的专用存款账户信息与书面相关资料核对不一致的,可依据书面相关资料进行修改。账户管理系统显示的该存款人基本存款账户信息中的存款人名称、存款人类别、注册地地区代码、基本存款账户开户证明文件种类及编号、法定代表人姓名、法定代表人身份证件种类及编号(以下简称关键信息)核对不一致的,应退出业务处理,并通知存款人及时办理变更手续;该存款人基本存款账户信息中的其他信息核对不一致的,可进行下一步业务处理,但应通知存款人及时办理变更手续。核对一致的,应打印专用存款账户开户许可证正、副本。

第十八条 存款人申请开立合格境外机构投资者专用存款账户(以下简称QFII专用存款账户)及其他特殊专用存款账户,中国人民银行当地分支机构应将存款人名称、存款人类别、银行机构代码、账号、开户日期等信息提交账户管理系统审核。银行机构采用网络或磁介质报送方式的,中国人民银行当地分支机构应对账号进行复核。

存款人符合开户条件的,中国人民银行当地分支机构应将存款人地址、邮政编码、电话、法定代表人姓名、法定代表人身份证件种类及编号、证明文件种类及编号、税务登记证编号、产业分类、行业归属等信息提交账户管理系统。

中国人民银行当地分支机构应将账户管理系统显示的信息与存款人书面相关资料进行核对。核对不一致的，应依据书面相关资料进行修改；核对一致的，应打印专用存款账户开户许可证正、副本。

第十九条 存款人因异地临时经营活动需要申请开立临时存款账户，中国人民银行当地分支机构应将基本存款账户开户许可证核准号、银行机构代码、账号、开户日期、有效日期、基本存款账户开户地地区代码提交账户管理系统审核。银行机构采用网络或磁介质报送方式的，中国人民银行当地分支机构应对账号进行复核。

存款人符合开户条件的，中国人民银行当地分支机构应将证明文件种类、证明文件编号提交账户管理系统。建筑施工及安装单位申请开立临时存款账户且账户名称为存款人名称加项目部名称的，还应提交项目部名称、项目部地址、邮政编码、电话、负责人姓名、负责人身份证件种类及编号等信息。

中国人民银行当地分支机构应将账户管理系统显示的信息与书面相关资料进行核对。中国人民银行当地分支机构依据本条第一款、第二款提交的临时存款账户信息与书面相关资料核对不一致的，可依据书面相关资料进行修改。账户管理系统显示的该存款人基本存款账户信息中的关键信息核对不一致的，应退出业务处理，并通知存款人及时办理变更手续；除关键信息外的其他信息核对不一致的，可进行下一步业务处理，但应通知存款人及时办理变更手续。核对一致的，应打印临时存款账户开户许可证正、副本。

第二十条 临时机构申请开立临时存款账户，中国人民银行当地分支机构应将存款人名称、银行机构代码、账号、开户日期、有效日期等信息提交账户管理系统审核。银行机构采用网络或磁介质报送方式的，中国人民银行当地分支机构应对账号进行复核。

存款人符合开户条件的，中国人民银行当地分支机构应将存款人证明文件种类、证明文件编号、存款人地址、邮政编码、电话、负责人姓名、负责人身份证件种类及编号、组织机构代码、税务登记证编号、产业分类、行业归属等信息提交账户管理系统。

中国人民银行当地分支机构应将账户管理系统显示的信息与书面相关资料进行核对。核对不一致的，应依据书面相关资料进行修改；核对一致的，应打印临时存款账户开户许可证正、副本。

第二十一条 银行机构在办理一般存款账户开立信息备案时，应将账号、开户日期、基本存款账户开户许可证核准号、基本存款账户开户地地区代码等信息提交账户管理系统审核。

存款人符合开户条件的，银行机构应将存款人的证明文件种类及编号提交账户管理系统，并根据账户管理系统显示的信息与存款人书面相关资料进行核对。提交的一般存款账户信息与书面相关资料核对不一致的，可依据书面相关资料进行修改。账户管理系统显示的该存款人基本存款账户信息中的关键信息核对不一致的，应退出业务处理，并通知存款人及时办理变更手续；除关键信息外的其他信息核对不一致的，可进行下一步业务处理，但应通知存款人及时办理变更手续。核对一致的，应确认完成备案业务。

第二十二条 银行机构在办理非预算单位专用存款账户开立信息备案时，应将账号、开户日期、基本存款账户开户许可证核准号、基本存款账户开户地区代码等信息提交账户管理系统审核。

存款人符合开户条件的，银行机构应将账户名称、证明文件种类及编号、取现标识等信息提交账户管理系统。账户名称为存款人名称加内设机构（部门）名称的，还应提交内设机构（部门）名称、地址、邮政编码、电话、负责人姓名、身份证件种类及编号。账户名称为存款人名称加资金性质的，应提交资金性质信息。

银行机构应将账户管理系统显示的信息与存款人书面相关资料进行核对。提交的专用存款账户信息与书面相关资料核对不一致的，可依据书面相关资料进行修改。账户管理系统显示的该存款人基本存款账户信息中的关键信息核对不一致的，应退出业务处理，并通知存款人及时办理变更手续；除关键信息外的其他信息核对不一致的，可进行下一步业务处理，但应通知存款人及时办理变更手续。核对一致的，应确认完成备案业务。

第二十三条 银行机构可采用单笔或批量备案方式向账户管理系统备案个人银行结算账户开立信息。个人银行结算账户开立信息包括开户银行机构代码、存款人姓名、证件种类、证件号码、发证机关所在地、账号、账户类型、账户有效日期（仅限个人信用卡账户，下同）、开立日期。

采用单笔备案方式的，银行机构应将个人银行结算账户开立信息逐笔提交账户管理系统进行备案。

采用批量备案方式的，银行机构应将个人银行结算账户开立信息数据文件导入账户管理系统进行备案。银行机构也可按照辖属关系集中向账户管理系统备案本级机构及所辖机构的个人银行结算账户开立信息。

第三章　银行结算账户的变更与撤销

第二十四条 已开立基本存款账户的存款人需变更存款人名称、法定代表人姓名、法定代表人身份证件种类及编号、工商营业执照注册号、组织机构代码、证明文件种类、证明文件编号、地址、邮政编码、电话、经营范围、注册资金币种、注册资金金额、产业分类、行业归属等信息的，应向其基本存款账户开户银行提出申请。

基本存款账户开户银行对存款人的书面相关资料审查合格后，应将存款人书面相关资料和电子信息报送至中国人民银行当地分支机构。

第二十五条 中国人民银行当地分支机构将存款人的基本存款账户开户银行的银行机构代码和账号或将存款人的开户许可证核准号提交账户管理系统审核。

存款人符合基本存款账户变更条件的，中国人民银行当地分支机构应将相应的变更信息提交账户管理系统进行变更处理。需变更组织机构代码、工商营业执照注册号的，经授权后进行变更处理。

第二十六条 中国人民银行当地分支机构按照本办法第二十五条的规定进行变更业务处理时，发现变更后的存款人名称与账户管理系统中存贮的相关名称重复的，应依据书面相关资料进行核对。提交信息有误的，应依据书面相关资料进行相应修改；提交信息无误或者修改无误后仍然重复的，应退出变更业务处理。

中国人民银行当地分支机构发现变更后的工商营业执照注册号、组织机构代码、税务登记证编号与在线核查得到的相关信息不一致的，应依据存款人书面申请资料进行核对。提交信息有误的，应依据存款人书面申请资料对提交的信息进行修改；提交信息无误的，经复核的，可继续进行变更业务处理。

中国人民银行当地分支机构发现提交的存款人上级法人或主管单位的名称与账户管理系统中存贮的相关信息不一致的，应依据存款人书面相关资料进行核对。提交信息有误的，应依据存款人书面相关资料对提交信息进行相应修改；提交信息无误的，可继续进行变更业务处理。

第二十七条 中国人民银行当地分支机构按照本办法第二十五条至第二十六条的规定进行变更业务处理后，应将账户管理系统显示的信息与存款人书面相关资料进行核对。核对不一致的，应依据书面相关资料进行修改；核对一致的，可继续进行变更业务处理或确认变更成功。

第二十八条 存款人申请变更存款人名称、法定代表人姓名，中国人民银行当地分支机构根据本办法第二十七条规定可继续进行变更业务处理的，应收回该存款人的原基本存款账户开户许可证正本，并打印基本存款账户开户许可证正、副本。存款人名称变更的，还应重新打印存款人密码。

存款人有预算单位专用存款账户或临时存款账户的，其基本存款账户开户银行还应通知该存款人申请换发专用存款账户开户许可证或临时存款账户开户许可证。

存款人需变更注册地地区代码和存款人类别的，应以"其他"原因撤销所有银行结算账户后，再重新申请开立基本存款账户。

第二十九条 存款人申请变更预算单位专用存款账户的账户名称、资金性质、证明文件种类及编号、内设机构（部门）名称、地址、邮政编码、电话、负责人姓名、负责人身份证件种类及编号等信息，中国人民银行当地分支机构应将开户银行机构代码和账号或将开户许可证核准号提交账户管理系统审核。

存款人符合变更条件的，中国人民银行当地分支机构应将相应的变更信息提交账户管理系统，并将账户管理系统显示的信息与存款人书面相关资料进行核对。核对不一致的，可依据书面相关资料进行修改；核对一致的，应确认变更成功。

存款人账户名称发生变更的，中国人民银行当地分支机构应收回该存款人的原专用存款账户开户许可证正本，并打印专用存款账户开户许可证正、副本。

第三十条 存款人申请变更QFII专用存款账户及其他特殊专用存款账户信息，中国人民银行当地分支机构应将开户银行机构代码和账号或将开户许可证核准号提交账户管理系统审核。

存款人符合变更条件的,中国人民银行当地分支机构应将相应的变更信息提交账户管理系统,并将账户管理系统显示的信息与存款人书面相关资料进行核对。核对不一致的,应依据书面相关资料进行修改;核对一致的,应确认变更成功。

存款人名称、法定代表人姓名发生变更的,中国人民银行当地分支机构应收回该存款人的原专用存款账户开户许可证正本,并打印专用存款账户开户许可证正、副本。

第三十一条 非临时机构存款人申请变更临时存款账户的账户名称、证明文件种类及编号、项目部名称、项目部地址、项目部邮政编码、项目部电话、负责人姓名、负责人身份证件种类及编号等信息,中国人民银行当地分支机构应将开户银行机构代码和账号或将开户许可证核准号提交账户管理系统审核。

存款人符合变更条件的,中国人民银行当地分支机构应将相应的变更信息提交账户管理系统,并将账户管理系统显示的信息与存款人书面相关资料进行核对。核对不一致的,可依据书面相关资料进行相应修改;核对一致的,应确认变更成功。

存款人的账户名称发生变更的,中国人民银行当地分支机构应收回该存款人的原临时存款账户开户许可证正本,并打印临时存款账户开户许可证正、副本。

第三十二条 临时机构申请变更临时存款账户信息,中国人民银行当地分支机构应将开户银行机构代码和账号或将开户许可证核准号提交账户管理系统审核。

存款人符合变更条件的,中国人民银行当地分支机构应将相应的变更信息提交账户管理系统,并将账户管理系统显示的信息与存款人书面相关资料进行核对。核对不一致的,应依据书面相关资料进行修改;核对一致的,应确认变更成功。

存款人名称、法定代表人姓名发生变更的,中国人民银行当地分支机构应收回该存款人的原临时存款账户开户许可证正本,并打印临时存款账户开户许可证正、副本。

第三十三条 存款人申请临时存款账户展期,中国人民银行当地分支机构应将开户银行机构代码、账号和展期后的有效日期,或将开户许可证核准号和展期后的有效日期提交账户管理系统审核。

存款人不符合展期条件的,中国人民银行当地分支机构应退出展期业务处理;符合展期条件的,应收回原临时存款账户开户许可证正本,打印临时存款账户开户许可证正、副本。

第三十四条 存款人申请变更一般存款账户的证明文件种类、编号等信息,银行机构应将账号提交账户管理系统审核。

存款人符合变更条件的,银行机构应将相应的变更信息提交账户管理系统,并将账户管理系统显示的信息与存款人书面相关资料进行核对。核对不一致的,可依据书面相关资料进行修改;核对一致的,应确认变更业务处理成功。

第三十五条 存款人申请变更非预算单位专用存款账户的账户名称、资金性质、证明文件种类及编号、内设机构(部门)名称、地址、邮政编码、电话、负责人姓名、负责人身份证件种类及编号等信息,银行机构应将账号提交账户管理系统审核。

存款人符合变更条件的,银行机构应将相应的变更信息提交账户管理系统,并将账户管理系统显示的信息与存款人书面相关资料进行核对。核对不一致的,可依据书面相关资料进行修改；核对一致的，应确认变更业务处理成功。

第三十六条 银行机构申请银行结算账户账号批量变更，可采用网络或磁介质报送方式向中国人民银行分支机构报送账号批量变更申请资料。

采用网络报送方式的，银行机构可以其银行机构代码调取待变更银行结算账户信息，同时添加变更后的账号等信息，制作账号批量变更对照表，提交账户管理系统。

采用磁介质报送方式的，银行机构应按照规定格式制作账号批量变更对照表磁介质文件，或通过账户管理系统下载待变更银行结算账户信息，并按照规定格式制作账号批量变更对照表磁介质文件。银行机构应将账号批量变更对照表磁介质文件导入账户管理系统，或交由中国人民银行当地分支机构导入账户管理系统。

中国人民银行当地分支机构以银行机构代码调取账号批量变更对照表，将待变更信息与银行机构书面相关资料进行核对。核对不一致的，应退回银行机构；核对一致的，应提交账户管理系统进行审核。审核未通过的，应退出业务处理；审核通过的，应提交账户管理系统待变更数据库。

省级数据处理中心管理行以待变更文件名称调取待变更数据，经授权后进行账号批量变更。

账号批量变更后，申请账号批量变更的银行机构直属的中国人民银行当地分支机构，应打印变更成功的核准类银行结算账户的开户许可证正、副本，并将处理结果及时通知有关银行机构。

第三十七条 银行机构申请银行结算账户批量迁移，可采用网络或磁介质报送方式向中国人民银行当地分支机构报送账户批量迁移申请资料。

采用网络报送方式的，银行机构可以其银行机构代码调取待迁移的银行结算账户信息，制作账户批量迁移申请表，提交账户管理系统。

采用磁介质报送方式的，银行机构应按照规定格式制作账户批量迁移申请表磁介质文件，或通过账户管理系统下载银行结算账户信息，并按照规定格式制作账户批量迁移申请表磁介质文件。银行机构应将账户批量迁移申请表磁介质文件导入账户管理系统，或交由中国人民银行当地分支机构导入账户管理系统。

中国人民银行当地分支机构以银行机构代码调取账户批量迁移对照表进行核对。核对不一致的，应退回银行机构；核对一致的，应提交账户管理系统进行审核。审核未通过的，应退出业务处理；审核通过的，应提交账户管理系统待迁移数据库。

省级数据处理中心管理行以迁移文件名称调取账户批量迁移数据，经授权后进行批量迁移。

账户批量迁移后，迁入方银行机构直属的中国人民银行当地分支机构应打印迁移成功的核准类银行结算账户的开户许可证正、副本，并将处理结果及时通知有关银行机构。

第三十八条 存款人申请撤销核准类银行结算账户，中国人民银行当地分支机构应根据存款人书面相关资料将银行机构代码、账号和销户原因，或将开户许可证核准号和销户原因提交账户管理系统审核。

存款人符合销户条件的，中国人民银行当地分支机构应将账户管理系统显示的信息与存款人书面相关资料进行核对。核对不一致的，应退出业务处理；核对一致的，应确认撤销业务处理成功，并收回相应的开户许可证正本。

第三十九条 存款人申请撤销备案类单位银行结算账户，银行机构应根据存款人书面相关资料将账号和销户原因提交账户管理系统进行审核。

存款人符合销户条件的，银行机构应将账户管理系统显示的信息与存款人书面相关资料进行核对。核对不一致的，应退出业务处理；核对一致的，应确认撤销业务处理成功。

第四十条 银行机构可采用单笔或批量方式向账户管理系统备案个人银行结算账户变更（或撤销）信息。个人银行结算账户的变更（或撤销）信息包括开户银行机构代码、存款人姓名、证件种类、证件号码、发证机关所在地、账号、账户类型、账户有效日期、变更（或撤销）日期。

采用单笔备案方式的，银行机构应将个人银行结算账户变更（或撤销）信息逐笔提交账户管理系统进行备案。

采用批量备案方式的，银行机构应将个人银行结算账户变更（或撤销）信息数据文件导入账户管理系统进行备案。银行机构也可按照辖属关系集中向账户管理系统申报本级机构及所辖机构的个人银行结算账户的变更（或撤销）信息。

第四十一条 银行机构因个人银行结算账户账号批量变更、个人银行结算账户批量迁移等原因需按行别或银行机构代码撤销其全部个人银行结算账户的，应按有关规定向中国人民银行当地分支机构提出书面申请。中国人民银行当地分支机构审核无误后将书面申请逐级报送至省级数据处理中心管理行。

省级数据处理中心管理行审核无误后，向账户管理系统提交需撤销个人银行结算账户的行别或银行机构代码，经授权后撤销该行别或银行机构代码下的全部个人银行结算账户。

第四章 银行结算账户的管理

第四十二条 中国人民银行当地分支机构办理专用存款账户取现审批业务时，应依据银行机构提交的专用存款账户现金支取业务审批单及该专用存款账户的相关申请资料，将银行机构代码、账号提交账户管理系统审核，并将账户管理系统显示的信息与存款人书面相关资料进行核对。核对不一致的，应退出业务处理；核对一致的，应加注专用存款账户取现标识，在现金支取业务审批单上签署意见，并加盖账户管理专用章。

第四十三条 省级数据处理中心管理行可在账户管理系统中设置年检年度和办理年检业务的起止时间。

银行机构办理银行结算账户年检业务，应将银行机构代码、账号或开户许可证核准号提交账户管理系统审核，并将账户管理系统显示的信息与存款人书面相关资料进行核对。核对不一致的，应退出业务处理，并通知该存款人办理相关银行结算账户的撤销或变更手续；核对一致的，应确认年检业务处理成功。

第四十四条 银行机构需将银行结算账户设置为久悬的，银行机构应依据久悬银行结算账户清单，将账号提交账户管理系统，并将账户管理系统显示的信息与存款人书面相关资料进行核对。核对不一致的，应退出业务处理；核对一致的，应设置久悬标识。

第四十五条 中国人民银行当地分支机构在备案重要信息缺失的久悬银行结算账户时，应依据重要信息缺失的久悬银行结算账户清单，将银行机构代码、存款人名称、账号、账户性质等信息提交账户管理系统，并将账户管理系统显示的信息与清单进行核对。核对不一致的，应退出业务处理；核对一致的，应确认备案处理成功。

中国人民银行当地分支机构在注销重要信息缺失的久悬银行结算账户时，应依据注销重要信息缺失的久悬银行结算账户清单，将银行机构代码和账号提交账户管理系统，并将账户管理系统显示的信息与清单进行核对。核对不一致的，应退出业务处理；核对一致的，应确认注销业务处理成功。

第四十六条 存款人可通过其基本存款账户开户银行的账户管理系统终端查询其所有银行结算账户信息。存款人申请查询其银行结算账户信息，应出具法定代表人身份证件、基本存款账户开户许可证和存款人密码；授权他人办理的，还应出具法定代表人的授权书及被授权人的身份证件。

基本存款账户开户银行在为存款人办理银行结算账户查询时，应将存款人名称、基本存款账户开户许可证核准号和存款人密码提交账户管理系统进行审核。符合查询条件的，应为存款人打印银行结算账户相关信息。

第四十七条 存款人可到其基本存款账户开户银行修改其存款人密码。存款人申请修改其存款人密码，应出具法定代表人身份证件、基本存款账户开户许可证和原存款人密码；授权他人办理的，还应出具法定代表人的授权书及被授权人的身份证件。

基本存款账户开户银行在为存款人修改存款人密码时，应将基本存款账户开户许可证核准号、原存款人密码、新存款人密码提交账户管理系统审核。符合修改条件的，应打印修改后的存款人密码。

第四十八条 存款人可向其基本存款账户开户地中国人民银行当地分支机构申请重置存款人密码。

存款人申请重置其存款人密码，应出具法定代表人身份证件和基本存款账户开户许可证；授权他人办理的，还应出具法定代表人的授权书及被授权人的身份证件。

中国人民银行当地分支机构进行重置存款人密码业务处理时，应将基本存款账户开户许可证核准号、新存款人密码提交账户管理系统。符合重置条件的，应打印重置后的存款人密码。

第四十九条 银行机构可对本级机构及所辖机构的下列信息进行查询：单位银行结算账户信息、个人银行结算账户信息、操作员信息、系统日志、系统公告等。

银行机构可对全国范围的地区代码信息、行别代码信息、银行机构代码信息进行查询。

第五十条 中国人民银行总行及其分支机构可分别对全国范围或辖内的下列信息进行统计：

（一）单位银行结算账户数量；

（二）单位银行结算账户开销户情况；

（三）单位银行结算账户变更情况；

（四）单位银行结算账户年检情况；

（五）久悬银行结算账户数量；

（六）基本存款账户行别流向情况；

（七）银行结算账户异地流向情况；

（八）个人银行结算账户数量；

（九）个人银行结算账户开销户情况；

（十）待核查银行结算账户情况；

（十一）短期银行结算账户情况；

（十二）存款人频繁开销户情况；

（十三）已撤销基本存款账户的其他银行结算账户情况；

（十四）逾期临时存款账户情况；

（十五）不按规定期限备案的银行结算账户情况；

（十六）未申报银行结算账户情况；

（十七）生效日前办理结算业务的银行结算账户情况；

（十八）办理结算业务的逾期临时存款账户情况；

（十九）办理结算业务的已撤销基本存款账户的其他银行结算账户情况；

（二十）办理结算业务的久悬银行结算账户情况；

（二十一）重要信息缺失的久悬银行结算账户异常申报情况；

（二十二）存款人数量；

（二十三）操作员数量；

（二十四）银行机构数量；

（二十五）开户许可证数量。

第五十一条 银行机构可对本级机构及所辖机构的下列信息进行统计：

（一）单位银行结算账户数量；

（二）单位银行结算账户开销户情况；

（三）单位银行结算账户变更情况；

（四）单位银行结算账户年检情况；

（五）久悬银行结算账户数量；

（六）个人银行结算账户数量；

（七）个人银行结算账户开销户情况；

（八）操作员数量；

（九）银行机构数量。

第五十二条 中国人民银行分支机构可按辖属原则对下列信息进行监测：

（一）短期银行结算账户情况。

（二）存款人频繁开销户情况。

（三）已撤销基本存款账户的其他银行结算账户情况。

（四）逾期临时存款账户情况。

（五）不按规定期限备案的银行结算账户情况。

（六）未申报银行结算账户情况。

（七）生效日前办理结算业务的银行结算账户情况。

（八）办理结算业务的逾期临时存款账户情况。

（九）办理结算业务的已撤销基本存款账户的其他银行结算账户情况。

（十）办理结算业务的久悬银行结算账户情况。

（十一）重要信息缺失的久悬银行结算账户异常申报情况等。

第五十三条 中国人民银行总行、各省级数据处理中心管理行可通过账户管理系统对下列信息进行分析：账户数量结构、开销户结构、账户数量变动趋势、开销户数量变动趋势等。

第五章 银行结算账户信息的比对和监测

第五十四条 中国人民银行从支付系统、同城票据清算系统等系统采集单位银行结算账户和个人银行结算账户的收（付）款人账号、收（付）款人名称、开户银行支付系统行号、票据交换号及业务发生日期等账户信息，与账户管理系统存贮的账户信息进行比对，实现对未申报银行结算账户情况、生效日前办理结算业务的银行结算账户情况、办理结算业务的逾期临时存款账户情况、办理结算业务的已撤销基本存款账户的其他银行结算账户情况以及办理结算业务的久悬银行结算账户情况的监测。

第五十五条 支付系统参与者的支付系统行号与其银行机构代码不一致的，省级数据处理中心管理行应在账户管理系统中建立支付系统行号与银行机构代码的对应关系表，并负责对应关系表的维护。

多个银行机构共用一个支付系统行号办理支付业务的，省级数据处理中心管理行还应在账户管理系统中建立该支付系统行号与相关银行机构代码的对应关系表，并负责对应关系表的维护。

中国人民银行分支机构应在账户管理系统中建立银行机构的支付系统行号与其内部往来账号的对应关系表，并负责对应关系表的维护。

第五十六条 中国人民银行总行负责将支付系统的账户信息拆分到有关省级数据处理中心。

中国人民银行分支机构应于每日营业终了，通过同城票据清算系统数据转换软件将从同城票据清算系统采集的账户信息转换成标准格式的数据文件后，导入账户管理系统。中国人民银行分支机构也可直接向账户管理系统逐条提交同城票据清算相关信息，包括账号、存款人名称、地区代码、开户银行机构代码、业务发生日期、收（付）

款标识、单位（个人）账户标识和交换行银行机构代码。

中国人民银行分支机构因特殊原因未能在当日营业终了将同城票据清算系统账户信息的数据文件导入账户管理系统的，应于下一工作日将其导入。

第五十七条　中国人民银行分支机构应每周对本周账户管理系统的所有监测结果进行审核，打印待核查银行结算账户告知书和待核查银行结算账户明细表，加盖账户管理专用章后，交相关银行机构。

第五十八条　银行机构收到待核查银行结算账户告知书和待核查银行结算账户明细表后，应及时核实，并按以下方式进行处理：

（一）未经核准的核准类银行结算账户、逾期临时存款账户和久悬银行结算账户办理支付结算的，银行机构应立即予以纠正，并及时按规定补办银行结算账户的开立、变更或撤销手续。

（二）备案类银行结算账户未在规定期限内向人民银行当地分支机构备案的，银行机构应暂停通过该账户为存款人办理支付结算业务，并立即通过账户管理系统进行备案。

（三）已撤销基本存款账户的存款人的其他银行结算账户办理结算业务的，银行机构应通知该存款人及时申请重新开立基本存款账户或撤销其他银行结算账户。

（四）经核实，待核查银行结算账户符合银行结算账户管理制度的，银行机构应予以说明。

（五）待核查银行结算账户属于其他情形的，银行机构应依据银行结算账户管理有关规定进行相应处理。

第五十九条　银行机构应于收到待核查银行结算账户告知书和待核查银行结算账户明细表后5个工作日内将处理结果或申辩意见以书面方式报送中国人民银行当地分支机构。逾期未报送的，视同认可中国人民银行当地分支机构的监测结果，中国人民银行分支机构应依据银行结算账户管理有关规定进行处理。

第六十条　中国人民银行分支机构收到银行机构提交的书面报告后，应进行核查。经核查，银行机构的申辩理由或证据不成立的，应依据银行结算账户管理有关规定进行处理。

第六章　开户许可证的管理

第六十一条　省级数据处理中心管理行应对所在省（自治区、直辖市）的开户许可证实行统一管理。

中国人民银行分支机构通过账户管理系统建立开户许可证领用登记簿和使用登记簿，对空白开户许可证进行管理。

第六十二条　中国人民银行分支机构办理本机构空白开户许可证领用登记，应将开户许可证类别、起始与结束编号提交账户管理系统。

中国人民银行分支机构办理空白开户许可证使用登记，应在已经办理领用登记的开户许可证编号范围内，将开户许可证类别、起始与结束编号提交账户管理系统。

开户许可证的核发遵循"谁登记，谁核发"的原则。

第六十三条 中国人民银行分支机构可对本机构已做使用登记的空白开户许可证办理使用交回。办理使用交回时，应将开户许可证类别、起始与结束编号提交账户管理系统。

中国人民银行分支机构可对本机构已做领用登记的空白开户许可证办理领用交回。办理领用交回时，应将开户许可证类别、起始与结束编号提交账户管理系统。

第六十四条 中国人民银行分支机构因使用或保管不当等原因需将开户许可证作废的，应在需作废的开户许可证上标注"作废"标记，并将作废的开户许可证类别、编号提交账户管理系统，办理作废登记。

第六十五条 中国人民银行分支机构遗失空白开户许可证的，应将已遗失的开户许可证类别、编号提交账户管理系统，办理遗失登记。

第六十六条 中国人民银行分支机构可将开户许可证状态由收回状态修改为遗失状态或由遗失状态修改为收回状态。办理开户许可证状态修改时，应将开户许可证类别、核准号提交账户管理系统，经授权后进行业务处理。

第六十七条 存款人申请换发或补发开户许可证，中国人民银行分支机构应将银行机构代码、账号提交账户管理系统审核，并将账户管理系统显示的信息与存款人书面相关资料进行核对。核对一致的，应换发或补发开户许可证；核对不一致的，应退出业务处理，并由开户银行通知存款人办理变更手续。临时存款账户逾期的，应由开户银行机构通知存款人办理销户手续。

第七章 系统管理

第六十八条 中国人民银行总行负责账户管理系统应用软件版本的修改和升级换版，以及总行数据处理中心的运行维护。

省级数据处理中心管理行负责所在省（自治区、直辖市）的省级数据处理中心的运行维护。

第六十九条 中国人民银行总行负责账户管理系统中的行别代码信息和地区代码信息的维护。

第七十条 账户管理系统银行机构代码信息的维护遵循"统一管理、分级维护"原则。中国人民银行总行统一管理全国银行机构代码信息，中国人民银行分支机构在总行授权下对辖内银行机构代码信息进行维护。

第七十一条 银行机构申请新增银行机构代码信息，中国人民银行当地分支机构应依据有关申请资料，将其银行机构代码信息提交账户管理系统审核并办理新增业务。

中国人民银行分支机构申请新增银行机构代码信息，省级数据处理中心管理行应依据有关申请资料，将其银行机构代码信息提交账户管理系统审核并办理新增业务。

第七十二条 银行机构申请变更银行机构全称、直接管辖行银行机构代码、邮政编码、地址、电话、电子邮箱，中国人民银行当地分支机构应依据有关申请资料，将其变更信息提交账户管理系统审核并办理变更业务。

银行机构申请变更其直属人民银行分支机构银行机构代码，省级数据处理中心管理行应依据有关申请资料，将其变更信息提交账户管理系统审核并办理变更业务。

中国人民银行分支机构申请变更银行机构全称、直接管辖行银行机构代码、邮政编码、电话、电子邮箱、地址，省级数据处理中心管理行应依据有关申请资料，将其需变更信息提交账户管理系统审核并办理变更业务。

银行机构代码信息中的银行类别、行别名称、行别代码、分支机构序号、所在省（市、区）名称、所在地区名称、所在城市名称、所在城市地区代码、启用日期等要素不可变更。

第七十三条　银行机构申请撤销银行机构代码信息，中国人民银行当地分支机构应依据有关申请资料，将其银行机构代码提交账户管理系统审核并办理撤销业务。

中国人民银行分支机构申请撤销银行机构代码信息，省级数据处理中心管理行应依据有关申请资料，将其银行机构代码提交账户管理系统审核并办理撤销业务。

第七十四条　中国人民银行总行可对银行结算账户开立控制关系、类别代码以及其他业务参数进行维护。

第七十五条　省级数据处理中心管理行可对以下业务参数进行维护：年检年度、年检起止时间、比对参数、逾期临时存款账户监测参数、重要信息缺失的银行结算账户监测参数、待核准数据库中银行结算账户信息的存贮时间等。

第七十六条　中国人民银行总行可依据有关规定，按照银行类别、行别、存款人类别、账户性质、账户状态、数据来源、数据接收部门等制定数据移送方案。

省级数据处理中心管理行可根据相应的数据移送方案下载需移送的数据，并按照有关规定移送相关部门。

第七十七条　中国人民银行当地分支机构可根据管理需要，按照行别、存款人类别、账户性质、数据来源等制定数据下载方案，下载所在城市或辖内的银行结算账户信息。

第七十八条　账户管理系统发生通报、回执失败时，省级数据处理中心管理行应于当日至迟下一个工作日手工下载通报失败或回执失败的异常报文，通过OA或其他适当方式，传送给相关省级数据处理中心管理行。相关省级数据处理中心管理行应于当日将收到的异常报文上传账户管理系统，并确认文件上传成功。

第七十九条　中国人民银行分支机构或银行机构可通过账户管理系统向其直接管辖行或所辖机构发布公告；银行机构还可向中国人民银行当地分支机构发送公告。

中国人民银行分支机构和银行机构应及时浏览账户管理系统的公告。中国人民银行分支机构和银行机构不得发布或发送与支付结算无关的信息。

第八十条　中国人民银行分支机构和银行机构将个人银行结算账户信息、同城票据清算信息、账号批量变更对照表、账户批量迁移申请表等批处理文件信息导入账户管理系统后，可于次日通过账户管理系统的上传文件管理功能查询相关处理结果。

第八十一条　中国人民银行分支机构和银行机构可在不中断业务处理的情况下通过账户管理系统的在线帮助功能，查询银行机构代码、行别代码、地区代码等信息以及相关规章制度,并进行相关信息验证。

第八十二条　中国人民银行和银行机构应根据需要设置适当数量和级别的操作员。

中国人民银行总行设置业务管理员和系统管理员,中国人民银行分支机构设置一、二、三级操作员和高级业务主管,银行机构设置一、二、三级操作员。

中国人民银行分支机构一、二级操作员与三级操作员、高级业务主管之间不得互相兼任。银行机构一、二级操作员与三级操作员之间不得互相兼任。

第八十三条　中国人民银行总行业务管理员的最大权限如下:查询、统计、分析银行结算账户信息,参数维护、基础数据维护,通报、回执管理,公告管理、系统日志管理。

第八十四条　中国人民银行分支机构的一级操作员可以办理基本的银行结算账户业务,其最大权限如下:开立、变更、撤销、年检银行结算账户,对银行结算账户加注久悬标识、取现标识,换发、补发开户许可证,开户许可证的使用登记、使用交回、手工作废管理,打印已开立银行结算账户清单,修改存款人密码、浏览公告、使用在线帮助功能。

第八十五条　中国人民银行分支机构的二级操作员除能够办理基本的银行结算账户业务外,还具有银行结算账户管理功能。二级操作员具体可分为地(县)级二级操作员和省级二级操作员。

地(县)级二级操作员除具有一级操作员的最大权限外,还具有下列权限:账号批量变更数据和账户批量迁移数据的审核提交、票据清算信息手工录入、待比对账户信息导入、个人银行结算账户批量导入,对一级操作员补打开户许可证的授权,查询、统计、监测银行结算账户信息,经高级业务主管授权后下载系统数据,公告管理。

省级二级操作员除具有地(县)级二级操作员的最大权限外,还具有下列权限:银行结算账户信息分析、跨省异常报文处理、经高级业务主管授权后进行账号批量变更、账户批量迁移、按行别或银行机构代码删除个人银行结算账户信息、移送银行结算账户数据。

第八十六条　中国人民银行分支机构三级操作员主要负责系统管理,具体分为地(县)级三级操作员和省级三级操作员。

地(县)级三级操作员的最大权限如下:管理本行一、二级操作员和高级业务主管、管理所辖银行机构三级操作员,对二级操作员补打开户许可证的授权、开户许可证领用、交回管理,查询、统计、新增、变更、删除所辖银行机构的银行机构代码,公告管理、系统日志管理、使用在线帮助功能。

省级三级操作员的最大权限如下:管理省级一、二级操作员和高级业务主管、管理辖内中国人民银行地(县)级三级操作员,对二级操作员补打开户许可证的授权,查询、统计银行机构代码,新增、变更、删除中国人民银行分支机构银行机构代码,公告管理、系统日志管理、使用在线帮助功能、在线帮助功能维护。

第八十七条　中国人民银行分支机构高级业务主管主要负责重要事项的复核和重要业务的授权,具体分为地(县)级高级业务主管和省级高级业务主管。

地（县）级高级业务主管的最大权限如下：存款人工商营业执照注册号、组织机构代码或税务登记证号与在线核查得到的相关信息不一致时的复核，查询、统计、监测银行结算账户信息，模糊查询、批量查询、开户许可证状态修改和手工作废的授权，重置存款人密码、浏览公告、管理已发布公告、使用在线帮助功能、数据下载。

省级高级业务主管除具有地（县）级高级业务主管最大权限外，还具有下列权限：账号批量变更、账户批量迁移、按行别或银行机构代码撤销个人银行结算账户的授权，分析银行结算账户信息，参数维护。

第八十八条 银行机构各级操作员的最大权限如下：

（一）一级操作员的最大权限：开立、变更、撤销、年检、久悬银行结算账户，管理待核准信息，修改存款人密码、打印已开立银行结算账户清单、浏览公告、使用在线帮助功能。

（二）银行机构二级操作员除具有一级操作员的最大权限外，还具有下列权限：批量导入个人银行结算账户，制作账号批量变更和账户批量迁移对照表，查询、统计银行结算账户信息。

（三）三级操作员的最大权限：管理本机构一、二级操作员、公告管理、系统日志管理、使用在线帮助功能。

第八十九条 中国人民银行总行系统管理员由账户管理系统自动生成，系统管理员设置业务管理员。

省级数据处理中心管理行的省级三级操作员设置所在省（自治区、直辖市）的中国人民银行分支机构的三级操作员。中国人民银行分支机构的三级操作员设置本行的一、二级操作员和高级业务主管，以及所辖银行机构的三级操作员。银行机构的三级操作员设置本机构的一、二级操作员。

中国人民银行和银行机构设置操作员时，应提交操作员姓名、银行机构代码、操作员级别、电话、电子邮箱地址、启用日期，并在各类操作员最大权限中选择该操作员的具体权限。

新设置的操作员在第一次登录账户管理系统时应修改其密码。

第九十条 中国人民银行分支机构和银行机构三级操作员可对本机构设置的操作员进行解锁、修改和查询。三级操作员可查询本机构的所有三级操作员信息，但不能对其进行修改。中国人民银行分支机构和银行机构的操作员信息发生变更的，应及时变更；对不再使用的操作员应及时删除；对一定时期内不使用的操作员应及时停用。

第八章 附 则

第九十一条 本办法由中国人民银行负责解释、修改。

第九十二条 本办法自账户管理系统（二期）运行之日起施行。自本办法施行之日起，中国人民银行于2005年1月19日发布的《人民币银行结算账户管理系统业务处理办法》（试行）同时废止。

中国人民银行关于进一步加强人民币银行结算账户开立、转账、现金支取业务管理的通知

（银发〔2011〕116号）

中国人民银行上海总部，各分行、营业管理部，各省会（首府）城市中心支行，深圳市中心支行；国家开发银行，各政策性银行、国有商业银行、股份制商业银行，中国邮政储蓄银行：

近年来，银行业金融机构（以下简称银行）不断加强人民币支付结算业务管理，创新支付结算业务模式，建立健全风险防范机制，为社会公众提供了高效、便捷、安全的支付结算服务，满足了社会公众日益增长的支付需求。但是，也有个别银行不严格按照现行的法规制度办理人民币支付结算业务和履行反洗钱义务，人民币银行结算账户开立、转账、现金支取、可疑交易报告业务方面的问题较为突出，扰乱了国家正常的经济金融秩序，客观上为不法分子逃税骗税、贪污受贿、洗钱等违法犯罪活动转移资金提供了便利。为进一步加强人民币支付结算业务管理和反洗钱工作，现就有关事项通知如下：

一、严格按照法规制度办理人民币银行结算账户开立业务

银行应严格按照《中华人民共和国反洗钱法》、《个人存款账户实名制规定》（中华人民共和国国务院令第285号发布）、《人民币银行结算账户管理办法》（中国人民银行令〔2003〕第5号发布）、《金融机构客户身份识别和客户身份资料及交易记录保存管理办法》（中国人民银行　中国银行业监督管理委员会　中国证券监督管理委员会　中国保险监督管理委员会令〔2007〕第2号发布）、《中国人民银行关于进一步加强金融机构反洗钱工作的通知》（银发〔2008〕391号）等法规制度，勤勉尽责，遵循"了解你的客户"的原则，履行客户身份识别义务，落实银行账户实名制。

（一）切实落实个人银行账户实名制

存款人申请开立个人银行结算账户的，银行应严格核对存款人身份证明文件的姓名、身份证件号码及照片，防止存款人以虚假身份证件或者借用、冒用他人身份证件开立个人银行结算账户。对于存款人出示居民身份证的，应按照规定通过联网核查公民身份信息系统进行核查。

对于代理开立个人银行结算账户的，银行应严格审核代理人的身份证件，联系被代理人进行核实，并留存电话记录等联系资料。如被代理人先前在本行办理过业务的，银行可以使用已留存的被代理人的联系方式。

对于同一自然人在一家银行开立个人银行结算账户累计10户以上的，银行应将相

关账户作为重点监测对象,对于有合理理由怀疑账户的支付交易涉及违法犯罪活动的,应将其作为可疑交易按规定报告中国反洗钱监测分析中心,明显涉嫌犯罪活动的,应同时向中国人民银行当地分支机构报告。

(二) 加强单位银行结算账户开立管理

对于法定代表人或者单位负责人授权他人办理单位银行结算账户开立业务的,被授权人应是授权单位工作人员,银行应采取审核被授权人工作证件等措施予以核实。

对于同一自然人作为具体经办人员办理两个以上单位的银行结算账户开立业务的,或者同一自然人为两个以上单位的法定代表人或者单位负责人的,或者两个以上单位银行结算账户信息中的联系电话、地址等相同的,银行除审核存款人提供的开户证明文件外,应采取回访、实地查访、向公安、工商行政管理部门核实等一项或多项措施进一步核实存款人身份,并重点关注相关账户的支付交易情况。银行经甄别后,对于有合理理由怀疑支付交易涉及违法犯罪活动的,应将其作为可疑交易按规定报告中国反洗钱监测分析中心。

对于新开立的单位银行结算账户,银行应严格执行3个工作日生效制度。对于注册验资的临时存款账户,在验资期间只收不付,注册验资资金的汇缴人与出资人名称应一致。

银行得知存款人注销或被吊销营业执照的,如存款人超过规定期限未主动办理撤销手续的,银行有权停止其银行结算账户的对外支付,并要求存款人撤销银行结算账户。

对于存款人未参加年检,存在工商营业执照、法定代表人或者单位负责人身份证件等重要开户证明文件超过有效期等不符合银行结算账户开立规定情形的,银行应撤销银行结算账户。如该账户为基本存款账户,银行应停止账户的对外支付,待其他银行结算账户撤销后,再撤销基本存款账户。

对于伪造变造居民身份证、工商营业执照、税务登记证等开户证明文件骗取开立银行结算账户的,银行应按照《中国人民银行关于规范人民币银行结算账户管理有关问题的通知》(银发〔2006〕71号)的规定,采取相关措施配合中国人民银行对相关单位及个人进行处理。同时,银行应采取加强业务培训、利用技术手段、建立与公安、工商部门协作机制等各种措施,切实提高识别证明文件真伪及了解客户的能力。

二、严格按照法规制度办理人民币银行结算账户转账业务

银行应按照《中华人民共和国反洗钱法》、《人民币银行结算账户管理办法》、《金融机构大额交易和可疑交易报告管理办法》(中国人民银行令〔2006〕第2号发布)、《中国人民银行关于改进个人支付结算服务的通知》(银发〔2007〕154号)、《中国人民银行关于明确可疑交易报告制度有关执行问题的通知》(银发〔2010〕48号)等法规制度,加强转账、汇兑等业务管理,将大额和可疑交易按规定报告中国反洗钱监测分析中心,明显涉嫌犯罪活动的,应同时向中国人民银行当地分支机构报告。

(一) 对于单位银行结算账户向个人银行结算账户转账单笔超过5万元的,存款人若在付款用途栏或备注栏注明事由,可不再另行出具付款依据。但是,具有下列一种

或多种特征的可疑交易，银行应关闭单位银行结算账户的网上银行转账功能，要求存款人到银行网点柜台办理转账业务，并出具书面付款依据或相关证明文件；如存款人未提供相关依据或相关依据不符合规定的，银行应拒绝办理转账业务：

1. 账户资金集中转入，分散转出，跨区域交易；
2. 账户资金快进快出，不留余额或者留下一定比例余额后转出，过渡性质明显；
3. 拆分交易，故意规避交易限额；
4. 账户资金金额较大，对外收付金额与单位经营规模、经营活动明显不符；
5. 其他可疑情形。

（二）银行应根据存款人注册资金大小，结合企业正常经营需求，分别核定存款人单位银行结算账户网上银行转账限额。

三、严格按照法规制度办理人民币现金支取业务

银行应严格按照《中华人民共和国反洗钱法》《金融机构客户身份识别和客户身份资料及交易记录保存管理办法》《金融机构大额交易和可疑交易报告管理办法》等法规制度，加强现金支取管理。

（一）为个人存款人办理人民币单笔 5 万元以上现金支取业务的，银行应核对存款人的有效身份证件。对于他人代理办理的，银行应严格审核存款人及代理人的身份证件，并留存存款人及代理人的身份证件复印件或者影印件。

（二）对于单笔或者当日累计人民币交易 20 万元以上的现金支取、现金票据解付及其他形式的现金支取，银行应按规定向中国反洗钱监测分析中心报告。

（三）有合理理由认为现金支取与洗钱、恐怖主义活动及其他违法犯罪活动有关的，银行应按规定报告中国反洗钱监测分析中心，同时向中国人民银行当地分支机构报告。

（四）存款人通过自动柜员机（ATM）支取现金，每卡每日累计不得超过人民币 2 万元。

四、加大支付结算业务监督管理力度

为严肃支付结算纪律，提高支付服务水平，中国人民银行分支机构和银行应对人民币银行结算账户开立、转账、现金支取等业务进行检查。

（一）银行自查。各银行应按照银行结算账户管理、反洗钱及本通知规定，组织开展全行自查工作，对本行所有营业网点的人民币银行结算账户开立、转账及现金支取业务进行全面检查。各银行应制定检查方案，对本行分支机构检查工作予以督导，对于检查发现的问题，应立即进行整改，及时制定或修订有关政策制度，依法对相关责任单位及个人进行处理，切实将检查落到实处，防止走过场。

各银行应于 2011 年 7 月底前完成自查工作，并根据本通知要求完善行内反洗钱监测系统。2011 年 8 月 15 日前，各银行将检查方案、检查步骤、存在问题及整改情况等报送中国人民银行当地分支机构。国家开发银行，各政策性银行、国有商业银行、股份制商业银行，中国邮政储蓄银行应将检查情况报告中国人民银行总行。

（二）中国人民银行检查。中国人民银行分支机构应依据《中国人民银行关于开展

银行业金融机构支付结算执法检查的通知》（银发〔2011〕61号）的规定，对人民币银行结算账户开立业务进行重点检查。同时，在日常账户检查和反洗钱检查工作中，应将人民币银行结算账户开立业务、人民币单位银行结算账户向个人银行结算账户转账业务、现金支取业务作为重点检查内容。

经检查，对存在违规行为的银行，中国人民银行分支机构应严格按照有关法规制度进行处罚，并进一步采取约见单位负责人诫勉谈话、通报、列入下一年度重点检查对象等措施。

请中国人民银行上海总部，各分行、营业管理部、省会（首府）城市中心支行，深圳市中心支行及时将该通知转发至辖区内各城市商业银行、农村商业银行、农村合作银行、城市信用社、农村信用社和外资银行。

中国人民银行关于加强银行卡业务管理的通知

(银发〔2014〕5号)

中国人民银行上海总部,各分行、营业管理部,各省会(首府)城市中心支行,深圳市中心支行;各国有商业银行、股份制商业银行、中国邮政储蓄银行;中国银联股份有限公司;各支付机构:

近年来,国内银行卡市场快速发展,对便利社会生产生活、扩大内需、促进消费和经济发展发挥了积极作用。但是,仍然有部分发卡银行、收单机构对银行卡业务相关管理制度落实不到位,存在放松发卡审核、违规代办银行卡、交易信息不合规、受理终端管理混乱等问题。为进一步规范银行卡业务管理,维护银行卡市场秩序,现就有关事项通知如下:

一、加强实名制审核,规范银行卡发卡业务

(一)严格落实银行账户实名制。发卡银行应严格执行客户身份识别制度和银行账户实名制,认真审核银行卡申请资料的真实性和有效性,确保银行卡申领为客户本人真实意愿。客户为其所申请银行卡或所持有银行卡申请开通网上支付、电话支付、手机支付,以及其他电子支付等非柜面业务的,发卡银行除审核其居民身份证等有效身份证明文件外,可要求客户提供其他辅助身份证明文件,进一步核实客户身份。发卡银行不应盲目追求发卡规模,对于无需使用银行卡也可办理的业务,不得以申领银行卡作为业务办理的强制附加条件,对于已在同一银行办理银行卡的客户再次申领同一类型银行卡的,发卡银行应积极引导客户根据自身实际需要,减少重复办卡。

(二)规范代理办卡业务流程。对代理办理银行卡的,发卡银行应按照银行账户实名制审核有关规定,对代理人和被代理人进行身份审核、识别和留存信息,并核实代理行为是否符合被代理人本人真实意愿。如被代理人已在本行留存有效联系方式的,应通过已留存的被代理人联系方式进行核实。

单位代理个人办理银行卡的,应如实提交申请资料,并对被代理人身份的真实性负责,且在被代理人持本人有效身份证件到发卡银行网点办理身份确认前,该银行卡只收不付。除教育、社会保障、公共管理等行业单位外,其他单位不得为非本单位员工代理办卡。

由其他个人代理办理银行卡的,如需开通网上支付、电话支付、手机支付,以及其他电子支付等非柜面业务,应由被代理人持本人有效身份证件到发卡银行网点申请办理,不得由他人代理申请。

二、强化银行卡风险管理，保障持卡人合法权益

（一）加强银行卡业务合作风险管理。发卡银行应建立与支付机构业务合作的统一管理机制，明确牵头部门，制定管理制度，建立安全技术标准，规范系统接入，并加强对业务开展情况的动态管理。发卡银行、支付机构应在合作协议中明确交易验证、信息保护、差错处理、风险赔付等方面的权利、义务和违约责任，切实保障持卡人资金安全和信息安全。

发卡银行按照支付机构发起的支付指令扣划持卡人账户资金的，应事先通过物理网点、电子渠道，或在首笔交易时，由发卡银行验证持卡人身份并签订协议，取得持卡人授权。发卡银行应按照与持卡人约定的验证方式完成交易验证，原则上支付机构不得代为验证；确因业务需要，由支付机构提供验证手段或渠道的，发卡银行应核验验证手段或渠道的安全性，确保持卡人身份证号、手机号码等验证要素与发卡银行留存信息一致，并对单笔、日累计支付金额进行合理限制。发卡银行和支付机构应严格规范客户身份信息修改流程，针对不同的信息修改渠道完善身份验证措施，提升信息修改环节的反欺诈水平。

（二）健全银行卡交易监测机制。发卡银行应对同一持卡人在本行办理的所有银行卡进行综合风险管理，建立卡号、账号、持卡人等多维度的交易监测体系，实现对银行卡交易、额度控制、授权管理等多个环节的实时监测和事后监测。

（三）依法保障持卡人合法权益。发卡银行应明确告知持卡人银行卡收费项目及标准、协议和章程的主要条款、不同支付渠道下的安全用卡知识等内容，不得损害持卡人的知情权和选择权；应提醒持卡人妥善保管银行卡，并在协议中明确约定持卡人不得出租、出借、转卖银行卡；应将对持卡人的风险教育流程化、规范化，持续提升服务水平。

三、严格银行卡收单业务管理，维护收单市场秩序

（一）确保交易信息的真实性、准确性和完整性。收单机构应按照《银行卡收单业务管理办法》（中国人民银行公告〔2013〕第9号公布，以下简称《办法》）第二十五条等有关规定，真实、准确、完整传递交易信息，不得仿冒、变造或伪造交易信息。特约商户类别代码应符合国家、金融行业标准。收单机构应确保刷卡签购单等银行卡交易凭证或电子记录准确反映收单机构名称、特约商户名称及编码、受理终端（网络支付接口）编码、经屏蔽处理的银行卡卡号、交易类型、交易时间及金额等内容。对于直接向持卡人提供商品或服务的具体商户信息，不得以收单机构、外包机构或网络交易平台等有关信息进行代替。

支付机构向发卡银行传递的银行卡交易信息不符合《办法》第二十五条等有关规定的，发卡银行不得与其开展业务合作。

（二）落实本地化管理要求。收单机构应按照《办法》第十六条等有关规定，严格执行实体特约商户收单业务本地化管理要求，不得在未设立分支机构的省（区、市）开展实体特约商户收单业务，应确保收单机构分支机构切实承担本地商户拓展与审核、日常维护、风险核查、商户巡检、档案管理、外包业务等管理责任。

(三)规范银行卡受理终端(网络支付接口)的使用。收单机构应严格控制特约商户受理终端的布放类型。移动销售点终端(POS机)原则上只能布放于航空、餐饮、交通罚款、上门收费、移动售货、物流配送等确有使用需求的行业商户,尚未纳入国家、金融行业技术标准的音频读卡装置等受理终端,原则上不得用于普通消费收单业务。确有需求的,收单机构应根据银行卡交易信息传输模式,与银行卡清算机构或发卡银行签订协议,明确业务范围、风险管理措施与责任;未经协议约定布放使用的,由收单机构承担全部银行卡交易风险责任。收单机构应建立严格的风险管理制度,采取有效手段确保受理终端(网络支付接口)被用于特约商户实际经营场所(网络地址)、协议约定的范围与用途,防止违规移机或套用网络支付接口用于违法违规活动。

收单机构布放受理终端提供自助购物、缴纳公共事业费用、信用卡还款等自助支付服务的,应在受理终端申请和布放时严格实行实名制。可布放受理终端的公共场所,应为单位办公场所、银行网点、便民服务点等满足一定安全管理要求的固定场所,收单机构应与场所管理方签订协议,明确双方对受理终端的管理责任,并通过安装监控设备、加强交易监测、定期巡检等措施加强风险控制。收单机构为个人或家庭布放自助支付服务受理终端的,应在开通服务前完成受理终端与终端申领人指定银行卡的绑定,并对可绑定的银行卡数量进行合理限制。

各类受理终端(网络支付接口)数量、使用行业范围、风险管理情况等内容应纳入收单业务年度专项报告,按《办法》有关规定报送人民银行及其分支机构。

(四)严控收单外包业务风险。收单机构是银行卡收单业务的责任主体。收单机构应加强外包业务管理,选择符合一定专业背景和内部治理水平的外包机构,禁止外包机构转让、转包业务,并通过定期现场检查等方式控制外包业务风险。

(五)加强特约商户信用卡受理功能管理。对于从事资金借贷、理财服务等投融资经营活动的特约商户,收单机构不得为其开通信用卡受理功能。对以个人银行结算账户作为收单银行结算账户的特约商户,应当审慎开通信用卡受理功能,并通过限制单笔和日累计交易金额、加强交易监测、增加现场检查频率等措施强化风险控制。

四、加强监督管理,完善银行卡业务管理体系

(一)以查促改,维护银行卡市场秩序。人民银行分支机构应当切实履行职责,结合本通知管理要求和有关法规制度规定,对辖区内发卡银行和收单机构提出针对性管理要求,建立日常检查监管机制,严厉查处违规行为,督促落实整改措施。

(二)狠抓落实,强化内控机制。支付机构从事银行卡相关业务,应参照执行《中国人民银行 中国银行业监督管理委员会 公安部 国家工商总局关于加强银行卡风险管理预防和打击银行卡犯罪的通知》(银发〔2009〕142号)、《中国人民银行办公厅关于贯彻落实〈中国人民银行 中国银行业监督管理委员会 公安部 国家工商总局关于加强银行卡风险管理、预防和打击银行卡犯罪的通知〉的意见》(银办发〔2009〕149号)等银行卡业务管理制度,依法合规开展相关业务。发卡银行、收单机构应对业务开展情况进行全面自查,有关业务规则、管理系统不符合本通知管理要求和有关法规制度规定的,应于本通知印发之日起6个月内完成整改,并将整改情况报告人民银

行及其分支机构。

（三）加强协调，建立健全行业自律机制。中国支付清算协会应按照本通知管理要求和有关法规制度规定，结合行业实际，建立和完善银行卡业务行业自律规范，督促会员单位遵守有关监管规定和行业自律规范，维护市场秩序，保障消费者合法权益。

请人民银行分支机构将本通知转发至辖区内各地方性商业银行、外资银行。

执行中如遇问题，请及时报告人民银行。

中国人民银行

2014年1月8日

中国人民银行关于加强银行业金融机构
人民币同业银行结算账户管理的通知

(银发〔2014〕178号)

中国人民银行上海总部、各分行、营业管理部，各省会（首府）城市中心支行，深圳市中心支行；国家开发银行，各政策性银行、国有商业银行、股份制商业银行，中国邮政储蓄银行：

为加强银行业金融机构人民币同业银行结算账户（以下简称同业银行结算账户）管理，切实防范金融风险，现就有关事项通知如下：

一、严格同业银行结算账户开立管理

（一）本通知规范的同业银行结算账户是指银行业金融机构（以下简称银行）为境内其他银行开立的、与本银行或者第三方发生资金划转的人民币银行存款账户。

同业银行结算账户按照用途分为结算性和投融资性两类。结算性同业银行结算账户是指用于代理现金解缴、代理支付结算等支付结算业务的账户；投融资性同业银行结算账户是指用于同业存款（结算性存款除外）、同业借款、买入返售（卖出回购）同业投资等融资和投资业务的账户。

（二）同业银行结算账户应当严格按照《人民币银行结算账户管理办法》（中国人民银行令〔2003〕第5号发布）等银行结算账户制度管理。除开立基本存款账户外，其他账户一律按照专用存款账户开立，有异地开立专用存款账户需要的，可以异地开立。

（三）存款银行分支机构在开户银行（其他银行）开立同业银行结算账户应当逐户获得本银行一级法人的内部书面授权。存款银行一级法人应当以正式发文形式进行授权，明确分支机构开立同业银行结算账户的开户银行、账户名称、用途以及经办人员等。存款银行为全国性银行，因分支机构数量较多等特殊情况直接授权确有困难的，可以授权一级分行授权，但一级分行应在同业银行结算账户开户前将有关情况报告一级法人。

（四）投融资性同业银行结算账户原则上应当由存款银行一级法人和一级分行开立，二级分行确有开立需要的，应当由一级法人进行授权，不得转由一级分行授权。存款银行支行及以下分支机构不得开立投融资性同业银行结算账户，不得异地开立同业银行结算账户。

开户银行为存款银行开立投融资性同业银行结算账户的，应当为开户银行二级分行及以上营业机构。支行及以下分支机构不得作为投融资性同业银行结算账户的开户银行,也不得为异地(跨县市)存款银行开立同业银行结算账户。

(五)存款银行申请开立同业银行结算账户时,除按照《人民币银行结算账户管理办法》等银行账户制度规定出具有关开户证明文件外,还应当出具银行业监督管理部门颁发的金融许可证和经营范围批准文件;非一级法人开户的,还应当出具一级法人(或者一级分行)授权书原件。开户银行应当进行审查,对开立同业银行结算账户用途超越经营范围的,应当拒绝办理。

(六)开户银行应当提高对同业开户的审核要求,采取多种措施对开户证明文件的真实性、完整性和合规性以及存款银行开户意愿真实性进行审核。

1. 执行同一银行分支机构首次开户面签制度,由开户银行两名以上工作人员共同亲见存款银行法定代表人(单位负责人)在开户申请书和银行账户管理协议上签名确认。

2. 严格执行开户证明文件原件的审核要求,不得以审核复印件或影印件代替,必须采取双人复核制度。

3. 认真审查法定代表人(单位负责人)身份证件的真伪,其中居民身份证应当通过联网核查公民身份信息系统核实,其他身份证件通过向公安机关查询等方式进一步核实。有条件的地区,通过工商、税务和银行业监督管理部门的政府信息公开网站查询营业执照、税务登记证件和金融许可证的有效性。

4. 至少采取下列 2 种方式对存款银行开户意愿的真实性进行核实:一是通过大额支付系统向存款银行一级法人进行核实(查询查复方法见附件1);二是到存款银行上门核实或者通过本银行在异地的分支机构上门核实。

5. 对账地址(联系地址)应当为存款银行经营所在地或者工商注册地的地址。

6. 完整留存对开户意愿和开户证明文件真实性核实的纸质、视频、电话等记录。

(七)开户银行应当按照规定将同业银行结算账户开户信息向人民币银行结算账户管理系统备案。

二、切实落实同业银行结算账户日常管理

(一)存款银行应当根据本通知规定和账户管理协议的约定使用同业银行结算账户,不得违规和超范围使用同业银行结算账户。

(二)开户银行应当严格执行开户生效日制度,同业银行结算账户自正式开立之日起 3 个工作日后方可办理付款业务。

(三)开户银行应当按照规定与存款银行及时对账。存款银行收到对账单或者对账信息后,应当及时核对账务并在规定期限内反馈。

(四)开户银行应当严格执行久悬管理制度。因业务开展需要等特殊情况的,开户银行可以不予撤销久悬账户,但应当停止账户支付;停止支付时间超过 5 年的,应当销户。

(五)开户银行应当严格执行年检制度。对于不符合开立条件的,应当立即停止支付,并通知存款银行办理销户手续。

(六)开户银行应当加强对同业银行结算账户使用情况的监测,对账户使用存在可疑情形的，应当及时联系存款银行进行核实，并在 2 个工作日内向人民银行当地分支机构报告。

三、建立同业银行结算账户专项管理制度

各银行应当根据本通知要求制定本银行及分支机构在其他银行开立同业银行结算账户的专项管理制度，加强对同业业务的集中管理：

（一）建立健全同业银行结算账户开立内部授权制度。银行一级法人要全面及时掌握本银行所有分支机构在其他银行开立同业银行结算账户情况，确保所有账户符合本银行管理规定并经过有效的内部授权或者审批流程；明确本银行同业银行结算账户管理牵头部门，细化分支机构申请开立同业银行结算账户以及一级法人授权的流程；同业银行结算账户的开户审批和经办应当由相关管理部门共同办理，杜绝一个部门或者一个人"一手清"；一级法人转由一级分行授权开户的，应当明确一级分行授权内容和上报规定；对其他银行通过大额支付系统发出的查询开户请求要及时回复。

（二）严格同业业务的分级办理制度。严格执行同业业务的分级办理制度，从严掌握尺度，尽可能提高投融资性和异地同业银行结算账户的开户层级；规范同业银行结算账户的开立、使用、变更和撤销内部管理，及时与开户银行对账，及时撤销不再使用的同业银行结算账户；一级法人定期对分支机构在其他银行开立的同业银行结算账户进行抽查；农村信用社、村镇银行等县级法人金融机构开立同业银行结算账户，其所属省级农村信用联社或者村镇银行发起行应当加强业务指导。

（三）加强同业银行结算账户的预警监测。一级法人至少每季度通过人民币银行结算账户管理系统获取分支机构在其他银行的开户情况（或者由一级分行查询全辖开户情况向一级法人报告）；鼓励银行一级法人之间建立核对机制，每季度互相提供对方在本银行开立和使用同业银行结算账户的情况。对于发现的异常开立的同业银行结算账户，应当及时通知开户银行予以撤销，确属冒名开立的，及时向开户银行所在地人民银行分支机构报告并向公安机关报案；对于分支机构违规开立的同业银行结算账户，应当对分支机构及其上级管理机构的主要负责人和相关人员进行处理。

（四）强化银行内控管理。各银行及其分支机构应当规范营业执照、税务登记证、金融许可证和基本存款账户开户许可证等证明文件及其复印件、影印件和行政公章、预留签章的保管；加强员工教育，及时组织学习各类风险提示和相关违规违纪行为通报，严守操作风险和道德风险底线。

四、对存量同业银行结算账户进行清理核实

（一）各开户银行应当对 2014 年 5 月 31 日前为其他银行开立的存量同业银行结算账户的开户真实性进行全面自查，逐户与存款银行进行核实并核对账户使用情况（本通知印发之日前已按照一般存款账户开立的，不需变更为专用存款账户）。对于不符合开立要求的，应当及时停止支付，并通知存款银行销户；对于涉嫌伪造变造开户证明文件、印章开户的，应当按照《中国人民银行关于规范人民币银行结算账户管理有关问题的通知》（银发〔2006〕71 号）的规定处理；对于存在违规使用情形的，应当及时停止业务办理。

2014年9月30日前,全国性银行将自查报告报送至人民银行总行;地方性银行将自查报告报送至所在地人民银行省会(首府)城市中心支行以上分支机构,深圳市地方性银行将自查报告报送至人民银行深圳市中心支行。

(二)各存款银行应当全面梳理本银行及分支机构在其他银行开立同业银行结算账户的情况,填写《人民币同业银行结算账户统计表》(附件2);积极配合开户银行做好存量账户核实工作;本通知印发之日前二级分行及以下分支机构已经在其他银行开立投融资性账户或者异地开户的,应当认真审核评估其合理性,除特殊情况外,应当要求分支机构办理销户。

2014年9月30日前,全国性银行将本银行在其他银行开立同业银行结算账户的情况报送至人民银行总行;地方性银行将本银行在其他银行开立同业银行结算账户的情况报送至所在地人民银行省会(首府)城市中心支行以上分支机构,深圳市地方性银行将自查报告报送至人民银行深圳市中心支行。2014年10月15日前人民银行上海总部,各分行、营业管理部、省会(首府)城市中心支行,深圳市中心支行汇总辖区内情况后书面报告人民银行总行。

(三)人民银行上海总部,各分行、营业管理部、省会(首府)城市中心支行,深圳市中心支行根据本通知要求将同业银行结算账户管理纳入执法检查工作。对未执行银行账户制度为不法分子开立冒名同业银行结算账户的银行,严格依法进行行政处罚。

请人民银行上海总部,各分行、营业管理部、省会(首府)城市中心支行,深圳市中心支行将本通知转发至辖区内人民银行分支机构和城市商业银行、农村商业银行、城市信用社、农村信用社、村镇银行、外资银行等银行。

附件:1. 通过大额支付系统查询、查复同业开户业务处理规定
2. 人民币同业银行结算账户统计表(略)

中国人民银行

2014年6月24日

附件1

通过大额支付系统查询、查复同业开户业务处理规定

商业银行可使用"大额支付系统查询报文"核实同业开户证明相关信息，被查询银行应使用"大额支付系统查复报文"对查询银行要求核实的内容进行确认。

一、商业银行利用"大额支付系统查询报文"进行查询时，应输入的查询内容及格式为：

1. 开户申请人全称：
2. 负责人姓名：
3. 营业执照编号：
4. 金融许可证编号：
5. 税务登记证件编号：
6. 拟开立的账号：
7. 申请开立账户类型（结算账户/定期存款/通知存款/协议存款等）：
8. 申请开立账户用途：

二、被查询银行（法人）利用"大额支付系统查复报文"进行查复时，应输入"我行同意开立该账户"或"我行未同意开立该账户"，不得输入其他无关内容。

中国人民银行关于改进个人银行账户服务加强账户管理的通知

(银发〔2015〕392号)

中国人民银行上海总部,各分行、营业管理部、省会(首府)城市中心支行,深圳市中心支行;国家开发银行,各政策性银行、国有商业银行、股份制商业银行,中国邮政储蓄银行:

为改进个人人民币银行结算账户(以下简称个人银行账户)服务,便利存款人开立和使用个人银行账户,加强银行内部管理,切实落实银行账户实名制,现就有关事项通知如下:

一、落实个人银行账户实名制

银行业金融机构(以下简称银行)为开户申请人开立个人银行账户时,应核验其身份信息,对开户申请人提供身份证件的有效性、开户申请人与身份证件的一致性和开户申请人开户意愿进行核实,不得为身份不明的开户申请人开立银行账户并提供服务,不得开立匿名或假名银行账户。

(一)审核身份证件。银行为开户申请人开立个人银行账户时,应要求其提供本人有效身份证件,并对身份证件的真实性、有效性和合规性进行认真审查。银行通过有效身份证件仍无法准确判断开户申请人身份的,应要求其出具辅助身份证明材料。

有效身份证件包括:1. 在中华人民共和国境内已登记常住户口的中国公民为居民身份证;不满十六周岁的,可以使用居民身份证或户口簿。2. 香港、澳门特别行政区居民为港澳居民往来内地通行证。3. 台湾地区居民为台湾居民来往大陆通行证。4. 定居国外的中国公民为中国护照。5. 外国公民为护照或者外国人永久居留证(外国边民,按照边贸结算的有关规定办理)。6. 法律、行政法规规定的其他身份证明文件。

辅助身份证明材料包括但不限于:1. 中国公民为户口簿、护照、机动车驾驶证、居住证、社会保障卡、军人和武装警察身份证件、公安机关出具的户籍证明、工作证。2. 香港、澳门特别行政区居民为香港、澳门特别行政区居民身份证。3. 台湾地区居民为在台湾居住的有效身份证明。4. 定居国外的中国公民为定居国外的证明文件。5. 外国公民为外国居民身份证、使领馆人员身份证件或者机动车驾驶证等其他带有照片的身份证件。6. 完税证明、水电煤缴费单等税费凭证。

军人、武装警察尚未领取居民身份证的,除出具军人和武装警察身份证件外,还应出具军人保障卡或所在单位开具的尚未领取居民身份证的证明材料。

(二)核验身份信息。银行可利用政府部门数据库、本银行数据库、商业化数据库、其他银行账户信息等，采取多种手段对开户申请人身份信息进行多重交叉验证，全方位构建安全可靠的身份信息核验机制。

提供个人银行账户开立服务时，有条件的银行可探索将生物特征识别技术和其他安全有效的技术手段作为核验开户申请人身份信息的辅助手段。

（三）留存身份信息。成功开立个人银行账户的，银行应登记存款人的基本信息、与存款人身份信息核验有关的身份证明文件信息、完整的身份信息核验记录，留存存款人身份证件、辅助身份证明文件的复印件或者影印件、以电子方式存储的身份信息，有条件的可留存开户过程的音频或视频等。

银行在确保分支机构能够及时获得相关存款人身份信息的前提下，可以将分支机构登记的存款人身份信息集中管理。

（四）建立健全个人银行账户数据库。银行应建立健全以存款人为中心的个人银行账户管理系统，按照公民身份号码、护照号等实现对个人银行账户的统一查询和管理。对于存款人为非中国居民的，银行应按照存款人国籍（地区）进行标识并实现对非中国居民银行账户的分类查询和管理。

（五）停用或注销银行账户。银行发现或者收到被冒用身份的个人声明，并确认该银行账户为假名或虚假代理开户的，应立即停止相关个人银行账户的使用；在征得被冒用人或被代理人同意后予以销户，账户资金列入久悬未取专户管理。

二、建立银行账户分类管理机制

银行应按照"了解你的客户"原则，采用科学、合理的方法对存款人进行风险评级，根据存款人身份信息核验方式及风险等级，审慎确定银行账户功能、支付渠道和支付限额，并进行分类管理和动态管理。银行可通过柜面、远程视频柜员机和智能柜员机等自助机具、网上银行和手机银行等电子渠道为开户申请人开立个人银行账户。银行通过自助机具和电子渠道提供个人银行账户开立服务的，开户申请人只能持居民身份证办理。

在现有个人银行账户基础上，增加银行账户种类，将个人银行账户分为Ⅰ类银行账户、Ⅱ类银行账户和Ⅲ类银行账户（以下分别简称Ⅰ类户、Ⅱ类户和Ⅲ类户）。银行可通过Ⅰ类户为存款人提供存款、购买投资理财产品等金融产品、转账、消费和缴费支付、支取现金等服务。银行可通过Ⅱ类户为存款人提供存款、购买投资理财产品等金融产品、限定金额的消费和缴费支付等服务。银行可通过Ⅲ类户为存款人提供限定金额的消费和缴费支付服务。银行不得通过Ⅱ类户和Ⅲ类户为存款人提供存取现金服务，不得为Ⅱ类户和Ⅲ类户发放实体介质。

（一）柜面开户。通过柜面受理银行账户开户申请的，银行可为开户申请人开立Ⅰ类户、Ⅱ类户或Ⅲ类户。

（二）自助机具开户。通过远程视频柜员机和智能柜员机等自助机具受理银行账户开户申请，银行工作人员现场核验开户申请人身份信息的，银行可为其开立Ⅰ类户；银行工作人员未现场核验开户申请人身份信息的，银行可为其开立Ⅱ类户或Ⅲ类户。

（三）电子渠道开户。通过网上银行和手机银行等电子渠道受理银行账户开户申请的，银行可为开户申请人开立Ⅱ类户或Ⅲ类户。

1. 通过电子渠道开立Ⅱ类户的，银行应通过绑定开户申请人的同名Ⅰ类户（以下简称绑定账户，信用卡除外），作为核验开户申请人身份信息的手段之一，确认绑定账户的所有人是开户申请人本人，绑定账户的开户银行名称和账号与开户申请人提供的信息一致。Ⅱ类户与绑定账户的资金划转限额由银行与存款人协商确定；银行应根据自身风险管理水平和存款人风险等级，与存款人约定办理消费和缴费支付的单日累计支付限额，但最高额度不超过10000元。银行不得通过绑定Ⅱ类户、Ⅲ类户或支付机构的支付账户进行开户申请人身份信息核验。

银行可通过小额支付系统或其他渠道向拟绑定账户的开户行查询，确定拟绑定账户是否属于Ⅰ类户。银行可根据自身经营策略以及与其他银行协议，自主决定是否开通小额支付系统客户账户信息查询功能。约定通过小额支付系统实现客户账户信息查询的，查询行通过"批量客户账户信息查询报文"（见附件1）发起查询，被查询行通过"批量客户账户查询应答报文"（见附件2）进行回复，回复期限不超过7天。当拟绑定账户状态正常时，被查询行应反馈"已开户为Ⅰ类户""已开户为Ⅱ类户"或"已开户为Ⅲ类户"。

人民银行将对小额支付系统"批量客户账户查询应答报文"中"账户状态"类型进行调整，删除"AS01已开户"，新增"AS07已开户为Ⅰ类户""AS08已开户为Ⅱ类户""AS09已开户为Ⅲ类户""AS10无此户"。相关调整自2016年4月1日起生效。开通小额支付系统客户账户信息查询功能的，银行应据此完成行内业务系统相关信息的更新工作。

2. 通过电子渠道开立Ⅲ类户的，银行应通过开户申请人从同名Ⅰ类户向Ⅲ类户转入任意金额的方式激活账户，并确认开户申请人是同名Ⅰ类户的所有人。Ⅲ类户账户余额不得超过1000元，账户剩余资金应原路返回同名Ⅰ类户。已开立Ⅰ类户再申请在同一银行开立Ⅲ类户的，银行可在Ⅰ类户实体介质上加载Ⅲ类账户功能。

3. 银行应于2016年4月1日在系统中实现对Ⅰ类户、Ⅱ类户和Ⅲ类户的有效区分、标识，并按规定向人民币银行结算账户管理系统报备。同时，将银行账户区分方法和标识方法向人民银行备案。其中，国家开发银行、政策性银行、国有商业银行、股份制商业银行和中国邮政储蓄银行向人民银行支付结算司备案；城市商业银行、农村商业银行、农村合作银行、农村信用社、村镇银行和外资银行向所在地人民银行省会（首府）城市中心支行以上分支机构或深圳市中心支行备案。

（四）账户功能升级。对于Ⅱ类户，银行可按规定对存款人身份信息进行进一步核验后，将其转为Ⅰ类户。对于Ⅲ类户，银行可按规定对存款人身份信息进行进一步核验后，将其转为Ⅰ类户或Ⅱ类户。

对于已在本银行开户的存款人再次提出开立同一种类银行账户申请的，银行在有效核验存款人身份信息的前提下，可自主确定简易开户流程。

三、规范个人银行账户代理事宜

开户申请人开立个人银行账户或者办理其他个人银行账户业务，原则上应当由开户申请人本人亲自办理；符合条件的，可以由他人代理办理。银行可根据自身风险管理水平、存款人身份信息核验方式及风险等级，审慎确定代理开立的个人银行账户功能。

（一）身份信息核验。他人代理开立个人银行账户的，银行应要求代理人出具代理人、被代理人的有效身份证件以及合法的委托书等。银行认为有必要的，应要求代理人出具证明代理关系的公证书。

银行应严格审核代理人、被代理人的身份证件以及委托书等，对代理人身份信息的核验应比照本人申请开立银行账户进行，并联系被代理人进行核实。无法确认代理关系的，银行不得办理该代理业务。

（二）代理开户业务管理。如开户申请人确因行动不便等原因不能前往银行网点，银行可以采取上门办理等方式办理开户。银行应合理控制个人以委托代理方式代理他人或者被他人代理开立的个人银行账户数量。

（三）身份信息留存。他人代理开立个人银行账户的，银行应当登记代理人和被代理人的身份信息，留存代理人和被代理人有效身份证件的复印件或者影印件、以电子方式存储的身份信息以及委托书原件等，有条件的可留存开户过程的音频或视频等。

（四）特殊情形的处理。

1. 存款人开立代发工资、教育、社会保障（如社保、医保、军保）、公共管理（如公共事业、拆迁、捐助、助农扶农）等特殊用途个人银行账户时，可由所在单位代理办理。单位代理个人开立银行账户的，应提供单位证明材料、被代理人有效身份证件的复印件或影印件。

单位代理开立的个人银行账户，在被代理人持本人有效身份证件到开户银行办理身份确认、密码设（重）置等激活手续前，该银行账户只收不付。

2. 无民事行为能力或限制民事行为能力的开户申请人，由法定代理人或者人民法院、有关部门依法指定的人员代理办理。

3. 因身患重病、行动不便、无自理能力等无法自行前往银行的存款人办理挂失、密码重置、销户等业务时，银行可采取上门服务方式办理，也可由配偶、父母或成年子女凭合法的委托书、代理人与被代理人的关系证明文件、被代理人所在社区居委会（村民委员会）及以上组织或县级以上医院出具的特殊情况证明代理办理。

四、强化银行内部管理

（一）银行应针对不同的业务处理渠道制定业务操作规程和管理制度，细化个人银行账户开立处理流程；加强对临柜人员、自助机具客服人员的培训和指导，要求客服人员通过询问开户申请人个人基本信息等方式，严格核验开户申请人身份信息，保障开户申请人与身份证件的一致性，重点防范不法分子冒用他人身份信息开立假名银行账户。

（二）银行应根据存款人风险等级、支付指令验证方式等因素，对存款人办理的非柜面业务进行限额管理：

1. 按照与存款人的约定，设置存款人通过网上银行、手机银行等电子渠道办理的非同名银行账户转账、消费和缴费支付业务的限额。

2. 对于存款人本人同名银行账户之间、存款人银行账户向本人同名支付账户的转账业务，存款人采用数字证书或电子签名等安全可靠的支付指令验证方式的，银行不得设置限额，存款人有设置限额意愿的除外；存款人采用不包括数字证书、电子签名在内的其他要素验证支付指令的，银行应按照与存款人的约定设置限额。

3. 银行应根据存款人风险等级、日常交易行为、资产状况等因素，在存款人设定的交易限额内确定交易风险提示额度，并对交易风险提示额度进行动态管理。

对于超过交易风险提示额度的大额交易、短时高频和短时跨地区等疑似风险交易，银行应及时向存款人提示交易风险。交易风险提示方式由银行与存款人协商确定，具体包括交易前电话确认、账户余额实时提醒等。

（三）本通知发布前，按照《人民币银行结算账户管理办法》相关规定开立的个人银行账户，纳入Ⅰ类户管理；试点开立的其他个人银行账户，纳入Ⅱ类户管理。银行应按本通知要求于2016年4月1日前，完成对通过自助机具、电子渠道开立的个人银行账户的核实。

（四）银行应根据自身风险管理能力和内控水平，合理确定存款人开立的个人银行账户数量，避免无序竞争和盲目开户，不得单纯以开户数量作为内部考核指标；建立健全投诉评估机制，防止因片面降低客户投诉率而放松业务审核，切实保障银行账户实名制贯彻落实。

五、进一步改进银行账户服务

（一）银行应积极利用新技术创新支付服务产品，不断改进账户服务，满足存款人日益增长的、多样化的支付服务需求。

（二）银行应针对不同的业务处理渠道，制定差异化的收费策略，为存款人提供低成本或免费的支付结算服务。银行可自行确定或调整免费转账限额，并向社会公告。

鼓励银行对存款人通过网上银行、手机银行办理的一定金额以下的转账汇款业务免收手续费。实行部分或全部免收费的银行须将具体方案报送人民银行。自2016年4月1日起，对于未报告的银行和未实行免收费的业务，人民银行将不再对其通过网上支付跨行清算系统办理的相应业务免费。具体办法另行通知。

（三）鼓励银行探索建立风险补偿机制，通过计提支付风险基金、购买商业保险等方式，锁定存款人支付风险，切实保护其合法权益。

请人民银行分支机构将本通知转发至辖区内城市商业银行、农村商业银行、农村合作银行、农村信用社、村镇银行和外资银行。

附件：1. 小额支付系统批量客户账户信息查询报文（略）
　　　2. 小额支付系统批量客户账户查询应答报文（略）

中国人民银行
2015年12月25日

中国人民银行关于落实个人银行账户
分类管理制度的通知

(银发〔2016〕302号)

中国人民银行上海总部,各分行、营业管理部、省会(首府)城市中心支行,深圳市中心支行;国家开发银行,各政策性银行、国有商业银行、股份制商业银行,中国邮政储蓄银行:

为进一步落实个人银行账户分类管理制度,现将有关事项通知如下:

一、关于Ⅱ、Ⅲ类个人银行账户的开立、变更和撤销

(一)个人开立Ⅱ类、Ⅲ类银行账户(以下简称Ⅱ、Ⅲ类户)可以绑定本人Ⅰ类银行账户(以下简称Ⅰ类户)或者信用卡账户进行身份验证,不得绑定非银行支付机构(以下简称支付机构)开立的支付账户进行身份验证。

(二)个人可以凭有效身份证件通过银行业金融机构(以下简称银行)柜面开立Ⅰ、Ⅱ、Ⅲ类户。个人在银行柜面开立的Ⅱ、Ⅲ类户,无需绑定Ⅰ类户或者信用卡账户进行身份验证。

银行依托自助机具为个人开立Ⅰ类户的,应当经银行工作人员现场面对面审核开户人身份。

(三)银行开办Ⅱ、Ⅲ类户业务,应当遵守银行账户实名制规定和反洗钱客户身份资料保存制度要求,留存开户申请人身份证件的复印件、影印件或者影像等。有条件的银行,可以通过视频或者人脸识别等安全有效的技术手段作为辅助核实个人身份信息的方式。

(四)银行通过电子渠道非面对面为个人开立Ⅱ类户,应当向绑定账户开户行验证Ⅱ类户与绑定账户为同一人开立且绑定账户为Ⅰ类户或者信用卡账户,第三方机构只能作为验证信息传输通道。验证的信息应当至少包括开户申请人姓名、居民身份证号码、手机号码、绑定账户账号(卡号)、绑定账户是否为Ⅰ类户或者信用卡账户等5个要素。人民银行小额支付系统已增加对手机号码和信用卡账户的验证功能(具体接口报文见附件),银行应当于2016年12月底前完成相关接口开发和修改工作。

银行通过电子渠道非面对面为个人开立Ⅲ类户,应当向绑定账户开户行验证Ⅲ类户与绑定账户为同一人开立,验证的信息应当至少包括开户申请人姓名、居民身份证号码、手机号码、绑定账户账号(卡号)等4个要素。

银行通过电子渠道非面对面为个人开立Ⅱ、Ⅲ类户时,应当要求开户申请人登记验证的手机号码与绑定账户使用的手机号码保持一致。

（五）银行可以通过柜面或者电子渠道为个人办理Ⅱ、Ⅲ类户变更业务。

银行通过电子渠道非面对面为个人办理Ⅱ、Ⅲ类户的姓名、居民身份证号码、手机号码、绑定账户变更业务时，应当按照新开户要求重新验证信息，并采取措施核实个人变更信息的真实意愿。

银行通过电子渠道非面对面为个人办理Ⅱ、Ⅲ类户姓名、居民身份证号码变更，且绑定账户为他行账户的，应当要求个人先将Ⅱ类户所有投资理财等金融产品赎回、提前支取定期存款，将Ⅱ、Ⅲ类户资金全部转回绑定账户后再予以变更。

（六）银行可以通过柜面或者电子渠道为个人办理Ⅱ、Ⅲ类户销户业务。

银行通过电子渠道非面对面为个人办理Ⅱ、Ⅲ类户销户时，绑定账户已销户的，个人可按照银行新开户要求重新验证个人身份信息后绑定新的账户，将Ⅱ、Ⅲ类户资金转回新绑定账户后再办理销户。

（七）银行在联网核查公民身份信息系统运行时间以外办理Ⅱ、Ⅲ类户开户业务的，可以采取以下两种方式对开户申请人身份进行联网核查：一是银行可先为开户申请人开立Ⅱ、Ⅲ类户，该账户只收不付，在银行按规定联网核查个人身份信息后账户才能正常使用；二是银行可以通过公安部认可的其他查询渠道联网核查。

（八）银行应按照《中国人民银行办公厅关于发布〈全国集中银行账户管理系统接入接口规范——个人银行账户部分〉的通知》（银办发〔2016〕168号）要求，对Ⅰ、Ⅱ、Ⅲ类户和信用卡账户有效区分、标识，并按规定向人民币银行结算账户管理系统报备（报备时间另行通知）。

（九）银行为个人开立Ⅱ、Ⅲ类户时，应在与客户签订的账户管理协议中约定长期不动户、零余额账户处置方法。

（十）社会保障卡、军人保障卡管理事项另行通知。

二、关于Ⅱ、Ⅲ类户的使用

（一）银行应当积极引导个人使用Ⅱ、Ⅲ类户办理小额网络支付业务，在移动支付中便捷应用，建立个人银行账户资金保护机制。

（二）Ⅱ类户可以办理存款、购买投资理财产品等金融产品、限额消费和缴费、限额向非绑定账户转出资金业务。经银行柜面、自助设备加以银行工作人员现场面对面确认身份的，Ⅱ类户还可以办理存取现金、非绑定账户资金转入业务，可以配发银行卡实体卡片。其中，Ⅱ类户非绑定账户转入资金、存入现金日累计限额合计为1万元，年累计限额合计为20万元；消费和缴费、向非绑定账户转出资金、取出现金日累计限额合计为1万元，年累计限额合计为20万元。

Ⅲ类户可以办理限额消费和缴费、限额向非绑定账户转出资金业务。经银行柜面、自助设备加以银行工作人员现场面对面确认身份的，Ⅲ类户还可以办理非绑定账户资金转入业务。其中，Ⅲ类户账户余额不得超过1000元；非绑定账户资金转入日累计限额为5000元，年累计限额为10万元；消费和缴费支付、向非绑定账户转出资金日累计限额合计为5000元，年累计限额合计为10万元。

银行可以根据自身风险管理能力和客户需求，在规定限额下设定本银行的具体限额。在确保支付指令的唯一性、完整性及交易的不可抵赖性的前提下，Ⅱ类户向绑定账户转账可以不采用数字证书或者电子签名的支付指令验证方式。Ⅱ类户购买投资理财产品是指购买银行自营或代理销售的投资理财等金融产品。

（三）银行可以通过Ⅱ、Ⅲ类户开展基于主机的卡模拟（HCE）、手机安全单元（SE）、支付标记化（Tokenization）等技术的移动支付业务。

（四）个人可以将在支付机构开立的支付账户绑定本人同名Ⅱ、Ⅲ类户使用。

（五）银行可以向Ⅱ类户发放本银行贷款资金并通过Ⅱ类户还款，Ⅱ类户不得透支。发放贷款和贷款资金归还，不受转账限额规定。

（六）银行可以在确保个人账户资金安全的前提下，通过Ⅱ、Ⅲ类户向绑定账户发送指令扣划资金。

三、建立健全绑定账户信息验证机制

（一）人民银行上海总部，各分行、营业管理部、省会（首府）城市中心支行，深圳市中心支行应当发挥协调作用，推动辖区内地方性法人银行积极利用小额支付系统或者其他渠道，协助建立辖区内地方性法人银行的绑定账户互验机制，实现对绑定账户的客户账户信息查验。

（二）除小额支付系统外，银行可以使用中国银联等机构提供的验证通道，实现Ⅱ类户开户银行与绑定账户开户银行间的信息验证，并严格按照《中国人民银行关于进一步加强银行卡风险管理的通知》（银发〔2016〕170号）规定，加强账户信息安全保护。

四、相关要求

（一）人民银行分支机构应当督促辖区内银行全面落实个人银行账户分类管理制度，指导银行加快行内系统的改造，开办Ⅱ、Ⅲ类户业务，实现账户分类标识。

（二）银行应当以个人银行账户分类管理为契机提升银行服务水平，加大对网点柜员的培训和对社会公众的宣传力度，使社会公众充分了解并积极利用Ⅱ、Ⅲ类户来满足多样化支付需求和资金保护需求。

（三）银行应当按照本通知要求规范存量Ⅱ、Ⅲ类户的开立和使用管理，不符合本通知要求的，应当立即整改。对未按照规定验证绑定账户信息的Ⅱ、Ⅲ类户，自2017年4月1日起暂停业务办理。

请人民银行上海总部，各分行、营业管理部、省会（首府）城市中心支行，深圳市中心支行将本通知转发至辖区内人民银行分支机构、城市商业银行、农村商业银行、农村合作银行、农村信用社、村镇银行和外资银行。

附件：批量客户账户信息查询及查询应答报文（略）

中国人民银行
2016年11月25日

中国人民银行关于优化企业开户服务的指导意见

（银发〔2017〕288号）

中国人民银行上海总部、各分行、营业管理部、各省会（首府）城市中心支行、深圳市中心支行；国家开发银行、各政策性银行、国有商业银行、股份制商业银行、中国邮政储蓄银行：

为落实"放管服"工作要求，优化营商环境，进一步便利新设企业开立人民币银行结算账户，现就优化企业开户服务提出如下意见。

一、总体要求

（一）指导思想。深入贯彻落实党的十九大精神，坚决按照党中央、国务院关于深化商事制度改革、优化营商环境的总体要求，充分认识优化企业开户服务对于方便企业开展生产经营活动的重要意义，按照提高效率与防范风险并重的思路，进一步优化企业开户流程，提升客户体验，提高企业开户效率，缩短企业开户时间，强化企业开户管理和风险控制，切实增强金融服务实体经济能力。

（二）基本原则。一是"了解你的客户"原则。在有效识别企业身份、落实银行账户实名制、防范企业开户风险的基础上，不断优化企业开户服务。二是综合施策原则。以方便企业开户为中心，综合采取业务、技术等各种措施，优化企业开户服务。鼓励采取信息化手段，提高开户审核、资料传递等效率，让数据多跑路、企业少跑路，提高企业开户效率。三是注重实效原则。最大程度压缩企业开户时间，加快企业开户速度，提高企业对开户服务满意度。

二、优化银行开户流程，提升服务水平

（三）推广电子渠道预约开户。鼓励银行业金融机构（以下简称银行）充分利用网上银行、手机银行、自助柜员机、微信公众号等电子渠道为企业提供开户预约服务，支持企业在线填写开户申请、预提交开户资料和银行在线预审核，力争做到企业开户一次性办结。企业开户时可不提交机构信用代码证。

（四）整合开户和各类基本结算服务申请和协议。鼓励银行积极整合银行开户账户申请书、账户管理协议以及企业网上银行等基本结算服务申请书和产品协议，尽可能减少信息重复填写，实现开户与基本结算服务"一站式"办理。积极探索将开户业务系统与工商行政管理部门企业注册登记系统、预约开户系统等对接，自动生成、打印开户申请书等，实现线上线下开户联动，减少企业填表和等候时间。

（五）最大程度提高企业开户审核效率。银行应当完善开户审核流程、消除冗余环节，在落实账户实名制和受益所有权识别要求前提下，最大程度提高开户审核效率、压缩资料传递时间。对需上门核实或面签法定代表人的企业,应当及时开展上门核实或面签,确保资料审核与上门核实或面签等环节紧密衔接。通过人民币银行结算账户管理系统关注许可进程,及时领取开户许可证,并于当日至迟下一工作日内交付企业或通知企业。建立健全开户资料交接登记制度,记录开户资料受理、审核、资料交接及开户许可证发放时间和人员,确保责任落实到人。

(六)积极运用技术手段提升账户审核水平。鼓励银行充分利用银行数据库、政府数据库、商业数据库等合法、有效的信息平台,交叉验证企业身份信息,提高开户审核效率和准确度。鼓励银行将人脸识别、光学字符识别(OCR)、二维码等技术手段嵌入开户业务流程,作为读取、收集以及核验客户身份信息和开户业务处理的辅助手段。

(七)切实提升小微企业开户服务质量。银行应当切实践行普惠金融理念,积极承担社会责任,不断提高小微企业开户服务意识和水平。鼓励银行开通小微企业开户绿色通道,创新与小企业经营特点相契合的支付结算产品,提升服务小微企业的广度和深度。原则上应当在受理小微企业开户申请之日起2个工作日内完成开户审核,并将符合条件的核准类账户开户资料报送至人民银行分支机构。

(八)增加企业开户办理过程透明度。鼓励银行积极利用信息化手段,逐步实现通过网站、手机二维码等方式,展示企业开户办理进程。让企业了解、掌握开户进度,提升企业开户服务水平。

三、改进银行账户许可服务,提高许可效率

(九)规范银行账户许可流程。人民银行分支机构应当依据现行有关制度开展银行账户行政许可工作。做到许可流程依法合规,全面梳理银行账户许可业务处理流程,完善银行账户许可操作规范,定岗、定人、定责,做到银行账户行政许可流水线作业和全事项、全流程、各环节标准化、规范化处理,减少非必要业务处理环节。

(十)加快银行账户许可审批办理。人民银行分支机构应当按规定在2个工作日内完成银行账户许可工作,并于许可当日至迟下一工作日将开户许可证交付开户银行。

(十一)建设许可资料预审核系统。鼓励人民银行分支机构统筹考虑辖区范围、业务量等实际情况,因地制宜建设银行账户许可资料预审核系统,依托系统实现银行账户许可资料电子化传输和在线预审核,提高银行账户许可审核效率。

(十二)设立小微企业开户绿色通道。鼓励人民银行分支机构按照"分类处理、提升效率"的原则,对新设企业特别是小微企业基本存款账户行政许可业务开通绿色通道,为小微企业开户提供便利。

(十三)推进与工商行政管理部门信息共享。鼓励人民银行分支机构、银行结合实际,主动、积极推进与工商行政管理部门信息共享,实现实时查询企业注册登记信息等,提高银行核验企业身份效率。

四、加强宣传培训,提高业务水平

(十四)加强业务培训。人民银行分支机构、银行应当定期针对开户业务处理薄弱环节、差错高发区域开展培训,提高相关业务和管理人员的政策水平和业务素养,准确掌握银行账户管理制度要求。

（十五）加强业务宣传。人民银行分支机构、银行应当积极开展银行账户业务宣传，主动向企业宣传解释银行账户制度、开户流程、客户身份识别要求等。及时处理有关投诉，耐心做好解释工作。

五、强化责任落实，建立长效机制

（十六）强化责任落实。人民银行分支机构、银行应当明确工作责任，落实工作任务，切实落实优化企业开户服务各项工作要求。人民银行分支机构应当加强对银行开户服务的指导和监督。对开户时间较长、流程不清、报送材料差错率高、企业投诉较多的单位，采取约见谈话、通报、现场检查等措施。

（十七）建立长效机制。银行应当每年就本银行账户服务情况开展自评，查漏补缺，持续优化企业开户服务，人民银行分支机构应当建立企业开户服务考核指标体系，定期通过问卷调查、随机抽查等方式对开户服务质量进行考核，不断改善企业开户服务。

请中国人民银行上海总部、各分行、营业管理部、各省会（首府）城市中心支行、深圳市中心支行将本意见转发至辖区内人民银行分支机构、银行。

中国人民银行关于改进个人银行账户分类管理有关事项的通知

(银发〔2018〕16号)

中国人民银行上海总部,各分行、营业管理部、省会(首府)城市中心支行,深圳市中心支行;国家开发银行,各政策性银行、国有商业银行、股份制商业银行,中国邮政储蓄银行:为进一步推动落实个人银行账户分类管理制度,现就有关事项通知如下:

一、关于便利个人Ⅱ类银行结算账户、Ⅲ类银行结算账户(以下简称Ⅱ、Ⅲ类户)开户

(一)2018年6月底前,国有商业银行、股份制商业银行等银行业金融机构(以下简称银行)应当实现在本银行柜面和网上银行、手机银行、直销银行、远程视频柜员机、智能柜员机等电子渠道办理个人Ⅱ、Ⅲ类户开立等业务。2018年12月底前,其他银行应当实现上述要求。

(二)个人通过采用数字证书或电子签名等安全可靠验证方式登录电子渠道开立Ⅱ、Ⅲ类户时,如绑定本人本银行Ⅰ类银行结算账户(以下简称Ⅰ类户)或者信用卡账户开立的,且确认个人身份资料或信息未发生变化的,开立Ⅱ、Ⅲ类户时无需个人填写身份信息、出示身份证件等。

银行电子渠道采用的数字证书或生成电子签名过程应当符合《中华人民共和国电子签名法》、金融电子认证规范(JR/T0118-2015)等有关规定。

(三)银行在为个人开立Ⅰ类户时,应当在尊重个人意愿的前提下,积极主动引导个人同时开立Ⅱ、Ⅲ类户。

(四)银行为已经本银行面对面核实身份且留存有效身份证件复印件、影印件或者影像等资料的个人开立Ⅱ、Ⅲ类户时,如个人身份证件未发生变化的,可复用已有留存资料,不需重复留存身份证件复印件、影印件或者影像等。

(五)银行为个人开立Ⅲ类户时,应当按照账户实名制原则通过绑定账户验证开户人身份,当同一个人在本银行所有Ⅲ类户资金双边收付金额累计达到5万元(含)以上时,应当要求个人在7日内提供有效身份证件,并留存身份证件复印件、影印件或影像,登记个人职业、住所地或者工作单位地址、证件有效期等其他身份基本信息。个人在7日内未按要求提供有效身份证件、登记身份信息的,银行应当中止该账户所有业务。

(六)自本通知印发之日起,同一银行法人为同一个人开立Ⅱ类户、Ⅲ类户的数量原则上分别不得超过5个。

二、关于Ⅱ、Ⅲ类户使用要求

（一）银行应当基于个人银行账户分类管理制度开展业务创新，打造多元化非现金支付方式，提升便民支付水平。积极引导个人使用Ⅱ、Ⅲ类户替代Ⅰ类户用于网络支付和移动支付业务，利用Ⅱ、Ⅲ类户办理日常消费、缴纳公共事业费、向支付账户充值等业务。

（二）Ⅱ、Ⅲ类户可以通过基于主机卡模拟（HCE）、手机安全单元（SE）、支付标记化（Tokenization）等技术的移动支付工具进行小额取现，取现额度应当在遵守Ⅱ、Ⅲ类户出金总限额规定的前提下，由银行根据客户风险等级和交易情况自行设定。

（三）Ⅲ类户任一时点账户余额不得超过2000元。

（四）银行通过电子渠道非面对面为个人新开立Ⅲ类户后，通过绑定账户转入资金验证的，可以接收非绑定账户小额转入资金；消费和缴费支付、非绑定账户资金转出等出金日累计限额合计为2000元，年累计限额合计为5万元。本通知印发之日前，银行非面对面为个人开立的Ⅲ类户，个人已通过绑定账户向该Ⅲ类户转入资金的，经本人同意后，银行可为该Ⅲ类户开通非绑定账户入金功能，账户限额按本通知管理。经银行面对面核实身份新开立的Ⅲ类户，消费和缴费支付、非绑定账户资金转出等出金日累计限额合计调整为2000元，年累计限额合计调整为5万元。

本通知印发之日前经银行面对面核实身份开立的Ⅲ类户，可按照原限额管理。同一家银行通过电子渠道非面对面方式为同一个人只能开立一个允许非绑定账户入金的Ⅲ类户。

（五）银行可以向Ⅲ类户发放本银行小额消费贷款资金并通过Ⅲ类户还款，Ⅲ类户不得透支。发放贷款和贷款资金归还，应当遵守Ⅲ类户余额限制规定，但贷款资金归还不受出金限额控制。

（六）银行为个人非面对面开立的Ⅱ、Ⅲ类户向本人同名支付账户充值的，充值资金可提回Ⅱ、Ⅲ类户，但提现金额不得超过该Ⅱ、Ⅲ类户向支付账户的原充值金额。除充值资金提回外，支付账户不得向Ⅱ、Ⅲ类户入金，但允许非绑定账户入金的Ⅱ、Ⅲ类户除外。

三、其他要求

（一）银行应当充分认识个人银行账户分类管理制度对改进个人银行业务的意义，创新账户产品，优化业务流程，提升客户体验，切实引导个人通过账户分类管理制度保护账户资金和信息安全。

（二）人民银行分支机构应当指导、督促辖区内银行加快系统改造，积极推动Ⅱ、Ⅲ类户业务发展，全面落实个人银行账户分类管理制度。

（三）人民银行分支机构、银行应当加强个人银行账户分类管理制度宣传。通过线上、线下各种渠道和营销活动引导个人开立和使用Ⅱ、Ⅲ类户，加强Ⅱ、Ⅲ类户对于保护银行账户资金和信息安全宣传教育，培养使用Ⅱ、Ⅲ类户习惯，提高个人对Ⅱ、Ⅲ类户的认知度和接受度。

（四）银行应当加强对Ⅱ、Ⅲ类户异常开立和可疑交易的监测，对于个人存在异常开户和可疑交易行为的，应当严格按照《中国人民银行关于加强支付结算管理防范电信网络新型违法犯罪有关事项的通知》（银发〔2016〕261号）、《中国人民银行关于加强开户管理及可疑交易报告后续控制措施的通知》（银发〔2017〕117号）等制度规定，采取拒绝开户或暂停账户非柜面业务等措施。

（五）银行应当严格落实《中国人民银行金融消费者权益保护实施办法》（银发〔2016〕314号文印发）、《中国人民银行关于银行业金融机构做好个人金融信息保护工作的通知》（银发〔2011〕17号）、《中国人民银行关于进一步加强银行卡风险管理的通知》（银发〔2016〕170号）等制度要求，加强Ⅱ、Ⅲ类户和绑定账户信息安全管理，确保信息安全，防止信息泄露和滥用。

本通知印发前有关规定与本通知相抵触的，以本通知规定为准。

请人民银行上海总部、各分行、营业管理部、省会（首府）城市中心支行，深圳市中心支行将本通知转发至辖区内人民银行分支机构、城市商业银行、农村商业银行、农村合作银行、农村信用社、村镇银行和外资银行等。

【业务管理】

（一）存款业务

个人存款账户实名制规定

（中华人民共和国国务院令第 285 号）

现发布《个人存款账户实名制规定》，自 2000 年 4 月 1 日起施行。

总理　朱镕基

二〇〇〇年三月二十日

第一条　为了保证个人存款账户的真实性，维护存款人的合法权益，制定本规定。

第二条　中华人民共和国境内的金融机构和在金融机构开立个人存款账户的个人，应当遵守本规定。

第三条　本规定所称金融机构，是指在境内依法设立和经营个人存款业务的机构。

第四条　本规定所称个人存款账户，是指个人在金融机构开立的人民币、外币存款账户，包括活期存款账户、定期存款账户、定活两便存款账户、通知存款账户以及其他形式的个人存款账户。

第五条　本规定所称实名，是指符合法律、行政法规和国家有关规定的身份证件上使用的姓名。

下列身份证件为实名证件：

（一）居住在境内的中国公民，为居民身份证或者临时居民身份证；

（二）居住在境内的 16 周岁以下的中国公民，为户口簿；

（三）中国人民解放军军人，为军人身份证件；中国人民武装警察，为武装警察身份证件；

（四）香港、澳门居民，为港澳居民往来内地通行证；台湾居民，为台湾居民来往大陆通行证或者其他有效旅行证件；

（五）外国公民，为护照。

前款未作规定的，依照有关法律、行政法规和国家有关规定执行。

第六条 个人在金融机构开立个人存款账户时,应当出示本人身份证件,使用实名。

代理他人在金融机构开立个人存款账户的,代理人应当出示被代理人和代理人的身份证件。

第七条 在金融机构开立个人存款账户的,金融机构应当要求其出示本人身份证件,进行核对,并登记其身份证件上的姓名和号码。代理他人在金融机构开立个人存款账户的,金融机构应当要求其出示被代理人和代理人的身份证件,进行核对,并登记被代理人和代理人的身份证件上的姓名和号码。

不出示本人身份证件或者不使用本人身份证件上的姓名的,金融机构不得为其开立个人存款账户。

第八条 金融机构及其工作人员负有为个人存款账户的情况保守秘密的责任。

金融机构不得向任何单位或者个人提供有关个人存款账户的情况,并有权拒绝任何单位或者个人查询、冻结、扣划个人在金融机构的款项;但是,法律另有规定的除外。

第九条 金融机构违反本规定第七条规定的,由中国人民银行给予警告,可以处1000元以上5000元以下的罚款;情节严重的,可以并处责令停业整顿,对直接负责的主管人员和其他直接责任人员依法给予纪律处分;构成犯罪的,依法追究刑事责任。

第十条 本规定施行前,已经在金融机构开立的个人存款账户,按照本规定施行前国家有关规定执行;本规定施行后,在原账户办理第一笔个人存款时,原账户没有使用实名的,应当依照本规定使用实名。

第十一条 本规定由中国人民银行组织实施。

第十二条 本规定自2000年4月1日起施行。

储蓄管理条例

(中华人民共和国国务院令第588号)

(1992年12月11日中华人民共和国国务院令第107号发布 根据2011年1月8日《国务院关于废止和修改部分行政法规的决定》修订)

第一章 总 则

第一条 为了发展储蓄事业，保护储户的合法权益，加强储蓄管理，制定本条例。

第二条 凡在中国境内办理储蓄业务的储蓄机构和参加储蓄的个人，必须遵守本条例的规定。

第三条 本条例所称储蓄是指个人将属于其所有的人民币或者外币存入储蓄机构，储蓄机构开具存折或者存单作为凭证，个人凭存折或者存单可以支取存款本金和利息，储蓄机构依照规定支付存款本金和利息的活动。

任何单位和个人不得将公款以个人名义转为储蓄存款。

第四条 本条例所称储蓄机构是指经中国人民银行或其分支机构批准，各银行、信用合作社办理储蓄业务的机构，以及邮政企业依法办理储蓄业务的机构。

第五条 国家保护个人合法储蓄存款的所有权及其他合法权益，鼓励个人参加储蓄。

储蓄机构办理储蓄业务，必须遵循"存款自愿，取款自由，存款有息，为储户保密"的原则。

第六条 中国人民银行负责全国储蓄管理工作。

中国人民银行及其分支机构负责储蓄机构和储蓄业务的审批，协调、仲裁有关储蓄机构之间在储蓄业务方面的争议，监督、稽核储蓄机构的业务工作，纠正和处罚违反国家储蓄法律、法规和政策的行为。

第七条 中国人民银行经国务院批准，可以采取适当措施稳定储蓄，保护储户利益。

第八条 除储蓄机构外，任何单位和个人不得办理储蓄业务。

第二章 储蓄机构

第九条 储蓄机构的设置，应当遵循统一规划，方便群众，注重实效，确保安全的原则。

第十条 储蓄机构的设置，应当按照国家有关规定报中国人民银行或其分支机构批准,并申领《经营金融业务许可证》,但国家法律、行政法规另有规定的除外。

第十一条 储蓄机构的设置必须具备下列条件:

(一) 有机构名称、组织机构和营业场所;

(二) 熟悉储蓄业务的工作人员不少于四人;

(三) 有必要的安全防范设备。

第十二条 经当地中国人民银行分支机构批准,储蓄机构可以设立储蓄代办点。储蓄代办点的管理办法,由中国人民银行规定。

第十三条 储蓄机构应当按照规定时间营业,不得擅自停业或者缩短营业时间。

第十四条 储蓄机构应当保证储蓄存款本金和利息的支付,不得违反规定拒绝支付储蓄存款本金和利息。

第十五条 储蓄机构不得使用不正当手段吸收储蓄存款。

第三章 储蓄业务

第十六条 储蓄机构可以办理下列人民币储蓄业务:

(一) 活期储蓄存款;

(二) 整存整取定期储蓄存款;

(三) 零存整取定期储蓄存款;

(四) 存本取息定期储蓄存款;

(五) 整存零取定期储蓄存款;

(六) 定活两便储蓄存款;

(七) 华侨(人民币)整存整取定期储蓄存款;

(八) 经中国人民银行批准开办的其他种类的储蓄存款。

第十七条 经外汇管理部门批准,储蓄机构可以办理下列外币储蓄业务:

(一) 活期储蓄存款;

(二) 整存整取定期储蓄存款;

(三) 经中国人民银行批准开办的其他种类的外币储蓄存款。

办理外币储蓄业务,存款本金和利息应当用外币支付。

第十八条 储蓄机构办理定期储蓄存款时,根据储户的意愿,可以同时为储户办理定期储蓄存款到期自动转存业务。

第十九条 根据国家住房改革的有关政策和实际需要,经当地中国人民银行分支机构批准,储蓄机构可以办理个人住房储蓄业务。

第二十条 经中国人民银行或其分支机构批准,储蓄机构可以办理下列金融业务:

(一) 发售和兑付以居民个人为发行对象的国库券、金融债券、企业债券等有价证券;

(二) 个人定期储蓄存款存单小额抵押贷款业务;

(三) 其他金融业务。

第二十一条 储蓄机构可以办理代发工资和代收房租、水电费等服务性业务。

第四章　储蓄存款利率和计息

第二十二条　储蓄存款利率由中国人民银行拟订，经国务院批准后公布，或者由国务院授权中国人民银行制定、公布。

第二十三条　储蓄机构必须挂牌公告储蓄存款利率，不得擅自变动。

第二十四条　未到期的定期储蓄存款，全部提前支取的，按支取日挂牌公告的活期储蓄存款利率计付利息；部分提前支取的，提前支取的部分按支取日挂牌公告的活期储蓄存款利率计付利息，其余部分到期时按存单开户日挂牌公告的定期储蓄存款利率计付利息。

第二十五条　逾期支取的定期储蓄存款，其超过原定存期的部分，除约定自动转存的外，按支取日挂牌公告的活期储蓄存款利率计付利息。

第二十六条　定期储蓄存款在存期内遇有利率调整，按存单开户日挂牌公告的相应的定期储蓄存款利率计付利息。

第二十七条　活期储蓄存款在存入期间遇有利率调整，按结息日挂牌公告的活期储蓄存款利率计付利息。全部支取活期储蓄存款，按清户日挂牌公告的活期储蓄存款利率计付利息。

第二十八条　储户认为储蓄存款利息支付有错误时，有权向经办的储蓄机构申请复核；经办的储蓄机构应当及时受理、复核。

第五章　提前支取、挂失、查询和过户

第二十九条　未到期的定期储蓄存款，储户提前支取的，必须持存单和存款人的身份证明办理；代储户支取的，代支取人还必须持其身份证明。

第三十条　存单、存折分为记名式和不记名式。记名式的存单、存折可以挂失，不记名式的存单、存折不能挂失。

第三十一条　储户遗失存单、存折或者预留印鉴的印章的，必须立即持本人身份证明，并提供储户的姓名、开户时间、储蓄种类、金额、账号及住址等有关情况，向其开户的储蓄机构书面申请挂失。在特殊情况下，储户可以用口头或者函电形式申请挂失，但必须在5天内补办书面申请挂失手续。

储蓄机构受理挂失后，必须立即停止支付该储蓄存款；受理挂失前该储蓄存款已被他人支取的，储蓄机构不负赔偿责任。

第三十二条　储蓄机构及其工作人员对储户的储蓄情况负有保密责任。

储蓄机构不代任何单位和个人查询、冻结或者划拨储蓄存款，国家法律、行政法规另有规定的除外。

第三十三条　储蓄存款的所有权发生争议，涉及办理过户的，储蓄机构依据人民法院发生法律效力的判决书、裁定书或者调解书办理过户手续。

第六章　法律责任

第三十四条　违反本条例规定，有下列行为之一的单位和个人，由中国人民银行

或其分支机构责令其纠正,并可以根据情节轻重处以罚款、停业整顿、吊销《经营金融业务许可证》;情节严重,构成犯罪的,依法追究刑事责任:

(一)擅自开办储蓄业务的;
(二)擅自设置储蓄机构的;
(三)储蓄机构擅自开办新的储蓄种类的;
(四)储蓄机构擅自办理本条例规定以外的其他金融业务的;
(五)擅自停业或者缩短营业时间的;
(六)储蓄机构采取不正当手段吸收储蓄存款的;
(七)违反国家利率规定,擅自变动储蓄存款利率的;
(八)泄露储户储蓄情况或者未经法定程序代为查询、冻结、划拨储蓄存款的;
(九)其他违反国家储蓄法律、法规和政策的。

违反本条例第三条第二款规定的,依照国家有关规定予以处罚。

第三十五条 对处罚决定不服的,当事人可以依照《中华人民共和国行政复议法》的规定申请复议。对复议决定不服的,当事人可以依照《中华人民共和国行政诉讼法》的规定向人民法院提起诉讼。

第三十六条 复议申请人逾期不起诉又不履行复议决定的,依照《中华人民共和国行政复议法》的规定执行。

第三十七条 储蓄机构违反国家有关规定,侵犯储户合法权益,造成损失的,应当依法承担赔偿责任。

第七章 附 则

第三十八条 本条例施行前的定期储蓄存款,在原定存期内,依照本条例施行前国家有关规定办理计息事宜。

第三十九条 本条例由中国人民银行负责解释,实施细则由中国人民银行制定。

第四十条 本条例自1993年3月1日起施行。1980年5月28日中国人民银行发布的《中国人民银行储蓄存款章程》同时废止。

存款保险条例

(中华人民共和国国务院令第660号)

《存款保险条例》已经2014年10月29日国务院第67次常务会议通过,现予公布,自2015年5月1日起施行。

总理　李克强
2015年2月17日

第一条　为了建立和规范存款保险制度,依法保护存款人的合法权益,及时防范和化解金融风险,维护金融稳定,制定本条例。

第二条　在中华人民共和国境内设立的商业银行、农村合作银行、农村信用合作社等吸收存款的银行业金融机构(以下统称投保机构),应当依照本条例的规定投保存款保险。

投保机构在中华人民共和国境外设立的分支机构,以及外国银行在中华人民共和国境内设立的分支机构不适用前款规定。但是,中华人民共和国与其他国家或者地区之间对存款保险制度另有安排的除外。

第三条　本条例所称存款保险,是指投保机构向存款保险基金管理机构交纳保费,形成存款保险基金,存款保险基金管理机构依照本条例的规定向存款人偿付被保险存款,并采取必要措施维护存款以及存款保险基金安全的制度。

第四条　被保险存款包括投保机构吸收的人民币存款和外币存款。但是,金融机构同业存款、投保机构的高级管理人员在本投保机构的存款以及存款保险基金管理机构规定不予保险的其他存款除外。

第五条　存款保险实行限额偿付,最高偿付限额为人民币50万元。中国人民银行会同国务院有关部门可以根据经济发展、存款结构变化、金融风险状况等因素调整最高偿付限额,报国务院批准后公布执行。

同一存款人在同一家投保机构所有被保险存款账户的存款本金和利息合并计算的资金数额在最高偿付限额以内的,实行全额偿付;超出最高偿付限额的部分,依法从投保机构清算财产中受偿。

存款保险基金管理机构偿付存款人的被保险存款后,即在偿付金额范围内取得该存款人对投保机构相同清偿顺序的债权。

社会保险基金、住房公积金存款的偿付办法由中国人民银行会同国务院有关部门另行制定，报国务院批准。

第六条 存款保险基金的来源包括：

（一）投保机构交纳的保费；

（二）在投保机构清算中分配的财产；

（三）存款保险基金管理机构运用存款保险基金获得的收益；

（四）其他合法收入。

第七条 存款保险基金管理机构履行下列职责：

（一）制定并发布与其履行职责有关的规则；

（二）制定和调整存款保险费率标准，报国务院批准；

（三）确定各投保机构的适用费率；

（四）归集保费；

（五）管理和运用存款保险基金；

（六）依照本条例的规定采取早期纠正措施和风险处置措施；

（七）在本条例规定的限额内及时偿付存款人的被保险存款；

（八）国务院批准的其他职责。

存款保险基金管理机构由国务院决定。

第八条 本条例施行前已开业的吸收存款的银行业金融机构，应当在存款保险基金管理机构规定的期限内办理投保手续。

本条例施行后开业的吸收存款的银行业金融机构，应当自工商行政管理部门颁发营业执照之日起6个月内，按照存款保险基金管理机构的规定办理投保手续。

第九条 存款保险费率由基准费率和风险差别费率构成。费率标准由存款保险基金管理机构根据经济金融发展状况、存款结构情况以及存款保险基金的累积水平等因素制定和调整，报国务院批准后执行。

各投保机构的适用费率，由存款保险基金管理机构根据投保机构的经营管理状况和风险状况等因素确定。

第十条 投保机构应当交纳的保费，按照本投保机构的被保险存款和存款保险基金管理机构确定的适用费率计算，具体办法由存款保险基金管理机构规定。

投保机构应当按照存款保险基金管理机构的要求定期报送被保险存款余额、存款结构情况以及与确定适用费率、核算保费、偿付存款相关的其他必要资料。

投保机构应当按照存款保险基金管理机构的规定，每6个月交纳一次保费。

第十一条 存款保险基金的运用，应当遵循安全、流动、保值增值的原则，限于下列形式：

（一）存放在中国人民银行；

（二）投资政府债券、中央银行票据、信用等级较高的金融债券以及其他高等级债券；

（三）国务院批准的其他资金运用形式。

第十二条 存款保险基金管理机构应当自每一会计年度结束之日起3个月内编制

存款保险基金收支的财务会计报告、报表,并编制年度报告,按照国家有关规定予以公布。

存款保险基金的收支应当遵守国家统一的财务会计制度,并依法接受审计机关的审计监督。

第十三条 存款保险基金管理机构履行职责,发现有下列情形之一的,可以进行核查:

(一)投保机构风险状况发生变化,可能需要调整适用费率的,对涉及费率计算的相关情况进行核查;

(二)投保机构保费交纳基数可能存在问题的,对其存款的规模、结构以及真实性进行核查;

(三)对投保机构报送的信息、资料的真实性进行核查。

对核查中发现的重大问题,应当告知银行业监督管理机构。

第十四条 存款保险基金管理机构参加金融监督管理协调机制,并与中国人民银行、银行业监督管理机构等金融管理部门、机构建立信息共享机制。

存款保险基金管理机构应当通过信息共享机制获取有关投保机构的风险状况、检查报告和评级情况等监督管理信息。

前款规定的信息不能满足控制存款保险基金风险、保证及时偿付、确定差别费率等需要的,存款保险基金管理机构可以要求投保机构及时报送其他相关信息。

第十五条 存款保险基金管理机构发现投保机构存在资本不足等影响存款安全以及存款保险基金安全的情形的,可以对其提出风险警示。

第十六条 投保机构因重大资产损失等原因导致资本充足率大幅度下降,严重危及存款安全以及存款保险基金安全的,投保机构应当按照存款保险基金管理机构、中国人民银行、银行业监督管理机构的要求及时采取补充资本、控制资产增长、控制重大交易授信、降低杠杆率等措施。

投保机构有前款规定情形,且在存款保险基金管理机构规定的期限内未改进的,存款保险基金管理机构可以提高其适用费率。

第十七条 存款保险基金管理机构发现投保机构有《中华人民共和国银行业监督管理法》第三十八条、第三十九条规定情形的,可以建议银行业监督管理机构依法采取相应措施。

第十八条 存款保险基金管理机构可以选择下列方式使用存款保险基金,保护存款人利益:

(一)在本条例规定的限额内直接偿付被保险存款;

(二)委托其他合格投保机构在本条例规定的限额内代为偿付被保险存款;

(三)为其他合格投保机构提供担保、损失分摊或者资金支持,以促成其收购或者承担被接管、被撤销或者申请破产的投保机构的全部或者部分业务、资产、负债。

存款保险基金管理机构在拟订存款保险基金使用方案选择前款规定方式时,应当遵循基金使用成本最小的原则。

第十九条 有下列情形之一的，存款人有权要求存款保险基金管理机构在本条例规定的限额内，使用存款保险基金偿付存款人的被保险存款：

（一）存款保险基金管理机构担任投保机构的接管组织；

（二）存款保险基金管理机构实施被撤销投保机构的清算；

（三）人民法院裁定受理对投保机构的破产申请；

（四）经国务院批准的其他情形。

存款保险基金管理机构应当依照本条例的规定，在前款规定情形发生之日起7个工作日内足额偿付存款。

第二十条 存款保险基金管理机构的工作人员有下列行为之一的，依法给予处分：

（一）违反规定收取保费；

（二）违反规定使用、运用存款保险基金；

（三）违反规定不及时、足额偿付存款。

存款保险基金管理机构的工作人员滥用职权、玩忽职守、泄露国家秘密或者所知悉的商业秘密的，依法给予处分；构成犯罪的，依法追究刑事责任。

第二十一条 投保机构有下列情形之一的，由存款保险基金管理机构责令限期改正；逾期不改正或者情节严重的，予以记录并作为调整该投保机构的适用费率的依据：

（一）未依法投保；

（二）未依法及时、足额交纳保费；

（三）未按照规定报送信息、资料或者报送虚假的信息、资料；

（四）拒绝或者妨碍存款保险基金管理机构依法进行的核查；

（五）妨碍存款保险基金管理机构实施存款保险基金使用方案。

投保机构有前款规定情形的，存款保险基金管理机构可以对投保机构的主管人员和直接责任人员予以公示。投保机构有前款第二项规定情形的，存款保险基金管理机构还可以按日加收未交纳保费部分0.05%的滞纳金。

第二十二条 本条例施行前，已被国务院银行业监督管理机构依法决定接管、撤销或者人民法院已受理破产申请的吸收存款的银行业金融机构，不适用本条例。

第二十三条 本条例自2015年5月1日起施行。

中国人民银行关于存款保险制度实施有关事项的通知

(银发〔2015〕147号)

中国人民银行上海总部,各分行、营业管理部,各省会(首府)城市中心支行,各副省级城市中心支行;国家开发银行,各政策性银行、国有商业银行、股份制商业银行,中国邮政储蓄银行:

2015年5月1日,《存款保险条例》(以下简称《条例》)开始施行。根据《条例》和国务院批复的存款保险制度实施方案,现就有关事项通知如下。

一、办理投保手续

(一)按照属地管理原则办理投保手续

国家开发银行,各政策性银行、国有商业银行、股份制商业银行,中国邮政储蓄银行应当到人民银行总行办理投保手续;其他吸收存款的银行业金融机构应当到法人机构所在地的人民银行分支机构办理投保手续。

(二)办理时间及材料要求

《条例》施行前已开业的吸收存款的银行业金融机构,应当在2015年6月30日前办理投保手续;《条例》施行后开业的吸收存款的银行业金融机构,应当自工商行政管理部门颁发营业执照之日起6个月内,办理投保手续。

办理投保手续,须向人民银行提交营业执照(副本复印件)、金融许可证(副本复印件)、组织机构代码证(副本复印件)、章程以及其他相关材料。具体材料要求见附件1。

二、及时交纳保费

(一)费率标准

按照存款保险制度实施方案,存款保险以基准费率起步,逐步实施风险差别费率。2015年各吸收存款的银行业金融机构适用年费率水平为本机构被保险存款(即保费基数)的万分之一点六。

(二)上报应交纳保费数额

每年1月10日之前、7月10日之前,各吸收存款的银行业金融机构分别计算本机构上年7~12月和本年1~6月的保费基数和应交纳保费数额,并按照属地管理原则(同上)上报人民银行总行、法人机构所在地的人民银行分支机构核对。人民银行分支机构应在每年1月15日之前、7月15日之前将核对无误的数据逐级报送至人民银行总行。

2015年7月10日前,各吸收存款的银行业金融机构应当上报本机构2015年5月和 6 月的保费基数和应交纳保费数额。2015 年 7 月 15 日之前，人民银行各分支机构应将核对无误的数据逐级报送至人民银行总行。

（三）及时交纳保费

各吸收存款的银行业金融机构每 6 个月交纳一次保费。每年 1 月 20 日之前、7 月 20 日之前，各吸收存款的银行业金融机构应当按照核对无误的应交纳保费数额，将保费交纳至人民银行营业管理部开立的存款保险基金专门账户。

2015 年 7 月 20 日前，各吸收存款的银行业金融机构应当按照核对无误的 2015 年 5 月和 6 月的应交纳保费数额交纳保费。

（四）对保费交纳情况进行核查

各吸收存款的银行业金融机构保费交纳可能存在问题的，人民银行总行及其分支机构视情况进行核查。

对未依法及时、足额交纳保费的，人民银行总行及其分支机构可以对投保机构的主管人员和直接责任人员予以公示，还可以按日加收未交纳保费部分 0.05% 的滞纳金。同时，应当责令其限期改正，逾期不改正或者情节严重的，予以记录并作为调整该投保机构的适用费率的依据。

保费交纳有关要求见附件 2。

三、做好组织、宣传等存款保险制度实施配套工作

（一）明确工作机制和工作职责

各吸收存款的银行业金融机构应当指定一名负责同志，明确牵头部门，配备必要的工作人员，做好本机构存款保险实施工作。

（二）完善存款保险账户管理和信息系统

各吸收存款的银行业金融机构应当完善存款人资料和存款账户资料，加强灾备建设，确保相关资料完整、真实、准确。根据《条例》关于"同一存款人在同一家投保机构所有被保险存款账户的存款本金和利息合并计算"的规定，各吸收存款的银行业金融机构应当尽快建立同一存款人信息系统，实现同一存款人账户实时合并计算的功能。

（三）按要求摆放存款保险宣传折页

各吸收存款的银行业金融机构应当按照统一样式印制存款保险宣传折页，自 2015 年 6 月中旬起在各营业场所摆放，供公众免费取阅。2015 年 5 月中旬至 7 月 31 日，各吸收存款的银行业金融机构应当在门户网站首页、网点电子屏等媒介上，明确展示存款保险宣传折页全部内容，以及存款保险宣传标语。有关具体要求见附件 3。

请人民银行上海总部、各分行、营业管理部、各省会（首府）城市中心支行，各副省级城市中心支行尽快将本通知转发至辖内人民银行分支机构和辖区内吸收存款的法人银行业金融机构，人民银行各分支机构在转发本通知时明确 2 名熟悉存款保险工作要求的同志作为联系人。

附件：1. 办理投保手续有关要求
　　　2. 保费交纳有关要求
　　　3. 摆放存款保险宣传折页有关要求

中国人民银行
2015 年 5 月 8 日

附件 1

办理投保手续有关要求

各吸收存款的银行业金融机构到人民银行总行及其分支机构办理投保手续，须提交以下材料：

一、《投保机构基本信息表》（见附）；

二、《营业执照》（副本复印件）；

三、《金融许可证》（副本复印件）；

四、《组织机构代码证》（副本复印件）；

五、章程；

六、主要的风险管理制度及风险防控措施；

七、法人机构主要负责人及高级管理人员基本情况；

八、法人组织结构图及各部门职责分工基本情况；

九、《条例》施行前已开业的金融机构，应提交最近三年每年末的资产负债表、损益表、现金流量表以及"1104"全套报表；《条例》施行前开业未满三年的金融机构，应提交开业以来历年年末的资产负债表、损益表、现金流量表以及"1104"全套报表；

十、人民银行总行及其分支机构要求提供的其他材料。

上述材料中，"1104"全套报表只提供电子光盘，其他材料需同时提供纸质文件（一式三份）及光盘形式存储的电子文档。材料应使用简体中文，若相关文档原件为其他语言，须同时报送中文版。

附：投保机构基本信息表（略）

附件2

保费交纳有关要求

一、需提交的数据资料

投保机构每年1月10日之前,7月10日之前两次向人民银行总行及其分支机构上报保费基数和应交纳保费数额,并提交以下数据资料:

(一)本机构保费基数(按旬平均计算);

(二)本机构每旬末的保费基数及《投保机构存款账户统计表》(见附);

(三)本机构本期应交纳保费数额;

(四)核对本机构保费基数所需的会计科目表及科目使用说明等会计财务资料。

二、保费交纳方式

投保机构每6个月交纳一次保费,具体交纳时间为每年1月20日之前、7月20日之前。

各投保机构应当在规定日期前,将保费交纳至人民银行营业管理部开立的存款保险基金专门账户,并注明划款用途"交纳存款保险保费"。

账户名称:中国存款保险业务中心

账号:210400514

开户行:中国人民银行营业管理部

支付系统行号:001100011002

人民银行营业管理部办理保费交纳手续。人民银行营业管理部应当按照人民银行总行的要求,做好各投保机构保费归集以及账户管理和日常维护工作。重要情况及时报告人民银行总行。

三、保费基数的相关存款口径

保费基数=本外币各项存款-非存款类金融机构存款-境外同业存放-高级管理人员在本机构的存款-存款保险基金管理机构核定不予保险的存款。本外币各项存款包括本金和应付利息。外币存款按中国人民银行授权中国外汇交易中心公布的每旬最后一个交易日的汇率中间价折算成人民币。本外币各项存款包括境内存款、境外存款,其中,境内存款包括个人存款、单位存款、财政性存款、非存款类金融机构存款(见附)。

高级管理人员是指各吸收存款的银行业金融机构法人(不含分支机构)的高级管理人员,包括:董事长、副董事长、独立董事、其他董事及董事会秘书;行长、副行长、行长助理、风险总监、合规总监、总审计师、总会计师、首席信息官以及同职级高级管理人员,以及其他虽未担任上述职务,但实际履行上述所列高级管理人员职责的人员。

农村信用合作社、农村信用合作社联合社、农村信用合作联社等的高级管理人员包括：理事长、副理事长和其他理事；主任、副主任、主任助理、总审计师以及同职级高级管理人员，以及其他虽未担任上述职务，但实际履行上述所列高级管理人员职责的人员。

四、保费计算公式

每6个月应交纳保费＝保费基数×年费率水平×1/2

2015年5月和6月应交纳保费＝保费基数×1.6/10000×1/6

五、人民银行营业管理部营业室联系方式

电话：010－68559389，010－68559377

附：投保机构存款账户统计表（略）

附件3

摆放存款保险宣传折页有关要求

  自 2015 年 5 月中旬起,国家开发银行,各政策性银行、国有商业银行、股份制商业银行,中国邮政储蓄银行应当及时向人民银行营业管理部领取宣传折页的电子版本及纸质样本;其他吸收存款的银行业金融机构应当及时向法人所在地的人民银行分支机构领取宣传折页的电子版本及纸质样本。

  各吸收存款的银行业金融机构应当按照人民银行总行制定的统一样式及时印制,并自 2015 年 6 月中旬起在各营业场所足量摆放,供公众免费取阅。

  2015 年 5 月中旬至 7 月 31 日,各吸收存款的银行业金融机构应当在门户网站首页、网点电子屏等媒介上,明确展示存款保险宣传折页全部内容以及下列存款保险宣传标语,具体如下:

1. "存款保险,保护您珍贵的存款";
2. "施行《存款保险条例》,充分保障存款人权益";
3. "建立存款保险制度,促进银行业健康稳定发展"。

（二）贷款业务

贷款通则

（中国人民银行令〔1996〕第 2 号）

根据《中华人民共和国中国人民银行法》《中华人民共和国商业银行法》的有关规定，中国人民银行制定了《贷款通则》，现予以发布，从 1996 年 8 月 1 日起施行。

中国人民银行
一九九六年六月二十八日

第一章 总 则

第一条 为了规范贷款行为，维护借贷双方的合法权益，保证信贷资产的安全，提高贷款使用的整体效益，促进社会经济的持续发展，根据《中华人民共和国中国人民银行法》《中华人民共和国商业银行法》等有关法律规定，制定本通则。

第二条 本通则所称贷款人，系指在中国境内依法设立的经营贷款业务的中资金融机构。

本通则所称借款人，系指从经营贷款业务的中资金融机构取得贷款的法人、其他经济组织、个体工商户和自然人。

本通则中所称贷款系指贷款人对借款人提供的并按约定的利率和期限还本付息的货币资金。

本通则中的贷款币种包括人民币和外币。

第三条 贷款的发放和使用应当符合国家的法律、行政法规和中国人民银行发布的行政规章，应当遵循效益性、安全性和流动性的原则。

第四条 借款人与贷款人的借贷活动应当遵循平等、自愿、公平和诚实信用的原则。

第五条 贷款人开展贷款业务，应当遵循公平竞争、密切协作的原则，不得从事不正当竞争。

第六条 中国人民银行及其分支机构是实施《贷款通则》的监管机关。

第二章 贷款种类

第七条 自营贷款、委托贷款和特定贷款：

自营贷款，系指贷款人以合法方式筹集的资金自主发放的贷款，其风险由贷款人承担，并由贷款人收回本金和利息。

委托贷款，系指由政府部门、企事业单位及个人等委托人提供资金，由贷款人（即受托人）根据委托人确定的贷款对象、用途、金额期限、利率等代为发放、监督使用并协助收回的贷款。贷款人（受托人）只收取手续费，不承担贷款风险。

特定贷款，系指经国务院批准并对贷款可能造成的损失采取相应补救措施后责成国有独资商业银行发放的贷款。

第八条 短期贷款、中期贷款和长期贷款：

短期贷款，系指贷款期限在1年以内（含1年）的贷款。

中期贷款，系指贷款期限在1年以上（不含1年）5年以下（含5年）的贷款。

长期贷款，系指贷款期限在5年（不含5年）以上的贷款。

第九条 信用贷款、担保贷款和票据贴现：

信用贷款，系指以借款人的信誉发放的贷款。

担保贷款，系指保证贷款、抵押贷款、质押贷款。

保证贷款，系指按《中华人民共和国担保法》规定的保证方式以第三人承诺在借款人不能偿还贷款时，按约定承担一般保证责任或者连带责任而发放的贷款。

抵押贷款，系指按《中华人民共和国担保法》规定的抵押方式以借款人或第三人的财产作为抵押物发放的贷款。

质押贷款，系指按《中华人民共和国担保法》规定的质押方式以借款人或第三人的动产或权利作为质物发放的贷款。

票据贴现，系指贷款人以购买借款人未到期商业票据的方式发放的贷款。

第十条 除委托贷款以外，贷款人发放贷款，借款人应当提供担保。贷款人应当对保证人的偿还能力，抵押物、质物的权属和价值以及实现抵押权、质权的可行性进行严格审查。

经贷款审查、评估，确认借款人资信良好，确能偿还贷款的，可以不提供担保。

第三章 贷款期限和利率

第十一条 贷款期限：

贷款限期根据借款人的生产经营周期、还款能力和贷款人的资金供给能力由借贷双方共同商议后确定，并在借款合同中载明。

自营贷款期限最长一般不得超过10年，超过10年应当报中国人民银行备案。

票据贴现的贴现期限最长不得超过6个月，贴现期限为从贴现之日起到票据到期日止。

第十二条 贷款展期：

不能按期归还贷款的，借款人应当在贷款到期日之前，向贷款人申请贷款展期。是否展期由贷款人决定。申请保证贷款、抵押贷款、质押贷款展期的，还应当由保证人、抵押人、出质人出具同意的书面证明。已有约定的，按照约定执行。

短期贷款展期期限累计不得超过原贷款期限；中期贷款展期期限累计不得超过原贷款期限的一半；长期贷款展期期限累计不得超过3年。国家另有规定者除外。借款人未申请展期或申请展期未得到批准，其贷款从到期日次日起，转入逾期贷款账户。

第十三条 贷款利率的确定：

贷款人应当按照中国人民银行规定的贷款利率的上下限，确定每笔贷款利率，并在借款合同中载明。

第十四条 贷款利息的计收：

贷款人和借款人应当按借款合同和中国人民银行有关计息规定按期计收或交付利息。

贷款的展期期限加上原期限达到新的利率期限档次时，从展期之日起，贷款利息按新的期限档次利率计收。

逾期贷款按规定计收罚息。

第十五条 贷款的贴息：

根据国家政策，为了促进某些产业和地区经济的发展，有关部门可以对贷款补贴利息。

对有关部门贴息的贷款，承办银行应当自主审查发放，并根据本通则有关规定严格管理。

第十六条 贷款停息、减息、缓息和免息：

除国务院决定外，任何单位和个人无权决定停息、减息、缓息和免息。贷款人应当依据国务院决定，按照职责权限范围具体办理停息、减息、缓息和免息。

第四章 借款人

第十七条 借款人应当是经工商行政管理机关（或主管机关）核准登记的企（事）业法人、其他经济组织、个体工商户或具有中华人民共和国国籍的具有完全民事行为能力的自然人。

借款人申请贷款，应当具备产品有市场、生产经营有效益、不挤占挪用信贷资金、恪守信用等基本条件，并且应当符合以下要求：

一、有按期还本付息的能力，原应付贷款利息和到期贷款已清偿；没有清偿的，已经做了贷款人认可的偿还计划。

二、除自然人和不需要经工商部门核准登记的事业法人外，应当经过工商部门办理年检手续。

三、已开立基本账户或一般存款账户。

四、除国务院规定外，有限责任公司和股份有限公司对外股本权益性投资累计额未超过其净资产总额的50%。

五、借款人的资产负债率符合贷款人的要求。

六、申请中期、长期贷款的，新建项目的企业法人所有者权益与项目所需总投资的比例不低于国家规定的投资项目的资本金比例。

第十八条 借款人的权利：

一、可以自主向主办银行或者其他银行的经办机构申请贷款并依条件取得贷款；

二、有权按合同约定提取和使用全部贷款；

三、有权拒绝借款合同以外的附加条件；

四、有权向贷款人的上级和中国人民银行反映、举报有关情况；

五、在征得贷款人同意后，有权向第三人转让债务。

第十九条 借款人的义务：

一、应当如实提供贷款人要求的资料（法律规定不能提供者除外），应当向贷款人如实提供所有开户行、账号及存贷款余额情况，配合贷款人的调查、审查和检查；

二、应当接受贷款人对其使用信贷资金情况和有关生产经营、财务活动的监督；

三、应当按借款合同约定用途使用贷款；

四、应当按借款合同约定及时清偿贷款本息；

五、将债务全部或部分转让给第三人的，应当取得贷款人的同意；

六、有危及贷款人债权安全情况时，应当及时通知贷款人，同时采取保全措施。

第二十条 对借款人的限制：

一、不得在一个贷款人同一辖区内的两个或两个以上同级分支机构取得贷款。

二、不得向贷款人提供虚假的或者隐瞒重要事实的资产负债表、损益表等。

三、不得用贷款从事股本权益性投资，国家另有规定的除外。

四、不得用贷款在有价证券、期货等方面从事投机经营。

五、除依法取得经营房地产资格的借款人以外，不得用贷款经营房地产业务；依法取得经营房地产资格的借款人，不得用贷款从事房地产投机。

六、不得套取贷款用于借贷牟取非法收入。

七、不得违反国家外汇管理规定使用外币贷款。

八、不得采取欺诈手段骗取贷款。

第五章　贷款人

第二十一条 贷款人必须经中国人民银行批准经营贷款业务，持有中国人民银行颁发的《金融机构法人许可证》或《金融机构营业许可证》，并经工商行政管理部门核准登记。

第二十二条 贷款人的权利：

根据贷款条件和贷款程序自主审查和决定贷款，除国务院批准的特定贷款外，有权拒绝任何单位和个人强令其发放贷款或者提供担保。

一、要求借款人提供与借贷有关的资料；

二、根据借款人的条件，决定贷与不贷、贷款金额、期限和利率等；

三、了解借款人的生产经营活动和财务活动；

四、依合同约定从借款人账户上划收贷款本金和利息；

五、借款人未能履行借款合同规定义务的，贷款人有权依合同约定要求借款人提

前归还贷款或停止支付借款人尚未使用的贷款;

六、在贷款将受或已受损失时,可依据合同规定,采取使贷款免受损失的措施。

第二十三条 贷款人的义务:

一、应当公布所经营的贷款的种类、期限和利率,并向借款人提供咨询。

二、应当公开贷款审查的资信内容和发放贷款的条件。

三、贷款人应当审议借款人的借款申请,并及时答复贷与不贷。短期贷款答复时间不得超过1个月,中期、长期贷款答复时间不得超过6个月;国家另有规定的除外。

四、应当对借款人的债务、财务、生产、经营情况保密,但对依法查询者除外。

第二十四条 对贷款人的限制:

一、贷款的发放必须严格执行《中华人民共和国商业银行法》第三十九条关于资产负债比例管理的有关规定,第四十条关于不得向关系人发放信用贷款、向关系人发放担保贷款的条件不得优于其他借款人同类贷款条件的规定。

二、借款人有下列情形之一者,不得对其发放贷款:

(一)不具备本通则第四章第十七条所规定的资格和条件的;

(二)生产、经营或投资国家明文禁止的产品、项目的;

(三)违反国家外汇管理规定的;

(四)建设项目按国家规定应当报有关部门批准而未取得批准文件的;

(五)生产经营或投资项目未取得环境保护部门许可的;

(六)在实行承包、租赁、联营、合并(兼并)、合作、分立、产权有偿转让、股份制改造等体制变更过程中,未清偿原有贷款债务、落实原有贷款债务或提供相应担保的;

(七)有其他严重违法经营行为的。

三、未经中国人民银行批准,不得对自然人发放外币币种的贷款。

四、自营贷款和特定贷款,除按中国人民银行规定计收利息之外,不得收取其他任何费用;委托贷款,除按中国人民银行规定计收手续费之外,不得收取其他任何费用。

五、不得给委托人垫付资金,国家另有规定的除外。

六、严格控制信用贷款,积极推广担保贷款。

第六章 贷款程序

第二十五条 贷款申请:

借款人需要贷款,应当向主办银行或者其他银行的经办机构直接申请。

借款人应当填写包括借款金额、借款用途、偿还能力及还款方式等主要内容的《借款申请书》并提供以下资料:

一、借款人及保证人基本情况;

二、财政部门或会计(审计)事务所核准的上年度财务报告,以及申请借款前一期的财务报告;

三、原有不合理占用的贷款的纠正情况；

四、抵押物、质物清单和有处分权人的同意抵押、质押的证明及保证人拟同意保证的有关证明文件；

五、项目建议书和可行性报告；

六、贷款人认为需要提供的其他有关资料。

第二十六条 对借款人的信用等级评估：

应当根据借款人的领导者素质、经济实力、资金结构、履约情况、经营效益和发展前景等因素，评定借款人的信用等级。评级可由贷款人独立进行，内部掌握，也可由有权部门批准的评估机构进行。

第二十七条 贷款调查：

贷款人受理借款人申请后，应当对借款人的信用等级以及借款的合法性、安全性、盈利性等情况进行调查，核实抵押物、质物、保证人情况，测定贷款的风险度。

第二十八条 贷款审批：

贷款人应当建立审贷分离、分级审批的贷款管理制度。审查人员应当对调查人员提供的资料进行核实、评定，复测贷款风险度，提出意见，按规定权限报批。

第二十九条 签订借款合同：

所有贷款应当由贷款人与借款人签订借款合同。借款合同应当约定借款种类，借款用途、金额、利率，借款期限，还款方式，借、贷双方的权利、义务，违约责任和双方认为需要约定的其他事项。

保证贷款应当由保证人与贷款人签订保证合同，或保证人在借款合同上载明与贷款人协商一致的保证条款，加盖保证人的法人公章，并由保证人的法定代表人或其授权代理人签署姓名。抵押贷款、质押贷款应当由抵押人、出质人与贷款人签订抵押合同、质押合同，需要办理登记的，应依法办理登记。

第三十条 贷款发放：

贷款人要按借款合同规定按期发放贷款。贷款人不按合同约定按期发放贷款的，应偿付违约金。借款人不按合同约定用款的，应偿付违约金。

第三十一条 贷后检查：

贷款发放后，贷款人应当对借款人执行借款合同情况及借款人的经营情况进行追踪调查和检查。

第三十二条 贷款归还：

借款人应当按照借款合同规定按时足额归还贷款本息。

贷款人在短期贷款到期1个星期之前、中长期贷款到期1个月之前，应当向借款人发送还本付息通知单；借款人应当及时筹备资金，按时还本付息。

贷款人对逾期的贷款要及时发出催收通知单，做好逾期贷款本息的催收工作。

贷款人对不能按借款合同约定期限归还的贷款，应当按规定加罚利息；对不能归还或者不能落实还本付息事宜的，应当督促归还或者依法起诉。

借款人提前归还贷款，应当与贷款人协商。

第七章 不良贷款监管

第三十三条 贷款人应当建立和完善贷款的质量监管制度，对不良贷款进行分类、登记、考核和催收。

第三十四条 不良贷款系指呆账贷款、呆滞贷款、逾期贷款。

呆账贷款，系指按财政部有关规定列为呆账的贷款。

呆滞贷款，系指按财政部有关规定，逾期（含展期后到期）超过规定年限以上仍未归还的贷款，或虽未逾期或逾期不满规定年限但生产经营已终止、项目已停建的贷款（不含呆账贷款）。

逾期贷款，系指借款合同约定到期（含展期后到期）未归还的贷款（不含呆滞贷款和呆账贷款）。

第三十五条 不良贷款的登记：

不良贷款由会计、信贷部门提供数据，由稽核部门负责审核并按规定权限认定，贷款人应当按季填报不良贷款情况表。在报上级行的同时，应当报中国人民银行当地分支机构。

第三十六条 不良贷款的考核：

贷款人的呆账贷款、呆滞贷款、逾期贷款不得超过中国人民银行规定的比例。贷款人应当对所属分支机构下达和考核呆账贷款、呆滞贷款和逾期贷款的有关指标。

第三十七条 不良贷款的催收和呆账贷款的冲销：

信贷部门负责不良贷款的催收，稽核部门负责对催收情况的检查。贷款人应当按照国家有关规定提取呆账准备金，并按照呆账冲销的条件和程序冲销呆账贷款。

未经国务院批准，贷款人不得豁免贷款。除国务院批准外，任何单位和个人不得强令贷款人豁免贷款。

第八章 贷款管理责任制

第三十八条 贷款管理实行行长（经理、主任，下同）负责制。

贷款实行分级经营管理，各级行长应当在授权范围内对贷款的发放和收回负全部责任。行长可以授权副行长或贷款管理部门负责审批贷款，副行长或贷款管理部门负责人应当对行长负责。

第三十九条 贷款人各级机构应当建立有行长或副行长（经理、主任，下同）和有关部门负责人参加的贷款审查委员会（小组），负责贷款的审查。

第四十条 建立审贷分离制：

贷款调查评估人员负责贷款调查评估，承担调查失误和评估失准的责任；贷款审查人员负责贷款风险的审查，承担审查失误的责任；贷款发放人员负责贷款的检查和清收，承担检查失误、清收不力的责任。

第四十一条 建立贷款分级审批制：

贷款人应当根据业务量大小、管理水平和贷款风险度确定各级分支机构的审批权限，超过审批权限的贷款，应当报上级审批。各级分支机构应当根据贷款种类、借款人的信用等级和抵押物、质物、保证人等情况确定每一笔贷款的风险度。

第四十二条 建立和健全信贷工作岗位责任制：

各级贷款管理部门应将贷款管理的每一个环节的管理责任落实到部门、岗位、个人，严格划分各级信贷工作人员的职责。

第四十三条 贷款人对大额借款人建立驻厂信贷员制度。

第四十四条 建立离职审计制：

贷款管理人员在调离原工作岗位时，应当对其在任职期间和权限内所发放的贷款风险情况进行审计。

第九章 贷款债权保全和清偿的管理

第四十五条 借款人不得违反法律规定，借兼并、破产或者股份制改造等途径，逃避银行债务，侵吞信贷资金；不得借承包、租赁等途径逃避贷款人的信贷监管以及偿还贷款本息的责任。

第四十六条 贷款人有权参与处于兼并、破产或股份制改造等过程中的借款人的债务重组，应当要求借款人落实贷款还本付息事宜。

第四十七条 贷款人应当要求实行承包、租赁经营的借款人，在承包、租赁合同中明确落实原贷款债务的偿还责任。

第四十八条 贷款人对实行股份制改造的借款人，应当要求其重新签订借款合同，明确原贷款债务的清偿责任。

对实行整体股份制改造的借款人，应当明确其所欠贷款债务由改造后公司全部承担；对实行部分股份制改造的借款人，应当要求改造后的股份公司按占用借款人的资本金或资产的比例承担原借款人的贷款债务。

第四十九条 贷款人对联营后组成新的企业法人的借款人，应当要求其依据所占用的资本金或资产的比例将贷款债务落实到新的企业法人。

第五十条 贷款人对合并（兼并）的借款人，应当要求其在合并（兼并）前清偿贷款债务或提供相应的担保。

借款人不清偿贷款债务或未提供相应担保，贷款人应当要求合并（兼并）企业或合并后新成立的企业承担归还原借款人贷款的义务，并与之重新签订有关合同或协议。

第五十一条 贷款人对与外商合资（合作）的借款人，应当要求其继续承担合资（合作）前的贷款归还责任，并要求其将所得收益优先归还贷款。借款人用已作为贷款抵押、质押的财产与外商合资（合作）时必须征求贷款人同意。

第五十二条 贷款人对分立的借款人，应当要求其在分立前清偿贷款债务或提供相应的担保。

借款人不清偿贷款债务或未提供相应担保，贷款人应当要求分立后的各企业，按照分立时所占资本或资产比例或协议，对原借款人所欠贷款承担清偿责任。对设立子公司的借款人，应当要求其子公司按所得资本或资产的比例承担和偿还母公司相应的贷款债务。

第五十三条 贷款人对产权有偿转让或申请解散的借款人，应当要求其在产权转让或解散前必须落实贷款债务的清偿。

第五十四条 贷款人应当按照有关法律参与借款人破产财产的认定与债权债务的处置，对于破产借款人已设定财产抵押、质押或其他担保的贷款债权，贷款人依法享有优先受偿权；无财产担保的贷款债权按法定程序和比例受偿。

第十章 贷款管理特别规定

第五十五条 建立贷款主办行制度：

借款人应按中国人民银行的规定与其开立基本账户的贷款人建立贷款主办行关系。

借款人发生企业分立、股份制改造、重大项目建设等涉及信贷资金使用和安全的重大经济活动，事先应当征求主办行的意见。一个借款人只能有一个贷款主办行，主办行应当随基本账户的变更而变更。

主办行不包资金，但应当按规定有计划地对借款人提供贷款，为借款人提供必要的信息咨询、代理等金融服务。

贷款主办行制度与实施办法，由中国人民银行另行规定。

第五十六条 银团贷款应当确定一个贷款人为牵头行，并签订银团贷款协议，明确各贷款人的权利和义务，共同评审贷款项目。牵头行应当按协议确定的比例监督贷款的偿还。银团贷款管理办法由中国人民银行另行规定。

第五十七条 特定贷款管理：

国有独资商业银行应当按国务院规定发放和管理特定贷款。

特定贷款管理办法另行规定。

第五十八条 非银行金融机构贷款的种类、对象、范围，应当符合中国人民银行规定。

第五十九条 贷款人发放异地贷款，或者接受异地存款，应当报中国人民银行当地分支机构备案。

第六十条 信贷资金不得用于财政支出。

第六十一条 各级行政部门和企事业单位、供销合作社等合作经济组织、农村合作基金会和其他基金会，不得经营存贷款等金融业务。企业之间不得违反国家规定办理借贷或者变相借贷融资业务。

第十一章 罚 则

第六十二条 贷款人违反资产负债比例管理有关规定发放贷款的，应当依照《中华人民共和国商业银行法》第七十五条，由中国人民银行责令改正，处以罚款，有违法所得的没收违法所得，并且应当依照第七十六条对直接负责的主管人员和其他直接责任人员给予处罚。

第六十三条 贷款人违反规定向关系人发放信用贷款或者发放担保贷款的条件优

于其他借款人同类贷款条件的,应当依照《中华人民共和国商业银行法》第七十四条处罚,并且应当依照第七十六条对有关直接责任人员给予处罚。

第六十四条　贷款人的工作人员对单位或者个人强令其发放贷款或者提供担保未予拒绝的,应当依照《中华人民共和国商业银行法》第八十五条给予纪律处分,造成损失的应当承担相应的赔偿责任。

第六十五条　贷款人的有关责任人员违反本通则有关规定,应当给予纪律处分和罚款;情节严重或屡次违反的,应当调离工作岗位,取消任职资格;造成严重经济损失或者构成其他经济犯罪的,应当依照有关法律规定追究刑事责任。

第六十六条　贷款人有下列情形之一,由中国人民银行责令改正;逾期不改正的,中国人民银行可以处以5千元以上1万元以下罚款:

一、没有公布所经营贷款的种类、期限、利率的;

二、没有公开贷款条件和发放贷款时要审查的内容的;

三、没有在规定期限内答复借款人贷款申请的。

第六十七条　贷款人有下列情形之一,由中国人民银行责令改正;有违法所得的,没收违法所得,并处以违法所得1倍以上3倍以下罚款;没有违法所得的,处以5万元以上30万元以下罚款;构成犯罪的,依法追究刑事责任:

一、贷款人违反规定代垫委托贷款资金的;

二、未经中国人民银行批准,对自然人发放外币贷款的;

三、贷款人违反中国人民银行规定,对自营贷款或者特定贷款在计收利息之外收取其他任何费用的,或者对委托贷款在计收手续费之外收取其他任何费用的。

第六十八条　任何单位和个人强令银行发放贷款或者提供担保的,应当依照《中华人民共和国商业银行法》第八十五条,对直接负责的主管人员和其他直接责任人员或者个人给予纪律处分;造成经济损失的,承担全部或者部分赔偿责任。

第六十九条　借款人采取欺诈手段骗取贷款,构成犯罪的,应当依照《中华人民共和国商业银行法》第八十条等法律规定处以罚款并追究刑事责任。

第七十条　借款人违反本通则第九章第四十二条规定,蓄意通过兼并、破产或者股份制改造等途径侵吞信贷资金的,应当依据有关法律规定承担相应部分的赔偿责任并处以罚款;造成贷款人重大经济损失的,应当依照有关法律规定追究直接责任人员的刑事责任。

借款人违反本通则第九章其他条款规定,致使贷款债务落空,由贷款人停止发放新贷款,并提前收回原发放的贷款。造成信贷资产损失的,借款人及其主管人员或其他个人,应当承担部分或全部赔偿责任。在未履行赔偿责任之前,其他任何贷款人不得对其发放贷款。

第七十一条　借款人有下列情形之一,由贷款人对其部分或全部贷款加收利息;情节特别严重的,由贷款人停止支付借款人尚未使用的贷款,并提前收回部分或全部贷款:

一、不按借款合同规定用途使用贷款的。

二、用贷款进行股本权益性投资的。

三、用贷款在有价证券、期货等方面从事投机经营的。

四、未依法取得经营房地产资格的借款人用贷款经营房地产业务的；依法取得经营房地产资格的借款人，用贷款从事房地产投机的。

五、不按借款合同规定清偿贷款本息的。

六、套取贷款相互借贷牟取非法收入的。

第七十二条 借款人有下列情形之一，由贷款人责令改正。情节特别严重或逾期不改正的，由贷款人停止支付借款人尚未使用的贷款，并提前收回部分或全部贷款：

一、向贷款人提供虚假或者隐瞒重要事实的资产负债表、损益表等资料的；

二、不如实向贷款人提供所有开户行、账号及存贷款余额等资料的；

三、拒绝接受贷款人对其使用信贷资金情况和有关生产经营、财务活动监督的。

第七十三条 行政部门、企事业单位、股份合作经济组织、供销合作社、农村合作基金会和其他基金会擅自发放贷款的；企业之间擅自办理借贷或者变相借贷的，由中国人民银行对出借方按违规收入处以1倍以上至5倍以下罚款，并由中国人民银行予以取缔。

第七十四条 当事人对中国人民银行处罚决定不服的，可按《中国人民银行行政复议办法（试行）》的规定申请复议，复议期间仍按原处罚执行。

第十二章 附 则

第七十五条 国家政策性银行、外资金融机构（含外资、中外合资、外资金融机构的分支机构等）的贷款管理办法，由中国人民银行另行制定。

第七十六条 有关外国政府贷款、出口信贷、外商贴息贷款、出口信贷项下的对外担保以及与上述贷款配套的国际商业贷款的管理办法，由中国人民银行另行制定。

第七十七条 贷款人可根据本通则制定实施细则，报中国人民银行备案。

第七十八条 本通则自实施之日起，中国人民银行和各贷款人在此以前制定的各种规定，与本通则有抵触者，以本通则为准。

第七十九条 本通则由中国人民银行负责解释。

第八十条 本通则自1996年8月1日起施行。

固定资产贷款管理暂行办法

(中国银行业监督管理委员会令 2009 年第 2 号)

《固定资产贷款管理暂行办法》已经中国银行业监督管理委员会第 72 次主席会议通过，现予公布。本办法自发布之日起三个月后施行。

主席　刘明康

二〇〇九年七月二十三日

第一章　总　则

第一条　为规范银行业金融机构固定资产贷款业务经营行为，加强固定资产贷款审慎经营管理，促进固定资产贷款业务健康发展，依据《中华人民共和国银行业监督管理法》《中华人民共和国商业银行法》等法律法规，制定本办法。

第二条　中华人民共和国境内经国务院银行业监督管理机构批准设立的银行业金融机构（以下简称贷款人），经营固定资产贷款业务应遵守本办法。

第三条　本办法所称固定资产贷款，是指贷款人向企（事）业法人或国家规定可以作为借款人的其他组织发放的，用于借款人固定资产投资的本外币贷款。

第四条　贷款人开展固定资产贷款业务应当遵循依法合规、审慎经营、平等自愿、公平诚信的原则。

第五条　贷款人应完善内部控制机制，实行贷款全流程管理，全面了解客户和项目信息，建立固定资产贷款风险管理制度和有效的岗位制衡机制，将贷款管理各环节的责任落实到具体部门和岗位，并建立各岗位的考核和问责机制。

第六条　贷款人应将固定资产贷款纳入对借款人及借款人所在集团客户的统一授信额度管理，并按区域、行业、贷款品种等维度建立固定资产贷款的风险限额管理制度。

第七条　贷款人应与借款人约定明确、合法的贷款用途，并按照约定检查、监督贷款的使用情况，防止贷款被挪用。

第八条　银行业监督管理机构依照本办法对贷款人固定资产贷款业务实施监督管理。

第二章　受理与调查

第九条　贷款人受理的固定资产贷款申请应具备以下条件：

（一）借款人依法经工商行政管理机关或主管机关核准登记；

（二）借款人信用状况良好，无重大不良记录；

（三）借款人为新设项目法人的，其控股股东应有良好的信用状况，无重大不良记录；

（四）国家对拟投资项目有投资主体资格和经营资质要求的，符合其要求；

（五）借款用途及还款来源明确、合法；

（六）项目符合国家的产业、土地、环保等相关政策，并按规定履行了固定资产投资项目的合法管理程序；

（七）符合国家有关投资项目资本金制度的规定；

（八）贷款人要求的其他条件。

第十条 贷款人应对借款人提供申请材料的方式和具体内容提出要求，并要求借款人恪守诚实守信原则，承诺所提供材料真实、完整、有效。

第十一条 贷款人应落实具体的责任部门和岗位，履行尽职调查并形成书面报告。尽职调查的主要内容包括：

（一）借款人及项目发起人等相关关系人的情况；

（二）贷款项目的情况；

（三）贷款担保情况；

（四）需要调查的其他内容。

尽职调查人员应当确保尽职调查报告内容的真实性、完整性和有效性。

第三章 风险评价与审批

第十二条 贷款人应落实具体的责任部门和岗位，对固定资产贷款进行全面的风险评价，并形成风险评价报告。

第十三条 贷款人应建立完善的固定资产贷款风险评价制度，设置定量或定性的指标和标准，从借款人、项目发起人、项目合规性、项目技术和财务可行性、项目产品市场、项目融资方案、还款来源可靠性、担保、保险等角度进行贷款风险评价。

第十四条 贷款人应按照审贷分离、分级审批的原则，规范固定资产贷款审批流程，明确贷款审批权限，确保审批人员按照授权独立审批贷款。

第四章 合同签订

第十五条 贷款人应与借款人及其他相关当事人签订书面借款合同、担保合同等相关合同。合同中应详细规定各方当事人的权利、义务及违约责任，避免对重要事项未约定、约定不明或约定无效。

第十六条 贷款人应在合同中与借款人约定具体的贷款金额、期限、利率、用途、支付、还贷保障及风险处置等要素和有关细节。

第十七条 贷款人应在合同中与借款人约定提款条件以及贷款资金支付接受贷款人管理和控制等与贷款使用相关的条款，提款条件应包括与贷款同比例的资本金已足额到位、项目实际进度与已投资额相匹配等要求。

第十八条　贷款人应在合同中与借款人约定对借款人相关账户实施监控，必要时可约定专门的贷款发放账户和还款准备金账户。

第十九条　贷款人应要求借款人在合同中对与贷款相关的重要内容作出承诺，承诺内容应包括：贷款项目及其借款事项符合法律法规的要求；及时向贷款人提供完整、真实、有效的材料；配合贷款人对贷款的相关检查；发生影响其偿债能力的重大不利事项及时通知贷款人；进行合并、分立、股权转让、对外投资、实质性增加债务融资等重大事项前征得贷款人同意等。

第二十条　贷款人应在合同中与借款人约定，借款人出现未按约定用途使用贷款、未按约定方式支用贷款资金、未遵守承诺事项、申贷文件信息失真、突破约定的财务指标约束等情形时借款人应承担的违约责任和贷款人可采取的措施。

第五章　发放与支付

第二十一条　贷款人应设立独立的责任部门或岗位，负责贷款发放和支付审核。

第二十二条　贷款人在发放贷款前应确认借款人满足合同约定的提款条件，并按照合同约定的方式对贷款资金的支付实施管理与控制，监督贷款资金按约定用途使用。

第二十三条　合同约定专门贷款发放账户的，贷款发放和支付应通过该账户办理。

第二十四条　贷款人应通过贷款人受托支付或借款人自主支付的方式对贷款资金的支付进行管理与控制。

贷款人受托支付是指贷款人根据借款人的提款申请和支付委托，将贷款资金支付给符合合同约定用途的借款人交易对手。

借款人自主支付是指贷款人根据借款人的提款申请将贷款资金发放至借款人账户后，由借款人自主支付给符合合同约定用途的借款人交易对手。

第二十五条　单笔金额超过项目总投资5%或超过500万元人民币的贷款资金支付，应采用贷款人受托支付方式。

第二十六条　采用贷款人受托支付的，贷款人应在贷款资金发放前审核借款人相关交易资料是否符合合同约定条件。贷款人审核同意后，将贷款资金通过借款人账户支付给借款人交易对手，并应做好有关细节的认定记录。

第二十七条　采用借款人自主支付的，贷款人应要求借款人定期汇总报告贷款资金支付情况，并通过账户分析、凭证查验、现场调查等方式核查贷款支付是否符合约定用途。

第二十八条　固定资产贷款发放和支付过程中，贷款人应确认与拟发放贷款同比例的项目资本金足额到位，并与贷款配套使用。

第二十九条　在贷款发放和支付过程中，借款人出现以下情形的，贷款人应与借款人协商补充贷款发放和支付条件，或根据合同约定停止贷款资金的发放和支付：

（一）信用状况下降；

（二）不按合同约定支付贷款资金；

(三)项目进度落后于资金使用进度；

(四)违反合同约定，以化整为零方式规避贷款人受托支付。

第六章　贷后管理

第三十条　贷款人应定期对借款人和项目发起人的履约情况及信用状况、项目的建设和运营情况、宏观经济变化和市场波动情况、贷款担保的变动情况等内容进行检查与分析，建立贷款质量监控制度和贷款风险预警体系。

出现可能影响贷款安全的不利情形时，贷款人应对贷款风险进行重新评价并采取针对性措施。

第三十一条　项目实际投资超过原定投资金额，贷款人经重新风险评价和审批决定追加贷款的，应要求项目发起人配套追加不低于项目资本金比例的投资和相应担保。

第三十二条　贷款人应对抵(质)押物的价值和担保人的担保能力建立贷后动态监测和重估制度。

第三十三条　贷款人应对固定资产投资项目的收入现金流以及借款人的整体现金流进行动态监测，对异常情况及时查明原因并采取相应措施。

第三十四条　合同约定专门还款准备金账户的，贷款人应按约定根据需要对固定资产投资项目或借款人的收入现金流进入该账户的比例和账户内的资金平均存量提出要求。

第三十五条　借款人出现违反合同约定情形的，贷款人应及时采取有效措施，必要时应依法追究借款人的违约责任。

第三十六条　固定资产贷款形成不良贷款的，贷款人应对其进行专门管理，并及时制定清收或盘活措施。

对借款人确因暂时经营困难不能按期归还贷款本息的，贷款人可与借款人协商进行贷款重组。

第三十七条　对确实无法收回的固定资产不良贷款，贷款人按照相关规定对贷款进行核销后，应继续向债务人追索或进行市场化处置。

第七章　法律责任

第三十八条　贷款人违反本办法规定经营固定资产贷款业务的，银行业监督管理机构应当责令其限期改正。贷款人有下列情形之一的，银行业监督管理机构可根据《中华人民共和国银行业监督管理法》第三十七条的规定采取监管措施：

(一)固定资产贷款业务流程有缺陷的；

(二)未按本办法要求将贷款管理各环节的责任落实到具体部门和岗位的；

(三)贷款调查、风险评价未尽职的；

(四)未按本办法规定对借款人和项目的经营情况进行持续有效监控的；

(五)对借款人违反合同约定的行为未及时采取有效措施的。

第三十九条　贷款人有下列情形之一的，银行业监督管理机构除按本办法第三十

八条规定采取监管措施外,还可根据《中华人民共和国银行业监督管理法》第四十六条、第四十八条规定对其进行处罚:

(一)受理不符合条件的固定资产贷款申请并发放贷款的;
(二)与借款人串通,违法违规发放固定资产贷款的;
(三)超越、变相超越权限或不按规定流程审批贷款的;
(四)未按本办法规定签订贷款协议的;
(五)与贷款同比例的项目资本金到位前发放贷款的;
(六)未按本办法规定进行贷款资金支付管理与控制的;
(七)有其他严重违反本办法规定的行为的。

第八章 附 则

第四十条 全额保证金类质押项下的固定资产贷款参照本办法执行。

第四十一条 贷款人应依照本办法制定固定资产贷款管理细则及操作规程。

第四十二条 本办法由中国银行业监督管理委员会负责解释。

第四十三条 本办法自发布之日起三个月后施行。

流动资金贷款管理暂行办法

（中国银行业监督管理委员会令 2010 年第 1 号）

《流动资金贷款管理暂行办法》已经中国银行业监督管理委员会第 72 次主席会议通过，现予公布，并自发布之日起施行。

主席　刘明康

二〇一〇年二月十二日

第一章　总　则

第一条　为规范银行业金融机构流动资金贷款业务经营行为，加强流动资金贷款审慎经营管理，促进流动资金贷款业务健康发展，依据《中华人民共和国银行业监督管理法》《中华人民共和国商业银行法》等有关法律法规，制定本办法。

第二条　中华人民共和国境内经中国银行业监督管理委员会批准设立的银行业金融机构（以下简称贷款人）经营流动资金贷款业务，应遵守本办法。

第三条　本办法所称流动资金贷款，是指贷款人向企（事）业法人或国家规定可以作为借款人的其他组织发放的用于借款人日常生产经营周转的本外币贷款。

第四条　贷款人开展流动资金贷款业务，应当遵循依法合规、审慎经营、平等自愿、公平诚信的原则。

第五条　贷款人应完善内部控制机制，实行贷款全流程管理，全面了解客户信息，建立流动资金贷款风险管理制度和有效的岗位制衡机制，将贷款管理各环节的责任落实到具体部门和岗位，并建立各岗位的考核和问责机制。

第六条　贷款人应合理测算借款人营运资金需求，审慎确定借款人的流动资金授信总额及具体贷款的额度，不得超过借款人的实际需求发放流动资金贷款。

贷款人应根据借款人生产经营的规模和周期特点，合理设定流动资金贷款的业务品种和期限，以满足借款人生产经营的资金需求，实现对贷款资金回笼的有效控制。

第七条　贷款人应将流动资金贷款纳入对借款人及其所在集团客户的统一授信管理，并按区域、行业、贷款品种等维度建立风险限额管理制度。

第八条　贷款人应根据经济运行状况、行业发展规律和借款人的有效信贷需求等，合理确定内部绩效考核指标，不得制订不合理的贷款规模指标，不得恶性竞争和突击放贷。

第九条 贷款人应与借款人约定明确、合法的贷款用途。

流动资金贷款不得用于固定资产、股权等投资，不得用于国家禁止生产、经营的领域和用途。

流动资金贷款不得挪用，贷款人应按照合同约定检查、监督流动资金贷款的使用情况。

第十条 中国银行业监督管理委员会依照本办法对流动资金贷款业务实施监督管理。

第二章 受理与调查

第十一条 流动资金贷款申请应具备以下条件：

（一）借款人依法设立；

（二）借款用途明确、合法；

（三）借款人生产经营合法、合规；

（四）借款人具有持续经营能力，有合法的还款来源；

（五）借款人信用状况良好，无重大不良信用记录；

（六）贷款人要求的其他条件。

第十二条 贷款人应对流动资金贷款申请材料的方式和具体内容提出要求，并要求借款人恪守诚实守信原则，承诺所提供材料真实、完整、有效。

第十三条 贷款人应采取现场与非现场相结合的形式履行尽职调查，形成书面报告，并对其内容的真实性、完整性和有效性负责。尽职调查包括但不限于以下内容：

（一）借款人的组织架构、公司治理、内部控制及法定代表人和经营管理团队的资信等情况；

（二）借款人的经营范围、核心主业、生产经营、贷款期内经营规划和重大投资计划等情况；

（三）借款人所在行业状况；

（四）借款人的应收账款、应付账款、存货等真实财务状况；

（五）借款人营运资金总需求和现有融资性负债情况；

（六）借款人关联方及关联交易等情况；

（七）贷款具体用途及与贷款用途相关的交易对手资金占用等情况；

（八）还款来源情况，包括生产经营产生的现金流、综合收益及其他合法收入等；

（九）对有担保的流动资金贷款，还需调查抵（质）押物的权属、价值和变现难易程度，或保证人的保证资格和能力等情况。

第三章 风险评价与审批

第十四条 贷款人应建立完善的风险评价机制，落实具体的责任部门和岗位，全面审查流动资金贷款的风险因素。

第十五条 贷款人应建立和完善内部评级制度，采用科学合理的评级和授信方法，评定客户信用等级，建立客户资信记录。

第十六条 贷款人应根据借款人经营规模、业务特征及应收账款、存货、应付账款、资金循环周期等要素测算其营运资金需求（测算方法参考附件），综合考虑借款人现金流、负债、还款能力、担保等因素，合理确定贷款结构，包括金额、期限、利率、担保和还款方式等。

第十七条 贷款人应根据贷审分离、分级审批的原则，建立规范的流动资金贷款评审制度和流程，确保风险评价和信贷审批的独立性。

贷款人应建立健全内部审批授权与转授权机制。审批人员应在授权范围内按规定流程审批贷款，不得越权审批。

第四章 合同签订

第十八条 贷款人应和借款人及其他相关当事人签订书面借款合同及其他相关协议，需担保的应同时签订担保合同。

第十九条 贷款人应在借款合同中与借款人明确约定流动资金贷款的金额、期限、利率、用途、支付、还款方式等条款。

第二十条 前条所指支付条款，包括但不限于以下内容：
（一）贷款资金的支付方式和贷款人受托支付的金额标准；
（二）支付方式变更及触发变更条件；
（三）贷款资金支付的限制、禁止行为；
（四）借款人应及时提供的贷款资金使用记录和资料。

第二十一条 贷款人应在借款合同中约定由借款人承诺以下事项：
（一）向贷款人提供真实、完整、有效的材料；
（二）配合贷款人进行贷款支付管理、贷后管理及相关检查；
（三）进行对外投资、实质性增加债务融资，以及进行合并、分立、股权转让等重大事项前征得贷款人同意；
（四）贷款人有权根据借款人资金回笼情况提前收回贷款；
（五）发生影响偿债能力的重大不利事项时及时通知贷款人。

第二十二条 贷款人应与借款人在借款合同中约定，出现以下情形之一时，借款人应承担的违约责任和贷款人可采取的措施：
（一）未按约定用途使用贷款的；
（二）未按约定方式进行贷款资金支付的；
（三）未遵守承诺事项的；
（四）突破约定财务指标的；
（五）发生重大交叉违约事件的；
（六）违反借款合同约定的其他情形的。

第五章 发放和支付

第二十三条 贷款人应设立独立的责任部门或岗位，负责流动资金贷款发放和支付审核。

第二十四条　贷款人在发放贷款前应确认借款人满足合同约定的提款条件，并按照合同约定通过贷款人受托支付或借款人自主支付的方式对贷款资金的支付进行管理与控制，监督贷款资金按约定用途使用。

贷款人受托支付是指贷款人根据借款人的提款申请和支付委托，将贷款通过借款人账户支付给符合合同约定用途的借款人交易对象。

借款人自主支付是指贷款人根据借款人的提款申请将贷款资金发放至借款人账户后，由借款人自主支付给符合合同约定用途的借款人交易对象。

第二十五条　贷款人应根据借款人的行业特征、经营规模、管理水平、信用状况等因素和贷款业务品种，合理约定贷款资金支付方式及贷款人受托支付的金额标准。

第二十六条　具有以下情形之一的流动资金贷款，原则上应采用贷款人受托支付方式：

（一）与借款人新建立信贷业务关系且借款人信用状况一般；

（二）支付对象明确且单笔支付金额较大；

（三）贷款人认定的其他情形。

第二十七条　采用贷款人受托支付的，贷款人应根据约定的贷款用途，审核借款人提供的支付申请所列支付对象、支付金额等信息是否与相应的商务合同等证明材料相符。审核同意后，贷款人应将贷款资金通过借款人账户支付给借款人交易对象。

第二十八条　采用借款人自主支付的，贷款人应按借款合同约定要求借款人定期汇总报告贷款资金支付情况，并通过账户分析、凭证查验或现场调查等方式核查贷款支付是否符合约定用途。

第二十九条　贷款支付过程中，借款人信用状况下降、主营业务盈利能力不强、贷款资金使用出现异常的，贷款人应与借款人协商补充贷款发放和支付条件，或根据合同约定变更贷款支付方式、停止贷款资金的发放和支付。

第六章　贷后管理

第三十条　贷款人应加强贷款资金发放后的管理，针对借款人所属行业及经营特点，通过定期与不定期现场检查与非现场监测，分析借款人经营、财务、信用、支付、担保及融资数量和渠道变化等状况，掌握各种影响借款人偿债能力的风险因素。

第三十一条　贷款人应通过借款合同的约定，要求借款人指定专门资金回笼账户并及时提供该账户资金进出情况。

贷款人可根据借款人信用状况、融资情况等，与借款人协商签订账户管理协议，明确约定对指定账户回笼资金进出的管理。贷款人应关注大额及异常资金流入流出情况，加强对资金回笼账户的监控。

第三十二条　贷款人应动态关注借款人经营、管理、财务及资金流向等重大预警信号，根据合同约定及时采取提前收贷、追加担保等有效措施防范化解贷款风险。

第三十三条　贷款人应评估贷款品种、额度、期限与借款人经营状况、还款能力的匹配程度，作为与借款人后续合作的依据，必要时及时调整与借款人合作的策略和内容。

第三十四条 贷款人应根据法律法规规定和借款合同的约定，参与借款人大额融资、资产出售以及兼并、分立、股份制改造、破产清算等活动，维护贷款人债权。

第三十五条 流动资金贷款需要展期的，贷款人应审查贷款所对应的资产转换周期的变化原因和实际需要，决定是否展期，并合理确定贷款展期期限，加强对展期贷款的后续管理。

第三十六条 流动资金贷款形成不良的，贷款人应对其进行专门管理，及时制定清收处置方案。对借款人确因暂时经营困难不能按期归还贷款本息的，贷款人可与其协商重组。

第三十七条 对确实无法收回的不良贷款，贷款人按照相关规定对贷款进行核销后，应继续向债务人追索或进行市场化处置。

第七章　法律责任

第三十八条 贷款人违反本办法规定经营流动资金贷款业务的，中国银行业监督管理委员会应当责令其限期改正。贷款人有下列情形之一的，中国银行业监督管理委员会可采取《中华人民共和国银行业监督管理法》第三十七条规定的监管措施：

（一）流动资金贷款业务流程有缺陷的；
（二）未将贷款管理各环节的责任落实到具体部门和岗位的；
（三）贷款调查、风险评价、贷后管理未尽职的；
（四）对借款人违反合同约定的行为应发现而未发现，或虽发现但未及时采取有效措施的。

第三十九条 贷款人有下列情形之一的，中国银行业监督管理委员会除按本办法第三十八条采取监管措施外，还可根据《中华人民共和国银行业监督管理法》第四十六条、第四十八条对其进行处罚：

（一）以降低信贷条件或超过借款人实际资金需求发放贷款的；
（二）未按本办法规定签订借款合同的；
（三）与借款人串通违规发放贷款的；
（四）放任借款人将流动资金贷款用于固定资产投资、股权投资以及国家禁止生产、经营的领域和用途的；
（五）超越或变相超越权限审批贷款的；
（六）未按本办法规定进行贷款资金支付管理与控制的；
（七）严重违反本办法规定的审慎经营规则的其他情形的。

第八章　附　则

第四十条 贷款人应依据本办法制定流动资金贷款管理实施细则及操作规程。
第四十一条 本办法由中国银行业监督管理委员会负责解释。
第四十二条 本办法自发布之日起施行。

附件

流动资金贷款需求量的测算参考

流动资金贷款需求量应基于借款人日常生产经营所需营运资金与现有流动资金的差额（即流动资金缺口）确定。一般来讲，影响流动资金需求的关键因素为存货（原材料、半成品、产成品）、现金、应收账款和应付账款。同时，还会受到借款人所属行业、经营规模、发展阶段、谈判地位等重要因素的影响。银行业金融机构根据借款人当期财务报告和业务发展预测，按以下方法测算其流动资金贷款需求量：

一、估算借款人营运资金量

借款人营运资金量影响因素主要包括现金、存货、应收账款、应付账款、预收账款、预付账款等。在调查基础上，预测各项资金周转时间变化，合理估算借款人营运资金量。在实际测算中，借款人营运资金需求可参考如下公式：

营运资金量 = 上年度销售收入 × （1 – 上年度销售利润率）× （1 + 预计销售收入年增长率）/营运资金周转次数

其中：营运资金周转次数 = 360/（存货周转天数 + 应收账款周转天数 – 应付账款周转天数 + 预付账款周转天数 – 预收账款周转天数）

周转天数 = 360/周转次数

应收账款周转次数 = 销售收入/平均应收账款余额

预收账款周转次数 = 销售收入/平均预收账款余额

存货周转次数 = 销售成本/平均存货余额

预付账款周转次数 = 销售成本/平均预付账款余额

应付账款周转次数 = 销售成本/平均应付账款余额

二、估算新增流动资金贷款额度

将估算出的借款人营运资金需求量扣除借款人自有资金、现有流动资金贷款以及其他融资，即可估算出新增流动资金贷款额度。

新增流动资金贷款额度 = 营运资金量 – 借款人自有资金 – 现有流动资金贷款 – 其他渠道提供的营运资金

三、需要考虑的其他因素

（一）各银行业金融机构应根据实际情况和未来发展情况（如借款人所属行业、规模、发展阶段、谈判地位等）分别合理预测借款人应收账款、存货和应付账款的周转天数，并可考虑一定的保险系数。

（二）对集团关联客户，可采用合并报表估算流动资金贷款额度，原则上纳入合并报表范围内的成员企业流动资金贷款总和不能超过估算值。

（三）对小企业融资、订单融资、预付租金或者临时大额债项融资等情况，可在交易真实性的基础上,确保有效控制用途和回款情况下,根据实际交易需求确定流动资金额度。

(四)对季节性生产借款人,可按每年的连续生产时段作为计算周期估算流动资金需求,贷款期限应根据回款周期合理确定。

个人贷款管理暂行办法

(中国银行业监督管理委员会令 2010 年第 2 号)

《个人贷款管理暂行办法》已经中国银行业监督管理委员会第 72 次主席会议通过，现予公布，并自发布之日起施行。

主席　刘明康
二〇一〇年二月十二日

第一章　总　则

第一条　为规范银行业金融机构个人贷款业务行为，加强个人贷款业务审慎经营管理，促进个人贷款业务健康发展，依据《中华人民共和国银行业监督管理法》《中华人民共和国商业银行法》等法律法规，制定本办法。

第二条　中华人民共和国境内经中国银行业监督管理委员会批准设立的银行业金融机构（以下简称贷款人）经营个人贷款业务，应遵守本办法。

第三条　本办法所称个人贷款，是指贷款人向符合条件的自然人发放的用于个人消费、生产经营等用途的本外币贷款。

第四条　个人贷款应当遵循依法合规、审慎经营、平等自愿、公平诚信的原则。

第五条　贷款人应建立有效的个人贷款全流程管理机制，制订贷款管理制度及每一贷款品种的操作规程，明确相应贷款对象和范围，实施差别风险管理，建立贷款各操作环节的考核和问责机制。

第六条　贷款人应按区域、品种、客户群等维度建立个人贷款风险限额管理制度。

第七条　个人贷款用途应符合法律法规规定和国家有关政策，贷款人不得发放无指定用途的个人贷款。

贷款人应加强贷款资金支付管理，有效防范个人贷款业务风险。

第八条　个人贷款的期限和利率应符合国家相关规定。

第九条　贷款人应建立借款人合理的收入偿债比例控制机制，结合借款人收入、负债、支出、贷款用途、担保情况等因素，合理确定贷款金额和期限，控制借款人每期还款额不超过其还款能力。

第十条　中国银行业监督管理委员会依照本办法对个人贷款业务实施监督管理。

第二章 受理与调查

第十一条 个人贷款申请应具备以下条件：

（一）借款人为具有完全民事行为能力的中华人民共和国公民或符合国家有关规定的境外自然人；

（二）贷款用途明确合法；

（三）贷款申请数额、期限和币种合理；

（四）借款人具备还款意愿和还款能力；

（五）借款人信用状况良好，无重大不良信用记录；

（六）贷款人要求的其他条件。

第十二条 贷款人应要求借款人以书面形式提出个人贷款申请，并要求借款人提供能够证明其符合贷款条件的相关资料。

第十三条 贷款人受理借款人贷款申请后，应履行尽职调查职责，对个人贷款申请内容和相关情况的真实性、准确性、完整性进行调查核实，形成调查评价意见。

第十四条 贷款调查包括但不限于以下内容：

（一）借款人基本情况；

（二）借款人收入情况；

（三）借款用途；

（四）借款人还款来源、还款能力及还款方式；

（五）保证人担保意愿、担保能力或抵（质）押物价值及变现能力。

第十五条 贷款调查应以实地调查为主、间接调查为辅，采取现场核实、电话查问以及信息咨询等途径和方法。

第十六条 贷款人在不损害借款人合法权益和风险可控的前提下，可将贷款调查中的部分特定事项审慎委托第三方代为办理，但必须明确第三方的资质条件。

贷款人不得将贷款调查的全部事项委托第三方完成。

第十七条 贷款人应建立并严格执行贷款面谈制度。

通过电子银行渠道发放低风险质押贷款的，贷款人至少应当采取有效措施确定借款人真实身份。

第三章 风险评价与审批

第十八条 贷款审查应对贷款调查内容的合法性、合理性、准确性进行全面审查，重点关注调查人的尽职情况和借款人的偿还能力、诚信状况、担保情况、抵（质）押比率、风险程度等。

第十九条 贷款风险评价应以分析借款人现金收入为基础，采取定量和定性分析方法，全面、动态地进行贷款审查和风险评估。

贷款人应建立和完善借款人信用记录和评价体系。

第二十条 贷款人应根据审慎性原则，完善授权管理制度，规范审批操作流程，明确贷款审批权限，实行审贷分离和授权审批，确保贷款审批人员按照授权独立审批贷款。

第二十一条 对未获批准的个人贷款申请，贷款人应告知借款人。

第二十二条 贷款人应根据重大经济形势变化、违约率明显上升等异常情况，对贷款审批环节进行评价分析，及时、有针对性地调整审批政策，加强相关贷款的管理。

第四章 协议与发放

第二十三条 贷款人应与借款人签订书面借款合同，需担保的应同时签订担保合同。贷款人应要求借款人当面签订借款合同及其他相关文件，但电子银行渠道办理的贷款除外。

第二十四条 借款合同应符合《中华人民共和国合同法》的规定，明确约定各方当事人的诚信承诺和贷款资金的用途、支付对象（范围）、支付金额、支付条件、支付方式等。

借款合同应设立相关条款，明确借款人不履行合同或怠于履行合同时应当承担的违约责任。

第二十五条 贷款人应建立健全合同管理制度，有效防范个人贷款法律风险。

借款合同采用格式条款的，应当维护借款人的合法权益，并予以公示。

第二十六条 贷款人应依照《中华人民共和国物权法》《中华人民共和国担保法》等法律法规的相关规定，规范担保流程与操作。

按合同约定办理抵押物登记的，贷款人应当参与。贷款人委托第三方办理的，应对抵押物登记情况予以核实。

以保证方式担保的个人贷款，贷款人应由不少于两名信贷人员完成。

第二十七条 贷款人应加强对贷款的发放管理，遵循审贷与放贷分离的原则，设立独立的放款管理部门或岗位，负责落实放款条件、发放满足约定条件的个人贷款。

第二十八条 借款合同生效后，贷款人应按合同约定及时发放贷款。

第五章 支付管理

第二十九条 贷款人应按照借款合同约定，通过贷款人受托支付或借款人自主支付的方式对贷款资金的支付进行管理与控制。

贷款人受托支付是指贷款人根据借款人的提款申请和支付委托，将贷款资金支付给符合合同约定用途的借款人交易对象。

借款人自主支付是指贷款人根据借款人的提款申请将贷款资金直接发放至借款人账户，并由借款人自主支付给符合合同约定用途的借款人交易对象。

第三十条 个人贷款资金应当采用贷款人受托支付方式向借款人交易对象支付，但本办法第三十三条规定的情形除外。

第三十一条 采用贷款人受托支付的，贷款人应要求借款人在使用贷款时提出支付申请，并授权贷款人按合同约定方式支付贷款资金。

贷款人应在贷款资金发放前审核借款人相关交易资料和凭证是否符合合同约定条件，支付后做好有关细节的认定记录。

第三十二条 贷款人受托支付完成后，应详细记录资金流向，归集保存相关凭证。

第三十三条 有下列情形之一的个人贷款，经贷款人同意可以采取借款人自主支付方式：

（一）借款人无法事先确定具体交易对象且金额不超过 30 万元人民币的；

（二）借款人交易对象不具备条件有效使用非现金结算方式的；

（三）贷款资金用于生产经营且金额不超过 50 万元人民币的；

（四）法律法规规定的其他情形的。

第三十四条 采用借款人自主支付的，贷款人应与借款人在借款合同中事先约定，要求借款人定期报告或告知贷款人贷款资金支付情况。

贷款人应当通过账户分析、凭证查验或现场调查等方式，核查贷款支付是否符合约定用途。

第六章　贷后管理

第三十五条 个人贷款支付后，贷款人应采取有效方式对贷款资金使用、借款人的信用及担保情况变化等进行跟踪检查和监控分析，确保贷款资产安全。

第三十六条 贷款人应区分个人贷款的品种、对象、金额等，确定贷款检查的相应方式、内容和频度。贷款人内部审计等部门应对贷款检查职能部门的工作质量进行抽查和评价。

第三十七条 贷款人应定期跟踪分析评估借款人履行借款合同约定内容的情况，并作为与借款人后续合作的信用评价基础。

第三十八条 贷款人应当按照法律法规规定和借款合同的约定，对借款人未按合同承诺提供真实、完整信息和未按合同约定用途使用、支付贷款等行为追究违约责任。

第三十九条 经贷款人同意，个人贷款可以展期。

一年以内（含）的个人贷款，展期期限累计不得超过原贷款期限；一年以上的个人贷款，展期期限累计与原贷款期限相加，不得超过该贷款品种规定的最长贷款期限。

第四十条 贷款人应按照借款合同约定，收回贷款本息。

对于未按照借款合同约定偿还的贷款，贷款人应采取措施进行清收，或者协议重组。

第七章　法律责任

第四十一条 贷款人违反本办法规定办理个人贷款业务的，中国银行业监督管理委员会应当责令其限期改正。贷款人有下列情形之一的，中国银行业监督管理委员会可采取《中华人民共和国银行业监督管理法》第三十七条规定的监管措施：

（一）贷款调查、审查未尽职的；

（二）未按规定建立、执行贷款面谈、借款合同面签制度的；

（三）借款合同采用格式条款未公示的；
（四）违反本办法第二十七条规定的；
（五）支付管理不符合本办法要求的。

第四十二条 贷款人有下列情形之一的，中国银行业监督管理委员会除按本办法第四十一条采取监管措施外，还可根据《中华人民共和国银行业监督管理法》第四十六条、第四十八条规定对其进行处罚：

（一）发放不符合条件的个人贷款的；
（二）签订的借款合同不符合本办法规定的；
（三）违反本办法第七条规定的；
（四）将贷款调查的全部事项委托第三方完成的；
（五）超越或变相超越贷款权限审批贷款的；
（六）授意借款人虚构情节获得贷款的；
（七）对借款人违背借款合同约定的行为应发现而未发现，或虽发现但未采取有效措施的；
（八）严重违反本办法规定的审慎经营规则的其他情形的。

第八章　附　则

第四十三条 以存单、国债或者中国银行业监督管理委员会认可的其他金融产品作质押发放的个人贷款，消费金融公司、汽车金融公司等非银行金融机构发放的个人贷款，可参照本办法执行。

银行业金融机构发放给农户用于生产性贷款等国家有专门政策规定的特殊类个人贷款，暂不执行本办法。

信用卡透支，不适用本办法。

第四十四条 个体工商户和农村承包经营户申请个人贷款用于生产经营且金额超过50万元人民币的，按贷款用途适用相关贷款管理办法的规定。

第四十五条 贷款人应依照本办法制定个人贷款业务管理细则及操作规程。

第四十六条 本办法由中国银行业监督管理委员会负责解释。

第四十七条 本办法自发布之日起施行。

中国银监会关于印发《项目融资业务指引》的通知

(银监发〔2009〕71号)

机关各部门,各银监局,各政策性银行、国有商业银行、股份制商业银行,中国邮政储蓄银行:

为加强项目融资业务风险管理,促进项目融资业务健康发展,银监会制定了《项目融资业务指引》,现印发给你们,请遵照执行。

请各银监局将本通知转发至辖内银监分局和银行业金融机构。

二〇〇九年七月十八日

项目融资业务指引

第一条 为促进银行业金融机构项目融资业务健康发展,有效管理项目融资风险,依据《中华人民共和国银行业监督管理法》《中华人民共和国商业银行法》《固定资产贷款管理暂行办法》以及其他有关法律法规,制定本指引。

第二条 中华人民共和国境内经国务院银行业监督管理机构批准设立的银行业金融机构(以下简称贷款人)开展项目融资业务,适用本指引。

第三条 本指引所称项目融资,是指符合以下特征的贷款:

(一)贷款用途通常是用于建造一个或一组大型生产装置、基础设施、房地产项目或其他项目,包括对在建或已建项目的再融资;

(二)借款人通常是为建设、经营该项目或为该项目融资而专门组建的企事业法人,包括主要从事该项目建设、经营或融资的既有企事业法人;

(三)还款资金来源主要依赖该项目产生的销售收入、补贴收入或其他收入,一般不具备其他还款来源。

第四条 贷款人从事项目融资业务,应当具备对所从事项目的风险识别和管理能力,配备业务开展所需要的专业人员,建立完善的操作流程和风险管理机制。

贷款人可以根据需要,委托或者要求借款人委托具备相关资质的独立中介机构为项目提供法律、税务、保险、技术、环保和监理等方面的专业意见或服务。

第五条 贷款人提供项目融资的项目,应当符合国家产业、土地、环保和投资管理等相关政策。

第六条 贷款人从事项目融资业务,应当充分识别和评估融资项目中存在的建设期风险和经营期风险，包括政策风险、筹资风险、完工风险、产品市场风险、超支风险、原材料风险、营运风险、汇率风险、环保风险和其他相关风险。

第七条 贷款人从事项目融资业务，应当以偿债能力分析为核心，重点从项目技术可行性、财务可行性和还款来源可靠性等方面评估项目风险，充分考虑政策变化、市场波动等不确定因素对项目的影响，审慎预测项目的未来收益和现金流。

第八条 贷款人应当按照国家关于固定资产投资项目资本金制度的有关规定，综合考虑项目风险水平和自身风险承受能力等因素，合理确定贷款金额。

第九条 贷款人应当根据项目预测现金流和投资回收期等因素，合理确定贷款期限和还款计划。

第十条 贷款人应当按照中国人民银行关于利率管理的有关规定，根据风险收益匹配原则，综合考虑项目风险、风险缓释措施等因素，合理确定贷款利率。

贷款人可以根据项目融资在不同阶段的风险特征和水平，采用不同的贷款利率。

第十一条 贷款人应当要求将符合抵质押条件的项目资产和/或项目预期收益等权利为贷款设定担保，并可以根据需要，将项目发起人持有的项目公司股权为贷款设定质押担保。

贷款人应当要求成为项目所投保商业保险的第一顺位保险金请求权人，或采取其他措施有效控制保险赔款权益。

第十二条 贷款人应当采取措施有效降低和分散融资项目在建设期和经营期的各类风险。

贷款人应当以要求借款人或者通过借款人要求项目相关方签订总承包合同、投保商业保险、建立完工保证金、提供完工担保和履约保函等方式，最大限度降低建设期风险。

贷款人可以以要求借款人签订长期供销合同、使用金融衍生工具或者发起人提供资金缺口担保等方式，有效分散经营期风险。

第十三条 贷款人可以通过为项目提供财务顾问服务，为项目设计综合金融服务方案，组合运用各种融资工具，拓宽项目资金来源渠道，有效分散风险。

第十四条 贷款人应当按照《固定资产贷款管理暂行办法》的有关规定，恰当设计账户管理、贷款资金支付、借款人承诺、财务指标控制、重大违约事项等项目融资合同条款，促进项目正常建设和运营，有效控制项目融资风险。

第十五条 贷款人应当根据项目的实际进度和资金需求，按照合同约定的条件发放贷款资金。贷款发放前，贷款人应当确认与拟发放贷款同比例的项目资本金足额到位，并与贷款配套使用。

第十六条 贷款人应当按照《固定资产贷款管理暂行办法》关于贷款发放与支付的有关规定，对贷款资金的支付实施管理和控制，必要时可以与借款人在借款合同中约定专门的贷款发放账户。

采用贷款人受托支付方式的，贷款人在必要时可以要求借款人、独立中介机构和承包商等共同检查设备建造或者工程建设进度，并根据出具的、符合合同约定条件的共同签证单，进行贷款支付。

第十七条 贷款人应当与借款人约定专门的项目收入账户，并要求所有项目收入进入约定账户，并按照事先约定的条件和方式对外支付。

贷款人应当对项目收入账户进行动态监测，当账户资金流动出现异常时，应当及时查明原因并采取相应措施。

第十八条 在贷款存续期间，贷款人应当持续监测项目的建设和经营情况，根据贷款担保、市场环境、宏观经济变动等因素，定期对项目风险进行评价，并建立贷款质量监控制度和风险预警体系。出现可能影响贷款安全情形的，应当及时采取相应措施。

第十九条 多家银行业金融机构参与同一项目融资的，原则上应当采用银团贷款方式。

第二十条 对文化创意、新技术开发等项目发放的符合项目融资特征的贷款，参照本指引执行。

第二十一条 本指引由中国银行业监督管理委员会负责解释。

第二十二条 本指引自发布之日起三个月后施行。

中国银行业监督管理委员会办公厅关于加强信贷管理严禁违规放贷的通知

(银监办发〔2014〕40号)

各银监局,各政策性银行、国有商业银行、股份制商业银行、金融资产管理公司、邮政储蓄银行,银监会直接监管的信托公司、企业集团财务公司、金融租赁公司:

近期,信贷领域外部骗贷案件和银行业金融机构内部人员违法放贷案件呈明显上升趋势。为加强银行业金融机构信贷管理,确保信贷资产安全,现将有关要求通知如下:

一、强化审慎经营理念,完善绩效考核机制

各银行业金融机构应切实转变粗放经营的发展方式,树立审慎、合规经营理念,坚持业务发展和风险防控并重,严防单纯追求市场份额,盲目扩张信贷规模,严禁为营销客户、追求规模而放松信贷标准或条件。银行业金融机构应统筹业务发展与风险防控,建立效益与风险、当期成果与可持续性发展兼顾的科学考评机制,引导各级经营机构转变"重规模、比速度、抢市场"的经营理念,切实杜绝绩效考核过于激进导致的合规隐患。建立信贷人员专项考评体系,把防范违规放贷风险与个人薪酬、职级变动等挂钩,调动信贷人员防范违规放贷的主动性、积极性和创造性。

二、严格落实贷款管理制度,确保信贷业务依法合规

各银行业金融机构应严格落实各项贷款管理制度。在贷款受理环节,要严格审查客户准入资格,严防利用不真实生产经营信息和虚假资料骗取贷款;在贷款调查环节,要认真核实客户贷款需求和申贷资料的真实性,客观评价客户还款能力,严防利用虚假资料或虚假担保等骗取贷款;在贷款风险评价和审批阶段,要多方获取客户最新融资信息,全面、科学测算贷款需求,严格按照规定程序审批贷款,严防逆程序操作和超权限审批,严防员工参与客户编造虚假材料,严禁授意或支持贷款调查、审查部门或人员撰写虚假调查、审查报告,严禁随意降低准入标准,严禁违规决策审批贷款;在贷款合同签订和发放阶段,要坚持合同面签制度,严防在未落实贷款条件或客户经营发生重大不利变化情况下发放贷款,严防客户用虚假支付依据支取贷款;在贷后检查阶段,要加强对客户贷款使用的监督,及时跟踪客户经营状况,定期实地查看押品状态,严防贷款被挪用、资产被转移、担保被悬空。

三、加强流程控制,提高信贷业务精细化管理水平

各银行业金融机构应根据经营环境、内部流程变化及监管要求,及时梳理并修订各项信贷管理政策、制度程序及操作规范,健全职责明确的授权机制、审批流程,严

格审贷分离和前后台制约制度，强化贷款受理、尽职调查、风险评估、贷款审批、合同签订、贷款发放、资金支付、贷后管理各环节相互制约。对每一类信贷业务的基本程序、调查内容、审查要点、合同文本使用、到期或展期处理等方面做出具体规定，并作为办理信贷业务的依据，约束信贷人员依法合规开展信贷业务。将各种信贷政策制度和管理要求固化于流程控制之中，变制度执行和业务操作"软约束"为"硬控制"，刚性控制违规放贷等问题发生，保障信贷制度流程有效落实。不断加强贷款精细化管理，重点关注客户还款意愿和第一还款来源，减少对抵质押品等第二还款来源的依赖，防止银行信贷业务"典当化"。

四、开展违规放贷风险排查，及时化解风险隐患

各银行业金融机构应结合自身信贷业务特点和风险控制能力，及时组织开展信贷操作风险和道德风险排查，重点关注以下领域：近年新增加的不良贷款；关注类贷款和违约客户情况；信贷资产转让情况；银行员工帮助客户规避制度获取贷款情况；贷款抵质押和担保落实情况；展期贷款和借新还旧贷款情况等。各银行业金融机构应认真分析信贷风险状况，确定排查重点和关键环节，制定排查方案，从计划统筹、立项管理、排查实施、质量控制、整改治理、成果利用等方面进行规范，整合排查资源、落实排查责任，对排查中暴露的问题，应及时治理，认真整改，排查中发现涉嫌违法犯罪的，应及时向当地公安机关报案。

五、加强监督检查，严肃查处违规贷款责任人

各银行业金融机构应充分发挥业务条线管理和内审稽核的作用，加强对信贷业务全流程的监督检查，采取集中检查、重点抽查、常规检查、突击检查等方式，加大对信贷业务监督审计的频度、广度和深度，严查信贷业务操作过程中的违法违规行为。对故意违规放贷造成重大风险和案件的直接责任人，一律开除；对直接参与或指使违规放贷的高级管理人员，一律撤职，对参与违规放贷的其他有关人员也应严肃处理。监管部门要加强对违规放贷问题的监督检查，对风险突出、问题严重的机构依法采取暂停准入、限制业务、取消高级管理人员任职资格等监管强制措施。

六、加强教育管理，培育良好信贷合规文化

各银行业金融机构应有组织、有计划地开展信贷人员岗位规范和业务流程教育，让员工熟知工作流程、业务规范以及违规操作应承担的责任。开展职业道德教育、法制和案例警示教育，培养员工诚实守信的职业操守，筑牢员工拒腐防查的思想道德防线。加大合规文化建设力度，增强各级管理人员的合规意识，高级管理人员要带头执行各项管理制度，严禁授意或指令下属违规放贷，引导员工树立合规操作意识和遵纪守法观念，培育"合规从高层做起、合规人人有责、合规创造价值"的信贷合规文化。

中国银行业监督管理委员会办公厅
2014年2月19日

中国人民银行关于印发
《商业银行授权、授信管理暂行办法》的通知

（银发〔1996〕403号）

中国人民银行各省、自治区、直辖市、计划单列市分行，中国工商银行、中国农业银行、中国银行、中国建设银行、交通银行，其他商业银行，各城市合作银行：

　　当前我国商业银行虽已实行了一级法人管理体制，但大多数商业银行的一级法人管理制度还不完善，内部控制制度也不够严格、健全。特别是一些商业银行在内部授权、授信管理方面，还不够规范，存在着许多薄弱环节，如授权、授信范围、界限不明确，各级经营者责任不清，对越权从事经营者处罚不严；商业银行分支机构签约时对他方签约人缺少制约，不能使明显甚至故意越权的合约地方签约人承担应有的民事责任，等等。这些问题的存在，每年都给各商业银行带来巨大的损失和潜在的风险，并严重影响着商业银行机制的转换和一级法人体制的实施。

　　为保障我国商业银行有效实施一级法人体制，强化商业银行的统一管理与内部控制，增加商业银行防范和控制风险的能力，维护商业银行的合法权益，现将《商业银行授权、授信管理暂行办法》（以下简称《办法》）印发给你们。各商业银行应依据《办法》建立和完善本行的授权、授信管理制度，统一和规范本行的授权、授信管理。中国人民银行各级分行要依照《办法》，加强对辖区内商业银行内部授权、授信的监管，防范金融风险的发生，保障金融机构稳健发展。

　　对《办法》实施过程中存在的问题和有关建议，中国人民银行各级分行和商业银行应将有关意见和建议逐级汇总，统一向中国人民银行银行司反映。

商业银行授权、授信管理暂行办法

第一章　总　则

　　第一条　为保障我国商业银行有效实行一级法人体制，强化商业银行的统一管理与内部控制，增强商业银行防范和控制风险的能力，保护社会公众和商业银行自身的合法权益，根据《中华人民共和国民法通则》《中华人民共和国商业银行法》和《中华人民共和国经济合同法》等有关法律法规，制定本办法。

　　第二条　商业银行实行一级法人体制，必须建立法人授权管理制度。商业银行应在法定经营范围内对有关业务职能部门、分支机构及关键业务岗位进行授权。商业银行业务职能部门和分支机构以及关键业务岗位应在授予的权限范围内开展业务活动，

严禁越权从事业务活动。

第三条 商业银行应根据国家货币信贷政策、各地区金融风险及客户信用状况，规定对各地区及客户的最高授信额度。商业银行各级业务职能部门及分支机构必须在规定的授信额度内对各地区及客户进行授信。

第四条 本办法适用于所有在中华人民共和国境内批准设立、具有独立法人地位的中资商业银行，包括城市合作银行和农村合作银行。

第五条 本办法所称授权，是指商业银行对其所属业务职能部门、分支机构和关键业务岗位开展业务权限的具体规定。

第六条 本办法所称授信，是指商业银行对其业务职能部门和分支机构所辖服务区及其客户所规定的内部控制信用高限额度。具体范围包括贷款、贴现、承兑和担保。

第七条 本办法所称授权人为商业银行总行。受权人为商业银行业务职能部门和商业银行分支机构。

第八条 本办法所称授信人为商业银行业务职能部门及分支机构。受信人为商业银行业务职能部门和分支机构所辖服务区及其客户。

第九条 商业银行对其业务职能部门和分支机构授权应遵循以下原则：

（一）应在法定经营范围内，对其业务职能部门和分支机构实行逐级有限授权。

（二）应根据各业务职能部门和分支机构的经营管理水平、风险控制能力、主要负责人业绩等，实行区别授权。

（三）应根据各业务职能部门和分支机构的经营管理业绩、风险状况、授权制度执行情况及主要负责人任职情况，及时调整授权。

（四）业务职能部门和分支机构超越授权，应视越权行为性质和所造成的经济损失，追究主要负责人及直接责任人相应的责任。要实现权责一致。主要负责离开现职时，必须要有上级部门做出的离任审计报告。

第十条 商业银行对其业务职能部门和分支机构所辖服务区及其客户授信，应遵循以下原则：

（一）应根据不同地区的经济发展水平、经济和金融管理能力、信贷资金占用和使用情况、金融风险状况等因素，实行区别授信。

（二）应根据不同客户的经营管理水平、资产负债比例情况、贷款偿还能力等因素，确定不同的授信额度。

（三）应根据各地区的金融风险和客户的信用变化情况，及时调整对各地区和客户的授信额度。

（四）应在确定的授信额度内，根据当地及客户的实际资产需要、还款能力、信贷政策和银行提供贷款的能力，具体确定每笔贷款的额度和实际贷款总额。授信额度不是计划贷款额度，也不是分配的贷款规模，而是商业银行为控制地区和客户风险所实施的内部控制贷款额度。

第二章 授权、授信的方式

第十一条 商业银行授权、授信分为基本授权、授信和特别授权、授信两种方式。

基本授权是指对法定经营范围内的常规业务经营所规定的权限。

特别授权是指对法定经营范围内的特殊业务，包括创新业务、特殊融资项目以及超过基本授权范围的业务所规定的权限。

基本授信是指商业银行根据国家信贷政策和每个地区、客户的基本情况所确定的信用额度。

特别授信是指商业银行根据国家政策、市场情况变化及客户特殊需要，对特殊融资项目及超过基本授信额度所给予的授信。

第十二条 商业银行的授权分为直接授权和转授权两个层次。

直接授权是指商业银行总行对总行有关业务职能部门和管辖分行的授权。

转授权是指管辖分行在总行授权权限内对本行有关业务职能处室（部门）和所辖分支行的授权。

第十三条 商业银行的授权不得超过中国人民银行核准的业务经营范围，转授权不得大于原授权。

第十四条 商业银行的授权、授信，应有书面形式的授权书和授信书。授权人和受权人应当在授权书上签字和盖章。

第十五条 授权书应包括以下内容：

（一）授权人全称和法定代表人姓名；

（二）受权人全称和主要负责人姓名；

（三）授权范围；

（四）授权限期；

（五）对限制越权的规定及授权人认为需要规定的其他内容。

前款规定适用于转授权书。

第十六条 授信书应包括以下内容：

（一）授信人全称；

（二）受信人全称；

（三）授信的类别及期限；

（四）对限制超额授信的规定及授信人认为需要规定的其他内容。

第十七条 商业银行的授权书和授信书应报中国人民银行同级管辖行备案。涉及外汇业务的授权书和授信书，应报外汇管理局同级管辖局备案，转授权还应同时报商业银行总行备案。

第十八条 商业银行业务职能部门和各级分支机构与客户签订业务合同时，须向其出示授权或授信书，双方应按授权书和授信书规定的授权、授信范围签订合同。

第三章 授权、授信的范围

第十九条 商业银行应根据总则中所确定的原则，具体规定授权、授信的范围。

第二十条 基本授权的范围是：

（一）营运资金的经营权限；

（二）同业资金融通权限；

（三）单笔贷款（贴现）及贷款总额审批权限；

（四）对单个客户的贷款（贴现）额度审批权限；

（五）单笔承兑和承兑总额审批权限；

（六）单笔担保和担保总额审批权限；

（七）签发单笔信用证和签证信用证总额审批权限；

（八）现金支付审批权限；

（九）证券买卖权限；

（十）外汇买卖权限；

（十一）信用卡业务审批权限；

（十二）辖区内资金调度权限；

（十三）利率浮动权限；

（十四）经济纠纷处理权限；

（十五）其他业务权限。

第二十一条 特别授权的范围包括：

（一）业务创新权限；

（二）特殊项目融资权限；

（三）超出基本授权的权限。

第二十二条 基本授信的范围应包括：

（一）全行对各个地区的最高授信额度；

（二）全行对单个客户的最高授信额度；

（三）单个分支机构对所辖服务区的最高授信额度；

（四）单个营业部门和分支机构对单个客户的最高授信额度；

（五）对单个客户分别以不同方式（贷款、贴现、担保、承兑等）授信的额度。

第二十三条 各商业银行应建立对客户授信的报告、统计、监督制度，各行不同业务部门和分支机构同一地区及同一客户的授信额度之和，不得超过全行对该地区及客户的最高授信额度。

第二十四条 特别授信范围包括：

（一）因地区、客户情况的变化需要增加的授信；

（二）因国家货物信贷政策和市场的变化，超过基本授信所追加的授信；

（三）特殊项目融资的临时授信。

第二十五条 各商业银行要加强对各地区及客户特别授信的监督管理，其业务职能部门和分支机构在基本授信范围以外的附加授信，必须事先经其总行批准。

第四章 授权、授信的期限、调整与终止

第二十六条 商业银行总行应根据总则中确定的授权、授信原则，建立对业务职能部门、分支机构和各地区及客户进行综合考核的指标体系，根据其有关指标考核情

况，及时调整授权。

第二十七条 商业银行授权和授信的有效期均为1年。

第二十八条 如发生下列情况之一的，授权人应调整以至撤销授权：

（一）受权人发生重大越权行为；

（二）受权人失职造成重大经营风险；

（三）经营环境发生重大变化；

（四）内部机构和管理制度发生重大调整；

（五）其他不可预料的情况。

前款规定适用于转授权。

第二十九条 如发生下列情况之一，原授权应终止：

（一）实行新的授权制度或办法；

（二）受权权限被撤销；

（三）受权人发生分立、合并或被撤销；

（四）授权期限已满。

第三十条 在授信实施过程中，如发生下列情况，商业银行应调整直至取消授信额度：

（一）受信地区发生或潜伏重大金融风险；

（二）受信企业发生重大经营困难和风险；

（三）市场发生重大变化；

（四）货币政策发生重大调整；

（五）企业机制发生重大变化（包括分立、合并、终止等）；

（六）企业还款信用下降，贷款风险增加；

（七）其他应改变授信额度的情况。

第三十一条 在授权、授信有效期内，商业银行对授权、授信进行调整或授权、授信终止，应及时报中国人民银行备案，并同时将新的授权书或授信书报中国人民银行备案。涉及外汇业务授权、授信的调整或终止时，应同时报外汇管理局同级机构备案。

第三十二条 商业银行法定代表人变更或任免分支机构主要负责人时，如果授权范围等内容不变，原授权书及转授权书继续有效。

第五章　授权、授信的监督管理

第三十三条 中国人民银行应监督各商业银行制定和实施授权、授信制度的情况，中国人民银行稽核监察部门要加强对商业银行执行授权、授信制度的检查。

第三十四条 商业银行的法律部门，应负责本行授权、授信方面的法律事务。

第三十五条 商业银行每年必须至少一次对其内部授权执行情况进行全面检查，并将检查结果报中国人民银行。

第三十六条 商业银行稽核监察部门要把检查监督业务职能部门和分支机构执行

授权、授信制度作为一项重要职责,并有权对调整授权提出意见。

第三十七条 商业银行业务职能部门和分支机构对其总行,商业银行对中国人民银行管辖行,每个季度应报送授权、授信实施及风险情况的报告。临时发生超越授权和重大风险情况,应及时快速上报。

第三十八条 商业银行制定授权、授信制度应与其他内部管理制度相协调,形成权责一致、相互制约、相互补充的内部控制制度。

第六章 罚 则

第三十九条 商业银行违反本办法有关规定,中国人民银行应依据《中华人民共和国行政处罚法》《中华人民共和国商业银行法》《全国人民代表大会常务委员会关于惩治破坏金融秩序犯罪的决定》和《金融机构高级管理人员任职资格管理暂行规定》等有关法律、法规及规章,追究其法定代表人、主要负责人及直接责任人的行政责任。构成犯罪的,依法追究其刑事责任。

第四十条 中国人民银行或中国人民银行督促商业银行,对受权人超越授权范围从事业务经营的行为,视越权行为的性质和造成的经济损失,对其主要负责人和直接责任人予以下列处分:

(一)警告;
(二)通报批评;
(三)限期纠正或补救;
(四)停办或部分停办业务;
(五)调整或取消授权;
(六)取消其主要负责人和直接责任人 1 年至终生在金融机构的任职资格。

第四十一条 如授权不明确,受权人未经请示擅自开展业务活动,造成经济损失,应追究主要负责人和直接责任人的行政与经济责任。构成犯罪的,应追究有关人员刑事责任。

第七章 附 则

第四十二条 商业银行应根据本办法及中国人民银行的有关规定,制定本行的授权、授信管理办法。

第四十三条 商业银行对其境外分支机构,应根据我国和驻在国(地区)的有关法律、法规和国际惯例另行授权,并报中国人民银行总行有关监管部门备案。

第四十四条 商业银行各项规章制度中有关授权、授信规定与本办法相抵触的,以本办法为准。

第四十五条 本办法由中国人民银行负责解释。

第四十六条 本办法自颁布之日起实施。

商业银行集团客户授信业务风险管理指引

(中国银行业监督管理委员会令 2003 年第 5 号)

《商业银行集团客户授信业务风险管理指引》已经 2003 年 8 月 27 日中国银行业监督管理委员会第五次主席会议通过，现予公布实施。

主席　刘明康

二〇〇三年十月二十三日

第一章　总　则

第一条　为切实防范风险，促进商业银行加强对集团客户授信业务的风险管理，制定本指引。

第二条　本指引所称商业银行是指在中华人民共和国境内依法设立的中资、中外合资、外商独资商业银行和外国商业银行分行等。

第三条　本指引所称集团客户是指具有以下特征的商业银行的企事业法人授信对象：

（一）在股权上或者经营决策上直接或间接控制其他企事业法人或被其他企事业法人控制的；

（二）共同被第三方企事业法人所控制的；

（三）主要投资者个人、关键管理人员或与其关系密切的家庭成员（包括三代以内直系亲属关系和二代以内旁系亲属关系）共同直接控制或间接控制的；

（四）存在其他关联关系，可能不按公允价格原则转移资产和利润，商业银行认为应视同集团客户进行授信管理的。

商业银行可根据上述四个特征结合本行授信业务风险管理的实际需要确定单一集团客户的范围。

第四条　本指引所称授信业务包括：贷款、拆借、贸易融资、票据承兑和贴现、透支、保理、担保、贷款承诺、开立信用证等。

第五条　本指引所称集团客户授信业务风险是指由于商业银行对集团客户多头授信、过度授信和不适当分配授信额度，或集团客户经营不善以及集团客户通过关联交易、资产重组等手段在内部关联方之间不按公允价格原则转移资产或利润等情况，导致商业银行不能按时收回由于授信产生的贷款本金及利息，或给商业银行带来其他损失的可能性。

第六条 商业银行对集团客户授信应遵循以下原则：

（一）统一原则。商业银行对集团客户授信实行统一管理，集中对集团客户授信进行风险控制。

（二）适度原则。商业银行应根据授信客体风险大小和自身风险承担能力，合理确定对集团客户的总体授信额度，防止过度集中风险。

（三）预警原则。商业银行应建立风险预警机制，及时防范和化解集团客户授信风险。

第二章 授信业务风险管理

第七条 商业银行应根据本指引的规定，结合自身的经营管理水平和信贷管理信息系统的状况，制定集团客户授信业务风险管理制度，其内容应包括集团客户授信业务风险管理的组织建设、风险管理与防范的具体措施、确定单一集团客户的范围所依据的准则、对单一集团客户的授信限额标准、内部报告程序以及内部责任分配等。

商业银行制定的集团客户授信业务风险管理制度应报银监会备案。

第八条 商业银行应建立与集团客户授信业务风险管理特点相适应的管理机制，各级行应指定部门负责全行集团客户授信活动的组织管理，负责组织对集团客户授信的信息收集、信息服务和信息管理。

第九条 商业银行对集团客户授信，应由集团客户总部（或核心企业）所在地的分支机构或总行指定机构为主管机构。主管机构应负责集团客户统一授信的限额设定和调整或提出相应方案，按规定程序批准后执行，同时应负责集团客户经营管理信息的跟踪收集和风险预警通报等工作。

第十条 商业银行对集团客户授信应实行客户经理制。商业银行对集团客户授信的主管机构，要指定专人负责集团客户授信的日常管理工作。

第十一条 商业银行对集团客户内各个授信对象核定最高授信额度时，在充分考虑各个授信对象自身的信用状况、经营状况和财务状况的同时，还应充分考虑集团客户的整体信用状况、经营状况和财务状况。最高授信额度应根据集团客户的经营和财务状况变化及时做出调整。

第十二条 当一个集团客户授信需求超过一家银行风险的承受能力时，商业银行应采取组织银团贷款、联合贷款和贷款转让等措施分散风险。

本指引所指的超过风险承受能力是指一家商业银行对单一集团客户授信总额超过商业银行资本余额15%以上或商业银行视为超过其风险承受能力的其他情况。

第十三条 商业银行在对集团客户授信时，应当要求集团客户提供真实、完整的信息资料，包括集团客户各成员的名称、法定代表人、实际控制人、注册地、注册资本、主营业务、股权结构、高级管理人员情况、财务状况、重大资产项目、担保情况和重要诉讼情况等。

必要时，商业银行可要求集团客户聘请独立的具有公证效应的第三方出具资料真实性证明。

第十四条 商业银行在给集团客户授信时,应进行充分的资信尽职调查,要对照授信对象提供的资料,对重点内容或存在疑问的内容进行实地核查,并在授信调查报告中反映出来。调查人员应对调查报告的真实性负责。

第十五条 商业银行对跨国集团客户在境内机构授信时,除了要对其境内机构进行调查外,还要关注其境外公司的背景、信用评级、经营和财务、担保和重大诉讼等情况,并在调查报告中记录相关情况。

第十六条 商业银行在给集团客户授信时,应当注意防范集团客户内部关联方之间互相担保的风险。对于集团客户内部直接控股或间接控股关联方之间互相担保,商业银行应严格审核其资信情况,并严格控制。

第十七条 商业银行在对集团客户授信时,应在授信协议中约定,要求集团客户及时报告受信人净资产 10% 以上关联交易的情况,包括:

(一)交易各方的关联关系;

(二)交易项目和交易性质;

(三)交易的金额或相应的比例;

(四)定价政策(包括没有金额或只有象征性金额的交易)。

第十八条 商业银行给集团客户贷款时,应在贷款合同中约定,贷款对象有下列情形之一,贷款人有权单方决定停止支付借款人尚未使用的贷款,并提前收回部分或全部贷款本息:

(一)提供虚假材料或隐瞒重要经营财务事实的;

(二)未经贷款人同意擅自改变贷款原定用途,挪用贷款或用银行贷款从事非法、违规交易的;

(三)利用与关联方之间的虚假合同,以无实际贸易背景的应收票据、应收账款等债权到银行贴现或质押,套取银行资金或授信的;

(四)拒绝接受贷款人对其信贷资金使用情况和有关经营财务活动监督和检查的;

(五)出现重大兼并、收购重组等情况,贷款人认为可能影响到贷款安全的;

(六)通过关联交易,有意逃废银行债权的。

第十九条 商业银行应加强对集团客户授信后的风险管理,定期或不定期开展针对整个集团客户的联合调查,掌握其整体经营和财务变化情况,并把重大变化的情况登录到全行的信贷管理信息系统中。

第二十条 集团客户授信风险暴露后,商业银行在对授信对象采取清收措施的同时,应特别关注集团客户内部关联方之间的关联交易。有多家商业银行贷款的,商业银行之间可采取行动联合清收,必要时可组织联合清收小组,统一清收贷款。

第二十一条 商业银行总行每年应对全行集团客户授信风险作一次综合评估,同时应检查分支机构对相关制度的执行情况,对违反规定的行为应严肃查处。商业银行每年应至少向银行监管部门提交一次相关风险评估报告。

第二十二条 银监会将按本指引的要求加强对商业银行集团客户授信业务的监管,

定期或不定期进行检查，重点检查商业银行对集团客户授信管理制度的建设、执行情况和信贷信息系统的建设。

第三章 信息管理和风险预警

第二十三条 商业银行应建立健全信贷管理信息系统，为对集团客户授信业务的管理提供有效的信息支持。商业银行通过信贷管理信息系统应能够有效识别集团客户的各关联方，能够使商业银行各个机构共享集团客户的信息，能够支持商业银行全系统的集团客户贷款风险预警。

第二十四条 商业银行在给集团客户授信前，应查询集团客户的贷款卡信息、负债信息、大事记、关联方信息、对外对内担保信息和诉讼情况等，防止对集团客户过度授信。

第二十五条 商业银行给集团客户授信后，应及时把授信总额、期限和受信人的法人代表、关联方等信息登录到银行监管部门或其他相关部门的信贷登记系统，同时应做好集团客户授信后信息收集与整理工作，集团客户贷款的变化、经营财务状况的异常变化、关键管理人员的变动以及集团客户的违规经营、被起诉、欠息、逃废债、提供虚假资料等重大事项必须及时登录到本行信贷信息管理系统。

第二十六条 商业银行应根据集团客户所处的行业和经营能力，对集团客户的授信总额、资产负债指标、盈利指标、流动性指标、贷款本息偿还情况和关键管理人员的信用状况等，设置授信风险预警线。

第二十七条 银监会将建立大额集团客户授信业务统计和风险分析制度，并视个别集团客户风险状况进行通报。

第二十八条 各商业银行之间应加强合作，相互征询集团客户的资信时，应按商业原则依法提供必要的信息和查询协助。

第二十九条 商业银行应加强与信誉好的会计师事务所、律师事务所等中介机构建立稳定的业务合作，必要时应要求授信对象出具经商业银行认可的中介机构的相关意见。

第四章 附 则

第三十条 政策性银行、城市信用社、农村信用社、信托投资公司等对集团客户授信业务风险管理参照本指引执行。

第三十一条 本指引由银监会负责解释。

中国银行业监督管理委员会关于印发《商业银行授信工作尽职指引》的通知

(银监发〔2004〕51号)

各银监局,各国有商业银行、股份制商业银行:

现将《商业银行授信工作尽职指引》印发给你们,请遵照执行。

请各银监局将本通知转发至辖区内各城市商业银行、城市信用社、农村商业银行、农村合作银行和农村信用社县级联社。

二〇〇四年七月十六日

商业银行授信工作尽职指引

第一章 总 则

第一条 为促进商业银行审慎经营,进一步完善授信工作机制,规范授信管理,明确授信工作尽职要求,依据《中华人民共和国商业银行法》《中华人民共和国银行业监督管理法》和《贷款通则》等法律法规,制定本指引。

第二条 本指引中的授信指对非自然人客户的表内外授信。表内授信包括贷款、项目融资、贸易融资、贴现、透支、保理、拆借和回购等;表外授信包括贷款承诺、保证、信用证、票据承兑等。

授信按期限分为短期授信和中长期授信。短期授信指一年以内(含一年)的授信,中长期授信指一年以上的授信。

第三条 本指引中的授信工作、授信工作人员、授信工作尽职和授信工作尽职调查是指:

(一)授信工作指商业银行从事客户调查、业务受理、分析评价、授信决策与实施、授信后管理与问题授信管理等各项授信业务活动。

(二)授信工作人员指商业银行参与授信工作的相关人员。

(三)授信工作尽职指商业银行授信工作人员按照本指引规定履行了最基本的尽职要求。

(四)授信工作尽职调查指商业银行总行及分支机构授信工作尽职调查人员对授信工作人员的尽职情况进行独立地验证、评价和报告。

第四条 授信工作人员对《中华人民共和国商业银行法》规定的关系人申请的客户授信业务，应申请回避。

第五条 商业银行应建立严格的授信风险垂直管理体制，对授信进行统一管理。

第六条 商业银行应建立完整的授信政策、决策机制、管理信息系统和统一的授信业务操作程序，明确尽职要求，定期或在有关法律法规发生变化时，及时对授信业务规章制度进行评审和修订。

第七条 商业银行应创造良好的授信工作环境，采取各种有效方式和途径，使授信工作人员明确授信风险控制要求，熟悉授信工作职责和尽职要求，不断提高授信工作能力，并确保授信工作人员独立履行职责。

第八条 商业银行应加强授信文档管理，对借贷双方的权利、义务、约定、各种形式的往来及违约纠正措施记录并存档。

第九条 商业银行应建立授信工作尽职问责制，明确规定各个授信部门、岗位的职责，对违法、违规造成的授信风险进行责任认定，并按规定对有关责任人进行处理。

第十条 本指引的《附录》列举了有关风险提示，商业银行应结合实际参照制定相应的风险防范工作要求。

第二章 客户调查和业务受理尽职要求

第十一条 商业银行应根据本行确定的业务发展规划及风险战略，拟定明确的目标客户，包括已建立业务关系的客户和潜在客户。

第十二条 商业银行确定目标客户时应明确所期望的客户特征，并确定可受理客户的基本要求。商业银行受理的所有客户原则上必须满足或高于这些要求。

第十三条 商业银行客户调查应根据授信种类搜集客户基本资料，建立客户档案。资料清单提示参见《附录》中的"客户基本资料清单提示"。

第十四条 商业银行应关注和搜集集团客户及关联客户的有关信息，有效识别授信集中风险及关联客户授信风险。

第十五条 商业银行应对客户提供的身份证明、授信主体资格、财务状况等资料的合法性、真实性和有效性进行认真核实，并将核实过程和结果以书面形式记载。

第十六条 商业银行对客户调查和客户资料的验证应以实地调查为主，间接调查为辅。必要时，可通过外部征信机构对客户资料的真实性进行核实。

第十七条 商业银行应酌情、主动向政府有关部门及社会中介机构索取相关资料，以验证客户提供材料的真实性，并作备案。

第十八条 客户资料如有变动，商业银行应要求客户提供书面报告，进一步核实后在档案中重新记载。

第十九条 对客户资料补充或变更时，授信工作人员之间应主动进行沟通，确保各方均能够及时得到相关信息。

授信业务部门授信工作人员和授信管理部门授信工作人员任何一方需对客户资料进行补充时，须通知另外一方，但原则上须由业务部门授信工作人员办理。

第二十条 商业银行应了解和掌握客户的经营管理状况,督促客户不断提高经营管理效益,保证授信安全。

第二十一条 当客户发生突发事件时,商业银行应立即派员实地调查,并依法及时做出是否更改原授信资料的意见。必要时,授信管理部门应及时会同授信业务部门派员实地调查。

第二十二条 商业银行应督促授信管理部门与其他商业银行之间就客户调查资料的完整性、真实性建立相互沟通机制。对从其他商业银行获得的授信信息,授信工作人员应注意保密,不得用于不正当业务竞争。

第三章 分析与评价尽职要求

第二十三条 商业银行应根据不同授信品种的特点,对客户申请的授信业务进行分析评价,重点关注可能影响授信安全的因素,有效识别各类风险。主要授信品种的风险提示参见《附录》中的"主要授信品种风险分析提示"。

第二十四条 商业银行应认真评估客户的财务报表,对影响客户财务状况的各项因素进行分析评价,预测客户未来的财务和经营情况。必要时应进行利率、汇率等的敏感度分析。

第二十五条 商业银行应对客户的非财务因素进行分析评价,对客户公司治理、管理层素质、履约记录、生产装备和技术能力、产品和市场、行业特点以及宏观经济环境等方面的风险进行识别,风险提示参见《附录》中的"非财务因素分析风险提示"。

第二十六条 商业银行应对客户的信用等级进行评定并予以记载。必要时可委托独立的、资质和信誉较高的外部评级机构完成。

第二十七条 商业银行应根据国家法律、法规、有关方针政策以及本行信贷制度,对授信项目的技术、市场、财务等方面的可行性进行评审,并以书面形式予以记载。

第二十八条 商业银行应对第二还款来源进行分析评价,确认保证人的保证主体资格和代偿能力,以及抵押、质押的合法性、充分性和可实现性。

第二十九条 商业银行应根据各环节授信分析评价的结果,形成书面的分析评价报告。

分析评价报告应详细注明客户的经营、管理、财务、行业和环境等状况,内容应真实、简洁、明晰。分析评价报告报出后,不得在原稿上作原则性更改;如需作原则性更改,应另附说明。

第三十条 在客户信用等级和客户评价报告的有效期内,对发生影响客户资信的重大事项,商业银行应重新进行授信分析评价。重大事项包括:

(一)外部政策变动;

(二)客户组织结构、股权或主要领导人发生变动;

(三)客户的担保超过所设定的担保警戒线;

(四)客户财务收支能力发生重大变化;

（五）客户涉及重大诉讼；

（六）客户在其他银行交叉违约的历史记录；

（七）其他。

第三十一条 商业银行对发生变动或信用等级已失效的客户评价报告，应随时进行审查，及时做出相应的评审意见。

<h2 style="text-align:center">第四章　授信决策与实施尽职要求</h2>

第三十二条 商业银行授信决策应在书面授权范围内进行，不得超越权限进行授信。

第三十三条 商业银行授信决策应依据规定的程序进行，不得违反程序或减少程序进行授信。

第三十四条 商业银行在授信决策过程中，应严格要求授信工作人员遵循客观、公正的原则，独立发表决策意见，不受任何外部因素的干扰。

第三十五条 商业银行不得对以下用途的业务进行授信：

（一）国家明令禁止的产品或项目；

（二）违反国家有关规定从事股本权益性投资，以授信作为注册资本金、注册验资和增资扩股；

（三）违反国家有关规定从事股票、期货、金融衍生产品等投资；

（四）其他违反国家法律法规和政策的项目。

第三十六条 客户未按国家规定取得以下有效批准文件之一的，或虽然取得，但属于化整为零、越权或变相越权和超授权批准的，商业银行不得提供授信：

（一）项目批准文件；

（二）环保批准文件；

（三）土地批准文件；

（四）其他按国家规定需具备的批准文件。

第三十七条 商业银行授信决策做出后，授信条件发生变更的，商业银行应依有关法律、法规或相应的合同条款重新决策或变更授信。

第三十八条 商业银行实施有条件授信时应遵循"先落实条件，后实施授信"的原则，授信条件未落实或条件发生变更未重新决策的，不得实施授信。

第三十九条 商业银行对拟实施的授信应制作相应的法律文件并审核法律文件的合法合规性，法律文件的主要条款提示参见《附录》中的"格式合同文本主要条款提示"。

第四十条 商业银行授信实施时，应关注借款合同的合法性。被授权签署借款合同的授信工作人员在签字前应对借款合同进行逐项审查，并对客户确切的法律名称、被授权代表客户签名者的授权证明文件、签名者身份以及所签署的授信法律文件合法性等进行确认。

第五章 授信后管理和问题授信处理尽职要求

第四十一条 商业银行授信实施后，应对所有可能影响还款的因素进行持续监测，并形成书面监测报告。重点监测以下内容：

（一）客户是否按约定用途使用授信，是否诚实地全面履行合同；
（二）授信项目是否正常进行；
（三）客户的法律地位是否发生变化；
（四）客户的财务状况是否发生变化；
（五）授信的偿还情况；
（六）抵押品可获得情况和质量、价值等情况。

第四十二条 商业银行应严格按照风险管理的原则，对已实施授信进行准确分类，并建立客户情况变化报告制度。

第四十三条 商业银行应通过非现场和现场检查，及时发现授信主体的潜在风险并发出预警风险提示。风险提示参见《附录》中的"预警信号风险提示"，授信工作人员应及时对授信情况进行分析，发现客户违约时应及时制止并采取补救措施。

第四十四条 商业银行应根据客户偿还能力和现金流量，对客户授信进行调整，包括展期、增加或缩减授信，要求借款人提前还款，并决定是否将该笔授信列入观察名单或划入问题授信。

第四十五条 商业银行对列入观察名单的授信应设立明确的指标，进一步观察判断是否将该笔授信从观察名单中删去或降级；对划入问题授信的，应指定专人管理。

第四十六条 商业银行对问题授信应采取以下措施：

（一）确认实际授信余额；
（二）重新审核所有授信文件，征求法律、审计和问题授信管理等方面专家的意见；
（三）对于没有实施的授信额度，依照约定条件和规定予以终止。依法难以终止或因终止将造成客户经营困难的，应对未实施的授信额度专户管理，未经有权部门批准，不得使用；
（四）书面通知所有可能受到影响的分支机构并要求承诺落实必要的措施；
（五）要求保证人履行保证责任，追加担保或行使担保权；
（六）向所在地司法部门申请冻结问题授信客户的存款账户以减少损失；
（七）其他必要的处理措施。

第六章 授信工作尽职调查要求

第四十七条 商业银行应设立独立的授信工作尽职调查岗位，明确岗位职责和工作要求。

从事授信尽职调查的人员应具备较完备的授信、法律、财务等知识，接受相关培训，并依诚信和公正原则开展工作。

第四十八条　商业银行应支持授信工作尽职调查人员独立行使尽职调查职能，调查可采取现场或非现场的方式进行。必要时，可聘请外部专家或委托专业机构开展特定的授信尽职调查工作。

第四十九条　商业银行对授信业务流程的各项活动都须进行尽职调查，评价授信工作人员是否勤勉尽责，确定授信工作人员是否免责。被调查人员应积极配合调查人员的工作。

授信工作尽职调查人员应及时报告尽职调查结果。

第五十条　商业银行对授信工作尽职调查人员发现的问题，经过确认的程序，应责成相关授信工作人员及时进行纠正。

第五十一条　商业银行应根据授信工作尽职调查人员的调查结果，对具有以下情节的授信工作人员依法、依规追究责任。

（一）进行虚假记载、误导性陈述或重大疏漏的；

（二）未对客户资料进行认真和全面核实的；

（三）授信决策过程中超越权限、违反程序审批的；

（四）未按照规定时间和程序对授信和担保物进行授信后检查的；

（五）授信客户发生重大变化和突发事件时，未及时实地调查的；

（六）未根据预警信号及时采取必要保全措施的；

（七）故意隐瞒真实情况的；

（八）不配合授信尽职调查人员工作或提供虚假信息的；

（九）其他。

第五十二条　对于严格按照授信业务流程及有关法规，在客户调查和业务受理、授信分析与评价、授信决策与实施、授信后管理和问题授信管理等环节都勤勉尽职地履行职责的授信工作人员，授信一旦出现问题，可视情况免除相关责任。

第七章　附　则

第五十三条　本指引适用于在中华人民共和国境内依法设立的中资商业银行。其他银行业金融机构可参照执行。

第五十四条　商业银行应根据本指引制定相应的实施细则并报中国银行业监督管理委员会或其派出机构备案。

第五十五条　中国银行业监督管理委员会及其派出机构应依据本指引加强对商业银行授信工作监管。

第五十六条　本指引由中国银行业监督管理委员会负责解释。

第五十七条　本指引自发布之日起施行。

附录

一、主要授信种类的风险提示

（一）票据承兑是否对真实贸易背景进行核实；是否取得或核实税收证明等相关文件；是否严格按要求履行了票据承兑的相关程序。

（二）贴现票据是否符合票据法规定的形式和实质要件；是否对真实贸易背景及相关证明文件进行核实；是否对贴现票据信用状况进行评估；是否对客户有无背书及付款人的承兑予以查实。

（三）开立信用证是否对信用证受益人与开证申请人之间的贸易关系予以核实；申请人是否按照信用证开立要求填写有关书面材料；受理因申请人开立信用证而产生的汇票时，是否按照票据法和监管部门要求对汇票本身的形式和实质要件进行审核。

（四）公司贷款是否严格审查客户的资产负债状况，认真独立计算客户的现金流量，并将有关情况存入档案，提示全部问题。

（五）项目融资除评估授信项目建议书、可行性研究报告及未来现金流量预测情况外，是否对质押权、抵押权以及保证或保险等严格调查，防止关联客户无交叉互保。

（六）关联企业授信是否了解统一授信的科学性、合理性和安全性，认真实施统一授信，及时调整额度并紧密跟踪。

（七）担保授信是否对保证人的偿还能力，违反国家规定担当保证人，抵押物、质押物的权属和价值以及实现抵押权、质押权的可行性进行严格审查；是否就开设担保扣款账户的余额控制及银行授权主动划账办法达成书面协议；是否对抵（质）押权的行使和过户制定可操作的办法。

二、客户基本信息提示

（一）营业执照（副本及影印件）和年检证明。

（二）法人代码证书（副本及影印件）。

（三）法定代表人身份证明及其必要的个人信息。

（四）近三年经审计的资产负债表、损益表、业主权益变动表以及销量情况。成立不足三年的客户，提交自成立以来年度的报表。

（五）本年度及最近月份存借款及对外担保情况。

（六）税务部门年检合格的税务登记证明和近二年税务部门纳税证明资料复印件。

（七）合同或章程（原件及影印件）。

（八）董事会成员和主要负责人、财务负责人名单和签字样本等。

（九）若为有限责任客户、股份有限客户、合资合作客户或承包经营客户，要求提供董事会或发包人同意申请授信业务的决议、文件或具有同等法律效力的文件或证明。

（十）股东大会关于利润分配的决议。

（十一）现金流量预测及营运计划。

（十二）授信业务由授权委托人办理的，需提供客户法定代表人授权委托书（原件）。

（十三）其他必要的资料（如海关等部门出具的相关文件等）。

对于中长期授信，还须有各类合格、有效的相关批准文件，预计资金来源及使用情况、预计的资产负债情况、损益情况、项目建设进度及营运计划。

三、主要授信品种风险分析提示

（一）流动性短期资金需求应关注：

1. 融资需求的时间性（常年性还是季节性）；

2. 对存货融资，要充分考虑当实际销售已经小于或将小于所预期的销售量时的风险和对策，以及存货本身的风险，如过时或变质；

3. 应收账款的质量与坏账准备情况；

4. 存货的周期。

（二）设备采购和更新融资需求应关注：

1. 时机选择，宏观经济情况和行业展望；

2. 未实现的生产能力；

3. 其他提供资金的途径：长期授信、资本注入、出售资产；

4. 其他因素可能对资金的影响。

（三）项目融资需求应关注：

1. 项目可行性；

2. 项目批准；

3. 项目完工时限。

（四）中长期授信需求应关注：

1. 客户当前的现金流量；

2. 利率风险；

3. 客户的劳资情况；

4. 法规和政策变动可能给客户带来的影响；

5. 客户的投资或负债率过大，影响其还款能力；

6. 原材料短缺或变质；

7. 第二还款来源情况恶化；

8. 市场变化；

9. 竞争能力及其变化；

10. 高管层组成及变化；

11. 产品质量可能导致产品销售的下降；

12. 汇率波动对进出口原辅料及产成品带来的影响；

13. 经营不善导致的盈利下降。

（五）对现有债务的再融资需求。

（六）贸易融资需求应关注：

1. 汇率风险；

2. 国家风险；

3. 法律风险；
4. 付款方式。

四、非财务因素分析风险提示

(一) 客户管理者：

重点考核客户管理者的人品、诚信度、授信动机、盈利能力以及其道德水准。对客户的管理者风险应关注：

1. 历史经营记录及其经验；
2. 经营者相对于所有者的独立性；
3. 品德与诚信度；
4. 影响其决策的相关人员的情况；
5. 决策过程；
6. 所有者关系、组织结构和法律结构；
7. 领导后备力量和中层主管人员的素质；
8. 管理的政策、计划、实施和控制。

(二) 识别客户的产品风险应关注：

1. 产品定位、分散度与集中度、产品研发；
2. 产品实际销售，潜在销售和库存变化；
3. 核心产品和非核心产品，对市场变化的应变能力。

(三) 识别客户生产过程的风险应关注：

1. 原材料来源，对供应商的依赖度；
2. 劳动密集型还是资本密集型；
3. 设备状况；
4. 技术状况。

(四) 对客户的行业风险应关注：

1. 行业定位；
2. 竞争力和结构；
3. 行业特征；
4. 行业管制；
5. 行业成功的关键因素。

(五) 对宏观经济环境的风险应关注：

1. 通货膨胀；
2. 社会购买力；
3. 汇率；
4. 货币供应量；
5. 税收；
6. 政府财政支出；
7. 价格控制；

8. 工资调整；

9. 贸易平衡；

10. 失业；

11. GDP 增长；

12. 外汇来源；

13. 外汇管制规定；

14. 利率；

15. 政府的其他管制。

五、格式合同文本主要条款提示

（一）客户必须提供的年度财务报告。

（二）客户必须持续保持银行要求的各项财务指标。

（三）未经银行允许，合同期内客户不得因主观原因关闭。

（四）未经银行允许，客户分红不得超过税后净收入的一定比例。

（五）客户的资本支出不得超过银行要求的一定数额。

（六）未经银行允许，客户不得出售特定资产（主要指固定资产）。

（七）未经银行同意，客户不得向其他授信人申请授信。

（八）未经银行允许，客户不得更改与其他授信人的债务条款。

（九）未经银行允许，客户不得提前清偿其他长期债务。

（十）未经银行允许，客户不得进行兼并收购等活动。

（十一）未经银行允许，客户不得为第三方提供额外债务担保。

（十二）未经银行允许，客户不得向其他债权人或授信人抵押资产。

六、预警信号风险提示

（一）与客户品质有关的信号：

1. 企业负责人失踪或无法联系；

2. 客户不愿意提供与信用审核有关的文件；

3. 在没有正当理由的情况下撤回或延迟提供与财务、业务、税收或抵押担保有关的信息或要求提供的其他文件；

4. 资产或抵押品高估；

5. 客户不愿意提供过去的所得税纳税单；

6. 客户的竞争者、供货商或其他客户对授信客户产生负面评价；

7. 改变主要授信银行，向许多银行借款或不断在这些银行中间借新还旧；

8. 客户频繁更换会计人员或主要管理人员；

9. 作为被告卷入法律纠纷；

10. 有破产经历；

11. 有些债务未在资产负债表上反映或列示；

12. 客户内部或客户的审计机构使用的会计政策不够审慎。

（二）客户在银行账户变化的信号：

1. 客户在银行的头寸不断减少；
2. 对授信的长期占用；
3. 缺乏财务计划，如总是突然向银行提出借款需求；
4. 短期授信和长期授信错配；
5. 在银行存款变化出现异常；
6. 经常接到供货商查询核实头寸情况的电话；
7. 突然出现大额资金向新交易商转移；
8. 对授信的需求增长异常。

（三）客户管理层变化的信号：

1. 管理层行为异常；
2. 财务计划和报告质量下降；
3. 业务战略频繁变化；
4. 对竞争变化或其他外部条件变化缺少对策；
5. 核心盈利业务削弱和偏离；
6. 管理层主要成员家庭出现问题；
7. 与以往合作的伙伴不再进行合作；
8. 不遵守授信的承诺；
9. 管理层能力不足或构成缺乏代表性；
10. 缺乏技术工人或有劳资争议。

（四）业务运营环境变化的信号：

1. 库存水平的异常变化；
2. 工厂维护或设备管理落后；
3. 核心业务发生变动；
4. 缺乏操作控制、程序、质量控制等；
5. 主要产品线上的供货商或客户流失。

（五）财务状况变化信号：

1. 付息或还本拖延，不断申请延期支付或申请实施新的授信或不断透支；
2. 申请实施授信支付其他银行的债务，不交割抵押品，授信抵押品情况恶化；
3. 违反合同规定；
4. 支票收益人要求核实客户支票账户的余额；
5. 定期存款账户余额减少；
6. 授信需求增加，短期债务超常增加；
7. 客户自身的配套资金不到位或不充足；
8. 杠杆率过高，经常用短期债务支付长期债务；
9. 现金流不足以支付利息；
10. 其他银行提高对同一客户的利率；
11. 客户申请无抵押授信产品或申请特殊还款方式；

12. 交易和文件过于复杂；
13. 银行无法控制抵押品和质押权。
（六）其他预警信号：
1. 业务领域收缩；
2. 无核心业务并过分追求多样化；
3. 业务增长过快；
4. 市场份额下降。

七、客户履约能力风险提示
（一）成本和费用失控。
（二）客户现金流出现问题。
（三）客户产品或服务的市场需求下降。
（四）还款记录不正常。
（五）欺诈，如在对方付款后故意不提供相应的产品或服务。
（六）弄虚作假（如伪造或涂改各种批准文件或相关业务凭证）。
（七）对传统财务分析的某些趋势，例如市场份额的快速下降未作解释。
（八）客户战略、业务或环境的重大变动。
（九）某些欺诈信号，如无法证明财务记录的合法性。
（十）财务报表披露延迟。
（十一）未按合同还款。
（十二）未作客户破产的应急预案。
（十三）对于信息的反应迟缓。

中国银监会关于印发《贷款风险分类指引》的通知

(银监发〔2007〕54号)

各银监局,各政策性银行、国有商业银行、股份制商业银行、邮政储蓄银行,银监会直接监管的信托公司、财务公司、金融租赁公司:

现将《贷款风险分类指引》印发给你们,请认真贯彻执行。

请各银监局将本通知转发至辖内各银行业金融机构。

中国银监会
二○○七年七月三日

贷款风险分类指引

第一条 为促进商业银行完善信贷管理,科学评估信贷资产质量,根据《中华人民共和国银行业监督管理法》《中华人民共和国商业银行法》及其他法律、行政法规,制定本指引。

第二条 本指引所指的贷款分类,是指商业银行按照风险程度将贷款划分为不同档次的过程,其实质是判断债务人及时足额偿还贷款本息的可能性。

第三条 通过贷款分类应达到以下目标:

(一)揭示贷款的实际价值和风险程度,真实、全面、动态地反映贷款质量。

(二)及时发现信贷管理过程中存在的问题,加强贷款管理。

(三)为判断贷款损失准备金是否充足提供依据。

第四条 贷款分类应遵循以下原则:

(一)真实性原则。分类应真实客观地反映贷款的风险状况。

(二)及时性原则。应及时、动态地根据借款人经营管理等状况的变化调整分类结果。

(三)重要性原则。对影响贷款分类的诸多因素,要根据本指引第五条的核心定义确定关键因素进行评估和分类。

(四)审慎性原则。对难以准确判断借款人还款能力的贷款,应适度下调其分类等级。

第五条 商业银行应按照本指引,至少将贷款划分为正常、关注、次级、可疑和损失五类,后三类合称为不良贷款。

正常：借款人能够履行合同，没有足够理由怀疑贷款本息不能按时足额偿还。

关注：尽管借款人目前有能力偿还贷款本息，但存在一些可能对偿还产生不利影响的因素。

次级：借款人的还款能力出现明显问题，完全依靠其正常营业收入无法足额偿还贷款本息，即使执行担保，也可能会造成一定损失。

可疑：借款人无法足额偿还贷款本息，即使执行担保，也肯定要造成较大损失。

损失：在采取所有可能的措施或一切必要的法律程序之后，本息仍然无法收回，或只能收回极少部分。

第六条 商业银行对贷款进行分类，应主要考虑以下因素：

（一）借款人的还款能力。

（二）借款人的还款记录。

（三）借款人的还款意愿。

（四）贷款项目的盈利能力。

（五）贷款的担保。

（六）贷款偿还的法律责任。

（七）银行的信贷管理状况。

第七条 对贷款进行分类时，要以评估借款人的还款能力为核心，把借款人的正常营业收入作为贷款的主要还款来源，贷款的担保作为次要还款来源。

借款人的还款能力包括借款人现金流量、财务状况、影响还款能力的非财务因素等。

不能用客户的信用评级代替对贷款的分类，信用评级只能作为贷款分类的参考因素。

第八条 对零售贷款如自然人和小企业贷款主要采取脱期法，依据贷款逾期时间长短直接划分风险类别。对农户、农村微型企业贷款可同时结合信用等级、担保情况等进行风险分类。

第九条 同一笔贷款不得进行拆分分类。

第十条 下列贷款应至少归为关注类：

（一）本金和利息虽尚未逾期，但借款人有利用兼并、重组、分立等形式恶意逃废银行债务的嫌疑。

（二）借新还旧，或者需通过其他融资方式偿还。

（三）改变贷款用途。

（四）本金或者利息逾期。

（五）同一借款人对本行或其他银行的部分债务已经不良。

（六）违反国家有关法律和法规发放的贷款。

第十一条 下列贷款应至少归为次级类：

（一）逾期（含展期后）超过一定期限、其应收利息不再计入当期损益。

（二）借款人利用合并、分立等形式恶意逃废银行债务，本金或者利息已经逾期。

第十二条 需要重组的贷款应至少归为次级类。

重组贷款是指银行由于借款人财务状况恶化，或无力还款而对借款合同还款条款作出调整的贷款。

重组后的贷款（简称重组贷款）如果仍然逾期，或借款人仍然无力归还贷款，应至少归为可疑类。

重组贷款的分类档次在至少 6 个月的观察期内不得调高，观察期结束后，应严格按照本指引规定进行分类。

第十三条 商业银行在贷款分类中应当做到：

（一）制定和修订信贷资产风险分类的管理政策、操作实施细则或业务操作流程。

（二）开发和运用信贷资产风险分类操作实施系统和信息管理系统。

（三）保证信贷资产分类人员具备必要的分类知识和业务素质。

（四）建立完整的信贷档案，保证分类资料信息准确、连续、完整。

（五）建立有效的信贷组织管理体制，形成相互监督制约的内部控制机制，保证贷款分类的独立、连续、可靠。

商业银行高级管理层要对贷款分类制度的执行、贷款分类的结果承担责任。

第十四条 商业银行应至少每季度对全部贷款进行一次分类。

如果影响借款人财务状况或贷款偿还因素发生重大变化，应及时调整对贷款的分类。

对不良贷款应严密监控，加大分析和分类的频率，根据贷款的风险状况采取相应的管理措施。

第十五条 逾期天数是分类的重要参考指标。商业银行应加强对贷款的期限管理。

第十六条 商业银行内部审计部门应对信贷资产分类政策、程序和执行情况进行检查和评估，将结果向上级行或董事会作出书面汇报，并报送中国银行业监督管理委员会或其派出机构。

检查、评估的频率每年不得少于一次。

第十七条 本指引规定的贷款分类方式是贷款风险分类的最低要求，各商业银行可根据自身实际制定贷款分类制度，细化分类方法，但不得低于本指引提出的标准和要求，并与本指引的贷款风险分类方法具有明确的对应和转换关系。

商业银行制定的贷款分类制度应向中国银行业监督管理委员会或其派出机构进行报备。

第十八条 对贷款以外的各类资产，包括表外项目中的直接信用替代项目，也应根据资产的净值、债务人的偿还能力、债务人的信用评级情况和担保情况划分为正常、关注、次级、可疑、损失五类，其中后三类合称为不良资产。

分类时，要以资产价值的安全程度为核心，具体可参照贷款风险分类的标准和要求。

第十九条 中国银行业监督管理委员会及其派出机构通过现场检查和非现场监管对贷款分类及其质量进行监督管理。

第二十条 商业银行应当按照相关规定，向中国银行业监督管理委员会及其派出机构报送贷款分类的数据资料。

第二十一条 商业银行应在贷款分类的基础上，根据有关规定及时足额计提贷款损失准备，核销贷款损失。

第二十二条 商业银行应依据有关信息披露的规定，披露贷款分类方法、程序、结果及贷款损失计提、贷款损失核销等信息。

第二十三条 本指引适用于各类商业银行、农村合作银行、村镇银行、贷款公司和农村信用社。

政策性银行和经中国银行业监督管理委员会批准经营信贷业务的其他金融机构可参照本指引建立各自的分类制度，但不应低于本指引所提出的标准和要求。

第二十四条 本指引由中国银行业监督管理委员会负责解释和修改。

第二十五条 本指引自发布之日起施行，在本指引发布施行前有关规定与本指引相抵触的，以本指引为准。

商业银行贷款损失准备管理办法

(中国银行业监督管理委员会令 2011 年第 4 号)

《商业银行贷款损失准备管理办法》已经中国银行业监督管理委员会第 110 次主席办公会议审议通过。现予公布，自 2012 年 1 月 1 日起施行。

主席 刘明康

二○一一年七月二十七日

第一章 总 则

第一条 为加强审慎监管，提升商业银行贷款损失准备的动态性和前瞻性，增强商业银行风险防范能力，促进商业银行稳健运行，根据《中华人民共和国银行业监督管理法》和《中华人民共和国商业银行法》，制定本办法。

第二条 本办法适用于中华人民共和国境内依法设立的商业银行，包括中资银行、外商独资银行和中外合资银行。

第三条 本办法所称贷款损失准备是指商业银行在成本中列支、用于抵御贷款风险的准备金，不包括在利润分配中计提的一般风险准备。

第四条 中国银行业监督管理委员会及其派出机构（以下简称银行业监管机构）根据本办法对商业银行贷款损失准备实施监督管理。

第五条 商业银行贷款损失准备不得低于银行业监管机构设定的监管标准。

第二章 监管标准

第六条 银行业监管机构设置贷款拨备率和拨备覆盖率指标考核商业银行贷款损失准备的充足性。贷款拨备率为贷款损失准备与各项贷款余额之比；拨备覆盖率为贷款损失准备与不良贷款余额之比。

第七条 贷款拨备率基本标准为 2.5%，拨备覆盖率基本标准为 150%。该两项标准中的较高者为商业银行贷款损失准备的监管标准。

第八条 银行业监管机构依据经济周期、宏观经济政策、产业政策、商业银行整体贷款分类偏离度、贷款损失变化趋势等因素对商业银行贷款损失准备监管标准进行动态调整。

第九条 银行业监管机构依据业务特点、贷款质量、信用风险管理水平、贷款分类偏离度、呆账核销等因素对单家商业银行应达到的贷款损失准备监管标准进行差异化调整。

第十条 商业银行应当按照银行业监管机构资本充足率管理有关规定确定贷款损失准备的资本属性。

第三章 管理要求

第十一条 商业银行董事会对管理层制定的贷款损失准备管理制度及其重大变更进行审批，并对贷款损失准备管理负最终责任。

第十二条 商业银行管理层负责建立完备的识别、计量、监测和报告贷款风险的管理制度，审慎评估贷款风险，确保贷款损失准备能够充分覆盖贷款风险。

第十三条 商业银行贷款损失准备管理制度应当包括：

（一）贷款损失准备计提政策、程序、方法和模型；
（二）职责分工、业务流程和监督机制；
（三）贷款损失、呆账核销及准备计提等信息统计制度；
（四）信息披露要求；
（五）其他管理制度。

第十四条 商业银行应当建立完善的贷款风险管理系统，在风险识别、计量和数据信息等方面为贷款损失准备管理提供有效支持。

第十五条 商业银行应当定期对贷款损失准备管理制度进行检查和评估，及时完善相关管理制度。

第十六条 商业银行应当在半年度、年度财务报告中披露贷款损失准备相关信息，包括但不限于：

（一）本期及上年同期贷款拨备率和拨备覆盖率；
（二）本期及上年同期贷款损失准备余额；
（三）本期计提、转回、核销数额。

第四章 监管措施

第十七条 银行业监管机构定期评估商业银行贷款损失准备制度与相关管理系统的科学性、完备性、有效性和可操作性，并将评估情况反馈董事会和管理层。

第十八条 商业银行应当按月向银行业监管机构提供贷款损失准备相关信息，包括但不限于：

（一）贷款损失准备期初、期末余额；
（二）本期计提、转回、核销数额；
（三）贷款拨备率、拨备覆盖率期初、期末数值。

第十九条 银行业监管机构定期与外部审计机构沟通信息，掌握外部审计机构对商业银行贷款损失准备的调整情况和相关意见。

第二十条 银行业监管机构应当建立商业银行贷款损失数据统计分析制度，对贷款损失数据进行跟踪、统计和分析,为科学设定和动态调整贷款损失准备监管标准提供数据支持。

第二十一条 银行业监管机构按月对商业银行贷款拨备率和拨备覆盖率进行监测和分析,对贷款损失准备异常变化进行调查或现场检查。

第二十二条 银行业监管机构应当将商业银行贷款损失准备制度建设和执行情况作为风险监管的重要内容。

第二十三条 商业银行贷款损失准备连续三个月低于监管标准的,银行业监管机构向商业银行发出风险提示,并提出整改要求;连续六个月低于监管标准的,银行业监管机构根据《中华人民共和国银行业监督管理法》的规定,采取相应监管措施。

第二十四条 银行业监管机构经检查认定商业银行以弄虚作假手段达到监管标准的,责令其限期整改,并按照《中华人民共和国银行业监督管理法》相关规定实施行政处罚。

第五章 附 则

第二十五条 商业银行之外的银行业金融机构参照执行本办法。

第二十六条 银行业监管机构确定的系统重要性银行应当于 2013 年底前达标。非系统重要性银行应当于 2016 年底前达标,2016 年底前未达标的,应当制定达标规划,并向银行业监管机构报告,最晚于 2018 年底达标。

第二十七条 本办法由中国银行业监督管理委员会负责解释。

第二十八条 本办法自 2012 年 1 月 1 日起施行。

中国银保监会办公厅关于进一步做好信贷工作提升服务实体经济质效的通知

(银保监办发〔2018〕76号)

各银监局,各保监局,各政策性银行、大型银行、股份制银行,邮储银行,金融资产管理公司,各保险集团(控股)公司、保险公司、保险资产管理公司、保险专业中介机构:

为深入贯彻党中央、国务院决策部署,把防范化解金融风险和服务实体经济更好结合起来,在坚决打好防范化解金融风险攻坚战的同时,必须着力疏通货币信贷传导机制,提升金融服务实体经济质效,推动稳就业、稳金融、稳外贸、稳外资、稳投资、稳预期,实现金融与实体经济良性循环。现就有关要求通知如下:

一、进一步疏通货币政策传导机制,满足实体经济有效融资需求。根据企业生产、建设、销售的周期和行业特征,合理确定贷款期限、还款方式,适当提高中长期贷款比例,合理确定考核指标,避免贷款在同一时间特别是月末、季末集中到期而引发企业资金紧张。对符合授信条件但遇到暂时经营困难的企业,要继续予以资金支持,不应盲目抽贷、断贷。对成长型先进制造业企业,要丰富合格押品种类,创新担保和融资方式,合理确定抵质押率,在资金供给、贷款利率方面给予适当倾斜。

二、大力发展普惠金融,强化小微企业、"三农"、民营企业等领域金融服务。充分利用当前市场流动性宽裕、银行业和保险业盈利稳定等有利条件,坚持"保本微利"原则,加大对小微企业、"三农"、扶贫和民营企业等领域的资金支持,降低融资成本。对于流动资金贷款到期后仍有融资需求的小微企业,要提前开展贷款调查与评审,符合标准和条件的,依照程序办理续贷,缩短资金接续间隔,降低贷款周转成本。对于主业突出、公司治理良好、负债率较低、风控能力较强的龙头民营企业,要进一步加大融资支持,充分发挥其行业带动作用,稳定上下游企业生产经营。鼓励信托公司开展慈善信托业务,加大对扶贫、教育、留守儿童等领域的支持。

三、支持基础设施领域补短板,推动有效投资稳定增长。在不增加地方政府隐性债务的前提下,加大对资本金到位、运作规范的基础设施补短板项目的信贷投放。保险资金要发挥长期投资优势,通过债权、股权、股债结合、基金等多种形式,积极服务国家重大战略、重点工程和重要项目。积极配合地方政府对在建基础设施项目的建设情况和融资需求进行调查分析,按照市场化原则满足融资平台公司的合理融资需求,对必要的在建项目要避免资金断供、工程烂尾。

四、积极发展消费金融,增强消费对经济的拉动作用。适应多样化多层次消费需求,提供和改进差异化金融产品与服务。支持发展消费信贷,满足人民群众日益增长的美好生活需要。创新金融服务方式,积极满足旅游、教育、文化、健康、养老等升级型消费的金融需求。

五、做好进出口企业金融服务,发挥金融在稳外贸中的积极作用。联合地方政府、行业协会调查摸底出口导向型企业情况,对受国际市场冲击较大、遇到暂时困难但仍有发展前景的重点优质企业,在资金安排上予以适当倾斜。加强与外贸企业、信用保险机构、融资担保机构和地方政府的合作,扩大出口信用保险保单和出口退税账户质押融资。统筹境内外金融资源,发挥合力,满足进出口企业跨市场金融服务需求。

六、盘活存量资产,提高资金使用效率。加快推动"僵尸企业"出清,释放转移沉淀在限控领域和低效项目的存量资金,腾出信贷空间,投向支持类领域和项目。积极运用资产证券化、信贷资产转让等方式,盘活存量资产,提高资金配置和使用效率。充分利用拨备充足的有利条件,在严格资产分类基础上,综合运用核销、现金清收、批量转让等方式,加大不良贷款处置力度,严禁隐匿隐瞒不良贷款,严查不良资产虚假出表、虚假转让等违规行为。鼓励商业银行、金融资产投资公司、金融资产管理公司、信托公司、保险机构等积极参与市场化法治化债转股,推动已签约项目尽快落地。

七、有效运用保险资金,切实发挥风险管理和保障功能。深化保险资金运用在投资范围、比例、偿付能力等方面的改革,进一步缩短投资链条,降低投资成本,提高投资效率。发挥保险业风险管理和保障功能,不断丰富财产保险、人身保险等产品和业务模式,改进保险服务,稳定企业和居民财务预期。

八、规范经营行为,严禁附加不合理贷款条件。规范贷款行为,严格按照标准和程序进行贷前调查、贷时审查、贷后检查。一律不得协商约定或强制设定条款进行贷款返存,一律不得在发放贷款时捆绑或搭售理财、基金、保险等其他金融产品。严禁将贷款发放和管理等核心职能外包,严禁银行员工内外勾结,违规通过中介发放贷款或参与过桥贷款。

九、深化体制机制改革,加强服务实体经济能力建设。大力开展调查研究,坚持"知悉客户"原则,根据实体经济需要开发金融产品,提供个性化金融服务,实现金融资源精准投入。进一步完善内部激励约束,优化绩效考核体系,建立容错纠错机制,落实尽职免责要求,激发员工做好金融服务特别是普惠金融服务的能动性。充分利用现代科技手段,构建线上线下综合服务渠道,提高信贷审批和金融效率。

2018 年 8 月 17 日

中国银监会关于印发商业银行委托贷款管理办法的通知

(银监发〔2018〕2号)

各银监局,各大型银行、股份制银行,邮储银行,外资银行:

现将《商业银行委托贷款管理办法》印发给你们,请遵照执行。

2018年1月5日

商业银行委托贷款管理办法

第一章 总 则

第一条 为规范商业银行委托贷款业务经营,加强委托贷款业务管理,促进委托贷款业务健康发展,根据《中华人民共和国银行业监督管理法》《中华人民共和国商业银行法》等法律法规,制定本办法。

第二条 中华人民共和国境内依法设立的商业银行办理委托贷款业务应遵守本办法。

第三条 本办法所称委托贷款,是指委托人提供资金,由商业银行(受托人)根据委托人确定的借款人、用途、金额、币种、期限、利率等代为发放、协助监督使用、协助收回的贷款,不包括现金管理项下委托贷款和住房公积金项下委托贷款。

委托人是指提供委托贷款资金的法人、非法人组织、个体工商户和具有完全民事行为能力的自然人。

现金管理项下委托贷款是指商业银行在现金管理服务中,受企业集团客户委托,以委托贷款的形式,为客户提供的企业集团内部独立法人之间的资金归集和划拨业务。

住房公积金项下委托贷款是指商业银行受各地住房公积金管理中心委托,以住房公积金为资金来源,代为发放的个人住房消费贷款和保障性住房建设项目贷款。

第四条 委托贷款业务是商业银行的委托代理业务。商业银行依据本办法规定,与委托贷款业务相关主体通过合同约定各方权利义务,履行相应职责,收取代理手续费,不承担信用风险。

第五条 商业银行办理委托贷款业务,应当遵循依法合规、平等自愿、责利匹配、审慎经营的原则。

第二章 业务管理

第六条 商业银行应依据本办法制定委托贷款业务管理制度,合理确定部门、岗位职责分工,明确委托人范围、资质和准入条件,以及委托贷款业务流程和风险控制措施等,并定期评估,及时改进。

第七条 商业银行受理委托贷款业务申请,应具备以下前提:

(一)委托人与借款人就委托贷款条件达成一致。

(二)委托人或借款人为非自然人的,应出具其有权机构同意办理委托贷款业务的决议、文件或具有同等法律效力的证明。

商业银行不得接受委托人为金融资产管理公司和经营贷款业务机构的委托贷款业务申请。

第八条 商业银行受托办理委托贷款业务,应要求委托人承担以下职责,并在合同中作出明确约定。

(一)自行确定委托贷款的借款人,并对借款人资质、贷款项目、担保人资质、抵质押物等进行审查。

(二)确保委托资金来源合法合规且委托人有权自主支配,并按合同约定及时向商业银行提供委托资金。

(三)监督借款人按照合同约定使用贷款资金,确保贷款用途合法合规,并承担借款人的信用风险。

第九条 商业银行审查委托人资金来源时,应要求委托人提供证明其资金来源合法合规的相关文件或具有同等法律效力的相关证明,对委托人的财务报表、信用记录等进行必要的审核,重点加强对以下内容的审查和测算:

(一)委托人的委托资金是否超过其正常收入来源和资金实力。

(二)委托人在银行有授信余额的,商业银行应合理测算委托人自有资金,并将测算情况作为发放委托贷款的重要依据。

第十条 商业银行不得接受委托人下述资金发放委托贷款:

(一)受托管理的他人资金。

(二)银行的授信资金。

(三)具有特定用途的各类专项基金(国务院有关部门另有规定的除外)。

(四)其他债务性资金(国务院有关部门另有规定的除外)。

(五)无法证明来源的资金。

企业集团发行债券筹集并用于集团内部的资金,不受本条规定限制。

第十一条 商业银行受托发放的贷款应有明确用途,资金用途应符合法律法规、国家宏观调控和产业政策。资金用途不得为以下方面:

(一)生产、经营或投资国家禁止的领域和用途。

(二)从事债券、期货、金融衍生品、资产管理产品等投资。

(三)作为注册资本金、注册验资。

（四）用于股本权益性投资或增资扩股（监管部门另有规定的除外）。

（五）其他违反监管规定的用途。

第十二条 商业银行应按照"谁委托谁付费"的原则向委托人收取代理手续费。

第十三条 商业银行与委托人、借款人就委托贷款事项达成一致后，三方应签订委托贷款借款合同。合同中应载明贷款用途、金额、币种、期限、利率、还款计划等内容，并明确委托人、受托人、借款人三方的权利和义务。

第十四条 委托贷款采取担保方式的，委托人和担保人应就担保形式和担保人（物）达成一致，并签订委托贷款担保合同。

第十五条 商业银行应要求委托人开立专用于委托贷款的账户。委托人应在委托贷款发放前将委托资金划入该账户，商业银行按合同约定方式发放委托贷款。商业银行不得串用不同委托人的资金。

第十六条 商业银行应同委托人、借款人在委托贷款借款合同中明确协助监督使用的主要内容和具体措施，并按合同约定履行相应职责。

第十七条 商业银行应按照委托贷款借款合同约定，协助收回委托贷款本息，并及时划付到委托人账户。对于本息未能及时到账的，应及时告知委托人。

第十八条 委托贷款到期后，商业银行应根据委托贷款借款合同约定或委托人的书面通知，终止履行受托人的责任和义务，并进行相应账务处理；委托贷款到期后未还款的，商业银行应根据委托贷款借款合同约定，为委托人依法维权提供协助。

第三章　风险管理

第十九条 商业银行应严格隔离委托贷款业务与自营业务的风险，严禁以下行为：

（一）代委托人确定借款人。

（二）参与委托人的贷款决策。

（三）代委托人垫付资金发放委托贷款。

（四）代借款人确定担保人。

（五）代借款人垫付资金归还委托贷款，或者用信贷、理财资金直接或间接承接委托贷款。

（六）为委托贷款提供各种形式的担保。

（七）签订改变委托贷款业务性质的其他合同或协议。

（八）其他代为承担风险的行为。

第二十条 商业银行应对委托贷款业务与自营贷款业务实行分账核算，严格按照会计核算制度要求记录委托贷款业务，同时反映委托贷款和委托资金，二者不得轧差后反映，确保委托贷款业务核算真实、准确、完整。

第二十一条 委托贷款的借款人是商业银行存量授信客户的，商业银行应综合考虑借款人取得委托贷款后，信用风险敞口扩大对本行授信业务带来的风险影响，并采取相应风险管控措施。

第二十二条 商业银行应对委托贷款业务实行分级授权管理，商业银行分支机构不得未经授权或超授权办理委托贷款业务。

第二十三条　商业银行应制定统一制式的委托贷款借款合同。因业务需要使用非统一制式合同的，须经总行审查同意。

第二十四条　商业银行应建立健全委托贷款管理信息系统，登记资金来源、投向、期限、利率以及委托人和借款人等相关信息，确保该项业务信息完整、连续、准确和可追溯。

商业银行应及时、完整地在征信系统登记委托贷款相关信息。

第二十五条　商业银行应按照监管要求建立委托贷款业务统计制度，做好委托贷款业务的分类统计、汇总分析和数据报送。

第二十六条　商业银行应定期分析委托贷款业务风险，并组织开展业务检查。

第四章　监督管理

第二十七条　中国银监会按照本办法对商业银行委托贷款业务实施监督管理。

第二十八条　商业银行违反本办法办理委托贷款业务的，由银监会或其派出机构责令限期改正。逾期未改正，或其行为严重危及商业银行稳健运行、损害客户合法权益的，银监会或其派出机构可根据《中华人民共和国银行业监督管理法》第三十七条的规定采取相应的监管措施；严重违反本办法的，可根据《中华人民共和国银行业监督管理法》第四十六条的规定实施行政处罚。

第二十九条　商业银行发放委托贷款后，应严格按照相关监管统计制度要求，准确报送委托贷款明细信息。

第三十条　商业银行违反本办法第二十九条规定，未及时、准确向监管部门报送委托贷款业务信息的，由银监会或其派出机构责令限期改正。逾期未改正的，银监会或其派出机构可根据《中华人民共和国银行业监督管理法》第四十七条的规定实施行政处罚。

第五章　附　则

第三十一条　银监会依法批准设立的具有贷款业务资格的其他金融机构办理委托贷款业务适用本办法。

第三十二条　本办法由银监会负责解释。

中国银行保险监督管理委员会
关于印发银行业金融机构联合授信管理办法（试行）的通知

（银保监发〔2018〕24号）

各银监局，各政策性银行、大型银行、股份制银行，邮储银行，外资银行，金融资产管理公司，其他会管金融机构，银行业协会：

为抑制多头融资、过度融资行为，有效防控企业杠杆率上升引发的信用风险，现将《银行业金融机构联合授信管理办法（试行）》（以下简称《办法》）印发给你们，并就联合授信试点工作提出以下要求，请认真抓好落实。

一、充分认识联合授信的重要意义

银行业金融机构开展联合授信是落实党中央、国务院关于降低企业杠杆率要求，防范化解重大金融风险的重要举措。各银监局、各银行业金融机构要充分认识联合授信机制对于提高银行业金融机构信用风险整体管控能力，有效遏制多头融资、过度融资，以及优化金融资源配置，提高资金使用效率，支持供给侧结构性改革的重大意义，把试点工作摆在重要位置，组织认真学习研究，深刻领会政策内涵和工作要求。

二、切实加强工作组织协调

各银监局要成立以主要负责人任组长的试点工作领导小组，建立完善工作机制，明确任务，强化责任，细化措施，确保试点工作有序推进。各银监局试点工作方案应于2018年6月30日前报中国银行保险监督管理委员会备案。各银监局要指导辖内银行业协会做好会员单位的协调组织工作，加快完成统计信息系统建设，完善各项配套工作机制；要加强与各级地方政府及有关部门的沟通协调，争取支持和配合。银行业金融机构要对照《办法》要求，针对试点企业制定专门的授信政策、管理制度、业务流程，督促指导分支机构按照属地银监局要求，积极参加试点工作。

三、选好试点企业

各银监局要严格按照《办法》明确的标准，遵循差异化原则选择试点企业，确保试点企业在性质、行业、规模上具有较强代表性。各银监局辖内试点企业数量原则上不得少于10家，计划单列市以及经济总量较小的省份可适当减少试点企业数量，但不得低于5家。各银监局应于2018年6月30日前将试点企业名单报中国银行保险监督管理委员会备案。

四、持续监测跟踪

各银监局要对试点运行情况和风险状况进行持续监测。对试点中遇到的新情况、新问题要及时报告；对涉及的重大政策事项，要主动请示报告。要及时总结试点工作经验，自2018年第三季度起每季末向中国银行保险监督管理委员会报送试点工作情况。

中国银行保险监督管理委员会将适时开展试点工作评估，根据试点情况修订完善《办法》，稳妥有序推广实施联合授信机制。

2018年5月22日

银行业金融机构联合授信管理办法（试行）

第一章 总 则

第一条 为进一步优化银企合作关系，提高金融资源配置效率，有效防控重大信用风险，根据《中华人民共和国银行业监督管理法》《中华人民共和国商业银行法》等法律法规，制定本办法。

第二条 本办法适用于经银行业监督管理机构批准设立的金融机构。

第三条 本办法所称联合授信是指拟对或已对同一企业（含企业集团，下同）提供债务融资的多家银行业金融机构，通过建立信息共享机制，改进银企合作模式，提升银行业金融服务质效和信用风险防控水平的运作机制。

本办法所称融资均指债务融资。

第四条 联合授信机制应坚持以下基本原则：

依法合规。联合授信机制运行中，应遵守国家有关法律法规，符合国家信贷政策。

市场导向。联合授信机制运作应充分发挥市场机制的决定性作用，注重平等协商，明晰权利义务，坚守契约精神，尊重各方合法权益。

公开透明。联合授信机制各参与主体应按照约定及时完整真实地披露信息，加强信息共享，提高信息透明度。

第二章 联合授信管理架构

第五条 多家银行业金融机构对同一企业进行授信时，可建立信息共享机制，共同收集汇总、交叉验证企业经营和财务信息。

第六条 对在3家以上银行业金融机构有融资余额，且融资余额合计在50亿元以上的企业，银行业金融机构应建立联合授信机制。

对在3家以上的银行业金融机构有融资余额，且融资余额合计在20亿～50亿元之间的企业，银行业金融机构可自愿建立联合授信机制。

第七条 银行业金融机构发现企业符合第六条明确的建立联合授信机制条件时，应通知银行业协会。银行业协会协调企业的债权银行业金融机构在1个月内建立联合授信机制。

第八条 企业债权银行业金融机构应签署联合授信成员银行协议（以下简称成员

银行协议),并组建联合授信委员会。成员银行协议内容包括但不限于:联合授信委员会的组织架构、议事规则、运作方式,成员银行的权利义务和违约责任,联合风险防控、风险预警、风险处置的工作规则等。

第九条 联合授信委员会应履行以下职能:

(一)共同收集汇总、交叉验证企业经营和财务信息,防止企业隐藏真实信息或提供虚假信息,规避银行授信管理要求。

(二)共同挖掘企业内外部信息源,运用必要技术手段,汇总梳理企业关联关系,识别隐性关联企业和实际控制人。

(三)联合评估企业的整体负债状况、实际融资需求和经营状况,测算企业可承受的最高债务水平,设置企业融资风险预警线。

(四)与企业就确定联合授信额度和风险管理要求等进行协商并签订相关协议。其中,联合授信额度包括企业在银行业金融机构、非银行业金融机构、其他渠道的债务融资,以及对集团外企业的担保。

(五)协同监测企业履约情况,发现企业存在不当行为,或出现风险信号时,联合采取风险防控、风险预警和风险处置措施。

第十条 联合授信委员会全体成员银行和企业之间应签署联合授信框架协议(以下简称银企协议)。银企协议内容应包括但不限于以下内容:

(一)成员银行应按融资合同和相关协议的约定向企业提供融资,满足企业合理融资需求;

(二)成员银行调低对企业授信额度时应提前1个月告知企业;

(三)成员银行在与企业约定的联合授信额度内向企业提供融资;

(四)企业在联合授信额度内,可自主选择成员银行作为融资业务合作对象,协商确定融资条件;

(五)企业应及时完整地向联合授信委员会披露所有关联方及关联交易情况,提供真实财务报表,在各类融资行为发生后5个工作日内告知联合授信委员会;

(六)企业通过联合授信委员会外的其他渠道,进行可能实质性改变企业债务状况的重大融资和重大对外担保前,应征得联合授信委员会同意;

(七)企业应允许在成员银行范围内共享企业提供的各类信息,并在银行业金融机构范围内共享企业融资台账信息,成员银行不得在约定的信息共享范围外泄露和滥用企业提供的信息。

银企协议中的约定事项应在成员银行与企业签订的融资合同中予以体现。

第十一条 联合授信委员会应建立联席会议制度,负责审议决定重大事项。联席会议是联合授信委员会的决策机构,其决议对全体成员银行有约束力。联席会议应制定明确的议事规则和工作流程。

第十二条 联席会议原则上每个季度召开一次。如遇重大事项,由牵头银行或占成员银行债权总金额三分之一以上比例成员银行提请,可召开临时联席会议。

第十三条 联席会议审议批准事项,涉及设定和调整企业联合授信额度、启动和解除风险预警、制定和修订成员银行协议和银企协议等重大事项，应经占成员银行债权总金额三分之二以上比例成员银行及全体成员银行过半数同意；其他事项应经占成员银行债权总金额二分之一以上比例成员银行同意。

第十四条　银行业金融机构向企业提供融资前，应查询该企业和企业所在集团联合授信机制的建立情况。已建立联合授信机制的企业，银行业金融机构应在成为联合授信委员会成员银行后，方可在联合授信额度内向该企业提供融资。

银行业金融机构在签署成员银行协议或以其他适当形式认可并承诺遵守成员银行协议后，自动加入联合授信委员会。牵头银行应做好相关登记和报备工作。

第十五条　对企业的存量融资额以及拟新增融资额合计不超过企业融资总额5‰的银行业金融机构，在企业不突破联合授信额度的前提下，可不加入联合授信委员会向企业提供融资。但应在每次融资行为发生或融资余额发生变动5个工作日内向联合授信委员会报告该笔融资的相关信息。

第十六条　对企业融资余额为零的成员银行可主动退出该企业的联合授信委员会。连续12个月对企业融资余额为零的成员银行，自动退出该企业的联合授信委员会。牵头银行应做好相关登记和报备工作。

第十七条　成员银行具有以下权利和义务：

（一）获得其他成员银行共享的企业信息；

（二）向联席会议提交议案；

（三）提请召开临时联席会议；

（四）遵守成员银行协议、银企协议和联席会议形成的各项决议；

（五）向成员银行真实全面地共享本行对企业的融资信息，以及企业向其报送的其他与融资相关的信息；

（六）调查收集企业其他相关信息，并及时与各成员银行共享；

（七）成员银行协议中约定的其他权利或义务。

第十八条　联合授信委员会应从成员银行中推选产生一家牵头银行，并可增设副牵头银行。担任牵头银行应符合以下条件：

（一）向企业提供的实际融资额居所有债权银行业金融机构前三位；

（二）与企业无关联关系。

第十九条　牵头银行不再符合作为牵头银行条件或不愿意继续履行牵头银行职责的，联席会议应改选牵头银行。牵头银行履职不到位，可由二分之一以上成员银行提议改选牵头银行。

第二十条　牵头银行应牵头履行以下职责：

（一）制定联合授信机制的各项工作制度；

（二）召集成员银行联席会议；

（三）研究认定企业集团的全部成员，提交联席会议审议；

（四）测算企业联合授信额度，设置融资风险预警线，提交联席会议审议；

（五）建立和维护企业融资台账，监测企业整体负债水平，监督企业银企协议履行情况；

（六）监督成员银行协议和联席会议各项决议的执行，向联席会议或银行业协会提出违约成员银行处理建议；

（七）按照本办法要求，代表联合授信委员会向银行业协会报送融资台账等应报送或备案的信息；

（八）成员银行协议中约定的其他权利和义务。

第三章 联合风险防控

第二十一条 联合授信委员会应对企业运行管理、经营效益、重大项目投资、对外担保、关联交易、交叉违约等信用风险有关情况进行监测。

信息搜集、共享工作由牵头银行组织实施。各成员银行应按照成员银行协议，向牵头银行提供相关信息；牵头银行应及时向各成员银行分发相关信息。

第二十二条 各成员银行应健全信用风险管理体系，落实统一授信、穿透管理等要求，确保向联合授信机制报送信息真实准确。

第二十三条 联合授信委员会可以根据企业的风险状况提出风险防控要求，但不得统一规定对企业的利率、期限、抵（质）押要求等融资条件。成员银行在不违反成员银行协议的前提下，自行确定融资条件，自主作出授信决策、独立进行审批，并按照本行对企业风险的评估，实施后续管理和资产分类。

第二十四条 联合授信委员会应根据企业经营和财务情况测算其可承受的最高债务水平，就测算依据和测算结果与企业充分沟通，协商一致后共同确认企业联合授信额度。企业实际融资总额不得超过双方确认的联合授信额度。

联合授信委员会测算企业联合授信额度时应至少考虑以下要素：资产负债水平、利润及其增长率水平、经营现金流、所属行业、所在区域、还款历史、经营年限等。

第二十五条 联合授信委员会应会同企业定期复评企业联合授信额度，企业因经营需要需调整联合授信额度的，可向联合授信委员会申请复评。

第二十六条 计算企业集团实际融资总额时，应包括各成员银行认定的该企业集团所有成员（不含集团内金融类子公司）的融资。

第二十七条 联合授信机制建立后，由牵头银行牵头组建专职小组，建立并维护企业融资台账。

融资台账应至少包括企业联合授信额度、实际融资和对外担保情况、剩余融资额度、融资违约情况等内容。

已确认的企业实际融资及对集团外企业担保，应在企业融资额度使用台账中逐笔登记，并等额扣减企业剩余融资额度。

第二十八条 牵头银行应在成员银行间共享融资台账，并报送银行业协会。

第四章 联合风险预警处置

第二十九条 当企业发生以下情况之一时，进入企业融资风险预警状态：

（一）企业实际融资达到联合授信额度90%或联合授信委员会设置的融资风险预警线；

（二）银行对企业融资中出现数额较大的不良资产，企业发行的债券违约或出现其他重大风险事件；

（三）企业所处外部环境、公司治理、经营管理、对外投资、对外担保、关联交易等方面出现重大变化，有可能引发企业偿付困难的。

第三十条 进入风险预警状态后，牵头银行要组织召开联席会议，研究应对方案。对企业可能加大成员银行债权风险的新增融资，银行业金融机构要采取更加审慎严格的信贷审批标准、风险管控措施和相应风险缓释手段。

第三十一条 当预警情形已消除，或联合授信委员会认定相关预警信息对各成员银行债权不构成重大风险时，可解除风险预警状态。

第三十二条 当企业可能发生偿债风险时，联合授信委员会应与企业的其他债权人联合组建债权人委员会，集体研究债务重组等措施，有序开展债务重组、资产保全等相关工作。

第五章 联合惩戒及监督管理

第三十三条 银行业协会应建立配套的统计信息系统，监测联合授信机制建立和运行情况，动态更新企业融资信息，并向银行业金融机构提供信息查询服务。

第三十四条 联合授信委员会授权牵头银行向银行业协会备案以下事项：

（一）联合授信机制成立后应在5个工作日内报备；

（二）修改银企协议或成员银行协议，做出调整联合授信额度等重大决策的，应于10个工作日内报备；

（三）企业进入风险预警状态应立即报备。

第三十五条 银行业协会应向银行业监督管理机构全面开放相关统计信息系统，并定期报告联合授信机制建立和运行情况。

第三十六条 对于违反银企协议，提供虚假信息，超出联合授信额度对外融资，逃废成员银行债务的企业，可由牵头银行组织成员银行按银企协议约定进行联合惩戒。情况严重的，银行业协会可将企业列入失信企业名单，并推送至全国信用信息共享平台，按照有关规定实现跨领域联合惩戒。

第三十七条 对不履行约定义务的成员银行，联合授信委员会可依据成员银行协议予以处理。

第三十八条 对存在以下行为之一的银行业金融机构，银行业协会可采取相应的自律惩戒措施。对拒不纠正整改，影响联合授信机制运行，可能引发重大风险事件的，银行业协会应向银行业监督管理机构报告，银行业监督管理机构可依据有关规定采取监管措施或依法实施行政处罚：

（一）银行业金融机构在未加入联合授信委员会前向已建立联合授信委员会的企业提供融资，符合第十五条规定情形的除外；

（二）成员银行违反成员银行协议，并未按照联合授信委员会要求采取纠正措施；

（三）成员银行违反银企协议，损害企业合法权益；

（四）未按要求向银行业协会报送和备案相关信息。

第六章　附　则

第三十九条　本办法由中国银行保险监督管理委员会负责解释。

第四十条　按照本办法规定应建立联合授信机制的企业，相关债权银行业金融机构应在本办法实施3个月内建立联合授信机制。

第四十一条　联合授信机制建立时，若企业存量实际融资总额超过联合授信机制确定的联合授信额度，联合授信委员会应与企业协商确定达标过渡期，报银行业协会备案。过渡期原则上不超过3年。

超过联合授信额度的存量融资由联合授信委员会成员银行协商确定退出次序。

第四十二条　本办法自印发之日起施行。

（三）理财业务

商业银行个人理财业务管理暂行办法

（中国银行业监督管理委员会令2005年第2号）

《商业银行个人理财业务管理暂行办法》已经中国银行业监督管理委员会第三十三次主席会议通过。现予公布，自2005年11月1日起施行。

主席　刘明康
二〇〇五年九月二十四日

第一章　总　则

第一条　为加强商业银行个人理财业务活动的管理，促进个人理财业务健康有序发展，依据《中华人民共和国银行业监督管理法》《中华人民共和国商业银行法》等有关法律法规，制定本办法。

第二条　本办法所称个人理财业务，是指商业银行为个人客户提供的财务分析、财务规划、投资顾问、资产管理等专业化服务活动。

第三条　商业银行开展个人理财业务，应遵守法律、行政法规和国家有关政策规定。

商业银行不得利用个人理财业务，违反国家利率管理政策进行变相高息揽储。

第四条　商业银行应按照符合客户利益和风险承受能力的原则，审慎尽责地开展个人理财业务。

第五条　商业银行开展个人理财业务，应建立相应的风险管理体系和内部控制制度，严格实行授权管理制度。

第六条　中国银行业监督管理委员会依照本办法及有关法律法规对商业银行个人理财业务活动实施监督管理。

第二章　分类及定义

第七条　商业银行个人理财业务按照管理运作方式不同，分为理财顾问服务和综合理财服务。

第八条　理财顾问服务，是指商业银行向客户提供的财务分析与规划、投资建议、个人投资产品推介等专业化服务。

商业银行为销售储蓄存款产品、信贷产品等进行的产品介绍、宣传和推介等一般性业务咨询活动，不属于前款所称理财顾问服务。

在理财顾问服务活动中，客户根据商业银行提供的理财顾问服务管理和运用资金，并承担由此产生的收益和风险。

第九条 综合理财服务，是指商业银行在向客户提供理财顾问服务的基础上，接受客户的委托和授权，按照与客户事先约定的投资计划和方式进行投资和资产管理的业务活动。

在综合理财服务活动中，客户授权银行代表客户按照合同约定的投资方向和方式，进行投资和资产管理，投资收益与风险由客户或客户与银行按照约定方式承担。

第十条 商业银行在综合理财服务活动中，可以向特定目标客户群销售理财计划。

理财计划是指商业银行在对潜在目标客户群分析研究的基础上，针对特定目标客户群开发设计并销售的资金投资和管理计划。

第十一条 按照客户获取收益方式的不同，理财计划可以分为保证收益理财计划和非保证收益理财计划。

第十二条 保证收益理财计划，是指商业银行按照约定条件向客户承诺支付固定收益，银行承担由此产生的投资风险，或银行按照约定条件向客户承诺支付最低收益并承担相关风险，其他投资收益由银行和客户按照合同约定分配，并共同承担相关投资风险的理财计划。

第十三条 非保证收益理财计划可以分为保本浮动收益理财计划和非保本浮动收益理财计划。

第十四条 保本浮动收益理财计划是指商业银行按照约定条件向客户保证本金支付，本金以外的投资风险由客户承担，并依据实际投资收益情况确定客户实际收益的理财计划。

第十五条 非保本浮动收益理财计划是指商业银行根据约定条件和实际投资收益情况向客户支付收益，并不保证客户本金安全的理财计划。

第三章 个人理财业务的管理

第十六条 商业银行应建立健全个人理财业务管理体系，明确个人理财业务的管理部门，针对理财顾问服务和综合理财服务的不同特点，分别制定理财顾问服务和综合理财服务的管理规章制度，明确相关部门和人员的责任。

第十七条 商业银行应区分理财顾问服务与一般性业务咨询活动，按照防止误导客户或不当销售的原则制定个人理财业务人员的工作守则与工作规范。

商业银行个人理财业务人员，应包括为客户提供财务分析、规划或投资建议的业务人员，销售理财计划或投资性产品的业务人员，以及其他与个人理财业务销售和管理活动紧密相关的专业人员。

第十八条 商业银行应建立健全综合理财服务的内部控制和定期检查制度，保证综合理财服务符合有关法律、法规及银行与客户的约定。

第十九条　商业银行应对理财计划的研发、定价、风险管理、销售、资金管理运用、账务处理、收益分配等方面进行全面规范，建立健全有关规章制度和内部审核程序，严格内部审查和稽核监督管理。

第二十条　商业银行应配备与开展的个人理财业务相适应的理财业务人员，保证个人理财业务人员每年的培训时间不少于20小时。

商业银行应详细记录理财业务人员的培训方式、培训时间及考核结果等，未达到培训要求的理财业务人员应暂停从事个人理财业务活动。

第二十一条　商业银行开展个人理财业务，应与客户签订合同，明确双方的权利与义务，并根据业务需要签署必要的客户委托授权书和其他代理客户投资所必须的法律文件。

第二十二条　商业银行销售的理财计划中包括结构性存款产品的，其结构性存款产品应将基础资产与衍生交易部分相分离，基础资产应按照储蓄存款业务管理，衍生交易部分应按照金融衍生产品业务管理。

第二十三条　商业银行不得将一般储蓄存款产品单独当作理财计划销售，或者将理财计划与本行储蓄存款进行强制性搭配销售。

第二十四条　保证收益理财计划或相关产品中高于同期储蓄存款利率的保证收益，应是对客户有附加条件的保证收益。商业银行不得无条件向客户承诺高于同期储蓄存款利率的保证收益率。

商业银行不得承诺或变相承诺除保证收益以外的任何可获得收益。

第二十五条　商业银行向客户承诺保证收益的附加条件，可以是对理财计划期限调整、币种转换等权利，也可以是对最终支付货币和工具的选择权利等。商业银行使用保证收益理财计划附加条件所产生的投资风险应由客户承担。

第二十六条　商业银行应根据理财计划或相关产品的风险状况，设置适当的期限和销售起点金额。

第二十七条　商业银行销售理财计划汇集的理财资金，应按照理财合同约定管理和使用。

商业银行除对理财计划所汇集的资金进行正常的会计核算外，还应为每一个理财计划制作明细记录。

第二十八条　在理财计划的存续期内，商业银行应向客户提供其所持有的所有相关资产的账单，账单应列明资产变动、收入和费用、期末资产估值等情况。账单提供应不少于两次，并且至少每月提供一次。商业银行与客户另有约定的除外。

第二十九条　商业银行应按季度准备理财计划各投资工具的财务报表、市场表现情况及相关材料，相关客户有权查询或要求商业银行向其提供上述信息。

第三十条　商业银行应在理财计划终止时，或理财计划投资收益分配时，向客户提供理财计划投资、收益的详细情况报告。

第三十一条　商业银行应根据个人理财业务的性质，按照国家有关法律法规的规定，采用适宜的会计核算和税务处理方法。

现行法律法规没有明确规定的，商业银行应积极与有关部门进行沟通，并就所采用的会计核算和税务处理方法，制定专门的说明性文件，以备有关部门检查。

第三十二条 商业银行开展个人理财业务，可根据相关规定向客户收取适当的费用，收费标准和收费方式应在与客户签订的合同中明示。

商业银行根据国家有关政策的规定，需要统一调整与客户签订的收费标准和收费方式时，应将有关情况及时告知客户；除非在相关协议中另有约定，商业银行根据业务发展和投资管理情况，需要对已签订的收费标准和收费方式进行调整时，应获得客户同意。

第三十三条 商业银行开展个人理财业务，涉及金融衍生产品交易和外汇管理规定的，应按照有关规定获得相应的经营资格。

第三十四条 商业银行开展个人理财服务，发现客户有涉嫌洗钱、恶意逃避税收管理等违法违规行为的，应按照国家有关规定及时向相关部门报告。

第四章 个人理财业务的风险管理

第三十五条 商业银行开展个人理财业务，应建立相应的风险管理体系，并将个人理财业务的风险管理纳入商业银行风险管理体系之中。

商业银行的个人理财业务风险管理体系应覆盖个人理财业务面临的各类风险，并就相关风险制定有效的管控措施。

第三十六条 商业银行开展个人理财业务，应进行严格的合规性审查，准确界定个人理财业务所包含的各种法律关系，明确可能涉及的法律和政策问题，研究制定相应的解决办法，切实防范法律风险。

第三十七条 商业银行利用理财顾问服务向客户推介投资产品时，应了解客户的风险偏好、风险认知能力和承受能力，评估客户的财务状况，提供合适的投资产品由客户自主选择，并应向客户解释相关投资工具的运作市场及方式，揭示相关风险。

商业银行应妥善保存有关客户评估和顾问服务的记录，并妥善保存客户资料和其他文件资料。

第三十八条 商业银行应制定理财计划或产品的研发设计工作流程，制定内部审批程序，明确主要风险以及应采取的风险管理措施，并按照有关要求向监管部门报送。

第三十九条 商业银行应对理财计划的资金成本与收益进行独立测算，采用科学合理的测算方式预测理财投资组合的收益率。

商业银行不得销售不能独立测算或收益率为零或负值的理财计划。

第四十条 商业银行理财计划的宣传和介绍材料，应包含对产品风险的揭示，并以醒目、通俗的文字表达；对非保证收益理财计划，在与客户签订合同前，应提供理财计划预期收益率的测算数据、测算方式和测算的主要依据。

第四十一条 商业银行应对理财计划设置市场风险监测指标，建立有效的市场风险识别、计量、监测和控制体系。

商业银行将有关市场监测指标作为理财计划合同的终止条件或终止参考条件时，

应在理财计划合同中对相关指标的定义和计算方式作出明确解释。

第四十二条 商业银行开展个人理财业务，在进行相关市场风险管理时，应对利率和汇率等主要金融政策的改革与调整进行充分的压力测试，评估可能对银行经营活动产生的影响，制定相应的风险处置和应急预案。

商业银行不应销售压力测试显示潜在损失超过商业银行警戒标准的理财计划。

第四十三条 商业银行应当制定个人理财业务应急计划，并纳入商业银行整体业务应急计划体系之中，保证个人理财服务的连续性、有效性。

第四十四条 个人理财业务涉及金融衍生产品交易或者外汇管理规定的，商业银行应按照有关规定建立相应的管理制度和风险控制制度。

第五章 个人理财业务的监督管理

第四十五条 商业银行开展个人理财业务实行审批制和报告制。

第四十六条 商业银行开展以下个人理财业务，应向中国银行业监督管理委员会申请批准：

（一）保证收益理财计划；

（二）为开展个人理财业务而设计的具有保证收益性质的新的投资性产品；

（三）需经中国银行业监督管理委员会批准的其他个人理财业务。

第四十七条 商业银行申请需要批准的个人理财业务之前，应就有关业务方案与中国银行业监督管理委员会或其派出机构进行会谈，分析说明相关业务资源配备的情况、对主要风险的认识和相应的管理措施等，并应根据中国银行业监督管理委员会或其派出机构的意见对有关业务方案进行修改。

第四十八条 商业银行开展需要批准的个人理财业务应具备以下条件：

（一）具有相应的风险管理体系和内部控制制度；

（二）有具备开展相关业务工作经验和知识的高级管理人员、从业人员；

（三）具备有效的市场风险识别、计量、监测和控制体系；

（四）信誉良好，近两年内未发生损害客户利益的重大事件；

（五）中国银行业监督管理委员会规定的其他审慎性条件。

第四十九条 商业银行申请需要批准的个人理财业务，应向中国银行业监督管理委员会报送以下材料（一式三份）：

（一）由商业银行负责人签署的申请书；

（二）拟申请业务介绍，包括业务性质、目标客户群以及相关分析预测；

（三）业务实施方案，包括拟申请业务的管理体系、主要风险及拟采取的管理措施等；

（四）商业银行内部相关部门的审核意见；

（五）中国银行业监督管理委员会要求的其他文件和资料。

第五十条 中资商业银行（不包括城市商业银行、农村商业银行）开办需要批准的个人理财业务，应由其法人统一向中国银行业监督管理委员会申请，由中国银行业监督管理委员会审批。

外资独资银行、合资银行、外国银行分行开办需要批准的个人理财业务，应按照有关外资银行业务审批程序的规定，报中国银行业监督管理委员会审批。

城市商业银行、农村商业银行开办需要批准的个人理财业务，应由其法人按照有关程序规定，报中国银行业监督管理委员会或其派出机构审批。

第五十一条 商业银行开展其他个人理财业务活动，不需要审批，但应按照相关规定及时向中国银行业监督管理委员会或其派出机构报告。

第五十二条 商业银行销售不需要审批的理财计划之前，应向中国银行业监督管理委员会或其派出机构报告。商业银行最迟应在销售理财计划前10日，将以下资料按照有关业务报告的程序规定报送中国银行业监督管理委员会或其派出机构：

（一）理财计划拟销售的客户群，以及相关分析说明；

（二）理财计划拟销售的规模，资金成本与收益测算，以及相关计算说明；

（三）拟销售理财计划的对外介绍材料和宣传材料；

（四）中国银行业监督管理委员会要求的其他材料。

第五十三条 中资商业银行的分支机构可以根据其总行的授权开展相应的个人理财业务。外资银行分支机构可以根据其总行或地区总部等的授权开展相应的个人理财业务。

商业银行的分支机构开展相关个人理财业务之前，应持其总行（地区总部等）的授权文件，按照有关规定，向所在地中国银行业监督管理委员会派出机构报告。

第五十四条 商业银行个人理财业务人员应满足以下资格要求：

（一）对个人理财业务活动相关法律法规、行政规章和监管要求等，有充分的了解和认识；

（二）遵守监管部门和商业银行制定的个人理财业务人员职业道德标准或守则；

（三）掌握所推介产品或向客户提供咨询顾问意见所涉及产品的特性，并对有关产品市场有所认识和理解；

（四）具备相应的学历水平和工作经验；

（五）具备相关监管部门要求的行业资格；

（六）具备中国银行业监督管理委员会要求的其他资格条件。

第五十五条 中国银行业监督管理委员会将根据个人理财业务发展与监管的需要，组织、指导个人理财业务人员的从业培训和考核。

有关要求和考核办法，由中国银行业监督管理委员会另行规定。

第五十六条 中国银行业监督管理委员会及其派出机构可以根据个人理财业务发展与监管的实际需要，按照相应的监管权限，组织相关调查和检查活动。

对于以下事项，中国银行业监督管理委员会及其派出机构可以采用多样化的方式进行调查：

（一）商业银行从事产品咨询、财务规划或投资顾问服务业务人员的专业胜任能力、操守情况，以及上述服务对投资者的保护情况；

（二）商业银行接受客户的委托和授权，按照与客户事先约定的投资计划和方式进行资产管理的业务活动，客户授权的充分性与合规性，操作程序的规范性，以及客户资产保管人员和账户操作人员职责的分离情况等；

（三）商业银行销售和管理理财计划过程中对投资人的保护情况，以及对相关产品风险的控制情况。

第五十七条 商业银行应按季度对个人理财业务进行统计分析，并于下一季度的第一个月内，将有关统计分析报告（一式三份）报送中国银行业监督管理委员会。

第五十八条 商业银行对个人理财业务的季度统计分析报告，应至少包括以下内容：

（一）当期开展的所有个人理财业务简介及相关统计数据；

（二）当期推出的理财计划简介，理财计划的相关合同、内部法律审查意见、管理模式（包括会计核算和税务处理方式等）、销售预测及当期销售和投资情况；

（三）相关风险监测与控制情况；

（四）当期理财计划的收益分配和终止情况；

（五）涉及的法律诉讼情况；

（六）其他重大事项。

第五十九条 商业银行应在每一会计年度终了编制本年度个人理财业务报告。个人理财业务年度报告，应全面反映本年度个人理财业务的发展情况，理财计划的销售情况、投资情况、收益分配情况，以及个人理财业务的综合收益情况等，并附年度报表。

年度报告和相关报表（一式三份），应于下一年度的2月底前报中国银行业监督管理委员会。

第六十条 商业银行个人理财业务的统计指标、统计方式，有关报表的编制，以及相关信息和报表报告的披露等，由中国银行业监督管理委员会另行规定。

第六章 法律责任

第六十一条 商业银行开展个人理财业务有下列情形之一的，银行业监督管理机构可依据《中华人民共和国银行业监督管理法》第四十七条的规定和《金融违法行为处罚办法》的相关规定对直接负责的董事、高级管理人员和其他直接责任人员进行处理，构成犯罪的，依法追究刑事责任：

（一）违规开展个人理财业务造成银行或客户重大经济损失的；

（二）未建立相关风险管理制度和管理体系，或虽建立了相关制度但未实际落实风险评估、监测与管控措施，造成银行重大损失的；

（三）泄露或不当使用客户个人资料和交易信息记录造成严重后果的；

（四）利用个人理财业务从事洗钱、逃税等违法犯罪活动的；

（五）挪用单独管理的客户资产的。

第六十二条 商业银行开展个人理财业务有下列情形之一的，由银行业监督管理机构依据《中华人民共和国银行业监督管理法》的规定实施处罚：

（一）违反规定销售未经批准的理财计划或产品的；

（二）将一般储蓄存款产品作为理财计划销售并违反国家利率管理政策，进行变相高息揽储的；

（三）提供虚假的成本收益分析报告或风险收益预测数据的；

（四）未按规定进行风险揭示和信息披露的；

（五）未按规定进行客户评估的。

第六十三条　商业银行开展个人理财业务的其他违法违规行为，由银行业监督管理机构依据相应的法律法规予以处罚。

第六十四条　商业银行违反审慎经营规则开展个人理财业务，或利用个人理财业务进行不公平竞争的，银行业监督管理机构应依据有关法律法规责令其限期改正；逾期未改正的，银行业监督管理机构依据有关法律法规可以采取下列措施：

（一）暂停商业银行销售新的理财计划或产品；

（二）建议商业银行调整个人理财业务管理部门负责人；

（三）建议商业银行调整相关风险管理部门、内部审计部门负责人。

第六十五条　商业银行开展个人理财业务有下列情形之一，并造成客户经济损失的，应按照有关法律规定或者合同的约定承担责任：

（一）商业银行未保存有关客户评估记录和相关资料，不能证明理财计划或产品的销售是符合客户利益原则的；

（二）商业银行未按客户指令进行操作，或者未保存相关证明文件的；

（三）不具备理财业务人员资格的业务人员向客户提供理财顾问服务、销售理财计划或产品的。

第七章　附　则

第六十六条　本办法中的"日"指工作日，"月"指日历"月"。

第六十七条　农村合作银行、城市信用社、农村信用社等其他银行业金融机构开展个人理财业务，参照本办法执行。

第六十八条　本办法由中国银行业监督管理委员会负责解释。

第六十九条　本办法自 2005 年 11 月 1 日起施行。

中国银行业监督管理委员会办公厅
关于商业银行开展个人理财业务风险提示的通知

(银监办发〔2006〕157号)

各银监局，各国有商业银行、股份制商业银行：

最近，因客户对个人理财产品投诉而引发的商业银行声誉风险和法律风险不断加大，理财资金投资对象逐步扩大和理财产品结构复杂化导致的市场风险、操作风险和策略风险也呈现上升的态势。现就各商业银行开展个人理财业务所面临的声誉风险、法律风险、市场风险、操作风险和策略风险等风险加以提示，并提出以下要求：

一、理财产品（计划）的名称应恰当反映产品属性，避免使用带有诱惑性、误导性和承诺性的称谓。商业银行在为理财产品（计划）（尤其是非保证收益型理财产品（计划））命名时，应避免使用蕴含潜在风险或易引发争议的模糊性语言。

二、理财产品（计划）的设计应强调合理性。商业银行应按照审慎经营原则，设计符合整体经营策略的理财产品（计划）。应做好充分的市场调研工作，细分客户群，针对不同目标客户群体的特点，设计相应的理财产品（计划）。同时，理财产品（计划）的设计应尊重和保护金融消费者的权益，特别是知晓理财产品（计划）风险特征的权益。

三、理财产品（计划）的风险揭示应充分、清晰和准确。商业银行向客户提供的所有可能影响客户投资决策的材料以及对客户投资情况的评估和分析等，都应按照《商业银行个人理财业务管理暂行办法》（以下简称《办法》）规定，包含相应的风险揭示内容，并以通俗的语言和适当的举例对各种风险进行解释。

四、高度重视理财营销过程中的合规性管理。商业银行应禁止理财业务人员将理财产品（计划）当作一般储蓄产品，进行大众化推销；禁止理财业务人员误导客户购买与其风险认知和承受能力不相符合的理财产品（计划）；严肃处理利用有意隐瞒或歪曲理财产品（计划）重要风险信息等欺骗手段销售理财产品（计划）的业务人员。商业银行应对现有理财产品的广告或宣传材料的内容、形式和发布渠道进行一次全面的合规性审核，并将审核和整改结果报告监管机构。

五、严格进行客户评估，妥善保管理财业务相关记录。商业银行在开展理财业务时，应按照"了解你的客户"原则对客户的财务状况、风险认知和承受能力等进行充分了解和评估，并按照《办法》要求，将有关评估意见告知客户，双方签字确认。同时，商业银行还应定期跟踪和了解原有客户评估状况的变化情况，妥善保存有关客户评估和顾问服务的记录，及时纠正或停止对不恰当的客户进行的产品销售或推销行为。

六、加强对理财业务市场风险的管理。商业银行应在对理财产品（计划）的市场变化做出科学合理的预测的基础上，进行相应的资金成本和收益测算，并据此明确产品（计划）的期限及产品（计划）期限内有关市场风险的监测和管控措施，严格按照"成本可算、风险可控"的原则设计开发产品。商业银行不得销售无市场分析预测、无产品（计划）期限、无风险管控预案的理财产品（计划）。

七、采取有效方式及时告知客户重要信息。商业银行在与客户签订合同时，应明确约定与客户联络和信息传递的方式，明确相关信息的披露方式，以及在信息传递过程中各方的责任，避免使客户因未及时获知信息而错过资金使用和再投资的机会。

八、妥善处理客户投诉，减少投诉事件的发生。商业银行应设置并向客户告知理财业务的投诉电话，指定专门的人员或部门及时处理客户投诉。同时，商业银行应建立客户投诉的登记、统计制度，对客户投诉情况进行研究分析。对于客户投诉较多的理财业务环节和理财产品（计划），商业银行应制定切实有效的解决措施，加以改正。

九、严格理财业务人员的管理。商业银行应按照《商业银行个人理财业务风险管理指引》的要求，建立健全个人理财业务人员资格考核、继续培训、跟踪评价等管理制度。对于频繁被客户投诉、投诉事实经查实的理财业务人员，应将其调离理财业务岗位，情节严重的应予以纪律处分。

十、努力提升综合竞争力，避免理财业务的不公平竞争。商业银行应大力提高产品创新和服务创新能力，以富有特色的产品（计划）、个性化的服务和差别化营销，提升客户的满意度和忠诚度，杜绝利用搭配销售和捆绑销售进行高息揽存等不公平竞争。

十一、其他银行业金融机构开展理财业务，亦应遵照本风险提示中的各项要求执行。

请各银监局将本通知转发至辖内有关银行业金融机构，并提出必要的监管要求。

二〇〇六年六月十三日

中国银监会办公厅关于进一步规范商业银行个人理财业务有关问题的通知

(银监办发〔2008〕47号)

各银监局,各国有商业银行、股份制商业银行:

为规范和促进商业银行个人理财业务健康有序发展,中国银监会于2005年9月发布了《商业银行个人理财业务管理暂行办法》(以下简称《办法》)和《商业银行个人理财业务风险管理指引》(以下简称《指引》)。近年来,商业银行个人理财业务规模不断扩大,理财产品不断创新,与此同时,部分商业银行未有效加强理财业务的管理,少数商业银行未按照《办法》和《指引》的有关规定和要求开展理财业务,出现了产品设计管理机制不健全,客户评估流于形式,风险揭示不到位,信息披露不充分,理财业务人员误导销售和投诉处理机制不完善等问题。为进一步规范商业银行个人理财市场秩序,促进商业银行个人理财业务持续健康发展,现就有关问题通知如下:

一、履行代客资产管理角色,健全产品设计管理机制。

商业银行应本着符合客户利益和风险承受能力的原则,按照《办法》第二十四条关于保证收益类产品设计、《办法》第三十八条和《指引》第五十八条关于产品研发设计工作流程、《办法》第三十九条关于成本与收益测算、《指引》第三十四条关于起点金额设置、《指引》第五十九条关于编制产品开发报告的规定,根据客户分层和目标客户群的需求,审慎、合规地开发设计理财产品。

商业银行为理财产品命名时,不得使用带有诱惑性、误导性和承诺性的称谓和蕴含潜在风险或易引发争议的模糊性语言。

商业银行不得销售无市场分析预测和无定价依据的理财产品。

商业银行应根据理财产品的风险状况和潜在客户群的风险偏好和风险承受能力,设置适当的销售起点金额,理财产品的销售起点金额不得低于5万元人民币(或等值外币)。

商业银行开展综合理财服务时,应通过自主设计开发理财产品,代理客户进行投资和资产管理,不得以发售理财产品名义变相代销境外基金或违反法律法规规定的其他境外投资理财产品。

二、建立客户评估机制,切实做好客户评估工作。

商业银行应按照《办法》第三十七条和《指引》第二十二条、第二十三条、第二十四条关于客户评估方式、《指引》第二十六条、第二十七条关于客户评估报告审核,以及《指引》第二十八条关于更新客户评估的规定,切实做好客户评估工作。

商业银行在向客户销售理财产品前，应按照"了解你的客户"原则，充分了解客户的财务状况、投资目的、投资经验、风险偏好、投资预期等情况，建立客户资料档案；同时，应建立客户评估机制，针对不同的理财产品设计专门的产品适合度评估书，对客户的产品适合度进行评估，并由客户对评估结果进行签字确认。对于与股票相关或结构较为复杂的理财产品，商业银行尤其应注意选择科学、合理的评估方法，防止错误销售。

商业银行对理财客户进行的产品适合度评估应在营业网点当面进行，不得通过网络或电话等手段进行客户产品适合度评估。

三、规范产品宣传材料，加强产品宣传与营销活动的合规性管理。

商业银行应按照《办法》第四十条和《指引》第二十九条、第五十七条关于宣传资料和风险揭示的规定，合规宣传和营销理财产品，加强风险揭示。

商业银行理财产品的宣传和介绍材料中应全面反映产品的重要特性和与产品有关的重要事实，在首页最醒目位置揭示风险，说明最不利的投资情形和投资结果，对于无法在宣传和介绍材料中提供科学、准确的测算依据和测算方式的理财产品，不得在宣传和介绍材料中出现"预期收益率"或"最高收益率"字样。

商业银行理财产品的宣传和介绍材料中如含有对某项业务或产品以往业绩的描述或未来业绩的预测，应指明所引用的期间和信息的来源，并提示以往业绩和未来业绩的预测并不是产品最终业绩的可靠依据，不得将以往业绩和未来业绩的预测作为业务宣传的最重要内容。

四、充分履行银行责任，切实做好信息披露。

商业银行应按照《办法》第二十八条、第二十九条、第三十条关于银行向客户提供理财产品账单、市场表现情况报告、收益情况报告，以及第四十条关于银行向客户提供收益测算依据的规定，做好信息披露，充分保障客户金融信息知情权。

商业银行应按照《办法》的要求，定期向客户提供理财产品账单（产品存续期不足一个月的除外），与客户另有约定的，提供账单的频度和账单中所包含的信息量应不低于《办法》的要求。

商业银行在与客户签订合同时，应明确约定与客户联络和信息传递的方式，以及在信息传递过程中双方的责任，确保客户及时获取信息，避免导致客户因未及时获知信息而错过资金使用和再投资的机会。

商业银行在未与客户约定的情况下，在网站公布产品相关信息而未确认客户已经获取该信息，不能视为其向客户进行了信息披露。

五、建立客户投诉处理机制，妥善处理客户投诉。

商业银行应按照《办法》第三十一条规定，制定客户投诉处理制度，接受并及时处理客户投诉。

商业银行应建立全面、透明、方便和快捷的客户投诉处理机制。客户投诉处理机制应至少包括处理投诉的流程、回复的安排、调查的程序及补偿或赔偿机制。

商业银行应为客户提供合理的投诉途径，确保客户了解投诉的途径、方法及程序，采用统一的标准，公平和公正地处理投诉。

商业银行应配备足够的资源，确保客户投诉处理机制有效执行。

六、严格理财业务人员管理，提高理财从业人员素质。

商业银行应按照《办法》第二十条关于理财业务人员培训和第五十六条关于理财业务人员的资格，《指引》第十九条关于建立理财业务人员管理制度和第二十条关于区分理财业务人员与一般产品销售人员的规定，加强理财业务人员的管理。

商业银行应建立理财从业人员持证上岗管理制度，完善理财业务人员的处罚和退出机制，加强对理财业务人员的持续专业培训和职业操守教育，要建立问责制，对发生多次或较严重误导销售的业务人员，及时取消其相关从业资格，并追究管理负责人的责任。

七、各银行业金融机构接到《通知》后，应立即根据《办法》《指引》和本通知的有关要求，开展个人理财业务自查，限期改正自查出的问题，并于2008年5月30日前将自查和整改情况报告报送中国银监会业务创新监管协作部，并抄报银监会相关监管部门和银监会属地监管派出机构。

八、各银监局接到本通知后，应立即组织开展商业银行理财业务暗访，按照商业银行理财业务暗访调查清单的内容对辖区商业银行理财业务开展调查，于2008年4月30日前将调查报告报送中国银监会业务创新监管协作部。

九、银监会将于近期对商业银行个人理财业务开展专项检查或抽查，对于商业银行自查中未发现或者自查后未改正的问题，将根据《办法》第六十四条的有关规定暂停商业银行理财业务，或责令商业银行调整个人理财业务相关部门负责人。

请各银监局将此通知转发至辖内城市商业银行、农村商业银行和外资银行等有关银行业金融机构。

二〇〇八年四月三日

中国银监会关于进一步规范商业银行个人理财业务投资管理有关问题的通知

(银监发〔2009〕65号)

各银监局,各国有商业银行、股份制商业银行,邮政储蓄银行:

为进一步规范商业银行个人理财业务的投资管理活动,促进理财业务健康有序发展,针对商业银行个人理财业务发展的实际情况,依据《商业银行个人理财业务管理暂行办法》(以下简称《办法》)等相关监管法律法规,现就商业银行个人理财业务投资管理有关问题通知如下:

一、商业银行开展个人理财业务应严格遵守国家法律法规,以及《办法》的有关规定,审慎尽职地对销售理财产品汇集的资金(以下简称理财资金)进行科学有效的投资管理。

二、商业银行应按照符合客户利益和风险承受能力的原则,建立健全相应的内部控制和风险管理制度体系,并定期或不定期检查相关制度体系和运行机制,保障理财资金投资管理的合规性和有效性。

三、商业银行应在充分分析宏观经济与金融市场的基础上,确定理财资金的投资范围和投资比例,合理进行资产配置,分散投资风险。

四、商业银行应坚持审慎、稳健的原则对理财资金进行投资管理,不得投资于可能造成本金重大损失的高风险金融产品,以及结构过于复杂的金融产品。

五、商业银行应科学合理地进行客户分类,根据客户的风险承受能力提供与其相适应的理财产品。商业银行应将理财客户划分为有投资经验客户和无投资经验客户,并在理财产品销售文件中标明所适合的客户类别;仅适合有投资经验客户的理财产品的起点金额不得低于10万元人民币(或等值外币),不得向无投资经验客户销售。

六、商业银行应尽责履行信息披露义务,向客户充分披露理财资金的投资方向、具体投资品种以及投资比例等有关投资管理信息,并及时向客户披露对投资者权益或者投资收益等产生重大影响的突发事件。

七、商业银行应将理财业务的投资管理纳入总行的统一管理体系之中,实行前、中、后台分离,加强日常风险指标监测和内控管理。

八、商业银行可以独立对理财资金进行投资管理,也可以委托经相关监管机构批准或认可的其他金融机构对理财资金进行投资管理。商业银行委托其他金融机构对理财资金进行投资管理,应对其资质和信用状况等做出尽职调查,并经过高级管理层核准。

九、商业银行发售理财产品，应按照企业会计准则〔2006〕第 23 号"金融资产转移"及其他相关规定，对理财资金所投资的资产逐项进行认定，将不符合转移标准的理财资金所投资的资产纳入表内核算，并按照自有同类资产的会计核算制度进行管理，对资产方按相应的权重计算风险资产，计提必要的风险拨备。

十、商业银行发售理财产品，应委托具有证券投资基金托管业务资格的商业银行托管理财资金及其所投资的资产。

十一、理财资金用于投资固定收益类金融产品，投资标的市场公开评级应在投资级以上。

十二、理财资金用于投资银行信贷资产，应符合以下要求：（一）所投资的银行信贷资产为正常类。（二）商业银行应独立或委托其他商业银行担任所投资银行信贷资产的管理人，并确保不低于管理人自营同类资产的管理标准。

十三、理财资金用于发放信托贷款，应符合以下要求：（一）遵守国家相关法律法规和产业政策的要求。（二）商业银行应对理财资金投资的信托贷款项目进行尽职调查，比照自营贷款业务的管理标准对信托贷款项目做出评审。

十四、理财资金用于投资单一借款人及其关联企业银行贷款，或者用于向单一借款人及其关联企业发放信托贷款的总额不得超过发售银行资本净额的 10%。

十五、理财资金用于投资公开或非公开市场交易的资产组合，商业银行应具有明确的投资标的、投资比例及募集资金规模计划，应对资产组合及其项下各项资产进行独立的尽职调查与风险评估，并由高级管理层核准评估结果后，在理财产品发行文件中进行披露。

十六、理财资金用于投资金融衍生品或结构性产品，商业银行或其委托的境内投资管理人应具备金融机构衍生品交易资格，以及相适应的风险管理能力。

十七、理财资金用于投资集合资金信托计划，其目标客户的选择应参照《信托公司集合资金信托计划管理办法》对于合格投资者的规定执行。

十八、理财资金不得投资于境内二级市场公开交易的股票或与其相关的证券投资基金。理财资金参与新股申购，应符合国家法律法规和监管规定。

十九、理财资金不得投资于未上市企业股权和上市公司非公开发行或交易的股份。

二十、对于具有相关投资经验，风险承受能力较强的高资产净值客户，商业银行可以通过私人银行服务满足其投资需求，不受本通知第十八条和第十九条限制。

二十一、理财资金投资于境外金融市场，除应遵守本通知相关规定外，应严格遵守《商业银行代客境外理财业务管理暂行办法》和《关于调整商业银行代客境外理财业务境外投资范围的通知》（银监办发〔2007〕114 号）等相关监管规定。严禁利用代客境外理财业务变相代理销售在境内不具备开展相关金融业务资格的境外金融机构所发行的金融产品。严禁利用代客境外理财业务变相代理不具备开展相关金融业务资格的境外金融机构在境内拓展客户或从事相关类似活动。

二十二、商业银行因违反上述规定，或因相关责任人严重疏忽，造成客户重大经济损失，监管部门将依据《银行业监督管理法》的有关规定，追究发售银行高级管理层、理财业务管理部门以及相关风险管理部门、内部审计部门负责人的相关责任,暂停该机构发售新的理财产品。本通知自发布之日起生效。

请各银监局将本通知转发至辖内银监分局和相关银行业金融机构。

二〇〇九年七月六日

中国银监会办公厅关于进一步规范商业银行个人理财业务报告管理有关问题的通知

（银监办发〔2009〕172号）

各银监局，各国有商业银行、股份制商业银行，邮政储蓄银行：

随着商业银行个人理财业务的发展，理财业务的风险特性日益复杂，为进一步加强商业银行个人理财业务的监督管理，现就商业银行个人理财业务报告管理的有关问题通知如下：

一、商业银行发售理财计划实行报告制。

二、商业银行应最迟在发售理财计划（包括总行管理以及总行授权分行管理的理财计划）前10日，统一由其法人机构将以下材料按照有关规定向负责法人机构监管的银监会监管部门或属地银监局（以下称银监会或其派出机构）报告：

（一）理财计划的可行性评估报告，主要内容包括：产品基本特性、目标客户群、拟销售的时间和规模、拟销售的地区、产品投向、投资组合安排、银行资金成本与收益测算、含有预期收益率的理财计划的收益测算方式和测算依据、产品风险评估管控措施等。

（二）内部相关部门审核文件。

（三）商业银行就理财计划对投资管理人、托管人、投资顾问等相关方的尽职调查文件。

（四）商业银行就理财计划与投资管理人、托管人、投资顾问等相关方签署的法律文件。

（五）理财计划的销售文件，包括产品协议书、产品说明书、风险揭示书、客户评估书等需要客户进行签字确认的销售文件。

（六）理财计划的宣传材料，包括银行营业网点、银行官方网站和银行委托第三方网站向客户提供的产品宣传材料，以及通过各种媒体投放的产品广告等。

（七）报告材料联络人的具体联系方式。

（八）中国银监会及其派出机构要求的其他材料。

三、商业银行应由主管个人理财业务的高级管理人员对理财计划的报告材料进行审核批准后，报送银监会或其派出机构。

四、商业银行应确保报告材料的真实性和完整性。对于报告材料不齐全或者不符合形式要求的，商业银行应按照银监会或其派出机构的要求进行补充报送或调整后重新报送。

五、商业银行分支机构应最迟在开始发售理财计划后 5 个工作日内,将以下材料按照有关规定向当地银监会派出机构报告:

(一)法人机构理财计划发售授权书。

(二)理财计划的销售文件,包括产品协议书、产品说明书、风险揭示书、客户评估书等需要客户进行签字确认的销售文件。

(三)理财计划的宣传材料,包括银行营业网点、银行官方网站和银行委托第三方网站向客户提供的产品宣传材料,以及通过各种媒体投放的产品广告等。

(四)报告材料联络人的具体联系方式。

(五)中国银监会及其派出机构要求的其他材料。

六、商业银行应在理财计划销售文件和宣传材料中提供全面、完整的理财计划相关信息,进行充分的销售前信息披露,并以通俗的文字表达,确保客户能够以相关信息为基础,结合自身的财务状况、风险承受能力和投资预期等做出正确的投资决策。

七、从即日起取消《关于调整商业银行个人理财业务管理有关规定的通知》(银监办发〔2007〕241 号)第二条的规定。

请各银监局将本通知转发至辖内银监分局和相关银行业金融机构。

二〇〇九年四月二十八日

商业银行理财产品销售管理办法

(中国银行业监督管理委员会令 2011 年第 5 号)

《商业银行理财产品销售管理办法》已经中国银行业监督管理委员会第 109 次主席会议通过。现予公布，自 2012 年 1 月 1 日起施行。

主席　刘明康

二〇一一年八月二十八日

第一章　总　则

第一条　为规范商业银行理财产品销售活动，促进商业银行理财业务健康发展，根据《中华人民共和国银行业监督管理法》《中华人民共和国商业银行法》及其他相关法律、行政法规，制定本办法。

第二条　本办法所称商业银行理财产品（以下简称理财产品）销售是指商业银行将本行开发设计的理财产品向个人客户和机构客户（以下统称客户）宣传推介、销售、办理申购、赎回等行为。

第三条　商业银行开展理财产品销售活动，应当遵守法律、行政法规等相关规定，不得损害国家利益、社会公共利益和客户合法权益。

第四条　中国银监会及其派出机构依照相关法律、行政法规和本办法等相关规定，对理财产品销售活动实施监督管理。

第二章　基本原则

第五条　商业银行销售理财产品，应当遵循诚实守信、勤勉尽责、如实告知原则。

第六条　商业银行销售理财产品，应当遵循公平、公开、公正原则，充分揭示风险，保护客户合法权益，不得对客户进行误导销售。

第七条　商业银行销售理财产品，应当进行合规性审查，准确界定销售活动包含的法律关系，防范合规风险。

第八条　商业银行销售理财产品，应当做到成本可算、风险可控、信息充分披露。

第九条　商业银行销售理财产品，应当遵循风险匹配原则，禁止误导客户购买与其风险承受能力不相符合的理财产品。风险匹配原则是指商业银行只能向客户销售风险评级等于或低于其风险承受能力评级的理财产品。

第十条 商业银行销售理财产品，应当加强客户风险提示和投资者教育。

第三章 宣传销售文本管理

第十一条 本办法所称宣传销售文本分为两类。

一是宣传材料，指商业银行为宣传推介理财产品向客户分发或者公布，使客户可以获得的书面、电子或其他介质的信息，包括：

（一）宣传单、手册、信函等面向客户的宣传资料；

（二）电话、传真、短信、邮件；

（三）报纸、海报、电子显示屏、电影、互联网等以及其他音像、通讯资料；

（四）其他相关资料。

二是销售文件，包括：理财产品销售协议书、理财产品说明书、风险揭示书、客户权益须知等；经客户签字确认的销售文件，商业银行和客户双方均应留存。

第十二条 商业银行应当加强对理财产品宣传销售文本制作和发放的管理，宣传销售文本应当由商业银行总行统一管理和授权，分支机构未经总行授权不得擅自制作和分发宣传销售文本。

第十三条 理财产品宣传销售文本应当全面、客观反映理财产品的重要特性和与产品有关的重要事实，语言表述应当真实、准确和清晰，不得有下列情形：

（一）虚假记载、误导性陈述或者重大遗漏；

（二）违规承诺收益或者承担损失；

（三）夸大或者片面宣传理财产品，违规使用安全、保证、承诺、保险、避险、有保障、高收益、无风险等与产品风险收益特性不匹配的表述；

（四）登载单位或者个人的推荐性文字；

（五）在未提供客观证据的情况下，使用"业绩优良""名列前茅""位居前列""最有价值""首只""最大""最好""最强""唯一"等夸大过往业绩的表述；

（六）其他易使客户忽视风险的情形。

第十四条 理财产品宣传销售文本只能登载商业银行开发设计的该款理财产品或风险等级和结构相同的同类理财产品过往平均业绩及最好、最差业绩，同时应当遵守下列规定：

（一）引用的统计数据、图表和资料应当真实、准确、全面，并注明来源，不得引用未经核实的数据；

（二）真实、准确、合理地表述理财产品业绩和商业银行管理水平；

（三）在宣传销售文本中应当明确提示，产品过往业绩不代表其未来表现，不构成新发理财产品业绩表现的保证。如理财产品宣传销售文本中使用模拟数据的，必须注明模拟数据。

第十五条 理财产品宣传销售文本提及第三方专业机构评价结果的，应当列明第三方专业评价机构名称及刊登或发布评价的渠道与日期。

第十六条 理财产品宣传销售文本中出现表达收益率或收益区间字样的，应当在销售文件中提供科学、合理的测算依据和测算方式，以醒目文字提醒客户，"测算收益不等于实际收益，投资须谨慎"。如不能提供科学、合理的测算依据和测算方式，则理财产品宣传销售文本中不得出现产品收益率或收益区间等类似表述。向客户表述的收益率测算依据和测算方式应当简明、清晰，不得使用小概率事件夸大产品收益率或收益区间，误导客户。

第十七条 理财产品宣传材料应当在醒目位置提示客户，"理财非存款、产品有风险、投资须谨慎"。

第十八条 理财产品销售文件应当包含专页风险揭示书，风险揭示书应当使用通俗易懂的语言，并至少包含以下内容：

（一）在醒目位置提示客户，"理财非存款、产品有风险、投资须谨慎"；

（二）提示客户，"如影响您风险承受能力的因素发生变化，请及时完成风险承受能力评估"；

（三）提示客户注意投资风险，仔细阅读理财产品销售文件，了解理财产品具体情况；

（四）本理财产品类型、期限、风险评级结果、适合购买的客户，并配以示例说明最不利投资情形下的投资结果；

（五）保证收益理财产品风险揭示应当至少包含以下表述："本理财产品有投资风险，只能保证获得合同明确承诺的收益，您应充分认识投资风险，谨慎投资"；

（六）保本浮动收益理财产品的风险揭示应当至少包含以下表述："本理财产品有投资风险，只保障理财资金本金，不保证理财收益，您应当充分认识投资风险，谨慎投资"；

（七）非保本浮动收益理财产品的风险揭示应当至少包含以下内容：本理财产品不保证本金和收益，并根据理财产品风险评级提示客户可能会因市场变动而蒙受损失的程度，以及需要充分认识投资风险，谨慎投资等内容；

（八）客户风险承受能力评级，由客户填写；

（九）风险揭示书还应当设计客户风险确认语句抄录，包括确认语句栏和签字栏；确认语句栏应当完整载明的风险确认语句为："本人已经阅读风险揭示，愿意承担投资风险"，并在此语句下预留足够空间供客户完整抄录和签名确认。

第十九条 理财产品销售文件应当包含专页客户权益须知，客户权益须知应当至少包括以下内容：

（一）客户办理理财产品的流程；

（二）客户风险承受能力评估流程、评级具体含义以及适合购买的理财产品等相关内容；

（三）商业银行向客户进行信息披露的方式、渠道和频率等；

（四）客户向商业银行投诉的方式和程序；

（五）商业银行联络方式及其他需要向客户说明的内容。

第二十条 理财产品销售文件应当载明投资范围、投资资产种类和各投资资产种类的投资比例，并确保在理财产品存续期间按照销售文件约定比例合理浮动。市场发生重大变化导致投资比例暂时超出浮动区间且可能对客户预期收益产生重大影响的，应当及时向客户进行信息披露。商业银行根据市场情况调整投资范围、投资品种或投资比例，应当按照有关规定进行信息披露后方可调整；客户不接受的，应当允许客户按照销售文件的约定提前赎回理财产品。

第二十一条　理财产品销售文件应当载明收取销售费、托管费、投资管理费等相关收费项目、收费条件、收费标准和收费方式。销售文件未载明的收费项目，不得向客户收取。商业银行根据相关法律和国家政策规定，需要对已约定的收费项目、条件、标准和方式进行调整时，应当按照有关规定进行信息披露后方可调整；客户不接受的，应当允许客户按照销售文件的约定提前赎回理财产品。

第二十二条　商业银行应当按照销售文件约定及时、准确地进行信息披露；产品结束或终止时的信息披露内容应当包括但不限于实际投资资产种类、投资品种、投资比例、销售费、托管费、投资管理费和客户收益等。理财产品未达到预期收益的，应当详细披露相关信息。

第二十三条　理财产品名称应当恰当反映产品属性，不得使用带有诱惑性、误导性和承诺性的称谓以及易引发争议的模糊性语言。理财产品名称中含有拟投资资产名称的，拟投资该资产的比例须达到该理财产品规模的50%（含）以上；对挂钩性结构化理财产品，名称中含有挂钩资产名称的，需要在名称中明确所挂钩标的资产占理财资金的比例或明确是用本金投资的预期收益挂钩标的资产。

第四章　理财产品风险评级

第二十四条　商业银行应当采用科学、合理的方法对拟销售的理财产品自主进行风险评级，制定风险管控措施，进行分级审核批准。理财产品风险评级结果应当以风险等级体现，由低到高至少包括五个等级，并可根据实际情况进一步细分。

第二十五条　商业银行应当根据风险匹配原则在理财产品风险评级与客户风险承受能力评估之间建立对应关系；应当在理财产品销售文件中明确提示产品适合销售的客户范围，并在销售系统中设置销售限制措施。

第二十六条　商业银行对理财产品进行风险评级的依据应当包括但不限于以下因素：

（一）理财产品投资范围、投资资产和投资比例；
（二）理财产品期限、成本、收益测算；
（三）本行开发设计的同类理财产品过往业绩；
（四）理财产品运营过程中存在的各类风险。

第五章　客户风险承受能力评估

第二十七条　商业银行应当对客户风险承受能力进行评估，确定客户风险承受能力评级，由低到高至少包括五级，并可根据实际情况进一步细分。

第二十八条 商业银行应当在客户首次购买理财产品前在本行网点进行风险承受能力评估。风险承受能力评估依据至少应当包括客户年龄、财务状况、投资经验、投资目的、收益预期、风险偏好、流动性要求、风险认识以及风险损失承受程度等。商业银行对超过65周岁（含）的客户进行风险承受能力评估时，应当充分考虑客户年龄、相关投资经验等因素。商业银行完成客户风险承受能力评估后应当将风险承受能力评估结果告知客户，由客户签名确认后留存。

第二十九条 商业银行应当定期或不定期地采用当面或网上银行方式对客户进行风险承受能力持续评估。超过一年未进行风险承受能力评估或发生可能影响自身风险承受能力情况的客户，再次购买理财产品时，应当在商业银行网点或其网上银行完成风险承受能力评估，评估结果应当由客户签名确认；未进行评估，商业银行不得再次向其销售理财产品。

第三十条 商业银行应当制定本行统一的客户风险承受能力评估书。商业银行应当在客户风险承受能力评估书中明确提示，如客户发生可能影响其自身风险承受能力的情形，再次购买理财产品时应当主动要求商业银行对其进行风险承受能力评估。

第三十一条 商业银行为私人银行客户和高资产净值客户提供理财产品销售服务应当按照本办法规定进行客户风险承受能力评估。私人银行客户是指金融净资产达到600万元人民币及以上的商业银行客户；商业银行在提供服务时，由客户提供相关证明并签字确认。高资产净值客户是满足下列条件之一的商业银行客户：

（一）单笔认购理财产品不少于100万元人民币的自然人；

（二）认购理财产品时，个人或家庭金融净资产总计超过100万元人民币，且能提供相关证明的自然人；

（三）个人收入在最近三年每年超过20万元人民币或者家庭合计收入在三年内每年超过30万元人民币，且能提供相关证明的自然人。

第三十二条 商业银行分支机构理财产品销售部门负责人或经授权的业务主管人员应当定期对已完成的客户风险承受能力评估书进行审核。

第三十三条 商业银行应当建立客户风险承受能力评估信息管理系统，用于测评、记录和留存客户风险承受能力评估内容和结果。

第六章　理财产品销售管理

第三十四条 商业银行不得销售无市场分析预测、无风险管控预案、无风险评级、不能独立测算的理财产品，不得销售风险收益严重不对称的含有复杂金融衍生工具的理财产品。

第三十五条 商业银行不得无条件向客户承诺高于同期存款利率的保证收益率；高于同期存款利率的保证收益，应当是对客户有附加条件的保证收益。商业银行向客户承诺保证收益的附加条件可以是对理财产品期限调整、币种转换等权利，也可以是对最终支付货币和工具的选择权利等，承诺保证收益的附加条件所产生的投资风险应当由客户承担，并应当在销售文件明确告知客户。商业银行不得承诺或变相承诺除保证收益以外的任何可获得收益。

第三十六条 商业银行不得将存款单独作为理财产品销售，不得将理财产品与存款进行强制性搭配销售。商业银行不得将理财产品作为存款进行宣传销售，不得违反国家利率管理政策变相高息揽储。

第三十七条 商业银行从事理财产品销售活动，不得有下列情形：
（一）通过销售或购买理财产品方式调节监管指标，进行监管套利；
（二）将理财产品与其他产品进行捆绑销售；
（三）采取抽奖、回扣或者赠送实物等方式销售理财产品；
（四）通过理财产品进行利益输送；
（五）挪用客户认购、申购、赎回资金；
（六）销售人员代替客户签署文件；
（七）中国银监会规定禁止的其他情形。

第三十八条 商业银行应当根据理财产品风险评级、潜在客户群的风险承受能力评级，为理财产品设置适当的单一客户销售起点金额。风险评级为一级和二级的理财产品，单一客户销售起点金额不得低于5万元人民币；风险评级为三级和四级的理财产品，单一客户销售起点金额不得低于10万元人民币；风险评级为五级的理财产品，单一客户销售起点金额不得低于20万元人民币。

第三十九条 商业银行不得通过电视、电台渠道对具体理财产品进行宣传；通过电话、传真、短信、邮件等方式开展理财产品宣传时，如客户明确表示不同意，商业银行不得再通过此种方式向客户开展理财产品宣传。

第四十条 商业银行通过本行网上银行销售理财产品时，应当遵守本办法第二十八条规定；销售过程应有醒目的风险提示，风险确认不得低于网点标准，销售过程应当保留完整记录。

第四十一条 商业银行通过本行电话银行销售理财产品时，应当遵守本办法第二十八条规定；销售人员应当是具有理财从业资格的银行人员，销售过程应当使用统一的规范用语，妥善保管客户信息，履行相应的保密义务。商业银行通过本行电话银行向客户销售理财产品应当征得客户同意，明确告知客户销售的是理财产品，不得误导客户；销售过程的风险确认不得低于网点标准，销售过程应当录音并妥善保存。

第四十二条 商业银行销售风险评级为四级（含）以上理财产品时，除非与客户书面约定，否则应当在商业银行网点进行。

第四十三条 商业银行向私人银行客户销售专门为其设计开发的理财产品或投资组合时，双方应当签订专门的理财服务协议，销售活动可按服务协议约定方式进行，但应当确保销售过程符合相关法律法规规定。

第四十四条 商业银行向机构客户销售理财产品不适用本办法有关客户风险承受能力评估、风险确认语句抄录的相关规定，但应当确保销售过程符合相关法律法规及本办法其他条款规定。商业银行向机构客户销售专门为其设计开发的理财产品，双方应当签订专门的理财服务协议，销售活动可以按服务协议约定方式执行，但应当确保销售过程符合相关法律法规规定。

第四十五条 对于单笔投资金额较大的客户，商业银行应当在完成销售前将包括销售文件在内的认购资料至少报经商业银行分支机构销售部门负责人审核或其授权的业务主管人员审核；单笔金额标准和审核权限，由商业银行根据理财产品特性和本行风险管理要求制定。已经完成销售的理财产品销售文件，应至少报经商业银行分支机构理财产品销售部门负责人或其授权的业务主管人员定期审核。

第四十六条 客户购买风险较高或单笔金额较大的理财产品，除非双方书面约定，否则商业银行应当在划款时以电话等方式与客户进行最后确认；如果客户不同意购买该理财产品，商业银行应当遵从客户意愿，解除已签订的销售文件。风险较高和单笔金额较大的标准，由商业银行根据理财产品特性和本行风险管理要求制定。

第四十七条 商业银行不得将其他商业银行或其他金融机构开发设计的理财产品标记本行标识后作为自有理财产品销售。商业银行代理销售其他商业银行理财产品应当遵守本办法规定，进行充分的风险审查并承担相应责任。

第四十八条 商业银行应当建立异常销售的监控、记录、报告和处理制度，重点关注理财产品销售业务中的不当销售和误导销售行为，至少应当包括以下异常情况：

（一）客户频繁开立、撤销理财账户；

（二）客户风险承受能力与理财产品风险不匹配；

（三）商业银行超过约定时间进行资金划付；

（四）其他应当关注的异常情况。

第七章　销售人员管理

第四十九条 本办法所称销售人员是指商业银行面向客户从事理财产品宣传推介、销售、办理申购和赎回等相关活动的人员。

第五十条 销售人员除应当具备理财产品销售资格以及相关法律法规、金融、财务等专业知识和技能外，还应当满足以下要求：

（一）对理财业务相关法律、法规和监管规定等有充分了解和认识；

（二）遵守监管部门和商业银行制定的理财业务人员职业道德标准或守则；

（三）掌握所宣传销售的理财产品或向客户提供咨询顾问意见所涉及理财产品的特性，对有关理财产品市场有所认识和理解；

（四）具备相应的学历水平和工作经验；

（五）具备监管部门要求的行业资格。

第五十一条 销售人员从事理财产品销售活动，应当遵循以下原则：

（一）勤勉尽职原则。销售人员应当以对客户高度负责的态度执业，认真履行各项职责。

（二）诚实守信原则。销售人员应当忠实于客户，以诚实、公正的态度、合法的方式执业，如实告知客户可能影响其利益的重要情况和理财产品风险评级情况。

（三）公平对待客户原则。在理财产品销售活动中发生分歧或矛盾时，销售人员应当公平对待客户,不得损害客户合法权益。

（四）专业胜任原则。销售人员应当具备理财产品销售的专业资格和技能,胜任理财产品销售工作。

第五十二条　销售人员在向客户宣传销售理财产品时,应当先做自我介绍,尊重客户意愿,不得在客户不愿或不便的情况下进行宣传销售。

第五十三条　销售人员在为客户办理理财产品认购手续前,应当遵守本办法规定,特别注意以下事项：

（一）有效识别客户身份；

（二）向客户介绍理财产品销售业务流程、收费标准及方式等；

（三）了解客户风险承受能力评估情况、投资期限和流动性要求；

（四）提醒客户阅读销售文件,特别是风险揭示书和权益须知；

（五）确认客户抄录了风险确认语句。

第五十四条　销售人员从事理财产品销售活动,不得有下列情形：

（一）在销售活动中为自己或他人牟取不正当利益,承诺进行利益输送,通过给予他人财物或利益,或接受他人给予的财物或利益等形式进行商业贿赂；

（二）诋毁其他机构的理财产品或销售人员；

（三）散布虚假信息,扰乱市场秩序；

（四）违规接受客户全权委托,私自代理客户进行理财产品认购、申购、赎回等交易；

（五）违规对客户做出盈亏承诺,或与客户以口头或书面形式约定利益分成或亏损分担；

（六）挪用客户交易资金或理财产品；

（七）擅自更改客户交易指令；

（八）其他可能有损客户合法权益和所在机构声誉的行为。

第五十五条　商业银行应当向销售人员提供每年不少于 20 小时的培训,确保销售人员掌握理财业务监管政策、规章制度,熟悉理财产品宣传销售文本、产品风险特性等专业知识。培训记录应当详细记载培训要求、方式、时间及考核结果等,未达到培训要求的销售人员应当暂停从事理财产品销售活动。

第五十六条　商业银行应当建立健全销售人员资格考核、继续培训、跟踪评价等管理制度,不得对销售人员采用以销售业绩作为单一考核和奖励指标的考核方法,并应当将客户投诉情况、误导销售以及其他违规行为纳入考核指标体系。商业银行应当对销售人员在销售活动中出现的违规行为进行问责处理,将其纳入本行人力资源评价考核系统,持续跟踪考核。对于频繁被客户投诉、查证属实的销售人员,应当将其调离销售岗位；情节严重的应当按照本办法规定承担相应法律责任。

第八章　销售内控制度

第五十七条　商业银行董事会和高级管理层应当充分了解理财产品销售可能存在

的合规风险、操作风险、法律风险、声誉风险等,密切关注理财产品销售过程中各项风险管控措施的执行情况,确保理财产品销售的各项管理制度和风险控制措施体现充分了解客户和符合客户利益的原则。

第五十八条　商业银行应当明确规定理财产品销售的管理部门,根据国家有关法律法规及销售业务的性质和自身特点建立科学、透明的理财产品销售管理体系和决策程序,高效、严谨的业务运营系统,健全、有效的内部监督系统,以及应急处理机制。

第五十九条　商业银行应当建立包括理财产品风险评级、客户风险承受能力评估、销售活动风险评估等在内的科学严密的风险管理体系和内部控制制度,对内外部风险进行识别、评估和管理,规范销售行为,确保将合适的产品销售给合适的客户。

第六十条　商业银行应当建立健全符合本行情况的理财产品销售授权控制体系,加强对分支机构的管理,有效控制分支机构的销售风险。授权管理应当至少包括:

(一)明确规定分支机构的业务权限;

(二)制定统一的标准化销售服务规程,提高分支机构的销售服务质量;

(三)统一信息技术系统和平台,确保客户信息的有效管理和客户资金安全;

(四)建立清晰的报告路线,保持信息渠道畅通;

(五)加强对分支机构的监督管理,采取定期核对、现场核查、风险评估等方式有效控制分支机构的风险。

第六十一条　商业银行应当建立理财产品销售业务账户管理制度,确保各类账户的开立和使用符合法律法规和相关监管规定,保障理财产品销售资金的安全和账户的有序管理。

第六十二条　商业银行应当制定理财产品销售业务基本规程,对开户、销户、资料变更等账户类业务,认购、申购、赎回、转换等交易类业务做出规定。

第六十三条　商业银行应当建立全面、透明、快捷和有效的客户投诉处理体系,具体应当包括:

(一)有专门的部门受理和处理客户投诉;

(二)建立客户投诉处理机制,至少应当包括投诉处理流程、调查程序、解决方案、客户反馈程序、内部反馈程序等;

(三)为客户提供合理的投诉途径,确保客户了解投诉的途径、方法及程序,采用本行统一标准,公平和公正地处理投诉;

(四)向社会公布受理客户投诉的方式,包括电话、邮件、信函以及现场投诉等并公布投诉处理规则;

(五)准确记录投诉内容,所有投诉应当保留记录并存档,投诉电话应当录音;

(六)评估客户投诉风险,采取适当措施,及时妥善处理客户投诉;

(七)定期根据客户投诉总结相关问题,形成分析报告,及时发现业务风险,完善内控制度。

第六十四条　商业银行应当依法建立客户信息管理制度和保密制度,防范客户信息被不当使用。

第六十五条 商业银行应当建立文档保存制度，妥善保存理财产品销售环节涉及的所有文件、记录、录音等相关资料。

第六十六条 商业银行应当具备与管控理财产品销售风险相适应的技术支持系统和后台保障能力，尽快建立完整的销售信息管理系统，设置必要的信息管理岗位，确保销售管理系统安全运行。

第六十七条 商业银行应当建立和完善理财产品销售质量控制制度，制定实施内部监督和独立审核措施，配备必要的人员，对本行理财产品销售人员的操守资质、服务合规性和服务质量等进行内部调查和监督。内部调查应当采用多样化的方式进行。对理财产品销售质量进行调查时，内部调查监督人员还应当亲自或委托适当的人员，以客户身份进行调查。

内部调查监督人员应当在审查销售服务记录、合同和其他材料等基础上，重点检查是否存在不当销售的情况。

第九章 监督管理

第六十八条 中国银监会及其派出机构根据审慎监管要求，对商业银行理财产品销售活动进行非现场监管和现场检查。

第六十九条 商业银行销售理财产品实行报告制，报告期间，不得对报告的理财产品开展宣传销售活动。商业银行总行或授权分支机构开发设计的理财产品，应当由商业银行总行负责报告，报告材料应当经商业银行主管理财业务的高级管理人员审核批准。商业银行总行应当在销售前10日，将以下材料向中国银监会负责法人机构监管的部门或属地银监局报告（外国银行分行参照执行）：

（一）理财产品的可行性评估报告，主要内容包括：产品基本特性、目标客户群、拟销售时间和规模、拟销售地区、理财资金投向、投资组合安排、资金成本与收益测算、含有预期收益率的理财产品的收益测算方式和测算依据、产品风险评估及管控措施等；

（二）内部审核文件；

（三）对理财产品投资管理人、托管人、投资顾问等相关方的尽职调查文件；

（四）与理财产品投资管理人、托管人、投资顾问等相关方签署的法律文件；

（五）理财产品销售文件，包括理财产品销售协议书、理财产品说明书、风险揭示书、客户权益须知等；

（六）理财产品宣传材料，包括银行营业网点、银行官方网站和银行委托第三方网站向客户提供的理财产品宣传材料，以及通过各种媒体投放的产品广告等；

（七）报告材料联络人的具体联系方式；

（八）中国银监会及其派出机构要求的其他材料。商业银行向机构客户和私人银行客户销售专门为其开发设计的理财产品不适用本条规定。

第七十条 商业银行分支机构应当在开始发售理财产品之日起5日内，将以下材料向所在地中国银监会派出机构报告：

（一）总行理财产品发售授权书；

（二）理财产品销售文件，包括理财产品协议书、理财产品说明书、风险揭示书、客户权益须知等；

（三）理财产品宣传材料，包括银行营业网点、银行官方网站和银行委托第三方网站向客户提供的产品宣传材料，以及通过各种媒体投放的产品广告等；

（四）报告材料联络人的具体联系方式；

（五）中国银监会及其派出机构要求的其他材料。

第七十一条　商业银行应当确保报告材料的真实性和完整性。报告材料不齐全或者不符合形式要求的，应当按照中国银监会或其派出机构的要求进行补充报送或调整后重新报送。

第七十二条　商业银行理财业务有下列情形之一的，应当及时向中国银监会或其派出机构报告：

（一）发生群体性事件、重大投诉等重大事件；

（二）挪用客户资金或资产；

（三）投资交易对手或其他信用关联方发生重大信用违约事件，可能造成理财产品重大亏损；

（四）理财产品出现重大亏损；

（五）销售中出现的其他重大违法违规行为。

第七十三条　商业银行应当根据中国银监会的规定对理财产品销售进行月度、季度和年度统计分析，报送中国银监会及其派出机构。商业银行应当在每个会计年度结束时编制本年度理财业务发展报告，应当至少包括销售情况、投资情况、收益分配、客户投诉情况等，于下一年度2月底前报送中国银监会及其派出机构。

第十章　法律责任

第七十四条　商业银行违反本办法规定开展理财产品销售的，中国银监会或其派出机构责令限期改正，情节严重或者逾期不改正的，中国银监会或其派出机构可以区别不同情形，根据《中华人民共和国银行业监督管理法》第三十七条规定采取相应监管措施。

第七十五条　商业银行开展理财产品销售业务有下列情形之一的，由中国银监会或其派出机构责令限期改正，除按照本办法第七十四条规定采取相关监管措施外，还可以并处20万元以上50万元以下罚款；涉嫌犯罪的，依法移送司法机关：

（一）违规开展理财产品销售造成客户或银行重大经济损失的；

（二）泄露或不当使用客户个人资料和交易记录造成严重后果的；

（三）挪用客户资产的；

（四）利用理财业务从事洗钱、逃税等违法犯罪活动的；

（五）其他严重违反审慎经营规则的。

第七十六条　商业银行违反法律、行政法规以及国家有关银行业监督管理规定的，中国银监会或其派出机构除依照本办法第七十四条和第七十五条规定处理外，还可以区别不同情形，按照《中华人民共和国银行业监督管理法》第四十八条规定采取相应监管措施。

第十一章　附　则

第七十七条　本办法中的"日"指工作日。

第七十八条　农村合作银行、城市信用社、农村信用社等其他银行业金融机构开展理财产品销售业务，参照本办法执行。

第七十九条　本办法由中国银监会负责解释。

第八十条　本办法自 2012 年 1 月 1 日起施行。

中国银监会关于进一步加强商业银行理财业务风险管理有关问题的通知

(银监发〔2011〕91号)

各银监局,各政策性银行、国有商业银行、股份制商业银行,邮政储蓄银行:

为促进商业银行理财业务的规范、健康、可持续发展,现就进一步加强理财业务风险管理的有关事项通知如下:

一、商业银行开展理财业务,应严格遵守"成本可算、风险可控、信息充分披露"的原则;不符合该原则的理财产品不得销售。

二、商业银行应确保理财产品募集资金进行投资的真实性与合法性,不得发行和销售无真实投资、无测算依据、无充分信息披露的理财产品;不得通过发行短期和超短期、高收益的理财产品变相高息揽储,在月末、季末变相调节存贷比等监管指标,进行监管套利;应重点加强对期限在一个月以内的理财产品的信息披露和合规管理,杜绝不符合监管规定的产品。

监管机构要加强对理财产品的审核,及时否决不符合监管规定的理财产品。

三、商业银行应充分披露理财产品的相关信息,不得笼统地规定各类资产的投资比例为0至100%,应当载明各类投资资产的具体种类和比例区间。

商业银行应通过事前、事中、事后的持续性披露,不断提高理财产品的透明度;所有针对个人客户发行的理财产品,产品相关的事前、事中、事后信息均应在总行的官方网站上予以充分披露,私人银行客户与银行另有约定的除外。

四、商业银行应公平对待客户,在销售文件中明确告知客户以下内容:

(一)产品的募集期和起始期;

(二)产品结束时的清算期。

商业银行不得故意拖延理财产品的清算期,理财产品到期后应及时完成清算。

五、商业银行应加强内部管理,做好对每个理财计划的单独核算和规范管理,并遵守以下要求:

(一)对每个理财计划所汇集的资金进行规范的会计核算;

(二)为每个理财计划制作明细记录,覆盖资金募集、投资过程、各类标的资产的明细、到期清算的全过程;

(三)为每个理财计划建立托管的明细账;

(四)每个理财计划对应的投资资产组合实现单独管理;

(五)计划终止时,应准确地计算每个理财计划单独兑现的收益。

六、商业银行在开展银信理财合作业务时,应严格遵守银信理财合作的各项相关规定。

商业银行应按照"实质重于形式"的原则,依法合规地开展金融创新,不得通过理财业务规避审慎监管政策,变相调节资本充足率、存贷比、拨备覆盖率等各项监管指标,进行监管套利。

七、商业银行应严格按照企业会计准则的相关规定,对本行资金所投资的理财产品中包含的信贷资产(包括贷款和票据融资)纳入表内核算,并按照自有信贷资产的会计核算制度进行管理,计算相应的存贷比等监管指标,按相应的权重计算风险资产,计提必要的风险拨备。

八、商业银行开展理财业务应与国家宏观调控政策保持一致,不得进入国家法律、政策规定的限制性行业和领域。

九、商业银行应加强对理财业务的审计,对于每一种类型的理财计划,每季度应至少随机抽取一个理财计划进行全面审计。

十、各级监管机构要加强对理财业务的非现场监管分析和现场检查,严格查处各种违规行为。

针对理财业务中的各种违规情形,一经发现,监管机构要采取必要的监管措施,要求商业银行停止销售,并可依据《中华人民共和国银行业监督管理法》的有关规定,责令其暂停理财业务,给予相应处罚,并追究相关人员的责任。

十一、农村合作银行、城市信用社、农村信用社等其他银行业金融机构开展理财业务,参照本通知执行。

十二、本通知自发布之日起施行。

银行业金融机构应按本通知的各项要求在 30 日之内及时完成整改;整改后,不能按本通知要求依法合规开展理财业务的,暂停发行和销售新的理财产品。

请各银监局将本通知转发辖内银监分局和各银行业金融机构。

关于进一步规范银行理财产品穿透登记工作的通知

(理财中心发〔2017〕14号)

各政策性银行、大型银行、股份制银行、邮储银行、外资银行：

为贯彻落实近期银监会有关文件精神和银行业理财业务穿透管理的要求，全面、及时掌握理财资金投向，防范理财业务风险，各银行业金融机构应严格按照银监会各项规定尽快完善本行理财投资业务和登记工作制度，并且在全国银行业理财信息登记系统（以下简称理财登记系统）中真实、准确、完整、及时地登记底层基础资产和负债信息。经银监会创新部同意，现就有关要求通知如下：

一、对于银行理财资金购买各类资产管理计划和通过与其他金融机构签订委托投资协议的方式进行投资（以下简称协议委外）的情况，必须通过理财登记系统对底层基础资产或负债进行登记。底层基础资产和负债信息的分类见《全国银行业理财信息登记系统数据元规范》中的分类标准。

二、遵循分层登记原则，先登记理财产品首次投资的各类资产管理计划和协议委外信息，再登记其持有的所有底层基础资产和负债信息，不得省略资产管理计划和协议委外而直接登记底层信息。

各银行业金融机构应于每周五前登记资管计划和协议委外截至上周日的底层资产情况，并于每月前五个工作日内登记上月最后一个自然日的底层资产情况，确保登记的及时性。

对于多层嵌套情况，也须按照逐层穿透原则登记至最底层基础资产和负债信息。

三、登记底层基础资产及负债时必须以整个资产管理计划或协议委外在登记日期的实际规模为单位，不得少登或按理财资金投资比例拆分登记；不得漏登或主观不登底层负债；不得为逃避穿透登记的监管要求故意将资产管理计划和协议委外登记为其他债券、其他货币市场工具等资产类别。

四、各银行业金融机构原则上应从资产管理机构处获取底层基础资产和负债信息，也可利用托管机构为其提供底层信息。

五、各银行业金融机构应要求资产管理机构或托管机构在提供底层信息时加盖单位公章或部门章，做到有据可依、便于查证。

六、各银行业金融机构应切实履行自身投资管理职责，建立健全理财信息登记质量责任制，加强对合作机构提供的底层基础资产和负债信息的自主核查，避免在登记信息中出现持仓资产实际已到期、总量规模与底层加总规模偏差过大等各类错误，确保登记信息的真实、准确、完整、及时。

七、银行业理财登记托管中心将进一步规范理财登记信息修改流程及要求，制定相关细则并尽快发布。同时，信息修改原因、频率、数量以及对统计数据的影响等因素将纳入理财登记工作评价。

八、银行业理财登记托管中心将持续加强理财登记质量尤其是穿透登记质量的抽查、监测工作，不断丰富、完善抽查内容、手段，帮助和督促各银行业金融机构提升登记质量。对登记质量较差、问题较多的机构将报告监管部门采取监管措施。

九、城市商业银行、农村商业银行、农村合作银行、农村信用社等其他银行业金融机构开展理财业务的，参照本通知执行。

十、本通知自印发之日起施行。

银行业理财登记托管中心有限公司
2017年5月12日

商业银行理财业务监督管理办法

(中国银行保险监督管理委员会令2018年第6号)

《商业银行理财业务监督管理办法》已经中国银保监会2018年第3次主席会议通过。现予公布,自公布之日起施行。

主席　郭树清

2018年9月26日

第一章　总　则

第一条　为加强对商业银行理财业务的监督管理,促进商业银行理财业务规范健康发展,依法保护投资者合法权益,根据《中华人民共和国银行业监督管理法》《中华人民共和国商业银行法》等法律、行政法规以及《关于规范金融机构资产管理业务的指导意见》(以下简称《指导意见》),制定本办法。

第二条　本办法适用于在中华人民共和国境内设立的商业银行,包括中资商业银行、外商独资银行、中外合资银行。

第三条　本办法所称理财业务是指商业银行接受投资者委托,按照与投资者事先约定的投资策略、风险承担和收益分配方式,对受托的投资者财产进行投资和管理的金融服务。

本办法所称理财产品是指商业银行按照约定条件和实际投资收益情况向投资者支付收益、不保证本金支付和收益水平的非保本理财产品。

第四条　商业银行理财产品财产独立于管理人、托管机构的自有资产,因理财产品财产的管理、运用、处分或者其他情形而取得的财产,均归入银行理财产品财产。

商业银行理财产品管理人、托管机构不得将银行理财产品财产归入其自有资产,因依法解散、被依法撤销或者被依法宣告破产等原因进行清算的,银行理财产品财产不属于其清算财产。

第五条　商业银行理财产品管理人管理、运用和处分理财产品财产所产生的债权,不得与管理人、托管机构因自有资产所产生的债务相抵销;管理人管理、运用和处分不同理财产品财产所产生的债权债务,不得相互抵销。

第六条　商业银行开展理财业务,应当按照《指导意见》第八条的相关规定,诚实守信、勤勉尽职地履行受人之托、代人理财职责,投资者自担投资风险并获得收益。

商业银行开展理财业务，应当遵守成本可算、风险可控、信息充分披露的原则，严格遵守投资者适当性管理要求，保护投资者合法权益。

第七条 银行业监督管理机构依法对商业银行理财业务活动实施监督管理。

银行业监督管理机构应当对理财业务实行穿透式监管，向上识别理财产品的最终投资者，向下识别理财产品的底层资产，并对理财产品运作管理实行全面动态监管。

第二章 分类管理

第八条 商业银行应当根据募集方式的不同，将理财产品分为公募理财产品和私募理财产品。

本办法所称公募理财产品是指商业银行面向不特定社会公众公开发行的理财产品。公开发行的认定标准按照《中华人民共和国证券法》执行。

本办法所称私募理财产品是指商业银行面向合格投资者非公开发行的理财产品。合格投资者是指具备相应风险识别能力和风险承受能力，投资于单只理财产品不低于一定金额且符合下列条件的自然人、法人或者依法成立的其他组织：

（一）具有2年以上投资经历，且满足家庭金融净资产不低于300万元人民币，或者家庭金融资产不低于500万元人民币，或者近3年本人年均收入不低于40万元人民币；

（二）最近1年末净资产不低于1000万元人民币的法人或者依法成立的其他组织；

（三）国务院银行业监督管理机构规定的其他情形。

私募理财产品的投资范围由合同约定，可以投资于债权类资产和权益类资产等。权益类资产是指上市交易的股票、未上市企业股权及其受（收）益权。

第九条 商业银行应当根据投资性质的不同，将理财产品分为固定收益类理财产品、权益类理财产品、商品及金融衍生品类理财产品和混合类理财产品。固定收益类理财产品投资于存款、债券等债权类资产的比例不低于80%；权益类理财产品投资于权益类资产的比例不低于80%；商品及金融衍生品类理财产品投资于商品及金融衍生品的比例不低于80%；混合类理财产品投资于债权类资产、权益类资产、商品及金融衍生品类资产且任一资产的投资比例未达到前三类理财产品标准。

非因商业银行主观因素导致突破前述比例限制的，商业银行应当在流动性受限资产可出售、可转让或者恢复交易的15个交易日内将理财产品投资比例调整至符合要求，国务院银行业监督管理机构规定的特殊情形除外。

第十条 商业银行应当根据运作方式的不同，将理财产品分为封闭式理财产品和开放式理财产品。

本办法所称封闭式理财产品是指有确定到期日，且自产品成立日至终止日期间，投资者不得进行认购或者赎回的理财产品。开放式理财产品是指自产品成立日至终止日期间，理财产品份额总额不固定，投资者可以按照协议约定，在开放日和相应场所进行认购或者赎回的理财产品。

第十一条 商业银行发行投资衍生产品的理财产品的，应当具有衍生产品交易资格，并遵守国务院银行业监督管理机构关于衍生产品业务管理的有关规定。

商业银行开展理财业务涉及外汇业务的，应当具有开办相应外汇业务的资格，并遵守外汇管理的有关规定。

第十二条 商业银行总行应当按照以下要求，在全国银行业理财信息登记系统对理财产品进行集中登记：

（一）商业银行发行公募理财产品的，应当在理财产品销售前 10 日，在全国银行业理财信息登记系统进行登记；

（二）商业银行发行私募理财产品的，应当在理财产品销售前 2 日，在全国银行业理财信息登记系统进行登记；

（三）在理财产品募集和存续期间，按照有关规定持续登记理财产品的募集情况、认购赎回情况、投资者信息、投资资产、资产交易明细、资产估值、负债情况等信息；

（四）在理财产品终止后 5 日内完成终止登记。

商业银行应当确保本行理财产品登记信息的真实性、准确性、完整性和及时性。信息登记不齐全或者不符合要求的，应当进行补充或者重新登记。

商业银行不得发行未在全国银行业理财信息登记系统进行登记并获得登记编码的理财产品。商业银行应当在理财产品销售文件的显著位置列明该产品在全国银行业理财信息登记系统获得的登记编码，并提示投资者可以依据该登记编码在中国理财网查询产品信息。

银行业理财登记托管中心应当在国务院银行业监督管理机构的指导下，履行下列职责：

（一）持续加强全国银行业理财信息登记系统的建设和管理，确保系统独立、安全、高效运行；

（二）完善理财信息登记业务规则、操作规程和技术标准规范等，加强理财信息登记质量监控；

（三）向国务院银行业监督管理机构报告理财业务、理财信息登记质量和系统运行等有关情况；

（四）提供必要的技术支持、业务培训和投资者教育等服务；

（五）依法合规使用信息，建立保密制度并采取相应的保密措施，确保信息安全；

（六）国务院银行业监督管理机构规定的其他职责。

第三章　业务规则与风险管理

第一节　管理体系与管理制度

第十三条 商业银行董事会和高级管理层应当充分了解理财业务及其所面临的各类风险，根据本行的经营目标、投资管理能力、风险管理水平等因素，确定开展理财业务的总体战略和政策，确保具备从事理财业务和风险管理所需要的专业人员、业务处理系统、会计核算系统和管理信息系统等人力、物力资源。

第十四条 商业银行应当通过具有独立法人地位的子公司开展理财业务。暂不具备条件的，商业银行总行应当设立理财业务专营部门，对理财业务实行集中统一经营管理。

商业银行设立理财子公司的监管规定由国务院银行业监督管理机构另行制定。

第十五条 商业银行开展理财业务，应当确保理财业务与其他业务相分离，理财产品与其代销的金融产品相分离，理财产品之间相分离，理财业务操作与其他业务操作相分离。

第十六条 商业银行应当根据理财业务性质和风险特征，建立健全理财业务管理制度，包括产品准入管理、风险管理与内部控制、人员管理、销售管理、投资管理、合作机构管理、产品托管、产品估值、会计核算和信息披露等。

商业银行应当针对理财业务的风险特征，制定和实施相应的风险管理政策和程序，确保持续有效地识别、计量、监测和控制理财业务的各类风险，并将理财业务风险管理纳入其全面风险管理体系。商业银行应当按照国务院银行业监督管理机构关于内部控制的相关规定，建立健全理财业务的内部控制体系，作为银行整体内部控制体系的有机组成部分。

商业银行内部审计部门应当按照国务院银行业监督管理机构关于内部审计的相关规定，至少每年对理财业务进行一次内部审计，并将审计报告报送审计委员会及董事会。董事会应当针对内部审计发现的问题，督促高级管理层及时采取整改措施。内部审计部门应当跟踪检查整改措施的实施情况，并及时向董事会提交有关报告。

商业银行应当按照国务院银行业监督管理机构关于外部审计的相关规定，委托外部审计机构至少每年对理财业务和公募理财产品进行一次外部审计，并针对外部审计发现的问题及时采取整改措施。

第十七条 商业银行应当建立理财产品的内部审批政策和程序，在发行新产品之前充分识别和评估各类风险。理财产品由负责风险管理、法律合规、财务会计管理和消费者保护等相关职能部门进行审核，并获得董事会、董事会授权的专门委员会、高级管理层或者相关部门的批准。

第十八条 商业银行开展理财业务，应当确保每只理财产品与所投资资产相对应，做到每只理财产品单独管理、单独建账和单独核算，不得开展或者参与具有滚动发行、集合运作、分离定价特征的资金池理财业务。

本办法所称单独管理是指对每只理财产品进行独立的投资管理。单独建账是指为每只理财产品建立投资明细账，确保投资资产逐项清晰明确。单独核算是指对每只理财产品单独进行会计账务处理，确保每只理财产品具有资产负债表、利润表、产品净值变动表等财务会计报表。

第十九条 商业银行开展理财业务，应当按照《企业会计准则》和《指导意见》等关于金融工具估值核算的相关规定，确认和计量理财产品的净值。

第二十条 商业银行开展理财业务，应当遵守市场交易和公平交易原则，不得在理财产品之间、理财产品投资者之间或者理财产品投资者与其他市场主体之间进行利益输送。

第二十一条　商业银行理财产品投资于本行或托管机构，其主要股东、控股股东、实际控制人、一致行动人、最终受益人，其控股的机构或者与其有重大利害关系的公司发行或者承销的证券，或者从事其他重大关联交易的，应当符合理财产品的投资目标、投资策略和投资者利益优先原则，按照商业原则，以不优于对非关联方同类交易的条件进行，并向投资者充分披露信息。

商业银行应当按照金融监督管理部门关于关联交易的相关规定，建立健全理财业务关联交易内部评估和审批机制。理财业务涉及重大关联交易的，应当提交有权审批机构审批，并向银行业监督管理机构报告。

商业银行不得以理财资金与关联方进行不正当交易、利益输送、内幕交易和操纵市场，包括但不限于投资于关联方虚假项目、与关联方共同收购上市公司、向本行注资等。

第二十二条　商业银行开展理财业务，应当按照《商业银行资本管理办法（试行）》的相关规定计提操作风险资本。

第二十三条　商业银行应当建立有效的理财业务投资者投诉处理机制，明确受理和处理投资者投诉的途径、程序和方式，根据法律、行政法规、金融监管规定和合同约定妥善处理投资者投诉。

第二十四条　商业银行应当建立健全理财业务人员的资格认定、培训、考核评价和问责制度，确保理财业务人员具备必要的专业知识、行业经验和管理能力，充分了解相关法律、行政法规、监管规定以及理财产品的法律关系、交易结构、主要风险及风险管控方式，遵守行为准则和职业道德标准。

商业银行的董事、监事、高级管理人员和其他理财业务人员不得有下列行为：

（一）将自有财产或者他人财产混同于理财产品财产从事投资活动；

（二）不公平地对待所管理的不同理财产品财产；

（三）利用理财产品财产或者职务之便为理财产品投资者以外的人牟取利益；

（四）向理财产品投资者违规承诺收益或者承担损失；

（五）侵占、挪用理财产品财产；

（六）泄露因职务便利获取的未公开信息，利用该信息从事或者明示、暗示他人从事相关的交易活动；

（七）玩忽职守，不按照规定履行职责；

（八）法律、行政法规和国务院银行业监督管理机构规定禁止的其他行为。

第二节　销售管理

第二十五条　商业银行理财产品销售是指商业银行将本行发行的理财产品向投资者进行宣传推介和办理认购、赎回等业务活动。

第二十六条　商业银行销售理财产品，应当加强投资者适当性管理，向投资者充分披露信息和揭示风险，不得宣传或承诺保本保收益，不得误导投资者购买与其风险承受能力不相匹配的理财产品。

商业银行理财产品宣传销售文本应当全面、如实、客观地反映理财产品的重要特性，充分披露理财产品类型、投资组合、估值方法、托管安排、风险和收费等重要信息，所使用的语言表述必须真实、准确和清晰。

商业银行发行理财产品，不得宣传理财产品预期收益率，在理财产品宣传销售文本中只能登载该理财产品或者本行同类理财产品的过往平均业绩和最好、最差业绩，并以醒目文字提醒投资者"理财产品过往业绩不代表其未来表现，不等于理财产品实际收益，投资须谨慎"。

第二十七条 商业银行应当采用科学合理的方法，根据理财产品的投资组合、同类产品过往业绩和风险水平等因素，对拟销售的理财产品进行风险评级。

理财产品风险评级结果应当以风险等级体现，由低到高至少包括一级至五级，并可以根据实际情况进一步细分。

第二十八条 商业银行应当对非机构投资者的风险承受能力进行评估，确定投资者风险承受能力等级，由低到高至少包括一级至五级，并可以根据实际情况进一步细分。

商业银行不得在风险承受能力评估过程中误导投资者或者代为操作，确保风险承受能力评估结果的真实性和有效性。

第二十九条 商业银行只能向投资者销售风险等级等于或低于其风险承受能力等级的理财产品，并在销售文件中明确提示产品适合销售的投资者范围，在销售系统中设置销售限制措施。

商业银行不得通过对理财产品进行拆分等方式，向风险承受能力等级低于理财产品风险等级的投资者销售理财产品。

其他资产管理产品投资于商业银行理财产品的，商业银行应当按照穿透原则，有效识别资产管理产品的最终投资者。

第三十条 商业银行应当根据理财产品的性质和风险特征，设置适当的期限和销售起点金额。

商业银行发行公募理财产品的，单一投资者销售起点金额不得低于 1 万元人民币。

商业银行发行私募理财产品的，合格投资者投资于单只固定收益类理财产品的金额不得低于 30 万元人民币，投资于单只混合类理财产品的金额不得低于 40 万元人民币，投资于单只权益类理财产品、单只商品及金融衍生品类理财产品的金额不得低于 100 万元人民币。

第三十一条 商业银行只能通过本行渠道（含营业网点和电子渠道）销售理财产品，或者通过其他商业银行、农村合作银行、村镇银行、农村信用合作社等吸收公众存款的银行业金融机构代理销售理财产品。

第三十二条 商业银行通过营业场所向非机构投资者销售理财产品的，应当按照国务院银行业监督管理机构的相关规定实施理财产品销售专区管理，并在销售专区内对每只理财产品销售过程进行录音录像。

第三十三条 商业银行应当按照国务院银行业监督管理机构的相关规定，妥善保存理财产品销售过程涉及的投资者风险承受能力评估、录音录像等相关资料。

商业银行应当依法履行投资者信息保密义务，建立投资者信息管理制度和保密制度，防范投资者信息被不当采集、使用、传输和泄露。商业银行与其他机构共享投资者信息的，应当在理财产品销售文本中予以明确，征得投资者书面授权或者同意，并要求其履行投资者信息保密义务。

第三十四条 商业银行应当建立理财产品销售授权管理体系，制定统一的标准化销售服务规程，建立清晰的报告路线，明确分支机构业务权限，并采取定期核对、现场核查、风险评估等方式加强对分支机构销售活动的管理。

第三节 投资运作管理

第三十五条 商业银行理财产品可以投资于国债、地方政府债券、中央银行票据、政府机构债券、金融债券、银行存款、大额存单、同业存单、公司信用类债券、在银行间市场和证券交易所市场发行的资产支持证券、公募证券投资基金、其他债权类资产、权益类资产以及国务院银行业监督管理机构认可的其他资产。

第三十六条 商业银行理财产品不得直接投资于信贷资产，不得直接或间接投资于本行信贷资产，不得直接或间接投资于本行或其他银行业金融机构发行的理财产品，不得直接或间接投资于本行发行的次级档信贷资产支持证券。

商业银行面向非机构投资者发行的理财产品不得直接或间接投资于不良资产、不良资产支持证券，国务院银行业监督管理机构另有规定的除外。

商业银行理财产品不得直接或间接投资于本办法第三十五条所列示资产之外，由未经金融监督管理部门许可设立、不持有金融牌照的机构发行的产品或管理的资产，金融资产投资公司的附属机构依法依规设立的私募股权投资基金以及国务院银行业监督管理机构另有规定的除外。

第三十七条 理财产品销售文件应当载明产品类型、投资范围、投资资产种类及其投资比例，并确保在理财产品成立后至到期日前，投资比例按照销售文件约定合理浮动，不得擅自改变理财产品类型。

金融市场发生重大变化导致理财产品投资比例暂时超出浮动区间且可能对理财产品收益产生重大影响的，商业银行应当及时向投资者进行信息披露。

商业银行应当根据市场情况调整投资范围、投资资产种类或投资比例，并按照有关规定事先进行信息披露。超出销售文件约定比例的，除高风险类型的理财产品超出比例范围投资较低风险资产外，应当先取得投资者书面同意，并在全国银行业理财信息登记系统做好理财产品信息登记；投资者不接受的，应当允许投资者按照销售文件约定提前赎回理财产品。

第三十八条 商业银行理财产品投资资产管理产品的，应当符合以下要求：

（一）准确界定相关法律关系，明确约定各参与主体的责任和义务，并符合法律、行政法规、《指导意见》和金融监督管理部门对该资产管理产品的监管规定；

（二）所投资的资产管理产品不得再投资于其他资产管理产品（公募证券投资基金除外）；

（三）切实履行投资管理职责，不得简单作为资产管理产品的资金募集通道；

（四）充分披露底层资产的类别和投资比例等信息，并在全国银行业理财信息登记系统登记资产管理产品及其底层资产的相关信息。

第三十九条 商业银行理财产品投资于非标准化债权类资产的，应当符合以下要求：

（一）确保理财产品投资与审批流程相分离，比照自营贷款管理要求实施投前尽职调查、风险审查和投后风险管理，并纳入全行统一的信用风险管理体系；

（二）商业银行全部理财产品投资于单一债务人及其关联企业的非标准化债权类资产余额，不得超过本行资本净额的10%；

（三）商业银行全部理财产品投资于非标准化债权类资产的余额在任何时点均不得超过理财产品净资产的35%，也不得超过本行上一年度审计报告披露总资产的4%。

第四十条 商业银行理财产品不得直接或间接投资于本行信贷资产受（收）益权，面向非机构投资者发行的理财产品不得直接或间接投资于不良资产受（收）益权。

商业银行理财产品投资于信贷资产受（收）益权的，应当审慎评估信贷资产质量和风险，按照市场化原则合理定价，必要时委托会计师事务所、律师事务所、评级机构等独立第三方机构出具专业意见。

商业银行应当向投资者及时、准确、完整地披露理财产品所投资信贷资产受（收）益权的相关情况，并及时披露对投资者权益或投资收益等产生重大影响的突发事件。

第四十一条 商业银行理财产品直接或间接投资于银行间市场、证券交易所市场或者国务院银行业监督管理机构认可的其他证券的，应当符合以下要求：

（一）每只公募理财产品持有单只证券或单只公募证券投资基金的市值不得超过该理财产品净资产的10%；

（二）商业银行全部公募理财产品持有单只证券或单只公募证券投资基金的市值，不得超过该证券市值或该公募证券投资基金市值的30%；

（三）商业银行全部理财产品持有单一上市公司发行的股票，不得超过该上市公司可流通股票的30%。

国务院银行业监督管理机构另有规定的除外。

非因商业银行主观因素导致突破前述比例限制的，商业银行应当在流动性受限资产可出售、可转让或者恢复交易的10个交易日内调整至符合要求，国务院银行业监督管理机构规定的特殊情形除外。

商业银行理财产品投资于国债、地方政府债券、中央银行票据、政府机构债券、政策性金融债券以及完全按照有关指数的构成比例进行投资的除外。

第四十二条 商业银行不得发行分级理财产品。

本办法所称分级理财产品是指商业银行按照本金和收益受偿顺序的不同，将理财产品划分为不同等级的份额，不同等级份额的收益分配不按份额比例计算，而是由合同另行约定、按照优先与劣后份额安排进行收益分配的理财产品。

商业银行每只开放式公募理财产品的杠杆水平不得超过140%，每只封闭式公募理财产品、每只私募理财产品的杠杆水平不得超过200%。

本办法所称杠杆水平是指理财产品总资产/理财产品净资产。商业银行计算理财产品总资产时，应当按照穿透原则合并计算理财产品所投资的底层资产。理财产品投资资产管理产品的，应当按照理财产品持有资产管理产品的比例计算底层资产。

第四十三条 商业银行应当建立健全理财业务流动性风险管理制度，加强理财产品及其所投资资产期限管理，专业审慎、勤勉尽责地管理理财产品流动性风险，确保投资者的合法权益不受损害并得到公平对待。

商业银行应当在理财产品设计阶段，综合评估分析投资策略、投资范围、投资资产流动性、销售渠道、投资者类型与风险偏好等因素，审慎决定是否采取开放式运作。

商业银行发行的封闭式理财产品的期限不得低于90天；开放式理财产品所投资资产的流动性应当与投资者赎回需求相匹配，确保持有足够的现金、活期存款、国债、中央银行票据、政策性金融债券等具有良好流动性的资产，以备支付理财产品投资者的赎回款项。开放式公募理财产品应当持有不低于该理财产品资产净值5%的现金或者到期日在一年以内的国债、中央银行票据和政策性金融债券。

第四十四条 商业银行理财产品直接或间接投资于非标准化债权类资产的，非标准化债权类资产的终止日不得晚于封闭式理财产品的到期日或者开放式理财产品的最近一次开放日。

商业银行理财产品直接或间接投资于未上市企业股权及其受（收）益权的，应当为封闭式理财产品，并明确股权及其受（收）益权的退出安排。未上市企业股权及其受（收）益权的退出日不得晚于封闭式理财产品的到期日。

第四十五条 商业银行应当加强理财产品开展同业融资的流动性风险、交易对手风险和操作风险等风险管理，做好期限管理和集中度管控，按照穿透原则对交易对手实施尽职调查和准入管理，设置适当的交易限额并根据需要进行动态调整。

商业银行应当建立健全买入返售交易质押品的管理制度，采用科学合理的质押品估值方法，审慎确定质押品折扣系数，确保其能够满足正常和压力情景下融资交易的质押品需求，并且能够及时向相关交易对手履行返售质押品的义务。

第四十六条 商业银行应当建立健全理财产品压力测试制度。理财产品压力测试应当至少符合以下要求：

（一）针对单只理财产品，合理审慎设定并定期审核压力情景，充分考虑理财产品的规模、投资策略、投资者类型等因素，审慎评估各类风险对理财产品的影响，压力测试的数据应当准确可靠并及时更新，压力测试频率应当与商业银行理财产品的规模和复杂程度相适应；

（二）针对每只公募理财产品，压力测试应当至少每季度进行一次，出现市场剧烈波动等情况时，应当提高压力测试频率；

（三）在可能情况下，应当参考以往出现的影响理财产品的外部冲击，对压力测试结果实施事后检验，压力测试结果和事后检验应当有书面记录；

（四）在理财产品投资运作和风险管理过程中应当充分考虑压力测试结果，必要时根据压力测试结果进行调整；

（五）制定有效的理财产品应急计划，确保其可以应对紧急情况下的理财产品赎回需求。应急计划的制定应当充分考虑压力测试结果，内容包括但不限于触发应急计划的各种情景、应急资金来源、应急程序和措施，董事会、高级管理层及相关部门实施应急程序和措施的权限与职责等；

（六）由专门的团队负责压力测试的实施与评估，该团队应当与投资管理团队保持相对独立。

第四十七条 商业银行应当加强对开放式公募理财产品认购环节的管理，合理控制理财产品投资者集中度，审慎确认大额认购申请，并在理财产品销售文件中对拒绝或暂停接受投资者认购申请的情形进行约定。

当接受认购申请可能对存量开放式公募理财产品投资者利益构成重大不利影响时，商业银行可以采取设定单一投资者认购金额上限或理财产品单日净认购比例上限、拒绝大额认购、暂停认购等措施，切实保护存量理财产品投资者的合法权益。

在确保投资者得到公平对待的前提下，商业银行可以按照法律、行政法规和理财产品销售文件约定，综合运用设置赎回上限、延期办理巨额赎回申请、暂停接受赎回申请、收取短期赎回费等方式，作为压力情景下开放式公募理财产品流动性风险管理的辅助措施。商业银行应当按照理财产品销售文件中约定的信息披露方式，在3个交易日内通知投资者相关处理措施。

本办法所称巨额赎回是指商业银行开放式公募理财产品单个开放日净赎回申请超过理财产品总份额的10%的赎回行为，国务院银行业监督管理机构另有规定的除外。

第四十八条 商业银行应当对理财投资合作机构的资质条件、专业服务能力和风险管理水平等开展尽职调查，实行名单制管理，明确规定理财投资合作机构的准入标准和程序、责任与义务、存续期管理、利益冲突防范机制、信息披露义务及退出机制，理财投资合作机构的名单应当至少由总行高级管理层批准并定期评估，必要时进行调整。商业银行应当以书面方式明确界定双方的权利义务和风险责任承担方式，切实履行投资管理职责，不因委托其他机构投资而免除自身应当承担的责任。

本办法所称理财投资合作机构包括但不限于商业银行理财产品所投资资产管理产品的发行机构、根据合同约定从事理财产品受托投资的机构以及与理财产品投资管理相关的投资顾问等。理财投资合作机构应当是具有专业资质并受金融监督管理部门依法监管的金融机构或国务院银行业监督管理机构认可的其他机构。

商业银行聘请理财产品投资顾问的，应当审查投资顾问的投资建议，不得由投资顾问直接执行投资指令，不得向未提供实质服务的投资顾问支付费用或者支付与其提供的服务不相匹配的费用。

商业银行首次与理财投资合作机构合作的，应当提前10日将该合作机构相关情况报告银行业监督管理机构。

第四十九条 商业银行不得用自有资金购买本行发行的理财产品，不得为理财产品投资的非标准化债权类资产或权益类资产提供任何直接或间接、显性或隐性的担保或回购承诺，不得用本行信贷资金为本行理财产品提供融资和担保。

第四节 理财托管

第五十条 商业银行应当选择具有证券投资基金托管业务资格的金融机构、银行业理财登记托管机构或者国务院银行业监督管理机构认可的其他机构托管所发行的理财产品。

第五十一条 从事理财产品托管业务的机构应当履行下列职责，确保实现实质性独立托管：

（一）安全保管理财产品财产；

（二）为每只理财产品开设独立的托管账户，不同托管账户中的资产应当相互独立；

（三）按照托管协议约定和理财产品发行银行的投资指令，及时办理清算、交割事宜；

（四）建立与理财产品发行银行的对账机制，复核、审查理财产品资金头寸、资产账目、资产净值、认购和赎回价格等数据，及时核查认购、赎回以及投资资金的支付和到账情况；

（五）监督理财产品投资运作，发现理财产品违反法律、行政法规、规章规定或合同约定进行投资的，应当拒绝执行，及时通知理财产品发行银行并报告银行业监督管理机构；

（六）办理与理财产品托管业务活动相关的信息披露事项，包括披露理财产品托管协议、对理财产品信息披露文件中的理财产品财务会计报告等出具意见，以及在公募理财产品半年度和年度报告中出具理财托管机构报告等；

（七）理财托管业务活动的记录、账册、报表和其他相关资料保存15年以上；

（八）对理财产品投资信息和相关资料承担保密责任，除法律、行政法规、规章规定、审计要求或者合同约定外，不得向任何机构或者个人提供相关信息和资料；

（九）国务院银行业监督管理机构规定的其他职责。

从事理财产品托管业务机构的董事、监事、高级管理人员和其他托管业务人员不得有本办法第二十四条第二款所列行为。

第五十二条 商业银行有下列情形之一的，国务院银行业监督管理机构可以要求其发行的理财产品由指定的机构进行托管：

（一）理财产品未实现实质性独立托管的；

（二）未按照穿透原则，在全国银行业理财信息登记系统中，向上穿透登记最终投资者信息，向下穿透登记理财产品投资的底层资产信息，或者信息登记不真实、准确、完整和及时的；

（三）国务院银行业监督管理机构规定的其他情形。

第五节 信息披露

第五十三条 商业银行应当按照国务院银行业监督管理机构关于信息披露的有关规定，每半年披露其从事理财业务活动的有关信息，披露的信息应当至少包括以下内容：当期发行和到期的理财产品类型、数量和金额、期末存续理财产品数量和金额，列明各类理财产品的占比及其变化情况，以及理财产品直接和间接投资的资产种类、规模和占比等信息。

第五十四条 商业银行应当在本行营业网点或官方网站建立理财产品信息查询平台，收录全部在售及存续期内公募理财产品的基本信息。

第五十五条 商业银行应当及时、准确、完整地向理财产品投资者披露理财产品的募集信息、资金投向、杠杆水平、收益分配、托管安排、投资账户信息和主要投资风险等内容。

第五十六条 商业银行发行公募理财产品的，应当在本行官方网站或者按照与投资者约定的方式，披露以下理财产品信息：

（一）在全国银行业理财信息登记系统获取的登记编码；

（二）销售文件，包括说明书、销售协议书、风险揭示书和投资者权益须知；

（三）发行公告，包括理财产品成立日期和募集规模等信息；

（四）定期报告，包括理财产品的存续规模、收益表现，并分别列示直接和间接投资的资产种类、投资比例、投资组合的流动性风险分析，以及前十项资产具体名称、规模和比例等信息；

（五）到期公告，包括理财产品的存续期限、终止日期、收费情况和收益分配情况等信息；

（六）重大事项公告；

（七）临时性信息披露；

（八）国务院银行业监督管理机构规定的其他信息。

商业银行应当在理财产品成立之后5日内披露发行公告，在理财产品终止后5日内披露到期公告，在发生可能对理财产品投资者或者理财产品收益产生重大影响的事件后2日内发布重大事项公告。

商业银行应当在每个季度结束之日起15日内、上半年结束之日起60日内、每年结束之日起90日内，编制完成理财产品的季度、半年和年度报告等定期报告。理财产品成立不足90日或者剩余存续期不超过90日的，商业银行可以不编制理财产品当期的季度、半年和年度报告。

第五十七条 商业银行应当在每个开放日结束后2日内，披露开放式公募理财产品在开放日的份额净值、份额累计净值、认购价格和赎回价格，在定期报告中披露开放式公募理财产品在季度、半年和年度最后一个市场交易日的份额净值、份额累计净值和资产净值。

商业银行应当至少每周向投资者披露一次封闭式公募理财产品的资产净值和份额

净值。

第五十八条 商业银行应当在公募理财产品的存续期内，至少每月向投资者提供其所持有的理财产品账单，账单内容包括但不限于投资者持有的理财产品份额、认购金额、份额净值、份额累计净值、资产净值、收益情况、投资者理财交易账户发生的交易明细记录等信息。

第五十九条 商业银行发行私募理财产品的，应当按照与合格投资者约定的方式和频率，披露以下理财产品信息：

（一）在全国银行业理财信息登记系统获取的登记编码；

（二）销售文件，包括说明书、销售协议书、风险揭示书和投资者权益须知；

（三）至少每季度向合格投资者披露理财产品的资产净值、份额净值和其他重要信息；

（四）定期报告，至少包括季度、半年和年度报告；

（五）到期报告；

（六）重大事项报告；

（七）临时性信息披露；

（八）国务院银行业监督管理机构规定的其他信息。

第六十条 商业银行理财产品终止后的清算期原则上不得超过 5 日；清算期超过 5 日的，应当在理财产品终止前，根据与投资者的约定，在指定渠道向理财产品投资者进行披露。

第六十一条 商业银行应当在理财产品销售文件中明确约定与投资者联络和信息披露的方式、渠道和频率，以及在信息披露过程中各方的责任，确保投资者及时获取信息。

商业银行在未与投资者明确约定的情况下，在其官方网站公布理财产品相关信息，不能视为向投资者进行了信息披露。

第四章　监督管理

第六十二条 从事理财业务的商业银行应当按照规定，向银行业监督管理机构报送与理财业务有关的财务会计报表、统计报表、外部审计报告和银行业监督管理机构要求报送的其他材料，并于每年度结束后 2 个月内报送理财业务年度报告。

第六十三条 理财托管机构应当按照规定，向银行业监督管理机构报送与理财产品托管有关的材料，并于每年度结束后 2 个月内报送理财产品年度托管报告。

第六十四条 从事理财业务的商业银行在理财业务中出现重大风险和损失时，应当及时向银行业监督管理机构报告，并提交应对措施。

第六十五条 银行业监督管理机构应当定期对商业银行理财业务进行现场检查。

第六十六条 银行业监督管理机构应当基于非现场监管和现场检查情况，定期对商业银行理财业务进行评估，并将其作为监管评级的重要依据。

第六十七条 商业银行违反本办法规定从事理财业务活动的，应当根据国务院银行业监督管理机构或者其省一级派出机构提出的整改要求,在规定的时限内向国务院银行业监督管理机构或者其省一级派出机构提交整改方案并采取整改措施。

第六十八条 对于在规定的时限内未能采取有效整改措施的商业银行,或者其行为严重危及本行稳健运行、损害投资者合法权益的,国务院银行业监督管理机构或者其省一级派出机构有权按照《中华人民共和国银行业监督管理法》第三十七条的规定,采取下列措施:

(一)责令暂停发行理财产品;
(二)责令暂停开展理财产品托管等业务;
(三)责令调整董事、高级管理人员或者限制其权利;
(四)《中华人民共和国银行业监督管理法》第三十七条规定的其他措施。

第六十九条 商业银行开展理财业务,根据《指导意见》经认定存在刚性兑付行为的,应当足额补缴存款准备金和存款保险保费,按照国务院银行业监督管理机构的相关规定,足额计提资本、贷款损失准备和其他各项减值准备,计算流动性风险和大额风险暴露等监管指标。

第五章 法律责任

第七十条 商业银行从事理财业务活动,有下列情形之一的,由银行业监督管理机构依照《中华人民共和国银行业监督管理法》第四十六条的规定,予以处罚。

(一)提供虚假的或者隐瞒重要事实的报表、报告等文件、资料的;
(二)未按照规定进行风险揭示或者信息披露的;
(三)根据《指导意见》经认定存在刚性兑付行为的;
(四)拒绝执行本办法第六十八条规定的措施的;
(五)严重违反本办法规定的其他情形。

第七十一条 商业银行从事理财业务活动,未按照规定向银行业监督管理机构报告或者报送有关文件、资料的,由银行业监督管理机构依照《中华人民共和国银行业监督管理法》第四十七条的规定,予以处罚。

第七十二条 商业银行从事理财业务活动的其他违法违规行为,由银行业监督管理机构依照《中华人民共和国银行业监督管理法》《中华人民共和国商业银行法》等法律法规予以处罚。

第七十三条 商业银行从事理财业务活动,违反有关法律、行政法规以及国家有关银行业监督管理规定的,银行业监督管理机构除依照本办法第七十条至第七十二条规定处罚外,还可以依照《中华人民共和国银行业监督管理法》第四十八条和《金融违法行为处罚办法》的相关规定,对直接负责的董事、高级管理人员和其他直接责任人员进行处理;涉嫌犯罪的,依法移送司法机关处理。

第六章 附 则

第七十四条 政策性银行、农村合作银行、农村信用合作社等其他银行业金融机构开展理财业务，适用本办法规定。外国银行分行开展理财业务，参照本办法执行。

第七十五条 商业银行已经发行的保证收益型和保本浮动收益型理财产品应当按照结构性存款或者其他存款进行规范管理。

本办法所称结构性存款是指商业银行吸收的嵌入金融衍生产品的存款，通过与利率、汇率、指数等的波动挂钩或者与某实体的信用情况挂钩，使存款人在承担一定风险的基础上获得相应收益的产品。

结构性存款应当纳入商业银行表内核算，按照存款管理，纳入存款准备金和存款保险保费的缴纳范围，相关资产应当按照国务院银行业监督管理机构的相关规定计提资本和拨备。衍生产品交易部分按照衍生产品业务管理，应当有真实的交易对手和交易行为。

商业银行发行结构性存款应当具备相应的衍生产品交易业务资格。

商业银行销售结构性存款，应当参照本办法第三章第二节和本办法附件的相关规定执行。

第七十六条 具有代客境外理财业务资格的商业银行开展代客境外理财业务，参照本办法执行，并应当遵守法律、行政法规和金融监督管理部门的相关规定。

第七十七条 本办法中"以上"均含本数；"日"指工作日；"收益率"指年化收益率。

第七十八条 本办法附件《商业银行理财产品销售管理要求》是本办法的组成部分。

第七十九条 本办法由国务院银行业监督管理机构负责解释。

第八十条 本办法自公布之日起施行。《商业银行个人理财业务管理暂行办法》（中国银行业监督管理委员会令2005年第2号）、《商业银行个人理财业务风险管理指引》（银监发〔2005〕63号）、《中国银行业监督管理委员会办公厅关于商业银行开展个人理财业务风险提示的通知》（银监办发〔2006〕157号）、《中国银监会办公厅关于调整商业银行个人理财业务管理有关规定的通知》（银监办发〔2007〕241号）、《中国银监会办公厅关于进一步规范商业银行个人理财业务有关问题的通知》（银监办发〔2008〕47号）、《中国银监会办公厅关于进一步规范商业银行个人理财业务报告管理有关问题的通知》（银监办发〔2009〕172号）、《中国银监会关于进一步规范商业银行个人理财业务投资管理有关问题的通知》（银监发〔2009〕65号）、《中国银监会关于规范信贷资产转让及信贷资产类理财业务有关事项的通知》（银监发〔2009〕113号）、《商业银行理财产品销售管理办法》（中国银行业监督管理委员会令2011年第5号）、《中国银监会关于进一步加强商业银行理财业务风险管理有关问题的通知》（银监发〔2011〕91号）、《中国银监会关于规范商业银行理财业务投资运作有关问题的通知》（银监发〔2013〕8号）、《中国银监会关于完善银行理财业务组织管理体系有关事项的通知》（银监发〔2014〕35号）同时废止。本办法实施前出台的有关规章及规范性文件如与本办法不一致的，按照本办法执行。

第八十一条 本办法过渡期为施行之日起至2020年底。过渡期内，商业银行新发行的理财产品应当符合本办法规定;对于存量理财产品,商业银行可以发行老产品对接存量理财产品所投资的未到期资产,但应当严格控制在存量产品的整体规模内,并有序压缩递减。

商业银行应当制定本行理财业务整改计划,明确时间进度安排和内部职责分工,经董事会审议通过并经董事长签批后,报送银行业监督管理机构认可,同时报备中国人民银行。银行业监督管理机构监督指导商业银行实施整改计划,对于提前完成整改的商业银行,给予适当监管激励;对于未严格执行整改计划或者整改不到位的商业银行,适时采取相关监管措施。

过渡期结束之后,商业银行理财产品按照本办法和《指导意见》进行全面规范管理,因子公司尚未成立而达不到第三方独立托管要求的情形除外;商业银行不得再发行或者存续不符合《指导意见》和本办法规定的理财产品。

商业银行理财子公司管理办法

(中国银行保险监督管理委员会令2018年第7号)

《商业银行理财子公司管理办法》已经中国银保监会2018年第6次主席会议通过。现予公布,自公布之日起施行。

主席 郭树清

2018年12月2日

第一章 总 则

第一条 为加强对商业银行理财子公司的监督管理,依法保护投资者合法权益,根据《中华人民共和国银行业监督管理法》等法律、行政法规以及《关于规范金融机构资产管理业务的指导意见》(以下简称《指导意见》)、《商业银行理财业务监督管理办法》(以下简称《理财业务管理办法》),制定本办法。

第二条 本办法所称银行理财子公司是指商业银行经国务院银行业监督管理机构批准,在中华人民共和国境内设立的主要从事理财业务的非银行金融机构。

本办法所称理财业务是指银行理财子公司接受投资者委托,按照与投资者事先约定的投资策略、风险承担和收益分配方式,对受托的投资者财产进行投资和管理的金融服务。

第三条 银行理财子公司开展理财业务,应当诚实守信、勤勉尽职地履行受人之托、代人理财职责,遵守成本可算、风险可控、信息充分披露的原则,严格遵守投资者适当性管理要求,保护投资者合法权益。

第四条 银行业监督管理机构依法对银行理财子公司及其业务活动实施监督管理。

银行业监督管理机构应当与其他金融管理部门加强监管协调和信息共享,防范跨市场风险。

第二章 设立、变更与终止

第五条 设立银行理财子公司,应当采取有限责任公司或者股份有限公司形式。银行理财子公司名称一般为"字号+理财+组织形式"。未经国务院银行业监督管理机构批准,任何单位不得在其名称中使用"理财有限责任公司"或"理财股份有限公司"字样。

第六条 银行理财子公司应当具备下列条件：

（一）具有符合《中华人民共和国公司法》和国务院银行业监督管理机构规章规定的章程；

（二）具有符合规定条件的股东；

（三）具有符合本办法规定的最低注册资本；

（四）具有符合任职资格条件的董事、高级管理人员，并具备充足的从事研究、投资、估值、风险管理等理财业务岗位的合格从业人员；

（五）建立有效的公司治理、内部控制和风险管理体系，具备支持理财产品单独管理、单独建账和单独核算等业务管理的信息系统，具备保障信息系统有效安全运行的技术与措施；

（六）具有与业务经营相适应的营业场所、安全防范措施和其他设施；

（七）国务院银行业监督管理机构规章规定的其他审慎性条件。

第七条 银行理财子公司应当由在中华人民共和国境内注册成立的商业银行作为控股股东发起设立。作为控股股东的商业银行应当符合以下条件：

（一）具有良好的公司治理结构、内部控制机制和健全的风险管理体系；

（二）主要审慎监管指标符合监管要求；

（三）财务状况良好，最近3个会计年度连续盈利；

（四）监管评级良好，最近2年内无重大违法违规行为，已采取有效整改措施并经国务院银行业监督管理机构认可的除外；

（五）银行理财业务经营规范稳健；

（六）设立理财业务专营部门，对理财业务实行集中统一经营管理；理财业务专营部门连续运营3年以上，具有前中后台相互分离、职责明确、有效制衡的组织架构；

（七）具有明确的银行理财子公司发展战略和业务规划；

（八）入股资金为自有资金，不得以债务资金和委托资金等非自有资金入股；

（九）在银行理财子公司章程中承诺5年内不转让所持有的股权，不将所持有的股权进行质押或设立信托，经国务院银行业监督管理机构批准的除外；

（十）国务院银行业监督管理机构规章规定的其他审慎性条件。

第八条 境内外金融机构作为银行理财子公司股东的，应当具备以下条件：

（一）具有良好的公司治理结构；

（二）具有良好的社会声誉、诚信记录和纳税记录；

（三）经营管理良好，最近2年内无重大违法违规经营记录；

（四）财务状况良好，最近2个会计年度连续盈利；

（五）入股资金为自有资金，不得以债务资金和委托资金等非自有资金入股；

（六）在银行理财子公司章程中承诺5年内不转让所持有的股权，不将所持有的股权进行质押或设立信托，经国务院银行业监督管理机构批准的除外；

（七）符合所在地有关法律法规和相关监管规定要求；境外金融机构作为股东的，其所在国家或地区金融监管当局已经与国务院金融监督管理部门建立良好的监督管理合作机制；

（八）国务院银行业监督管理机构规章规定的其他审慎性条件。

第九条 境内非金融企业作为银行理财子公司股东的，应当具备以下条件：

（一）具有良好的公司治理结构；

（二）具有良好的社会声誉、诚信记录和纳税记录；

（三）经营管理良好，最近 2 年内无重大违法违规经营记录；

（四）财务状况良好，最近 2 个会计年度连续盈利；

（五）入股资金为自有资金，不得以债务资金和委托资金等非自有资金入股；

（六）在银行理财子公司章程中承诺 5 年内不转让所持有的股权，不将所持有的股权进行质押或设立信托，经国务院银行业监督管理机构批准的除外；

（七）最近 1 年年末总资产不低于 50 亿元人民币，最近 1 年年末净资产不得低于总资产的 30%，权益性投资余额原则上不超过其净资产的 50%（含本次投资资金，合并会计报表口径）；

（八）国务院银行业监督管理机构规章规定的其他审慎性条件。

第十条 有以下情形之一的企业不得作为银行理财子公司的股东：

（一）公司治理结构与机制存在明显缺陷；

（二）关联企业众多、股权关系复杂且不透明、关联交易频繁且异常；

（三）核心主业不突出且其经营范围涉及行业过多；

（四）现金流量波动受经济景气影响较大；

（五）资产负债率、财务杠杆率明显高于行业平均水平；

（六）代他人持有银行理财子公司股权；

（七）其他可能对银行理财子公司产生重大不利影响的情况。

第十一条 银行理财子公司的注册资本应当为一次性实缴货币资本，最低金额为 10 亿元人民币或等值自由兑换货币。

国务院银行业监督管理机构根据审慎监管的要求，可以调整银行理财子公司最低注册资本要求，但不得少于前款规定的金额。

第十二条 同一投资人及其关联方、一致行动人参股银行理财子公司的数量不得超过 2 家，或者控股银行理财子公司的数量不得超过 1 家。

第十三条 银行理财子公司机构设立须经筹建和开业两个阶段。

第十四条 筹建银行理财子公司，应当由作为控股股东的商业银行向国务院银行业监督管理机构提交申请，由国务院银行业监督管理机构按程序受理、审查并决定。国务院银行业监督管理机构应当自收到完整申请材料之日起 4 个月内作出批准或不批准的书面决定。

第十五条 银行理财子公司的筹建期为批准决定之日起 6 个月。未能按期完成筹建的，应当在筹建期限届满前 1 个月向国务院银行业监督管理机构提交筹建延期报告。筹建延期不得超过一次，延长期限不得超过 3 个月。

申请人应当在前款规定的期限届满前提交开业申请，逾期未提交的，筹建批准文件失效，由决定机关注销筹建许可。

第十六条 银行理财子公司开业，应当由作为控股股东的商业银行向银行业监督管理机构提交申请，由银行业监督管理机构受理、审查并决定。银行业监督管理机构自受理之日起2个月内作出核准或不予核准的书面决定。

第十七条 银行理财子公司应当在收到开业核准文件并领取金融许可证后，办理工商登记，领取营业执照。

银行理财子公司应当自领取营业执照之日起6个月内开业。不能按期开业的，应当在开业期限届满前1个月向国务院银行业监督管理机构提交开业延期报告。开业延期不得超过一次，延长期限不得超过3个月。

未在前款规定期限内开业的，开业核准文件失效，由决定机关注销开业许可，发证机关收回金融许可证，并予以公告。

第十八条 银行理财子公司董事和高级管理人员实行任职资格核准制度，由银行业监督管理机构参照《中国银监会非银行金融机构行政许可事项实施办法》规定的行政许可范围、条件和程序对银行理财子公司董事和高级管理人员任职资格进行审核，国务院银行业监督管理机构另有规定的除外。

第十九条 银行理财子公司应当严格控制分支机构的设立。根据需要设立分支机构的，应当具备以下条件：

（一）具有有效的公司治理、内部控制和风险管理体系，具备支持理财产品单独管理、单独建账和单独核算等业务管理的信息系统，具备保障信息系统有效安全运行的技术与措施；

（二）理财业务经营规范稳健，最近2年内无重大违法违规行为；

（三）具备拨付营运资金的能力；

（四）国务院银行业监督管理机构规章规定的其他审慎性条件。

银行理财子公司设立分支机构，由银行业监督管理机构受理、审查并决定，相关程序应当符合《中国银监会非银行金融机构行政许可事项实施办法》相关规定，国务院银行业监督管理机构另有规定的除外。

第二十条 银行理财子公司有下列变更事项之一的，应当报经国务院银行业监督管理机构批准：

（一）变更公司名称；

（二）变更注册资本；

（三）变更股权或调整股权结构；

（四）调整业务范围；

（五）变更公司住所或营业场所；

（六）修改公司章程；

（七）变更组织形式；

（八）合并或分立；

（九）国务院银行业监督管理机构规章规定的其他变更事项。

银行理财子公司股权变更后持股 5% 以上的股东应当经股东资格审核。银行理财子公司变更持股 1% 以上、5% 以下股东的，应当在 10 个工作日内向银行业监督管理机构报告。变更股权后的股东应当符合本办法规定的股东资质条件。

第二十一条　银行理财子公司有下列情况之一的，经国务院银行业监督管理机构批准后可以解散：

（一）公司章程规定的营业期限届满或者公司章程规定的其他解散事由出现；

（二）股东会议决议解散；

（三）因公司合并或者分立需要解散；

（四）依法被吊销营业执照、责令关闭或者被撤销；

（五）其他法定事由。

第二十二条　银行理财子公司因解散、依法被撤销或被宣告破产而终止的，其清算事宜按照国家有关法律法规办理。银行理财子公司不得将理财产品财产归入其自有资产，因依法解散、被依法撤销或者被依法宣告破产等原因进行清算的，理财产品财产不属于其清算财产。

第二十三条　银行理财子公司的机构变更和终止、调整业务范围及增加业务品种等行政许可事项由国务院银行业监督管理机构受理、审查并决定，相关许可条件和程序应符合《中国银监会非银行金融机构行政许可事项实施办法》相关规定，国务院银行业监督管理机构另有规定的除外。

第三章　业务规则

第二十四条　银行理财子公司可以申请经营下列部分或者全部业务：

（一）面向不特定社会公众公开发行理财产品，对受托的投资者财产进行投资和管理；

（二）面向合格投资者非公开发行理财产品，对受托的投资者财产进行投资和管理；

（三）理财顾问和咨询服务；

（四）经国务院银行业监督管理机构批准的其他业务。

第二十五条　银行理财子公司开展业务，应当遵守《指导意见》和《理财业务管理办法》的总则、分类管理、业务规则与风险管理、附则以及附件《商业银行理财产品销售管理要求》的相关规定，本办法另有规定的除外。

银行理财子公司开展理财业务，不适用《理财业务管理办法》第二十二条、第三十条第二款、第三十一条、第三十六条第一款、第三十九条、第四十条第一款、第四十二条第一款、第四十八条第二款、第四十九条、第七十四条至第七十七条、附件《商业银行理财产品销售管理要求》第三条第（三）项的规定。

第二十六条　银行理财子公司发行公募理财产品的，应当主要投资于标准化债权类资产以及上市交易的股票，不得投资于未上市企业股权，法律、行政法规和国务院银行业监督管理机构另有规定的除外。

第二十七条　银行理财子公司销售理财产品的，应当在非机构投资者首次购买理财产品前通过本公司渠道（含营业场所和电子渠道）进行风险承受能力评估；通过营业场所向非机构投资者销售理财产品的，应当按照国务院银行业监督管理机构的相关规定实施理财产品销售专区管理，在销售专区内对每只理财产品销售过程进行录音录像。银行理财子公司不得通过电视、电台、互联网等渠道对私募理财产品进行公开宣传。

银行理财子公司可以通过商业银行、农村合作银行、村镇银行、农村信用合作社等吸收公众存款的银行业金融机构，或者国务院银行业监督管理机构认可的其他机构代理销售理财产品。代理销售银行理财子公司理财产品的机构应当遵守国务院银行业监督管理机构关于代理销售业务的相关规定。

第二十八条　银行理财子公司理财产品不得直接投资于信贷资产，不得直接或间接投资于主要股东的信贷资产及其受（收）益权，不得直接或间接投资于主要股东发行的次级档资产支持证券，面向非机构投资者发行的理财产品不得直接或间接投资于不良资产受（收）益权。

银行理财子公司发行的理财产品不得直接或间接投资于本公司发行的理财产品，国务院银行业监督管理机构另有规定的除外。银行理财子公司发行的理财产品可以再投资一层由受金融监督管理部门依法监管的其他机构发行的资产管理产品，但所投资的资产管理产品不得再投资公募证券投资基金以外的资产管理产品。

银行理财子公司主要股东是指持有或控制银行理财子公司5%以上股份或表决权，或持有资本总额或股份总额不足5%但对银行理财子公司经营管理有重大影响的股东。

前款所称"重大影响"包括但不限于向银行理财子公司派驻董事、监事或高级管理人员，通过协议或其他方式影响银行理财子公司的财务和经营管理决策以及国务院银行业监督管理机构认定的其他情形。

第二十九条　银行理财子公司理财产品投资于非标准化债权类资产的，应当实施投前尽职调查、风险审查和投后风险管理。银行理财子公司全部理财产品投资于非标准化债权类资产的余额在任何时点均不得超过理财产品净资产的35%。

第三十条　同一银行理财子公司全部开放式公募理财产品持有单一上市公司发行的股票，不得超过该上市公司可流通股票的15%。

第三十一条　银行理财子公司发行分级理财产品的，应当遵守《指导意见》第二十一条相关规定。

分级理财产品的同级份额享有同等权益、承担同等风险，产品名称中应包含"分级"或"结构化"字样。

银行理财子公司不得违背风险收益相匹配原则，利用分级理财产品向特定一个或多个劣后级投资者输送利益。分级理财产品不得投资其他分级资产管理产品，不得直接或间接对优先级份额投资者提供保本保收益安排。

银行理财子公司应当向投资者充分披露理财产品的分级设计及相应风险、收益分配、风险控制等信息。

第三十二条 银行理财子公司的理财投资合作机构包括但不限于银行理财子公司理财产品所投资资产管理产品的发行机构、根据合同约定从事理财产品受托投资的机构以及与理财产品投资管理相关的投资顾问等。

银行理财子公司公募理财产品所投资资产管理产品的发行机构、根据合同约定从事理财产品受托投资的机构应当是具有专业资质并受金融监督管理部门依法监管的金融机构,其他理财投资合作机构应当是具有专业资质,符合法律、行政法规、《指导意见》和金融监督管理部门相关监管规定并受金融监督管理部门依法监管的机构。

银行理财子公司可以选择符合以下条件的私募投资基金管理人担任理财投资合作机构:

(一)在中国证券投资基金业协会登记满1年、无重大违法违规记录的会员;

(二)担任银行理财子公司投资顾问的,应当为私募证券投资基金管理人,其具备3年以上连续可追溯证券、期货投资管理业绩且无不良从业记录的投资管理人员应当不少于3人;

(三)金融监督管理部门规定的其他条件。

银行理财子公司所发行分级理财产品的投资顾问及其关联方不得以其自有资金或者募集资金投资于该分级理财产品的劣后级份额。

第三十三条 银行理财子公司可以运用自有资金开展存放同业、拆放同业等业务,投资国债、其他固定收益类证券以及国务院银行业监督管理机构认可的其他资产,其中持有现金、银行存款、国债、中央银行票据、政策性金融债券等具有较高流动性资产的比例不低于50%。

银行理财子公司以自有资金投资于本公司发行的理财产品,不得超过其自有资金的20%,不得超过单只理财产品净资产的10%,不得投资于分级理财产品的劣后级份额。

银行理财子公司应当确保理财业务与自营业务相分离,理财业务操作与自营业务操作相分离,其自有资产与发行的理财产品之间不得进行利益输送。

银行理财子公司不得为理财产品投资的非标准化债权类资产或权益类资产提供任何直接或间接、显性或隐性的担保或回购承诺。

第三十四条 银行理财子公司发行投资衍生产品的理财产品的,应当按照《银行业金融机构衍生产品交易业务管理暂行办法》获得相应的衍生产品交易资格,并遵守国务院银行业监督管理机构关于衍生产品业务管理的有关规定。

银行理财子公司开展理财业务涉及外汇业务的,应当具有开办相应外汇业务的资格,并遵守外汇管理的有关规定。

第三十五条 银行理财子公司发行理财产品的,应当在全国银行业理财信息登记系统对理财产品进行集中登记。

银行理财子公司不得发行未在全国银行业理财信息登记系统进行登记并获得登记编码的理财产品。

第四章 风险管理

第三十六条 银行理财子公司应当建立组织健全、职责清晰、有效制衡、激励约束合理的公司治理结构，明确股东（大）会、董事会、监事会、高级管理层、业务部门、风险管理部门和内部审计部门风险管理职责分工，建立相互衔接、协调运转的管理机制。

第三十七条 银行理财子公司董事会对理财业务的合规管理和风险管控有效性承担最终责任。董事会应当充分了解理财业务及其所面临的各类风险，根据本公司经营目标、投资管理能力、风险管理水平等因素，审核批准理财业务的总体战略和重要业务管理制度并监督实施。董事会应当监督高级管理层履行理财业务管理职责，评价理财业务管理的全面性、有效性和高级管理层的履职情况。

董事会可以授权其下设的专门委员会履行以上部分职能。

第三十八条 银行理财子公司高级管理层应当充分了解理财业务及其所面临的各类风险，根据本公司经营目标、投资管理能力、风险管理水平等因素，制定、定期评估并实施理财业务的总体战略和业务管理制度，确保具备从事理财业务及其风险管理所需要的专业人员、业务处理系统、会计核算系统和管理信息系统等人力、物力资源。

第三十九条 银行理财子公司监事会应当对董事会和高级管理层的履职情况进行监督评价并督促整改。监事长（监事会主席）应当由专职人员担任。

第四十条 银行理财子公司应当根据理财业务性质和风险特征，建立健全理财业务管理制度，包括产品准入管理、风险管理和内部控制、人员管理、销售管理、投资管理、合作机构管理、产品托管、产品估值、会计核算和信息披露等。

第四十一条 银行理财子公司与其主要股东之间，同一股东控股、参股或实际控制的其他机构之间，以及国务院银行业监督管理机构认定需要实施风险隔离的其他机构之间，应当建立有效的风险隔离机制，通过隔离资金、业务、管理、人员、系统、营业场所和信息等措施，防范风险传染、内幕交易、利益冲突和利益输送，防止利用未公开信息交易。风险隔离机制应当至少包括以下内容：

（一）确保机构名称、产品和服务名称、对外营业场所、品牌标识、营销宣传等有效区分，避免投资者混淆，防范声誉风险；

（二）对银行理财子公司的董事会成员和监事会成员的交叉任职进行有效管理，防范利益冲突；

（三）严格隔离投资运作等关键敏感信息传递，不得提供存在潜在利益冲突的投资、研究、客户敏感信息等资料。

第四十二条 银行理财子公司发行的理财产品投资于本公司或托管机构的主要股东、实际控制人、一致行动人、最终受益人，托管机构，同一股东或托管机构控股的机构，或者与本公司或托管机构有重大利害关系的机构发行或承销的证券，或者从事其他关联交易的，应当符合理财产品投资目标、投资策略和投资者利益优先原则，按照商业原则，以不优于对非关联方同类交易的条件进行，并向投资者充分披露信息。

银行理财子公司应当遵守法律、行政法规和金融监督管理部门关于关联交易的相关规定，全面准确识别关联方，建立健全理财业务关联交易内部评估和审批机制。理财业务涉及重大关联交易的，应当提交有权审批机构审批，并向银行业监督管理机构报告。

银行理财子公司不得以理财资金与关联方进行不正当交易、利益输送、内幕交易和操纵市场，包括但不限于投资于关联方虚假项目、与关联方共同收购上市公司、向本公司注资等。

第四十三条 银行理财子公司应当将投资管理职能与交易执行职能相分离，实行集中交易制度。

银行理财子公司应当建立公平交易制度和异常交易监控机制，对投资交易行为进行监控、分析、评估、核查，监督投资交易的过程和结果，不得开展可能导致不公平交易和利益输送的交易行为。

银行理财子公司应当对不同理财产品之间发生的同向交易和反向交易进行监控。同一理财产品不得在同一交易日内进行反向交易。确因投资策略或流动性等需要发生同日反向交易的，应当要求相关人员提供决策依据，并留存书面记录备查。国务院银行业监督管理机构另有规定的除外。

第四十四条 银行理财子公司应当按照理财产品管理费收入的10%计提风险准备金，风险准备金余额达到理财产品余额的1%时可以不再提取。风险准备金主要用于弥补因银行理财子公司违法违规、违反理财产品合同约定、操作错误或者技术故障等给理财产品财产或者投资者造成的损失。

第四十五条 银行理财子公司应当遵守净资本监管要求。相关监管规定由国务院银行业监督管理机构另行制定。

第四十六条 银行理财子公司应当建立健全内部控制和内外部审计制度，完善内部控制措施，提高内外部审计有效性，持续督促提升业务经营、风险管理、内控合规水平。

银行理财子公司应当按照国务院银行业监督管理机构关于内部审计的相关规定，至少每年对理财业务进行一次内部审计，并将审计报告报送董事会。董事会应当针对内部审计发现的问题，督促高级管理层及时采取整改措施。内部审计部门应当跟踪检查整改措施的实施情况，并及时向董事会提交有关报告。

银行理财子公司应当按照国务院银行业监督管理机构关于外部审计的相关规定，委托外部审计机构至少每年对理财业务和公募理财产品进行一次外部审计，并针对外部审计发现的问题及时采取整改措施。

第四十七条 银行理财子公司应当建立健全从业人员的资格认定、培训、考核评价和问责制度，确保理财业务人员具备必要的专业知识、行业经验和管理能力，充分了解相关法律法规、监管规定以及理财产品的法律关系、交易结构、主要风险及风险管控方式，遵守行为准则和职业道德标准。

银行理财子公司的董事、监事、高级管理人员和其他理财业务人员，其本人、配偶、利害关系人进行证券投资，应当事先向银行理财子公司申报，并不得与投资者发生利益冲突。银行理财子公司应当建立上述人员进行证券投资的申报、登记、审查、处置等管理制度，并报银行业监督管理机构备案。

银行理财子公司的董事、监事、高级管理人员和其他理财业务人员不得有下列行为：

（一）将自有财产或者他人财产混同于理财产品财产从事投资活动；

（二）不公平地对待所管理的不同理财产品财产；

（三）利用理财产品财产或者职务之便为理财产品投资者以外的人牟取利益；

（四）向理财产品投资者违规承诺收益或者承担损失；

（五）侵占、挪用理财产品财产；

（六）泄露因职务便利获取的未公开信息，利用该信息从事或者明示、暗示他人从事相关的交易活动；

（七）玩忽职守，不按照规定履行职责；

（八）法律、行政法规和国务院银行业监督管理机构规定禁止的其他行为。

第四十八条 银行理财子公司应当建立有效的投资者保护机制，设置专职岗位并配备与业务规模相匹配的人员，根据法律、行政法规、金融监管规定和合同约定妥善处理投资者投诉。

第五章 监督管理

第四十九条 银行理财子公司应当按照规定，向银行业监督管理机构报送与理财业务有关的财务会计报表、统计报表、外部审计报告、风险准备金使用情况和银行业监督管理机构要求报送的其他材料，并于每年度结束后 2 个月内报送理财业务年度报告。

第五十条 银行理财子公司在理财业务中出现或者可能出现重大风险和损失时，应当及时向银行业监督管理机构报告，并提交应对措施。

第五十一条 银行业监督管理机构应当按照规定对银行理财子公司业务进行现场检查。

第五十二条 银行业监督管理机构应当基于非现场监管和现场检查情况，定期对银行理财子公司业务进行评估。

第五十三条 银行理财子公司违反本办法规定从事理财业务活动的，应当根据国务院银行业监督管理机构或者其省一级派出机构提出的整改要求，在规定的时限内向国务院银行业监督管理机构或者其省一级派出机构提交整改方案并采取整改措施。

第五十四条 对于在规定的时限内未能采取有效整改措施的银行理财子公司，或者其行为严重危及本公司稳健运行、损害投资者合法权益的，国务院银行业监督管理机构或者其省一级派出机构有权按照《中华人民共和国银行业监督管理法》第三十七条的规定，采取下列措施：

（一）责令暂停发行理财产品；

（二）责令调整董事、高级管理人员或限制其权利；
（三）《中华人民共和国银行业监督管理法》第三十七条规定的其他措施。

第五十五条 银行理财子公司从事理财业务活动，有下列情形之一的，由银行业监督管理机构依照《中华人民共和国银行业监督管理法》第四十六条的规定，予以处罚：

（一）提供虚假的或者隐瞒重要事实的报表、报告等文件、资料的；
（二）未按照规定进行风险揭示或者信息披露的；
（三）根据《指导意见》经认定存在刚性兑付行为的；
（四）拒绝执行本办法第五十四条规定的措施的；
（五）严重违反本办法规定的其他情形。

第五十六条 银行理财子公司从事理财业务活动，未按照规定向银行业监督管理机构报告或者报送有关文件、资料的，由银行业监督管理机构依照《中华人民共和国银行业监督管理法》第四十七条的规定，予以处罚。

第五十七条 银行理财子公司从事理财业务活动的其他违法违规行为，由银行业监督管理机构依照《中华人民共和国银行业监督管理法》等法律法规予以处罚。

第五十八条 银行理财子公司从事理财业务活动，违反有关法律、行政法规以及国家有关银行业监督管理规定的，银行业监督管理机构除依照本办法第五十五条至第五十七条规定处罚外，还可以依照《中华人民共和国银行业监督管理法》第四十八条和《金融违法行为处罚办法》的相关规定，对直接负责的董事、高级管理人员和其他直接责任人员进行处理；涉嫌犯罪的，依法移送司法机关处理。

第六章 附 则

第五十九条 本办法中"以上"均含本数，"以下"不含本数。

第六十条 本办法所称控股股东是指根据《中华人民共和国公司法》第二百一十六条规定，其出资额占有限责任公司资本总额50%以上，或其持有的股份占股份有限公司股本总额50%以上的股东；出资额或者持有股份的比例虽然不足50%，但依其出资额或者持有的股份所享有的表决权已足以对股东（大）会的决议产生重大影响的股东。

第六十一条 本办法由国务院银行业监督管理机构负责解释。

第六十二条 本办法自公布之日起施行。

（四）代销业务

中国银监会关于规范商业银行代理销售业务的通知

（银监发〔2016〕24号）

各银监局，各政策性银行、大型银行、股份制银行，邮储银行，外资银行：

近年来，随着商业银行代理销售业务快速发展，部分商业银行出现误导销售、未经授权代理销售、私自销售产品以及与合作机构风险责任不清等问题。为规范商业银行代理销售业务，保护投资者合法权益，促进代理销售业务健康有序发展，现就有关事项通知如下：

一、基本原则

本通知所称代理销售业务（以下简称代销业务）是指商业银行接受由国务院银行业监督管理机构、国务院证券监督管理机构、国务院保险监督管理机构（以下统称国务院金融监督管理机构）依法实施监督管理、持有金融牌照的金融机构（以下简称合作机构）委托，在本行渠道（含营业网点和电子渠道），向客户推介、销售由合作机构依法发行的金融产品（以下简称代销产品）的代理业务活动。

（一）商业银行开展代销业务，应当遵守法律、行政法规和国务院金融监督管理机构的相关规定，不得损害国家利益、社会公共利益和投资者合法权益，严格代销业务管理，防范代销业务风险。

（二）商业银行开展代销业务，应当符合国务院金融监督管理机构关于代销有关金融产品的资质要求。

（三）商业银行开展代销业务，应当加强投资者适当性管理，充分揭示代销产品风险，向客户销售与其风险承受能力相匹配的金融产品。

（四）商业银行应当在代销业务与其他业务之间建立风险隔离制度，确保代销业务与其他业务在账户、资金和会计核算等方面严格分离。

（五）商业银行不得代销本通知规定范围以外的机构发行的产品，政府债券、实物贵金属以及银监会另有规定的除外。

二、代销业务内部管理制度

（六）商业银行总行应当对代销业务实行集中统一管理，并根据国务院金融监督管理机构或者其授权机构规定，建立健全代销业务管理制度，包括合作机构管理、代销产品准入管理、销售管理、投诉和应急处理、信息披露与保密管理等。

（七）商业银行原则上应当通过代销业务管理系统进行销售。商业银行总行应当定期对代销业务管理系统实施技术评估，确保其基础设施和网络系统承载能力、技术人员保障和运营服务能力与所开展的代销业务性质和规模相匹配。

（八）商业银行对代销业务实施绩效考核，不得仅考核销售业绩指标，考核标准应当包括但不限于销售行为和程序的合规性、客户投诉情况和内外部检查结果等。

（九）商业银行内部审计、内控管理、合规管理职能部门和业务部门应当根据职责分工，建立并有效实施代销业务的内部监督检查和跟踪整改制度。

（十）商业银行应当建立代销业务内部责任追究制度，对违反代销业务管理制度的相关负责人和销售人员，视情节严重程度给予相应处分，同时追究上级管理部门的责任。

（十一）商业银行应当会同合作机构建立代销业务客户投诉和应急处理机制，明确受理和处理客户投诉的途径、程序和方式，根据法律、行政法规、国务院金融监督管理机构的相关规定和合同约定妥善处理投诉、突发事件和其他重大风险事件。

三、合作机构管理

（十二）商业银行总行应当对合作机构实行名单制管理，建立并有效实施对合作机构的尽职调查、评估和审批制度，及时对存在严重违规行为、重大风险或其他不符合合作标准的机构实施退出。

（十三）商业银行开展代销业务，原则上应当由其总行与合作机构总部签订代销协议。确需由一级分支机构（含省、自治区、直辖市和计划单列市分行等）签订代销协议的，一级分支机构应当事先获得总行授权，并在报总行备案后与合作机构总部签订代销协议；总行与合作机构一级分支机构签订代销协议的，合作机构一级分支机构应当事先取得其总部授权并报总部备案。国务院金融监督管理机构另有规定的除外。

（十四）商业银行与合作机构签订的代销协议应当约定双方的权利和义务，包括但不限于以下内容：

1. 合作机构提供代销产品和产品宣传资料的合规性承诺，国务院金融监督管理机构另有规定的除外。

2. 双方在风险承担、信息披露、风险揭示、客户信息传递及信息保密、后续服务安排、投诉和应急处理等方面的责任和义务。

3. 双方业务管理系统职责边界和运营服务接口。

4. 合作机构有义务配合开展对代销业务管理系统的接入、投产变更测试和应急演练等活动。

（十五）商业银行应当与合作机构建立定期对账机制，确保代销结算资金的安全性和双方客户交易明细的一致性。

（十六）商业银行总行应当对合作机构的系统接入或托管实施统一管理，制定分类技术规范和接口标准，实施技术与安全评估，并在本行与合作机构的网络和信息系统之间保持风险隔离。

（十七）商业银行的股东、由商业银行直接或者间接控制的金融机构或者商业银行所在集团其他金融机构等关联方为代销业务合作机构的，商业银行对其在合作机构管理和代销产品准入等方面的要求应当不低于其他合作机构。

四、代销产品准入管理

（十八）商业银行原则上应当由其总行承担代销产品的审批职责，并以书面形式对分支机构代销产品范围进行明确授权。确需由一级分支机构审批的，一级分支机构应当事先获得总行授权，并在报总行备案后代行代销产品审批职责。

（十九）商业银行应当对拟代销产品开展尽职调查，不得仅以合作机构的产品审批资料作为产品审批依据。

（二十）商业银行应当根据代销产品的投资范围、投资资产、投资比例和风险状况等因素对代销产品进行风险评级。风险评级结果与合作机构不一致的，应当采用对应较高风险等级的评级结果。

（二十一）商业银行不得代销未经合作机构确认合规或者未列入总行合作机构审批名单的机构发行的金融产品。

五、销售管理

（二十二）商业银行应当按照国务院金融监督管理机构的规定确定代销业务的销售渠道。通过营业网点代销产品的，应当按照银监会有关规定在专门区域销售，销售专区应当具有明显标识。

（二十三）商业银行应当在营业网点或官方网站提供查询代销产品信息的渠道，建立代销产品分类目录，明示代销产品的代销属性、发行机构、合格投资者范围等信息，不得将代销产品与存款或其自身发行的理财产品混淆销售。

（二十四）商业银行应当使用合作机构提供的实物或电子形式的代销产品宣传资料和销售合同，全面、客观地揭示代销产品风险。国务院金融监督管理机构另有规定的除外。

代销产品宣传资料首页显著位置应当标明合作机构名称，并配备以下文字声明："本产品由××机构（合作机构）发行与管理，代销机构不承担产品的投资、兑付和风险管理责任。"

（二十五）商业银行应当对客户风险承受能力进行评估，确定客户风险承受能力评级，并只能向客户销售等于或低于其风险承受能力的代销产品。国务院金融监督管理机构另有规定的除外。

风险承受能力评估依据应当包括但不限于客户年龄、财务状况、投资经验、投资目的、收益预期、风险偏好、流动性要求、风险认识和风险损失承受程度等。

（二十六）商业银行应当告知客户代销业务流程和收费标准，代销产品的发行机构、产品属性、主要风险和风险评级情况，以及商业银行与合作机构各自的责任和义务等信息。

（二十七）商业银行应当向客户提供并提示其阅读相关销售文件，包括风险提示文件，以请客户抄写风险提示等方式充分揭示代销产品的风险，销售文件应当由客户签字逐一确认，国务院金融监督管理机构另有规定的除外。通过电子渠道销售的，应由客户通过符合法律、行政法规要求的电子方式逐一确认。

（二十八）商业银行应当加强员工行为管理，对销售人员及其代销产品范围进行明确授权,并在营业网点公示。

(二十九)销售人员应当具备代销业务相关的法律法规、金融、财务等专业知识、技能和相应的岗位资格,遵守国务院金融监督管理机构、行业协会和商业银行制定的销售人员行为准则和职业道德标准,并充分了解所代销产品的属性和风险特征。

(三十)商业银行应当会同合作机构为销售人员持续提供专业培训,确保销售人员每年的培训时间符合国务院金融监督管理机构或其授权机构的要求。代销新产品的,需开展销售前培训;未接受培训或未达到培训要求的销售人员不得销售该类产品。

(三十一)商业银行通过营业网点开展代销业务的,应当根据国务院金融监督管理机构的相关规定实施录音录像,完整客观地记录营销推介、风险和关键信息提示、客户确认和反馈等重点销售环节。

(三十二)商业银行应当依法妥善保管与代销业务有关的各种文档(含录音录像文件),如实记载向客户推介、销售产品的情况。文档保存年限应当符合法律、行政法规和国务院金融监督管理机构的相关规定,并在银行内部管理制度中予以明确。

(三十三)商业银行从事代销业务,不得有以下情形:

1. 未经授权或超越授权范围开展代销业务,假借所属机构名义私自推介、销售未经审批的产品,或在营业区域内存放未经审批的非本行产品销售文件和资料。

2. 将代销产品作为存款或其自身发行的理财产品进行销售,或者采取夸大宣传、虚假宣传等方式误导客户购买产品。

3. 违背客户意愿将代销产品与其他产品进行捆绑销售。

4. 由销售人员违规代替客户签署代销业务相关文件,或者代替客户进行代销产品购买等操作、代替客户持有或安排他人代替客户持有代销产品。

5. 为代销产品提供直接或间接、显性或隐性担保,包括承诺本金或收益保障。

6. 给予合作机构及其工作人员,或者向合作机构及其工作人员收取、索要代销协议约定以外的利益。

7. 国务院金融监督管理机构禁止的其他情形。

(三十四)商业银行应当通过独立的团队或机构对营业网点的代销业务进行抽样回访。

(三十五)商业银行不得允许非本行人员在营业网点从事产品宣传推介、销售等活动。

六、信息披露与保密管理

(三十六)代销产品存续期内,商业银行应当督促合作机构按照规定,及时、准确、完整地向客户披露代销产品投资运作情况、风险状况和对投资者权益或者投资收益有重大影响的风险事件等信息。

(三十七)商业银行应当依法履行客户信息保密义务,防止客户信息被不当使用。与合作机构共享客户信息的,应当事先以醒目方式征得客户书面同意或者通过电子方式确认,并要求合作机构履行客户信息保密义务。

七、监督管理

（三十八）商业银行应当于每年度结束后 2 个月内向银监会报送代销业务年度报告，内容包括但不限于：代销业务发展规划和基本情况、主要风险分析和风险管理情况、合规管理和内部控制情况、投诉处理情况以及代销业务管理系统运行情况等。遇有突发情况的，应当及时报告。

（三十九）商业银行违反本通知规定开展代销业务的，银监会应当责令其限期改正，并根据《中华人民共和国银行业监督管理法》等法律、行政法规及有关规定，采取相关监管措施或者依法实施行政处罚。

（四十）商业银行代销政府债券和实物贵金属，按照有关规定执行。

政策性银行、农村合作银行、农村信用社、村镇银行、外国银行分行、汽车金融公司和消费金融公司等其他银行业金融机构开展代销业务，参照本通知执行。

2016 年 5 月 5 日

中国银监会关于进一步加强商业银行代理保险业务合规销售与风险管理的通知

(银监发〔2010〕90号)

各银监局,各国有商业银行、股份制商业银行,邮储银行:

为进一步规范商业银行代理保险业务,保护客户的合法权益,促进代理保险业务规范健康有序发展,现就有关要求通知如下:

一、商业银行开展代理保险业务,应当严格遵守《中华人民共和国商业银行法》《中华人民共和国银行业监督管理法》《中华人民共和国保险法》等相关法律、行政法规及规章的规定,健全并严格执行相应的风险管理制度和内部操作流程。

二、商业银行开展代理保险业务,应当遵循公开、公平、公正的原则,充分保护客户利益。

产品销售活动应当向客户充分揭示保险产品特点、属性和风险,不得对客户进行误导。

三、商业银行在开展代理保险业务时,应当遵守以下规定:

(一)不得将保险产品与储蓄存款、基金、银行理财产品等产品混淆销售,不得将保险产品收益与上述产品简单类比,不得夸大保险产品收益。

(二)向客户说明保险产品的经营主体是保险公司,如实提示保险产品的特点和风险。

(三)如实向客户告知保险产品的犹豫期、保险责任、电话回访、费用扣除、退保费用等重要事项。

(四)不得以中奖、抽奖、回扣或者送实物、保险等方式进行误导销售。

(五)法律法规和监管机构规定的其他事项。

四、商业银行应当充分了解客户的风险偏好、风险认知能力和承受能力,对购买投资连结保险等复杂保险产品的客户,应当建立客户风险测评和适合度评估制度,防止错误销售。

商业银行应当在营业网点理财服务区、理财室或理财专柜等专属区域对客户进行评估,根据产品风险等级提高销售门槛,将合适的产品销售给合适的客户,并妥善保管客户评估的相关资料。

五、对于通过风险测评表明适合购买投资连结保险等复杂保险产品的客户,商业银行应当向其提供完整的保险条款、产品说明书和投保提示书并提示客户认真阅读,阅读后应当由客户亲自抄录下列语句并签字确认:"本人已阅读保险条款、产品说明书和投保提示书，了解本产品的特点和保单利益的不确定性。"

对于未经过风险测评或风险测评结果表明不适合购买投资连结保险等复杂保险产品的客户，商业银行应当建议客户不购买，不得主动对其进行后续的产品推介和营销。

六、商业银行销售人员在向客户推介和营销投资连结保险等复杂保险产品时，应当向其出具投保提示书，要求客户仔细阅读并理解。投保提示书应当至少包括以下内容：

（一）客户购买的是保险产品。

（二）提示客户详细阅读保险条款和产品说明书，尤其是保险责任、犹豫期和退保事项、利益演示、费用扣除等内容。

（三）提示客户应当由投保人亲自抄录、签名。

（四）客户向商业银行及保险公司咨询及投诉渠道。

（五）监管机构的其他相关规定。

七、商业银行开展代理保险业务时，应当遵守监管机构关于投保提示、禁止代客户抄录、禁止代客户签字确认等方面的规定，指导客户如实、正确地填写投保单，不得代替客户抄录语句、签名。

商业银行应当要求保险公司提供客户满期给付和期缴续费等客户信息，做好对客户的后续服务。

八、商业银行应当审慎选择代销保险产品，代销保险产品应当符合监管机构的相关要求。

对于客户投诉多、设计上存在缺陷的问题保险产品，商业银行应当主动停止销售，与保险公司妥善处理相关事宜。

九、商业银行应当明确告知客户代理保险业务中商业银行与保险公司法律责任的界定，尤其是告知客户保险业务出现问题时应当与保险公司进行沟通，做好风险提示与投资者教育。

十、商业银行网点摆放的宣传资料应当由保险公司总公司或其授权的分公司统一印制，严禁各营业网点擅自印制单证材料或变更宣传材料的内容。

各类保险单证和宣传资料上不得使用带有银行名称的中英文字样或银行的形象标识，不得出现"存款""储蓄""与银行共同推出"等字样，不得违反监管机构的相关规定。

十一、商业银行应当对拟建立或已建立代理合作关系的保险公司进行审慎尽职调查，审慎选择合作伙伴。调查内容包括但不限于：保险公司公司治理状况、财务状况、偿付能力充足状况、内控制度健全性和有效性、近两年受监管机构处罚情况以及客户投诉处理情况。对调查结果不合格或存在违规行为的保险公司，不得与其合作开展代理保险业务。

商业银行应当持续关注和评估保险公司合作状况，对保险公司合规经营、售后服务、产品宣传、培训以及投诉处理等方面进行定期评价，对存在违规行为和重大风险的保险公司应当停止代理保险业务合作。

商业银行总行应当制定统一的准入、退出和持续性合作的相关规定，对合作主体、方式和内容进行统一管理和授权。

十二、通过商业银行网点直接向客户销售保险产品的人员，应当是持有保险代理从业人员资格证书的银行销售人员；商业银行不得允许保险公司人员派驻银行网点。

十三、商业银行每个网点原则上只能与不超过 3 家保险公司开展合作，销售合作公司的保险产品。如超过 3 家，应坚持审慎经营，并向当地银监会派出机构报告。

十四、商业银行应当根据监管机构的要求，考虑代理保险产品复杂程度，确定不同层级营业网点代销产品的种类；投资连结保险等复杂保险产品应当严格限制在理财服务区、理财室或者理财专柜等专属区域内销售。

十五、商业银行应当尽量实现系统出单和系统管控，减少操作风险；不能通过信息系统实现销售管理的，商业银行应当加快信息系统开发，尽快满足相关监管要求。

十六、商业银行通过电话销售保险产品的，销售人员应为具有保险代理从业人员资格的银行人员，销售行为应当按照统一的规范用语进行，妥善保管客户信息，履行相应的保密义务。

商业银行通过电话向客户销售保险产品的，应当先征得客户同意，明确告知客户销售的是保险产品，不得误导销售，销售过程应当全程录音并妥善保存。

十七、商业银行应当严格按照与保险公司协议规定收取手续费，全额入账，不得收取协议规定之外的其他费用。

十八、商业银行应当督促保险公司按照监管规定在保险合同犹豫期内，对代理销售的保险期限在 1 年以上的人身保险新单业务进行客户电话回访，并要求保险公司妥善保存电话回访录音；视实际情况需要，可以要求保险公司对客户进行面访，并详细做好回访记录。

十九、商业银行应当建立有效的投诉处理机制，与保险公司分工协作，制定统一规范的投诉处理程序，向客户明示投诉电话，在与保险公司签订代理协议时，应当主动协商保险公司建立风险处置应急预案，确保能妥善处理投诉纠纷事件。

二十、当出现突发事件、重大投诉或其他重大风险事件时，商业银行、保险公司应当密切配合，立即妥善处理，有效化解相关风险并及时向中国银监会、中国保监会报告。

二十一、商业银行应当建立和完善代理保险业务内控和风险管理体系，持续要求保险公司提供每年公司治理状况、财务状况、偿付能力充足状况、内控制度健全性和有效性、近两年受监管机构处罚情况以及客户投诉处理等相关情况。

二十二、商业银行应当在每个季度结束后的 30 个工作日之内，向中国银监会及其派出机构，报送代理保险业务的报告。报告应当至少包括以下内容：

（一）代理保险业务开展情况。
（二）发生投诉及处理的相关情况。
（三）与保险公司合作情况。
（四）内控及风险管理的变化情况。

（五）其他需要报送的情况。

二十三、中国银监会依法对商业银行代理保险业务制定相关的规章和审慎经营规则，进行现场检查和非现场监管。

中国银监会、中国保监会对商业银行代理保险业务可以进行联合现场检查，依法对违规行为采取监管措施，追究相应责任，并给予相应处罚。

监管机构依据《中华人民共和国行政处罚法》等相关规定，对商业银行代理保险业务中的同一个违法行为，不得给予重复处罚。

二十四、本通知印发之前的银行代理保险业务，应按本通知要求予以整改和规范，并将相关情况报送当地银监会派出机构。

二十五、其他银行业金融机构代理保险业务的，参照以上规定执行。

请各银监局将本通知转发至辖内银监分局和有关银行业金融机构。

中国银行业监督管理委员会
二〇一〇年十一月一日

中国保险监督管理委员会关于印发《商业银行代理保险业务监管指引》的通知

(保监发〔2011〕10号)

各保监局、各银监局、各保险公司、各国有商业银行、各股份制商业银行、中国邮政储蓄银行、各省级农村信用联社：

为了规范商业银行代理保险市场秩序，保护金融保险消费者权益，促进商业银行代理保险业务健康发展，中国保监会和中国银监会联合制定了《商业银行代理保险业务监管指引》(以下简称《监管指引》)。现予以印发，请遵照执行。现将做好《监管指引》执行工作的有关要求通知如下：

一、各单位要高度重视《监管指引》的贯彻落实工作。各保险公司、各商业银行总部要加强领导，组织全系统做好《监管指引》的传达、学习和执行工作。各保监局、各银监局要加强监管，督促辖内保险机构、银行机构严格执行《监管指引》的各项要求。

二、各保险公司要坚持调整和优化银保业务结构，加快转变银保业务发展方式。要注重与银行加强战略性合作，发挥银保双方优势，创新银保产品和销售模式；要注重维护银保专管员队伍稳定，从职能定位、工作方式、组织发展等方面加快银保专管员队伍转型，不断提高专管员队伍的专业素质、培训能力和服务能力。

三、各商业银行要加强对代理保险业务销售行为的管控，不断提高销售品质，为客户提供优质服务。要注重加强对代理保险业务销售人员的培训和资格管理，切实提高销售人员的专业素质、销售能力和服务能力；要注重深化与保险公司的合作关系，积极发展多样化的银保销售模式，满足客户日益增长的保险保障、长期储蓄和金融资产管理需求。

四、各保险公司、各商业银行要注重从改进和完善体制机制入手，防止出现商业贿赂、销售误导、恶性价格竞争等违法违规行为。总部要切实承担起对下级机构和人员的管控责任，要建立并强化内部责任追究制。

五、各保监局、各银监局要把规范商业银行代理保险业务作为规范金融市场秩序、保护金融保险消费者权益的一项重点工作。要把打击银保市场商业贿赂、销售误导、恶性价格竞争等作为现场检查重点，加大检查和处罚力度，加大对上级机构和各级高管人员管理责任的追究力度，依法对相关责任人进行问责。各保监局、各银监局要注重加强沟通与合作，共同规范银保市场。

六、本通知下发后，保险公司与商业银行已签订的代理协议与《监管指引》要求不符的，应当在 2011 年 3 月 31 日前完成修订工作。

中国保险监督管理委员会
中国银行业监督管理委员会
二〇一一年三月七日

商业银行代理保险业务监管指引

第一章 总　则

第一条　为了规范商业银行代理保险业务的经营行为，保护保险消费者的合法权益，促进商业银行代理保险业务持续健康发展，根据《中华人民共和国保险法》（以下简称《保险法》)、《中华人民共和国商业银行法》（以下简称《商业银行法》)、《中华人民共和国银行业监督管理法》（以下简称《银行业监督管理法》）等法律、行政法规及规章，制定本指引。

第二条　本指引所称商业银行代理保险业务是指商业银行接受保险公司委托，在保险公司授权的范围内，代理保险公司销售保险产品及提供相关服务，并依法向保险公司收取代理费用的经营活动。

第三条　保险公司和商业银行双方开展商业银行代理保险业务，应当遵守法律、行政法规和中国保监会、中国银监会的有关规定，遵循自愿、诚实信用和公平竞争的原则，实现双方优势互补，互利共赢，为保险消费者创造价值。

第四条　中国保监会、中国银监会根据《保险法》《商业银行法》《银行业监督管理法》和国务院授权，对商业银行代理保险业务履行监管职责。

中国保监会、中国银监会派出机构，在中国保监会、中国银监会授权范围内履行监管职责。

第二章 代理关系

第一节 合作对象

第五条　保险公司和商业银行应当结合自身及对方的资本状况、资产规模、管控能力等因素审慎选择合作对象，合理确定合作对象的范围和数量。

第六条　保险公司选择合作商业银行时，应当充分考虑其资本充足率、风险管控能力、营业场所、代理保险业务和财务管理制度健全性、近两年受监管部门处罚情况等。

第七条　商业银行选择合作保险公司时，应当充分考虑其偿付能力状况、风险管控能力、业务和财务管理信息系统、近两年受监管部门处罚情况等。

第八条　保险公司和商业银行选择和评价合作对象，应当参考监管部门、外部审计、评级机构以及行业协会披露的信息，确保获取的有关信息真实可靠。

第九条 保险公司和商业银行应当保持合作关系和客户服务的稳定性。单一商业银行代理网点与每家保险公司的连续合作期限不得少于一年。

合作期间内，如果一方出现对双方合作关系有实质影响的不利情形，另一方可以提前中止合作。对保险公司与商业银行网点已经中止合作的情况，商业银行应配合保险公司做好满期给付、退保、投诉处理等保单后续服务。

第十条 商业银行不得将保险代理业务转委托给其他机构或个人。

第二节 代理资格

第十一条 中国保监会依法对商业银行网点代理保险业务实施资格管理。

（一）商业银行代理保险业务的，每个营业网点在代理保险业务前应当取得中国保监会颁发的经营保险代理业务许可证，并获得商业银行一级分支机构（含省、自治区、直辖市和计划单列市分行）的授权。

（二）保险公司不得委托没有取得经营保险代理业务许可证的商业银行网点开展代理保险业务。

（三）商业银行网点经营保险代理业务许可证的使用和管理，应当按照中国保监会《保险许可证管理办法》有关规定办理。

（四）商业银行网点应当在营业场所显著位置张贴统一制式的投保提示。

第十二条 中国保监会依法对商业银行代理保险业务销售人员和保险公司银保专管员实施资格管理。

（一）商业银行和保险公司应当按照监管部门有关规定，对商业银行代理保险业务销售人员和保险公司银保专管员进行法律法规、业务知识培训和职业道德教育。

（二）商业银行从事代理保险业务的销售人员，应当符合中国保监会规定的保险销售从业资格条件，取得中国保监会颁发的《保险销售从业人员资格证书》。其中，投资连结保险销售人员还应至少有1年以上保险销售经验，接受过不少于40小时的专项培训，并无不良记录。

（三）保险公司银保专管员，应当取得中国保监会颁发的《保险销售从业人员资格证书》，每年应接受不少于36小时的培训。

第三节 代理协议

第十三条 保险公司委托商业银行代理保险业务，原则上应当由总公司和总行统一签订代理协议。保险公司和商业银行的一级分支机构（含省、自治区、直辖市和计划单列市分公司、分行等）确需签订代理协议的，应当事先分别取得总公司和总行书面授权，并在代理协议签订后及时向总公司和总行进行备案。

第十四条 保险公司委托区域性商业银行代理保险业务的，可以由区域性商业银行总行同保险公司总公司或其业务开展地的保险公司一级分支机构签订代理协议。保险公司一级分支机构应当事先取得总公司书面授权，并在代理协议签订后及时向总公司进行备案。

第十五条 保险公司和商业银行签订的代理协议应当包括但不限于以下主要条款：代理产品种类，代理费用标准及支付方式，单证及宣传资料管理，客户账户及身份信息核对，反洗钱，客户信息保密，双方权利责任划分，争议的解决，危机应对及客户投诉处理机制，合作期限，协议生效、变更和终止，违约责任等。

第三章 经营规则

第一节 保险产品

第十六条 保险公司委托商业银行销售的保险产品，应当是按照中国保监会保险产品审批备案管理的有关规定，经过中国保监会审批或备案的保险产品。

第十七条 保险公司委托商业银行销售的保险产品，保单封面主体部分应当以显著的字体印有"保险单"或"保险合同"字样、保险公司名称等内容，保险合同中应当包含保险条款及其他合同要件。

第十八条 保险公司应当充分发挥长期资产负债匹配管理和风险保障的核心技术优势，商业银行应当充分发挥销售渠道优势，在商业银行代理保险业务中大力发展长期储蓄型和风险保障型保险产品，持续调整和优化商业银行代理保险业务结构，为客户提供全面的金融服务。

第十九条 保险公司和商业银行在合作过程中，应当加大产品创新力度，以消费者需求为导向，推进商业银行代理保险产品的多样化和差异化，不断满足客户日益增长的保险保障和金融资产管理需求。

第二节 代理费用

第二十条 保险公司和商业银行协商代理费用时，应当本着互利共赢、共同发展、保护消费者利益的原则，共同促进商业银行代理保险市场的持续健康发展。

第二十一条 保险公司向商业银行支付代理费用，应当通过保险公司一级分支机构向代理商业银行一级分支机构或至少二级分支机构统一转账支付，具备条件的要实现保险公司总公司集中统一向代理商业银行总行支付；委托地方性商业银行代理保险业务的，应当由保险公司一级分支机构向地方性商业银行总部或一级分支机构统一转账支付。

第二十二条 保险公司应当按照财务制度据实列支向商业银行支付的代理费用，不得账外核算和经营；商业银行应当加强代理费用集中管理，从代理费用中列支代理保险业务销售人员的业务激励费用。

第二十三条 保险公司及其工作人员不得在账外直接或者间接给予合作商业银行及其工作人员合作协议约定以外的利益，包括支付现金、各类有价证券，或者报销费用、提供旅游等；商业银行及其工作人员不得以任何方式向保险公司及其工作人员收取、索要合作协议约定以外的任何利益。保险公司和商业银行应当加强对员工的教育管理，完善各项管理制度，防范商业贿赂风险。

第二十四条 保险业协会和银行业协会要通过加强行业自律，在维护市场秩序、促进公平竞争方面发挥积极作用。

第二十五条 监管部门对通过给予、收取或索要合作协议约定外利益等不正当竞争手段扰乱市场秩序、侵害消费者利益的行为将依法严厉查处。

第三节 销售模式

第二十六条 商业银行和保险公司应当按照代理协议约定加强协作。通过商业银行网点直接向客户销售保险产品的人员，应当是持有保险代理从业人员资格证书的商业银行销售人员；商业银行不得允许保险公司人员派驻银行网点。保险公司银保专管员负责向银行提供培训、单证交换等服务，协助商业银行做好保险产品销售后的满期给付、续期缴费等相关客户服务。

第二十七条 商业银行应当根据保险产品的复杂程度区分不同的销售区域。投资连结保险产品不得通过商业银行储蓄柜台销售。对于保单期限和缴费期限较长、保障程度高、产品设计相对复杂以及需较长时间解释说明的保险产品，商业银行应当积极开拓理财服务区、理财专柜、财富中心、私人银行等专门销售区域，通过对销售区域和销售队伍的控制，提高销售品质，将合适的产品通过合适的人员销售给合适的客户。

第二十八条 商业银行和保险公司应当加强战略性合作，在依法合规、风险可控的前提下，合作开展电话销售、网上销售等创新销售模式。

第二十九条 商业银行通过电话销售保险产品的，应当先征得客户同意；销售人员应当是具有保险销售从业人员资格的商业银行人员；销售行为应当按照统一的规范用语进行，明确告知客户销售的是保险产品，销售过程应当全程录音并妥善保存。

第三十条 商业银行通过网上银行销售保险产品的，应当有醒目的风险提示，销售过程中的各项风险管控措施不得低于商业银行网点的标准，且销售过程应保留完整记录；保险公司应配合商业银行提供电子保单，不断改进和提升服务质量；高风险的复杂保险产品应确保销售给有相应风险承受能力的合适客户。

第四节 销售行为

第三十一条 商业银行作为代理保险业务销售行为的实施主体，应当加强代理保险业务销售行为管理，加大内部对销售人员的培训力度，强化对误导销售、错误销售等违规行为的内部责任追究，建立健全相应管理制度和处罚制度。

第三十二条 商业银行及其工作人员应当使用保险公司总公司或经总公司授权的保险公司一级分支机构统一印制的保险产品宣传资料，不得擅自印制代销产品的宣传资料或变更产品宣传资料的内容。

第三十三条 销售人员在产品销售过程中应当以书面形式向投保人提供保险监管部门要求的投保提示书、产品说明书，应当引导投保人在投保单上填写真实完整的客户信息，并在人身保险新型产品投保书上抄录有关声明，不得代抄录有关声明或代投保人或被保险人签名；对投资连结保险产品投保人还应当进行风险承受能力测评，不得将投资连结保险产品销售给未经过风险测评或风险测评结果显示不适合的客户。

第三十四条 销售人员负责在销售过程中全面客观介绍保险产品，应当按保险条款将保险责任、责任免除、退保费用、保单现金价值、缴费期限、犹豫期等重要事项明确告知客户。

第三十五条 销售人员不得进行误导销售或错误销售。在销售过程中不得将保险产品与储蓄存款、银行理财产品等混淆，不得使用"银行和保险公司联合推出""银行推出""银行理财新业务"等不当用语，不得套用"本金""利息""存入"等概念，不得将保险产品的利益与银行存款收益、国债收益等进行片面类比，不得夸大或变相夸大保险合同的收益，不得承诺固定分红收益。

第三十六条 商业银行网点及其销售人员不得以中奖、抽奖、送实物、送保险、产品停售等方式进行误导或诱导销售。保险公司不得支持或鼓励商业银行采取上述行为。

第三十七条 商业银行应当向保险公司提供全面、完整、真实的客户投保信息，确保保险公司承保业务和客户回访工作顺利开展。保险公司应当建立投保单信息审查机制，对投保单信息不全、捏造变更客户信息的保险业务不得承保。

第三十八条 商业银行和保险公司应当逐步统一投保人风险承受能力测评体系，为客户投保提供便利。

第三十九条 对于保险公司应当披露的信息，保险公司应当根据中国保监会信息披露管理办法的有关要求，通过公司官方网站或指定媒体进行统一披露。

第四十条 保险公司应当对通过商业银行渠道销售的一年期以上的人身保险产品投保人进行犹豫期内回访。对于到商业银行申请退保、满期给付、续期缴费业务的，商业银行和保险公司应当相互配合，及时做好相应工作。

第五节 财务核算

第四十一条 保险公司开展商业银行代理保险业务，应当建立商业银行代理保险业务的财务独立核算及评价机制，做到对新业务价值、利润及费用进行独立核算。

第四十二条 保险公司应当根据审慎原则，科学制定商业银行代理保险业务的财务预算政策和业务激励政策，防止出现为了业务规模不计成本的经营行为，防范费差损风险。总公司应切实承担对分支机构的管理责任，监管部门将依法严厉查处银保业务恶性价格竞争行为，加大对法人机构和各级高管人员管理责任的追究力度。

第四十三条 商业银行对代理保险业务取得的代理费用应当如实入账，对不同保险公司的代收保费、代理费用进行独立核算。

第六节 应急机制

第四十四条 保险公司和商业银行应当将商业银行代理保险业务中出现的群访群诉、群体性退保等事件作为重大事件，建立重大事件联合应急处理机制。应当共同制定重大事件处理办法、指定专门人员、成立应急处理小组、建立共同信息披露机制，在出现重大事件时及时妥善做好应对工作。

第四十五条 保险公司和商业银行应当在客户投诉、退保等事件发生的第一时间积极处理，实行首问负责制度，不得相互推诿，避免产生负面影响使事态扩大。按照双方共同制定的重大事件处理办法规定，及时采取措施，妥善解决。

第四十六条 对于出现的重大事件，保险公司和商业银行总部应当及时向中国保监会、中国银监会报告；事件发生地的分支机构，应当及时向当地中国保监会、中国银监会派出机构报告。

第七节 同业交流

第四十七条 保险公司和商业银行应当建立定期交流机制，定期交流商业银行代理保险业务信息。

第四十八条 保险业协会和银行业协会应当建立定期交流机制，定期交流行业间商业银行代理保险业务信息及自律情况。

第四章 监督检查

第四十九条 中国保监会、中国银监会及其派出机构依法对商业银行代理保险业务进行现场检查。

中国保监会、中国银监会及其派出机构对商业银行代理保险业务可以进行联合现场检查，依法对违规行为采取监管措施，追究相应责任，并给予相应处罚。

第五十条 保险公司、商业银行及其分支机构或者其从业人员违反本指引，由中国保监会、中国银监会及其派出机构依照法律、行政法规、规章进行处罚；涉嫌犯罪的，依法移交司法机关追究其刑事责任。

第五十一条 中国保监会、中国银监会及其派出机构应加强对商业银行代理保险业务监管的沟通交流，定期沟通和交流商业银行代理保险业务监管信息，及时向对方通报商业银行代理保险业务现场检查及处罚情况。

第五章 附 则

第五十二条 其他银行业金融机构、邮政公司代理保险业务的，参照本指引执行。

第五十三条 本指引自下发之日起施行。

中国保监会　中国银监会关于进一步规范商业银行代理保险业务销售行为的通知

(保监发〔2014〕3号)

各保监局、各银监局、各保险公司、国有商业银行、股份制商业银行、邮政储蓄银行：

为了规范商业银行代理保险业务销售行为，保护保险消费者合法权益，促进商业银行代理保险业务持续健康发展，现就有关要求通知如下：

一、商业银行应当对投保人进行需求分析与风险承受能力测评，根据评估结果推荐保险产品，把合适的产品销售给有需求和承受能力的客户。

(一) 投保人存在以下情况的，向其销售的保险产品原则上应为保单利益确定的保险产品，且保险合同不得通过系统自动核保现场出单，应将保单材料转至保险公司，经核保人员核保后，由保险公司出单：

1. 投保人填写的年收入低于当地省级统计部门公布的最近一年度城镇居民人均可支配收入或农村居民人均纯收入；

2. 投保人年龄超过65周岁或期交产品投保人年龄超过60周岁。

保险公司核保时应对投保产品的适合性、投保信息、签名等情况进行复核，发现产品不适合、信息不真实、客户无继续投保意愿等问题的不得承保。

(二) 销售保单利益不确定的保险产品，包括分红型、万能型、投资连结型、变额型等人身保险产品和财产保险公司非预定收益型投资保险产品等，存在以下情况的，应在取得投保人签名确认的投保声明后方可承保：

1. 趸交保费超过投保人家庭年收入的4倍；

2. 年期交保费超过投保人家庭年收入的20%，或月期交保费超过投保人家庭月收入的20%；

3. 保费交费年限与投保人年龄数字之和达到或超过60；

4. 保费额度大于或等于投保人保费预算的150%。

在投保声明中，投保人应表明投保时了解产品情况，并自愿承担保单利益不确定的风险。

二、保险公司、商业银行应加大力度发展风险保障型和长期储蓄型保险产品。各商业银行代理销售意外伤害保险、健康保险、定期寿险、终身寿险、保险期间不短于10年的年金保险、保险期间不短于10年的两全保险、财产保险（不包括财产保险公司投资型保险）、保证保险、信用保险的保费收入之和不得低于代理保险业务总保费收入的20%。

商业银行总行及其一级分支机构应在每季度结束后10个工作日内向中国银监会、当地银监局上报上一季度代理各险种保费收入占比情况。

对于业务占比达不到上述要求的商业银行总行及其一级分支机构，监管机构有权采取限期整改等监管措施。

分期交费的保险产品，鼓励采用按月交费等符合消费者消费习惯的保费交纳方式。保险公司、商业银行不得通过宣传误导、降低合同约定的退保费用等手段诱导消费者提前解除保险合同。

三、商业银行代理销售的保险产品保险期间超过一年的，应在合同中约定15个自然日的犹豫期，并在合同中载明投保人在犹豫期内的权利。犹豫期自投保人收到保险单并书面签收之日起计算。

四、保险公司应合理设计保险单册样式，保险单册封套及内页装订后应为A4纸大小，保险单册封套在颜色、样式、材料等方面应与银行单证材料有明显区别。

五、保险公司应在保险单册封面以不小于72号的字体标明"保险合同"，并用不小于二号的字体标明保险公司名称。

保险公司应在保险单册封面用不小于三号的字体标明风险提示语及犹豫期提示语。

分红保险风险提示语："您投保的是分红保险，红利分配是不确定的。"

万能保险风险提示语："您投保的是万能保险，最低保证利率之上的投资收益是不确定的。"有初始费用的产品还应包括："您交纳的保险费将在扣除初始费用后计入保单账户。"

投资连结保险风险提示语："您投保的是投资连结保险，投资回报具有不确定性。"有初始费用的产品还应包括："您交纳的保险费将在扣除初始费用后计入投资账户。"

其他产品类型的风险提示语，由公司自行确定。

犹豫期提示语："您在收到保险合同后15个自然日内有全额退保（扣除不超过10元的工本费）的权利。超过15个自然日退保有损失。"

六、商业银行及其销售人员不得设计、印刷、编写相关保险产品的宣传册、宣传彩页、宣传展板或其他销售辅助品。

七、商业银行应将保险公司发放的保险单作为重要凭证管理，建立完善有关管理制度并及时回销。

八、商业银行选择保险公司合作对象时，应考虑保险公司银邮代理业务13个月保单继续率、银邮代理业务结构和银邮代理产品的功能等情况。

保险公司应当向商业银行充分说明保险产品特点、属性和风险。

九、商业银行的每个网点在同一会计年度内不得与超过3家保险公司（以单独法人机构为计算单位）开展保险业务合作。

十、商业银行应加强对所属销售人员的管理。网点销售人员应按照商业银行的授权销售保险产品，不得销售未经授权的保险产品或私自销售保险产品。

商业银行的每个网点应当以纸质或电子形式公示代理保险产品清单，包括代理保险公司的名称和产品种类等信息。

十一、商业银行网点销售人员应请投保人本人填写投保单。有下列情形的，可由销售人员代填：

（一）投保人填写有困难，并进行了书面授权；

（二）投保人填写有困难，且无法书面授权，在录音或录像的情况下进行了口头授权。

在代填过程中，销售人员应与投保人逐项核对填写内容，按投保人描述填写投保单。填写后，投保人确认投保单填写内容为自己真实意思表示后签字或盖章。

书面授权文件、录音、录像等资料由商业银行交由保险公司进行归档管理。

十二、商业银行及其销售人员不得篡改客户投保信息，不得以银行网点电话、销售及相关人员电话冒充客户联系电话。需要投保人、被保险人确认的，应确保本人亲自签字或盖章确认。

十三、商业银行及其销售人员不得截留客户投保信息，应将完整、真实的客户投保信息提供给保险公司。

保险公司应将客户退保、满期给付等信息完整、真实地提供给商业银行。

十四、商业银行应在保险单、业务系统和保险代理业务账簿中完整、真实地记录商业银行网点名称及网点销售人员姓名或工号。

十五、商业银行应当具备与管控保险产品销售风险相适应的技术支持系统和后台保障能力，建立完整的销售信息管理系统，实现以下功能：

（一）与保险公司业务系统对接；

（二）实现对保险销售人员的管理；

（三）能够提供电子版合同材料，包括投保提示书、投保单、保险单、保险条款、产品说明书、现金价值表等文件；

（四）记录各项承保所需信息，并对各项信息的逻辑关系及真实性进行校对；

（五）保存、传输投保原始文件扫描件的电子文档；

（六）有现场出单功能的系统，应合理设置产品参数，兼容不同年龄被保险人的不同保险费率。

十六、商业银行应向投保人提供完整合同材料，包括投保提示书、投保单、保险单、保险条款、产品说明书、现金价值表等。对合同材料不得进行删减或截取内容。

十七、商业银行在销售时通过银行扣划收取保费的，应当就扣划的账户、金额、时间等内容与投保人达成协议，并有独立于投保单等其他单证和资料的银行自动转账授权书，授权书应包括转出账户、每期转账金额、转账期限、转账频率等信息。划款时应向投保人出具保费发票或保费划扣收据。

十八、保险公司应当建立投保单信息审查制度。发现客户信息不真实或由其他人员代签名的，尚未承保的，不得承保；已承保的，应要求商业银行限期予以更正。同时，保险公司应及时联系客户说明保单情况、办理补签名等手续。

十九、保险公司应当在划扣首期保费 24 小时内，或未划扣首期保费的在承保 24 小时内，以保险公司的名义，向投保人的手机发送提示短信。提示短信应当通俗、简练，便于投保人阅读和理解。

提示短信应当至少包括：保险公司名称、保险产品名称、保险期间、犹豫期起止时间（非现场出单除外）、期交保费及频次、公司统一客服电话，并请投保人仔细阅读保险合同条款。

投保人无手机联系方式的，应通过电子邮件、纸质信件等方式提示。

保险公司在续期交费、保险合同到期时应采取手机短信、电子邮件或纸质信件等方式及时提示投保人。

二十、商业银行和保险公司应在发生投诉、退保等情况时第一时间积极处理，不得相互推诿，并及时采取措施，妥善解决。

投诉处理过程中对客户损失进行赔偿的，处理后商业银行和保险公司应根据双方约定及实际情况明确双方责任，承担损失。

二十一、保险公司及其一级分支机构应在每季度结束后 10 个工作日内向中国保监会、当地保监局上报上一季度各合作商业银行的犹豫期内退保件数、回访问题件数，及占同期投保件数的比率。

二十二、中国保监会、各保监局与中国银监会、各银监局建立信息共享制度，依法对犹豫期内退保较多、回访问题较多、业务占比存在问题及存在违法违规行为的保险公司、商业银行及其一级分支机构采取相应监管措施。

二十三、各保监局、各银监局应加强监督检查，发现保险公司、商业银行或者其从业人员违反相关规定的，依照法律、行政法规、规章及其他规定进行处罚。

二十四、本通知自 2014 年 4 月 1 日起实施。

其他银行业金融机构、邮政公司代理保险业务的，参照本通知执行。

本通知下发前中国保监会、中国银监会颁布的规范性文件与本通知不符的，以本通知为准。

中国保监会
中国银监会
2014 年 1 月 8 日

(五) 同业业务

中国银行业监督管理委员会办公厅关于
规范同业代付业务管理的通知

(银监办发〔2012〕237号)

各银监局，各政策性银行、国有商业银行、股份制商业银行，邮政储蓄银行，各省级农村信用联社：

近年来，我国银行在国际贸易和国内贸易背景下开展的同业代付业务发展较快，出现了会计处理不准确、业务流程不规范、风险管理不到位等问题。为规范我国银行同业代付业务管理，切实防范相关风险，促进其稳健发展，现将有关要求通知如下：

一、银行应将符合同业代付业务定义和实质的相关业务进行统一管理

同业代付业务，是指银行根据客户申请，通过境内外统一机构或本行海外分支机构为该客户的国内贸易或国际贸易结算提供的短期融资便利和支付服务，分为境内同业代付和海外代付。其中，接受客户申请、从同业机构融通资金并委托同业机构将款项支付给该客户交易对手的同业代付业务发起行称为"委托行"，为委托行提供资金来源和代付服务的境内外同业机构或委托行海外分支机构称为"代付行"。从业务实质看，委托行是客户的债权人，直接承担借款人的信用风险，到期向借款人收回贷款本息；代付行为委托行提供贷款资金来源并完成"受托支付"服务，承担同业授信风险，拆放资金本息到期由委托行无条件偿还。

二、银行开展同业代付业务应具有真实贸易背景

境内同业代付和海外代付业务实质均属贸易融资方式，银行办理同业代付业务应具有真实贸易背景。办理同业代付业务时，委托行与代付行均应采取有效措施加强贸易背景真实性的审核，其中委托行承担主要审查责任，确保融资款项为国内外贸易结算服务，真正支持实体经济发展。

三、银行开展同业代付业务应进行真实会计处理

按照"实质重于形式"的会计核算原则，委托行与代付行应该根据在该项业务中权利义务关系的实质进行会计核算。当代付行为境内外银行同业机构时，委托行应当将委托同业代付的款项直接确认为向客户提供的贸易融资，并在表内进行相关会计处理与核算；代付行应当将代付款项直接确认为对委托行的拆出资金，并在表内进行相关会计处理与核算。当代付行为委托行的海外分支机构时，应该参照以上原则执行。

四、银行开展同业代付业务应体现真实受托支付

同业代付的委托行要真实委托代付行向借款人的交易对手代为支付款项，代付行

应当将相应款项直接支付给符合合同约定用途的受益人账户,不得将资金拆给委托行后由委托行"自付",以确保"受托支付",体现同业代付业务的基本特征。

五、银行开展同业代付业务应加强风险管理

同业代付的委托行应将同业代付业务纳入客户统一授信管理,严格执行相关信贷审批程序,在客户贸易融资授信额度内合理确定同业代付的金额和期限,加强贷款三查,严格信用风险管控。代付行应对同业代付业务的合作银行采取名单制管理,将代付同业款项全额纳入对同业机构的统一授信管理,并将代付同业款项与无指定用途的一般性同业拆借区别管理,加强相关信用风险控制。同时,银行开展同业代付业务应该制定明确的管理办法,涵盖业务定义、管理要素、部门职责分工、操作流程、会计核算、风险控制等内容,并及时报送银监会备案。

六、银行应进一步规范表内外授信业务管理

银行应进一步规范其他表内外授信业务的会计处理及核算方法,严格遵守《中华人民共和国会计法》《企业会计准则——基本准则》和相关具体准则的规定,充分体现"实质重于形式"的会计核算原则,严禁以虚假会计处理掩盖业务实质,加强业务合规管理。

七、银行应按期进行自查整改

银行要根据通知精神立即展开自查,根据"新老划断"原则对同业代付业务进行整改,新发生的业务自通知印发之日起立即按照通知要求办理;2012年底前到期的业务,可采取自然到期结清;2012年底后到期的业务,应于2012年12月31日前按通知要求整改到位。对于未能整改到位的银行,银监会将按照有关规定进行查处。此外,银行对类似授信业务要加强自查整改,确保会计核算真实、业务流程规范、风险管理到位、拨备计提充足、资本占用科学,切实防范操作不规范引发的风险隐患。对于监管中发现的违规行为,银监会将依法严肃追究相关机构及责任人的责任。

中国银行业监督管理委员会办公厅
2012 年 8 月 20 日

关于规范金融机构同业业务的通知

(银发〔2014〕127号)

近年来,我国金融改革发展全面推进,金融机构同业业务创新活跃、发展较快,在便利流动性管理、优化金融资源配置、服务实体经济发展等方面发挥了重要作用,但也存在部分业务发展不规范、信息披露不充分、规避金融监管和宏观调控等问题。为进一步规范金融机构同业业务经营行为,人民银行、银监会、证监会、保监会、外汇局日前联合印发了《关于规范金融机构同业业务的通知》(银发〔2014〕127号,以下简称《通知》)。

《通知》在鼓励金融创新、维护金融机构自主经营的前提下,按照"堵邪路、开正门、强管理、促发展"的总体思路,就规范同业业务经营行为、加强和改善同业业务内外部管理、推动开展规范的资产负债业务创新等方面提出了十八条规范性意见。

《通知》逐项界定并规范了同业拆借、同业存款、同业借款、同业代付、买入返售(卖出回购)等同业投融资业务。要求金融机构开展的以投融资为核心的同业业务,应当按照各项交易的业务实质归入上述基本类型,并针对不同类型同业业务实施分类管理。

《通知》强化了金融机构同业业务内外部管理要求,规范了会计核算和资本计量要求,设置了同业业务期限和风险集中度要求,强调了加强流动性管理的重要性。同时,《通知》为金融机构规范开展同业业务开了"正门",支持金融机构加快推进资产证券化业务常规发展,积极参与银行间市场的同业存单业务试点,提高资产负债管理的主动性、标准化和透明度。

规范金融机构同业业务,符合国务院"鼓励创新、防范风险、趋利避害、健康发展"的总体要求,有利于规范金融市场秩序,促进同业业务健康发展,有效防控金融风险,切实保护金融消费者合法权益;有利于引导资金更多流向实体经济,降低企业融资成本,提高金融体系支持实体经济的能力;有利于加快发展多层次资本市场体系,提高直接融资比重,增强金融和经济体系的韧性;有利于落实信贷政策,盘活存量、用好增量,助推经济结构调整和转型升级。

人民银行、银监会、证监会、保监会和外汇局将加强协调配合,统一监管标准,依照法定职责,按照机构监管与功能监管相结合的原则,全面加强对金融机构同业业务的监督检查,严肃查处各种违法违规行为,促进金融业稳定健康发展。

附件

关于规范金融机构同业业务的通知

近年来,我国金融机构同业业务创新活跃、发展较快,在便利流动性管理、优化金融资源配置、服务实体经济发展等方面发挥了重要作用,但也存在部分业务发展不规范、信息披露不充分、规避金融监管和宏观调控等问题。为进一步规范金融机构同业业务经营行为,有效防范和控制风险,引导资金更多流向实体经济,降低企业融资成本,促进多层次资本市场发展,更好地支持经济结构调整和转型升级,现就有关事项通知如下:

一、本通知所称的同业业务是指中华人民共和国境内依法设立的金融机构之间开展的以投融资为核心的各项业务,主要业务类型包括:同业拆借、同业存款、同业借款、同业代付、买入返售(卖出回购)等同业融资业务和同业投资业务。

金融机构开展的以投融资为核心的同业业务,应当按照各项交易的业务实质归入上述基本类型,并针对不同类型同业业务实施分类管理。

二、同业拆借业务是指经中国人民银行批准,进入全国银行间同业拆借市场的金融机构之间通过全国统一的同业拆借网络进行的无担保资金融通行为。

同业拆借应当遵循《同业拆借管理办法》(中国人民银行令〔2007〕第3号发布)及有关办法相关规定。同业拆借相关款项在拆出和拆入资金会计科目核算,并在上述会计科目下单独设立二级科目进行管理核算。

三、同业存款业务是指金融机构之间开展的同业资金存入与存出业务,其中资金存入方仅为具有吸收存款资格的金融机构。同业存款业务按照期限、业务关系和用途分为结算性同业存款和非结算性同业存款。同业存款相关款项在同业存放和存放同业会计科目核算。

同业借款是指现行法律法规赋予此项业务范围的金融机构开展的同业资金借出和借入业务。同业借款相关款项在拆出和拆入资金会计科目核算。

四、同业代付是指商业银行(受托方)接受金融机构(委托方)的委托向企业客户付款,委托方在约定还款日偿还代付款项本息的资金融通行为。受托方同业代付款项在拆出资金会计科目核算,委托方同业代付相关款项在贷款会计科目核算。

同业代付原则上仅适用于银行业金融机构办理跨境贸易结算。境内信用证、保理等贸易结算原则上应通过支付系统汇划款项或通过本行分支机构支付,委托方不得在同一市、县有分支机构的情况下委托当地其他金融机构代付,不得通过同业代付变相融资。

五、买入返售(卖出回购)是指两家金融机构之间按照协议约定先买入(卖出)金融资产,再按约定价格于到期日将该项金融资产返售(回购)的资金融通行为。买入返售(卖出回购)相关款项在买入返售(卖出回购)金融资产会计科目核算。三方或以上交易对手之间的类似交易不得纳入买入返售或卖出回购业务管理和核算。

买入返售（卖出回购）业务项下的金融资产应当为银行承兑汇票、债券、央票等在银行间市场、证券交易所市场交易的具有合理公允价值和较高流动性的金融资产。卖出回购方不得将业务项下的金融资产从资产负债表转出。

六、同业投资是指金融机构购买（或委托其他金融机构购买）同业金融资产（包括但不限于金融债、次级债等在银行间市场或证券交易所市场交易的同业金融资产）或特定目的载体（包括但不限于商业银行理财产品、信托投资计划、证券投资基金、证券公司资产管理计划、基金管理公司及子公司资产管理计划、保险业资产管理机构资产管理产品等）的投资行为。

七、金融机构开展买入返售（卖出回购）和同业投资业务，不得接受和提供任何直接或间接、显性或隐性的第三方金融机构信用担保，国家另有规定的除外。

八、金融机构开展同业业务，应遵守国家法律法规及政策规定，建立健全相应的风险管理和内部控制体系，遵循协商自愿、诚信自律和风险自担原则，加强内部监督检查和责任追究，确保各类风险得到有效控制。

九、金融机构开展同业业务，应当按照国家有关法律法规和会计准则的要求，采用正确的会计处理方法，确保各类同业业务及其交易环节能够及时、完整、真实、准确地在资产负债表内或表外记载和反映。

十、金融机构应当合理配置同业业务的资金来源及运用，将同业业务置于流动性管理框架之下，加强期限错配管理，控制好流动性风险。

十一、各金融机构开展同业业务应当符合所属金融监管部门的规范要求。分支机构开展同业业务的金融机构应当建立健全本机构统一的同业业务授信管理政策，并将同业业务纳入全机构统一授信体系，由总部自上而下实施授权管理，不得办理无授信额度或超授信额度的同业业务。

金融机构应当根据同业业务的类型及其品种、定价、额度、不同类型金融资产标的以及分支机构的风控能力等进行区别授权，至少每年度对授权进行一次重新评估和核定。

十二、金融机构同业投资应严格风险审查和资金投向合规性审查，按照"实质重于形式"原则，根据所投资基础资产的性质，准确计量风险并计提相应资本与拨备。

十三、金融机构办理同业业务，应当合理审慎确定融资期限。其中，同业借款业务最长期限不得超过三年，其他同业融资业务最长期限不得超过一年，业务到期后不得展期。

十四、单家商业银行对单一金融机构法人的不含结算性同业存款的同业融出资金，扣除风险权重为零的资产后的净额，不得超过该银行一级资本的50%。其中，一级资本、风险权重为零的资产按照《商业银行资本管理办法（试行）》（中国银行业监督管理委员会令2012年第1号发布）的有关要求计算。单家商业银行同业融入资金余额不得超过该银行负债总额的三分之一，农村信用社省联社、省内二级法人社及村镇银行暂不执行。

十五、金融机构在规范发展同业业务的同时,应加快推进资产证券化业务常规发展,盘活存量、用好增量。积极参与银行间市场的同业存单业务试点,提高资产负债管理的主动性、标准化和透明度。

十六、特定目的载体之间以及特定目的载体与金融机构之间的同业业务,参照本通知执行。

十七、中国人民银行和各金融监管部门依照法定职责,全面加强对同业业务的监督检查,对业务结构复杂、风险管理能力与业务发展不相适应的金融机构加大现场检查和专项检查力度,对违规开展同业业务的金融机构依法进行处罚。

十八、本通知自发布之日起实施。金融机构于通知发布之日前开展的同业业务,在业务存续期间内向中国人民银行和相关监管部门报告管理状况,业务到期后结清。

请中国人民银行上海总部,各分行、营业管理部、省会(首府)城市中心支行、副省级城市中心支行会同所在省(区、市)银监局、证监局、保监局、国家外汇管理局分局将本通知联合转发至辖区内相关机构。

中国人民银行
银监会
证监会
保监会
外汇局
2014 年 4 月 24 日

中国银监会办公厅关于规范商业银行同业业务治理的通知

(银监办发〔2014〕140号)

各银监局，国家开发银行，国有商业银行、股份制商业银行，邮政储蓄银行，各省级农村信用联社：

近年来，商业银行同业业务快速发展，一些银行机构存在经营行为不规范、风险管控不到位的问题，不符合国家宏观调控政策和银行业监管要求，不利于银行体系稳健运行。为规范商业银行同业业务治理，促进同业业务健康发展，现就有关事项通知如下：

一、本通知适用于中华人民共和国境内依法设立的商业银行与金融机构之间开展的以投融资为核心的各项同业业务。主要包括同业拆借、同业借款、非结算性同业存款、同业代付、买入返售和卖出回购、同业投资等业务类型。商业银行以外的其他银行业金融机构参照执行。

二、商业银行应具备与所开展同业业务规模和复杂程度相适应的同业业务治理体系，由法人总部对同业业务进行统一管理，将同业业务纳入全面风险管理，建立健全前中后台分设的内部控制机制，加强内部监督检查和责任追究，确保同业业务经营活动依法合规，风险得到有效控制。

三、商业银行开展同业业务实行专营部门制，由法人总部建立或指定专营部门负责经营。商业银行同业业务专营部门以外的其他部门和分支机构不得经营同业业务，已开展的存量同业业务到期后结清；不得在金融交易市场单独立户，已开立账户的不得叙做业务，并在存量业务到期后立即销户。

对于商业银行作为管理人的特殊目的载体与该商业银行开展的同业业务，应按照代客与自营业务相分离的原则，在系统、人员、制度等方面严格保持独立性，避免利益输送等违规内部交易。

四、商业银行同业业务专营部门对同业拆借、买入返售和卖出回购债券、同业存单等可以通过金融交易市场进行电子化交易的同业业务，不得委托其他部门或分支机构办理。

商业银行同业业务专营部门对不能通过金融交易市场进行电子化交易的同业业务，可以委托其他部门或分支机构代理市场营销和询价、项目发起和客户关系维护等操作性事项，但是同业业务专营部门需对交易对手、金额、期限、定价、合同进行逐笔审批，并负责集中进行会计处理，全权承担风险责任。

五、商业银行应建立健全同业业务授权管理体系，由法人总部对同业业务专营部门进行集中统一授权，同业业务专营部门不得进行转授权，不得办理未经授权或超授权的同业业务。

六、商业银行应建立健全同业业务授信管理政策，由法人总部对表内外同业业务进行集中统一授信，不得进行多头授信，不得办理无授信额度或超授信额度的同业业务。

七、商业银行应建立健全同业业务交易对手准入机制，由法人总部对交易对手进行集中统一的名单制管理，定期评估交易对手信用风险，动态调整交易对手名单。

八、商业银行应于2014年9月底前实现全部同业业务的专营部门制，并将改革方案和实施进展情况报送银监会及其派出机构。

九、商业银行违反上述规定开展同业业务的，银监会及其派出机构将按照违反审慎经营规则进行查处。

十、银监会及其派出机构按照法人属地监管原则推动商业银行专营部门制改革。银监会相关监管部门负责推进银监会直接监管法人机构的改革，必要时各银监局参与配合。银监会各级派出机构负责推进辖内银行业金融机构的改革，上级监管机构应加强工作指导。

2014年5月8日

(六)外汇业务

中华人民共和国外汇管理条例

(中华人民共和国国务院令第532号)

《中华人民共和国外汇管理条例》已经2008年8月1日国务院第20次常务会议修订通过,现将修订后的《中华人民共和国外汇管理条例》公布,自公布之日起施行。

总理 温家宝
二〇〇八年八月五日

第一章 总 则

第一条 为了加强外汇管理,促进国际收支平衡,促进国民经济健康发展,制定本条例。

第二条 国务院外汇管理部门及其分支机构(以下统称外汇管理机关)依法履行外汇管理职责,负责本条例的实施。

第三条 本条例所称外汇,是指下列以外币表示的可以用作国际清偿的支付手段和资产:

(一)外币现钞,包括纸币、铸币;

(二)外币支付凭证或者支付工具,包括票据、银行存款凭证、银行卡等;

(三)外币有价证券,包括债券、股票等;

(四)特别提款权;

(五)其他外汇资产。

第四条 境内机构、境内个人的外汇收支或者外汇经营活动,以及境外机构、境外个人在境内的外汇收支或者外汇经营活动,适用本条例。

第五条 国家对经常性国际支付和转移不予限制。

第六条 国家实行国际收支统计申报制度。

国务院外汇管理部门应当对国际收支进行统计、监测,定期公布国际收支状况。

第七条 经营外汇业务的金融机构应当按照国务院外汇管理部门的规定为客户开立外汇账户,并通过外汇账户办理外汇业务。

经营外汇业务的金融机构应当依法向外汇管理机关报送客户的外汇收支及账户变动情况。

第八条 中华人民共和国境内禁止外币流通,并不得以外币计价结算,但国家另有规定的除外。

第九条 境内机构、境内个人的外汇收入可以调回境内或者存放境外;调回境内或者存放境外的条件、期限等,由国务院外汇管理部门根据国际收支状况和外汇管理的需要作出规定。

第十条 国务院外汇管理部门依法持有、管理、经营国家外汇储备,遵循安全、流动、增值的原则。

第十一条 国际收支出现或者可能出现严重失衡,以及国民经济出现或者可能出现严重危机时,国家可以对国际收支采取必要的保障、控制等措施。

第二章　经常项目外汇管理

第十二条 经常项目外汇收支应当具有真实、合法的交易基础。经营结汇、售汇业务的金融机构应当按照国务院外汇管理部门的规定,对交易单证的真实性及其与外汇收支的一致性进行合理审查。

外汇管理机关有权对前款规定事项进行监督检查。

第十三条 经常项目外汇收入,可以按照国家有关规定保留或者卖给经营结汇、售汇业务的金融机构。

第十四条 经常项目外汇支出,应当按照国务院外汇管理部门关于付汇与购汇的管理规定,凭有效单证以自有外汇支付或者向经营结汇、售汇业务的金融机构购汇支付。

第十五条 携带、申报外币现钞出入境的限额,由国务院外汇管理部门规定。

第三章　资本项目外汇管理

第十六条 境外机构、境外个人在境内直接投资,经有关主管部门批准后,应当到外汇管理机关办理登记。

境外机构、境外个人在境内从事有价证券或者衍生产品发行、交易,应当遵守国家关于市场准入的规定,并按照国务院外汇管理部门的规定办理登记。

第十七条 境内机构、境内个人向境外直接投资或者从事境外有价证券、衍生产品发行、交易,应当按照国务院外汇管理部门的规定办理登记。国家规定需要事先经有关主管部门批准或者备案的,应当在外汇登记前办理批准或者备案手续。

第十八条 国家对外债实行规模管理。借用外债应当按照国家有关规定办理,并到外汇管理机关办理外债登记。

国务院外汇管理部门负责全国的外债统计与监测,并定期公布外债情况。

第十九条 提供对外担保,应当向外汇管理机关提出申请,由外汇管理机关根据申请人的资产负债等情况作出批准或者不批准的决定;国家规定其经营范围需经有关主管部门批准的,应当在向外汇管理机关提出申请前办理批准手续。申请人签订对外担保合同后,应当到外汇管理机关办理对外担保登记。

经国务院批准为使用外国政府或者国际金融组织贷款进行转贷提供对外担保的，不适用前款规定。

第二十条 银行业金融机构在经批准的经营范围内可以直接向境外提供商业贷款。其他境内机构向境外提供商业贷款，应当向外汇管理机关提出申请，外汇管理机关根据申请人的资产负债等情况作出批准或者不批准的决定；国家规定其经营范围需经有关主管部门批准的，应当在向外汇管理机关提出申请前办理批准手续。

向境外提供商业贷款，应当按照国务院外汇管理部门的规定办理登记。

第二十一条 资本项目外汇收入保留或者卖给经营结汇、售汇业务的金融机构，应当经外汇管理机关批准，但国家规定无需批准的除外。

第二十二条 资本项目外汇支出，应当按照国务院外汇管理部门关于付汇与购汇的管理规定，凭有效单证以自有外汇支付或者向经营结汇、售汇业务的金融机构购汇支付。国家规定应当经外汇管理机关批准的，应当在外汇支付前办理批准手续。

依法终止的外商投资企业，按照国家有关规定进行清算、纳税后，属于外方投资者所有的人民币，可以向经营结汇、售汇业务的金融机构购汇汇出。

第二十三条 资本项目外汇及结汇资金，应当按照有关主管部门及外汇管理机关批准的用途使用。外汇管理机关有权对资本项目外汇及结汇资金使用和账户变动情况进行监督检查。

第四章 金融机构外汇业务管理

第二十四条 金融机构经营或者终止经营结汇、售汇业务，应当经外汇管理机关批准；经营或者终止经营其他外汇业务，应当按照职责分工经外汇管理机关或者金融业监督管理机构批准。

第二十五条 外汇管理机关对金融机构外汇业务实行综合头寸管理，具体办法由国务院外汇管理部门制定。

第二十六条 金融机构的资本金、利润以及因本外币资产不匹配需要进行人民币与外币间转换的，应当经外汇管理机关批准。

第五章 人民币汇率和外汇市场管理

第二十七条 人民币汇率实行以市场供求为基础的、有管理的浮动汇率制度。

第二十八条 经营结汇、售汇业务的金融机构和符合国务院外汇管理部门规定条件的其他机构，可以按照国务院外汇管理部门的规定在银行间外汇市场进行外汇交易。

第二十九条 外汇市场交易应当遵循公开、公平、公正和诚实信用的原则。

第三十条 外汇市场交易的币种和形式由国务院外汇管理部门规定。

第三十一条 国务院外汇管理部门依法监督管理全国的外汇市场。

第三十二条 国务院外汇管理部门可以根据外汇市场的变化和货币政策的要求，依法对外汇市场进行调节。

第六章 监督管理

第三十三条 外汇管理机关依法履行职责,有权采取下列措施:

(一)对经营外汇业务的金融机构进行现场检查;

(二)进入涉嫌外汇违法行为发生场所调查取证;

(三)询问有外汇收支或者外汇经营活动的机构和个人,要求其对与被调查外汇违法事件直接有关的事项作出说明;

(四)查阅、复制与被调查外汇违法事件直接有关的交易单证等资料;

(五)查阅、复制被调查外汇违法事件的当事人和直接有关的单位、个人的财务会计资料及相关文件,对可能被转移、隐匿或者毁损的文件和资料,可以予以封存;

(六)经国务院外汇管理部门或者省级外汇管理机关负责人批准,查询被调查外汇违法事件的当事人和直接有关的单位、个人的账户,但个人储蓄存款账户除外;

(七)对有证据证明已经或者可能转移、隐匿违法资金等涉案财产或者隐匿、伪造、毁损重要证据的,可以申请人民法院冻结或者查封。

有关单位和个人应当配合外汇管理机关的监督检查,如实说明有关情况并提供有关文件、资料,不得拒绝、阻碍和隐瞒。

第三十四条 外汇管理机关依法进行监督检查或者调查,监督检查或者调查的人员不得少于2人,并应当出示证件。监督检查、调查的人员少于2人或者未出示证件的,被监督检查、调查的单位和个人有权拒绝。

第三十五条 有外汇经营活动的境内机构,应当按照国务院外汇管理部门的规定报送财务会计报告、统计报表等资料。

第三十六条 经营外汇业务的金融机构发现客户有外汇违法行为的,应当及时向外汇管理机关报告。

第三十七条 国务院外汇管理部门为履行外汇管理职责,可以从国务院有关部门、机构获取所必需的信息,国务院有关部门、机构应当提供。

国务院外汇管理部门应当向国务院有关部门、机构通报外汇管理工作情况。

第三十八条 任何单位和个人都有权举报外汇违法行为。

外汇管理机关应当为举报人保密,并按照规定对举报人或者协助查处外汇违法行为有功的单位和个人给予奖励。

第七章 法律责任

第三十九条 有违反规定将境内外汇转移境外,或者以欺骗手段将境内资本转移境外等逃汇行为的,由外汇管理机关责令限期调回外汇,处逃汇金额30%以下的罚款;情节严重的,处逃汇金额30%以上等值以下的罚款;构成犯罪的,依法追究刑事责任。

第四十条 有违反规定以外汇收付应当以人民币收付的款项,或者以虚假、无效的交易单证等向经营结汇、售汇业务的金融机构骗购外汇等非法套汇行为的,由外汇管理机关责令对非法套汇资金予以回兑,处非法套汇金额30%以下的罚款;情节严重的，处非法套汇金额30%以上等值以下的罚款；构成犯罪的，依法追究刑事责任。

第四十一条 违反规定将外汇汇入境内的，由外汇管理机关责令改正，处违法金额30%以下的罚款；情节严重的，处违法金额30%以上等值以下的罚款。

非法结汇的，由外汇管理机关责令对非法结汇资金予以回兑，处违法金额30%以下的罚款。

第四十二条 违反规定携带外汇出入境的，由外汇管理机关给予警告，可以处违法金额20%以下的罚款。法律、行政法规规定由海关予以处罚的，从其规定。

第四十三条 有擅自对外借款、在境外发行债券或者提供对外担保等违反外债管理行为的，由外汇管理机关给予警告，处违法金额30%以下的罚款。

第四十四条 违反规定，擅自改变外汇或者结汇资金用途的，由外汇管理机关责令改正，没收违法所得，处违法金额30%以下的罚款；情节严重的，处违法金额30%以上等值以下的罚款。

有违反规定以外币在境内计价结算或者划转外汇等非法使用外汇行为的，由外汇管理机关责令改正，给予警告，可以处违法金额30%以下的罚款。

第四十五条 私自买卖外汇、变相买卖外汇、倒买倒卖外汇或者非法介绍买卖外汇数额较大的，由外汇管理机关给予警告，没收违法所得，处违法金额30%以下的罚款；情节严重的，处违法金额30%以上等值以下的罚款；构成犯罪的，依法追究刑事责任。

第四十六条 未经批准擅自经营结汇、售汇业务的，由外汇管理机关责令改正，有违法所得的，没收违法所得，违法所得50万元以上的，并处违法所得1倍以上5倍以下的罚款；没有违法所得或者违法所得不足50万元的，处50万元以上200万元以下的罚款；情节严重的，由有关主管部门责令停业整顿或者吊销业务许可证；构成犯罪的，依法追究刑事责任。

未经批准经营结汇、售汇业务以外的其他外汇业务的，由外汇管理机关或者金融业监督管理机构依照前款规定予以处罚。

第四十七条 金融机构有下列情形之一的，由外汇管理机关责令限期改正，没收违法所得，并处20万元以上100万元以下的罚款；情节严重或者逾期不改正的，由外汇管理机关责令停止经营相关业务：

（一）办理经常项目资金收付，未对交易单证的真实性及其与外汇收支的一致性进行合理审查的；

（二）违反规定办理资本项目资金收付的；

（三）违反规定办理结汇、售汇业务的；

（四）违反外汇业务综合头寸管理的；

（五）违反外汇市场交易管理的。

第四十八条 有下列情形之一的，由外汇管理机关责令改正，给予警告，对机构可以处30万元以下的罚款，对个人可以处5万元以下的罚款：

（一）未按照规定进行国际收支统计申报的；

（二）未按照规定报送财务会计报告、统计报表等资料的；
（三）未按照规定提交有效单证或者提交的单证不真实的；
（四）违反外汇账户管理规定的；
（五）违反外汇登记管理规定的；
（六）拒绝、阻碍外汇管理机关依法进行监督检查或者调查的。

第四十九条　境内机构违反外汇管理规定的，除依照本条例给予处罚外，对直接负责的主管人员和其他直接责任人员，应当给予处分；对金融机构负有直接责任的董事、监事、高级管理人员和其他直接责任人员给予警告，处5万元以上50万元以下的罚款；构成犯罪的，依法追究刑事责任。

第五十条　外汇管理机关工作人员徇私舞弊、滥用职权、玩忽职守，构成犯罪的，依法追究刑事责任；尚不构成犯罪的，依法给予处分。

第五十一条　当事人对外汇管理机关作出的具体行政行为不服的，可以依法申请行政复议；对行政复议决定仍不服的，可以依法向人民法院提起行政诉讼。

第八章　附　则

第五十二条　本条例下列用语的含义：

（一）境内机构，是指中华人民共和国境内的国家机关、企业、事业单位、社会团体、部队等，外国驻华外交领事机构和国际组织驻华代表机构除外。

（二）境内个人，是指中国公民和在中华人民共和国境内连续居住满1年的外国人，外国驻华外交人员和国际组织驻华代表除外。

（三）经常项目，是指国际收支中涉及货物、服务、收益及经常转移的交易项目等。

（四）资本项目，是指国际收支中引起对外资产和负债水平发生变化的交易项目，包括资本转移、直接投资、证券投资、衍生产品及贷款等。

第五十三条　非金融机构经营结汇、售汇业务，应当由国务院外汇管理部门批准，具体管理办法由国务院外汇管理部门另行制定。

第五十四条　本条例自公布之日起施行。

国家外汇管理局关于印发
《银行办理结售汇业务管理办法实施细则》的通知

(汇发〔2014〕53号)

国家外汇管理局各省、自治区、直辖市分局、外汇管理部,深圳、大连、青岛、厦门、宁波市分局;各全国性中资银行:

为便利银行办理结售汇业务,根据《银行办理结售汇业务管理办法》(中国人民银行令〔2014〕第2号),国家外汇管理局制定了《银行办理结售汇业务管理办法实施细则》(见附件1)。本细则自2015年1月1日起实施,附件2所列文件和条款同时废止。请遵照执行。

国家外汇管理局各分局、外汇管理部接到本通知后,应及时转发辖内中心支局、支局和中外资银行。执行中如遇问题,请及时与国家外汇管理局国际收支司联系。

特此通知。

附件:1. 银行办理结售汇业务管理办法实施细则
      2. 废止外汇管理法规

国家外汇管理局
2014年12月25日

附件 1

银行办理结售汇业务管理办法实施细则

第一章 总 则

第一条 为便利银行办理结售汇业务,根据《银行办理结售汇业务管理办法》,制订本实施细则。

第二条 银行办理结售汇业务,应当遵守本细则和其他有关结售汇业务的管理规定。

第三条 结售汇业务包括即期结售汇业务和人民币与外汇衍生产品(以下简称衍生产品)业务。衍生产品业务限于人民币外汇远期、掉期和期权业务。

第四条 银行办理结售汇业务,应当遵循"了解业务、了解客户、尽职审查"的原则。

(一)客户调查:对客户提供的身份证明、业务状况等资料的合法性、真实性和有效性进行认真核实,将核实过程和结果以书面形式记载。

(二)业务受理:执行但不限于国家外汇管理局的现有法规,对业务的真实性与合规性进行审核,了解业务的交易目的和交易性质。

(三)持续监控:及时监测客户的业务变化情况,对客户进行动态管理。

(四)问题业务:对于业务受理或后续监测中发现异常迹象的,应及时报告国家外汇管理局及其分支局(以下简称外汇局)。

第五条 银行应当建立与"了解业务、了解客户、尽职审查"原则相适应的内部管理制度。

(一)建立完整的审核政策、决策机制、管理信息系统和统一的业务操作程序,明确尽职要求。

(二)采取培训等各种有效方式和途径,使工作人员明确结售汇业务风险控制要求,熟悉工作职责和尽职要求。

(三)建立工作尽职问责制,明确规定各个部门、岗位的职责,对违法、违规造成的风险进行责任认定,并进行相应处理。

第二章 市场准入与退出

第六条 银行申请办理即期结售汇业务,应当具备下列条件:

(一)具有金融业务资格。

(二)具备完善的业务管理制度。

(三)具备办理业务所必需的软硬件设备。

(四)拥有具备相应业务工作经验的高级管理人员和业务人员。

银行需银行业监督管理部门批准外汇业务经营资格的，还应具备相应的外汇业务经营资格。

第七条 银行申请办理衍生产品业务，应当具备下列条件：

（一）取得即期结售汇业务资格。

（二）有健全的衍生产品交易风险管理制度和内部控制制度及适当的风险识别、计量、管理和交易系统，配备开展衍生产品业务所需要的专业人员。

（三）符合银行业监督管理部门有关金融衍生产品交易业务资格的规定。

第八条 银行可以根据自身经营需要一并申请即期结售汇业务和衍生产品业务资格。

（一）对于即期结售汇业务，可以分别或者一并申请对公和对私结售汇业务。开办对私结售汇业务的，应遵守以下规定：

1. 按照《个人外汇管理办法》及其实施细则的管理规定，具备与国家外汇管理局个人外汇业务监测系统的网络接入条件，依法合规办理个人结售汇业务。

2. 应在营业网点、自助外币兑换机等的醒目位置设置个人本外币兑换标识。个人本外币兑换标识式样由银行自行确定。

（二）对于衍生产品业务，可以一次申请开办全部衍生产品业务，或者分次申请远期和期权业务资格。取得远期业务资格后，银行可自行开办外汇掉期和货币掉期业务。

第九条 银行总行申请即期结售汇业务，应提交下列文件和资料：

（一）办理结售汇业务的申请报告。

（二）《金融许可证》复印件。

（三）办理结售汇业务的内部管理规章制度，应至少包括以下内容：结售汇业务操作规程、结售汇业务单证管理制度、结售汇业务统计报告制度、结售汇综合头寸管理制度、结售汇业务会计科目和核算办法、结售汇业务内部审计制度和从业人员岗位责任制度、结售汇业务授权管理制度。

（四）具备办理业务所必需的软硬件设备的说明材料。

（五）拥有具备相应业务工作经验的高级管理人员和业务人员的说明材料。

（六）需要经银行业监督管理部门批准外汇业务经营资格的，还应提交外汇业务许可文件的复印件。

第十条 银行总行申请衍生产品业务，应提交下列文件和资料：

（一）申请报告、可行性报告及业务计划书。

（二）衍生产品业务内部管理规章制度，应当至少包括以下内容：

1. 业务操作规程，包括交易受理、客户评估、单证审核等业务流程和操作标准；

2. 产品定价模型，包括定价方法和各项参数的选取标准及来源；

3. 风险管理制度，包括风险管理架构、风险模型指标及量化管理指标、风险缓释措施、头寸平盘机制；

4. 会计核算制度，包括科目设置和会计核算方法；

5. 统计报告制度，包括数据采集渠道和操作程序。

（三）主管人员和主要交易人员名单、履历。

（四）符合银行业监督管理部门有关金融衍生产品交易业务资格规定的证明文件。

银行应当根据拟开办各类衍生产品业务的实际特征，提交具有针对性与适用性的文件和资料。

第十一条 银行总行申请办理即期结售汇业务和衍生产品业务，按照下列程序申请和受理：

（一）政策性银行、全国性商业银行向国家外汇管理局直接申请，由国家外汇管理局审批。其他银行向所在地国家外汇管理局分局、外汇管理部（以下简称外汇分局）申请，如处于市（地、州、区）、县，应向所在地国家外汇管理局中心支局或支局申请，并逐级上报至外汇分局审批。

（二）外国银行分行视同总行管理。外国银行拟在境内两家以上分行开办衍生产品业务的，可由其境内管理行统一向该行所在地外汇分局提交申请材料，该外汇分局应将受理结果抄送该外国银行其他境内分行所在地外汇分局。

（三）外汇局受理结果应通过公文方式正式下达；仅涉及衍生产品业务的，可适当从简，通过备案通知书方式下达。

第十二条 银行分支机构申请办理即期结售汇业务，按照下列规定执行：

（一）银行总行及申请机构的上级分支行应具备完善的结售汇业务管理制度，即执行外汇管理规定情况考核等级最近一次为B级以上。

（二）银行分支机构应持下列材料履行事前备案手续：

1. 银行分行办理即期结售汇业务，持《银行办理即期结售汇业务备案表》（见附1）一式两份，总行及上级分行执行外汇管理规定情况考核等级证明材料，并按照第九条（一）、（二）、（四）、（五）提供材料，向所在地外汇局分支局备案。

2. 银行支行及下辖机构办理即期结售汇业务，持《银行办理即期结售汇业务备案表》一式两份，金融许可证复印件、总行及上级分支行执行外汇管理规定情况考核等级证明材料，向所在地外汇局分支局备案。其中，下辖机构可以由支行集中办理备案手续，但只能在下辖机构所在地外汇局分支局办理。

3. 外汇局分支局收到银行内容齐全的即期结售汇业务备案材料后，在《银行办理即期结售汇业务备案表》上加盖银行结售汇业务管理专用章予以确认，并将其中的一份备案表退还银行保存。

第十三条 银行分支机构开办衍生产品业务，经上级有权机构授权后，持授权文件和本级机构业务筹办情况说明（包括但不限于人员配备、业务培训、内部管理），于开办业务前至少20个工作日向所在地外汇局书面报告并确认收到后即可开办业务。

银行应当加强对分支机构办理衍生产品业务的授权与管理。对于衍生产品经营能力较弱、风险防范及管理水平较低的分支机构，应当上收或取消其授权和交易权限。

第十四条 外汇局受理银行即期结售汇业务和衍生产品业务申请时，应按照行政许可的相关程序办理。其中，外汇局在受理银行总行申请及银行分行即期结售汇业务申请时，可以采取必要的措施核实其软硬件设备、人员情况。

第十五条 银行办理结售汇业务期间,发生合并或者分立,以及重要信息变更的,按照下列规定执行:

(一)发生合并或者分立的,新设立的银行总行应当向外汇局申请结售汇业务资格。吸收合并的,银行无需再申请结售汇业务资格,其各项外汇业务额度原则上合并计算,但结售汇综合头寸应执行本细则第五章的相关规定。

(二)发生名称变更、营业地址变更的,银行应持《银行办理结售汇业务机构信息变更备案表》(见附2)和变更后金融许可证复印件,在变更之日起30日内向批准其结售汇业务资格的外汇局备案。其中,涉及名称变更的,受理备案的外汇局应以适当方式告知银行下辖机构所在地外汇局;银行办理备案后,即可自然承继其在外汇局获得的各项业务资格和有关业务额度。

第十六条 银行分支机构办理结售汇业务期间,发生合并或者分立,以及重要信息变更的,按照下列规定执行:

(一)发生合并或者分立的,新设立的银行分支机构应当向外汇局申请结售汇业务资格。

(二)银行分行发生名称变更、营业地址变更的,应持《银行办理结售汇业务机构信息变更备案表》(见附2)和变更后金融许可证复印件,在变更之日起30日内向所在地外汇局备案。

(三)银行支行及下辖机构发生名称变更、营业地址变更的,在1~6月和7~12月期间的变更,分别于当年8月底前和次年2月底前经管辖行向所在地外汇局备案(见附3)。

第十七条 银行停止办理结售汇业务,应当自停办业务之日起30日内,由停办业务行或者其上级行持《银行停办结售汇业务备案表》(见附4),向批准或备案其结售汇业务资格的外汇局履行停办备案手续。

第十八条 银行被依法撤销或者宣告破产的,其结售汇业务资格自动丧失。

第十九条 外汇局应根据本细则要求,按照操作简便、监管有效原则,完善即期结售汇业务和衍生产品业务市场准入管理的内部操作;并妥善保管银行申请、备案、报告等相关材料。

第三章 即期结售汇业务管理

第二十条 银行办理代客即期结售汇业务应遵守国家外汇管理局的有关规定;办理自身即期结售汇业务应遵守本章的相关规定,本章未明确规定的,参照境内其他机构办理。

第二十一条 银行经营业务中获得的外汇收入,扣除支付外汇开支和结汇支付境内外汇业务日常经营所需人民币开支,应统一纳入外汇利润管理,不得单独结汇。

第二十二条 外资银行结汇支付境内外汇业务日常经营所需人民币开支的,应自行审核并留存有关真实性单证后依法办理。结汇方式可选择按月预结或按照实际开支结汇。按月预结的,预结金额不得超过上月实际人民币开支的105%,不足部分可继续按照实际开支结汇;当月预结未使用部分应结转下月。

第二十三条 银行利润的本外币转换按照下列规定,由银行总行统一办理:

(一)当年外汇利润(包括境内机构外汇利润、境外分支机构分配的利润、参股境外机构分配的利润)可以在本年每季度后按照财务核算结果自行办理结汇,并应按经审计的年度会计决算结果自动调整。但往年有亏损的,应先冲抵亏损,方可办理结汇。

(二)外汇亏损可以挂账并使用以后年度外汇利润补充,或者以人民币利润购汇进行对冲。

(三)历年留存外汇利润结汇可在后续年度自行办理。

第二十四条 银行支付外方股东的股息、红利或外资银行利润汇出,可以用历年累积外汇利润或用人民币购汇后自行支付,并留存下列资料备查。

(一)资产负债表、损益表及本外币合并审计报告;

(二)税务备案表;

(三)董事会或股东大会的相关决议,或外资银行总行的划账通知。

第二十五条 银行资本金(或营运资金)本外币转换应按照如下规定,报所在地外汇分局批准后办理:

(一)银行申请本外币转换的金额应满足下列要求:

1. 完成本外币转换后的"(外汇所有者权益+外汇营运资金)/外汇资产"与"(人民币所有者权益+人民币营运资金)/人民币资产"基本相等。

2. 以上数据按银行境内机构的资产负债表计算,不包括境外关联行。计算外汇资产可扣除部分政策性因素形成的外汇资产;计算人民币资产,应对其中的存放同业和拆放同业取结汇申请前四个季度末的平均数。营运资金和所有者权益不重复计算;人民币营运资金是指外国银行向境内分行拨付的人民币营运资金(含结汇后人民币营运资金);外汇营运资金是外国银行向境内分行拨付的外汇营运资金,以及境内法人银行以自有人民币购买并在外汇营运资金科目核算的资金。计算外汇所有者权益时应扣除未分配外汇利润,但未分配外汇利润为亏损的,不得扣除。

3. 新开办外汇业务的中资银行或新开办人民币业务的外资银行,首次可申请将不超过10%的资本金进行本外币转换。

4. 银行购买外汇资本金或外汇营运资金发展外汇业务的,可依据实际需要申请,不受前述第1项和第3项条件限制。

5. 银行业监督管理部门对资本金币种有明确要求或其他特殊情况的,可不受前述第1项和第3项条件限制。

(二)银行申请时应提供下列材料:

1. 申请报告。

2. 人民币和外币资产负债表。

3. 本外币转换金额的测算依据。

4. 相关交易需经银行业监督管理部门批准的,应提供相应批准文件的复印件。

(三)银行申请原则上每年不得超过一次。

（四）银行购汇用于境外直接投资按照境内银行境外直接投资相关外汇管理规定执行，不适用本条前述规定。

第二十六条 银行经营业务过程中收回资金（含利息）与原始发放资金本外币不匹配，满足下列条件的，可以自行代债务人结售汇（外汇局另有规定除外），并留存与债务人债权关系、结售汇资金来源等的书面证明材料备查。

（一）债务人因破产、倒闭、停业整顿、经营不善或与银行法律纠纷等而不能自行办理结售汇交易。

（二）银行从债务人或其担保人等处获得的资金来源合法，包括但不限于：法院判决、仲裁机构裁决；抵押或质押非货币资产变现（若自用应由相关评估部门评估价值）；扣收保证金等。

（三）不存在协助债务人规避外汇管理规定的情况。

境外银行境内追索贷款等发生资产币种与回收币种本外币不匹配的，可委托境内关联行按本条规定代债务人结售汇。关联行包括具有总分行关系、母子行关系的银行；同属一家机构的分行或子行；同一银团贷款项下具有合作关系的银行等。

银行依法转让境内股权发生本外币不匹配的，可参照本条办理相应的结售汇业务。

第二十七条 银行经营外汇贷款等业务，因无法回收或转让债权造成银行损失的，银行应按照有关会计制度用外汇呆账准备金或等值人民币呆账准备金自行购汇冲抵。

第二十八条 银行若以外币计提营业税、利息税或其他税款，且需要结汇为人民币缴纳税务部门，应当自行审核并留存有关真实性单证后办理。属于银行自身应缴纳的税收，计入自身结售汇；属于依法代扣代缴的税收，计入代客结售汇。

第二十九条 不具备结售汇业务资格银行的自身结售汇业务，必须通过其他具备结售汇业务资格的银行办理；具备结售汇业务资格银行的自身结售汇业务，不得通过其他银行办理。

第四章 衍生产品业务管理

第三十条 银行应当提高自主创新能力和交易管理能力，建立完善的风险管理制度和内部控制制度，审慎开展与自身风险管理水平相适应的衍生产品交易。

第三十一条 银行对客户办理衍生产品业务，应当坚持实需交易原则。客户办理衍生产品业务具有对冲外汇风险敞口的真实需求背景，并且作为交易基础所持有的外汇资产负债、预期未来的外汇收支按照外汇管理规定可以办理即期结售汇业务。

第三十二条 与客户达成衍生产品交易前，银行应确认客户办理衍生产品业务符合实需交易原则，并获取由客户提供的声明、确认函等能够证明其真实需求背景的书面材料，内容包括但不限于：

（一）与衍生产品交易直接相关的基础外汇资产负债或外汇收支的真实性与合规性。

（二）客户进行衍生产品交易的目的或目标。

（三）是否存在与本条第一款确认的基础外汇资产负债或外汇收支相关的尚未结清

的衍生产品交易敞口。

第三十三条　远期业务应遵守以下规定：

（一）远期合约到期时，银行应比照即期结售汇管理规定为客户办理交割，交割方式为全额结算，不允许办理差额结算。

（二）远期合约到期前或到期时，如果客户因真实需求背景发生变更而无法履约，银行在获取由客户提供的声明、确认函等能够予以证明的书面材料后，可以为客户办理对应金额的平仓或按照客户实际需要进行展期，产生的损益按照商业原则处理，并以人民币结算。

第三十四条　期权业务应遵守以下规定：

（一）银行可以基于普通欧式期权基础，为客户办理买入或卖出期权业务，以及包含两个或多个期权的期权组合业务，期权费币种为人民币。银行可以为客户的期权合约办理反向平仓、全额或差额结算，反向平仓和差额结算的货币为人民币。

（二）银行对客户办理的单个期权或期权组合业务的主要风险特征，应当与客户真实需求背景具有合理的相关度。期权合约行权所产生的客户外汇收支，不得超出客户真实需求背景所支持的实际规模。

第三十五条　外汇掉期业务应遵守以下规定：

（一）对于近端结汇/远端购汇的外汇掉期业务，客户近端结汇的外汇资金应为按照外汇管理规定可以办理即期结汇的外汇资金。

（二）对于近端购汇/远端结汇的外汇掉期业务，客户近端可以直接以人民币购入外汇，并进入经常项目外汇账户留存或按照规定对外支付；远端结汇的外汇资金应为按照外汇管理规定可以办理即期结汇的外汇资金。因经常项目外汇账户留存的外汇资金所产生的利息，银行可以为客户办理结汇。

（三）外汇掉期业务中因客户远端无法履约而形成的银行外汇敞口，应纳入结售汇综合头寸统一管理。

第三十六条　货币掉期业务应遵守以下规定：

（一）货币掉期业务的本金交换包括合约生效日和到期日两次均实际交换本金、两次均不实际交换本金、仅一次交换本金等形式。

（二）货币掉期业务中客户在合约生效日和到期日两次均实际交换本金所涉及的结汇或购汇，遵照外汇掉期业务的管理规定。对于一次交换本金所涉及的结汇或购汇，遵照实需交易原则，银行由此形成的外汇敞口应纳入结售汇综合头寸统一管理。

（三）货币掉期业务的利率由银行与客户按照商业原则协商确定，但应符合中国人民银行的利率管理规定。

（四）货币掉期业务中银行从客户获得的外币利息应纳入本行外汇利润统一管理，不得单独结汇。

第三十七条　银行对客户办理衍生产品业务的币种、期限、价格等交易要素，由双方依据真实需求背景按照商业原则协商确定。

期权业务采用差额结算时，用于确定轧差金额使用的参考价应是境内真实、有效的市场汇率。

第三十八条　银行办理衍生产品业务的客户范围限于境内机构（暂不包括银行自身），个体工商户视同境内机构。

境内个人开展符合外汇管理规定的对外投资形成外汇风险敞口，银行可以按照实需交易原则为其办理衍生产品业务。

第三十九条　银行应当高度重视衍生产品业务的客户管理，在综合考虑衍生产品分类和客户分类的基础上，开展持续、充分的客户适合度评估和风险揭示。银行应确认客户进行衍生产品交易已获得内部有效授权及所必需的上级主管部门许可，并具备足够的风险承受能力。

对于虚构真实需求背景开展衍生产品业务、重复进行套期保值的客户，银行应依法终止已与其开展的交易，并通过信用评级等内部管理制度，限制此类客户后续开展衍生产品业务。

第四十条　银行开展衍生产品业务应遵守结售汇综合头寸管理规定，准确、合理计量和管理衍生产品交易头寸。银行分支机构办理代客衍生产品业务应由其总行（部）统一进行平盘、敞口管理和风险控制。

第四十一条　银行、境内机构参与境外市场衍生产品交易，应符合外汇管理规定。

第四十二条　国家外汇管理局组织银行等外汇市场参与者建立市场自律机制，完善衍生产品的客户管理、风险控制等行业规范，维护外汇市场公平竞争环境。

第五章　银行结售汇综合头寸管理

第四十三条　银行结售汇综合头寸按下列原则管理：

（一）法人统一核定。银行头寸按照法人监管原则统一核定，不对银行分支机构另行核定（外国银行分行除外）。

（二）限额管理。银行结售汇综合头寸实行正负区间限额管理。

（三）按权责发生制原则管理。银行应将对客户结售汇业务、自身结售汇业务和参与银行间外汇市场交易在交易订立日（而不是资金实际收付日）计入头寸。

（四）按周考核和监管。银行应按周（自然周）管理头寸，周内各个工作日的平均头寸应保持在外汇局核定限额内。

（五）头寸余额应定期与会计科目核对。对于两者之间的差额，银行可按年向外汇局申请调整。对于因汇率折算差异等合理原因导致的差额，外汇局可直接核准调整；对于因统计数据错报、漏报等其他原因导致的差额，外汇局可以核准调整，但应对银行违规的情况进行处理。

第四十四条　政策性银行、全国性银行以及在银行间外汇市场行使做市商职能的银行，由国家外汇管理局根据银行的结售汇业务规模和银行间市场交易规模等统一核定头寸限额，并按年度或定期调整。

第四十五条　第四十四条以外的银行由所在地外汇分局负责核定头寸限额，并按年度调整。

（一）上一年度结售汇业务量低于 1 亿美元，以及新取得结售汇业务资格的，结售汇综合头寸上限为 5000 万美元，下限为 -300 万美元。

（二）上一年度结售汇业务量介于 1 亿至 10 亿美元，结售汇综合头寸上限为 3 亿美元，下限为 -500 万美元。

（三）上一年度结售汇业务量 10 亿美元以上，结售汇综合头寸上限为 10 亿美元，下限为 -1000 万美元。

依照前述标准核定结售汇综合头寸上限无法满足银行实际需要的，可根据实际需要向外汇分局申请，外汇分局可适当提高上限。

第四十六条 国家外汇管理局因国际收支和外汇市场状况需要，对结售汇综合头寸限额临时调控的，应适用相关规定，暂停按照第四十四条、第四十五条核定的综合头寸限额。

第四十七条 新申请即期结售汇业务资格的银行（未开办人民币业务的外资银行除外），外汇局应同时核定其结售汇综合头寸限额。

已获得即期结售汇业务资格但新开办人民币业务的外资银行，应在经银监会批准办理人民币业务后 30 个工作日内向所在地外汇局申请核定银行结售汇综合头寸限额，申请时应提交银监会批准其办理人民币业务的许可文件。

第四十八条 银行主动申请停办结售汇业务或因违规经营被外汇局取消结售汇业务资格的，应在停办业务前将其结售汇业务综合头寸余额清零。

第四十九条 在境内有两家以上分行的外国银行，可由该外国银行总行或地区总部，授权一家境内分行（以下简称集中管理行），对境内各分行头寸实行集中管理。

（一）集中管理行负责向其所在地外汇分局提出申请，申请材料应包括以下内容：

1. 总行同意实行头寸集中管理的授权文件。

2. 银监会对外资金融机构在境内常驻机构批准书。

3. 该外国银行对头寸实施集中管理的内部管理制度、会计核算办法以及技术支持情况说明。

（二）外汇分局收到申请后，应实地走访集中管理行的营业场地，现场考察和验收其技术系统对该行头寸集中管理的支持情况。对符合条件的，批复同时抄报国家外汇管理局，并抄送该外国银行各分行所在地外汇分支局。

（三）外国银行分行实行头寸集中管理后，境内所有分支行原有头寸纳入集中管理行的头寸管理，由集中管理行统一平盘和管理。若有新增外国银行分支行纳入头寸集中管理，集中管理行及新增分支行应提前 10 个工作日分别向各自所在地外汇分局报备。

（四）外国银行分行实行头寸集中管理后，按照第四十四条、第四十五条核定头寸限额并进行日常管理。其中，涉及业务数据测算的应使用该外国银行境内全部分支行的汇总数据。

（五）外国银行分行实行头寸集中管理后，若集中管理行和纳入集中管理的其他分支行均未开办人民币业务，则适用结售汇人民币专用账户的相关规定。若集中管理行已开办人民币业务，境内其他分支行尚未开办人民币业务，则未开办人民币业务的分支行仍适用结售汇人民币专用账户的相关规定，但其结售汇人民币专用账户余额应折算为美元以负值计入集中管理行的头寸。

第六章 附 则

第五十条 银行应按照国家外汇管理局的规定报送银行结售汇统计、衍生产品业务统计、银行结售汇综合头寸等相关报表和资料，具体统计报告制度另行规定。

第五十一条 各外汇分局应按年以电子邮件方式向国家外汇管理局报送《（地区）结售汇业务金融机构信息表》（见附5）、《（地区）辖内金融机构结售汇综合头寸限额核定情况表》（见附6）。报送时间为每年1月底前。电子信箱为：manage@bop.safe。

第五十二条 挂牌汇价、未开办人民币业务的外资银行结售汇人民币专用账户等管理规定，由中国人民银行或国家外汇管理局另行规范。

第五十三条 银行办理结售汇业务违反本细则相关规定的，外汇局将依据《中华人民共和国外汇管理条例》等相关规定予以处罚。

第五十四条 非银行金融机构办理结售汇业务，参照本细则执行，国家外汇管理局另有规定的除外。

第五十五条 本细则自2015年1月1日起实施。

附1 银行办理即期结售汇业务备案表（略）
附2 银行办理结售汇业务机构信息变更备案表（略）
附3 银行办理结售汇业务机构信息变更备案报表（略）
附4 银行停办结售汇业务备案表（略）
附5 （地区）结售汇业务金融机构信息表（略）
附6 （地区）辖内金融机构结售汇综合头寸限额核定情况表（略）

附件 2

废止外汇管理法规

1. 《国家外汇管理局关于外资银行改制所涉外汇管理有关问题的通知》（汇发〔2007〕15 号）

2. 《国家外汇管理局关于调整银行即期结售汇业务市场准入和退出管理方式的通知》（汇发〔2007〕20 号）

3. 《国家外汇管理局国际收支司关于银行即期结售汇业务市场准入和退出管理有关问题的批复》（汇国发〔2007〕11 号）

4. 《国家外汇管理局关于进一步完善个人本外币兑换有关外汇管理问题的通知》（汇发〔2008〕24 号）第一条

5. 《国家外汇管理局关于进一步明确个人本外币兑换统一标识有关问题的通知》（汇发〔2008〕70 号）

6. 《国家外汇管理局综合司关于外汇指定银行信息变更备案超期限违规行为处罚法律适用问题的批复》（汇综复〔2008〕63 号）

7. 《国家外汇管理局综合司对外汇指定银行经营结售汇业务信息变更后未按规定备案违规行为处理的批复》（汇综复〔2008〕117 号）

8. 《国家外汇管理局关于银行结售汇综合头寸管理有关问题的通知》（汇发〔2010〕56 号）

9. 《国家外汇管理局关于完善银行自身结售汇业务管理有关问题的通知》（汇发〔2011〕23 号）

10. 《国家外汇管理局关于完善银行结售汇综合头寸管理有关问题的通知》（汇发〔2012〕26 号）

11. 《国家外汇管理局关于加强外汇资金流入管理有关问题的通知》（汇发〔2013〕20 号）第一条

12. 《国家外汇管理局综合司关于银行结售汇综合头寸下限计算有关问题的通知》（汇综发〔2013〕65 号）

13. 《国家外汇管理局综合司关于外国银行分行执行结售汇综合头寸管理政策有关问题的批复》（汇综复〔2014〕74 号）

14. 《国家外汇管理局关于印发〈银行对客户办理人民币与外汇衍生产品业务管理规定〉的通知》（汇发〔2014〕34 号）

第二部分
创新篇

第三篇

臨床篇

【监督指导】

中国银行业监督管理委员会关于印发《商业银行金融创新指引》的通知

(银监发〔2006〕87号)

各银监局,各政策性银行、国有商业银行、股份制商业银行、金融资产管理公司,银监会直接监管的信托公司、财务公司、金融租赁公司:

现将《商业银行金融创新指引》印发给你们,请认真贯彻落实。请各银监局将本通知转发至辖内各银行业金融机构,并督促其遵照执行。

二〇〇六年十二月五日

商业银行金融创新指引

第一章 总 则

第一条 为鼓励商业银行加快金融创新,规范金融创新活动,促进银行业金融创新持续健康发展,依据《中华人民共和国银行业监督管理法》《中华人民共和国商业银行法》等有关法律法规,制定本指引。

第二条 在中华人民共和国境内设立的中资商业银行、外商独资银行和中外合资银行适用本指引。

在中华人民共和国境内设立的政策性银行、农村合作银行、城市信用社、农村信用社、外国银行分行开展金融创新,参照本指引执行。

在中华人民共和国境内设立的金融资产管理公司、信托投资公司、金融租赁公司、企业集团财务公司、汽车金融公司和货币经纪公司等银监会监管的非银行金融机构开展金融创新,参照本指引执行。

第三条 金融创新是指商业银行为适应经济发展的要求,通过引入新技术、采用新方法、开辟新市场、构建新组织,在战略决策、制度安排、机构设置、人员准备、管理模式、业务流程和金融产品等方面开展的各项新活动,最终体现为银行风险管理能力的不断提高,以及为客户提供的服务产品和服务方式的创造与更新。

第四条 金融创新是商业银行以客户为中心,以市场为导向,不断提高自主创新能力和风险管理能力,有效提升核心竞争力,更好地满足金融消费者和投资者日益增长的需求,实现可持续发展战略的重要组成部分。

第五条 商业银行应充分认识到金融创新与风险管理密不可分,风险管理是金融创新的内在要求,商业银行应采取有效措施及时识别、计量、监测、控制金融创新带来的新风险。

第六条 商业银行应确保具有开展金融创新活动所必需的人员、资金、信息技术、内部控制和风险管理等各种资源。

第七条 中国银行业监督管理委员会(以下简称银监会)以促进金融稳定和发展金融创新作为良好监管的重要标准,坚持鼓励和规范并重、培育和防险并举的监管原则,依照法律法规的有关规定和本指引对商业银行金融创新活动进行监督管理。

第八条 银监会将积极创造有利于金融创新的制度和法律环境,及时修订不适应金融创新的有关规定,在充分考虑市场变化和公众需求的基础上,对监管规章和政策定期跟踪评估,及时更新,不断提高监管有效性。

第九条 银监会积极推动适宜金融创新的市场环境建设,促进形成金融创新活动的公平交易规则,营造公平竞争的市场环境,建立良好的金融竞争秩序。

第二章 基本原则

第十条 商业银行开展金融创新活动,应坚持合法合规的原则,遵守法律、行政法规和规章的规定。商业银行不得以金融创新为名,违反法律规定或变相逃避监管。

第十一条 商业银行开展金融创新活动,应坚持公平竞争原则,不得以排挤竞争对手为目的,进行低价倾销、恶性竞争或其他不正当竞争。

第十二条 商业银行开展金融创新活动,应充分尊重他人的知识产权,不得侵犯他人的知识产权和商业秘密;商业银行应制定有效的知识产权保护战略,保护自主创新的金融产品和服务。

第十三条 商业银行开展金融创新活动,应坚持成本可算、风险可控、信息充分披露的原则。

第十四条 商业银行开展金融创新活动,应做到"认识你的业务"。董事会和高级管理层应通过有效手段,确保悉知本行的金融创新业务、运行情况以及市场状况。

第十五条 商业银行开展金融创新活动,应做到"认识你的风险"。董事会和高级管理层应准确认识金融创新活动的风险,定期评估、审批金融创新活动的政策和各类新产品的风险限额,使金融创新活动限制在可控的风险范围之内。

第十六条 商业银行开展金融创新活动,应做到"认识你的客户"。应明确目标客户群,充分了解客户的风险偏好、风险认知能力和承受能力,根据业务需要进行客户评估,针对不同目标客户群,提供不同的金融产品和服务。商业银行不得向客户提供与其真实需要和风险承受能力不相符合的产品和服务。

第十七条 商业银行开展金融创新活动,应做到"认识你的交易对手"。在开展涉及投资和交易业务时，应认真分析和研究交易对手的信用风险、市场风险和法律风险，做好交易对手风险的管理，特别是在市场环境发生重大变化时，要密切跟踪交易对手的风险状况，采取有效的应对措施。

第十八条 商业银行开展金融创新活动，应遵守职业道德标准和专业操守，完整履行尽职义务，充分维护金融消费者和投资者利益。

第三章 运行机制

第十九条 商业银行董事会负责制定金融创新发展战略及与之相适应的风险管理政策，并监督战略与政策的执行情况。董事会要确保高级管理层有足够的资金和合格的专业人才，以有效实施战略并管理创新过程中带来的风险。董事会要确保金融创新的发展战略和风险管理政策与全行整体战略和风险管理政策相一致。

高级管理层负责执行董事会制定的金融创新发展战略和风险管理政策。高级管理层要建立能够有效管理创新活动的风险管理和内部控制系统、文件档案和审计流程管理系统，以及培训和信息反馈制度。

第二十条 商业银行应优化内部组织结构和业务流程，形成前台营销服务职能完善、中台风险控制严密、后台保障支持有力的业务运行架构，并可结合本行实际情况，减少管理层级，逐步改造现有的"部门银行"，建立适应金融创新的"流程银行"，实现前、中、后台的相互分离与有效的协调配合。

第二十一条 商业银行应制定和完善金融创新产品与服务的内部管理程序，至少应包括需求发起、立项、设计、开发、测试、风险评估、审批、投产、培训、销售、后评价和定期更新等各个阶段；应该进行详细的市场需求分析、目标客户分析和成本收益分析，进行科学的风险评估和风险定价，准确计量经风险调整后的收益。

第二十二条 商业银行推出金融创新产品和服务，应做到制度先行，制定与每一类业务相适应的操作规程、内部管理制度和客户风险提示内容，条件成熟的应制定产品手册。

第二十三条 商业银行应加大对金融创新的信息科学技术投入，建立有效的创新业务技术支持系统和管理信息系统，保证数据信息的完整性、安全性，以及经营计划和业务流程的持续开展，提升金融创新的技术含量。

第二十四条 商业银行应结合本行实际，建立和完善以客户为中心的客户关系管理系统，有效整合客户信息，通过数据分析与挖掘，为客户提供更多创新产品和服务，不断提升客户服务水平，提高客户满意度。

第二十五条 商业银行应逐步建立适应金融创新活动的绩效考核评价机制，形成促进金融创新的有效激励机制和企业文化氛围。

第二十六条 商业银行应逐步制定适应金融创新活动的薪酬制度、培训计划和人力资源战略，不断吸引经验丰富的专业人才，提高金融创新专业能力。

第二十七条 商业银行应组织多种形式的金融创新培训活动，确保员工熟悉创新产品和服务的特性及业务操作流程，建立健全相关业务从业人员的资格认定与考核制度，保证从事创新业务的员工具备必要的专业资格和从业经验。

第四章 客户利益保护

第二十八条 商业银行开展金融创新活动，应遵守行业行为准则和银行员工操守守则，向客户准确、公平、没有误导地进行信息披露，充分揭示与创新产品和服务有关的权利、义务和风险。

第二十九条 商业银行应遵守法律法规的要求及与客户的约定，履行必要的保密义务。

第三十条 商业银行开展金融创新活动，应为客户提供专业、客观和公平的意见，要按相应法律要求，特别重视并忠实履行对客户的义务和责任。

第三十一条 商业银行应能识别并妥善处理好金融创新引发的各类利益冲突，公平地处理银行与客户之间、银行与第三方服务提供者之间的利益冲突。

第三十二条 商业银行应严格界定和区分银行资产和客户资产，进行有效的风险隔离管理，对客户的资产进行充分保护。

第三十三条 商业银行应建立适合创新服务需要的客户资料档案，做好客户对于创新产品和服务的适合度评估，引导客户理性投资与消费。

第三十四条 商业银行开展金融创新活动，应建立有效受理客户投诉以及建议的渠道，及时高效负责地处理客户投诉，定期汇总分析客户投诉情况，向有关人员和部门定期报告客户投诉及处理情况，研究和处理客户对金融创新的潜在需求和改进建议，不断提高金融创新的服务质量和服务水平。

第五章 风险管理

第三十五条 商业银行董事会和高级管理层应将金融创新活动的风险管理纳入全行统一的风险管理体系。

董事会下设的风险管理委员会应将金融创新活动的风险和其他传统业务的风险进行统一管理，制定恰当的风险管理程序和风险控制措施，清楚地界定各业务条线和相关部门的具体责任。

第三十六条 商业银行应制定完善的风险管理政策、程序和风险限额，确保各类金融创新活动能与本行的管理能力和专业水平相适应。

第三十七条 商业银行应通过有效的管理信息系统，建立健全风险管理架构，充分识别、计量、监测和控制各类金融创新活动带来的风险。

第三十八条 商业银行应建立与各类金融创新业务性质及规模相适应的完善的内部控制制度，通过独立的内部和外部审计检查内控制度的建立与执行情况。

第三十九条 商业银行应对计划开展的金融创新活动进行严格的合规性审查，准确界定其所包含的各种法律关系，明确可能涉及的法律、政策，研究制定相应的解决办法，切实防范合规风险。

第四十条 商业银行应结合政策调整和市场环境变化，针对金融创新活动的特点，定期对关键模型、假设条件和模型参数进行验证和修正，制定风险预警和风险处置预案。董事会与高级管理层应负责制定业务应急性计划和连续性计划。

第六章 监督管理

第四十一条 银监会鼓励符合以下条件的商业银行开展金融创新：
（一）资本充足率达标；
（二）公司治理结构良好；
（三）内控制度严密；
（四）风险监管核心指标符合监管部门的审慎要求；
（五）近三年来没有发生重大违法违规行为。

第四十二条 针对金融创新活动，银监会将简化审批程序，转变监管方式，制定各类新业务的审慎监管标准和监管操作规程，强化持续性监管，更加注重对创新活动的风险管理、内部审计、定价机制以及信息披露等环节的全程风险控制，及时进行风险提示。

第四十三条 银监会鼓励商业银行与银监会进行事前的专业沟通，就关注的风险点和风险控制措施交流意见，提高审批效率。

第四十四条 银监会鼓励商业银行在金融创新活动中，以更加开放和合作的方式建立监管和被监管部门的关系，及时负责任地向监管机构报告风险事件或市场环境的重大变化。

第四十五条 银监会与商业银行、银行业协会有义务共同加强对社会公众金融知识的宣传和教育，增进公众对金融创新的了解和对买者自负原则的认识，增强公众对现代金融知识的理解，不断提高公众的风险防范意识和风险承受能力。

第四十六条 商业银行违反本指引规定，银监会将根据有关法律法规予以处罚，并采取其他相应的监管措施。

第七章 附 则

第四十七条 本指引由银监会负责解释。

第四十八条 本指引自 2006 年 12 月 11 日起正式施行。

中国人民银行　工业和信息化部　公安部　财政部　工商总局　法制办　银监会　证监会　保监会　国家互联网信息办公室关于促进互联网金融健康发展的指导意见

（银发〔2015〕221号）

近年来，互联网技术、信息通信技术不断取得突破，推动互联网与金融快速融合，促进了金融创新，提高了金融资源配置效率，但也存在一些问题和风险隐患。为全面贯彻落实党的十八大和十八届二中、三中、四中全会精神，按照党中央、国务院决策部署，遵循"鼓励创新、防范风险、趋利避害、健康发展"的总体要求，从金融业健康发展全局出发，进一步推进金融改革创新和对外开放，促进互联网金融健康发展，经党中央、国务院同意，现提出以下意见。

一、鼓励创新，支持互联网金融稳步发展

互联网金融是传统金融机构与互联网企业（以下统称从业机构）利用互联网技术和信息通信技术实现资金融通、支付、投资和信息中介服务的新型金融业务模式。互联网与金融深度融合是大势所趋，将对金融产品、业务、组织和服务等方面产生更加深刻的影响。互联网金融对促进小微企业发展和扩大就业发挥了现有金融机构难以替代的积极作用，为大众创业、万众创新打开了大门。促进互联网金融健康发展，有利于提升金融服务质量和效率，深化金融改革，促进金融创新发展，扩大金融业对内对外开放，构建多层次金融体系。作为新生事物，互联网金融既需要市场驱动，鼓励创新，也需要政策助力，促进发展。

（一）积极鼓励互联网金融平台、产品和服务创新，激发市场活力。鼓励银行、证券、保险、基金、信托和消费金融等金融机构依托互联网技术，实现传统金融业务与服务转型升级，积极开发基于互联网技术的新产品和新服务。支持有条件的金融机构建设创新型互联网平台开展网络银行、网络证券、网络保险、网络基金销售和网络消费金融等业务。支持互联网企业依法合规设立互联网支付机构、网络借贷平台、股权众筹融资平台、网络金融产品销售平台，建立服务实体经济的多层次金融服务体系，更好地满足中小微企业和个人投融资需求，进一步拓展普惠金融的广度和深度。鼓励电子商务企业在符合金融法律法规规定的条件下自建和完善线上金融服务体系，有效拓展电商供应链业务。鼓励从业机构积极开展产品、服务、技术和管理创新，提升从业机构核心竞争力。

（二）鼓励从业机构相互合作，实现优势互补。支持各类金融机构与互联网企业开展合作，建立良好的互联网金融生态环境和产业链。鼓励银行业金融机构开展业务创新，为第三方支付机构和网络贷款平台等提供资金存管、支付清算等配套服务。支持小微金融服务机构与互联网企业开展业务合作，实现商业模式创新。支持证券、基金、信托、消费金融、期货机构与互联网企业开展合作，拓宽金融产品销售渠道，创新财富管理模式。鼓励保险公司与互联网企业合作，提升互联网金融企业风险抵御能力。

（三）拓宽从业机构融资渠道，改善融资环境。支持社会资本发起设立互联网金融产业投资基金，推动从业机构与创业投资机构、产业投资基金深度合作。鼓励符合条件的优质从业机构在主板、创业板等境内资本市场上市融资。鼓励银行业金融机构按照支持小微企业发展的各项金融政策，对处于初创期的从业机构予以支持。针对互联网企业特点，创新金融产品和服务。

（四）坚持简政放权，提供优质服务。各金融监管部门要积极支持金融机构开展互联网金融业务。按照法律法规规定，对符合条件的互联网企业开展相关金融业务实施高效管理。工商行政管理部门要支持互联网企业依法办理工商注册登记。电信主管部门、国家互联网信息管理部门要积极支持互联网金融业务，电信主管部门对互联网金融业务涉及的电信业务进行监管，国家互联网信息管理部门负责对金融信息服务、互联网信息内容等业务进行监管。积极开展互联网金融领域立法研究，适时出台相关管理规章，营造有利于互联网金融发展的良好制度环境。加大对从业机构专利、商标等知识产权的保护力度。鼓励省级人民政府加大对互联网金融的政策支持。支持设立专业化互联网金融研究机构，鼓励建设互联网金融信息交流平台，积极开展互联网金融研究。

（五）落实和完善有关财税政策。按照税收公平原则，对于业务规模较小、处于初创期的从业机构，符合我国现行对中小企业特别是小微企业税收政策条件的，可按规定享受税收优惠政策。结合金融业营业税改征增值税改革，统筹完善互联网金融税收政策。落实从业机构新技术、新产品研发费用税前加计扣除政策。

（六）推动信用基础设施建设，培育互联网金融配套服务体系。支持大数据存储、网络与信息安全维护等技术领域基础设施建设。鼓励从业机构依法建立信用信息共享平台。推动符合条件的相关从业机构接入金融信用信息基础数据库。允许有条件的从业机构依法申请征信业务许可。支持具备资质的信用中介组织开展互联网企业信用评级，增强市场信息透明度。鼓励会计、审计、法律、咨询等中介服务机构为互联网企业提供相关专业服务。

二、分类指导，明确互联网金融监管责任

互联网金融本质仍属于金融，没有改变金融风险隐蔽性、传染性、广泛性和突发性的特点。加强互联网金融监管，是促进互联网金融健康发展的内在要求。同时，互联网金融是新生事物和新兴业态，要制定适度宽松的监管政策，为互联网金融创新留有余地和空间。通过鼓励创新和加强监管相互支撑，促进互联网金融健康发展，更好地服务实体经济。互联网金融监管应遵循"依法监管、适度监管、分类监管、协同监管、创新监管"的原则,科学合理界定各业态的业务边界及准入条件,落实监管责任,明确风险底线,保护合法经营,坚决打击违法和违规行为。

(七)互联网支付。互联网支付是指通过计算机、手机等设备,依托互联网发起支付指令、转移货币资金的服务。互联网支付应始终坚持服务电子商务发展和为社会提供小额、快捷、便民小微支付服务的宗旨。银行业金融机构和第三方支付机构从事互联网支付,应遵守现行法律法规和监管规定。第三方支付机构与其他机构开展合作的,应清晰界定各方的权利义务关系,建立有效的风险隔离机制和客户权益保障机制。要向客户充分披露服务信息,清晰地提示业务风险,不得夸大支付服务中介的性质和职能。互联网支付业务由人民银行负责监管。

(八)网络借贷。网络借贷包括个体网络借贷(即 P2P 网络借贷)和网络小额贷款。个体网络借贷是指个体和个体之间通过互联网平台实现的直接借贷。在个体网络借贷平台上发生的直接借贷行为属于民间借贷范畴,受合同法、民法通则等法律法规以及最高人民法院相关司法解释规范。个体网络借贷要坚持平台功能,为投资方和融资方提供信息交互、撮合、资信评估等中介服务。个体网络借贷机构要明确信息中介性质,主要为借贷双方的直接借贷提供信息服务,不得提供增信服务,不得非法集资。网络小额贷款是指互联网企业通过其控制的小额贷款公司,利用互联网向客户提供的小额贷款。网络小额贷款应遵守现有小额贷款公司监管规定,发挥网络贷款优势,努力降低客户融资成本。网络借贷业务由银监会负责监管。

(九)股权众筹融资。股权众筹融资主要是指通过互联网形式进行公开小额股权融资的活动。股权众筹融资必须通过股权众筹融资中介机构平台(互联网网站或其他类似的电子媒介)进行。股权众筹融资中介机构可以在符合法律法规规定前提下,对业务模式进行创新探索,发挥股权众筹融资作为多层次资本市场有机组成部分的作用,更好服务创新创业企业。股权众筹融资方应为小微企业,应通过股权众筹融资中介机构向投资人如实披露企业的商业模式、经营管理、财务、资金使用等关键信息,不得误导或欺诈投资者。投资者应当充分了解股权众筹融资活动风险,具备相应风险承受能力,进行小额投资。股权众筹融资业务由证监会负责监管。

(十)互联网基金销售。基金销售机构与其他机构通过互联网合作销售基金等理财产品的,要切实履行风险披露义务,不得通过违规承诺收益方式吸引客户;基金管理人应当采取有效措施防范资产配置中的期限错配和流动性风险;基金销售机构及其合作机构通过其他活动为投资人提供收益的,应当对收益构成、先决条件、适用情形等进行全面、真实、准确表述和列示,不得与基金产品收益混同。第三方支付机构在开展基金互联网销售支付服务过程中,应当遵守人民银行、证监会关于客户备付金及基金销售结算资金的相关监管要求。第三方支付机构的客户备付金只能用于办理客户委托的支付业务,不得用于垫付基金和其他理财产品的资金赎回。互联网基金销售业务由证监会负责监管。

(十一)互联网保险。保险公司开展互联网保险业务,应遵循安全性、保密性和稳定性原则,加强风险管理,完善内控系统,确保交易安全、信息安全和资金安全。专业互联网保险公司应当坚持服务互联网经济活动的基本定位，提供有针对性的保险服务。保险公司应建立对所属电子商务公司等非保险类子公司的管理制度，建立必要的防火墙。保险公司通过互联网销售保险产品，不得进行不实陈述、片面或夸大宣传过往业绩、违规承诺收益或者承担损失等误导性描述。互联网保险业务由保监会负责监管。

（十二）互联网信托和互联网消费金融。信托公司、消费金融公司通过互联网开展业务的，要严格遵循监管规定，加强风险管理，确保交易合法合规，并保守客户信息。信托公司通过互联网进行产品销售及开展其他信托业务的，要遵守合格投资者等监管规定，审慎甄别客户身份和评估客户风险承受能力，不能将产品销售给与风险承受能力不相匹配的客户。信托公司与消费金融公司要制定完善产品文件签署制度，保证交易过程合法合规，安全规范。互联网信托业务、互联网消费金融业务由银监会负责监管。

三、健全制度，规范互联网金融市场秩序

发展互联网金融要以市场为导向，遵循服务实体经济、服从宏观调控和维护金融稳定的总体目标，切实保障消费者合法权益，维护公平竞争的市场秩序。要细化管理制度，为互联网金融健康发展营造良好环境。

（十三）互联网行业管理。任何组织和个人开设网站从事互联网金融业务的，除应按规定履行相关金融监管程序外，还应依法向电信主管部门履行网站备案手续，否则不得开展互联网金融业务。工业和信息化部负责对互联网金融业务涉及的电信业务进行监管，国家互联网信息办公室负责对金融信息服务、互联网信息内容等业务进行监管，两部门按职责制定相关监管细则。

（十四）客户资金第三方存管制度。除另有规定外，从业机构应当选择符合条件的银行业金融机构作为资金存管机构，对客户资金进行管理和监督，实现客户资金与从业机构自身资金分账管理。客户资金存管账户应接受独立审计并向客户公开审计结果。人民银行会同金融监管部门按照职责分工实施监管，并制定相关监管细则。

（十五）信息披露、风险提示和合格投资者制度。从业机构应当对客户进行充分的信息披露，及时向投资者公布其经营活动和财务状况的相关信息，以便投资者充分了解从业机构运作状况，促使从业机构稳健经营和控制风险。从业机构应当向各参与方详细说明交易模式、参与方的权利和义务，并进行充分的风险提示。要研究建立互联网金融的合格投资者制度，提升投资者保护水平。有关部门按照职责分工负责监管。

（十六）消费者权益保护。研究制定互联网金融消费者教育规划，及时发布维权提示。加强互联网金融产品合同内容、免责条款规定等与消费者利益相关的信息披露工作，依法监督处理经营者利用合同格式条款侵害消费者合法权益的违法、违规行为。构建在线争议解决、现场接待受理、监管部门受理投诉、第三方调解以及仲裁、诉讼等多元化纠纷解决机制。细化完善互联网金融个人信息保护的原则、标准和操作流程。严禁网络销售金融产品过程中的不实宣传、强制捆绑销售。人民银行、银监会、证监会、保监会会同有关行政执法部门，根据职责分工依法开展互联网金融领域消费者和投资者权益保护工作。

（十七）网络与信息安全。从业机构应当切实提升技术安全水平，妥善保管客户资料和交易信息，不得非法买卖、泄露客户个人信息。人民银行、银监会、证监会、保监会、工业和信息化部、公安部、国家互联网信息办公室分别负责对相关从业机构的网络与信息安全保障进行监管，并制定相关监管细则和技术安全标准。

（十八）反洗钱和防范金融犯罪。从业机构应当采取有效措施识别客户身份，主动监测并报告可疑交易，妥善保存客户资料和交易记录。从业机构有义务按照有关规定，建立健全有关协助查询、冻结的规章制度，协助公安机关和司法机关依法、及时查询、冻结涉案财产，配合公安机关和司法机关做好取证和执行工作。坚决打击涉及非法集资等互联网金融犯罪，防范金融风险，维护金融秩序。金融机构在和互联网企业开展合作、代理时应根据有关法律和规定签订包括反洗钱和防范金融犯罪要求的合作、代理协议，并确保不因合作、代理关系而降低反洗钱和金融犯罪执行标准。人民银行牵头负责对从业机构履行反洗钱义务进行监管，并制定相关监管细则。打击互联网金融犯罪工作由公安部牵头负责。

（十九）加强互联网金融行业自律。充分发挥行业自律机制在规范从业机构市场行为和保护行业合法权益等方面的积极作用。人民银行会同有关部门，组建中国互联网金融协会。协会要按业务类型，制订经营管理规则和行业标准，推动机构之间的业务交流和信息共享。协会要明确自律惩戒机制，提高行业规则和标准的约束力。强化守法、诚信、自律意识，树立从业机构服务经济社会发展的正面形象，营造诚信规范发展的良好氛围。

（二十）监管协调与数据统计监测。各监管部门要相互协作、形成合力，充分发挥金融监管协调部际联席会议制度的作用。人民银行、银监会、证监会、保监会应当密切关注互联网金融业务发展及相关风险，对监管政策进行跟踪评估，适时提出调整建议，不断总结监管经验。财政部负责互联网金融从业机构财务监管政策。人民银行会同有关部门，负责建立和完善互联网金融数据统计监测体系，相关部门按照监管职责分工负责相关互联网金融数据统计和监测工作，并实现统计数据和信息共享。

中国银监会关于印发银行业金融机构
全面风险管理指引的通知

(银监发〔2016〕44号)

各银监局,各政策性银行、大型银行、股份制银行,邮储银行,外资银行,金融资产管理公司,其他会管金融机构:

现将《银行业金融机构全面风险管理指引》印发给你们,请遵照执行。

2016年9月27日

银行业金融机构全面风险管理指引

第一章 总 则

第一条 为提高银行业金融机构全面风险管理水平,促进银行业体系安全稳健运行,根据《中华人民共和国银行业监督管理法》《中华人民共和国商业银行法》等法律法规,制定本指引。

第二条 本指引适用于在中华人民共和国境内依法设立的银行业金融机构。

本指引所称银行业金融机构,是指在中华人民共和国境内设立的商业银行、农村信用合作社等吸收公众存款的金融机构、政策性银行以及国家开发银行。

第三条 银行业金融机构应当建立全面风险管理体系,采取定性和定量相结合的方法,识别、计量、评估、监测、报告、控制或缓释所承担的各类风险。

各类风险包括信用风险、市场风险、流动性风险、操作风险、国别风险、银行账户利率风险、声誉风险、战略风险、信息科技风险以及其他风险。

银行业金融机构的全面风险管理体系应当考虑风险之间的关联性,审慎评估各类风险之间的相互影响,防范跨境、跨业风险。

第四条 银行业金融机构全面风险管理应当遵循以下基本原则:

(一)匹配性原则。全面风险管理体系应当与风险状况和系统重要性等相适应,并根据环境变化进行调整。

(二)全覆盖原则。全面风险管理应当覆盖各个业务条线,包括本外币、表内外、境内外业务;覆盖所有分支机构、附属机构、部门、岗位和人员;覆盖所有风险种类和不同风险之间的相互影响;贯穿决策、执行和监督全部管理环节。

（三）独立性原则。银行业金融机构应当建立独立的全面风险管理组织架构，赋予风险管理条线足够的授权、人力资源及其他资源配置，建立科学合理的报告渠道，与业务条线之间形成相互制衡的运行机制。

（四）有效性原则。银行业金融机构应当将全面风险管理的结果应用于经营管理，根据风险状况、市场和宏观经济情况评估资本和流动性的充足性，有效抵御所承担的总体风险和各类风险。

第五条 银行业金融机构全面风险管理体系应当包括但不限于以下要素：

（一）风险治理架构；

（二）风险管理策略、风险偏好和风险限额；

（三）风险管理政策和程序；

（四）管理信息系统和数据质量控制机制；

（五）内部控制和审计体系。

第六条 银行业金融机构应当推行稳健的风险文化，形成与本机构相适应的风险管理理念、价值准则、职业操守，建立培训、传达和监督机制，推动全体工作人员理解和执行。

第七条 银行业金融机构应当承担全面风险管理的主体责任，建立全面风险管理制度，保障制度执行，对全面风险管理体系进行自我评估，健全自我约束机制。

第八条 银行业监督管理机构依法对银行业金融机构全面风险管理实施监管。

第九条 银行业金融机构应当按照银行业监督管理机构的规定，向公众披露全面风险管理情况。

第二章 风险治理架构

第十条 银行业金融机构应当建立组织架构健全、职责边界清晰的风险治理架构，明确董事会、监事会、高级管理层、业务部门、风险管理部门和内审部门在风险管理中的职责分工，建立多层次、相互衔接、有效制衡的运行机制。

第十一条 银行业金融机构董事会承担全面风险管理的最终责任，履行以下职责：

（一）建立风险文化；

（二）制定风险管理策略；

（三）设定风险偏好和确保风险限额的设立；

（四）审批重大风险管理政策和程序；

（五）监督高级管理层开展全面风险管理；

（六）审议全面风险管理报告；

（七）审批全面风险和各类重要风险的信息披露；

（八）聘任风险总监（首席风险官）或其他高级管理人员，牵头负责全面风险管理；

（九）其他与风险管理有关的职责。

董事会可以授权其下设的风险管理委员会履行其全面风险管理的部分职责。

第十二条 银行业金融机构应当建立风险管理委员会与董事会下设的战略委员会、审计委员会、提名委员会等其他专门委员会的沟通机制,确保信息充分共享并能够支持风险管理相关决策。

第十三条 银行业金融机构监事会承担全面风险管理的监督责任,负责监督检查董事会和高级管理层在风险管理方面的履职尽责情况并督促整改。相关监督检查情况应当纳入监事会工作报告。

第十四条 银行业金融机构高级管理层承担全面风险管理的实施责任,执行董事会的决议,履行以下职责:

(一)建立适应全面风险管理的经营管理架构,明确全面风险管理职能部门、业务部门以及其他部门在风险管理中的职责分工,建立部门之间相互协调、有效制衡的运行机制;

(二)制定清晰的执行和问责机制,确保风险管理策略、风险偏好和风险限额得到充分传达和有效实施;

(三)根据董事会设定的风险偏好,制定风险限额,包括但不限于行业、区域、客户、产品等维度;

(四)制定风险管理政策和程序,定期评估,必要时予以调整;

(五)评估全面风险和各类重要风险管理状况并向董事会报告;

(六)建立完备的管理信息系统和数据质量控制机制;

(七)对突破风险偏好、风险限额以及违反风险管理政策和程序的情况进行监督,根据董事会的授权进行处理;

(八)风险管理的其他职责。

第十五条 规模较大或业务复杂的银行业金融机构应当设立风险总监(首席风险官)。董事会应当将风险总监(首席风险官)纳入高级管理人员。风险总监(首席风险官)或其他牵头负责全面风险管理的高级管理人员应当保持充分的独立性,独立于操作和经营条线,可以直接向董事会报告全面风险管理情况。

调整风险总监(首席风险官)应当事先得到董事会批准,并公开披露。银行业金融机构应当向银行业监督管理机构报告调整风险总监(首席风险官)的原因。

第十六条 银行业金融机构应当确定业务条线承担风险管理的直接责任;风险管理条线承担制定政策和流程,监测和管理风险的责任;内审部门承担业务部门和风险管理部门履职情况的审计责任。

第十七条 银行业金融机构应当设立或者指定部门负责全面风险管理,牵头履行全面风险的日常管理,包括但不限于以下职责:

(一)实施全面风险管理体系建设;

(二)牵头协调识别、计量、评估、监测、控制或缓释全面风险和各类重要风险,及时向高级管理人员报告;

(三)持续监控风险管理策略、风险偏好、风险限额及风险管理政策和程序的执行情况,对突破风险偏好、风险限额以及违反风险管理政策和程序的情况及时预警、报告并提出处理建议；

（四）组织开展风险评估，及时发现风险隐患和管理漏洞，持续提高风险管理的有效性。

第十八条 银行业金融机构应当采取必要措施，保证全面风险管理的政策流程在基层分支机构得到理解与执行，建立与基层分支机构风险状况相匹配的风险管理架构。

在境外设有机构的银行业金融机构应当建立适当的境外风险管理框架、政策和流程。

第十九条 银行业金融机构应当赋予全面风险管理职能部门和各类风险管理部门充足的资源、独立性、授权，保证其能够及时获得风险管理所需的数据和信息，满足履行风险管理职责的需要。

第三章 风险管理策略、风险偏好和风险限额

第二十条 银行业金融机构应当制定清晰的风险管理策略，至少每年评估一次其有效性。风险管理策略应当反映风险偏好、风险状况以及市场和宏观经济变化，并在银行内部得到充分传导。

第二十一条 银行业金融机构应当制定书面的风险偏好，做到定性指标和定量指标并重。风险偏好的设定应当与战略目标、经营计划、资本规划、绩效考评和薪酬机制衔接，在机构内传达并执行。

银行业金融机构应当每年对风险偏好至少进行一次评估。

第二十二条 银行业金融机构制定的风险偏好，应当包括但不限于以下内容：

（一）战略目标和经营计划的制定依据，风险偏好与战略目标、经营计划的关联性；

（二）为实现战略目标和经营计划愿意承担的风险总量；

（三）愿意承担的各类风险的最大水平；

（四）风险偏好的定量指标，包括利润、风险、资本、流动性以及其他相关指标的目标值或目标区间。上述定量指标通过风险限额、经营计划、绩效考评等方式传导至业务条线、分支机构、附属机构的安排；

（五）对不能定量的风险偏好的定性描述，包括承担此类风险的原因、采取的管理措施；

（六）资本、流动性抵御总体风险和各类风险的水平；

（七）可能导致偏离风险偏好目标的情形和处置方法。

银行业金融机构应当在书面的风险偏好中明确董事会、高级管理层和首席风险官、业务条线、风险部门在制定和实施风险偏好过程中的职责。

第二十三条 银行业金融机构应当建立监测分析各业务条线、分支机构、附属机构执行风险偏好的机制。

当风险偏好目标被突破时，应当及时分析原因，制定解决方案并实施。

第二十四条 银行业金融机构应当建立风险偏好的调整制度。根据业务规模、复

杂程度、风险状况的变化，对风险偏好进行调整。

第二十五条 银行业金融机构应当制定风险限额管理的政策和程序，建立风险限额设定、限额调整、超限额报告和处理制度。

银行业金融机构应当根据风险偏好，按照客户、行业、区域、产品等维度设定风险限额。风险限额应当综合考虑资本、风险集中度、流动性、交易目的等。

全面风险管理职能部门应当对风险限额进行监控，并向董事会或高级管理层报送风险限额使用情况。

风险限额临近监管指标限额时，银行业金融机构应当启动相应的纠正措施和报告程序，采取必要的风险分散措施，并向银行业监督管理机构报告。

第四章 风险管理政策和程序

第二十六条 银行业金融机构应当制定风险管理政策和程序，包括但不限于以下内容：

（一）全面风险管理的方法，包括各类风险的识别、计量、评估、监测、报告、控制或缓释，风险加总的方法和程序；

（二）风险定性管理和定量管理的方法；

（三）风险管理报告；

（四）压力测试安排；

（五）新产品、重大业务和机构变更的风险评估；

（六）资本和流动性充足情况评估；

（七）应急计划和恢复计划。

第二十七条 银行业金融机构应当在集团和法人层面对各附属机构、分支机构、业务条线，对表内和表外、境内和境外、本币和外币业务涉及的各类风险，进行识别、计量、评估、监测、报告、控制或缓释。

银行业金融机构应当制定每项业务对应的风险管理政策和程序。未制定的，不得开展该项业务。

银行业金融机构应当有效评估和管理各类风险。对能够量化的风险，应当通过风险计量技术，加强对相关风险的计量、控制、缓释；对难以量化的风险，应当建立风险识别、评估、控制和报告机制，确保相关风险得到有效管理。

第二十八条 银行业金融机构应当建立风险统一集中管理的制度，确保全面风险管理对各类风险管理的统领性、各类风险管理与全面风险管理政策和程序的一致性。

第二十九条 银行业金融机构应当建立风险加总的政策、程序，选取合理可行的加总方法，充分考虑集中度风险及风险之间的相互影响和相互传染，确保在不同层次上和总体上及时识别风险。

第三十条 银行业金融机构采用内部模型计量风险的，应当遵守相关监管要求，确保风险计量的一致性、客观性和准确性。董事会和高级管理层应当理解模型结果的局限性、不确定性和模型使用的固有风险。

第三十一条 银行业金融机构应当建立全面风险管理报告制度，明确报告的内容、频率和路线。

报告内容至少包括总体风险和各类风险的整体状况；风险管理策略、风险偏好和风险限额的执行情况；风险在行业、地区、客户、产品等维度的分布；资本和流动性抵御风险的能力。

第三十二条 银行业金融机构应当建立压力测试体系，明确压力测试的治理结构、政策文档、方法流程、情景设计、保障支持、验证评估以及压力测试结果运用。

银行业金融机构应当定期开展压力测试。压力测试的开展应当覆盖各类风险和表内外主要业务领域，并考虑各类风险之间的相互影响。

压力测试结果应当运用于银行业金融机构的风险管理和各项经营管理决策中。

第三十三条 银行业金融机构应当建立专门的政策和流程，评估开发新产品、对现有产品进行重大改动、拓展新的业务领域、设立新机构、从事重大收购和投资等可能带来的风险，并建立内部审批流程和退出安排。银行业金融机构开展上述活动时，应当经风险管理部门审查同意，并经董事会或董事会指定的专门委员会批准。

第三十四条 银行业金融机构应当根据风险偏好和风险状况及时评估资本和流动性的充足情况，确保资本、流动性能够抵御风险。

第三十五条 银行业金融机构应当制定应急计划，确保能够及时应对和处理紧急或危机情况。应急计划应当说明可能出现的风险以及在压力情况（包括会严重威胁银行生存能力的压力情景）下应当采取的措施。银行业金融机构的应急计划应当涵盖对境外分支机构和附属机构的应急安排。银行业金融机构应当定期更新、演练或测试上述计划，确保其充分性和可行性。

第三十六条 银行业金融机构应当按照相关监管要求，根据风险状况和系统重要性，制定并定期更新完善本机构的恢复计划，明确本机构在压力情况下能够继续提供持续稳定运营的各项关键性金融服务并恢复正常运营的行动方案。

第三十七条 银行业金融机构应当制定覆盖其附属机构的风险管理政策和程序，保持风险管理的一致性、有效性。银行业金融机构应当要求并确保各附属机构在整体风险偏好和风险管理政策框架下，建立自身的风险管理组织架构、政策流程，促进全面风险管理的一致性和有效性。

银行业金融机构应当建立健全风险隔离制度，规范内部交易，防止风险传染。

第三十八条 银行业金融机构应当制定外包风险管理制度，确定与其风险管理水平相适应的外包活动范围。

第三十九条 银行业金融机构应当将风险管理策略、风险偏好、风险限额、风险管理政策和程序等要素与资本管理、业务管理相结合，在战略和经营计划制定、新产品审批、内部定价、绩效考评和薪酬激励等日常经营管理中充分应用并有效实施。

第四十条 银行业金融机构应当对风险管理策略、风险偏好、风险限额、风险管理政策和程序建立规范的文档记录。

第五章　管理信息系统和数据质量

第四十一条　银行业金融机构应当具备完善的风险管理信息系统,能够在集团和法人层面计量、评估、展示、报告所有风险类别、产品和交易对手风险暴露的规模和构成。

第四十二条　银行业金融机构相关风险管理信息系统应当具备以下主要功能,支持风险报告和管理决策的需要:

(一) 支持识别、计量、评估、监测和报告所有类别的重要风险;

(二) 支持风险限额管理,对超出风险限额的情况进行实时监测、预警和控制;

(三) 能够计量、评估和报告所有风险类别、产品和交易对手的风险状况,满足全面风险管理需要;

(四) 支持按照业务条线、机构、资产类型、行业、地区、集中度等多个维度展示和报告风险暴露情况;

(五) 支持不同频率的定期报告和压力情况下的数据加工和风险加总需求;

(六) 支持压力测试工作,评估各种不利情景对银行业金融机构及主要业务条线的影响。

第四十三条　银行业金融机构应当建立与业务规模、风险状况等相匹配的信息科技基础设施。

第四十四条　银行业金融机构应当建立健全数据质量控制机制,积累真实、准确、连续、完整的内部和外部数据,用于风险识别、计量、评估、监测、报告,以及资本和流动性充足情况的评估。

第六章　内部控制和审计

第四十五条　银行业金融机构应当合理确定各项业务活动和管理活动的风险控制点,采取适当的控制措施,执行标准统一的业务流程和管理流程,确保规范运作。

第四十六条　银行业金融机构应当将全面风险管理纳入内部审计范畴,定期审查和评价全面风险管理的充分性和有效性。

银行业金融机构内审计活动应独立于业务经营、风险管理和合规管理,遵循独立性、客观性原则,不断提升内部审计人员的专业能力和职业操守。

全面风险管理的内部审计报告应当直接提交董事会和监事会。董事会应当针对内部审计发现的问题,督促高级管理层及时采取整改措施。内部审计部门应当跟踪检查整改措施的实施情况,并及时向董事会提交有关报告。

第七章　监督管理

第四十七条　银行业金融机构应当将风险管理策略、风险偏好、重大风险管理政策和程序等报送银行业监督管理机构,并至少按年度报送全面风险管理报告。

第四十八条　银行业监督管理机构应当将银行业金融机构全面风险管理纳入法人

监管体系中,并根据本指引全面评估银行业金融机构风险管理体系的健全性和有效性,提出监管意见,督促银行业金融机构持续加以完善。

第四十九条 银行业监督管理机构通过非现场监管和现场检查等实施对银行业金融机构全面风险管理的持续监管,具体方式包括但不限于监管评级、风险提示、现场检查、监管通报、监管会谈、与内外部审计师会谈等。

第五十条 银行业监督管理机构应当就全面风险管理情况与银行业金融机构董事会、监事会、高级管理层等进行充分沟通,并视情况在银行业金融机构董事会、监事会会议上通报。

第五十一条 对不能满足本指引及其他规范性文件中关于全面风险管理要求的银行业金融机构,银行业监督管理机构可以要求其制定整改方案,责令限期改正,并视情况采取相应的监管措施。

第八章 附 则

第五十二条 各类具体风险的监管要求按照银行业监督管理机构的有关规定执行。

第五十三条 经银行业监督管理机构批准设立的其他金融机构参照本指引执行。

第五十四条 本指引自 2016 年 11 月 1 日起施行。本指引实施前已有规范性文件如与本指引不一致的,按照本指引执行。

中国人民银行　银监会
关于加大对新消费领域金融支持的指导意见

（银发〔2016〕92号）

中国人民银行上海总部，各分行、营业管理部，各省会（首府）城市中心支行，各副省级城市中心支行；各省、自治区、直辖市、计划单列市银监局；交易商协会；国家开发银行，各政策性银行、国有商业银行、股份制商业银行，中国邮政储蓄银行：

为贯彻落实《国务院关于积极发挥新消费引领作用　加快培育形成新供给新动力的指导意见》（国发〔2015〕66号），创新金融支持和服务方式，促进大力发展消费金融，更好地满足新消费重点领域的金融需求，发挥新消费引领作用，加快培育形成经济发展新供给新动力，经国务院同意，现提出如下意见：

一、积极培育和发展消费金融组织体系

（一）推动专业化消费金融组织发展。鼓励有条件的银行业金融机构围绕新消费领域，设立特色专营机构，完善环境设施、产品配置、金融服务、流程制度等配套机制，开发专属产品，提供专业性、一站式、综合化金融服务。推进消费金融公司设立常态化，鼓励消费金融公司拓展业务内容，针对细分市场提供特色服务。

（二）优化金融机构网点布局。鼓励银行业金融机构在批发市场、商贸中心、学校、景点等消费集中场所，通过新设或改造分支机构作为服务消费为主的特色网点，在财务资源、人力资源等方面给予适当倾斜。

二、加快推进消费信贷管理模式和产品创新

（三）优化消费信贷管理模式。鼓励银行业金融机构在风险可控并符合监管要求的前提下，探索运用互联网等技术手段开展远程客户授权，实现消费贷款线上申请、审批和放贷。优化绩效考核机制，突出整体考核，推行尽职免责制度。根据客户的信用等级、项目风险、综合效益和担保条件，通过贷款利率风险定价和浮动计息规则，合理确定消费贷款利率水平。

（四）加快消费信贷产品创新。鼓励银行业金融机构创新消费信贷抵质押模式，开发不同首付比例、期限和还款方式的信贷产品。推动消费信贷与互联网技术相结合，鼓励银行业金融机构运用大数据分析等技术，研发标准化网络小额信用贷款，推广"一次授信、循环使用"，打造自助式消费贷款平台。

（五）鼓励汽车金融公司业务产品创新。允许汽车金融公司在向消费者提供购车贷款（或融资租赁）的同时，根据消费者意愿提供附属于所购车辆的附加产品（如导航设备、外观贴膜、充电桩等物理附属设备以及车辆延长质保、车辆保险等无形附加产品和服务）的融资。汽车金融公司开展购车附加产品融资业务时，执行与汽车贷款一致的管理制度。

三、加大对新消费重点领域的金融支持

（六）支持养老家政健康消费。加快落实金融支持养老服务业发展的政策措施。在风险可控的前提下，探索养老服务机构土地使用权、房产、收费权等抵质押贷款的可行模式。加大创业担保贷款投放力度，支持社区小型家政、健康服务机构发展。

（七）支持信息和网络消费。大力发展专利权质押融资，支持可穿戴设备、智能家居等智能终端技术研发和推广。鼓励银行业金融机构与网络零售平台在小额消费领域开展合作，并在风险可控、权责明确的条件下，自主发放小额消费信贷。

（八）支持绿色消费。加快修订《汽车贷款管理办法》。经银监会批准经营个人汽车贷款业务的金融机构办理新能源汽车和二手车贷款的首付款比例，可分别在15%和30%最低要求基础上，根据自愿、审慎和风险可控原则自主决定。大力开展能效贷款和排污权、碳排放权抵质押贷款等绿色信贷业务。

（九）支持旅游休闲消费。探索开展旅游景区经营权和门票收入权质押贷款业务。推广旅游企业建设用地使用权抵押、林权抵押等贷款业务。

（十）支持教育文化体育消费。创新版权、商标权、收益权等抵质押贷款模式，积极满足文化创意企业融资需求。运用中长期固定资产贷款、银团贷款、政府和社会资本合作（PPP）模式等方式，支持影视院线、体育场馆、大专院校等公共基础设施建设。

（十一）支持农村消费。开展农村住房、家电、就学、生活服务等消费信贷产品创新。设计开发适合农村消费特点的信贷模式和服务方式。加大对农村电商平台发展的金融支持。鼓励引导金融机构建设多功能综合性农村金融服务站。

四、改善优化消费金融发展环境

（十二）拓宽消费金融机构多元化融资渠道。鼓励汽车金融公司、消费金融公司等发行金融债券，简化债券发行核准程序。鼓励符合条件的汽车金融公司、消费金融公司通过同业拆借市场补充流动性。大力发展个人汽车、消费、信用卡等零售类贷款信贷资产证券化，盘活信贷存量，扩大消费信贷规模，提升消费信贷供给能力。

（十三）改进支付服务。扩展银行卡消费服务功能。改善小城镇、农村集市、商业聚集区银行卡受理环境，提高用卡便捷度。促进移动支付、互联网支付等新兴支付方式规范发展。

（十四）维护金融消费者权益。引入社会征信机构或吸收社会资本成立独立的第三方机构，搭建消费信用信息平台，优化信用环境。加强金融消费者教育，完善金融消费纠纷受理处理机制。建立消费领域新产品、新业态、新模式的信贷风险识别、预警和防范机制，提升风险防控能力。

请人民银行上海总部、各分行、营业管理部、省会（首府）城市中心支行、副省级城市中心支行会同所在省（区、市）银监会派出机构将本意见迅速转发至辖区内相关机构，并结合辖区实际研究提出具体落实措施和工作部署，做好政策的贯彻实施工作，有关进展及时报告人民银行和银监会。

中国人民银行　银监会

2016年3月24日

中国银监会关于提升银行业服务实体经济质效的指导意见

(银监发〔2017〕4号)

各银监局,机关各部门,各政策性银行、大型银行、股份制银行,邮储银行,外资银行,金融资产管理公司,其他会管金融机构,各协会:

根据党中央、国务院有关决策部署,银行业要按照风险可控、商业可持续原则,坚持以供给侧结构性改革为主线,深化改革、积极创新、回归本源、专注主业,进一步提高服务实体经济的能力和水平。现就提升银行业服务实体经济质效提出以下具体指导意见。

一、围绕"三去一降一补",提升银行业服务实体经济水平

(一)深入实施差异化信贷政策和债权人委员会制度。银行业金融机构要切实提升经营管理的精细化程度,进一步完善区别对待、有保有控的差别化信贷政策,细化分类名单制管理。对于长期亏损、失去清偿能力和市场竞争力的"僵尸企业",以及包括落后产能在内的所有不符合国家产业政策的产能,坚决压缩退出相关贷款,稳妥有序实现市场出清。对于产能过剩行业中技术设备先进、产品有竞争力、有市场、虽暂遇困难但经过深化改革和加强内部管理仍能恢复市场竞争力的优质骨干企业,继续给予信贷支持。要继续推广债权人委员会制度,进一步完善债权银行信息共享、客户评价、联合授信等机制,确保一致行动,加强与企业、地方政府之间的沟通协作。

(二)多种渠道盘活信贷资源,加快处置不良资产。在深入推进去产能过程中,银行业金融机构要增强主动服务意识,加强与地方政府协作,拓宽企业兼并重组融资渠道,积极运用重组、追偿、核销、转让等多种手段,加快处置不良资产。在依法合规、风险可控的前提下,支持银行业金融机构开展资产证券化、信贷资产流转等业务盘活信贷资源,鼓励金融资产管理公司、地方资产管理公司等积极参与不良资产处置。积极推动和配合有关部门研究完善银行不良贷款处置制度和相关税收政策。

(三)因地因城施策,促进房地产市场长期稳健发展。银行业金融机构要牢牢把握住房的居住属性,分类调控、因城施策,落实差别化住房信贷政策。严禁资金违规流入房地产市场,严厉打击"首付贷"等行为,切实抑制热点城市房地产泡沫。支持居民自住和进城人员购房需求,推动降低库存压力较大的三四线城市房地产库存。持续支持城镇化建设、房屋租赁市场发展和棚户区改造,加大棚改货币化安置力度。

(四)积极稳妥开展市场化债转股。银行业金融机构应按照市场化、法治化原则,与相关市场主体自主协商确定转股对象、转股债权以及转股价格和条件,确保银行债

权洁净转让、真实出售,有效实现风险隔离,严防道德风险。支持银行充分利用现有符合条件的实施机构或申请设立符合规定的新机构开展市场化债转股。

(五)进一步提升服务质量,加强服务收费管理。银行业金融机构要牢固树立以客户为中心的理念,努力提升金融服务质量和层次,切实帮助客户防范融资风险、降低资金成本。要严格落实服务价格相关政策法规,大力整治不当收费行为。持续开展减费让利,对于能在利差中补偿的,不再另外收费。对于必须保留的补偿成本性收费,严格控制收费水平。对于巧立名目、变相收费增加借款人负担的,一律取消。对于个性化服务、定制化服务等,按照市场规则规范管理,有效降低企业成本。

(六)持续提升"三农"和小微企业金融服务水平。银行业金融机构要积极支持农业供给侧结构性改革,为新型农业经营主体和农村电商、休闲农业、乡村旅游等新产业新业态提供有效金融服务,稳妥推进农村集体经营性建设用地使用权、农民住房财产权、农村承包土地经营权抵押贷款试点。继续推进农村信用社改革,强化服务"三农"功能。要按照相关监管政策要求,继续细化落实小微企业续贷和授信尽职免责制度。要进一步推广"银税互动""银商合作""双基联动"等服务模式和动产抵(质)押融资等业务。要结合企业生产经营周期性特点,深入开展现金流预测和风险分析,合理确定贷款期限。要进一步完善"四单"等金融扶贫工作机制,落实扶贫小额信贷分片包干责任,继续扩大建档立卡贫困户的扶贫小额信贷覆盖面。支持银行业金融机构向贫困地区延伸机构和服务,提升金融精准扶贫效率。

(七)大力支持国家发展战略,满足重点领域金融需求。银行业金融机构要大力支持京津冀协同发展、长江经济带发展。在风险可控前提下,遵循国际通行规则,为"一带一路"建设提供长期、稳定、可持续的金融服务。根据西部开发、东北振兴、中部崛起、东部率先的区域发展总体战略,精准支持对宏观经济和区域经济具有重要带动作用的重点项目和工程。在能源、交通、电信、水利等重大基础设施领域和城市轨道交通、地下管廊、供水供电等城市建设领域,要继续发挥重要支持作用。要积极总结推广自贸试验区金融改革实践经验。

(八)积极推动产业转型升级和支持振兴实体经济。银行业金融机构应围绕《中国制造2025》重点任务提高金融服务水平,支持关键共性技术研发和科技成果转化应用,切实加强对企业技术改造中长期贷款支持,积极运用信贷、租赁等多种手段,支持高端装备领域突破发展和扩大应用。要加强与外贸企业、信用保险机构、融资担保机构和地方政府的合作,扩大保单融资和出口退税账户质押贷款,提升外贸综合金融服务质效。在风险可控前提下,对国际产能合作和外贸企业收购境外品牌、建设营销体系等加大信贷支持。鼓励银行业金融机构向企业提供以品牌为基础的商标权、专利权质押贷款,大力支持我国自主品牌发展。

(九)深入推进消费金融和支持社会领域企业发展。银行业金融机构要进一步拓展消费金融业务,积极满足居民在大宗耐用消费品、新型消费品以及教育、旅游等服务领域的合理融资需求。要积极创新有利于医疗、养老、教育、文化、体育等社会领域企业发展的金融产品,探索股权、收益权、应收账款以及其他合规财产权利质押融资,促进激发社会领域投资活力。

（十）加快发展绿色金融助力生态环境保护和建设。银行业自律组织要加快建立绿色银行评价体系。鼓励银行业金融机构通过发行绿色金融债、开展绿色信贷资产转让等方式多渠道筹集资金，加大绿色信贷投放，重点支持低碳、循环、生态领域融资需求。银行业金融机构要坚决退出安全生产不达标、环保排放不达标、严重污染环境且整改无望的落后企业。

二、推进体制机制改革创新，提高银行业服务实体经济内生动力

（十一）继续完善和加强公司治理。银行业金融机构要充分认识有效支持实体经济对银行业长期稳健发展的重要意义，自觉按照回归本源、专注主业、下沉重心的原则，确立科学的发展理念和战略方向，加强决策、执行、监督、评价等治理机制建设。加快完善全面风险管理体系，培育良好的风险文化。要围绕服务实体经济本源，切实改进激励约束机制，纠正过于追求短期股东回报和收益、忽视客户服务和长期稳健发展的绩效考评体系。

（十二）持续深化普惠金融机制改革。银行业金融机构应深入落实普惠金融发展规划，完善配套管理流程和考核机制，立足机会平等和商业可持续原则，进一步提高金融服务的覆盖率、可得性和满意度。鼓励银行业金融机构根据自身情况，探索采用事业部、专营机构、子公司等形式，形成多层次的普惠金融服务专业化组织体系。鼓励大中型商业银行设立普惠金融事业部，国有大型银行要率先做到，实行差别化考核评价办法和支持政策，有效缓解中小微企业融资难、融资贵问题。国有大型银行、股份制银行、城市商业银行要在有效防控风险前提下，合理赋予县域分支机构业务审批权限，提高县域信贷业务办理效率。

（十三）积极稳妥创新服务模式和技术流程。稳妥有序推进投贷联动试点，试点银行要加快完善投贷联动业务内部管理制度和流程，积极支持科创企业发展。银行业金融机构应积极运用互联网、大数据、云计算等信息科技手段，缓解银企信息不对称，提高风险识别和定价能力，加强线上线下联动，丰富产品和服务渠道，优化内部流程，提高管理效率。银行业金融机构依法合规开展理财、信托等多元化业务，应引导资金直接投向基础设施、农业、制造业和服务业等实体经济领域。

（十四）进一步发挥开发性政策性金融作用。国家开发银行和政策性银行应坚守自身职能定位，突出开发性和政策性主业，发挥各自优势，以服务国家战略、审慎合规经营、有效管控风险和保本微利为原则，淡化规模类、增长类、盈利类考核指标。国家开发银行和中国农业发展银行应在风险可控的前提下，进一步提高专项建设基金的投资使用效率。鼓励国家开发银行、政策性银行探索与地方法人银行合作开展小微企业金融服务。

（十五）有序推动民间资本进入银行业。有序推进民营银行设立工作，落实民营银行监管指导意见。继续支持符合条件的民间资本发起设立消费金融公司、金融租赁公司、企业集团财务公司、汽车金融公司和参与发起设立村镇银行。推动完善银行业金融机构股东管理制度，加强控股股东行为约束和关联交易监管，严禁控股股东不当干

预银行业金融机构正常经营管理。

三、强化重点领域监管约束，督促银行业回归服务实体经济本源

（十六）确保业务规范性和透明度。银行业金融机构要加强合规管理，严格遵守信贷、同业、理财、票据、信托等业务监管规定，提高产品和服务透明度。开展跨业、跨市场金融业务，要按照减少嵌套、缩短链条的原则，穿透监测资金流向，全面掌握底层基础资产信息，真实投向符合国家政策的实体经济领域。要按照实质重于形式的原则，加强风险管理，防止监管套利。充分发挥银行业理财登记托管中心、银行业信贷资产登记流转中心、中国信托登记公司等机构的作用，确保相关业务规范透明、风险可控。

（十七）加强创新业务制度建设和风险管理。银行业金融机构要持续提升对实体经济客户需求的研判能力，有针对性地开展业务创新。要系统研究各类创新业务的法律特征和风险实质，按照内控优先、信息透明的原则，将各类创新业务纳入全面风险管理体系，及时健全相关制度和管理流程，并合理控制业务增速、集中度和复杂程度，确保业务发展状况与风险管理能力相匹配。

（十八）杜绝违法违规行为和市场乱象。银行业金融机构要进一步强化股权管理并提高透明度，杜绝违法违规代持银行股份、违规开展关联交易、利益输送等现象，抑制产融无序结合。要按照统筹考虑、审慎把握的原则开展综合化经营试点。要切实自查自纠参与方过多、结构复杂、链条过长、导致资金脱实向虚的交易业务，确保金融资源流向实体经济。

四、推动优化外部环境，完善银行业服务实体经济的基础设施

（十九）加强信用信息归集共享与守信联合激励。各级监管机构要积极推动和配合有关部门建设信用信息共享平台，提高信用信息归集、共享、公开和使用效率，健全守信联合激励机制，在行政管理、公共服务、市场交易和投融资等领域对守信企业实施优惠便利措施。

（二十）完善多方合作的增信和风险分担机制。各级监管机构、银行业金融机构要进一步推广政银保、政银担等多方合作模式，推动有关部门建立健全补偿、代偿、贴保、贴息等相结合的多层次风险分担机制。推动设立国家融资担保基金和地方政府风险补偿基金，完善财政支持的农业信贷担保体系。

（二十一）加大逃废债打击力度。各级监管机构、银行业自律组织、银行业金融机构要继续加强与地方政府、司法机关的信息共享和工作联动，积极推动落实跨部门失信联合惩戒机制，开辟金融案件快立、快审、快判、快执通道，扩大简易程序适用范围，深入开展依法保护银行债权、打击逃废银行债务活动。

五、加强组织领导和评估交流，确保政策落地实施

（二十二）加强组织领导。银行业金融机构要积极履行提升服务实体经济质效的主体责任，董事会、高管层应将有效服务实体经济纳入公司战略，并与经营目标深度融合。各总行（公司）要强化统筹安排，完善相关机制，确定牵头部门，对照本意见和相关政策，制定实施细则，分解服务实体经济的各项工作任务，与日常经营管理流程

有机结合，落实责任，确保各项服务实体经济工作有效开展。

（二十三）强化考核评估。银行业金融机构要将服务实体经济工作纳入综合绩效考核体系，建立评估、检查、审计机制，制定可操作、能问责的工作方案和具体措施，对服务实体经济的成效、不足等进行定期评估考核，提出整改方向，并将结果每半年一次向相关监管机构报告。各级监管机构要将所监管的银行业金融机构服务实体经济工作情况纳入监管评价。

（二十四）促进沟通交流。银行业金融机构要围绕提升服务实体经济质效，加大宣传力度，在服务和产品创新、授信管理、风险防控、机制改革等方面加强沟通。各级监管机构和银行业自律组织要及时解读相关政策要求，积极搭建行业交流平台，建立信息联动发布机制，为银行业服务实体经济营造良好舆论氛围。

2017 年 4 月 7 日

中国银监会关于银行业风险防控工作的指导意见

(银监发〔2017〕6号)

各银监局,机关各部门,各政策性银行、大型银行、股份制银行、邮储银行、外资银行、金融资产管理公司,其他会管金融机构:

为贯彻落实中央经济工作会议"把防控金融风险放到更加重要的位置"总体要求,银行业应坚持底线思维、分类施策、稳妥推进、标本兼治,切实防范化解突出风险,严守不发生系统性风险底线。现就银行业风险防控工作提出以下指导意见。

一、加强信用风险管控,维护资产质量总体稳定

(一)摸清风险底数。银行业金融机构要严格落实信贷及类信贷资产的分类标准和操作流程,真实、准确和动态地反映资产风险状况;建立健全信用风险预警体系,密切监测分析重点领域信用风险的生成和迁徙变化情况,定期开展信用风险压力测试。各级监管机构要重点关注逾期90天以上贷款与不良贷款比例超过100%、关注类贷款占比较高或增长较快、类信贷及表外资产增长过快的银行业金融机构,重点治理资产风险分类不准确、通过各种手段隐匿或转移不良贷款的行为。

(二)严控增量风险。银行业金融机构要加强统一授信、统一管理,严格不同层级的审批权限;加强授信风险审查,有效甄别高风险客户,防范多头授信、过度授信、给"僵尸企业"授信、给"空壳企业"授信、财务欺诈等风险。各级监管机构要重点治理放松授信条件、放松风险管理、贷款"三查"不到位等问题,对辖内银行业金融机构新发生的大额不良贷款暴露,要及时进行跟踪调查。

(三)处置存量风险。银行业金融机构要综合运用重组、转让、追偿、核销等手段加快处置存量不良资产,通过追加担保、债务重组、资产置换等措施缓释潜在风险;通过解包还原、置换担保、救助核心企业、联合授信管理等方式,妥善化解担保圈风险;利用债权人委员会机制,按照"一企一策"原则制定风险处置计划;加强债权维护,切实遏制逃废债行为。

(四)提升风险缓释能力。银行业金融机构要加强资产质量迁徙趋势分析,增加利润留存,及时足额计提资产减值准备,增强风险缓释能力。各级监管机构要对银行业金融机构采取风险缓释措施有效性进行跟踪评估,对风险抵补能力不足的机构,应督促其限期整改;要引导银行业金融机构通过上市融资、增资扩股、发行新型资本工具等措施,提高损失吸收能力。

二、完善流动性风险治理体系,提升流动性风险管控能力

(五)加强风险监测。银行业金融机构要完善流动性风险治理架构,将同业业务、

投资业务、托管业务、理财业务等纳入流动性风险监测范围，制定合理的流动性限额和管理方案；提高对重点分支机构、币种和业务领域的关注强度，采取有效措施降低对同业存单等同业融资的依赖度。

（六）加强重点机构管控。各级监管机构要锁定资金来源与运用明显错配、批发性融资占比高的银行业金融机构，实行"一对一"贴身盯防。督促同业存单增速较快、同业存单占同业负债比例较高的银行，合理控制同业存单等同业融资规模。

（七）创新风险防控手段。探索试点城商行、农商行流动性互助机制，发挥好信托业保障基金作用，构筑中小银行业金融机构流动性安全网。

（八）提升应急管理能力。银行业金融机构要加强负债稳定性管理，确保负债总量适度、来源稳定、结构多元、期限匹配；完善流动性风险应对预案，定期开展流动性风险压力测试；加强向央行的报告沟通，运用"临时流动性便利"等工具，满足流动性需求。

三、加强债券投资业务管理，密切关注债券市场波动

（九）健全债券交易内控制度。银行业金融机构要建立贯穿债券交易各环节、覆盖全流程的内控体系，加强债券交易的合规性审查和风险控制。坚持"穿透管理"和"实质重于形式"的原则，将债券投资纳入统一授信。

（十）强化业务集中管理。银行业金融机构应将直接债券投资以及通过特殊目的载体（SPV）、表外理财等方式开展的债券投资纳入统一监测范围，全面掌握资金真实投向和底层债券资产的基本信息、风险状况、交易变动等情况，实现准入集中、数据集中和退出集中管理。

（十一）严格控制投资杠杆。银行业金融机构要审慎开展委外投资业务，严格委外机构审查和名单管理，明确委外投资限额、单一受托人受托资产比例等要求，规范开展债券回购和质押融资，严格控制交易杠杆比率，不得违规放大投资杠杆。

（十二）加强风险监测防控。银行业金融机构要严格债券信用评级准入标准，做好债券投资久期管理。高度关注债券集中到期的企业、出现债券违约的企业，防控债券违约风险向信贷业务传导。各级监管机构要督促风险管理能力薄弱、债券投资占比高的银行合理控制持债余额。

四、整治同业业务，加强交叉金融业务管控

（十三）控制业务增量。银行业金融机构要完善同业业务内部管理架构，确保业务复杂程度与风险管理能力相匹配，审慎开展交叉金融业务。同业业务应由银行业金融机构总部统一管理、集中审批。制定统一的合作机构名单、产品投资目录，严禁与不在名单范围内的机构开展合作，严禁开展投资目录之外的业务。

（十四）做实穿透管理。银行业金融机构要建立交叉金融业务监测台账，准确掌握业务规模、业务品种、基础资产性质、风险状况、资本和拨备等相关信息。新开展的同业投资业务不得进行多层嵌套，要根据基础资产性质，准确计量风险，足额计提资本和拨备。

（十五）消化存量风险。银行业金融机构应全面排查存量同业业务，对多层架构、

复杂程度高的业务要制定整改计划。对风险高的同业投资业务,要制定应对策略和退出时间表。

(十六)严查违规行为。各级监管机构要重点检查同业业务多层嵌套、特定目的载体投资未严格穿透至基础资产、未将最终债务人纳入统一授信和集中度风险管控、资本拨备计提不足等问题。

五、规范银行理财和代销业务,加强金融消费者保护

(十七)加强银行理财业务风险管控。银行业金融机构应当确保每只理财产品与所投资资产相对应,做到单独管理、单独建账、单独核算;不得开展滚动发售、混合运作、期限错配、分离定价的资金池理财业务;确保自营业务与代客业务相分离;不得在理财产品之间、理财产品客户之间或理财产品客户与其他主体之间进行利益输送。

(十八)规范银行理财产品设计。银行业金融机构应当按照"简单、透明、可控"的原则设计和运作理财产品,在资金来源、运用、杠杆率、流动性、信息披露等方面严格遵守监管要求;严控嵌套投资,强化穿透管理,切实履行自身投资管理职责,不得简单将理财业务作为各类资管产品的资金募集通道;严格控制杠杆,防范资金在金融体系内自我循环,不得使用自有资金购买本行发行的理财产品。

(十九)加强金融消费者保护。银行业金融机构应当按照风险匹配原则,严格区分公募与私募、批发与零售、自营与代客等不同产品类型,充分披露产品信息和揭示风险,将投资者分层管理落到实处。只有面向高资产净值、私人银行和机构客户发行的银行理财产品,可投资于境内二级市场股票、未上市企业股权等权益类资产。理财产品宣传及销售人员产品营销推介时,应真实、全面介绍产品的性质和特征,明确告知是本机构产品还是其他机构产品、是保本产品还是非保本产品、是有固定收益的产品还是没有固定收益的产品。不得误导客户购买与其风险承受能力不相匹配的理财产品,严格落实"双录"要求,做到"卖者尽责"基础上的"买者自负",切实保护投资者合法权益。

(二十)审慎开展代销业务。银行业金融机构应当对代销业务实施严格谨慎管理。根据自身风险管理能力、合作机构风险评估情况、代销产品风险等级,合理确定代销业务品种和限额;银行业金融机构总部应对代销业务实行集中统一管理,对合作机构实行名单制管理,对拟代销产品应开展尽职调查,不得仅依据合作机构的产品审批资料作为产品审批依据;银行业金融机构应明示代销产品的代销属性,不得将代销产品与存款或自身发行的理财产品混淆销售。

六、坚持分类调控、因城施策,防范房地产领域风险

(二十一)分类实施房地产信贷调控。认真落实中央经济工作会议精神,明确住房居住属性。坚持分类调控、因城施策,严厉打击"首付贷"等行为,切实抑制热点城市房地产泡沫,建立促进房地产健康发展的长效机制。

(二十二)强化房地产风险管控。银行业金融机构要建立全口径房地产风险监测机制。将房地产企业贷款、个人按揭贷款、以房地产为抵押的贷款、房地产企业债券,以及其他形式的房地产融资纳入监测范围,定期开展房地产压力测试。加强房地产业

务合规性管理，严禁资金违规流入房地产领域。各级监管机构要重点关注房地产融资占比高、贷款质量波动大的银行业金融机构，以及房地产信托业务增量较大、占比较高的信托公司。

（二十三）加强房地产押品管理。银行业金融机构要完善押品准入管理机制，建立健全房地产押品动态监测机制，及时发布内部预警信息，采取有效应对措施。

七、加强地方政府债务风险管控，切实防范地方政府债务风险

（二十四）严格落实《预算法》。银行业金融机构要认真落实《预算法》和《国务院关于加强地方政府性债务管理的意见》（国发〔2014〕43号）要求，不得违规新增地方政府融资平台贷款，严禁接受地方政府担保兜底。

（二十五）规范新型业务模式。银行业金融机构要依法合规开展专项建设基金、政府与社会资本合作、政府购买服务等新型业务模式，明确各方权利义务关系，不得通过各种方式异化形成违规政府性债务。

（二十六）强化融资平台风险管控。各级监管机构要会同有关部门强化地方政府债务全口径监测，指导银行业金融机构配合推进融资平台转型，明晰债权债务关系，防范债权悬空风险。银行业金融机构要紧盯列入预警范围的潜在高风险地区，推动制定中长期债务风险化解规划，有效应对局部风险。

八、稳妥推进互联网金融风险治理，促进合规稳健发展

（二十七）持续推进网络借贷平台（P2P）风险专项整治。严格执行《网络借贷信息中介机构业务活动管理暂行办法》和备案登记、资金存管等配套制度，按照专项整治工作实施方案要求，稳妥推进分类处置工作，督促网络借贷信息中介机构加强整改，适时采取关、停、并、转等措施。

（二十八）重点做好校园网贷的清理整顿工作。网络借贷信息中介机构不得将不具备还款能力的借款人纳入营销范围，禁止向未满18周岁的在校大学生提供网贷服务，不得进行虚假欺诈宣传和销售，不得通过各种方式变相发放高利贷。

（二十九）做好"现金贷"业务活动的清理整顿工作。网络借贷信息中介机构应依法合规开展业务，确保出借人资金来源合法，禁止欺诈、虚假宣传。严格执行最高人民法院关于民间借贷利率的有关规定，不得违法高利放贷及暴力催收。

九、加强外部冲击风险监测，防止民间金融风险向银行业传递

（三十）防范跨境业务风险。银行业金融机构要严格遵守外汇管理相关政策，加强跨境资金流动监测预警。提高跨境并表风险管理能力，加快健全环境与社会风险管理体系，确保国别风险准备金计提充足。加强境外合规管理，及时排查反洗钱和重点领域合规风险。提高银行及其客户科学分析外汇收支、币种结构、汇率波动走势和规律的能力，避免简单跟风变动可能带来的风险和损失。

（三十一）防范社会金融风险。各级监管机构应配合地方金融监管部门规范融资担保和小贷公司行业。落实国务院清理整顿各类交易场所要求，督促银行业金融机构开展专项排查，不得为违规交易所提供开户、托管、资金划转、代理买卖、支付清算、投资咨询等服务。

（三十二）严处非法集资风险。各级监管机构要加大对未经批准设立银行业金融机构的查处力度，严肃查处非法使用"银行"名称、违法吸收公众存款、违法发放贷款的行为。银行业金融机构严禁为非法集资提供任何金融服务，严禁内部员工违规参与各类集资活动，积极协助相关部门加强账户、信息监测，及时发现和报告异常交易，劝阻客户受骗参与非法集资。

十、维护银行业经营稳定，防止出现重大案件和群体事件

（三十三）加强案件风险防控。银行业金融机构要加强员工管理，有效防范内外勾结、利益输送等案件；加强重点环节管理，对授权卡、业务印章、空白凭证等物品管理全流程控制有效性进行评估；落实票据业务相关规定，规范业务操作，严禁与非法票据中介等机构开展业务合作；加大案件查处问责力度，切实做到发现一起、处理一起，做到"一案三问""上追两级"，遏制案件多发频发态势；强化安全管理，加强安全防范设施建设，及时消除各类安全隐患。

（三十四）加强信息科技风险防控。银行业金融机构要全面强化网络信息安全管理，提高身份认证机制安全性；加大对新兴电子渠道风险的管理力度，完善灾备体系，制定完善应对预案；完善外包管理体系，降低外包风险，不得将信息科技管理责任外包。对发生严重信息科技风险事件的银行业金融机构，各级监管机构要及时采取必要的强制性监管措施。

（三十五）加强预期管理。银行业金融机构要主动发声，强化主动服务意识和沟通意识，提高信息披露频率和透明度。正确引导各方预期，提升各界对银行业的信心。积极研判社会舆情走势，重点关注可能导致声誉风险的各类隐患，提前准备应对预案，提升应对能力。

各级监管机构、各银行业金融机构要稳妥有序开展风险防控工作，把握好节奏平衡，防止在化解风险过程中产生新的风险。各银行业金融机构要履行风险防控主体责任，实行"一把手"负责制，制定可行性、针对性强的实施方案，细化责任分工，层层压实责任，把责任落实到具体的机构、部门和人员，对于重大违规和案件风险，要一查到底，对相关机构、违规人员和领导人员严格问责。各级监管机构要做到守土有责，及时开展工作督查，对自查整改不到位、存在违法违规问题的机构，要严肃问责。

各法人银行业金融机构应分别于2017年7月20日和2018年1月20日前，向监管机构报告本机构上半年和全年相关工作进展。各银监局应分别于2017年7月31日和2018年1月31日前，向银监会报告上半年和全年辖内银行业风险防控及督查工作情况。

2017年4月7日

中国银监会关于切实弥补监管短板提升监管效能的通知

(银监发〔2017〕7号)

近年来,随着金融市场发展,银行业业务结构、风险特征出现了新变化,暴露出银行业监管制度和实践中存在一些缺陷。为进一步提升监管有效性,防范化解金融风险,促进银行业安全稳健运行,现就弥补监管短板有关工作事项通知如下:

一、强化监管制度建设

(一)补齐监管制度短板。借鉴国际监管标准,结合我国银行业实际风险状况,深入排查监管制度漏洞,尽快弥补监管制度短板。一是坚持问题导向,针对银行业目前存在的突出风险,补充完善股东管理、交叉金融产品、理财业务等监管制度。二是坚持急用先行,对需求迫切、短期效果明显的,要尽早启动,尽早印发,尽快取得实效。三是坚持协调配套,强化规制之间的衔接配合,压缩监管套利空间。

(二)完善监管实施细则。各级监管部门要按照职责分工,系统梳理市场准入、非现场监管、现场检查、监管处罚、信息披露等方面的操作规程,细化监管要求,提高监管效率和透明度,持续开展效果评估,不断查漏补缺。

(三)健全内部管理制度。银行业金融机构应全面对标监管制度,排查内部管理制度的空白和漏洞,逐项增补完善,及时将各类监管要求转化为公司治理、业务经营和风险控制的政策、流程和方法,确保各项监管制度落地实施。

二、强化风险源头遏制

(一)加强股东准入监管。研究制定统一的银行业金融机构股东管理规则,明确银行业金融机构股东资格、参控股机构数量等监管要求。各级监管部门应强化准入监管,穿透识别实际控制人、最终受益所有权人,并审查其资质;加强关联关系审查,防止通过委托他人代持股权、关联方与一致行动人联合持股等方式规避股东资格审查的行为;加强资金来源审查,确保入股资金为投资人自有资金,来源合法合规。

(二)加强股东行为监管。各级监管部门应充分利用事前审查、事中核查、事后追查等手段,强化对股东行为的持续监管。规范银行业金融机构股权转让行为,将通过一二级市场、境内外市场开展的股权转让统一纳入审查范围;从严监管控股股东及实际控制人行为,确保其依法合规行使控制权,严禁不正当干预经营决策,严禁通过关联交易获取不正当利益。对严重违规的股东,要依法责令其转让股权或限制其股东权利。

(三)加强股权管理。银行业金融机构应建立健全股权管理制度,全面梳理主要股东及关联方情况，掌握其重大变化，对超过规定比例的股权转让应及时报监管部门审查或备案，及时披露主要股东的股权质押融资信息；探索实施股权集中托管，提高股权管理规范性；严格关联交易管理，强化对股东授信的风险审查，防止套取银行资金。银行业金融机构应要求主要股东就合法行使权利、合规转让股权等出具承诺。

三、强化非现场和现场监管

（一）提高非现场监管能力。各级监管部门应积极深入运用非现场信息系统、银行风险早期预警系统功能，加强深度分析，及时捕捉风险苗头，准确定位业务扩张激进、风险指标偏离度大的异常机构作为监管重点。充分利用客户风险统计系统，有效识别多头融资、过度担保、债务率高的高风险客户，及时提示风险，督促银行业金融机构压降风险敞口。切实加强市场分析，密切关注汇市、股市、债市、房地产市场变化和风险传导，有效防控投资等相关业务风险。

（二）提升现场检查针对性。各银监局要精确制导、锁定高风险银行业金融机构开展现场检查。加大信用风险现场检查力度，核实资产质量，严肃查处不如实反映不良资产的行为。对于同业融资依存度高、同业存单增速快的银行业金融机构，要重点检查期限错配情况及流动性管理有效性。对于同业投资业务占比高的机构，要重点检查是否落实穿透管理、是否充足计提拨备和资本。对于理财业务规模较大的机构，要重点检查"三单"要求落实情况、对消费者信息披露和风险提示的充分性。

（三）加强现场和非现场协同。各级监管部门要加强非现场与现场检查工作的协调配合，利用非现场监测分析成果，准确锁定检查目标；借助现场检查发现，丰富非现场分析的维度。主动加强与其他监管机构的协调配合，实施协同监管、联动检查、联合查处，切实防止监管套利。

四、强化信息披露监管

（一）提高风险信息披露标准。银行业金融机构要不断扩展风险信息披露范围，提高信息披露内容的详细程度。要强化公司治理信息披露，定期披露股权结构及其变化情况，主要股东及实际控制人，董事会、监事会、高管人员变动等信息。要强化风险信息的披露，及时披露各类授信业务和产品的不良资产规模及分布、处置方式及效果等信息。同业融资占比高的银行业金融机构，要披露期限匹配和流动性风险信息。同业投资业务占比高的机构，应披露投资产品的类型、基础资产性质等信息。发生重大案件、重大风险事件、重大处罚等事项的，要及时披露相关信息。

（二）提高金融产品信息披露水平。银行业金融机构要建立规范的金融产品信息披露制度，严格区分公募与私募、批发与零售、自营与代客等业务类型，明确信息披露标准和规范。要以消费者是否能充分理解产品作为信息披露充分性的衡量标准，真实准确、完整及时地披露信息，不得隐瞒风险，不得误导消费者。

五、强化监管处罚

（一）规范监管处罚工作机制。进一步完善监管处罚规则和流程，提高处罚工作的规范性和时效性。要强化非现场监管的监管处罚权，对非现场监测中发现的不安全、不审慎的经营行为以及监管指标不达标情况依法进行处罚。要持续完善监管执法手册，明确各类违法违规行为的处罚依据和尺度,提升监管处罚的公平性和一致性。

(二)切实加大监管处罚力度。各级监管部门要充分运用监管措施、行政处罚等监管权力,提高违规成本,增强监管威慑力。一是坚持纠罚并重,对存在重大风险隐患或故意规避监管的行为,应及时叫停相关业务,要求限期整改,并视情形实施行政处罚。二是坚持罚没并举,对有违法所得的,均应依法没收违法所得,并处罚款;对提供虚假资料、隐瞒重要事实、屡查屡犯的,要从重处罚、顶格处罚。三是坚持机构人员"双罚制",除处罚机构外,还应处罚相关责任人。

(三)切实提升监管处罚透明度。各级监管部门要按照行政信息公开"双公示"要求,在规定时间内向社会公众公布重大监管处罚信息。要完善从业人员"灰名单"制度,对责任人的处罚结果进行通报,强化震慑效应。

六、强化责任追究

(一)严肃银行业金融机构责任追究。银行业金融机构要细化各业务条线、分支机构、业务岗位的职责,明确尽职要求和失职责任,建立规范化、流程化的责任追究体系,做到尽职免责、失职追责。要指定专门部门对监管部门通报、内部检查发现或其他形式暴露的问题开展调查,依据岗位职责进行责任认定,依据履职尽责情况进行责任追究。要增强责任追究的独立性和权威性,对掩盖失职渎职行为、包庇责任人的,应严肃处理。要对业务条线和分支机构实行双线问责,在问责直接责任人的同时,也要对管理不尽职、履职不到位的管理人员进行问责。

(二)加强监管行为再监督。各级监管部门应切实加强监管人员履职行为监督管理。对因故意或过失不履行或不正确履行职责的,应进行责任追究。对存在应当行政处罚而不予行政处罚、应当移送而未移送、协助调查不尽职、严重违反行政处罚程序、擅自改变处罚决定的种类和幅度的,应给予行政处分。

附件:弥补银行业监管制度短板工作项目(略)

2017年4月10日

中国证监会关于开展创新创业公司债券试点的指导意见

(中国证券监督管理委员会公告〔2017〕10号)

现公布《中国证监会关于开展创新创业公司债券试点的指导意见》，自公布之日起施行。

中国证监会

2017年7月4日

为落实国家创新驱动发展战略，完善债券市场服务实体经济模式，支持创新创业，现就上海证券交易所、深圳证券交易所开展创新创业公司债券试点提出本指导意见。

一、总体要求

(一) 指导思想

全面贯彻落实党的十八大和十八届三中、四中、五中、六中全会精神，深入学习贯彻习近平总书记系列重要讲话精神和治国理政新理念新思想新战略，牢固树立和贯彻落实新发展理念，加快实施创新驱动发展战略，充分发挥交易所债券市场支持高科技成长性企业发展、服务实体经济的积极作用，努力探索适合创新创业企业发展的债券市场服务支持新模式。

(二) 基本原则

1. 遵循现有制度框架。创新创业公司债的发行、交易与信息披露，应当符合《公司法》《证券法》《公司债券发行与交易管理办法》和其他法律法规及部门规章的规定。

2. 立足市场需求。充分认识创新创业企业资本形成特点，有效适应创新创业企业、创业投资企业融资需求，借鉴成熟市场经验，在试点推进中有的放矢、有所侧重。

3. 加强政策引导。在现行公司债券规制框架下，完善创新创业公司债政策供给，有效对接和引导地方政府金融支持政策，营造优化创新创业企业金融服务良好环境。

4. 统筹协调，稳步推进。加强政府、企业和市场协作，整合各方优势，充分发挥证券公司中介机构职能，有效结合高新科技园区创新创业资源聚集优势，有序推动试点开展，积累经验后稳步推广。

(三) 试点目标

通过开展创新创业公司债试点，推动资本市场精准服务创新创业，优化种子期、初创期、成长期的创新创业企业的资本形成机制，有效增加创新创业金融供给，完善金融供给结构，探索交易所债券市场服务实体经济新模式，促进资本市场更好地服务于供给侧结构性改革。

二、试点范围

（一）适用范围

本指导意见所称创新创业公司债，是指符合条件的创新创业公司、创业投资公司，依照《公司法》《证券法》《公司债券发行与交易管理办法》和其他法律法规及部门规章发行的公司债券。

创新创业公司，是指从事高新技术产品研发、生产和服务，或者具有创新业态、创新商业模式的中小型公司。创新创业公司发行创新创业公司债，应当就本公司创新创业特征作专项披露；债券承销机构应当依据以下规范性文件进行审慎筛查，就发行人是否具有创新创业特征发表明确意见：

1. 国家战略性新兴产业相关发展规划；
2. 《国务院关于印发〈中国制造 2025〉的通知》（国发〔2015〕28 号）及相关政策文件；
3. 国务院及相关部委出台的大众创业万众创新政策文件；
4. 国家及地方高新技术企业认定标准；
5. 其他创新创业相关政策文件。

创业投资公司，是指符合《私募投资基金监督管理暂行办法》《创业投资企业管理暂行办法》等有关规定，向创新创业企业进行股权投资的公司制创业投资基金和创业投资基金管理机构。发行创新创业公司债募集的资金应专项投资于种子期、初创期、成长期的创新创业公司的股权。

（二）重点支持对象

试点初期，重点支持以下公司发行创新创业公司债：

1. 注册或主要经营地在国家"双创"示范基地、全面创新改革试验区域、国家综合配套改革试验区、国家级经济技术开发区、国家高新技术产业园区和国家自主创新示范区等创新创业资源集聚区域内的公司；
2. 已纳入全国中小企业股份转让系统（新三板）创新层的挂牌公司。

中国证监会将及时总结试点工作成效，根据试点工作开展情况适时扩大试点范围。

三、制度安排

（一）实行专项审核

创新创业公司债受理及审核设立专项机制，实行"专人对接、专项审核"，适用"即报即审"政策，提高上市审核、挂牌转让条件确认工作效率。

（二）支持设置转股条款

非公开发行的创新创业公司债，可以附可转换成股份的条款。附可转换成股份条款的创新创业公司债，应当符合中国证监会相关监管规定。债券持有人行使转股权后，发行人股东人数不得超过 200 人。新三板挂牌公司发行的附可转换成股份条款的创新创业公司债，转换成挂牌公司股份时，减免股份登记费用及转换手续费。

证券交易所、全国中小企业股份转让系统公司、中国证券登记结算有限责任公司应制定相关配套规则。

（三）鼓励业务创新

支持和鼓励证券公司履行社会责任和行业责任，积极开展创新创业公司债中介服务，同时加强创新创业公司债理论研究和业务创新。包括但不限于：

1. 探索创新创业公司债增信机制创新。拓宽抵押、质押品范围，研究以发行人合法拥有的依法可以转让的股权，或者注册商标专用权、专利权、著作权等知识产权为创新创业公司债提供增信等措施。

2. 探索市场化手段有效防范和分散创新创业公司债信用风险。研究设置多样化的偿债保障条款，保持发行人偿债能力，包括控制权变更限制条款、核心资产划转限制条款、交叉违约条款、新增债务限制条款、支出限制条款等。

（四）完善激励机制

证券公司承销创新创业公司债的情况，作为证券公司分类评价中社会责任评价的重要内容。

中国证券业协会应建立创新创业公司债专项信息统计和评估机制，对证券经营机构开展创新创业公司债中介服务的工作成效进行考评。

四、保障措施

（一）加强统筹协调

中国证监会加强统筹协调指导，完善相关政策支持，加强监管，促进各方形成合力，营造金融服务创新创业的良好环境。

（二）推进配套机制建设

证券交易所应当对创新创业公司债进行统一标识，适时与证券指数编制机构合作发布创新创业公司债指数。加强创新创业公司债业务推广和政策培训，提升市场影响力。积极引导商业银行、保险机构、证券公司、证券投资基金等具备风险识别和承担能力的机构投资者依法合规投资创新创业公司债。加强配套产品和机制创新，研究发展信用违约互换等风险管理工具。

（三）加强政策对接和引导

主动对接辖区地方人民政府和高新科技园区，充分研究各地区、各园区现有科技金融支持政策，做好与创新创业公司债政策的对接，推动创新创业公司债纳入地方政府科技金融支持政策体系。

中国银监会办公厅关于 2018 年推动银行业小微企业金融服务高质量发展的通知

（银监办发〔2018〕29 号）

各银监局，各政策性银行、大型银行、股份制银行、邮储银行、外资银行：

为深入贯彻落实党的十九大、中央经济工作会议和全国金融工作会议精神，着力缓解小微企业金融服务供给不充分、结构不均衡的问题，引导银行业小微企业金融服务由高速增长转向高质量发展，现就 2018 年进一步做好小微企业金融服务工作有关事项通知如下：

一、总体要求

引导银行业金融机构加强对普惠金融重点领域的支持，聚焦小微企业中的相对薄弱群体。自 2018 年起，在银行业普惠金融重点领域贷款统计指标体系的基础上，以单户授信总额 1000 万元以下（含）的小微企业贷款（包括小型微型企业贷款＋个体工商户贷款＋小微企业主贷款，下同）为考核重点，努力实现"两增两控"目标："两增"即单户授信总额 1000 万元以下（含）小微企业贷款同比增速不低于各项贷款同比增速，有贷款余额的户数不低于上年同期水平；"两控"即合理控制小微企业贷款资产质量水平和贷款综合成本（包括利率和贷款相关的银行服务收费）水平。

为落实《中共中央 国务院关于服务实体经济防控金融风险深化金融改革的若干意见》（中发〔2017〕23 号）"确保小微企业金融服务增速、户数、申贷获得率维持在合理区间"的要求，2018 年将继续统计、监测全口径小微企业贷款（即国标小型微型企业＋个体工商户＋小微企业主贷款，下同）数据，但不再作为考核要求。

二、分类实施考核，兼顾总量增长和结构优化

（一）大型银行、股份制银行和邮储银行

1. 考核指标：努力实现"单户授信总额 1000 万元以下（含）小微企业贷款同比增速不低于各项贷款同比增速，有贷款余额的户数不低于上年同期水平"。

2. 差异化考核：（1）对 2017 年末单户授信总额 1000 万元以下（含）小微企业贷款余额占其各项贷款比重超过一定比例的机构，可适度放宽考核要求，确保实现"单户授信总额 1000 万元以下（含）小微企业贷款余额和户数均不低于上年同期水平"。（2）已按《中国银监会关于印发大中型商业银行设立普惠金融事业部实施方案的通知》（银监发〔2017〕25 号）设立普惠金融事业部的银行和以服务小微企业、"三农"、城乡居民为定位的邮储银行，可选择将考核范围扩大为：单户授信总额 1000 万元以下

(含)小微企业贷款和普惠型其他组织及个人经营性(非农户)贷款、单户授信总额500万元以下(含)的普惠型农户经营性贷款。

(二)地方性法人机构

1. 考核对象:城市商业银行、民营银行、农村商业银行、农村信用社、农村合作银行、村镇银行。

2. 考核指标:各银监局辖内法人机构努力总体实现"单户授信总额1000万元以下(含)小微企业贷款同比增速不低于各项贷款同比增速,有贷款余额的户数不低于上年同期水平"。

3. 差异化考核:在辖内法人机构总体实现考核目标的前提下,银监局可对2017年末单户授信总额1000万元以下(含)小微企业贷款余额占其各项贷款比重超过一定比例的法人机构作差异化考核。以支农支小为业务重心、户均贷款余额低的银行,可选择将考核范围扩大为:单户授信总额1000万元以下(含)小微企业贷款和普惠型其他组织及个人经营性(非农户)贷款、单户授信总额500万元以下(含)的普惠型农户经营性贷款。

(三)开发银行及政策性银行

1. 不作指标考核,保持日常监测、通报。主要监测单户授信总额1000万元以下(含)的小微企业贷款余额、户数。

2. 相关要求:支持开发银行及政策性银行践行社会责任,探索以事业部机制开展普惠金融服务。鼓励开发银行及政策性银行结合机构和业务特点,以转贷形式,向银行业金融机构批发资金,专门用于支持小微企业。转贷双方均应建立单独的批发资金账户,实行台账管理,统计贷款投向明细,避免重复计算;加强对资金用途的跟踪监测,确保批发资金全部用于支持小微企业。

(四)外资银行和非银行业金融机构

不作指标考核,保持日常监测、通报。主要监测单户授信1000万元以下(含)的小微企业贷款余额、户数。

三、单列信贷计划,确保信贷投放

各银行业金融机构年初要单列全年监管考核口径下的信贷计划,经本行主要负责人签字认可后向监管部门报送,执行过程中不得挤占、挪用。

大型银行、股份制银行、邮储银行应于2018年3月31日前向银监会普惠金融部报送全行监管考核口径下的信贷计划以及各一级分行信贷计划。

开发银行和政策性银行应当于2018年3月31日前向银监会普惠金融部报送全年通过转贷形式向银行业金融机构批发资金支持小微企业的计划。

地方性法人机构应向属地监管部门报送全行监管考核口径下的信贷计划。

同时,各银行业金融机构要继续制定、分解、落实全口径小微企业信贷计划,保持对全口径小微企业的信贷支持力度。

四、合理控制小微企业贷款资产质量和综合成本，提升服务水平

各银行业金融机构要在商业可持续前提下，结合小微企业不良贷款容忍度的监管要求，加强对小微企业贷款的风险管理，努力将全口径小微企业贷款不良率控制在不超过自身各项贷款不良率2个百分点的水平。

各银行业金融机构要按照收益覆盖风险原则，合理设定小微企业贷款利率。在落实"两禁两限"收费政策的基础上，进一步主动向小微企业减费让利，切实巩固清费减负成果，降低小微企业贷款综合成本。

五、完善机构体系，强化市场定位

大型银行要继续深化普惠金融事业部建设，向基层延伸普惠金融服务机构网点，加快落实"五专"经营机制，参照银行业普惠金融重点领域贷款统计指标体系，制定普惠金融事业部的信贷管理政策，进行资源配置和内部核算，进一步简化业务流程，缩短决策链条。股份制银行要结合自身业务特点，探索设立普惠金融事业部，增设扎根基层、服务小微的社区支行、小微支行。邮储银行要继续坚守服务小微企业的定位，提升基层支行信贷服务能力。

地方性法人银行业金融机构要坚持服务地方经济和小微企业的发展方向，继续下沉经营管理和服务重心，重点向县域和乡镇等地区延伸服务触角。保持农村信用社和农村商业银行县域法人地位总体稳定，规范发展村镇银行等中小金融机构。

专注于线上业务的银行业金融机构要充分运用大数据和信息技术优势，提升小微企业金融服务的效率。

六、优化信贷技术和流程，提升服务效率

各银行业金融机构要加强与互联网、大数据、人工智能的深度融合，丰富获客手段。充分运用手机银行、网上银行等新渠道，加强产品和服务创新。提高对新设小微企业开户的办理效率和服务质量，提升小微企业金融服务便利度和满意度。

各银行业金融机构要积极改进信贷流程和信用评价模型，科学设定授信审批条件，在做好风险管控的基础上，进一步压缩小微企业信贷审批时间。鼓励银行业金融机构根据自身风险管理制度和业务流程，探索建立贷款全流程限时制度，按业务类别对小微企业贷款办理时限作出明确承诺，精简耗时环节。

七、加大续贷支持力度，改进贷款支付方式

各银行业金融机构要加大续贷政策落实力度，在守住风险底线的基础上，加强续贷产品的开发和推广，简化续贷办理流程，支持正常经营的小微企业融资周转"无缝衔接"。鼓励银行业金融机构改进小微企业贷款期限管理，研发适合小微企业的中长期贷款产品。

各银行业金融机构在风险可控的前提下，可对单户授信总额1000万元以下（含）的小微企业流动资金贷款（不含个体工商户和小微企业主贷款）采取自主支付方式。对自主支付的贷款，银行业金融机构须经过合理的审核流程，充分发挥相关岗位的制衡作用，加强贷后管理和检查。

八、落实尽职免责制度，用好用足各项扶持政策

各商业银行要继续完善具备可操作性、符合小微企业授信特点的内部尽职免责制度办法，加强对分支机构的宣讲传导，重点督促基层网点和一线业务人员落实尽职免责规定。加强对尽职免责调查、评议、认定等相关工作的文档管理，将尽职免责落实情况列为商业银行小微企业金融服务监管评估的重要参考因素。

各银行业金融机构要主动传导落实小微企业金融服务各项扶持政策，重点用好、用足单户授信总额500万元以下（含）的定向降准政策和单户授信总额100万元以下（含）的贷款利息免征增值税政策。特别是地方性法人机构，要继续下沉服务重心，优先满足单户授信总额500万元以下（含）的小微企业信贷需求。进一步强化内部绩效考核倾斜，对小微企业业务设立专门的考核指标，提高小微企业业务在全部业务中的考核权重。

各银行业金融机构可在依法合规、风险可控的前提下，通过信贷资产证券化、信贷资产转让和收益权转让等试点业务盘活小微企业信贷资源，进一步拓宽小微企业不良资产处置渠道。对近年完成考核指标良好、小微企业贷款基数大、占比高、户均余额低的银行业金融机构，在考核"两增"目标时，可将其通过信贷资产证券化、信贷资产转让和收益权转让试点、核销等方式盘活、处置的小微企业存量贷款进行还原计算。

九、强化监管督导，做好日常监测分析

继续坚持以法人银行业金融机构为主体、银监会和银监局上下联动的监管督导和考核方式。强化分类督导，对完成考核指标良好、小微企业贷款基数大、占比高、户均余额低的银行业金融机构，加强正面宣传和正向激励；对未能完成考核指标且差距较大的银行业金融机构，以系统内通报、下发监管提示函、约谈高管、现场检查、调整监管评级等形式，督促其加大工作力度。

各银监局负责督导辖内法人银行业金融机构单列监管考核口径下的信贷计划，审核汇总后于2018年4月15日前报送银监会普惠金融部。同时督促辖内大中型银行一级分行按月向属地银监局报送监管考核口径下信贷计划执行进度，并按季度实施考核。各银监局要继续按月统计、监测辖内全口径小微企业贷款的增速、户数和申贷获得率的数据，以保持辖内全口径小微企业信贷投放的延续性。为提高银行业小微企业金融服务社会效益，各银监局要按季度收集监测辖内全口径小微企业贷款覆盖率、小微企业贷款满足度、通过银行信贷促进小微企业吸纳就业和创造经济价值等方面的信息。

十、主动开展信息披露，加强外部联动与经验推广

自2018年起，各银行业金融机构应在年度报告中主动披露本行小微企业金融服务情况，包括机构网点建设、信贷投放、客户数量、贷款平均利率水平等基本信息，作为践行社会责任的重要内容，接受社会公众监督。

各级监管部门要继续深化和推广"银税互动"和"银商合作"，引导银行业金融机构加强与相关政府部门的信用信息共享。进一步加强与有关部门和地方政府在信息

平台建设、动产质押融资、失信惩戒、贷款风险分担和损失补偿等方面的合作。系统总结银行业小微企业金融服务方面的好经验、好做法，梳理各地方政府在建立风险分担机制、降低第三方收取的融资附加成本、建设信用信息共享平台等方面的良好实践，因地制宜加以复制推广。

2018 年 2 月 11 日

关于进一步支持商业银行资本工具创新的意见

(银监发〔2018〕5号)

各银监局,中国人民银行上海总部、各分行、营业管理部、各省会(首府)城市中心支行、各副省级城市中心支行,各证监局、中国证监会各交易所、各协会、各下属单位,各保监局,国家外汇管理局各省、自治区、直辖市及计划单列市分局、外汇管理部,各大型银行、股份制银行,邮储银行,外资银行:

近年来,商业银行资本充足率水平总体保持稳定,新型资本工具发行环境逐步改善。为拓宽商业银行资本补充渠道,提升其支持实体经济的能力,现就进一步支持商业银行资本工具创新提出如下意见:

一、积极支持商业银行资本工具创新的有益探索。推动商业银行资本工具创新,有助于拓宽银行资本补充渠道,提升银行业应对外部冲击的能力,为支持实体经济提供必要的保障。支持商业银行在资本工具创新方面的有益探索,营造有利于商业银行资本工具创新的外部环境,充分调动商业银行资本工具创新的积极性和主动性。

二、拓宽资本工具发行渠道。持续完善市场基础设施,研究修订配套制度,支持商业银行在强化内源性资本积累的前提下,充分发挥境内外金融市场互补优势,有效运用境内外市场资源,通过多种渠道稳步扩大资本工具的发行规模。

三、增加资本工具种类。总结商业银行发行优先股、减记型二级资本债券的实践经验,推动修改有关法律法规,研究完善配套规则,为商业银行发行无固定期限资本债券、转股型二级资本债券、含定期转股条款资本债券和总损失吸收能力债务工具等资本工具创造有利条件。

四、扩大投资主体范围。在防范风险的前提下,研究社保基金、保险公司、证券机构、基金公司等机构对商业银行资本工具的投资政策,扩大商业银行资本工具的投资主体范围,分散集中度风险,降低商业银行资本工具的发行成本。

五、改进资本工具发行审批工作。一是优化资本工具发行审批流程。总结资本工具发行审批的现有做法,探索并联审批。二是完善储架发行机制。逐步完善储架发行审批制度,探索在相关部门批准的发行额度内允许商业银行自主控制发行节奏的工作机制。

中国银监会　中国人民银行
中国证监会　中国保监会　国家外汇管理局
2018年1月18日

互联网金融从业机构反洗钱和反恐怖融资管理办法（试行）

（银发〔2018〕230号）

第一条 为了预防洗钱和恐怖融资活动，规范互联网金融行业反洗钱和反恐怖融资工作，根据《中华人民共和国中国人民银行法》《中华人民共和国反洗钱法》《中华人民共和国反恐怖主义法》《国务院办公厅关于印发互联网金融风险专项整治工作实施方案的通知》（国办发〔2016〕21号）、《中国人民银行　工业和信息化部　公安部　财政部　工商总局　法制办　银监会　证监会　保监会　国家互联网信息办公室关于促进互联网金融健康发展的指导意见》（银发〔2015〕221号）等规定，制定本办法。

第二条 本办法适用于在中华人民共和国境内经有权部门批准或者备案设立的，依法经营互联网金融业务的机构（以下简称从业机构）。

互联网金融是利用互联网技术和信息通信技术实现资金融通、支付、投资及信息中介服务的新型金融业务模式。互联网金融业务反洗钱和反恐怖融资工作的具体范围由中国人民银行会同国务院有关金融监督管理机构按照法律规定和监管政策确定、调整并公布，包括但不限于网络支付、网络借贷、网络借贷信息中介、股权众筹融资、互联网基金销售、互联网保险、互联网信托和互联网消费金融等。

金融机构和非银行支付机构开展互联网金融业务的，应当执行本办法的规定；中国人民银行、国务院有关金融监督管理机构另有规定的，从其规定。

第三条 中国人民银行是国务院反洗钱行政主管部门，对从业机构依法履行反洗钱和反恐怖融资监督管理职责。国务院有关金融监督管理机构在职责范围内配合中国人民银行履行反洗钱和反恐怖融资监督管理职责。中国人民银行制定或者会同国务院有关金融监督管理机构制定从业机构履行反洗钱和反恐怖融资义务的规章制度。

中国人民银行设立的中国反洗钱监测分析中心，负责从业机构大额交易和可疑交易报告的接收、分析和保存，并按照规定向中国人民银行报告分析结果，履行中国人民银行规定的其他职责。

第四条 中国互联网金融协会按照中国人民银行、国务院有关金融监督管理机构关于从业机构履行反洗钱和反恐怖融资义务的规定，协调其他行业自律组织，制定并发布各类从业机构执行本办法所适用的行业规则；配合中国人民银行及其分支机构开展线上和线下反洗钱相关工作，开展洗钱和恐怖融资风险评估，发布风险评估报告和风险提示信息；组织推动各类从业机构制定并实施反洗钱和反恐怖融资方面的自律公约。

其他行业自律组织按照中国人民银行、国务院有关金融监督管理机构的规定对从业机构提出建立健全反洗钱内控制度的要求，配合中国互联网金融协会推动从业机构之间的业务交流和信息共享。

第五条 中国人民银行设立互联网金融反洗钱和反恐怖融资网络监测平台（以下简称网络监测平台），使用网络监测平台完善线上反洗钱监管机制、加强信息共享。

中国互联网金融协会按照中国人民银行和国务院有关金融监督管理机构的要求建设、运行和维护网络监测平台，确保网络监测平台及相关信息、数据和资料的安全、保密、完整。

中国人民银行分支机构、中国反洗钱监测分析中心在职责范围内使用网络监测平台。

第六条 金融机构、非银行支付机构以外的其他从业机构应当通过网络监测平台进行反洗钱和反恐怖融资履职登记。

金融机构和非银行支付机构根据反洗钱工作需要接入网络监测平台，参与基于该平台的工作信息交流、技术设施共享、风险评估等工作。

第七条 从业机构应当遵循风险为本方法，根据法律法规和行业规则，建立健全反洗钱和反恐怖融资内部控制制度，强化反洗钱和反恐怖融资合规管理，完善相关风险管理机制。

从业机构应当建立统一的反洗钱和反恐怖融资合规管理政策，对其境内外附属机构、分支机构、事业部的反洗钱和反恐怖融资工作实施统一管理。

从业机构应当按规定方式向中国人民银行及其分支机构、国务院有关金融监督管理机构及其派出机构报备反洗钱和反恐怖融资内部控制制度。

第八条 从业机构应当明确机构董事、高级管理层及部门管理人员的反洗钱和反恐怖融资职责。从业机构的负责人应当对反洗钱和反恐怖融资内部控制制度的有效实施负责。

从业机构应当设立专门部门或者指定内设部门牵头负责反洗钱和反恐怖融资管理工作。各业务条线（部门）应当承担反洗钱和反恐怖融资工作的直接责任，并指定人员负责反洗钱和反恐怖融资工作。从业机构应当确保反洗钱和反恐怖融资管理部门及反洗钱和反恐怖融资工作人员具备有效履职所需的授权、资源和独立性。

第九条 从业机构及其员工对依法履行反洗钱和反恐怖融资义务获得的客户身份资料和交易信息应当予以保密。非依法律规定，不得向任何单位和个人提供。

从业机构及其员工应当对报告可疑交易、配合中国人民银行及其分支机构开展反洗钱调查等有关反洗钱和反恐怖融资工作信息予以保密，不得违反规定向任何单位和个人提供。

第十条 从业机构应当勤勉尽责，执行客户身份识别制度，遵循"了解你的客户"原则，针对具有不同洗钱或者恐怖融资风险特征的客户、业务关系或者交易采取合理措施，了解建立业务关系的目的和意图，了解非自然人客户的受益所有人情况，了解自然人客户的交易是否为本人操作和交易的实际受益人。

从业机构应当按照法律法规、规章、规范性文件和行业规则，收集必备要素信息，利用从可靠途径、以可靠方式获取的信息或数据，采取合理措施识别、核验客户真实身份，确定并适时调整客户风险等级。对于先前获得的客户身份资料存疑的，应当重新识别客户身份。

从业机构应当采取持续的客户身份识别措施，审核客户身份资料和交易记录，及时更新客户身份识别相关的证明文件、数据和信息，确保客户正在进行的交易与从业机构所掌握的客户资料、客户业务、风险状况等匹配。对于高风险客户，从业机构应当采取合理措施了解其资金来源，提高审核频率。

除本办法和行业规则规定的必备要素信息外，从业机构应当在法律法规、规章、规范性文件允许的范围内收集其他相关信息、数据和资料，合理运用技术手段和理论方法进行分析，核验客户真实身份。

客户属于外国政要、国际组织的高级管理人员及其特定关系人的，从业机构应当采取更为严格的客户身份识别措施。

从业机构不得为身份不明或者拒绝身份查验的客户提供服务或者与其进行交易，不得为客户开立匿名账户或者假名账户，不得与明显具有非法目的的客户建立业务关系。

第十一条 从业机构应当定期或者在业务模式、交易方式发生重大变化、拓展新的业务领域、洗钱和恐怖融资风险状况发生较大变化时，评估客户身份识别措施的有效性，并及时予以完善。

第十二条 从业机构在与客户建立业务关系或者开展法律法规、规章、规范性文件和行业规则规定的特定类型交易时，应当履行以下客户身份识别程序：

（一）了解并采取合理措施获取客户与其建立业务关系或者进行交易的目的和意图。

（二）核对客户有效身份证件或者其他身份证明文件，或者按照法律法规、规章、规范性文件和行业规则要求客户提供资料并通过合法、安全、可信的渠道取得客户身份确认信息，识别客户、账户持有人及交易操作人员的身份。

（三）按照法律法规、规章、规范性文件和行业规则通过合法、安全且信息来源独立的外部渠道验证客户、账户持有人及交易操作人员的身份信息，并确保外部渠道反馈的验证信息与被验证信息之间具有一致性和唯一对应性。

（四）按照法律法规、规章、规范性文件和行业规则登记并保存客户、账户持有人及交易操作人员的身份基本信息。

（五）按照法律法规、规章、规范性文件和行业规则保存客户有效身份证件或者其他身份证明文件的影印件或者复印件，或者渠道反馈的客户身份确认信息。

第十三条 从业机构应当提示客户如实披露他人代办业务或者员工经办业务的情况，确认代理关系或者授权经办业务指令的真实性，并按照本办法第十二条的有关要求对代理人和业务经办人采取客户身份识别措施。

第十四条 从业机构应当执行大额交易和可疑交易报告制度，制定报告操作规程，对本机构的大额交易和可疑交易报告工作做出统一要求。金融机构、非银行支付机构以外的其他从业机构应当由总部或者总部指定的一个机构通过网络监测平台提交全公司的大额交易和可疑交易报告。

中国反洗钱监测分析中心发现从业机构报送的大额交易报告或者可疑交易报告内容要素不全或者存在错误的，可以向提交报告的从业机构发出补正通知，从业机构应当在接到补正通知之日起5个工作日内补正。

大额交易和可疑交易报告的要素内容、报告格式和填写要求等由中国人民银行另行规定。

第十五条 从业机构应当建立健全大额交易和可疑交易监测系统，以客户为基本单位开展资金交易的监测分析，对客户及其所有业务、交易及其过程开展监测和分析。

第十六条 客户当日单笔或者累计交易人民币5万元以上（含5万元）、外币等值1万美元以上（含1万美元）的现金收支，金融机构、非银行支付机构以外的从业机构应当在交易发生后的5个工作日内提交大额交易报告。

中国人民银行根据需要调整大额交易报告标准。非银行支付机构提交大额交易报告的具体要求由中国人民银行另行规定。

第十七条 从业机构发现或者有合理理由怀疑客户及其行为、客户的资金或者其他资产、客户的交易或者试图进行的交易与洗钱、恐怖融资等犯罪活动相关的，不论所涉资金金额或者资产价值大小，应当按本机构可疑交易报告内部操作规程确认为可疑交易后，及时提交可疑交易报告。

第十八条 从业机构应当按照中国人民银行、国务院有关金融监督管理机构的要求和行业规则，建立交易监测标准和客户行为监测方案，定期或者在发生特定风险时评估交易监测标准和客户行为监测方案的有效性，并及时予以完善。

从业机构应当按照法律法规、规章、规范性文件和行业规则，结合对相关联的客户、账户持有人、交易操作人员的身份识别情况，对通过交易监测标准筛选出的交易进行分析判断，记录分析过程；不作为可疑交易报告的，应当记录分析排除的合理理由；确认为可疑交易的，应当在可疑交易报告理由中完整记录对客户身份特征、交易特征或者行为特征的分析过程。

第十九条 从业机构应当对下列恐怖组织和恐怖活动人员名单开展实时监测，有合理理由怀疑客户或者其交易对手、资金或者其他资产与名单相关的，应当立即提交可疑交易报告，并依法对相关资金或者其他资产采取冻结措施：

（一）中国政府发布的或者承认执行的恐怖活动组织及恐怖活动人员名单。

（二）联合国安理会决议中所列的恐怖活动组织及恐怖活动人员名单。

（三）中国人民银行及国务院有关金融监督管理机构要求关注的其他涉嫌恐怖活动的组织及人员名单。

对于新发布或者新调整的名单，从业机构应当立即开展回溯性调查，按照本条第一款规定提交可疑交易报告。对于中国人民银行或者其他有权部门要求纳入反洗钱、反恐怖融资监控体系的名单，从业机构应当参照本办法相关规定执行。

法律法规、规章和中国人民银行对上述名单的监控另有规定的，从其规定。

第二十条 从业机构应当按照法律法规和行业规则规定的保存范围、保存期限、技术标准，妥善保存开展客户身份识别、交易监测分析、大额交易报告和可疑交易报告等反洗钱和反恐怖融资工作所产生的信息、数据和资料，确保能够完整重现每笔交易，确保相关工作可追溯。

从业机构终止业务活动时，应当按照相关行业主管部门及中国人民银行要求处理前款所述信息、数据和资料。

第二十一条 从业机构应当依法接受中国人民银行及其分支机构的反洗钱和反恐怖融资的现场检查、非现场监管和反洗钱调查，按照中国人民银行及其分支机构的要求提供相关信息、数据和资料，对所提供的信息、数据和资料的真实性、准确性、完整性负责，不得拒绝、阻挠、逃避监督检查和反洗钱调查，不得谎报、隐匿、销毁相关信息、数据和资料。金融机构、非银行支付机构以外的其他从业机构通过网络监测平台向中国人民银行报送反洗钱和反恐怖融资报告、报表及相关信息、数据和资料。

从业机构应当依法配合国务院有关金融监督管理机构及其派出机构的监督管理。

第二十二条 从业机构违反本办法的，由中国人民银行及其分支机构、国务院有关金融监督管理机构及其派出机构责令限期整改，依法予以处罚。

从业机构违反相关法律、行政法规、规章以及本办法规定，涉嫌犯罪的，移送司法机关依法追究刑事责任。

第二十三条 本办法相关用语含义如下：

中国人民银行分支机构，包括中国人民银行上海总部、分行、营业管理部、省会（首府）城市中心支行、副省级城市中心支行。

金融机构是指依法设立的从事金融业务的政策性银行、商业银行、农村合作银行、农村信用社、村镇银行、证券公司、期货公司、基金管理公司、保险公司、保险资产管理公司、保险专业代理公司、保险经纪公司、信托公司、金融资产管理公司、企业集团财务公司、金融租赁公司、汽车金融公司、消费金融公司、货币经纪公司、贷款公司以及中国人民银行确定并公布的从事金融业务的其他机构。

非银行支付机构是指依法取得《支付业务许可证》，获准办理互联网支付、移动电话支付、固定电话支付、数字电视支付等网络支付业务的非银行机构。

行业规则是指由中国互联网金融协会协调其他行业自律组织，根据风险防控需要和业务发展状况，组织从业机构制定或调整，报中国人民银行、国务院有关金融监督管理机构批准后公布施行的反洗钱和反恐怖融资工作规则及相关业务、技术标准。

第二十四条 本办法由中国人民银行会同国务院有关金融监督管理机构负责解释。

第二十五条 本办法自2019年1月1日起施行。

【专项治理】

国务院办公厅关于印发互联网金融风险专项整治工作实施方案的通知

(国办发〔2016〕21号)

各省、自治区、直辖市人民政府,国务院各部委、各直属机构:

《互联网金融风险专项整治工作实施方案》已经国务院同意,现印发给你们,请认真贯彻执行。

国务院办公厅
2016年4月12日

互联网金融风险专项整治工作实施方案

规范发展互联网金融是国家加快实施创新驱动发展战略、促进经济结构转型升级的重要举措,对于提高我国金融服务的普惠性,促进大众创业、万众创新具有重要意义。经党中央、国务院同意,2015年7月人民银行等十部门联合印发了《关于促进互联网金融健康发展的指导意见》(以下简称《指导意见》);有关部门及时出手,打击处置一批违法经营金额大、涉及面广、社会危害大的互联网金融风险案件,社会反映良好。为贯彻落实党中央、国务院决策部署,鼓励和保护真正有价值的互联网金融创新,整治违法违规行为,切实防范风险,建立监管长效机制,促进互联网金融规范有序发展,制定本方案。

一、工作目标和原则

(一)工作目标

落实《指导意见》要求,规范各类互联网金融业态,优化市场竞争环境,扭转互联网金融某些业态偏离正确创新方向的局面,遏制互联网金融风险案件高发频发势头,提高投资者风险防范意识,建立和完善适应互联网金融发展特点的监管长效机制,实现规范与发展并举、创新与防范风险并重,促进互联网金融健康可持续发展,切实发挥互联网金融支持大众创业、万众创新的积极作用。

(二)工作原则

打击非法,保护合法。明确各项业务合法与非法、合规与违规的边界,守好法律和风险底线。对合法合规行为予以保护支持，对违法违规行为予以坚决打击。

积极稳妥，有序化解。工作稳扎稳打，讲究方法步骤，针对不同风险领域，明确重点问题，分类施策。根据违法违规情节轻重和社会危害程度区别对待，做好风险评估，依法、有序、稳妥处置风险，防范处置风险的风险。同时坚持公平公正开展整治，不搞例外。

明确分工，强化协作。按照部门职责、《指导意见》明确的分工和本方案要求，采取"穿透式"监管方法，根据业务实质明确责任。坚持问题导向，集中力量对当前互联网金融主要风险领域开展整治，有效整治各类违法违规活动。充分考虑互联网金融活动特点，加强跨部门、跨区域协作，共同承担整治任务，共同落实整治责任。

远近结合，边整边改。立足当前，切实防范化解互联网金融领域存在的风险，对违法违规行为形成有效震慑。着眼长远，以专项整治为契机，及时总结提炼经验，形成制度规则，建立健全互联网金融监管长效机制。

二、重点整治问题和工作要求

（一）P2P网络借贷和股权众筹业务

1. P2P网络借贷平台应守住法律底线和政策红线，落实信息中介性质，不得设立资金池，不得发放贷款，不得非法集资，不得自融自保、代替客户承诺保本保息、期限错配、期限拆分、虚假宣传、虚构标的，不得通过虚构、夸大融资项目收益前景等方法误导出借人，除信用信息采集及核实、贷后跟踪、抵质押管理等业务外，不得从事线下营销。

2. 股权众筹平台不得发布虚假标的，不得自筹，不得"明股实债"或变相乱集资，应强化对融资者、股权众筹平台的信息披露义务和股东权益保护要求，不得进行虚假陈述和误导性宣传。

3. P2P网络借贷平台和股权众筹平台未经批准不得从事资产管理、债权或股权转让、高风险证券市场配资等金融业务。P2P网络借贷平台和股权众筹平台客户资金与自有资金应分账管理，遵循专业化运营原则，严格落实客户资金第三方存管要求，选择符合条件的银行业金融机构作为资金存管机构，保护客户资金安全，不得挪用或占用客户资金。

4. 房地产开发企业、房地产中介机构和互联网金融从业机构等未取得相关金融资质，不得利用P2P网络借贷平台和股权众筹平台从事房地产金融业务；取得相关金融资质的，不得违规开展房地产金融相关业务。从事房地产金融业务的企业应遵守宏观调控政策和房地产金融管理相关规定。规范互联网"众筹买房"等行为，严禁各类机构开展"首付贷"性质的业务。

（二）通过互联网开展资产管理及跨界从事金融业务

1. 互联网企业未取得相关金融业务资质不得依托互联网开展相应业务，开展业务的实质应符合取得的业务资质。互联网企业和传统金融企业平等竞争，行为规则和监管要求保持一致。采取"穿透式"监管方法，根据业务实质认定业务属性。

2. 未经相关部门批准，不得将私募发行的多类金融产品通过打包、拆分等形式向公众销售。采取"穿透式"监管方法，根据业务本质属性执行相应的监管规定。销售金融产品应严格执行投资者适当性制度标准，披露信息和提示风险，不得将产品销售给与风险承受能力不相匹配的客户。

3. 金融机构不得依托互联网通过各类资产管理产品嵌套开展资产管理业务、规避监管要求。应综合资金来源、中间环节与最终投向等全流程信息，采取"穿透式"监管方法，透过表面判定业务本质属性、监管职责和应遵循的行为规则与监管要求。

4. 同一集团内取得多项金融业务资质的，不得违反关联交易等相关业务规范。按照与传统金融企业一致的监管规则，要求集团建立"防火墙"制度，遵循关联交易等方面的监管规定，切实防范风险交叉传染。

（三）第三方支付业务

1. 非银行支付机构不得挪用、占用客户备付金，客户备付金账户应开立在人民银行或符合要求的商业银行。人民银行或商业银行不向非银行支付机构备付金账户计付利息，防止支付机构以"吃利差"为主要盈利模式，理顺支付机构业务发展激励机制，引导非银行支付机构回归提供小额、快捷、便民小微支付服务的宗旨。

2. 非银行支付机构不得连接多家银行系统，变相开展跨行清算业务。非银行支付机构开展跨行支付业务应通过人民银行跨行清算系统或者具有合法资质的清算机构进行。

3. 开展支付业务的机构应依法取得相应业务资质，不得无证经营支付业务，开展商户资金结算、个人POS机收付款、发行多用途预付卡、网络支付等业务。

（四）互联网金融领域广告等行为

互联网金融领域广告等宣传行为应依法合规、真实准确，不得对金融产品和业务进行不当宣传。未取得相关金融业务资质的从业机构，不得对金融业务或公司形象进行宣传。取得相关业务资质的，宣传内容应符合相关法律法规规定，需经有权部门许可的，应当与许可的内容相符合，不得进行误导性、虚假违法宣传。

三、综合运用各类整治措施，提高整治效果

（一）严格准入管理。设立金融机构、从事金融活动，必须依法接受准入管理。未经相关有权部门批准或备案从事金融活动的，由金融管理部门会同工商部门予以认定和查处，情节严重的，予以取缔。工商部门根据金融管理部门的认定意见，依法吊销营业执照；涉嫌犯罪的，公安机关依法查处。非金融机构、不从事金融活动的企业，在注册名称和经营范围中原则上不得使用"交易所""交易中心""金融""资产管理""理财""基金""基金管理""投资管理""财富管理""股权投资基金""网贷""网络借贷""P2P""股权众筹""互联网保险""支付"等字样。凡在名称和经营范围中选择使用上述字样的企业（包括存量企业），工商部门将注册信息及时告知金融管理部门，金融管理部门、工商部门予以持续关注，并列入重点监管对象，加强协调沟通，及时发现识别企业擅自从事金融活动的风险，视情采取整治措施。

（二）强化资金监测。加强互联网金融从业机构资金账户及跨行清算的集中管理，对互联网金融从业机构的资金账户、股东身份、资金来源和资金运用等情况进行全面监测。严格要求互联网金融从业机构落实客户资金第三方存管制度,存管银行要加强对相关资金账户的监督。在整治过程中,特别要做好对客户资金的保护工作。

(三)建立举报和"重奖重罚"制度。针对互联网金融违法违规活动隐蔽性强的特点,发挥社会监督作用,建立举报制度,出台举报规则,中国互联网金融协会设立举报平台,鼓励通过"信用中国"网站等多渠道举报,为整治工作提供线索。推行"重奖重罚"制度,按违法违规经营数额的一定比例进行处罚,提高违法成本,对提供线索的举报人给予奖励,奖励资金列入各级财政预算,强化正面激励。加强失信、投诉和举报信息共享。

(四)加大整治不正当竞争工作力度。对互联网金融从业机构为抢占市场份额向客户提供显失合理的超高回报率以及变相补贴等不正当竞争行为予以清理规范。高风险高收益金融产品应严格执行投资者适当性标准,强化信息披露要求。明确互联网金融从业机构不得以显性或隐性方式,通过自有资金补贴、交叉补贴或使用其他客户资金向客户提供高回报金融产品。高度关注互联网金融产品承诺或实际收益水平显著高于项目回报率或行业水平相关情况。中国互联网金融协会建立专家评审委员会,商相关部门对互联网金融不正当竞争行为进行评估认定,并将结果移交相关部门作为惩处依据。

(五)加强内控管理。由金融管理部门和地方人民政府金融管理部门监管的机构应当对机构自身与互联网平台合作开展的业务进行清理排查,严格内控管理要求,不得违反相关法律法规,不得与未取得相应金融业务资质的互联网企业开展合作,不得通过互联网开展跨界金融活动进行监管套利。金融管理部门和地方人民政府在分领域、分地区整治中,应对由其监管的机构与互联网企业合作开展业务的情况进行清理整顿。

(六)用好技术手段。利用互联网思维做好互联网金融监管工作。研究建立互联网金融监管技术支持系统,通过网上巡查、网站对接、数据分析等技术手段,摸底互联网金融总体情况,采集和报送相关舆情信息,及时向相关单位预警可能出现的群体性事件,及时发现互联网金融异常事件和可疑网站,提供互联网金融平台安全防护服务。

四、加强组织协调,落实主体责任

(一)部门统筹。成立由人民银行负责同志担任组长,有关部门负责同志参加的整治工作领导小组(以下简称领导小组),总体推进整治工作,做好工作总结,汇总提出长效机制建议。领导小组办公室设在人民银行,银监会、证监会、保监会、工商总局和住房城乡建设部等派员参与办公室日常工作。人民银行、银监会、证监会、保监会和工商总局根据各自部门职责、《指导意见》明确的分工和本方案要求,成立分领域工作小组,分别负责相应领域的专项整治工作,明确对各项业务合法合规性的认定标准,对分领域整治过程中发现的新问题,划分界限作为整治依据,督促各地区按照全国统一部署做好各项工作。

(二)属地组织。各省级人民政府成立以分管金融的负责同志为组长的落实整治方案领导小组(以下称地方领导小组),组织本地区专项整治工作,制定本地区专项整治工作方案并向领导小组报备。各地方领导小组办公室设在省(区、市)金融办(局)

或人民银行省会(首府)城市中心支行以上分支机构。各省级人民政府应充分发挥资源统筹调动、靠近基层一线优势,做好本地区摸底排查工作,按照注册地对从业机构进行归口管理,对涉嫌违法违规的从业机构,区分情节轻重分类施策、分类处置,同时切实承担起防范和处置非法集资第一责任人的责任。各省级人民政府应全面落实源头维稳措施,积极预防、全力化解、妥善处置金融领域不稳定问题,守住不发生系统性区域性金融风险的底线,维护社会和谐稳定。

(三)条块结合。各相关部门应积极配合金融管理部门开展工作。工商总局会同金融管理部门负责互联网金融广告的专项整治工作,金融管理部门与工商总局共同开展以投资理财名义从事金融活动的专项整治。工业和信息化部负责加强对互联网金融从业机构网络安全防护、用户信息和数据保护的监管力度,对经相关部门认定存在违法违规行为的互联网金融网站和移动应用程序依法予以处置,做好专项整治的技术支持工作。住房城乡建设部与金融管理部门共同对房地产开发企业和房地产中介机构利用互联网从事金融业务或与互联网平台合作开展金融业务的情况进行清理整顿。中央宣传部、国家互联网信息办公室牵头负责互联网金融新闻宣传和舆论引导工作。公安部负责指导地方公安机关对专项整治工作中发现的涉嫌非法集资、非法证券期货活动等犯罪问题依法查处,强化防逃、控赃、追赃、挽损工作;指导、监督、检查互联网金融从业机构落实等级保护工作,监督指导互联网金融网站依法落实网络和信息安全管理制度、措施,严厉打击侵犯用户个人信息安全的违法犯罪活动;指导地方公安机关在地方党委、政府的领导下,会同相关部门共同做好群体性事件的预防和处置工作,维护社会稳定。国家信访局负责信访人相关信访诉求事项的接待受理工作。中央维稳办、最高人民法院、最高人民检察院等配合做好相关工作。中国互联网金融协会要发挥行业自律作用,健全自律规则,实施必要的自律惩戒,建立举报制度,做好风险预警。

(四)共同负责。各有关部门、各省级人民政府应全面掌握牵头领域或本行政区域的互联网金融活动开展情况。在省级人民政府统一领导下,各金融管理部门省级派驻机构与省(区、市)金融办(局)共同牵头负责本地区分领域整治工作,共同承担分领域整治任务。对于产品、业务交叉嵌套,需要综合全流程业务信息以认定业务本质属性的,相关部门应建立数据交换和业务实质认定机制,认定意见不一致的,由领导小组研究认定并提出整治意见,必要时组成联合小组进行整治。整治过程中相关牵头部门确有需要获取从业机构账户数据的,经过法定程序后给予必要的账户查询便利。

五、稳步推进各项整治工作

(一)开展摸底排查。各省级人民政府制定本地区清理整顿方案,2016年5月15日前向领导小组报备。同时,各有关部门、各省级人民政府分别对牵头领域或本行政区域的情况进行清查。对于跨区域经营的互联网金融平台,注册所在地和经营所在地的省级人民政府要加强合作,互通汇总摸查情况,金融管理部门予以积极支持。被调查的单位和个人应接受依法进行的检查和调查,如实说明有关情况并提供有关文件、资料,不得拒绝、阻碍和隐瞒。相关部门可依法对与案件有关的情况和资料采取记录、复制、录音等手段取得证据。在证据可能灭失或以后难以取得的情况下，可依法先行登记保存，当事人或有关人员不得销毁或转移证据。对于涉及资金量大、人数众多的大型互联网金融平台或短时间内发展迅速的互联网金融平台、企业，一经发现涉嫌重大非法集资等违法行为，马上报告相关部门。各省级人民政府根据摸底排查情况完善本地区清理整顿方案。此项工作于2016年7月底前完成。

（二）实施清理整顿。各有关部门、各省级人民政府对牵头领域或本行政区域的互联网金融从业机构和业务活动开展集中整治工作。对清理整顿中发现的问题，向违规从业机构出具整改意见，并监督从业机构落实整改要求。对违规情节较轻的，要求限期整改；拒不整改或违规情节较重的，依法依规坚决予以关闭或取缔；涉嫌犯罪的，移送相关司法机关。专项整治不改变、不替代非法集资和非法交易场所的现行处置制度安排。此项工作于2016年11月底前完成。

（三）督查和评估。领导小组成员单位和地方领导小组分别组织自查。领导小组组织开展对重点领域和重点地区的督查和中期评估，对于好的经验做法及时推广，对于整治工作落实不力，整治一批、又出一批的，应查找问题、及时纠偏，并建立问责机制。此项工作同步于2016年11月底前完成。

（四）验收和总结。领导小组组织对各领域、各地区清理整顿情况进行验收。各有关部门、各省级人民政府形成牵头领域或本行政区域的整治报告，报送领导小组办公室，此项工作应于2017年1月底前完成。领导小组办公室汇总形成总体报告和建立健全互联网金融监管长效机制的建议，由人民银行会同相关部门报国务院，此项工作于2017年3月底前完成。

六、做好组织保障，建设长效机制

各有关部门、各省级人民政府要做好组织保障，以整治工作为契机，以整治过程中发现的问题为导向，按照边整边改、标本兼治的思路，抓紧推动长效机制建设，贯穿整治工作始终。

（一）完善规章制度。加快互联网金融领域各项规章制度制定工作，对于互联网金融各类创新业务，及时研究制定相关政策要求和监管规则。立足实践，研究解决互联网金融领域暴露出的金融监管体制不适应等问题，强化功能监管和综合监管，抓紧明确跨界、交叉型互联网金融产品的"穿透式"监管规则。

（二）加强风险监测。建立互联网金融产品集中登记制度，研究互联网金融平台资金账户的统一设立和集中监测，依靠对账户的严格管理和对资金的集中监测，实现对互联网金融活动的常态化监测和有效监管。加快推进互联网金融领域信用体系建设，强化对征信机构的监管，使征信为互联网金融活动提供更好的支持。加强互联网金融监管技术支持，扩展技术支持系统功能，提高安全监控能力。加强部门间信息共享，建立预警信息传递、核查、处置快速反应机制。

（三）完善行业自律。充分发挥中国互联网金融协会作用，制定行业标准和数据统计、信息披露、反不正当竞争等制度，完善自律惩戒机制，开展风险教育，形成依法依规监管与自律管理相结合、对互联网金融领域全覆盖的监管长效机制。

（四）加强宣传教育和舆论引导。各有关部门、各省级人民政府应加强政策解读及舆论引导，鼓励互联网金融在依法合规的前提下创新发展。以案说法，用典型案例教育群众，提高投资者风险防范意识。主动、适时发声，统一对外宣传口径，有针对性地回应投资人关切和诉求。以适当方式适时公布案件进展，尽量减少信息不对称的影响。加强舆情监测，强化媒体责任，引导投资人合理合法反映诉求，为整治工作营造良好的舆论环境。

中国人民银行关于加强支付结算管理防范电信网络新型违法犯罪有关事项的通知

(银发〔2016〕261号)

中国人民银行上海总部,各分行、营业管理部,各省会(首府)城市中心支行,深圳市中心支行;国家开发银行,各政策性银行、国有商业银行、股份制商业银行,中国邮政储蓄银行;中国银联股份有限公司,中国支付清算协会;各非银行支付机构:

为有效防范电信网络新型违法犯罪,切实保护人民群众财产安全和合法权益,现就加强支付结算管理有关事项通知如下:

一、加强账户实名制管理

(一)全面推进个人账户分类管理。

1. 个人银行结算账户。自2016年12月1日起,银行业金融机构(以下简称银行)为个人开立银行结算账户的,同一个人在同一家银行(以法人为单位,下同)只能开立一个Ⅰ类户,已开立Ⅰ类户,再新开户的,应当开立Ⅱ类户或Ⅲ类户。银行对本银行行内异地存取现、转账等业务,收取异地手续费的,应当自本通知发布之日起3个月内实现免费。

个人于2016年11月30日前在同一家银行开立多个Ⅰ类户的,银行应当对同一存款人开户数量较多的情况进行摸排清理,要求存款人作出说明,核实其开户的合理性。对于无法核实开户合理性的,银行应当引导存款人撤销或归并账户,或者采取降低账户类别等措施,使存款人运用账户分类机制,合理存放资金,保护资金安全。

2. 个人支付账户。自2016年12月1日起,非银行支付机构(以下简称支付机构)为个人开立支付账户的,同一个人在同一家支付机构只能开立一个Ⅲ类账户。支付机构应当于2016年11月30日前完成存量支付账户清理工作,联系开户人确认需保留的账户,其余账户降低类别管理或予以撤并;开户人未按规定时间确认的,支付机构应当保留其使用频率较高和金额较大的账户,后续可根据其申请进行变更。

(二)暂停涉案账户开户人名下所有账户的业务。自2017年1月1日起,对于不法分子用于开展电信网络新型违法犯罪的作案银行账户和支付账户,经设区的市级及以上公安机关认定并纳入电信网络新型违法犯罪交易风险事件管理平台"涉案账户"名单的,银行和支付机构中止该账户所有业务。

银行和支付机构应当通知涉案账户开户人重新核实身份,如其未在3日内向银行或者支付机构重新核实身份的,应当对账户开户人名下其他银行账户暂停非柜面业务,支付账户暂停所有业务。银行和支付机构重新核实账户开户人身份后,可以恢复除涉案账户外的其他账户业务；账户开户人确认账户为他人冒名开立的，应当向银行和支付机构出具被冒用身份开户并同意销户的声明，银行和支付机构予以销户。

（三）建立对买卖银行账户和支付账户、冒名开户的惩戒机制。自 2017 年 1 月 1 日起，银行和支付机构对经设区的市级及以上公安机关认定的出租、出借、出售、购买银行账户（含银行卡，下同）或者支付账户的单位和个人及相关组织者，假冒他人身份或者虚构代理关系开立银行账户或者支付账户的单位和个人，5 年内暂停其银行账户非柜面业务、支付账户所有业务，3 年内不得为其新开立账户。人民银行将上述单位和个人信息移送金融信用信息基础数据库并向社会公布。

（四）加强对冒名开户的惩戒力度。银行在办理开户业务时，发现个人冒用他人身份开立账户的，应当及时向公安机关报案并将被冒用的身份证件移交公安机关。

（五）建立单位开户审慎核实机制。对于被全国企业信用信息公示系统列入"严重违法失信企业名单"，以及经银行和支付机构核实单位注册地址不存在或者虚构经营场所的单位，银行和支付机构不得为其开户。银行和支付机构应当至少每季度排查企业是否属于严重违法企业，情况属实的，应当在 3 个月内暂停其业务，逐步清理。

对存在法定代表人或者负责人对单位经营规模及业务背景等情况不清楚、注册地和经营地均在异地等异常情况的单位，银行和支付机构应当加强对单位开户意愿的核查。银行应当对法定代表人或者负责人面签并留存视频、音频资料等，开户初期原则上不开通非柜面业务，待后续了解后再审慎开通。支付机构应当留存单位法定代表人或者负责人开户时的视频、音频资料等。

支付机构为单位开立支付账户，应当参照《人民币银行结算账户管理办法》（中国人民银行令〔2003〕第 5 号发布）第十七条、第二十四条、第二十六条等相关规定，要求单位提供相关证明文件，并自主或者委托合作机构以面对面方式核实客户身份，或者以非面对面方式通过至少三个合法安全的外部渠道对单位基本信息进行多重交叉验证。对于本通知发布之日前已经开立支付账户的单位，支付机构应当于 2017 年 6 月底前按照上述要求核实身份，完成核实前不得为其开立新的支付账户；逾期未完成核实的，支付账户只收不付。支付机构完成核实工作后，将有关情况报告法人所在地人民银行分支机构。

支付机构应当加强对使用个人支付账户开展经营性活动的资金交易监测和持续性客户管理。

（六）加强对异常开户行为的审核。有下列情形之一的，银行和支付机构有权拒绝开户：

1. 对单位和个人身份信息存在疑义，要求出示辅助证件，单位和个人拒绝出示的。
2. 单位和个人组织他人同时或者分批开立账户的。
3. 有明显理由怀疑开立账户从事违法犯罪活动的。

银行和支付机构应当加强账户交易活动监测，对开户之日起 6 个月内无交易记录的账户，银行应当暂停其非柜面业务，支付机构应当暂停其所有业务，银行和支付机构向单位和个人重新核实身份后，可以恢复其业务。

（七）严格联系电话号码与身份证件号码的对应关系。银行和支付机构应当建立联系电话号码与个人身份证件号码的一一对应关系，对多人使用同一联系电话号码开立和使用账户的情况进行排查清理，联系相关当事人进行确认。对于成年人代理未成年人或者老年人开户预留本人联系电话等合理情形的，由相关当事人出具说明后可以保持不变；对于单位批量开户，预留财务人员联系电话等情形的，应当变更为账户所有人本人的联系电话；对于无法证明合理性的，应当对相关银行账户暂停非柜面业务，支付账户暂停所有业务。

二、加强转账管理

（八）增加转账方式，调整转账时间。自2016年12月1日起，银行和支付机构提供转账服务时应当执行下列规定：

1. 向存款人提供实时到账、普通到账、次日到账等多种转账方式选择，存款人在选择后才能办理业务。

2. 除向本人同行账户转账外，个人通过自助柜员机（含其他具有存取款功能的自助设备，下同）转账的，发卡行在受理24小时后办理资金转账。在发卡行受理后24小时内，个人可以向发卡行申请撤销转账。受理行应当在受理结果界面对转账业务办理时间和可撤销规定作出明确提示。

3. 银行通过自助柜员机为个人办理转账业务的，应当增加汉语语音提示，并通过文字、标识、弹窗等设置防诈骗提醒；非汉语提示界面应当对资金转出等核心关键字段提供汉语提示，无法提示的，不得提供转账。

（九）加强银行非柜面转账管理。自2016年12月1日起，银行在为存款人开通非柜面转账业务时，应当与存款人签订协议，约定非柜面渠道向非同名银行账户和支付账户转账的日累计限额、笔数和年累计限额等，超出限额和笔数的，应当到银行柜面办理。

除向本人同行账户转账外，银行为个人办理非柜面转账业务，单日累计金额超过5万元的，应当采用数字证书或者电子签名等安全可靠的支付指令验证方式。单位、个人银行账户非柜面转账单日累计金额分别超过100万元、30万元的，银行应当进行大额交易提醒，单位、个人确认后方可转账。

（十）加强支付账户转账管理。自2016年12月1日起，支付机构在为单位和个人开立支付账户时，应当与单位和个人签订协议，约定支付账户与支付账户、支付账户与银行账户之间的日累计转账限额和笔数，超出限额和笔数的，不得再办理转账业务。

（十一）加强交易背景调查。银行和支付机构发现账户存在大量转入转出交易的，应当按照"了解你的客户"原则，对单位或者个人的交易背景进行调查。如发现存在异常的，应当按照审慎原则调整向单位和个人提供的相关服务。

（十二）加强特约商户资金结算管理。银行和支付机构为特约商户提供T+0资金结算服务的，应当对特约商户加强交易监测和风险管理，不得为入网不满90日或者入网后连续正常交易不满30日的特约商户提供T+0资金结算服务。

三、加强银行卡业务管理

（十三）严格审核特约商户资质，规范受理终端管理。任何单位和个人不得在网上买卖POS机（包括MPOS）、刷卡器等受理终端。银行和支付机构应当对全部实体特约商户进行现场检查，逐一核对其受理终端的使用地点。对于违规移机使用、无法确认实际使用地点的受理终端一律停止业务功能。银行和支付机构应当于2016年11月30日前形成检查报告备查。

（十四）建立健全特约商户信息管理系统和黑名单管理机制。中国支付清算协会、银行卡清算机构应当建立健全特约商户信息管理系统，组织银行、支付机构详细记录特约商户基本信息、启动和终止服务情况、合规风险状况等。对同一特约商户或者同一个人控制的特约商户反复更换服务机构等异常状况的，银行和支付机构应当审慎为其提供服务。

中国支付清算协会、银行卡清算机构应当建立健全特约商户黑名单管理机制，将因存在重大违规行为被银行和支付机构终止服务的特约商户及其法定代表人或者负责人、公安机关认定为违法犯罪活动转移赃款提供便利的特约商户及相关个人、公安机关认定的买卖账户的单位和个人等，列入黑名单管理。中国支付清算协会应当将黑名单信息移送金融信用信息基础数据库。银行和支付机构不得将黑名单中的单位以及由相关个人担任法定代表人或者负责人的单位拓展为特约商户；已经拓展为特约商户的，应当自该特约商户被列入黑名单之日起10日内予以清退。

四、强化可疑交易监测

（十五）确保交易信息真实、完整、可追溯。支付机构与银行合作开展银行账户付款或者收款业务的，应当严格执行《银行卡收单业务管理办法》（中国人民银行令〔2013〕第9号发布）、《非银行支付机构网络支付业务管理办法》（中国人民银行公告〔2015〕第43号公布）等制度规定，确保交易信息的真实性、完整性、可追溯性以及在支付全流程中的一致性，不得篡改或者隐匿交易信息，交易信息应当至少保存5年。银行和支付机构应当于2017年3月31日前按照网络支付报文相关金融行业技术标准完成系统改造，逾期未完成改造的，暂停有关业务。

（十六）加强账户监测。银行和支付机构应当加强对银行账户和支付账户的监测，建立和完善可疑交易监测模型，账户及其资金划转具有集中转入分散转出等可疑交易特征的（详见附件1），应当列入可疑交易。

对于列入可疑交易的账户，银行和支付机构应当与相关单位或者个人核实交易情况；经核实后银行和支付机构仍然认定账户可疑的，银行应当暂停账户非柜面业务，支付机构应当暂停账户所有业务，并按照规定报送可疑交易报告或者重点可疑交易报告；涉嫌违法犯罪的，应当及时向当地公安机关报告。

（十七）强化支付结算可疑交易监测的研究。中国支付清算协会、银行卡清算机构应当根据公安机关、银行、支付机构提供的可疑交易情形，构建可疑交易监测模型，向银行和支付机构发布。

五、健全紧急止付和快速冻结机制

（十八）理顺工作机制，按期接入电信网络新型违法犯罪交易风险事件管理平台。2016年11月30日前，支付机构应当理顺本机构协助有权机关查询、止付、冻结和扣划工作流程；实现查询账户信息和交易流水以及账户止付、冻结和扣划等；指定专人专岗负责协助查询、止付、冻结和扣划工作，不得推诿、拖延。银行、从事网络支付的支付机构应当根据有关要求，按时完成本单位核心系统的开发和改造工作，在2016年底前全部接入电信网络新型违法犯罪交易风险事件管理平台。

六、加大对无证机构的打击力度

（十九）依法处置无证机构。人民银行分支机构应当充分利用支付机构风险专项整治工作机制，加强与地方政府以及工商部门、公安机关的配合，及时出具相关非法从事资金支付结算的行政认定意见，加大对无证机构的打击力度，尽快依法处置一批无证经营机构。人民银行上海总部，各分行、营业管理部、省会（首府）城市中心支行应当按月填制《无证经营支付业务专项整治工作进度表》（见附件2），将辖区工作进展情况上报总行。

七、建立责任追究机制

（二十）严格处罚，实行责任追究。人民银行分支机构、银行和支付机构应当履职尽责，确保打击治理电信网络新型违法犯罪工作取得实效。

凡是发生电信网络新型违法犯罪案件的，应当倒查银行、支付机构的责任落实情况。银行和支付机构违反相关制度以及本通知规定的，应当按照有关规定进行处罚；情节严重的，人民银行依据《中华人民共和国中国人民银行法》第四十六条的规定予以处罚，并可采取暂停1个月至6个月新开立账户和办理支付业务的监管措施。

凡是人民银行分支机构监管责任不落实，导致辖区内银行和支付机构未有效履职尽责，公众在电信网络新型违法犯罪活动中遭受严重资金损失，产生恶劣社会影响的，应当对人民银行分支机构进行问责。

人民银行分支机构、银行、支付机构、中国支付清算协会、银行卡清算机构应当按照规定向人民银行总行报告本通知执行情况并填报有关统计表（具体报送方式及内容见附件3）。

请人民银行上海总部，各分行、营业管理部、省会（首府）城市中心支行，深圳市中心支行及时将该通知转发至辖区内各城市商业银行、农村商业银行、农村合作银行、村镇银行、城市信用社、农村信用社和外资银行等。

各单位在执行中如遇问题，请及时向人民银行报告。

附件：1. 涉电信诈骗犯罪可疑特征报送指引（略）
　　　2. 无证经营支付业务专项整治工作进度表（略）
　　　3. 报告模板（略）

中国人民银行
2016年9月30日

中国人民银行 中央宣传部 中央网信办 中央维稳办 发展改革委 工业和信息化部 公安部 财政部 住房城乡建设部 工商总局 国务院法制办 银监会 证监会 保监会 国家信访局 最高人民法院 最高人民检察院 关于进一步做好互联网金融风险专项整治清理整顿工作的通知

(银发〔2017〕119号)

各省(自治区、直辖市)落实整治方案工作领导小组：

为贯彻落实《国务院办公厅关于印发互联网金融风险专项整治工作实施方案的通知》(国办发〔2016〕21号)要求，稳妥有序做好清理整顿分类处置工作，细化流程、明确目标，扎实完成专项整治各项工作，经互联网金融风险专项整治工作领导小组审议通过，现就有关事项通知如下：

一、清理整顿分类尺子程序及要求

各省(自治区、直辖市)落实整治方案工作领导小组(以下简称各省领导小组)应按照《关于稳妥有序开展互联网金融风险专项整治清理整顿工作的通知》(银发〔2016〕281号文)的要求，确定重点对象，开展现场检查。对于经现场检查发现存在违法违规问题的从业机构，采取差别化处置措施。

(一)整改类机构处置程序。对违法违规情节较轻、配置整改意愿较强的从业机构，下发整改意见书，持续监督落实整改要求，并组织验收。

1.制定整改计划。要求从业机构对照整改意见书自行制定整改计划，确定整改完成期限，并提交本省领导小组办公室(或各省领导小组指定部门)审核。整改计划应承诺不新增不合规业务；对存量不合规业务明确退出时间表，原则上不超过1年，分领域有具体规定的，从其规定。同时，做好退出业务可能引发风险的应急预案。

2.落实整改要求。从业机构应对照整改计划，组织实施整改；整改期间要按月向省领导小组办公室(或各省领导小组指定部门)报送整改进展情况及违法违规业务退出进度。

3.提交验收申请。从业机构整改完成后，应向省领导小组办公室(或各省领导小组指定部门)提交整改落实报告和验收申请。

4. 组织监管验收。各省领导小组办公室（或各省领导小组指定部门）应根据从业机构提交的验收申请，组织检查验收，对验收合格的出具验收合格意见，指导办理准入或备案登记相关事宜。对验收不合格的，应纳入取缔类机构进行处理。

（二）取缔类机构处置程序。对不配合监管、拒不整改或整改后验收不合格，以及违规情节较重的，纳入取缔类机构处置。视具体情形由省级人民政府根据部门职能指定部门依法实施行政处罚，或按照处置非法集资、打击非法证券活动、清理整顿各类交易场所等工作机制予以查处，金融部门应停止提供金融服务，通信管理部门依法处置互联网金融网站和移动应用程序，同时加强失信、投诉和举报信息共享，坚决打击相关违法违规金融活动。

对没有金融牌照、涉嫌恶意欺诈的严重违法违规行为，各省领导小组要全面汇总分析业务性质、规模、资金流向等排查资料，组织相关部门提出处置意见，协同开展打击查处、属地稳控、资产变现追缴等工作，确保社会大局稳定。

（三）清理整顿期间有关要求。各省领导小组要切实承担第一责任人职责，统一组织本地区清理整顿工作，采取有效措施确保整治期间辖内互联网金融从业机构数量及业务规模双降。对于跨省从业机构，机构总部注册地省级领导小组要将处置工作意见通报分支机构所在地省级领导小组，共同做好风险处置工作。

1. 严格准入或备案管理。凡从事互联网金融活动，必须依法接受准入或备案管理。清理整顿期间，非金融机构以及不从事金融活动的企业，在注册名称和经营范围中原则上不得使用"交易所""交易中心""金融""资产管理""理财""基金""基金管理""投资管理""财富管理""股权投资基金""网贷""网络借贷""P2P""股权众筹""互联网保险""支付"等字样。

2. 化解存量、严控增量。整改期间，从业机构存量不合规业务要逐步压降至零，不得新增不合规业务。一经发现新增不合规业务，各省领导小组办公室（或各省领导小组指定部门）须立即叫停并严肃处理。

二、清理整顿状态分类阶段完成标准

（一）分领域清理整顿状态分类阶段完成标准

1. P2P网络借贷

按照《P2P网络借贷风险专项整治工作实施方案》（银监发〔2016〕11号文印发）、《关于印发〈P2P网络借贷风险专项整治工作分类处置方案〉的通知》（网贷整治办函〔2016〕23号文）、《网络借贷信息中介机构业务活动管理暂行办法》（银监会令〔2016〕第1号发布）、《网络借贷信息中介机构备案登记管理指引》（银监办发〔2016〕160号文印发）、《网络借贷资金存管业务指引》（银监办发〔2017〕21号文印发）等要求，在状态分类阶段完成时应做到：

（1）对合规类P2P网络借贷机构，要求其在规定期限内办理备案登记，纳入日常监管范围。

（2）对整改类P2P网络借贷机构出具整改意见书，督促制定实施整改计划；对整改困难、机构属性复杂、业务交叉嵌套等情形，根据业务规模、类别、主营业务等甄别机构性质，按照主动退出、合并重组、剥离独立以及转型移交等情形进行分类整改，并明确违法违规金融退出时间表。

（3）对取缔类P2P网络借贷机构，按照前述取缔类机构处置程序执行。

2. 股权众筹

按照《股权众筹风险专项整治工作实施方案》（证监发〔2016〕29号文印发）的要求，在状态分类阶段完成时应做到：

（1）对于互联网股权融资平台以"股权众筹"等名义从事股权融资活动或募集私募股权投资基金的，完成整改规范。

（2）对于互联网股权融资平台上的融资者擅自公开或变相公开发行股票的，按照打击非法证券活动工作机制予以查处；对于涉嫌非法集资的，移送各地防范和处置非法集资工作机制进行处理。

（3）对于互联网股权融资平台虚假宣传误导投资者，融资者欺诈发行股票等金融产品，平台及其工作人员挪用或者占用投资者资金，以及"众筹炒股"等违法违规行为，完成整改规范。

3. 互联网保险

按照《互联网保险风险专项整治工作实施方案》（保监发〔2016〕31号文印发）、《中国保监会关于开展以网络互助计划形式非法从事保险业务专项整治工作的通知》（保监发改〔2016〕241号）的要求，在状态分类阶段完成时应做到：

（1）对于保险公司通过互联网开展中短存续期业务存在违规行为的，通过窗口指导、监管谈话等方式，督促其在规定期限内整改规范。

（2）对于保险机构与不具备经营资质的第三方网络平台进行合作、与未按照有关规定进行备案的互联网信贷平台或开展违法违规业务的互联网信贷平台进行合作的，要求停止合作。

（3）对于非法开展互联网保险业务的，出具行政认定意见，并移送相关部门处理；对于通过互联网利用保险公司名义或假借保险公司信用进行非法集资的机构和人员，移送各地防范和处置非法集资工作机制进行处理。

（4）对于网络互助计划向社会公众承诺赔偿给付责任、诱导社会公众产生刚性赔付预期行为的，予以纠正，彻底划清互助计划与保险产品界限，防范消费误导。其中，对违法情节轻微、主动整改、有效控制风险、积极消除危害后果的网络互助平台，通过监管谈话、警示教育等方式，督促其在规定期限内整改规范；对违法情节严重、拒不配合检查或整改、提供虚假情况或造成严重后果的网络互助平台，出具行政认定意见，并移送相关部门处理。

4. 非银行支付

按照《非银行支付机构风险专项整治工作实施方案》（银发〔2016〕112号文印发）、《中国人民银行支付结算司关于抓紧做好无证经营支付业务专项整治工作的通知》（银支付〔2016〕194号）的要求，在状态分类阶段完成时应做到：

（1）对于业务量小、社会危害程度轻、能够配合监管的无证机构出具整改意见，并明确违法违规金融活动退出时间表。

（2）对于性质恶劣、情节严重的无证机构出具行政认定意见，并移送相关部门处理。

5. 通过互联网开展资产管理及跨界从事金融业务

按照《通过互联网开展资产管理及跨界从事金融业务风险专项整治工作实施方案》（银发〔2016〕113号文印发）、《关于做好通过互联网开展资产管理及跨界从事金融业务风险专项整治清理整顿工作的通知》（整治办函〔2016〕96号）、《国务院关于清理整顿各类交易场所切实防范金融风险的决定》（国发〔2011〕38号）、《国务院办公厅关于清理整顿各类交易场所的实施意见》（国办发〔2012〕37号）、《清理整顿各类交易场所部际联席会议第三次会议纪要》（清整联办〔2017〕30号文印发）要求，在状态分类阶段完成时应做到：

（1）对于未经许可公开募集资金的机构，涉嫌非法集资的，移送各地防范和处置非法集资工作机制进行处理。

（2）对于未经许可依托互联网公开发行证券的，按照打击非法证券活动工作机制予以查处。

（3）对于地方交易场所通过互联网开展业务的，涉及开展信贷、证券、保险等金融产品（包括人民银行、银监会、证监会、保监会监管的所有金融产品，含票据、信托产品、信托收益权、私募证券、私募基金份额、资产证券化产品、保险资产等）交易，以及将权益拆分发行、降低投资者门槛、变相突破200人私募上限的，按照清理整顿各类交易场所工作机制，由地方政府予以清理整顿。

（二）各地区清理整顿状态分类阶段完成标准

1. 对纳入重点对象的从业机构，应按照以上分领域清理整顿状态分类的要求，完成分类工作。对合规类机构应纳入日常监管范围；对整理类机构应出具整改意见，明确违法违规金融活动的退出时间表；对取缔类机构应视具体情形，出具行政处罚意见或按照处置非法集资、打击非法证券活动、清理整顿各类交易场所等工作机制予以查处。

2. 对未纳入重点对象范围的从业机构，各地要采取集中约谈、宣讲政策、警示教育等多种方式，要求其进行全面自查并整改，不得再违法违规从事金融活动。各地应组织对非重点对象的随机抽查，抽查比例不低于非重点对象的20%，对于发现违法违规金融活动的，按照重点对象的标准和程序进行清理整顿。

三、工作进度安排

各省领导小组要着眼大局、落实责任、敢于担当、主动作为，坚持稳中求进的总方针，将互联网金融风险专项整治工作摆在防控金融风险、整顿金融秩序的重要位置，稳妥有序做好清理整顿阶段工作，防范和化解互联网金融风险，确保互联金融风险专项整治工作取得实效。

（一）做好状态分类。各省领导小组应按照清理整顿的有关要求，完成本行政区域的互联网金融活动的状态分类，形成机构分类清单以及清理整顿状态分类阶段总结报告，于 2017 年 6 月底前报送互联网金融风险专项整治工作领导小组。

（二）开展中期评估。各省领导小组要在清理整顿开展期间组织自查，及时掌握整治工作落实情况，查找问题、及时纠偏。领导小组将于 2017 年 7 月起组织对各地清理整顿的督查和中期评估，确保整治质量和效果。

（三）监督整改实施。各省领导小组要根据辖内从业机构分类清单，对照各从业机构经核查通过的整改计划，持续监督从业机构整改情况及业务退出进度，并及时纠偏；对从业机构整改完成并提交验收申请的，及时组织监管验收。整改实施阶段应最迟于 2018 年 6 月底前完成；对个别从业机构情况特别复杂的，经省级人民政府批准后，整改期最长可延至 2 年，由省级人民政府指定相关部门负责监督及验收。

（四）验收和总结。2018 年 6 月底前，领导小组将组织对各省份清理整顿情况进行验收；各省份也可根据辖内整改完成情况，提前提出验收申请。专项整治介绍前，各省份领导小组要形成本行政区域的整治总结报告及长效监管建议报送领导小组办公室。领导小组办公室汇总形成总体报告和建立健全互联网金融监管长效机制的建议，由人民银行会同相关部门报国务院。

中国人民银行　中央宣传部　中央网信办
中央维稳办　发展改革委　工业和信息化部
公安部　财政部　住房城乡建设部
工商总局　国务院法制办　银监会
证监会　保监会　国家信访局
最高人民法院　最高人民检察院
2017 年 5 月 16 日

关于对互联网平台与各类交易场所合作从事违法违规业务开展清理整顿的通知

(整治办函〔2017〕64号)

各省(自治区、直辖市)、深圳市互联网金融风险专项整治工作领导小组办公室;人民银行上海总部,各分行、营业管理部、省会(首府)城市中心支行、深圳市中心支行:

前期,人民银行会同银监会、证监会、保监会等16部委,共同印发《关于进一步做好互联网金融风险专项整治清理整顿工作的通知》(银发〔2017〕119号),明确了互联网金融专项整治期间各项违法违规业务"严控增量、化解存量"的要求,近期我办发现,一些互联网平台仍然与各类交易场所合作开展违法违规业务,存在较大风险隐患。现将有关情况及工作要求通知如下:

一、有关情况

2011年、2012年,国务院先后下发了《国务院关于清理整顿各类交易场所 切实防范金融风险的决定》(国发〔2011〕38号)、《国务院办公厅关于清理整顿各类交易场所的实施意见》(国办发〔2012〕37号),明确各类交易场所不得将任何权益拆分为均等份额公开发行、不得将权益按照标准化交易单位持续挂牌交易、权益持有人累计不得超过200人等要求。今年以来,清理整顿各类交易场所部际联席会议部署清理整顿"回头看"工作,再次明确了交易场所不得将权益拆分发行、降低投资者门槛、变相突破200人私募上限等政策红线。

一些互联网平台明知上述要求,仍然与各类交易场所合作,将权益拆分面向不特定对象发行,或以"大拆小""团购""分期"等各类方式变相突破200人限制。一些产品无固定期限、资金和资产无法对应,存在资金池问题;一些产品未向投资者披露信息和提示风险,甚至将高风险资产进行包装粉饰,向不具备风险承受能力的中小投资者出售,一旦信用风险爆发,可能影响社会稳定。

二、清理整顿工作要求

请各地整治办高度重视互联网平台与各类交易场所合作从事违法违规业务的危害性,从防范金融风险、维护金融安全、服务经济社会发展大局出发,坚决整治乱象、消除危害。具体要求如下:

(一)请各地整治办会同人民银行分支机构责令辖内互联网平台认真学习并自觉遵守国发〔2011〕38号和国办发〔2012〕37号文、清理整顿各类交易场所"回头看"工作及本通知相关要求,并于2017年7月15日前,停止与各类交易场所合作开展涉嫌突破政策红线的违法违规业务的增量。同时,互联网平台须积极配合各类交易场所,妥善化解存量违法违规业务。

（二）对于2017年7月16日以后仍继续与各类交易场所合作开展违法违规业务的互联网平台，请各地整治办会同人民银行分支机构及其他相关部门，对相关互联网平台开展现场检查，查实互联网平台是否存在变相吸收公众存款、非法发放贷款、代销违法违规产品、无代销资质销售金融产品、未取得相关资质开办资产管理业务等问题，并按相关法律法规进行处罚。

（三）防范处置风险。各地整治办在相关工作开展过程中，要讲究方式方法，制定风险预案，注意风险隔离，避免形成连锁反应和交叉感染，坚决守住风险底线。

（四）请各地整治办会同人民银行分支机构对辖内互联网平台与各类交易场所合作开展违法违规业务的情况进行全面排查和持续监测，保证问题全面整治，防止相关违法违规业务死灰复燃。

（五）请人民银行分支机构会同各地整治办，于7月15日前，将辖内互联网平台与各类交易场所合作开展违法违规业务清理整顿情况，报告全国整治办。报告内容需含与各类交易场所合作的辖内互联网平台名录、合作业务（产品）名称和情况、相关违法违规业务存量规模和增量停止情况。

互联网金融风险专项整治工作领导小组办公室
（人民银行金融市场司代章）
2017年6月30日

中国银监会关于整治银行业金融机构
不规范经营的通知

(银监发〔2012〕3号)

各银监局,各政策性银行、国有商业银行、股份制商业银行,邮政储蓄银行:

为有效服务实体经济,纠正部分银行业金融机构发放贷款时附加不合理条件和收费管理不规范等问题,银监会决定在银行业系统全面开展"不规范经营"专项治理工作。现就有关事项通知如下:

一、银行业金融机构要认真遵守信贷管理各项规定和业务流程,按照国家利率管理相关规定进行贷款定价,并严格遵守下列规定。

(一)不得以贷转存。银行信贷业务要坚持实贷实付和受托支付原则,将贷款资金足额直接支付给借款人的交易对手,不得强制设定条款或协商约定将部分贷款转为存款。

(二)不得存贷挂钩。银行业金融机构贷款业务和存款业务应严格分离,不得以存款作为审批和发放贷款的前提条件。

(三)不得以贷收费。银行业金融机构不得借发放贷款或以其他方式提供融资之机,要求客户接受不合理中间业务或其他金融服务而收取费用。

(四)不得浮利分费。银行业金融机构要遵循利费分离原则,严格区分收息和收费业务,不得将利息分解为费用收取,严禁变相提高利率。

(五)不得借贷搭售。银行业金融机构不得在发放贷款或以其他方式提供融资时强制捆绑、搭售理财、保险、基金等金融产品。

(六)不得一浮到顶。银行业金融机构的贷款定价应充分反映资金成本、风险成本和管理成本,不得笼统将贷款利率上浮至最高限额。

(七)不得转嫁成本。银行业金融机构应依法承担贷款业务及其他服务中产生的尽职调查、押品评估等相关成本,不得将经营成本以费用形式转嫁给客户。

二、银行业金融机构要严格遵守国家价格主管部门和监管机构关于金融服务收费的各项政策规定,对现行收费服务价目进行全面梳理检查,及时自查自纠,并严格遵守以下原则。

(一)合规收费。服务收费应科学合理,服从统一定价和名录管理原则。银行业金融机构应制定收费价目名录,同一收费项目必须使用统一收费项目名称、内容描述、客户界定等要素,并由法人机构统一制定价格,任何分支机构不得自行制定和调整收费项目名称等要素。对实行政府指导价的收费项目,严格对照相关规定据实收费,并公布收费价目名录和相关依据;对实行市场调节价的收费项目,应在每次制定或调整价格前向社会公示，充分征询消费者意见后纳入收费价目名录并上网公布，严格按照公布的收费价目名录收费。

（二）以质定价。服务收费应合乎质价相符原则，不得对未给客户提供实质性服务、未给客户带来实质性收益、未给客户提升实质性效率的产品和服务收取费用。

（三）公开透明。服务价格应遵循公开透明原则，各项服务必须"明码标价"，充分履行告知义务，使客户明确了解服务内容、方式、功能、效果，以及对应的收费标准，确保客户了解充分信息，自主选择。

（四）减费让利。银行业金融机构应切实履行社会责任，对特定对象坚持服务优惠和减费让利原则，明确界定小微企业、"三农"、弱势群体、社会公益等领域相关金融服务的优惠对象范围，公布优惠政策、优惠方式和具体优惠额度，切实体现扶小助弱的商业道德。

三、银行业金融机构要组织本系统在第一季度集中开展以"规范贷款行为、科学合理收费"为主题的不规范经营问题专项治理活动。

（一）加强源头治理。各银行业金融机构要从年度经营计划和绩效考核办法的制定入手，整治不切实际的快增长、高指标问题，校正经营导向，从源头上杜绝各级机构、网点及员工的不规范经营活动。

（二）加强程序治理。各银行业金融机构要全面梳理业务流程和相关内部管理制度，严格区分贷款融资和各项收费业务的不同营销、定价程序。对贷款融资，要从风险管理角度出发，对受理、审批、签约、放款、贷后管理等环节进行严格把关，防止层层附加条件；对其他服务收费业务，要从产品开发、功能设计、收益测算等环节进行充分论证和询价公示，防止自定价目和层层加价。

（三）加强行为治理。银行业金融机构要对从事具体经营活动的分支机构高管和一线员工进行商业道德和社会责任教育，切实做到不同业务柜面分离、人员独立，不得误导、挤压和要挟客户，端正经营思想，规范经营行为；银行业金融机构还应建立公开、完善的违规收费举报和投诉处理机制，及时掌握分支机构违规收费行为，及时查处纠正。

四、银行业监督管理部门要在督促银行业金融机构自查整改的基础上，集中精力、集中时间、集中人员以多种方式进行核查监督。

（一）指导机构自查。银监会各监管部门和各级派出机构要督促指导银行业金融机构按本通知要求，迅速组织自查自纠，及时清理纠正不当贷款业务和收费项目，并于2012年3月底前审查各银行业金融机构自查报告，核评其自查整改情况。

（二）实施监管检查。银监会各级派出机构要将整治不规范贷款和不规范收费问题纳入当前工作安排，组织现场抽查。对检查发现的违规行为依法严格处罚，并将检查和处罚结果在全辖范围内通报。

（三）联合媒体访查。银监会各级派出机构要有组织、有计划地联合当地主要媒体，对银行网点和相关客户进行明察暗访，并对严重违规案例公开曝光，通过引入舆论监督推动银行业不断规范经营行为，改善金融服务质量。

二〇一二年一月二十日

中国银监会关于集中开展银行业
市场乱象整治工作的通知

(银监发〔2017〕5号)

各银监局,机关各部门,各政策性银行、大型银行、股份制银行,邮储银行,外资银行,金融资产管理公司,其他会管金融机构:

为认真贯彻党中央、国务院决策部署,规范业务行为,防范金融风险,决定组织全国银行业集中进行金融市场乱象整治工作。现将有关事项通知如下:

一、明确整治重点

这次市场乱象整治的重点是:以回归本源、服务实体、防范风险为目标,以法律法规为准绳,排查整治本机构、本单位、本地区存在的突出问题。整治工作中,要密切结合自身实际,对照附件所列十个方面的表现形式,有什么排查什么、查实什么整治什么,有什么问题解决什么问题。在全面排查的基础上,逐一列出问题清单,周知全体员工对照整改。

二、严格责任追究

银行业金融机构和各级监管部门对排查的问题要逐一建档立案,严格自查自纠,把规矩和纪律挺在前面,一次性问责到位。对于违反银行业内部规章制度的问题,要依规处理;对于违反银行业监管法规的问题,要依法处罚;对开办的不当业务、不当交易和擅设的业务网点窗口,要立即叫停或限期收缩,出现风险的要问责到人;对于出现的风险事件和案件,要按照"一案三问""上追两级"的要求,严格追究领导机关和领导人员责任;对于违反党纪政纪的问题,要交纪检监察部门处理;对于涉及违法犯罪的问题,要移送司法机关惩处。

三、强化整改建制

银行业金融机构和各级监管部门要对照此次治理排查的问题,逐一落实整改措施,弥补管理短板,完善法规制度,建立长效机制。一是开展即查即改。各单位要认真剖析形成乱象的原因,以业务看制度、以基层看上级、以行为看操守,坚持边排查边整改,边整改边教育,全面增强员工遵纪守法合规意识。二是弥补制度短板。各单位要加强顶层设计,缺什么补什么,完善业务经营、风险防控、授权授信、绩效考评、职业操守等制度办法,强化制度的持续执行力和刚性约束力。三是强化担当作为。各单位要通过此次问题排查整改,使责任强起来,机制活起来,制度硬起来,业务规范起来,全面提升银行业合规经营水平。

四、加强组织领导

本次市场乱象排查治理涉及面广、关注度高，排查的问题明确具体，各单位要高度重视，周密安排，精心组织，确保全业务覆盖、全员工参与。银行业金融机构和各级监管部门要层层成立以一把手为组长的专门工作组，制定专门工作方案，层层推进落实。

各银监局和会机关相关监管部门要及时组织推动本地区和直接监管机构的整治工作，并于7月10日前将本地区和直接监管机构的乱象排查及问责整改情况书面汇总报送银监会现场检查局。

附件：银行业市场乱象的表现形式

2017年4月7日

附件

银行业市场乱象的表现形式

一、股权和对外投资方面

(一) 股东。初始入股或增资扩股时不符合规定资质条件;未经批准持有股权,或行使股东权利;入股资金来源不符合自有资金要求,或入股资金未真实足额到位;未经批准超过规定比例持股,或抽逃资本金等。

(二) 股权。自然人之间、公司或事业法人之间、自然人与公司或事业法人之间代持股份;频繁变更股权,股东行为短期化,或借机牟利等。

(三) 对外投资。违规对外投资;违法持有多家金融机构股权;为大股东融资进行对外投资;以贷款、理财、信托计划等形式为实际关联方提供资金用于股权投资或兼并重组等。

(四) 员工持股。违规设立员工持股计划;变相为员工代持股份;为员工持股提供杠杆配资等。

二、机构及高管方面

(一) 机构设置。未经批准擅自设立分支机构、网点,包括异地事业部、业务部、管理部和业务中心、客户中心及其分部、分中心;未经批准设立境内外代表处、办事处;分支机构或专营机构超法定范围开展业务等。

(二) 分支及附属机构管理。超范围授权分支机构开展票据、同业、对外签署合同等表内外业务;向关联方提供授信或担保、转移资产、利益输送;集团对附属机构的机构设置未进行统一管理;未将境内外全部附属机构按照监管要求纳入综合并表管理等。

(三) 从业资质。董事、各级高管人员不符合任职资格条件或未经监管部门核准任职资格而履职;风险总监、合规总监、内审及财务负责人未取得任职资格而履职等。

三、规章制度方面

(一) 公司治理。公司章程在机构新设或修订时,未报监管部门批准;两会一层工作规则和制度不科学不完备;未按照法律规章建立党委会、董事会、高管层、监事会各司其职、各尽其责与有效协调的规则;党委会审议重大事项流于形式,董事会、高管层、监事会之间的相互制衡机制不健全等。

(二) 绩效考评。董事会未建立有效制度,确定科学合理的年度经营计划;经营层对业务条线、分支机构、附属机构的绩效考核与评价制度不适应实际,不符合监管要求;监事会未对绩效考评的科学性及有效性进行监督;分支机构、事业部、利润中心的绩效考评规则不科学,实行简单的层层加码、人人加压分派任务指标等。

(三) 风险管控。内部授权、授信制度未充分体现分支机构、不同业务的差异性;并表管理制度无法确保会计并表、业务并表、风险并表、信息系统并表、数据并表等。

（四）员工行为准则。未制定员工管理办法和员工行为准则，或虽有制度规定但未严格执行；制定的员工行为准则未充分体现社会主义核心价值观，操守规定不严谨，合规导向不明确，不利于稳健经营和风险防控等。

四、业务方面

（一）超业务范围经营。超授权开展资产业务，违规开展业务创新，违规授信放贷或投资，包括不符合产业政策、货币政策、财税政策和监管政策规定以及尽职调查不真实等。

（二）账户管理不严格。未严格按规定及要求开立账户；出租账户给市场中介公司进行票据买卖等业务，定期收取固定费用；外包业务，为非本机构员工设立业务部门，实行收益分成。搭便车，不独立开展尽职调查，跟着其他机构放贷等。

（三）不同性质业务界限不清。表内业务和表外业务划分没有遵循严格统一标准，存在故意模糊界限、随意腾挪以逃避监管的行为；自营业务和代客业务统一核算，未设置风险隔离；批发业务和零售业务存在交叉销售；同业往来改变正常性质，机构之间进行大额、频繁负债、理财、信贷业务，产品结构复杂，投机性强等。

（四）虚假业务。虚存虚贷、虚假转让、虚假交易、虚假报表，包括存贷款冲时点、资产规模鼓肚子、资产转让附回购协议、抽屉合同、对倒互转，或在不合规定的交易场所转让资产；资产质量分类不准确，或人为调整分类掩盖不良等。

五、产品方面

（一）拉长或叠加。将传统金融产品"香肠式"拉长，发放贷款后要求一部分转为存款，作为全额保证，开出等额承兑汇票；贷款转存定期存单后，质押发放贷款。将资管产品"套娃式"叠加，无法识别底层资产，无法判断最终债务人的偿债能力等。

（二）不当销售。未进行投资者适当性测试而销售产品；将公募产品与私募产品统一营销和管理，将私募产品销售给大众投资者；私售"飞单"，私自推介销售未经审批的产品；代销其他机构产品而没有清楚说明，使客户误认为是本银行产品；允许其他机构或个体经营人员进入银行场所营销产品；开展强制性捆绑、搭售产品；销售非保本理财时，承诺回报、虚假宣传、掩饰风险、误导客户等。

（三）乱拉存款。采取不正当竞争方式，甚至欺骗、行贿、其他方面利益交换和远期利益输送等方式获取存款。要重点整治针对公共机构和公职人员的违法违纪行为。

六、人员行为方面

（一）关系人员。未实行基本的任职回避和业务回避；与亲友任职机构发生有可能影响公平公正交易而没有主动报告说明；区域性机构以优惠条件录用当地党政领导干部家属子女；机构之间以低于同等条件相互接纳家属或子女就业；以低于同等条件，招收或调入客户的亲属或子女；存在完全"吃空额"或变相"吃空额"问题，或给予关系人员显失公允的薪酬福利待遇等。

（二）辞退员工。员工假借本机构名义谋私利而形成风险，在客户要求赔偿但责任未分清的情况下，辞退员工，声明其行为与本机构无关；出现案件或风险事件后，未进行内部问责和监管问责，先行辞退相关负责人和直接责任人等。

（三）非正常流动。高管、中层、基层人员大批量同时期流动，导致内部控制机制失效等。

七、行业廉洁风险方面

（一）业务经营。不执行法律法规或内部规章要求，开展业务经营谋取个人或小团体好处。包括在信贷审批、资金拆借机构资质、担保公司准入等环节设租寻租；发放贷款直接或间接用于承接本行及其他金融机构出现风险的贷款；同业市场交易报价与交易对手的信用评级不匹配；利用所在机构信用为他人借贷提供担保或协助用款人从其他机构获得融资等。

（二）招标投标。重大项目采购及业务外包未按照规定程序招标、投标。金融机构要求客户接受指定会计师事务所、法律事务所、信用评级公司的服务，作为开展业务的前置条件等。

（三）市场营销。业务经营和产品营销过程中，为大众客户提供现金或非现金好处；对大客户、大企业、大机构相关负责人进行变相商业贿赂；违规与非法中介公司开展业务合作；代销不持有金融牌照的机构发行的产品等。

（四）资产处置。低估资产价值，贱卖资产谋取私利；将正常和关注类贷款与不良资产一起打包处置；未尽职催收债务，核销贷款；附带回购协议打包处置不良资产；不良处置弄虚作假，利用空壳公司或设立其他平台与关联账户融资承接不良贷款等。

（五）泄露信息。银行业金融机构员工泄露本行商业秘密或客户信息，谋取私利等。

八、监管履职方面

（一）持续监管不力。机构筹建尽职调查不到位，数据不真实；超权限审批机构网点、业务范围和董事、高管资格；未按照规定标准实施监管评级，人为抬高或降低机构年度评级；现场检查不尽责，对违法违规机构和人员不问责，准入限制低于法律法规要求等。

（二）监管行为不规范。未按照要求简政放权；权力下放后，又以规划、总结报告等形式实质性上收；将本不该审批的事项，以事前或事后报备的形式进行实质性审批；董事、高管人员任职资格考试制度不健全，或者随意实施等。

（三）滥用职权。利用监管职权，未履行必要手续，直接安排本机构人员到监管对象从事经营管理工作；介绍关系人与被监管对象开展业务；安排关系人到被监管机构工作；离职到被监管机构工作人员，利用原有工作关系谋求监管机构取消或放松监管要求以及其他特殊照顾等。

九、内外勾结违法方面

（一）监管部门与被监管机构。监管部门工作人员有意接受被监管单位提供的虚假文件、证明资料、未审计的财务报告，进行市场准入审批；向当事人或关系人泄露现场检查、案件核查信息。

（二）金融机构与其客户。未尽职调查接受壳公司贷款、关联方融资、重复抵押、违规担保；办理权属证书不真实、抵质押行为不合法、账实不相符的抵质押业务；私刻、盗用印章为客户办理开户、支付、存贷款业务或账外经营；超出授权额度审批信贷、债券交易以及其他业务交易报价等。

十、涉及非法金融活动方面

（一）非法集资。银行业从业人员利用机构名义进行非法集资；银行业从业人员参与民间借贷或非法集资；银行为非法集资组织者提供资金、开户、支付等服务；监管部门未及时向地方政府报告监测到的非法集资情况等。

（二）地下钱庄。未及时监控和发现异常账户；银行境外分支机构为非法移民提供金融服务等。

（三）无照乱办金融。银行业从业人员违规让他人在营业场所开展非法金融业务；未经批准开展跨业、跨境业务经营；对非法设立银行业金融机构和办理银行业务打击、取缔不力等。

中国银监会关于进一步深化整治银行业市场乱象的通知

(银监发〔2018〕4号)

各银监局,机关各部门,各政策性银行、大型银行、股份制银行、邮储银行、外资银行,金融资产管理公司:

为全面贯彻落实党的十九大、中央经济工作会议和全国金融工作会议精神,坚决打好防范化解重大风险攻坚战,银监会决定进一步深化整治银行业市场乱象。现将有关事项通知如下:

一、全面开展评估工作

各银行业金融机构和各级监管机构要高度重视,周密安排,精心组织,成立领导小组,层层实行"一把手"负责制,并结合实际制定工作实施方案,确保组织到位、推进到位、落实到位。要全面评估2017年已开展的"三三四十"、信用风险专项排查、"两会一层"风控责任落实等专项治理工作,对照2018年整治银行业市场乱象工作要点,梳理本机构、本部门、本地区存在的突出问题和风险隐患。各银行业金融机构重点评估自查是否全面深入、问题是否真实准确、整改是否及时彻底、问责是否严格到位、发现的风险是否有效化解、制度短板是否得到弥补、制度执行力是否得到加强以及当前仍存在哪些突出问题等。各级监管机构重点评估是否存在检查不深不透、应查未查、发现问题隐瞒不报、应罚未罚及处罚偏松偏软等问题和下一步监管重点,形成"整改—评估—整改"的工作机制。

二、统筹推进各项工作

(一)坚持即查即改。各银行业金融机构要把整治银行业市场乱象作为一项常态化的重点工作,与业务经营管理、体制机制改革、合规文化建设等相结合,同研究、同部署、同落实。要切实履行主体责任,将整治乱象转化为内控管理自觉行为,边排查边整改,边问责边教育,边规范边提升,真正敬畏规则、合规经营。

(二)开展现场检查。各级监管机构要把整治银行业市场乱象作为现场检查的重点,突出问题导向和风险导向,结合日常监管情况,找准重点机构、重点风险和重点业务,统筹确定检查对象、范围和比例,有的放矢,精准发力。要注重专项检查与常规检查相结合,采取"双随机"方式,切实提升检查的针对性和有效性。

(三)加强督促指导。银监会各机构监管部和各银监局要按照工作职责,加强对本条线、本地区重点机构和重点业务的督促指导,原则上全年不少于2次。对督导发现存在不重视、行动慢、落实差甚至搞形式主义等情况,要严肃通报、追责问责。银监会将于2018年下半年组织专门工作小组对重点地区进行督导,总结交流经验,及时纠正解决方案不细、情况不清、乱象较多、案件多发频发、处罚偏松偏软等问题。

三、切实规范各类报告

(一)评估报告

1. 报告路径和时间要求

各银行业金融机构法人应在汇总分支机构评估情况基础上,于2018年3月10日前将评估报告报送监管部门。其中,银监会直接监管的全国性银行业金融机构报送至对口的机构监管部门,同时抄送现场检查局、审慎局和法规部;各地方法人机构报送至属地银监局。

各银监局要汇总辖内机构情况和自我评估情况,于2018年3月20日前将辖内汇总评估报告报送至现场检查局,同时抄送审慎局和法规部,并按机构类别汇总相关报告报送至对口的机构监管部门。

各机构监管部要按机构类别汇总本条线评估情况,于2018年3月底前将评估报告报送分管会领导,同时抄送现场检查局、审慎局和法规部。

2. 报告内容

报告应简要概括,突出重点,内容包括但不限于：2017年已开展的专项治理工作评估情况,包括发现的主要问题、问题处置和风险化解情况、整改和问责情况、治理工作存在的不足等;当前存在的主要问题或风险隐患;下一步工作措施等。

(二)工作报告

1. 报告路径和时间要求

各银行业金融机构应分别于2018年6月10日前和12月10日前报送阶段性工作报告和年度工作报告及附表,报告路径同上。

各银监局应认真开展现场检查,并督促指导辖内机构开展整治工作,分别于2018年6月20日前和12月20日前报送阶段性工作报告和年度工作报告、附表及1~2个典型案例,报告路径同上。

各机构监管部应扎实开展督导督查,并汇总本条线机构工作情况,分别于2018年6月底前和12月底前报送阶段性报告和年度报告及附表。

现场检查局应于2018年7月10日前和2019年1月10日前分别完成汇总并上报。

2. 报告内容

包括但不限于：组织实施情况；发现的主要问题和风险隐患；采取的工作措施及成效；下一步计划和意见建议等。

整治工作期间发现的重大风险和重大问题,各银行业金融机构和各级监管机构要及时报告。

四、依法严肃处罚问责

各银行业金融机构要建立问题台账,逐一落实整改,明确时限、责任到人,并严格按照党纪、政纪和内部规章进行问责。各级监管机构要及时采取监管措施予以纠正,对严重违法违规行为、屡查屡犯问题、重大案件和风险事件,要依法处罚问题机构和责任人。各级监管机构要严肃各项纪律，严格按照中央"八项规定"和纠正"四风"要求，自觉遵守各项制度规定，依法廉洁开展工作，规范监管行为，防范道德风险。对违反纪律的行为，各级纪检监察部门要坚决纠正，严肃查处。

  附件：1. 进一步深化整治银行业市场乱象的意见
     2. 2018年整治银行业市场乱象工作要点

2018年1月12日

附件1

进一步深化整治银行业市场乱象的意见

为深入贯彻落实党的十九大、中央经济工作会议和全国金融工作会议精神，把主动防范化解金融风险放在更加重要的位置，持续推动整治银行业市场乱象向纵深发展，切实规范银行业经营行为，严守不发生系统性金融风险的底线，现提出以下工作意见。

一、提高思想认识

各银行业金融机构和各级监管机构要准确把握习近平新时代中国特色社会主义思想的理论精髓，充分认识到金融安全事关国家安全、事关治国理政，充分认识到整治市场乱象是防范系统性金融风险的重要内容，充分认识到深化整治银行业市场乱象的长期性、复杂性和艰巨性。要在思想上政治上行动上与以习近平同志为核心的党中央保持高度一致，不折不扣落实党中央、国务院关于金融工作的决策部署，以深化整治银行业市场乱象为重要抓手，切实回归服务实体经济本源，坚决打好防范化解重大风险攻坚战。

二、明确工作目标

各银行业金融机构和各级监管机构要通过深化整治银行业市场乱象，使违法违规问题突出、大案要案高发频发的势头得到有效遏制；使促进资金脱虚向实、回归服务实体经济本源的基础得到切实巩固；使银行业专注主业、实现差异化发展的态势得到加强延续；使依法合规展业、稳健经营发展的文化得到培育深植。

三、深化问题导向

各银行业金融机构和各级监管机构要把发现问题和解决问题作为深化整治银行业市场乱象的出发点和落脚点，紧盯问题多的机构、乱象多的区域、风险集中的业务领域。要坚持"靶向"治疗和重点整治，什么问题查得不彻底就查什么、什么乱象最突出就整治什么、什么方面整改不到位就整改什么、什么责任没有落实就问责什么，着力祛除市场乱象"顽疾"。

四、突出整治重点

各银行业金融机构和各级监管机构要抓住服务实体经济这个根本，严查资金脱实向虚在金融体系空转的行为，严查"阳奉阴违"或选择性落实宏观调控政策和监管要求的行为，积极贯彻新发展理念，形成金融和实体经济、金融和房地产、金融体系内部的良性循环。要抓住完善公司治理这个基础，把整治重点放在规范股东行为、加强股权管理、推动"三会一层"依法合规运作等方面。要抓住影子银行及交叉金融产品风险这个重点，严查同业、理财、表外等业务层层嵌套，业务发展速度与内控和风险管理能力不匹配，违规加杠杆、加链条、监管套利等行为。要抓住依法合规经营这个着力点，坚决根治普遍存在的合规意识淡薄、制度缺失、屡查屡犯等问题痼疾。要抓住金融消费者权益这个关键，严查乱设机构、乱办业务、违法违规销售、利益输送等行为，加强信息披露和金融产品适当性管理，规范市场竞争秩序，切实保障消费者合法权益，维护公众信心。

五、严查案件风险

案件风险是银行业市场乱象最集中、最典型、最突出的表现形式。各级监管机构要按照"一案一策、分类处置、标本兼治"的工作思路，严肃查处银行业案件和重大风险事件。要督促案发机构及时启动应急处置措施及内部问责机制，严肃处理，严肃问责。要按照"一案三查、上追两级"的要求，对案发机构和涉案机构依法处罚问责，同时综合使用审慎监管措施，让违法违规的机构和人员都要付出代价，切实维护银行业良好秩序。要坚持以公开为常态、不公开为例外，按照有关规定及时公布处罚情况，切实发挥"处罚一个、震慑一片"的警示作用。

六、落实主体责任

各银行业金融机构要压实深化整治银行业市场乱象的主体责任。要把加强党的领导贯穿于全过程，党委会要将深化整治银行业市场乱象作为重大决策，专题研究、专题部署；纪委要全程监督纪律执行和任务落实，按照党纪、政纪和内部规章，加大对违法违规人员的问责力度，切实解决内部问责流于形式、处理浮于表面的问题。董事会要担负起最终责任，董事长是第一责任人；高管层要担负起执行责任；监事会要担负起监督责任；上级机构要担负起管理责任，真正使铁的制度、铁的纪律得到铁的执行。

七、把握力度节奏

各银行业金融机构和各级监管机构要坚持稳中求进，在守住不发生系统性金融风险的底线上求稳，在处置违法违规问题、重大案件和高风险事件上求进，坚决整治各类扰乱银行业市场秩序的乱象。要循序渐进，密切关注宏观形势和市场变化，把握好力度和节奏，制定阶段性目标，防止出现政策叠加和力度叠加，防范"处置风险的风险"。要新老划断，对于存量业务，区分问题性质、产生原因和造成后果等情况，给予一定的消化期和过渡期，差别化处置；对于整治银行业市场乱象工作开展以后（2017年5月1日后）的新增业务，严格按照法律法规进行规范，依法查处。要分类施策，坚持自查自纠从宽、监管发现从严，对主动发现、主动处置、主动作为的提高监管容忍度；对监管发现、主观恶意、性质恶劣、情节严重的依法从严处罚，特别是对重大案件和风险事件，依法予以顶格处罚。

八、履行监管责任

各级监管机构要坚持"监管姓监"，依法监管，从严监管，廉洁监管，形成有风险没有及时发现就是失职、发现风险没有及时提示和处置就是渎职的严肃监管氛围。要坚持全面监管，既要管传统业务，也要管创新业务；既要管有牌照的违法违规行为，也要管"无牌经营"。对于存在制度短板或监管"盲区"的，要及时弥补、及时纠正，增强监管规则的科学性、针对性。要坚持执法必严、违法必究，严格执行法律、法规和纪律，做到没收违法所得与罚款并重、处罚机构与处罚人员并举，对于涉及其他金融监管部门职责的依法移送相关部门，涉嫌违法犯罪的依法移送司法机关，着力解决监管问责不到位、偏松偏软和区域差异较大等突出问题。各级纪检监察部门要切实发挥监督作用，对监管职责履行不到位、监管权力行使不规范、监管问责处罚不严不实的机构或部门，严格依规依纪进行问责处理。

九、形成监管合力

各级监管机构要强化并表监管，突出功能监管和行为监管，明确各自责任。机构监管部门要加强督导督查；功能和规制监管部门要加强政策指导、数据支持、法律保障和技术支撑；各银监局要扎实开展本辖区的检查和督导工作；各级纪检监察部门要加强整治工作期间的监督执纪问责；各级巡视部门要将深化整治银行业市场乱象作为政治巡视的重要内容。要充分发挥监管、监察和巡视的综合效应，发挥理财登记托管中心、银行业信贷资产登记流转中心、信托登记公司等机构作用，发挥信访、投诉、举报、舆情等社会监督功能，综合运用审慎监管措施、机构监管评级、高管履职评价、行政处罚以及移送司法等手段，加强同银行业金融机构各协会、机构内审部门和外部审计机构的沟通联动，不断增强监管有效性。要自觉服从国务院金融稳定发展委员会的领导，加强与其他金融监管部门的监管协作，强化监管合力。

十、建立长效机制

各银行业金融机构要以深化整治银行业市场乱象为切入点，严格自查自纠，弥补内部控制失效、风险管理不力、制度建设和执行力严重不足的短板，纠正片面追求规模扩张、高速发展的粗放式经营理念，注重向管理要效益、向质量要效益、向服务要效益，真正形成"不能违规、不敢违规、不愿违规"的合规文化。各级监管机构要以深化整治银行业市场乱象为突破口，进一步补齐监管制度短板，形成以制度管业务、以制度管机构、以制度管人员的良好机制，切实解决产生乱象的体制机制问题，进一步优化银行业健康发展的生态环境。

附件 2

2018 年整治银行业市场乱象工作要点

一、公司治理不健全

1. 股东与股权方面。股东资质不符合规定条件；股东虚假出资、出资不实、抽逃或变相抽逃出资；股东入股资金来源不符合要求，以委托资金、债务资金或其他非自有资金入股；股东委托他人或接受他人委托持有银行股权，存在隐形股东、股权代持等现象；未经批准超比例持有银行股权，或股东及其控股股东、实际控制人、关联方、一致行动人、最终受益人等通过隐瞒、欺骗等不正当手段超比例持有银行股权；违规持有多家商业银行股权；股东不作为，未履行规定的义务；股东乱作为，频繁变更或违规变更股权，或挪用银行资金进行股权交易和并购活动，或滥用权利损害商业银行、存款人、其他股东利益；主要股东直接干预银行经营管理，进行利益输送等。

2. 履职与考评方面。"三会一层"履职不到位，股东大会未有效发挥管控作用，董事会缺乏对战略定位、风险偏好、业务发展速度和规模的合理控制，监事会对董事会与高管层的监督职能未充分发挥，董事会和监事会人员缺位现象突出；董事会下设审计委员会、关联交易控制委员会、薪酬与考核委员会等专业委员会形同虚设，未实际履职或履职不到位、不充分；绩效考评指标设置不合理，合规经营类指标和风险管理类指标权重低于其他类指标，或业务指标层层加码；设立时点性存款规模考评指标，或设定以存款市场份额、排名或同业比较为要求的考评指标；绩效薪酬的延期支付比例不合规，或未能与业务的风险持续时期相匹配，或违规提前支付等。

3. 从业资质方面。董事、高级管理人员未经监管部门核准任职资格而履职；风险总监、合规总监、内审及财务负责人等需要任职资格核准的人员未取得任职资格而履职；董事、高级管理人员任职资格条件发生重大变化导致其不再符合任职资格条件或影响正常履职的，未主动向监管部门报告并采取相应措施等。

二、违反宏观调控政策

4. 违反信贷政策。违规将表内外资金直接或间接、借道或绕道投向股票市场、"两高一剩"等限制或禁止领域，特别是失去清偿能力的"僵尸企业"；违规为地方政府提供债务融资，放大政府性债务；违规为环保排放不达标、严重污染环境且整改无望的落后企业提供授信或融资；违规为固定资产投资项目提供资本金，或向不符合条件的固定资产投资项目提供融资，导致资金滞留或闲置；不尽职审查和管理，导致用于支持棚户区改造、精准扶贫、乡村振兴战略等民生领域的贷款被侵占或挪用；人为调整企业标准形态，规避小微企业贷款指标等。

5. 违反房地产行业政策。直接或变相为房地产企业支付土地购置费用提供各类表内外融资，或以自身信用提供支持或通道；向"四证"不全、资本金未足额到位的商业性房地产开发项目提供融资；发放首付不合规的个人住房贷款；以充当筹资渠道或放款通道等方式，直接或间接为各类机构发放首付贷等行为提供便利；综合消费贷款、个人经营性贷款、信用卡透支等资金用于购房等。

三、影子银行和交叉金融产品风险

6. 违规开展同业业务。同业治理改革不到位；违规突破监管比例规定或期限控制开展同业业务；违规通过与银行、证券、保险、信托、基金等机构合作，隐匿资金来源和底层资产，未按照"穿透式"和"实质重于形式"原则进行风险管理并足额计提资本及拨备，或未将最终债务人纳入统一授信和集中度风险管控；同业投资违规多层嵌套，存在隐匿最终投向、突破投资范围与杠杆限制、期限错配等情形；同业业务接受或提供了直接或间接、显性或隐性的第三方金融机构信用担保，或违规签订"抽屉协议""阴阳合同"、兜底承诺等；违规通过同业业务充当他行资金管理"通道"，未履行风险管理职责，不掌握底层基础资产信息和实际风险承担情况等。

7. 违规开展理财业务。理财治理改革不完善、不到位；自营业务和代客理财业务未设置风险隔离；理财产品间未实现单独管理、建账和核算，违规开展滚动发行、集合运作、分离定价的资金池理财业务；利用本行自有资金购买本行发行的理财产品，本行信贷资金为本行理财产品提供融资或担保；违规通过发放自营贷款承接存在偿还风险的理财投资业务；理财产品直接投资信贷资产，直接或间接对接本行信贷资产收益权；为非标准化债权资产或股权性融资提供直接或间接、显性或隐性的担保或回购承诺；理财资金投资非标准化债权资产的余额超过监管规定；理财资金通过信托产品投资于权益类金融产品或具备权益类特征的金融产品，但未严格执行合格投资者标准等。

8. 违规开展表外业务。未制定划分表外业务和表内业务的严格统一标准，存在故意模糊界限、随意腾挪的行为；违规开展跨业通道业务，利用各类信托计划、资管计划、委托贷款等，规避资金投向、资产分类、拨备计提、资本占用等监管规定或将表内资产虚假出表；存在名义上为银行代销资管产品，实际上由代销银行主导相关项目，并签订隐性回购条款承担实质风险，或在出现风险后以自营资金承接代销业务风险资产；接受委托人为金融资产管理公司和经营贷款机构的委托贷款业务申请；违规开展资金来源或资金用途不符合规定的委托贷款；委托贷款和自营业务未严格隔离风险，或未实行分账核算、分级授权管理；以信贷资产或资管产品为基础资产，通过特定目的载体以打包、分层、份额化销售等方式，在银行间市场、证券交易所市场以外的场所发行类资产证券化产品，实现资产非洁净出表并减少资本计提等。

9. 违规开展合作业务。选择交易合作对手不审慎，未按规定建立合作机构名单制；与非金融机构开展合作时，存在未有效履行资质审查、尽职调查及后续监督义务等情形；违规开展信托目的违法违规的银信类业务；违规与类金融机构、非持牌金融机构等开展合作；违规与非法中介公司开展业务；违规接受未取得融资担保业务经营许可证的第三方机构提供担保、增信服务以及兜底承诺等变相增信服务；违规为无放贷业务资质的机构提供资金发放贷款，或与无放贷业务资质的机构共同出资发放贷款；违规直接或变相投资以"现金贷""校园贷""首付贷"等为基础资产发售的类证券化产品或其他产品等。

四、侵害金融消费者权益

10. 不当销售。假借所属机构名义私自推介、销售未经审批产品的私售"飞单"行为；擅自修改上级单位合同文本，或改造、变造上级单位发行的产品并违规进行销售；代销金融监管机构监管范围外的、不持有金融牌照的机构发行的产品；将代销产品与存款或自身发行的理财产品混淆销售，或允许非本行人员在营业网点从事产品宣传推介、销售等活动；销售理财产品时，承诺回报、虚假宣传、掩饰风险、误导客户；强制捆绑、搭售或诱导客户购买与其风险承受能力不相符合的产品；违背"双录"要求；违规代客操作等。

11. 不当收费。存在以贷转存、存贷挂钩、以贷收费、浮利分费、借贷搭售收费、一浮到顶、转嫁成本等七类附加不合理贷款条件的违法违规行为；违规对小微企业收取承诺费或资金管理费；只收费不服务或其他质价不符的行为等。

五、利益输送

12. 向股东输送利益。违规为股东的融资行为提供显性或隐性担保；直接通过或借道同业、理财、表外等业务，突破比例限制或违反规定向股东提供资金；直接或变相接受本机构股权质押套取资金；股东质押本机构股权数量达到或超过其持有本机构股权的50%时，未对其在股东大会和派出董事在董事会上的表决权进行限制；为股东提供的产品、服务等支付明显高出市场公允价格的费用等。

13. 向关系人员输送利益。直接或变相向关系人发放信用贷款，或员工以优于其他同类客户条件获取本行贷款；以低于同等条件，招收或调入客户的亲属或子女；存在"吃空额"或变相"吃空额"问题，或给关系人员显失公允的薪酬福利待遇；公款存放主体相关负责人员的配偶、子女及其配偶和其他直接利益相关人员为银行业金融机构员工的，未按规定实行回避；对大客户、大企业、大机构相关负责人进行变相商业贿赂等。

六、违法违规展业

14. 未经审批设立机构并展业。未经批准设立分支机构、网点，包括异地事业部、业务部、管理部、代表处、办事处、业务中心、客户中心、经营团队等，并从事业务活动；村镇银行跨经营区域发放贷款、办理票据承兑与贴现（不含转贴现）业务；分支机构或专营机构超法定范围开展业务；超范围授权分支机构开展同业、票据业务等。

15. 违规开展存贷业务。虚存虚贷；授信集中度管理不力，存在多头授信、过度授信、不适当分配授信额度等情形；超授权额度审批并发放贷款；贷款三查严重不尽职，接受壳公司贷款、重复抵质押、虚假抵质押、违规担保；以代销名义向不符合贷款条件的企业进行融资；违规发放流动资金贷款用于固定资产投资或股权投资；违规通过第三方中介、返利、延迟支付、以贷转存、以贷开票等方式吸存；违规通过理财产品、同业业务倒存，虚增存款规模等。

16. 违规开展票据业务。违规办理无真实贸易背景银行承兑汇票业务；滚动循环签发银行承兑汇票，以票吸存，虚增资产负债规模；违规办理不与交易对手面签、不见票据、不出资金、不背书的票据转贴现"清单交易"业务；违规通过"即期卖断+买入返售+远期买断"、假买断或卖断、附回购承诺、逆程序操作等方式,规避监管要求;违规办理商业票据业务;违规将票据资产转为资管计划,以投资代替贴现,减少资本计提;违规与票据中介、资金掮客合作开展票据业务或票据交易等。

17. 违规掩盖或处置不良资产。资产质量分类严重失真,或人为调整分类掩盖不良;违规通过重组贷款、虚假盘活、过桥贷款、以贷收贷、签订抽屉协议或回购协议等掩盖资产质量;通过各类资管计划违规转让等方式实现不良资产非洁净出表或虚假出表;利用空壳公司或设立其他平台与关联账户融资承接不良贷款;将正常和关注类贷款与不良资产一起打包处置,或附带回购协议打包处置不良资产等。

七、案件与操作风险

18. 员工管理不到位。内外勾结盗用、挪用、套取银行或客户资金;从事非法金融活动,或利用机构名义为非法金融活动提供资金、服务等;利用职权违法违规对外担保;参与民间借贷、非法集资、充当资金掮客、经商办企业或在企业兼职等;未制定或认真执行定期轮岗、强制休假的规定;员工准入和问责不严助推"带病"流动等。

19. 内控管理不到位。违规开立同业账户,或将同业账户出租给第三方使用;未向交易对手的一级法人核实授权真实情况;违规让他人随意进出和使用营业场所或办公场所;违规让他人在营业场所或办公场所开展非法金融业务;违反规定或管理不善造成关键印章失窃、遗失或被盗用;违反规定刻制印章、私自携带印章外出或未经审批在办公场所外使用印章等。

20. 案件查处不到位。案件信息报送不及时,迟报、瞒报、漏报相关信息;应急处置措施不到位,导致资金、资产损失和声誉风险;案件调查不深入,对作案手段、发案原因未查实、不深究;处罚问责力度与案件危害程度不匹配,监管处罚和机构内部问责宽松软,涉嫌刑事案件但未主动移送司法机关;风险排查走过场,后续整改流于形式,同质同类案件反复发生等。

八、行业廉洁风险

21. 业务经营方面。员工利用职务上的便利索取、收受贿赂,或违反国家规定索取、收受各种名义的回扣、手续费;在授信条件、业务审批、合作机构资质、交易对手选择、采购或外包业务招投标等环节设租寻租;放松条件为他人提供融资便利或协助他人从其他金融机构获取融资,以此为个人或关系人谋利;采取不正当竞争方式,甚至欺骗、行贿、其他方面利益交换和远期利益输送等方式获取存款;变相提高实体经济融资成本,以获取不当经营收入等。

22. 信息管理方面。违法违规查询、获取、使用、泄露、出售客户信息或商业秘密,以谋取私利;利用职责便利获取内幕信息、参与内幕交易;违规披露或泄露相关信息,造成负面影响甚至引发声誉风险等。

此外,监管履职方面。超越法定权限或违反法定程序实施监管行为;对发现的违法违规行为未依法予以处理,或在查处中滥用自由裁量权或选择性执法;无正当理由未在规定时限内办结行政许可等监管事项;在监管工作中隐瞒欺骗、弄虚作假,或有不廉洁行为;在监管工作中出现重大失误,造成重大影响或严重损失等。

中国银监会办公厅关于开展银行业"违法、违规、违章"行为专项治理工作的通知

(银监办发〔2017〕45号)

各银监局,机关各部门,各政策性银行、大型银行、股份制银行,邮储银行,外资银行,金融资产管理公司:

为进一步防控金融风险,治理金融乱象,坚决打击违法违规违章行为,督促银行业金融机构加强合规管理,扎严"制度笼子",稳健规范发展,更好地服务于实体经济,决定在银行业金融机构中全面开展"违反金融法律、违反监管规则、违反内部规章"(以下简称"三违反")行为专项治理工作。现将有关事项通知如下:

一、明确目标任务,坚持问题导向

当前银行业金融机构制度存在一些漏洞和"牛栏关猫"现象,有章不循、违规操作等问题屡查屡犯、屡罚屡犯,必须进行全面治理。通过开展"三违反"行为专项治理,促使银行业金融机构进一步深化合规文化建设,筑牢依法依规依章经营的制度基础和机制保障,消除风险管控盲区,切实做到令行禁止,着力打造"铁的信用、铁的制度、铁的纪律",确保"不越监管底线、不踩规章红线、不碰违法违规高压线"。

各银行业金融机构和各级监管机构要充分认识开展"三违反"行为专项治理工作的重要性,切实按照要求做好治理工作。一是认真落实治理工作的主体责任和监管责任,正视问题和风险隐患、敢于揭盖子,要举一反三,以小见大,注重查错纠弊,严厉整改问责。二是深刻认识违规可能带来的惨痛代价,树立依法经营、合规经营、安全经营创造效益的理念,使金融法律、监管规则、内部规章都成为带电的高压线。三是紧盯关键制度、关键岗位、关键人员,重点关注二级及以下分支机构及其负责人,加强薄弱环节、案件多发领域风险排查,对合规管理抓早抓小,真正发挥内部规章制度"第一道闸门"作用。四是将监管规则内植于经营管理,嵌入整个运行体系,查缺补漏,筑好"篱笆",做到有规可依、有规必依、纠查必严、违规必惩。对存在问题的机构和员工,要发现一起查处一起。涉嫌违法犯罪的要及时移送司法机关。五是继续弘扬"铁账本、铁算盘、铁规章"的"三铁"传统,"管好自己的员工,做好自己的业务,看好自己的资金"。各级监管机构要增强同风险赛跑的意识,履行好守护人的职责。

二、加强组织领导,扎实有序推进

(一)总体安排。银行业金融机构负责组织实施本系统各级机构自查;银监会各机

构监管部门负责组织推动所监管机构的自查、"上对下"抽查,并进行督导;银监会现场检查局负责组织推动对银行业金融机构的监管检查工作;各银监局负责组织推动辖内机构的自查工作,并组织实施对辖内机构的监管检查。机构自查和监管检查的业务范围均为2016年末有余额的各类业务,必要时可以上溯或下延。

(二)机构自查。各银行业金融机构要开展全系统自查及上对下抽查,全面覆盖体制、机制、系统、流程、人员及业务,结合自身特点细化自查方案,自主确定自查和"上查下"的机构数量和业务比例。自查和"上查下"要有组织、有安排、有实施、有记录,自查发现案件线索的,要及时移送司法机关。对机构应查未查、应发现未发现、应处未处和处理不到位的问题,监管机构一经发现,从严从重处理。

(三)监管检查。银监会各机构监管部门根据日常监管掌握情况,结合以往非现场监管和现场检查发现的问题和风险隐患开展督导工作。各银监局要切实履行属地监管职责,可根据辖内风险状况自行确定检查机构的数量和业务比例,结合被查机构经营特点细化检查方案。监管检查原则上采取"双随机"方式进行,应实现辖内机构类别全覆盖,并注重对法人机构的检查。同时,各银监局在2017年实施的所有检查项目中,都应全面落实"三违反"专项治理工作的检查要点。

三、落实报告要求,确保治理实效

(一)机构自查报告

1. 报告路径。各银行业金融机构应在汇总分支机构自查情况基础上,于2017年6月12日前将自查报告(文字及附表)报送监管部门。其中,银监会直接监管的法人机构将自查报告报送至银监会对应的机构监管部门,并抄送现场检查局;地方法人机构将自查报告报送至属地银监局(分局),并抄送银监会对应机构监管部门和现场检查局;银行业金融机构各级分支机构应将本级自查情况报送至属地银监局(分局)。对自查发现的重大违规问题,应及时专题报送。

2017年11月30日前,各银行业金融机构要全面完成自查、上查下以及监管检查发现问题的整改和问责工作,并形成报告(文字及附表)报送监管部门,报告路径同上。

2. 报告要求。银行业金融机构的自查报告将作为非现场监管和现场检查的重要参考依据,须由主要负责人签发。自查报告的内容应包括:一是自查工作组织实施情况;二是内部规章与合规机制基本情况及总体评价;三是自查发现的主要问题;四是问题存在的原因;五是整改和问责工作的具体情况,包括整改和问责进度安排、已(拟)采取的整改和问责措施、责任部门及责任人、对未整改的问责问题的说明等,并附整改问责台账;六是对监管工作的建议;七是下一步工作措施等。

(二)监管检查报告

1. 报告路径。各银监局的监管检查应形成"1+N"份检查报告,即1份汇总辖内检查工作情况的总报告,N份按行别或机构类别汇总的分报告。其中,银监会直接监管机构的分支机构,以及城市商业银行、农信社、新型农村金融机构分别汇总,非银行金融机构按信托公司、财务公司、金融租赁公司、消费金融公司等机构类别分别汇总。

各银监局于 2017 年 6 月 12 日前报送检查报告、附表及典型案例。6 月底前报送现场检查意见书。7 月底前报送"三违反"专项治理最终处理处罚结果（文字及附表）。上述材料报送银监会现场检查局的同时，抄送对应机构监管部门。

2017 年 6 月 30 日前，银监会各机构监管部门汇总、上报所监管条线机构自查、监管督导及监管检查情况。现场检查局汇总、上报银监会"三违反"行为专项治理检查情况。

2. 报告内容。各银监局的检查报告应包括以下内容：一是监管检查的组织实施情况；二是机构内部规章及合规管理机制建设和执行的总体情况；三是检查发现的主要问题和风险隐患；四是问题的原因分析；五是采取的审慎监管措施，以及已（拟）处理处罚措施；六是相关政策建议等。

各银监局在监管检查中要注意收集整理 2~3 个典型案例，对分支机构因总行制度缺陷和管理漏洞而发生的问题，应在检查报告中予以体现。同时，对检查中发现的重大风险问题，应及时专题报送银监会。

（三）监管措施

银监会各机构监管部门和各银监局应结合机构自查、监管督导、监管检查和日常监管掌握的问题，提出针对性的监管意见，一行一策，督促机构严格整改问责。并视情况采取责令暂停业务、停止批准开办新业务、停止批准增设分支机构、责令调整董事及高管等审慎监管措施。

四、严肃整改问责，依法廉洁监管

对"三违反"专项治理工作中发现的问题，银行业金融机构要落实风险管控的主体责任，切实整改，严肃问责。对一时难以整改问责到位的问题，要建立台账，明确时限，责任到人。各级监管机构要强化监管处罚，真正落实"三铁三见"要求。一是对自查工作不落实、屡查屡犯不收手、整改问责不到位、监管检查不配合的机构，要依法从严采取监管措施。二是切实做到应处必处，应罚尽罚，特别是对于重大经营管理信息的隐瞒不报、花样翻新的利益输送等问题，要从严从重处罚。对高管人员违规参与非法融资活动的，坚决依法取消任职资格。对检查发现的案件线索，要及时移送司法机关。三是依法建立处罚机制。既要没收非法所得，也有处以罚款；要对违规机构和相关责任人员实施"双罚"。要将处罚结果与市场准入、履职评价、监管评级等挂钩；要进行通报和曝光，强化震慑效应。

各级监管机构要严格按照中央"八项规定"精神和整治"四风"要求，依法廉洁开展治理工作，严格执行银监会现场检查纪律，严格遵守保密规定，对于违反各项纪律的行为要坚决纠正并严肃处理。

为统筹推进"三违反"行为专项治理工作，请各银监局确定一名局级领导牵头负责，并确定一名处级干部担任联络人，于 3 月底前将相关人员名单及联系电话发送银监会现场检查局。

附件：1. 银行业金融机构"违法、违规、违章"行为专项治理工作要点
　　　2. 附表 1~7（略）

中国银行业监督管理委员会办公厅
2017 年 3 月 28 日

附件 1

银行业金融机构"违法、违规、违章"行为专项治理工作要点

一、制度建设

全面梳理各项内部制度，排查制度与监管法律、法规、规章和指导性文件等监管规定的对接情况，审视内部制度的全面性、完善性、合规性。根据业务和风险的新变化、新现象、新特征，梳理各类规章制度，填补制度空白，更新已滞后于业务和发展的规则。要点如下：

（一）是否建立健全内部制度体系，对各项业务活动和管理活动制定全面、系统、规范的业务制度和管理制度，重要制度是否缺失。

（二）是否建立制度评价和完善机制，及时根据监管法律、规则和准则的变化情况，修订内部政策制度。

（三）内部制度是否充分体现各项监管要求，特别是信贷、同业、理财等业务方面的"三个办法、一个指引"、《关于规范金融机构同业业务的通知》（银发〔2014〕127号）、《关于规范商业银行同业业务治理的通知》（银监办发〔2014〕140号）、《关于规范商业银行理财业务投资运作有关问题的通知》（银监发〔2013〕8号）等重要监管规定，公司治理、内部控制、合规管理、风险管理、资本管理等方面的《商业银行公司治理指引》（银监发〔2013〕34号）、《商业银行内部控制指引》（银监发〔2014〕40号）、《商业银行合规风险管理指引》（银监发〔2006〕76号）、《银行业金融机构全面风险管理指引》（银监发〔2016〕44号）、《商业银行资本管理办法（试行）》（中国银监会令2012年第1号）等重要监管规定，服务收费、小微金融支持等政策方面的《商业银行服务价格管理办法》（中国银监会、国家发展改革委令2014年第1号）、《关于进一步落实小微企业金融服务监管政策的通知》（银监发〔2015〕38号）等重要监管要求，是否均在内部制度中予以体现。

（四）内部制度是否与监管规定相冲突或存在规定空白，内部制度规定是否绕道监管或逃避监管，选择性理解或曲解监管要求等。

二、合规管理

重点评估合规文化的塑造，合规意识与经营战略和风险偏好的结合，合规管理体系的建立和运行、合规行为激励等。要点如下：

（一）是否建立合规文化，确立合规意识，并将发展战略、风险偏好与合规理念有机结合。

（二）全体员工是否树立合规意识，特别是高管人员、关键岗位人员的合规意识是否到位。

（三）是否建立内部监督检查机制，"三道防线"尤其是法律合规、内部审计等部门在合规管理、整治"三违反"方面是否有效发挥作用。

（四）绩效考核是否充分体现合规因素，是否将监管处罚、监管发现问题、监管要求落实情况纳入绩效考核的范围。

（五）是否建立了有效的合规问责制度，严格对违规行为及有关人员进行责任认定与追究。是否存在问下不问上、以罚款代替纪律处分情况。

（六）是否建立有效案件防控机制，对案件线索或风险苗头能否及时发现并处理，对内外勾结骗贷、员工盗取客户资金等违法案件是否及时移送司法机关。

（七）是否制定了员工行为规范的相关制度，明确对员工的禁止性规定。

（八）是否加强对员工行为的监督和排查，建立员工异常行为举报、查处机制。

（九）对员工的合规培训是否到位等。

三、风险管理

重点评估全面风险管理体系的建立和运行情况，特别是流动性风险管理情况。要点如下：

（一）是否建立全面风险管理体系，及时识别、计量、评估、监测、报告和控制或缓释信用风险、市场风险、流动性风险、操作风险、国别风险、银行账户利率风险等各类风险。

（二）全面风险管理治理结构是否完善，组织架构是否健全，董事会、监事会、高管层、业务部门、风险管理部门和内审部门在风险管理中的职责分工是否明确，运行是否顺畅。

（三）是否制定清晰的风险管理策略、风险偏好并定期进行评估调整，是否设定风险限额并监控限额情况。

（四）风险管理政策和程序是否完善，覆盖面是否完整，是否根据风险偏好和风险状况及时评估资本和流动性的充足情况。

（五）是否制定应急计划特别是流动性应急计划，确保能及时应对和处理紧急或危机情况，是否定期更新、演练或测试应急计划。

（六）是否针对各类风险建立明确的内部评价考核机制，将各分支机构或主要业务条线形成的风险与其收益挂钩。

（七）是否将全面风险管理纳入内部审计范畴，定期审查和评价全面风险管理体系的充分性和有效性。

四、流程及系统控制

重点评估管理及业务流程对"三违反"行为的约束力，信息系统对业务管理的支撑和各类风险的刚性控制。要点如下：

（一）是否准确识别各项业务活动、管理活动的合规点及风险点，并采取适当的控制措施。

（二）各项监管规定及内控要求是否嵌入信息系统，通过系统刚性控制实现对业务及管理活动的有效制约。

（三）信息系统能否贯穿各级机构、覆盖各个业务领域，实现经营管理的信息化。

（四）信息系统能否有效实现对关键风险事项、重点控制环节的风险控制。

（五）信息系统能否为管理提供有力支撑，能否及时、准确提供经营管理所需要的各种数据。

（六）管理信息系统能否提供有效技术支撑，实现准确、及时、持续地计量、监测、管控和汇总各类风险状况。

五、"三违反"突出领域

重点评估乱设机构、乱办业务，不当利益输送，信贷、票据、同业、理财、信用卡等重点业务领域的风险突出环节，及信息披露不合规、重大经营管理信息隐瞒不报等问题，以检查业务的方式倒查内部制度和合规管理存在的问题。要点如下：

（一）乱办业务、乱设机构行为

1. 是否未经批准设立分支机构，或违反规定从事未经批准或者未备案的业务活动。

2. 创新业务是否做到制度先行，是否制定完善的规章制度和业务流程。

3. 创新业务的规章、制度、流程等是否符合法律法规要求，能否覆盖业务的全过程及风险点。

4. 人力资源和专业能力是否与创新业务的要求相匹配。

5. 是否针对创新业务建立风险管理机制，是否恰当地评估和计量业务风险等。

（二）不当利益输送行为

1. 商业银行是否违规向关系人发放信用贷款。

2. 商业银行是否接受关系人以本行的股权作为质押并提供授信。

3. 商业银行向关系人发放担保贷款的条件是否优于其他借款人同类贷款的条件。

4. 商业银行是否违规为关联方的融资行为提供担保（关联方以银行存单、国债提供足额反担保的除外）。

5. 商业银行的工作人员是否利用职务上的便利索取、收受贿赂或者违反国家规定收受各种名义的回扣、手续费。

6. 商业银行的工作人员是否利用职务上的便利贪污、挪用、侵占本行或者客户资金，包括内外勾结骗取银行信贷资金，或员工盗取银行内部及客户资金等。

7. 员工是否参与民间借贷、非法集资、充当资金掮客、过桥融资、为他人提供担保、经商办企业等。

8. 员工是否违规查询、泄露、倒卖客户信息。

9. 员工是否违规私售飞单和代理销售，误导或诱导客户购买投资产品等。

（三）信贷业务

1. 是否建立完整、系统的内控制度和业务操作流程。

2. 信贷资金是否被挪作他用。

3. 信贷资金是否违规流入股市、期市。

4. 信贷资金是否直接参与房地产炒作，是否在房地产开发贷款和按揭贷款中虚假、违规操作，包括：一是违规为房地产开发企业发放贷款用于支付土地出让金；二是违规为四证不全、资本金比例不到位项目发放房地产开发贷款；三是未严格实行房地产开发贷款封闭式管理规定导致贷款挪作他用；四是违规绕道、借道通过发放流动资金贷款、经营性物业贷款等为房地产开发企业提供融资；五是违规发放"首付贷"，违规融资给第三方用于支付首付款、尾款，违规发放个人贷款用于购买住房；六是违规向未封顶楼盘发放个人住房按揭贷款，违规发放虚假个人住房按揭贷款，违规向"零首付"购房人发放住房按揭贷款。

5. 是否违规为地方政府提供债务融资。

6. 贷款三查是否严重不尽职，导致客户利用虚假证件、虚假报表、虚假凭证、虚假流水、虚假税票等虚假材料套取、骗取银行贷款资金。

7. 是否违规与贷款中介合作办理授信业务；违规与小额贷款公司、担保公司、典当行等机构合作办理业务；外包人员违规参与办理授信业务；是否违规外包贷前尽职调查和贷后管理等核心业务。

8. 是否违规办理抵质押担保，未尽职审查发现借款人提供虚假抵质押物，未尽职审查发现借款人对抵质押物办理重复抵质押、私自解押，未尽职审查发现担保人担保能力造假或超担保能力提供担保。

9. 是否违规办理借壳贷款、假冒名贷款、借名贷款。

10. 是否违规为无真实应收账款借款人办理虚假国内保理、违规发放流动资金贷款用于固定资产项目建设或用于股权投资等其他"三违反"行为。

11. 是否违规通过人为调整分类等手段调节不良贷款。

12. 是否违规处置、核销不良贷款，包括违规通过"搭桥"等手段藏匿不良贷款，违规通过相互代持、安排显性或隐性回购条款转移至表外等方式转移不良贷款等。

（四）票据业务

1. 是否建立完整、系统的内控制度和业务操作流程。

2. 是否违规办理无真实贸易背景银行承兑汇票业务。

3. 是否利用承兑汇票业务虚增存贷款规模，包括违规将贷款和贴现资金转存保证金，虚增存款；滚动签发银行承兑汇票，以票吸存，虚增资产负债规模。

4. 是否以贴现资金还旧借新，掩盖信用风险。

5. 是否违规与"票据中介""资金掮客"合作开展票据业务或票据交易；违规委托中介机构办理票据业务；违规异地办理票据业务；违规将公章、印鉴、同业账户等出租、出借。

6. 是否未按规定对票据实物进行查账、查库，是否账实不符；票据转贴现业务到期后是否未按规定先办资金结算后办票据提取。

7. 同业票据转入行是否违规将票据交易资金划转至票据转出行在他行开立的账户。

8. 是否通过票据转贴现业务转移规模，削减资本占用，利用"卖断+买入返售+到期买断"、"假买断、假卖断"、附回购承诺等交易模式，假卖断真出表，或帮助他行在月底代持，调节信贷规模。

9. 是否将票据资产转为资管计划，以投资代替贴现，随意调节会计报表并减少资本计提。

（五）同业业务和理财业务

1. 同业业务治理体系是否完善，是否有效落实专营部门制，授权管理体系是否健全，信息系统能否提供有效支撑。

2. 理财业务组织管理体系是否完善，是否设立专门的理财业务部门，归口管理是否落实到位。

3. 是否违规与名单外金融机构、非持牌金融机构开展业务；是否未经总行审批违规代理代销产品募集资金进行投资。

4. 同业投资和理财投资非标资产是否严格比照自营贷款管理，对底层基础资产的投前调查是否尽职，投后管理是否到位，资金是否违规投向房地产以及国家法律、政策规定的限制性行业和领域。

5. 同业投资和理财投资业务是否接受和提供第三方担保及"兜底"承诺，违规签订"抽屉协议""阴阳合同"等。

6. 是否严格执行风险隔离制度，是否通过发放自营贷款承接存在偿还风险的同业投资和理财投资业务；本行信贷资金是否违规为理财产品提供融资和担保；是否违规通过本行理财资金直接或间接对接本行信贷资产收益权；理财资金是否违规用于本行自营业务。

7. 是否违规开展债券、票据、资管计划代持业务。

8. 是否违规发行和销售"三无"理财产品（无真实投资、无测算依据、无充分信息披露）；是否强制搭售理财产品；是否未经内部审批授权私售理财产品等。

（六）信用卡业务

1. 是否建立健全信用卡业务内部控制、授权管理和风险管理体系、组织、制度、流程和岗位，明确分工和相关职责。

2. 是否未严格执行办理信用卡"三亲见"要求，导致假冒名、借名办理信用卡；

3. 信用卡授信额度核定是否审慎，是否为提供虚假财力证明或无相应还款能力的持卡人提供高额授信并形成不良；

4. 是否违规配合信用卡客户通过集中在某一特约商户刷卡、消费分期等套现；是否未对持卡人异常交易行为进行监控，导致大量套现引发风险；

5. 是否违规办理信用卡透支用于购房等投资性领域或生产经营领域；是否违规批量办卡归集资金流入股市、房市等。

（七）信息披露问题

1. 是否按监管要求建立信息披露制度。

2. 是否遵循真实性、准确性、完整性和及时性原则，规范披露信息。

3. 披露内容是否充分涵盖财务会计报告、各类风险管理状况、公司治理、年度重大事项等重要信息。

4. 是否按照《银行业金融机构董事（理事）和高级管理人员任职资格管理办法》第三十一条、第三十三条、第三十四条、第三十五条的规定，向监管机构报告有关情况。

5. 董事长（理事长）、行长（总经理、主任）及分支机构行长（总经理、主任）

缺位时，金融机构指定相关人员代为履职时，是否在指定之后三日内向监管机构报告。

6. 高管人员是否未经监管部门任职资格核准即履职。

7. 是否及时向监管部门报告控股股东或实际控制人发生变更情况。

8. 是否按照《重大突发事件报告制度》的规定，及时向监管部门报告严重影响金融秩序和社会稳定、严重影响正常经营和提供正常金融服务以及严重损害银行和客户利益等重大突发事件。

9. 是否按规定向监管部门报送案件（风险）信息等。

六、整改问责落实情况

重点评估整改问责机制建立情况，对近两年由机构内部检查、外部审计评估及国家有关部门检查发现并指出的各类"三违反"行为，是否严格落实责任追究。要点如下：

（一）是否建立整改问责机制。

（二）对 2015 年以来机构内部检查、外部审计评估及国家有关部门检查发现的问题，是否建立整改台账，明确责任部门及责任人员，切实有效落实整改。

（三）对暴露的违规问题，能否采取有效的纠正措施，及时改进经营管理流程，修订相关政策、程序和操作要求。

（四）问责是否准确区分不同人员责任，问责是否到位。

（五）是否存在问下不问上、以罚款代替纪律处分等。

七、检查依据

1. 《中华人民共和国商业银行法》；
2. 《中华人民共和国银行业监督管理法》；
3. 《中华人民共和国担保法》；
4. 《中华人民共和国票据法》；
5. 《中华人民共和国会计法》；
6. 《金融企业会计制度》；
7. 《商业银行与内部人和股东关联交易管理办法》（中国银监会令 2004 年第 3 号）；
8. 《固定资产贷款管理暂行办法》（中国银监会令 2009 年第 2 号）；
9. 《流动资金贷款管理暂行办法》（中国银监会令 2010 年第 1 号）；
10. 《个人贷款管理暂行办法》（中国银监会令 2010 年第 2 号）；
11. 《商业银行信用卡业务监督管理办法》（中国银监会令 2011 年第 2 号）；
12. 《银行业金融机构董事（理事）和高级管理人员任职资格管理办法》（中国银监会令 2013 年第 3 号）；
13. 《商业银行资本管理办法（试行）》（中国银监会令 2012 年第 1 号）；
14. 《商业银行服务价格管理办法》（中国银监会、国家发展改革委令 2014 年第 1 号）；
15. 《商业银行公司治理指引》（银监发〔2013〕34 号）；

16. 《商业银行内部控制指引》(银监发〔2014〕40号);
17. 《贷款风险分类指引》(银监发〔2007〕54号);
18. 《关于规范商业银行理财业务投资运作有关问题的通知》(银监发〔2013〕8号);
19. 《关于完善银行理财业务组织管理体系有关事项的通知》(银监发〔2014〕35号);
20. 《关于规范金融机构同业业务的通知》(银发〔2014〕127号);
21. 《关于规范商业银行同业业务治理的通知》(银监办发〔2014〕140号);
22. 《关于规范信贷资产转让及信贷资产类理财业务有关事项的通知》(银监发〔2009〕113号);
23. 《关于进一步规范银行业金融机构信贷资产转让业务的通知》(银监发〔2010〕102号);
24. 《关于规范银行业金融机构信贷资产收益权转让业务的通知》(银监办发〔2016〕82号);
25. 《关于进一步加强银行业务和员工行为管理的通知》(银监办发〔2014〕57号);
26. 《关于票据业务风险提示的通知》(银监办发〔2015〕203号);
27. 《银行业金融机构全面风险管理指引》(银监发〔2016〕44号);
28. 《关于进一步落实小微企业金融服务监管政策的通知》(银监发〔2015〕38号);
29. 《重大突发事件报告制度》(银监办发〔2005〕54号);
30. 其他涉及的法律法规和规范性文件。

中国银监会办公厅关于开展银行业"监管套利、空转套利、关联套利"专项治理的通知

(银监办发〔2017〕46号)

各银监局,机关各部门,各政策性银行、大型银行、股份制银行,邮储银行,外资银行,金融资产管理公司:

为贯彻落实中央经济工作会议精神,引导银行业回归本源,专注主业,规范经营行为,有效防控风险,不断提高服务实体经济质效,银监会决定在银行业金融机构全面开展"监管套利、空转套利、关联套利"(以下简称"三套利")专项治理工作。现将有关事项通知如下:

一、提高思想认识,明确目标任务

本次专项治理工作是贯彻落实中央经济工作会议精神和银监会2017年度工作计划的具体部署,是针对当前各银行业金融机构同业业务、投资业务、理财业务等跨市场、跨行业交叉性金融业务中存在的杠杆高、嵌套多、链条长、套利多等问题开展的专项治理。

各银行业金融机构和各级监管部门机构要高度重视,狠抓落实,整治部分机构存在的"干活不弯腰""坐地收钱""只收费不服务"等官商作风;缩短企业融资链条,降低企业债务杠杆,切实查纠偏离服务实体经济的业务和行为;使资金真正投向实体经济,提高金融服务实体经济的能力和水平。

二、加强组织领导,扎实有序推进

(一)总体安排。各银行业金融机构负责组织实施本系统各级机构自查;银监会各机构监管部门负责组织推动所监管机构的自查、"上对下"抽查,并进行督导;银监会现场检查局负责组织推动对银行业金融机构的监管检查工作;各银监局负责组织推动辖内机构的自查工作,并组织实施对辖内机构的监管检查。机构自查和监管检查的业务范围均为2016年末有余额的各类业务,必要时可以上溯或下延。

(二)机构自查。各银行业金融机构要开展全系统自查及"上对下"抽查,全面覆盖体制、机制、系统、流程、人员及业务,结合自身特点细化自查方案,自主确定自查和"上查下"的机构数量及业务比例。自查和"上查下"要有组织、有安排、有实施、有记录,自查发现案件线索的,要及时移送司法机关。对机构应查未查、应发现未发现、应处未处和处理不到位的问题,监管机构一经发现,将从严从重处理。

(三)监管检查。银监会各机构监管部门根据日常监管掌握情况,结合以往非现场监管和现场检查发现的问题和风险隐患开展督导工作。各银监局要切实履行属地监管

职责，可根据辖内风险状况自行确定检查机构的数量和业务比例，结合被查机构经营特点细化检查方案。监管检查原则上采取"双随机"方式进行，应实现辖内机构类别全覆盖，并注重对法人机构的检查。同时，各银监局在今年实施的所有检查项目中，都应全面落实"三套利"专项治理工作的检查要点。

三、落实报告要求，确保治理实效

（一）机构自查要求报告

1. 报告路径。各银行业金融机构应在汇总分支机构自查情况基础上，于2017年6月12日前将自查报告（文字及附表）报送监管部门。其中，银监会直接监管的法人机构将自查报告报送至银监会对应的机构监管部门，并抄送现场检查局；地方法人机构将自查报告报送至属地银监局（分局），并抄送银监会对应机构监管部门和现场检查局；银行业金融机构各级分支机构应将本级自查情况报送至属地银监局（分局）。对自查发现的重大违规问题，应及时专题报送。

2017年11月30日前，各银行业金融机构要全面完成自查、"上查下"以及监管检查发现问题的整改和问责工作，并形成报告（文字及附表）报送监管部门，报告路径同上。

2. 报告要求。银行业金融机构的自查报告将作为非现场监管和现场检查的重要参考依据，须由主要负责人签发。自查报告的内容应包括：一是自查工作组织实施情况；二是内部规章与合规机制基本情况及总体评价；三是自查发现的主要问题；四是问题存在的原因；五是整改和问责工作的具体情况，包括整改和问责进度安排、已（拟）采取的整改和问责措施、责任部门及责任人、对未整改和问责问题的说明等，并附整改问责台账；六是对监管工作的建议；七是下一步工作措施等。

（二）监管检查要求报告

1. 报告路径。各银监局的监管检查应形成"1＋N"份检查报告，即1份汇总辖内检查工作情况的总报告，N份按行别或机构类别汇总的分报告。其中，银监会直接监管机构的分支机构，以及城市商业银行、外资银行按行别（公司）分别汇总，农村中小金融机构按农村银行、农信社、新型农村金融机构类别分别汇总，非银行金融机构按信托公司、财务公司、金融租赁公司、消费金融公司等机构类别分别汇总。

各银监局于2017年6月12日前报送检查报告、附表及典型案例；6月底前报送现场检查意见书；7月底前报送"三套利"专项治理最终处理处罚结果（文字及附表）。上述材料报送银监会现场检查局的同时，抄送对应机构监管部门。

2017年6月30日前，银监会各机构监管部门汇总、上报所监管条线机构自查、监管督导及监管检查情况；现场检查局汇总、上报银监会"三套利"行为专项治理检查情况。

2. 报告内容。各银监局的检查报告应包括以下内容：一是监管检查的组织实施情况；二是机构内部规章及合规管理机制建设和执行的总体情况；三是检查发现的主要问题和风险隐患；四是问题原因分析；五是采取的审慎监管措施，以及已（拟）处理处罚措施；六是相关政策建议等。

各银监局在监管检查中要注意收集整理2~3个典型案例，对分支机构因总行制度缺陷和管理漏洞而发生的问题，应在检查报告中予以体现。同时，对检查中发现的重大风险问题，应及时专题报送银监会。

（三）监管措施

银监会各机构监管部门和各银监局应结合机构自查、监管督导、监管检查和日常监管掌握的问题，提出针对性的监管意见，一行一策，督促机构严格整改问责。并视情况采取责令暂停业务、停止批准开办新业务、停止批准增设分支机构、责令调整董事及高管等审慎监管措施。

四、严肃整改问责，依法廉洁工作监管

对"三套利"专项治理工作中发现的问题，银行业金融机构要落实风险管控的主体责任，切实整改，严肃问责。对一时难以整改和问责到位的问题，要建立台账，明确时限，责任到人。

各级监管机构要强化监管处罚，真正落实"三铁三见"要求。

一是对自查工作不落实、屡查屡犯不收手、整改问责不到位、监管检查不配合的机构，要依法从严采取监管措施。二是切实做到应处必处，应罚尽罚，特别是对于违规开展关联交易、花样翻新的套利行为和利益输送等问题，要从严从重处罚。对检查发现的案件线索，要及时移送司法机关。三是依法建立处罚机制。既要没收非法所得，也要处以罚款；要对违规机构和相关责任人员实施"双罚"；要将处罚结果与市场准入、履职评价、监管评级等挂钩；要进行通报和曝光，强化震慑效应。

各级监管机构要严格按照中央"八项规定"精神和整治"四风"要求，依法廉洁开展治理工作，严格执行银监会现场检查纪律，严格遵守保密规定，对于违反各项纪律的行为要坚决纠正并严肃查处。

为加强对"三套利"行为专项治理工作的统筹推进，请各银监局确定一名局级领导牵头负责，并确定一名处级干部担任联络人，于3月底前将相关人员名单及联系电话发送报送银监会现场检查局。

附件：1. 银行业金融机构"监管套利、空转套利、关联套利"专项治理工作要点
　　　2. 附表2~4（略）

中国银行业监督管理委员会办公厅
2017年3月28日

附件 1

银行业金融机构"监管套利、空转套利、关联套利"专项治理工作要点

一、指导原则

(一)银行业金融机构董事会要切实负责同业、理财(资管)等通道类业务的发展规划和风险管控工作。各机构要制定符合经济、金融发展实际和本机构风险管理能力的目标和规模,对本机构通道类业务近年的发展情况进行梳理和总结,检查是否存在过激或与本行风险管控能力不相适应的发展战略及规划。通道类业务发展速度和规模过高且风险管理能力明显跟不上要求的机构,应制定切实有效的整改计划。

(二)对于交叉性金融产品,总体原则是资金来源于谁,谁就要承担管理责任,出了风险就要追究谁的责任;相应监管机构也要承担监管责任。

(三)对于资金来源于自身的资产管理计划,银行业金融机构要切实承担起风险管控的主体责任,不能将项目调查、风险审查、投后检查等自身风险管理职责转交给"通道机构"。

(四)各银行业金融机构在防范外部风险冲击方面,要管好自己的员工、自己的业务和自己的资金。尤其是要建立银行体系与资本市场、债券市场、保险市场、外汇市场之间的防火墙,不得为各类债券或票据发行提供担保。禁止将非持牌金融机构列为同业合作交易对手。

二、监管套利

监管套利是银行业金融机构通过违反监管制度或监管指标要求来获取收益的套利行为。

(一)规避监管指标套利

1. 规避信用风险指标。主要内容包括但不限于:

(1)是否存在通过各类资管计划(包括券商、基金、信托、保险、期货等)违规转让等方式实现不良资产非洁净出表或虚假出表,人为调节监管指标;

(2)是否违反监管规定或会计准则,通过调整贷款分类、重组贷款、虚假盘活、过桥贷款、以贷收贷、平移贷款等掩盖不良,降低信用风险指标或调整拨备充足率指标;

(3)是否存在低估抵债资产的损失程度或抵债资产减值准备计提不足的情况;

(4)是否存在理财资金投资非标债权资产总额超过规定上限的情况;

(5)是否存在同业融入资金余额占比负债总额超过三分之一的情况。

2. 规避资本充足指标。主要内容包括但不限于:

(1)是否存在同业业务、票据业务、理财业务未按照"穿透性"原则和"实质重于形式"原则,准确进行会计核算、风险计量并足额计提资本的情况,包括但不限于:

通过违规提供同业增信，或通过借助券商、基金、信托、保险、期货等通道方，设立定向资管计划、有限合伙股权理财融资等模式；

（2）是否通过卖出回购或以表内资产设立附回购协议的财产权信托等模式，将金融资产违规出表或转换资产形态以达到调节监管指标的目的；

（3）转贴现卖出票据、卖断附带追索权的票据业务是否按照规定计提资本；

（4）是否存在以拆分时段买入返售相同票据资产，减少风险资产占用；

（5）是否存在利用第三方机构，将票据资产转为资管计划，以投资替代贴现，随意调节会计报表并减少资本计提；

（6）是否存在考察期末时点将风险权重相对较高的同业资金缴存央行，期末立即转回，人为调节会计报表和资产风险权重，虚增资本充足率及收益调节的情况；

（7）是否存在将不符合小微企业条件客户人为调整为小微企业，致使信用风险加权资产计量不准确。

3. 规避流动性风险指标。主要内容包括但不限于：

（1）是否存在利用票据业务，以票吸存虚增存贷款规模；

（2）是否存在通过同业业务倒存，将同业存款变为一般性存款；

（3）是否存在协助同业机构违规将同业存款变为一般性存款等；

（4）是否存在违规开展资金池理财业务，理财产品期限严重错配，通过滚动发售、混合运作、分离定价，发行分级理财产品或理财产品与代销产品之间相互交易，调节流动性，隐匿流动性风险；

（5）是否通过将非标资产人为调整按照标准资产核算，影响流动性指标；

（6）是否将理财资金转为一般性存款。

4. 规避其他类指标。主要内容包括但不限于：

（1）是否通过理财业务与自营业务之间相互交易，规避信贷规模控制或将自营资产出表或减低信用风险加权资产；

（2）是否通过违规办理同业代理转贴现业务，隐匿信贷资产规模；

（3）表外理财业务违规通过人为调整将非标准化转为标准化，突破非标监管指标；

（4）是否存在利用"卖断＋买入返售＋到期买断"、"假买断、假卖断"、附加回购承诺等交易模式，调节信贷指标；

（5）是否存在倒换业务类型，提增中间业务收入等；

（6）是否存在多头开户、多头借款、多头互保突破集团客户集中度要求；

（7）是否存在通过重分类债券投资调整利润，债券投资未准确估值或提足拨备；

（8）是否为违规交易场所提供承销、开户、托管、资产划转、代理买卖、投资咨询、保险等服务；

（9）是否存在本行自营资金购买本行理财产品现象。

（二）规避监管政策违规套利

1. 违反宏观调控政策套利。重点检查银行业金融机构是否贯彻落实国家行业调控政策和信贷调控政策。包括但不限于：

（1）信贷资金是否借道建筑业或其他行业投向房地产和"两高一剩"行业领域；

（2）是否通过同业业务和理财业务或拆分为小额贷款等方式，向房地产和"两高一剩"等行业领域提供融资；

（3）是否通过同业非标投资、理财投资等方式，继续对"僵尸企业"以及环保排放不达标、严重污染环境且整改无望的落后企业提供授信；

（4）是否违反落实新《预算法》和国务院关于地方政府性债务管理的有关要求，通过产业基金、委托贷款等方式提供融资放大政府性债务，通过产业基金等进行非标资产投资等；

（5）是否发放虚假用途的贷款用于股票或理财投资；

（6）是否人为调整企业标准形态，完成小微企业贷款"三个不低于"目标。

2. 违反风险管理政策套利。重点检查包括但不限于：

（1）是否放松风险管理或授信条件，以形式审查替代实质审查，为不符合条件的客户办理授信业务；

（2）是否放松信用证结算管理使企业挪用信用证结算回款，套取银行信用；

（3）是否给予企业进出口两端双重融资或开立与业务周期严重错配的信用证；

（4）是否开展三方或以上交易对手之间的买入返售或卖出回购业务；

（5）是否使用不符合监管规定的金融资产办理买入返售（卖出回购）业务；

（6）是否规避自营贷款尽职调查、风险审查和风险管理要求，通过非标准化债权同业投资业务和理财产品非标准化债权资产投资提供授信融资；

（7）是否存在银行名义上代销主动管理类信托产品，实际主导相关项目选择、尽职调查、审批以及贷后管理，并与信托公司签订隐性回购条款的情形。

3. 利用不正当竞争套利。重点检查包括但不限于：

（1）是否依据虚假的合同、增值税发票、银行进账单、他项权证以及审计报告等办理授信业务；

（2）是否向不符合固定资产贷款标准的企业和项目改为发放流动资金贷款；

（3）是否与企业签订债权债务抵销协议，为企业在会计报表中抵销金融资产和负债提供便利；

（4）是否与中介合作，离行离柜办理无真实贸易背景票据贴现非法牟利；

（5）是否通过票据业务为他行隐匿、削减信贷规模提供"通道"；

（6）是否通过签订"阴阳合同"或抽屉协议等行为为非保本理财提供保本承诺；

（7）是否存在将本行票据业务完全授信给第三方非金融机构办理。

4. 增加企业融资成本套利。重点检查包括但不限于：

（1）是否强制设定条款或协商约定将部分贷款转为存款；

（2）是否以存款作为审批和发放贷款的前提条件；

（3）是否要求客户接受不合理中间业务或其他金融服务收取费用；

（4）是否将利息分解为费用收取，变相提高利率；

（5）是否在发放贷款或以其他方式提供融资时强制捆绑搭售理财、保险、基金等

金融产品;

(6) 是否笼统将贷款利率上浮至最高限额;

(7) 是否将经营成本以费用形式转嫁给客户;

(8) 是否对小微企业贷款收取承诺费、资金管理费;

(9) 是否对小微企业及其增信机构严格执行限制收取财务顾问费、咨询费等费用;

(10) 是否承担抵押登记费。

三、空转套利

空转套利是指银行业金融机构通过多种业务使资金在金融体系内流转而未流向实体经济或通过拉长融资链条后再流向实体经济来获取收益的套利行为。

（一）信贷"空转"

主要内容包括但不限于:

(1) 是否存在以虚增存款和中间业务收入为目的为企业组合办理表内外融资业务，拉长融资链条、造成资金低效空转、增加企业负担的现象;

(2) 是否存在以本行表内表外融资违规置换他行表内表外融资等方式，用于企业举新债还旧债，资金未被真正用于生产经营的现象;

(3) 多头过度授信集团企业及个人信用贷款领域，是否存在信贷资金被挪用于委托贷款、理财、信托、证券市场等现象;

(4) 是否存在违规发放"搭桥贷款"，套取银行资金进行民间借贷及投向高利率行业的现象。

（二）票据"空转"

主要内容包括但不限于:

(1) 是否存在循环开立无真实贸易背景的承兑汇票并办理贴现，套取保证金，虚增存款和中间业务收入的情况;

(2) 是否存在通过组合运用卖断、买入返售、买断转贴等方式，将票据在资产负债表内转移出去逃避信贷规模管控、赚取买卖差价的行为;

(3) 是否存在借助跨业合作通道，通过信托、券商等"通道"模式，运用理财资金投资票据资产的行为;

(4) 是否存在违规办理不与交易对手面签、不见票据、不出资金、不背书的票据转贴现"清单交易"业务;

(5) 是否存在违规配合客户办理无风险敞口、无真实贸易背景银行承兑汇票业务进行套利导致资金在银行体系空转。

（三）理财"空转"

主要内容包括但不限于:

(1) 是否存在以理财资金购买理财产品的现象;

(2) 是否存在非银机构利用委外资金进一步加杠杆、加久期、加风险等现象;

(3) 是否存在理财资金为各类监管套利提供支持的情况;

(4) 是否存在利用同业理财购买本行同业存单现象;

（5）简述本行理财资金委外规模（主要指购买券商、保险、基金、信托、期货等各类机构发行的资产管理计划）以及主动管理和非主动管理的规模情况，并列明简要交易结构。

（四）同业"空转"

主要内容包括但不限于：

1. 同业资金空转

（1）是否存在通过同业存放、卖出回购等方式吸收同业资金，对接投资理财产品、资管计划等，放大杠杆、赚取利差的现象；

（2）是否存在通过同业投资等渠道充当他行资金管理"通道"，赚取费用，而不承担风险兜底责任的现象（信托公司开展的风险管理责任划分清晰的事务管理类信托除外）；

（3）是否存在通过同业绕道，虚增资产负债规模、少计资本、掩盖风险等现象。

2. 同业存单空转

是否通过大量发行同业存单，甚至通过自发自购、同业存单互换等方式来进行同业理财投资、委外投资、债市投资，导致期限错配，加剧流动性风险隐患；延长资金链条，使得资金空转套利，脱实向虚。

四、关联套利

关联套利是指银行业金融机构通过利用所掌握的关联方或附属机构资源，通过设计交易结构、模糊关联关系和交易背景等形式，规避监管获取利益的套利行为。

（一）违规向关联方授信、转移资产或提供其他服务

1. 违反或规避限制性政策规定。主要内容包括但不限于：

（1）是否存在以降低定价标准、贷款贴息、腾挪收益、显性或隐性承诺等方式变相优化关联交易条件的情况；

（2）是否存在向关联方的融资行为提供显性或隐性担保的情况；

（3）是否存在通过掩盖或不尽职审查关联关系、少计关联方与商业银行的交易、以不合格风险缓释因素计算对关联方授信风险敞口、"化整为零"等方式，规避重大关联交易审批的情况；

（4）是否存在借道其他银行、信托、证券等同业机构向关联方间接提供授信资金，规避向已发生授信损失的关联方授信的情况；

（5）是否存在通过投资关联方设立的基金、合伙企业等，违规转移信贷资产，并规避关联交易审批的情况；

（6）是否通过关联方进行利益输送、调节收益及本行资产负债表等行为。

2. 违反或规避关联授信集中度控制。主要内容包括但不限于：

（1）向关联方所在集团统一授信是否覆盖全部关联企业，是否存在通过掩盖或不尽职审查关联方的关联关系，规避关联授信集中度控制的情况；

（2）是否存在未按"穿透原则"认定关联方和关联方所在集团授信或未真实反映风险敞口，规避关联授信集中度控制的情况。

3. 违反或规避股权管理规定。主要内容包括但不限于：

（1）是否存在通过掩盖关联关系、股权代持、股权转让等方式，违规超比例持有商业银行股权、变更持股或股份总额5%以上股东的情况；

（2）在增资扩股、引入战投、员工持股、股权激励等实施过程中，是否存在股权定价偏低、"低买高卖"等违规向关联方、高管层等输送利益的情况；

（3）是否存在以股权提供质押反担保等变相接受本行股权作为质押提供授信的情况；

（4）股东质押本行股权，是否存在高估股权价值，套取信贷资金、放大股权风险的情况。是否存在通过控制关联子公司并为子公司提供资金等方式间接控制本行或他行股权。

（二）违反或规避并表管理规定

主要内容包括但不限于：

1. 是否存在未将商业银行具有实质控制权的机构，或借道理财、代销、同业等渠道通过复杂交易结构设立且商业银行具有实质控制权或重大影响的合伙企业、合伙制基金等被投资机构，或业务、风险、损失等对商业银行集团造成重大影响的被投资机构等纳入并表范围，规避资本、会计或风险并表监管的情况，并表处理是否全面合规；

2. 是否存在借道相关附属机构，利用内部交易转移资产，调节业务规模以及不良、拨备、资本等监管指标的情况；

3. 是否存在利用境内外附属机构变相投资非上市企业股权、投资性房地产，或规避房地产、地方政府融资平台等限制性领域授信政策的情况；

4. 同一或关联客户是否借道银行集团各附属机构，特别是信托公司、金融租赁公司、证券公司、保险公司、资产管理公司等机构，通过复杂交易结构和安排进行融资，形成不正当利益输送，侵害其他投资者或客户权益，或规避监管政策限制、关联集中度控制等情况；

5. 是否通过购买QDII产品等投资国内房地产企业在境外发行的债券。

中国银监会办公厅关于开展银行业"不当创新、不当交易、不当激励、不当收费"专项治理工作的通知

(银监办发〔2017〕53号)

各银监局,各政策性银行、大型银行、股份制银行,邮储银行,外资银行,金融资产管理公司,其他会管金融机构,各协会:

为进一步提升银行业服务实体经济质效,规范经营行为,维护金融秩序,防控金融风险,决定自2017年4月起开展银行业"不当创新、不当交易、不当激励、不当收费"(以下简称"四不当")专项治理工作。现就有关要求通知如下:

一、目标导向

推动银行业金融机构按照回归本源、专注主业的要求强化合规意识,规范经营行为,自觉维护良好金融秩序。按照"有利于提升服务实体经济的效率、有利于降低金融风险、有利于保护投资者合法权益"原则开展金融创新,不断强化风险管理和内部控制,确保金融创新与自身风险管理和风险承受能力相匹配,有效管控新业务、新产品面临的各类风险,牢牢守住不发生系统性风险的底线。

二、工作安排

(一)机构自查

1. 组织开展。各银行业金融机构负责组织实施本机构自查,并与排查市场乱象相结合。银监会各机构监管部门及各银监局负责组织推动银行业金融机构的自查,并对自查工作进行指导。

2. 自查要求。各银行业金融机构均应开展自查,上级机构要对下级机构自查情况进行检查。自查应全面覆盖体制、机制、系统、流程、人员及业务。业务范围为2016年末有余额的各类业务,必要时可以适当延伸。自查和"上查下"要留有痕迹,以备监管检查。各银行业金融机构要根据检查要点(详见附件),结合自身特点细化自查方案,认真组织实施,落实风险管控主体责任。自查发现案件线索的,要及时向监管部门报告,并依法移送司法机关。

对应查未查、应发现未发现、应处未处和处理不到位的问题,监管部门应依法从重处罚。

(二)监管检查

1. 组织开展。银监会直接监管的法人机构由政策银行部、大型银行部、股份制银行部、外资银行部、非银部根据监管职责分别负责,其分支机构由各银监局按照银监

会相应机构监管部门的要求实施监管检查。各银监局负责对辖内法人机构的监管检查，城市银行部、农村金融部、外资银行部、信托部、非银部根据监管职责进行指导。

2. 检查要求。各相关机构监管部门、各银监局要结合实际情况，根据本工作要点细化检查方案，检查机构的数量和业务比例结合被监管机构的风险点和业务量自行确定。检查业务范围为2016年末有余额的各类业务，必要时可以适当延伸。对于已列为银监会2017年度现场检查计划的项目，要将"四不当"专项治理工作内容纳入检查范围。各银监局监管检查原则上采取"双随机"方式进行，应实现辖内机构类型全覆盖。

3. 监管措施。银监会各机构监管部门和各银监局应结合机构自查、监管检查和日常监管掌握的问题，提出针对性的监管意见，一行一策，督促机构严格整改问责，并视情况采取责令暂停业务、停止批准开办新业务、停止批准增设分支机构、责令调整董事及高管等审慎监管措施。

三、报告要求

（一）机构自查报告

1. 报告路径。各银行业金融机构法人应在汇总分支机构自查情况基础上，于2017年7月15日前将自查报告（文字及附表）送银监会机构监管部门，各地方法人机构将自查报告报送至属地银监局。银行业金融机构各级分支机构应将本级自查报告抄送属地银监局。对自查发现的重大违规问题，应及时专题报送。

2. 报告要求。机构自查报告应由主要负责人签发，内容应包括：一是自查工作组织实施情况；二是内部规制与合规机制基本情况及总体评价；三是自查发现的主要问题和影响；四是问题存在的原因及分析；五是整改和问责工作的具体情况，包括已（拟）采取的整改和问责措施、未能及时整改和问责问题的说明、整改和问责进度安排、责任部门和责任人等，并附整改问责台账。

（二）分机构类别汇总报告

1. 报告路径。各银监局按机构类别（城市商业银行、农村中小金融机构、外资银行、信托公司、其他非银机构，农村中小金融机构进一步分为农村商业银行和农村合作银行、农村信用社、村镇银行，其他非银机构进一步分为金融租赁公司、财务公司、汽车金融公司、消费金融公司、货币经纪公司）形成本辖区汇总报告（含附表），于2017年8月15日前报送银监会相应机构监管部门，抄送银监会创新部。银监会各机构监管部门按照机构类别（政策性银行和邮储银行、大型银行、股份制银行、城市商业银行、农村中小金融机构、外资银行、信托公司、其他非银机构）形成本条线汇总报告，于2017年9月15日前报送银监会创新部。

2. 报告要求。报告应包括：一是机构自查和整改问责情况，机构内部规章及合规管理机制建设和执行的总体情况；二是监管检查的组织实施情况；三是自查和监管检查发现的主要问题及影响；四是对问题原因的分析；五是拟采取的监管措施和行政处罚措施；六是相关政策建议等。对重大违规问题和典型案例，请及时专题报送银监会创新部。

（三）总结报告银监会创新部根据各机构监管部门提供的分机构类别汇总报告，汇总形成"四不当"专项治理工作总结报告。

四、工作要求

（一）提高思想认识。银行业金融机构和各级监管部门要充分认识"四不当"专项治理工作的重要性，以高度的责任感组织开展专项治理和问责整改，坚持问题导向，明确组织机制，严格落实责任，确保工作质量。

（二）严肃工作纪律。各级监管部门要严格贯彻落实中央"八项规定"精神，自觉遵守各项制度规定，做好保密工作，依法廉洁开展检查工作。对违反各项纪律的行为要坚决纠正，严肃查处。

（三）加强统筹协调。本次"四不当"专项治理要与市场乱象整治工作统筹安排。各银监局和会机关相关监管部门要确定一名局级领导牵头负责，指定一名处级干部担任联络人，并于4月12日前将联络人名单和联系方式提供创新部。各机构监管部门、各银监局根据专项治理的任务分工可相应建立联络机制。在专项治理实施过程中，遇有涉及跨省业务问题线索或需跨省监管协作的，相关机构监管部门应加强指导和协调，由相关银监局协助属地银监局做好核查工作。

附件：银行业"不当创新、不当交易、不当激励、不当收费"专项治理检查要点

中国银行业监督管理委员会办公厅
2017年4月6日

附件

银行业"不当创新、不当交易、不当激励、不当收费"专项治理检查要点

一、不当创新方面

（一）治理机制

董事会和高级管理层是否知悉本机构的金融创新业务、运行情况以及市场状况；是否准确认识金融创新活动的风险，是否定期评估、审批金融创新政策和各类新产品的风险限额，使金融创新活动限制在可控的风险范围之内。

（二）管理制度与流程

（1）本机构是否建立并实施开展金融创新的内部管理制度和程序，评估开发新产品、对现有产品进行重大改动、拓展新的业务领域、设立新机构、从事重大收购和投资等可能带来的风险，采取有效措施对创新业务或产品进行科学的风险评估和风险定价；

（2）是否针对上述经营活动建立内部审批流程，要求上述经营活动需事先得到风险管理部门、法律部门/合规部门的审核同意，并获得董事会或其授权的专门委员会批准；

（3）是否对快速发展的新产品和新业务以及存在潜在重大风险的业务领域进行专项压力测试，有效测试识别新产品和新业务等可能对银行持续经营带来的重大影响。

二、不当交易方面

（一）银行同业业务

1. 同业投资业务方面

（1）是否对特定目的载体投资实施了穿透管理至基础资产，是否存在多层嵌套难以穿透到基础资产的情况；

（2）是否进行了严格的风险审查和资金投向合规性审查；

（3）是否按照实质重于形式原则，根据所投资基础资产的性质，足额计量资本和拨备；

（4）是否将穿透后的基础资产纳入对应最终债务人的统一授信管理和集中度管控。

2. 同业融资业务方面

（1）买入返售（卖出回购）业务项下金融资产是否符合规定；

（2）卖出回购方是否存在将业务项下的金融资产转出资产负债表等行为。

3. 监管指标执行方面

（1）同业借款业务期限是否超过三年，其他同业融资业务期限是否超过一年，业务到期后是否展期；

（2）单家商业银行对单一金融机构法人的不含结算性同业存款的同业融出资金，

扣除风险权重为零的资产后的净额,是否超过银行一级资本的50%;

（3）若将商业银行所持有的同业存单计入同业融出资金余额,是否超过银行一级资本的50%;

（4）商业银行同业融入资金余额是否超过负债总额的三分之一;

（5）若将商业银行发行的同业存单计入同业融入资金余额,是否超过银行负债总额的三分之一。

4. 内部管理方面

（1）是否违规对同业业务接受或提供了直接或间接、显性或隐性的第三方金融机构信用担保;

（2）是否存在通过同业业务转出资产但信用风险仍保留在本机构,同时该资产未按照原风险状态进行分类的情况;

（3）是否对同业业务交易对手进行集中统一的名单制管理,是否定期评估交易对手信用风险、动态调整交易对手名单。

（二）银行理财业务

1. 组织管理体系方面

银行理财业务的组织管理体系是否完善,是否按照单独核算、风险隔离、行为规范、归口管理的要求设立专门的理财业务经营部门,负责集中统一经营管理全行理财业务。

2. 投资运作方面

2.1 资金池运作

是否对每只理财产品实施单独管理、单独建账和单独核算;是否开展了滚动发售、混合运作、期限错配、分离定价的资金池模式理财业务。

2.2 不当交易行为

（1）是否存在理财产品投资本行或他行发行的理财产品的行为;

（2）是否存在本行理财产品之间相互交易,相互调节收益的行为;

（3）是否存在代客理财资金用于本行自营业务的行为;

（4）是否存在本行自有资金购买本行发行的理财产品的行为;

（5）是否存在本行信贷资金为本行理财产品提供融资和担保的行为;

（6）理财产品与本行发生的关联交易行为,是否符合市场交易和公平交易原则。

2.3 理财投资合作机构

（1）是否存在委托非金融机构作为理财投资合作机构对理财资金进行投资管理,或者理财产品投资非金融机构发行的产品的情形;

（2）是否对理财投资合作机构实施名单制管理,建立了合作机构准入标准和程序、存续期管理、信息披露义务及退出机制。

3. 资金投向方面

3.1 债权资产投资

（1）是否存在理财产品直接投资信贷资产,直接或间接投资于本行信贷资产及其受（收）益权的行为；

（2）是否存在面向非机构客户发行的理财产品直接或间接投资于不良资产、不良资产支持证券或不良资产受（收）益权的行为；

（3）是否准确统计理财资金非标准化债权资产的规模，以及该项资产余额在任何时点是否超过理财产品余额的35%或本行上一年度审计报告披露总资产的4%；

（4）是否比照自营贷款管理流程，对非标准化债权资产投资进行投前尽职调查、风险审查和投后风险管理；

（5）是否按照规定向投资者充分披露理财产品投资非标准化债权资产的情况。

3.2 权益类资产投资

是否存在面向一般个人客户销售的理财产品投资权益类资产的行为。

3.3 隐性担保或回购

是否为非标准化债权资产或股权性资产融资提供任何直接或间接、显性或隐性的担保或回购承诺。

4. 保本型理财产品管理方面

是否对保本型理财产品准确进行会计核算，按照存款管理并纳入存款准备金的缴纳范围。

（三）信托业务

1. 信托公司内部或信托公司之间的不当交易方面

（1）信托公司是否通过信托中信托（TOT）业务规避监管，如隐匿信托产品风险、变相开展"非标资金池"业务、规避结构化产品杠杆比例要求、突破合格投资者标准和信息披露要求等；

（2）是否存在以固有资金直接或间接接盘信托风险资产，但风险揭示和拨备计提不足等情形；

（3）信托公司之间的其他不当交易。

2. 信托公司与银行之间的不当交易方面

（1）信托公司与银行开展各项业务合作时，是否存在未以合同形式明确各参与方风险管理责任、可能导致法律纠纷或投资者投诉的情形；

（2）与银行开展代销业务合作时，是否存在名义上由银行代销主动管理类信托产品，实际上由银行主导相关项目的选择、尽职调查、审批以及贷后管理，并与代销银行签订隐性回购条款的情形；

（3）是否通过安排显性或隐性回购条款等方式帮助银行转移信贷资产，助其腾挪、隐匿风险或规避相关监管要求；

（4）金融机构作为委托人投资信托产品时，信托公司是否存在接受银行等第三方金融机构以保函等方式提供显性或隐性担保的情形；

（5）银信之间的其他不当交易。

3. 信托公司与其他资管机构（证券基金期货经营机构、保险机构及其持牌资管子公司）之间的不当交易方面

（1）是否存在信托产品与资管产品相互投资，但未以合同形式明确风险管理责任、可能导致投资者纠纷的情形；

（2）是否存在信托公司通过投资资管产品，变相扩大投资范围、隐匿资金流向或突破杠杆比例等监管要求的情形；

（3）是否存在信托产品通过资管产品汇集非合格投资者资金等违规情形；

（4）信托公司与资管机构之间的其他不当交易。

4. 信托公司与非金融机构之间的不当交易方面

（1）信托公司聘请非金融机构作为证券投资信托投资顾问时，是否存在未有效履行资质审查、尽职调查及后续监督义务的情形；

（2）是否委托第三方非金融机构推介信托产品；

（3）是否作为融资渠道或放款通道，为中介机构发放个人购房首付款提供便利；

（4）信托公司与非金融机构之间的其他不当交易。

三、不当激励方面

（一）考评指标设置

（1）本机构绩效考评指标设置是否涵盖监管规定的合规经营类、风险管理类、经营效益类、发展转型类、社会责任类五类指标；

（2）经营效益类指标是否以风险调整后收益指标为核心确定分值和权重，是否考虑资产期限及风险延期暴露等因素，并相应设置中长期资产收益对经营效益类指标的贡献度；

（3）合规经营类指标和风险管理类指标权重是否明显高于其他类指标；

（4）是否设立时点性规模考评指标；

（5）是否在综合绩效考评指标体系外设定单项、业务条线或临时性考评指标；

（6）是否设定没有具体目标值、单纯以市场份额或市场排名为要求的考评指标；

（7）分支机构是否自行制定考评办法或提高考评标准及相关要求；

（8）本机构考评对象存在被采取监管措施或行政处罚、发生案件、不规范经营行为的，是否相应调低相关指标的考评等级或得分。

（二）考评机制管理

（1）是否依据董事会或相关经营决策层批准的年度经营计划，制定绩效考评制度和指标体系；

（2）是否指定专门部门负责绩效考评的制度建设、组织实施和质量控制；

（3）本机构审计和监察部门是否对绩效考评实施情况进行检查，并对将业务费用变相作为绩效奖励、弄虚作假、违规操作等问题进行严肃问责；

（4）是否建立对利润等指标的动态调整机制，在市场环境发生重大变化时，能够及时调整利润目标。

（三）薪酬支付管理

（1）薪酬支付期限是否与相应业务的风险持续时期保持一致，是否根据不同业务活动的业绩实现和风险变化情况合理确定薪酬的支付时间；

（2）针对高级管理人员以及对风险有重要影响岗位上的员工，是否按监管规定设置绩效薪酬的发放比例和延期支付期限；

（3）是否按监管规定建立了绩效薪酬延期追索、扣回制度并有效实施；

（4）是否按监管规定的标准，根据风险类指标管控情况对当年绩效薪酬实施控制。

四、不当收费方面

（一）收费行为规范

（1）向客户收取服务费用时，是否有对应明确的服务内容，是否存在无实质性服务、未提升实质性效率的收费项目，以及多收费、少服务，超出价格目录范围收费的行为；

（2）是否存在以贷转存、存贷挂钩、以贷收费、浮利分费、借贷搭售收费、一浮到顶、转嫁成本等七类附加不合理贷款条件的违法违规行为；

（3）是否严格执行政府指导价（政府定价）目录和收费规定。

（二）价格信息披露

（1）是否制定收费价目名录并按规定统一收费项目名称等要素；

（2）是否按照规定在本行营业场所和网站主页等醒目位置及时、准确公示本行实行政府指导价、政府定价和市场调节价的服务项目等；

（3）本行提高市场调节价收费水平或新设市场调节价收费项目前，是否至少提前3个月进行公示；

（4）本行为客户提供服务时，是否事前告知相关服务项目、服务价格、优惠措施（含生效和终止日期），并在客户确认接受该服务价格后，提供相关服务。

（三）内部管理程序

（1）是否由总部统一制定和调整本行实行市场调节价的收费项目，并按照监管规定的程序实施；

（2）是否指定一个部门牵头负责服务价格管理工作，并建立了服务价格内部审批制度；

（3）是否建立了明确的价格行为违规问责机制和内部处罚措施；

（4）是否建立了服务价格投诉管理制度，明确客户投诉登记、调查、处理、报告等事项的管理流程、负责部门和处理期限；是否设立统一的投诉电话、书面投诉联系方式等渠道并醒目公示。

（一）网络借贷

关于开展"现金贷"业务活动清理整顿工作的通知

（网贷整治办函〔2017〕19号）

各省（区、市、计划单列市）P2P网络借贷风险专项整治联合工作办公室：

近日，网络上出现关于"现金贷"的负面报道，引发社会高度关注，考虑到部分"现金贷"平台行为影响恶劣，容易触发社会风险，亟须规范和引导，根据国务院领导批示，以及互联网金融风险专项整治工作领导小组办公室要求，将"现金贷"纳入互联网金融风险专项整治工作，请各省（区、市、计划单列市）P2P网络借贷风险专项整治联合工作办公室根据P2P网贷整治实施方案对各地区开展"现金贷"业务活动进行清理整顿，具体工作要求如下：

一、高度重视，全面摸清"现金贷"风险底数

近年来"现金贷"平台遍地开花，良莠不齐，部分平台存在三个突出问题：一是利率畸高，根据媒体报道，"现金贷"平均利率为158%，最高的"发薪贷"利率高达598%，实质是以"现金贷"之名行"高利贷"之实，严重影响市场经济稳定。二是风控基本为零，坏账率极高，依靠暴利覆盖风险。部分平台大力招聘线下人员，盲目扩张，且放款随意，部分平台借款人只需要输入简单信息和提供部分授权即可借款，行业坏账率普遍在20%以上。三是利滚利让借款人陷入负债危机。借款人一旦逾期，平台将收取高额罚金，同时采取电话"轰炸"其亲朋好友或暴力催收等手段，部分借款人在一个平台上的借款无法清偿时，被迫转向其他平台"借新还旧"，使得借款人负债成倍增长。

考虑到上述部分平台行为影响恶劣，极易引发社会关切，各地应给予高度重视，结合本次网络借贷风险专项整治工作部署要求，集中配置监管力量，对各地区"现金贷"平台开展摸底排查与集中整治，请各地区根据排查情况确定"现金贷"机构名单，摸清风险底数，防止风险的集中爆发和蔓延，维护网贷行业正常发展秩序。

二、分类整治，切实防范风险

各地根据风险排查的实际情况，按照情节轻重对"现金贷"P2P网贷平台进行分类处置，对违反《网络借贷信息中介机构业务活动管理暂行办法》相关规定的平台按期完成整改；对涉嫌恶意欺诈、发放高利贷和暴力催收等违法违规的平台，各地在及时掌握犯罪行为事实证据和线索的情况下，及时移送公安机关进行处置。同时，对网络小贷开展"现金贷"业务进行风险排查和整治，对于未经许可开展此类业务的机构立即叫停，存量业务逐步压降至零；对于存在涉嫌恶意欺诈、发放高利贷和暴力催收

等违法违规行为的网络小贷,及时移送公安机关进行处置,切实防范风险,引导"现金贷"业务健康有序发展。

请各地于每月 10 日前,按月将相关整治进展情况报送我办,报告内容包括但不限于:"现金贷"平台基本情况(如机构数量、交易规模、借款人数、出借人数、借款利率等)、初步查实的违规问题、尚待进一步查明的线索和问题以及下一步清理整顿工作计划等。

三、宣传引导,及时开展相关风险提示和宣传教育活动

各地在清理整顿过程中应当做好舆论引导,通过官网发布、媒体访谈、专家解读等多种方式,持续开展相关风险提示和宣传教育活动,主动对外发声,释放监管信号,及时回应公众关切,正面引导舆情。

中国银监会　教育部　人力资源社会保障部关于进一步加强校园贷规范管理工作的通知

(银监发〔2017〕26号)

各银监局，各省、自治区、直辖市及新疆生产建设兵团教育厅（局、教委）、金融办（局）、人力资源社会保障厅（局），各政策性银行、大型银行、股份制银行，邮储银行，中央所属各高等院校：

银监会　教育部等六部委《关于进一步加强校园网贷整治工作的通知》（银监发〔2016〕47号，以下简称银监发47号文）印发以来，各地加大对网络借贷信息中介机构（以下简称网贷机构）校园网贷业务的清理整顿，取得了初步成效。但部分地区仍存在校园贷乱象，特别是一些非网贷机构针对在校学生开展借贷业务，突破了校园网贷的范畴和底线；一些地方"求职贷""培训贷""创业贷"等不良借贷问题突出，给校园安全和学生合法权益带来严重损害，造成了不良社会影响。为进一步加大校园贷监管整治力度，从源头上治理乱象，防范和化解校园贷风险，现就加强校园贷规范管理工作通知如下：

一、疏堵结合，维护校园贷正常秩序

为满足大学生在消费、创业、培训等方面合理的信贷资金和金融服务需求，净化校园金融市场环境，使校园贷回归良性发展，商业银行和政策性银行应在风险可控的前提下，有针对性地开发高校助学、培训、消费、创业等金融产品，向大学生提供定制化、规范化的金融服务，合理设置信贷额度和利率，提高大学生校园贷服务质效，畅通正规、阳光的校园信贷服务渠道。开展校园贷的银行应制定完善的校园信贷风险管理制度，建立风险预警机制，加强贷前调查评估，认真审核评定贷款大学生资质，重视贷后管理监督，确保资金流向符合合同规定。如发现贷款大学生存在资料造假等欺骗行为，应提前收回贷款。银行应及时掌握贷款大学生资金流动状况和信用评分变化情况，评估其还款能力，采取应对措施，确保风险可控。

针对当前各类放贷主体进入校园贷市场，缺乏相应制度和监管约束，以及放贷主体自身风险控制机制缺失等问题，为切实规范校园贷管理，杜绝校园贷欺诈、高利贷和暴力催收等行为，未经银行业监督管理部门批准设立的机构不得进入校园为大学生提供信贷服务。

二、整治乱象，暂停网贷机构开展校园网贷业务

各地金融办（局）和银监局要在前期对网贷机构开展校园网贷业务整治的基础上，协同相关部门进一步加大整治力度，杜绝网贷机构发生高利放贷、暴力催收等严重危

害大学生安全的行为。现阶段，一律暂停网贷机构开展在校大学生网贷业务，逐步消化存量业务。要督促网贷机构按照分类处置工作要求，对于存量校园网贷业务，根据违法违规情节轻重、业务规模等状况，制定整改计划，确定整改完成期限，明确退出时间表。要督促网贷机构按期完成业务整改，主动下线校园网贷相关业务产品，暂停发布新的校园网贷业务标的，有序清退校园网贷业务待还余额。对拒不整改或超期未完成整改的，要暂停其开展网贷业务，依法依规予以关闭或取缔，对涉嫌恶意欺诈、暴力催收、制作贩卖传播淫秽物品等严重违法违规行为的，移交公安、司法机关依法追究刑事责任。

三、综合施策，切实加强大学生教育管理

各高校要把校园贷风险防范和综合整治工作作为当前维护学校安全稳定的重大工作来抓，完善工作机制，建立党委负总责、有关部门各负其责的管控体系，切实担负起教育管理学生的主体责任。一是加强教育引导。积极开展常态化、丰富多彩的消费观、金融理财知识及法律法规常识教育，培养学生理性消费、科学消费、勤俭节约、自我保护等意识。现阶段，应向每一名学生发放校园贷风险告知书并签字确认，每学期至少集中开展一次校园贷专项宣传教育活动，加强典型案例通报警示教育，让学生深刻认识不良校园贷危害，提醒学生远离不良校园贷。二是建立排查整治机制。开展校园贷集中排查，加强校园秩序管理。未经校方批准，严禁任何人、任何组织在校园内进行各种校园贷业务宣传和推介，及时清理各类借贷小广告。畅通不良校园贷举报渠道，鼓励教职员工和学生对发现的不良校园贷线索进行举报。对未经校方批准在校宣传推介、组织引导学生参与校园贷或利用学生身份证件办理不良校园贷的教职工或在校学生，要依规依纪严肃查处。三是建立应急处置机制。对于发现的学生参与不良校园贷事件要及时告知学生家长，并会同学生家长及有关方面做好应急处置工作，将危害消灭在初始状态。同时，对发现的重大事件要及时报告当地金融监管部门、公安部门、教育主管部门。四是切实做好学生资助工作。帮助每一名家庭经济困难学生解决好学费、住宿费和基本生活费等方面困难。五是建立不良校园贷责任追究机制。对校内有关部门和院系开展校园贷教育、警示、排查、处置等情况进行定期检查，凡责任落实不到位的，要追究有关部门、院系和相关人员责任。对因校园贷引发恶性事件或造成重大案件的，教育主管部门要倒查倒追有关高校及相关责任人，发现未开展宣传教育、风险警示、排查处置等工作的，予以严肃处理。

四、分工负责，共同促进校园贷健康发展

各部门要高度重视校园贷规范管理工作，明确分工，压实职责，加强信息共享，形成监管合力。各地金融办（局）和银监局要加强引导，鼓励合规机构积极进入校园，为大学生提供合法合规的信贷服务。要制定正负面清单，明确校园贷市场参与机构。要积极配合教育主管部门开展金融消费者教育保护和宣传工作。要加强信息共享与经验交流，以案说法，务求整治实效。各地教育主管部门、各高校要切实采取有效措施，做好本地本校工作分层对接和具体落实，筑好防范违规放贷机构进入校园的"防火墙"，加强风险警示、教育引导和校园管理工作。各地人力资源社会保障部门要加强人力资源市场和职业培训机构监管,依法查处"黑中介"和未经许可擅自从事职业培训业务等各类侵害就业权益的违法行为,杜绝公共就业人才服务机构以培训、求职、职业指导等名义,捆绑推荐信贷服务。涉及校园网贷整治相关事项,有关部门应按照银监发47号文要求抓好贯彻落实。

请各地区、各有关部门认真梳理辖内校园贷规范管理工作落实情况,并于2017年6月30日前将书面报告报送银监会、教育部、人力资源社会保障部。

中国银监会　教育部　人力资源社会保障部
2017年5月27日

关于规范整顿"现金贷"业务的通知

(网贷整治办函〔2017〕141号)

各省（自治区、直辖市）互联网金融风险专项整治工作领导小组办公室、网络借贷风险专项整治联合工作办公室：

近期，具有无场景依托、无指定用途、无客户群体限定、无抵押等特征的"现金贷"业务快速发展，在满足部分群体正常消费信贷需求方面发挥了一定作用，但过度借贷、重复授信、不当催收、畸高利率、侵犯个人隐私等问题十分突出，存在着较大的金融风险和社会风险隐患。

为贯彻落实全国金融工作会议精神，依据《中华人民共和国银行业监督管理法》《中华人民共和国商业银行法》《非法金融机构和非法金融业务活动取缔办法》《关于小额贷款公司试点的指导意见》《互联网金融风险专项整治工作实施方案》《P2P网络借贷风险专项整治工作实施方案》《通过互联网开展资产管理及跨界从事金融业务风险专项整治工作实施方案》《网络借贷信息中介机构业务活动管理暂行办法》等有关法律法规和政策文件，现就规范整顿"现金贷"业务有关事宜通知如下。

一、提高认识，准确把握"现金贷"业务开展原则

（一）设立金融机构、从事金融活动，必须依法接受准入管理。未依法取得经营放贷业务资质，任何组织和个人不得经营放贷业务。

（二）各类机构以利率和各种费用形式对借款人收取的综合资金成本应符合最高人民法院关于民间借贷利率的规定，禁止发放或撮合违反法律有关利率规定的贷款。各类机构向借款人收取的综合资金成本应统一折算为年化形式，各项贷款条件以及逾期处理等信息应在事前全面、公开披露，向借款人提示相关风险。

（三）各类机构应当遵守"了解你的客户"原则，充分保护金融消费者权益，不得以任何方式诱致借款人过度举债，陷入债务陷阱。应全面持续评估借款人的信用情况、偿付能力、贷款用途等，审慎确定借款人适当性、综合资金成本、贷款金额上限、贷款期限、贷款展期限制、"冷静期"要求、贷款用途限定、还款方式等。不得向无收入来源的借款人发放贷款，单笔贷款的本息费债务总负担应明确设定金额上限，贷款展期次数一般不超过2次。

（四）各类机构应坚持审慎经营原则，全面考虑信用记录缺失、多头借款、欺诈等因素对贷款质量可能造成的影响，加强风险内控，谨慎使用"数据驱动"的风控模型，不得以各种方式隐匿不良资产。

（五）各类机构或委托第三方机构均不得通过暴力、恐吓、侮辱、诽谤、骚扰等方

式催收贷款。

（六）各类机构应当加强客户信息安全保护，不得以"大数据"为名窃取、滥用客户隐私信息，不得非法买卖或泄露客户信息。

二、统筹监管，开展对网络小额贷款清理整顿工作

（一）小额贷款公司监管部门暂停新批设网络（互联网）小额贷款公司；暂停新增批小额贷款公司跨省（区、市）开展小额贷款业务。已经批准筹建的，暂停批准开业。

小额贷款公司的批设部门应符合国务院有关文件规定。对于不符合相关规定的已批设机构，要重新核查业务资质。

（二）严格规范网络小额贷款业务管理。暂停发放无特定场景依托、无指定用途的网络小额贷款，逐步压缩存量业务，限期完成整改。应采取有效措施防范借款人"以贷养贷""多头借贷"等行为。禁止发放"校园贷"和"首付贷"。禁止发放贷款用于股票、期货等投机经营。地方金融监管部门应建立持续有效的监管安排，中央金融监管部门将加强督导。

（三）加强小额贷款公司资金来源审慎管理。禁止以任何方式非法集资或吸收公众存款。禁止通过互联网平台或地方各类交易场所销售、转让及变相转让本公司的信贷资产。禁止通过网络借贷信息中介机构融入资金。以信贷资产转让、资产证券化等名义融入的资金应与表内融资合并计算，合并后的融资总额与资本净额的比例暂按当地现行比例规定执行，各地不得进一步放宽或变相放宽小额贷款公司融入资金的比例规定。

对于超比例规定的小额贷款公司，应制定压缩规模计划，限期内达到相关比例要求，由小额贷款公司监管部门监督执行。

网络小额贷款清理整顿工作由各省（区、市）小额贷款公司监管部门具体负责。中央金融监管部门将制定并下发网络小额贷款风险专项整治的实施方案，进一步细化有关工作要求。

三、加大力度，进一步规范银行业金融机构参与"现金贷"业务

（一）银行业金融机构（包括银行、信托公司、消费金融公司等）应严格按照《个人贷款管理暂行办法》等有关监管和风险管理要求，规范贷款发放活动。

（二）银行业金融机构不得以任何形式为无放贷业务资质的机构提供资金发放贷款，不得与无放贷业务资质的机构共同出资发放贷款。

（三）银行业金融机构与第三方机构合作开展贷款业务的，不得将授信审查、风险控制等核心业务外包。"助贷"业务应当回归本源，银行业金融机构不得接受无担保资质的第三方机构提供增信服务以及兜底承诺等变相增信服务，应要求并保证第三方合作机构不得向借款人收取息费。

（四）银行业金融机构及其发行、管理的资产管理产品不得直接投资或变相投资以"现金贷""校园贷""首付贷"等为基础资产发售的（类）证券化产品或其他产品。

银行业金融机构参与"现金贷"业务的规范整顿工作，由银监会各地派出机构负

责开展，各地整治办配合。

四、持续推进，完善 P2P 网络借贷信息中介机构业务管理

（一）不得撮合或变相撮合不符合法律有关利率规定的借贷业务；禁止从借贷本金中先行扣除利息、手续费、管理费、保证金以及设定高额逾期利息、滞纳金、罚息等。

（二）不得将客户的信息采集、甄别筛选、资信评估、开户等核心工作外包。

（三）不得撮合银行业金融机构资金参与 P2P 网络借贷。

（四）不得为在校学生、无还款来源或不具备还款能力的借款人提供借贷撮合业务。不得提供"首付贷"、房地产场外配资等购房融资借贷撮合服务。不得提供无指定用途的借贷撮合业务。

各地网络借贷风险专项整治联合工作办公室应当结合《关于开展"现金贷"业务活动清理整顿工作的通知》（网贷整治办函〔2017〕19 号）要求，对网络借贷信息中介机构开展"现金贷"业务进行清理整顿。

五、分类处置，加大对各类违法违规机构处置力度

（一）各类机构违反前述规定开展业务的，由各监管部门按照情节轻重，采取暂停业务、责令改正、通报批评、不予备案、取消业务资质等措施督促其整改，情节严重的坚决取缔；同时，视情由省级人民政府相关职能部门及金融监管部门依法实施行政处罚。对协助各类机构违法违规开展业务的网站、平台等，有关部门应叫停并依法追究责任。

（二）对于未经批准经营放贷业务的组织或个人，在银监会指导下，各地依法予以严厉打击和取缔；对于借机逃废债、不支持配合清理整顿工作的，加大处罚、打击力度；涉嫌非法经营的，移送相关部门进行查处；金融机构和非银行支付机构停止提供金融服务，通信管理部门依法处置互联网金融网站和移动应用程序。涉嫌非法集资、非法证券等违法违规活动的，分别按照处置非法集资、打击非法证券活动、清理整顿各类交易场所等工作机制予以查处。

（三）对涉嫌恶意欺诈和暴力催收等严重违法违规的机构，及时将线索移交公安机关，切实防范风险，确保社会大局稳定。

六、抓好落实，注重长效，确保规范整顿工作效果

（一）各地应加强组织领导和统筹协调，由地方金融监管部门牵头，明确各类机构的整治主责任部门，摸清风险底数，制定整顿计划，压实辖内从业机构主体责任，全面深入开展清理整顿，抓紧建立属地责任与跨区域协同相结合的工作机制。同时，做好应急预案，守住风险底线。

（二）各地应引导辖内相关机构充分利用国家金融信用信息基础数据库和中国互联网金融协会信用信息共享平台，防范借款人多头借贷、过度借贷。各地应当引导借款人依法履行债务清偿责任，建立失信信息公开、联合惩戒等制度，使得失信者一处失信、处处受限。

（三）各地应开展风险警示教育，提高民众识别不公平、欺诈性贷款活动和违法违规金融活动的能力，增强风险防范意识。

（四）各地应建立举报和重奖重罚制度，充分利用中国互联网金融协会举报平台等渠道，对提供违法违规活动线索的举报人给予奖励，充分发挥社会监督作用，对违法违规行为进行重罚，形成有效震慑。

（五）各地应严格按照本通知要求开展规范整顿。对监管责任缺位和落实不力的，将严肃问责。

（六）各地应将整治计划和月度工作进展（月后5个工作日内）报送P2P网贷风险专项整治工作小组办公室（银监会），并抄送互联网金融风险专项整治领导小组办公室（人民银行）。

互联网金融风险专项整治　P2P网贷风险专项整治
工作领导小组办公室　　工作领导小组办公室
（人民银行金融市场司代章）（银监会普惠金融部代章）
2017年12月1日

关于做好 P2P 网络借贷风险专项整治整改验收工作的通知

(网贷整治办函〔2017〕57号)

各省(区、市、计划单列市)网络借贷风险专项整治联合工作办公室:

为扎实推进 P2P 网络借贷(以下简称网贷)风险专项整治工作,在分类处置工作基础上,进一步加强各省(区、市、计划单列市)辖内网贷机构的整改验收工作,根据《网络借贷信息中介机构业务活动管理暂行办法》(以下简称《办法》)、《关于印发 P2P 网络借贷风险专项整治工作实施方案的通知》(银监发〔2016〕11号)和相关工作部署精神,现将网贷风险专项整治整改验收工作有关要求及安排通知如下:

一、充分认识整改验收的重要意义

整改验收是本次网贷风险专项整治工作的关键核心环节,各省(区、市、计划单列市)网络借贷风险专项整治联合工作办公室(以下简称各地整治办)应当高度重视整改验收相关工作,加强统筹,强化责任,做好整改验收与机构备案的衔接,科学把握备案机构数量和质量,按照"明确标准、严格把关、积极稳妥"的原则,一家一策、整改验收合格一家、备案一家,有序开展辖内存量网贷机构的整改验收与备案登记工作,实现行业市场出清、扶优抑劣、规范纠偏,确保向常态化监管的稳步过渡,真正引导行业守住法律底线和政策红线,回归信息中介本质,坚持小额分散功能,定位线上经营模式,建立合理定价机制,以服务实体经济和小微企业。

二、扎实做好整改验收的各项工作

(一)成立验收专班,落实各方责任

各省(区、市、计划单列市)人民政府应当高度重视本次整改验收工作,提高认识,切实落实属地管理职责,做好组织管理和风险预案,成立由省(区、市、计划单列市)金融办、银监局以及人民银行分支机构、公安、通信管理、工商管理等部门组成的联合整改验收小组,进行交叉核验,统筹考虑并确定验收标准和措施。各地整治办应当切实落实部门责任,加强对整改验收工作的组织协调,充分利用各职能部门及第三方专业机构的力量做好整改验收工作。各地整治办应指定官方网站对拟备案网贷机构的整改验收情况进行公示,公示时间应不少于两周,并要求网贷机构在自身官方网站及 APP 上及时对本机构整改验收及备案登记情况进行信息披露。整改验收公示期间,各地整治办如收到异地整治办、出借人或借款人以及其他网贷机构对公示机构的举报,经核查属实的,各地整治办应当撤销公示内容并对网贷机构重新进行整改验收。最终的整改验收合格证明文件应当由本省(区、市、计划单列市)金融办、银监局的负责同志共同签发。

（二）严格验收标准，确保分类施策

各地整治办应当对辖内机构进行全覆盖、有重点的实质检查，可以通过核查账务系统、资金流水、融资项目真实性、抽查借贷合同、暗访检查违规线下营销和违规宣传行为、产品合规性调查等手段，查实查透网贷机构存在的问题，严防被检查机构"带病"通过验收。对于不同情况的网贷机构，应当分类施策、科学处置：一是对于验收合格的网贷机构应当尽快予以备案登记，确保其正常经营；二是对于积极配合整改验收工作但最终没有通过的机构，可以根据其具体情况，或引导其逐步清退业务、退出市场，或整合相关部门及资源，采取市场化方式，进行并购重组；三是对于严重不配合整改验收工作，违法违规行为严重，甚至已经有经侦介入或已经失联的机构，应当由相关部门依据《非法金融机构和非法金融业务活动取缔办法》等相关法律法规予以取缔；四是对于为逃避整改验收，暂停自身业务或不处于正常经营状态的机构，各地整治办要予以高度重视，要求此类机构恢复正常经营后，酌情予以备案；五是对于行业中业务余额较大、影响较大、跨区域经营的机构，由机构注册地整治办建立联合核查机制，向机构业务发生地整治办征求相关意见。各省（区、市、计划单列市）要结合本地区各部门、各机构的实际情况，积极稳妥推进相关工作，充分协调工商管理、公安等具有行政执法权的部门在机构退出环节依法履行相应职能，确保不发生处置风险的风险，守住不发生系统性区域性风险和不发生大规模群体事件的底线。

（三）明确时间节点，严格政策界限

各省（区、市、计划单列市）对于辖内机构的具体整改验收，应当明确不同的时间节点，分类加以规制，具体包括：一是根据互联网金融风险专项整治领导小组有关要求，对于在《办法》发布之日（2016年8月24日）后新设立的网贷机构或新从事网络借贷业务的网贷机构，在本次网贷风险专项整治期间，原则上不予备案登记；二是对于自始未纳入本次网贷专项整治的各类机构，在整改验收期间提出备案登记申请的，各地整治办不得对此类机构进行整改验收及备案登记；三是对于《办法》规定的十三项禁止性行为及单一借款人借款上限规定，网贷机构应当自2016年8月24日后不再违反，相应存量业务没有化解完成的网贷机构不得进行备案登记；四是对于开展过涉及房地产首付贷、校园贷以及现金贷等业务的网贷机构，应当按照《关于进一步加强校园贷规范管理工作的通知》（银监发〔2017〕26号）、《关于对"现金贷"业务进行规范整顿通知》（整治办函〔2017〕141号）的要求，暂停新增业务，对存量业务逐步压缩，制定退出时间表，对于相关监管要求下发后继续违规发放以上三类业务的机构不予备案；五是辖内各网贷机构应当与通过网贷专项整治领导小组办公室组织开展的网贷资金存管业务测评的，银行业金融机构开展资金存管业务合作；六是对于在规定时间内没有通过本次整改验收，无法完成备案登记但依然实质从事网贷业务的机构，各省（区、市、计划单列市）应当协调相应职能部门予以处置，包括注销其电信经营许可、封禁网站，要求金融机构不得向其提供各类金融服务等。

（四）把握工作进度，逐步完成备案

请各省（区、市、计划单列市）处理好工作力度和节奏的关系，严格遵守最新的互联网金融风险专项整治大的时间框架，分阶段完成整改验收以及后续备案登记工作：

1. 2018年4月底之前完成辖内主要网贷机构的备案登记工作；

2. 对于违规存量业务较多，难以及时完成处置的部分网贷机构，应当于2018年5月底之前完成相应业务的处置、剥离以及备案登记工作；

3. 对于难度极大、情况极其复杂的个别机构，最迟应当于2018年6月末之前完成相关工作。

附件

关于整改验收过程中部分具体问题的解释说明

1. 关于债权转让有关问题。对于债权转让是否合规，应当具体问题具体分析。为解决流动性问题，在出借人之间进行的低频次债权转让，应认定为合规；对于开展类资产证券化业务或实现以打包资产、证券化资产、信托资产、基金份额等形式的债权转让行为则应该认定为违规；对于由网贷机构高管或关联人根据机构的授权，与借款人签订借款合同，直接放款给借款人，再根据借款金额在平台放标，将债权转让给实际出借人的"超级放款人"模式的债权转让，由于其可能导致网贷机构虚构标的、将项目拆分期限错配、直接或间接归集出借人资金等行为，应当认定为违规；以活期、定期理财产品的形式对接债权转让标的，由于可能造成资金和资产的期限错配，应当认定为违规。同时，各网贷机构不得以出借人所持债权作为抵（质）押，提供贷款。

2. 关于风险备付金有关问题。目前市场上部分机构出于解决信用风险的考虑，提取了部分风险备付金，这一经营模式与网贷机构的信息中介定位不符。应当禁止辖内机构继续提取、新增风险备付金，对于已经提取的风险备付金，应当逐步消化，压缩风险备付金规模。同时严格禁止网贷机构以风险备付金进行宣传。各地应当积极引导网贷机构采取引入第三方担保等其他方式对出借人进行保障。

3. 关于资金存管有关问题。网贷专项整治领导小组办公室委托中国互联网金融协会开展网贷资金存管业务测评，测评工作将按照"标准统一、质量优先、客观公正、实事求是"的原则，严格依据《网络借贷资金存管指引》有序开展。网贷机构应当与通过测评的银行业金融机构开展资金存管业务合作。

4. 关于综合借款成本及"现金贷"有关问题。各地应当继续做好对"现金贷"的清理整顿工作，要求辖内网贷机构依照《关于对"现金贷"业务进行规范整顿通知》相关要求开展业务，对于继续撮合或变相撮合违反法律有关利率规定的借贷业务的网贷机构不予备案登记。

5. 关于法人及分支机构备案有关问题。申请备案登记的网贷机构应当为法人机构，在申请登记的同时，应当将本法人机构的所有分支机构信息报送至本地区网贷整治办公室，同时，相关整治办公室应当及时共享相关信息，并密切配合，共同处置相关风险。

6. 关于线下经营的有关问题。对于大规模从事线下营销的网贷机构，应当削减淘汰或转型线下营销门店及人员，清理、摘除相关标示、标牌、宣传牌、宣传单等，不得再在互联网、固定电话、移动电话等电子渠道以外的物理场所进行宣传或推介融资项目。

7. 关于网贷机构业务规模控制有关问题。网贷机构应当持续优化自身业务结构，调控自身业务规模，在前述要求的基础上，应当自整改通知书下发之日起，实现存量违规业务持续下降,确保不再新增任何违规业务。对于存在违反《办法》规定的十三项禁止性行为以及单一借款人上限的网贷机构,在其相应违规业务没有化解完成前,各省(区、市、计划单列市)整治办应当不予备案登记。

8. 关于网贷机构与地方金融交易所合作有关问题。对于与各类地方金融交易所进行合作的网贷机构,应当停止合作,存量合作业务逐步转让或清偿,最终于本次专项整治结束之前完成。

9. 关于网贷机构业务外包及机构分立有关问题。辖内网贷机构不得将核心业务进行外包。对于将自身业务分割,将原有网贷机构分立为不同实体的情况,如果其分立出的实体,只与将其分立出的网贷机构进行业务合作的,则应当将分立后的机构视为原网贷机构的组成部分,进行一并验收管理。

10. 关于网贷机构信息披露有关问题。网贷机构应该继续完善自身信息披露,于自身官方网站或 APP 上确实披露项目风险及资金投向,同时将本法人机构的所有分支机构报送至本地区网贷整治办公室,在本次专项整治结束前,网贷机构应当依据银监会发布的《网络借贷信息中介机构业务活动信息披露指引》进行完整的信息披露。

11. 关于网贷机构基础设施有关问题。对于缺乏合规的网络安全设施的网贷机构,应于本次专项整治结束前,提升安全防护和开发能力,确保系统能够满足保护客户资金信息安全、防止黑客攻击和系统中断等信息科技安全要求。

中国银行保险监督管理委员会 中华人民共和国公安部 国家市场监督管理总局 中国人民银行关于规范民间借贷行为 维护经济金融秩序有关事项的通知

(银保监发〔2018〕10号)

各银监局;各省、自治区、直辖市公安厅(局)、工商局(市场监管部门)、新疆生产建设兵团公安局;中国人民银行上海总部,各分行、营业管理部,各省会(省府)城市中心支行,各副省级城市中心支行;各政策性银行、大型银行、股份制银行,邮储银行,外资银行,金融资产管理公司:

为规范民间借贷行为,维护经济金融秩序,防范金融风险,切实保障人民群众合法权益,打击金融违法犯罪活动,根据《中华人民共和国银行业监督管理法》《中华人民共和国商业银行法》《中华人民共和国刑法》及《非法金融机构和非法金融业务活动取缔办法》等法律法规,现就有关事项通知如下:

一、切实提高认识

近年来,民间借贷发展迅速,以暴力催收为主要表现特征的非法活动愈演愈烈,严重扰乱了经济金融秩序和社会秩序。各有关方面要充分认识规范民间借贷行为的必要性和暴力催收的社会危害性,从贯彻落实全面依法治国基本方略、维护经济金融秩序、保持经济和社会稳定的高度出发,认真抓好相关工作。

二、把握工作原则

坚持依法治理、标本兼治、多方施策、疏堵结合的原则,进一步规范民间借贷行为,引导民间资金健康有序流动,对相关非法行为进行严厉打击,净化社会环境,维护经济金融秩序和社会稳定。

三、明确信贷规则

严格执行《中华人民共和国银行业监督管理法》《中华人民共和国商业银行法》及《非法金融机构和非法金融业务活动取缔办法》等法律规范,未经有权机关依法批准,任何单位和个人不得设立从事或者主要从事发放贷款业务的机构或以发放贷款为日常业务活动。

四、规范民间借贷

民间借贷活动必须严格遵守国家法律法规的有关规定,遵循自愿互助、诚实信用的原则。民间借贷中,出借人的资金必须是其合法收入的自有资金,禁止吸收或变相吸收他人资金用于借贷。民间借贷发生纠纷,应当按照《最高人民法院关于审理民间借贷案件适用法律若干问题的规定》（法释〔2015〕18号）处理。

五、严禁非法活动

严厉打击利用非法吸收公众存款、变相吸收公众存款等非法集资资金发放民间贷款。严厉打击以故意伤害、非法拘禁、侮辱、恐吓、威胁、骚扰等非法手段催收贷款。严厉打击套取金融机构信贷资金，再高利转贷。严厉打击面向在校学生非法发放贷款，发放无指定用途贷款，或以提供服务、销售商品为名，实际收取高额利息（费用）变相发放贷款行为。严禁银行业金融机构从业人员作为主要成员或实际控制人，开展有组织的民间借贷。

六、改进金融服务

各银行业金融机构以及经有权部门批设的小额贷款公司等发放贷款或融资性质机构应依法合规经营，强化服务意识，采取切实措施，开发面向不同群体的信贷产品。改进金融服务，加大对实体经济的资金支持力度，为实体经济发展创造良好的金融环境，有效疏通金融服务实体经济渠道，服务供给侧结构性改革。

七、加强协调配合

民间借贷活动情况复杂、涉及方面多，按照《中华人民共和国银行业监督管理法》《中华人民共和国商业银行法》《非法金融机构和非法金融业务活动取缔办法》的规定，地方人民政府以及有关部门要加强协调配合，依法履行职责。

八、依法调查处理

（一）对利用非法吸收公众存款、变相吸收公众存款等非法集资资金发放民间贷款，以故意伤害、非法拘禁、侮辱、恐吓、威胁、骚扰等非法手段催收民间贷款，以及套取银行业金融机构信贷资金，再高利转贷等违反治安管理规定的行为或涉嫌犯罪的行为，公安机关应依法进行调查处理，并将非法发放民间贷款活动的相关材料移送银行业监督管理机构。

（二）对银行业金融机构从业人员参与非法金融活动的，银行业金融机构应当予以纪律处分，构成犯罪的，依法严厉追究刑事责任。

（三）对从事民间借贷咨询等业务的中介机构，工商和市场监管部门应依法加强监管。

九、加强宣传引导

银行业监督管理机构、公安机关、工商和市场监管部门、人民银行等有关单位采取各种有效方式向广大人民群众宣传国家金融法律法规和信贷规则。及时向社会公布典型案例，加大宣传教育力度，强化风险警示，增强广大人民群众的风险防范意识，引导自觉抵制非法民间借贷活动。

2018年4月16日

网络借贷信息中介机构业务活动管理暂行办法

(银监会令〔2016〕1号)

为加强对网络借贷信息中介机构业务活动的监督管理,促进网络借贷行业健康发展,依据《中华人民共和国民法通则》《中华人民共和国公司法》《中华人民共和国合同法》等法律法规,中国银监会、工业和信息化部、公安部、国家互联网信息办公室制定了《网络借贷信息中介机构业务活动管理暂行办法》。经国务院批准,现予公布,自公布之日起施行。

中国银行业监督管理委员会主席:尚福林
中华人民共和国工业和信息化部部长:苗圩
中华人民共和国公安部部长:郭声琨
国家互联网信息办公室主任:徐麟
2016年8月17日

第一章 总 则

第一条 为规范网络借贷信息中介机构业务活动,保护出借人、借款人、网络借贷信息中介机构及相关当事人合法权益,促进网络借贷行业健康发展,更好满足中小微企业和个人投融资需求,根据《关于促进互联网金融健康发展的指导意见》提出的总体要求和监管原则,依据《中华人民共和国民法通则》《中华人民共和国公司法》《中华人民共和国合同法》等法律法规,制定本办法。

第二条 在中国境内从事网络借贷信息中介业务活动,适用本办法,法律法规另有规定的除外。

本办法所称网络借贷是指个体和个体之间通过互联网平台实现的直接借贷。个体包含自然人、法人及其他组织。网络借贷信息中介机构是指依法设立,专门从事网络借贷信息中介业务活动的金融信息中介公司。该类机构以互联网为主要渠道,为借款人与出借人(即贷款人)实现直接借贷提供信息搜集、信息公布、资信评估、信息交互、借贷撮合等服务。

本办法所称地方金融监管部门是指各省级人民政府承担地方金融监管职责的部门。

第三条 网络借贷信息中介机构按照依法、诚信、自愿、公平的原则为借款人和出借人提供信息服务，维护出借人与借款人合法权益，不得提供增信服务，不得直接或间接归集资金，不得非法集资，不得损害国家利益和社会公共利益。

借款人与出借人遵循借贷自愿、诚实守信、责任自负、风险自担的原则承担借贷风险。网络借贷信息中介机构承担客观、真实、全面、及时进行信息披露的责任，不承担借贷违约风险。

第四条 按照《关于促进互联网金融健康发展的指导意见》中"鼓励创新、防范风险、趋利避害、健康发展"的总体要求和"依法监管、适度监管、分类监管、协同监管、创新监管"的监管原则，落实各方管理责任。国务院银行业监督管理机构及其派出机构负责制定网络借贷信息中介机构业务活动监督管理制度，并实施行为监管。各省级人民政府负责本辖区网络借贷信息中介机构的机构监管。工业和信息化部负责对网络借贷信息中介机构业务活动涉及的电信业务进行监管。公安部牵头负责对网络借贷信息中介机构的互联网服务进行安全监管，依法查处违反网络安全监管的违法违规活动，打击网络借贷涉及的金融犯罪及相关犯罪。国家互联网信息办公室负责对金融信息服务、互联网信息内容等业务进行监管。

第二章 备案管理

第五条 拟开展网络借贷信息中介服务的网络借贷信息中介机构及其分支机构，应当在领取营业执照后，于10个工作日以内携带有关材料向工商登记注册地地方金融监管部门备案登记。

地方金融监管部门负责为网络借贷信息中介机构办理备案登记。地方金融监管部门应当在网络借贷信息中介机构提交的备案登记材料齐备时予以受理，并在各省（区、市）规定的时限内完成备案登记手续。备案登记不构成对网络借贷信息中介机构经营能力、合规程度、资信状况的认可和评价。

地方金融监管部门有权根据本办法和相关监管规则对备案登记后的网络借贷信息中介机构进行评估分类，并及时将备案登记信息及分类结果在官方网站上公示。

网络借贷信息中介机构完成地方金融监管部门备案登记后，应当按照通信主管部门的相关规定申请相应的电信业务经营许可；未按规定申请电信业务经营许可的，不得开展网络借贷信息中介业务。

网络借贷信息中介机构备案登记、评估分类等具体细则另行制定。

第六条 开展网络借贷信息中介业务的机构，应当在经营范围中实质明确网络借贷信息中介，法律、行政法规另有规定的除外。

第七条 网络借贷信息中介机构备案登记事项发生变更的，应当在5个工作日以内向工商登记注册地地方金融监管部门报告并进行备案信息变更。

第八条 经备案的网络借贷信息中介机构拟终止网络借贷信息中介服务的，应当在终止业务前提前至少10个工作日，书面告知工商登记注册地地方金融监管部门，并办理备案注销。

经备案登记的网络借贷信息中介机构依法解散或者依法宣告破产的，除依法进行清算外，由工商登记注册地地方金融监管部门注销其备案。

第三章　业务规则与风险管理

第九条　网络借贷信息中介机构应当履行下列义务：

（一）依据法律法规及合同约定为出借人与借款人提供直接借贷信息的采集整理、甄别筛选、网上发布，以及资信评估、借贷撮合、融资咨询、在线争议解决等相关服务；

（二）对出借人与借款人的资格条件、信息的真实性、融资项目的真实性、合法性进行必要审核；

（三）采取措施防范欺诈行为，发现欺诈行为或其他损害出借人利益的情形，及时公告并终止相关网络借贷活动；

（四）持续开展网络借贷知识普及和风险教育活动，加强信息披露工作，引导出借人以小额分散的方式参与网络借贷，确保出借人充分知悉借贷风险；

（五）按照法律法规和网络借贷有关监管规定要求报送相关信息，其中网络借贷有关债权债务信息要及时向有关数据统计部门报送并登记；

（六）妥善保管出借人与借款人的资料和交易信息，不得删除、篡改，不得非法买卖、泄露出借人与借款人的基本信息和交易信息；

（七）依法履行客户身份识别、可疑交易报告、客户身份资料和交易记录保存等反洗钱和反恐怖融资义务；

（八）配合相关部门做好防范查处金融违法犯罪相关工作；

（九）按照相关要求做好互联网信息内容管理、网络与信息安全相关工作；

（十）国务院银行业监督管理机构、工商登记注册地省级人民政府规定的其他义务。

第十条　网络借贷信息中介机构不得从事或者接受委托从事下列活动：

（一）为自身或变相为自身融资；

（二）直接或间接接受、归集出借人的资金；

（三）直接或变相向出借人提供担保或者承诺保本保息；

（四）自行或委托、授权第三方在互联网、固定电话、移动电话等电子渠道以外的物理场所进行宣传或推介融资项目；

（五）发放贷款，但法律法规另有规定的除外；

（六）将融资项目的期限进行拆分；

（七）自行发售理财等金融产品募集资金，代销银行理财、券商资管、基金、保险或信托产品等金融产品；

（八）开展类资产证券化业务或实现以打包资产、证券化资产、信托资产、基金份额等形式的债权转让行为；

（九）除法律法规和网络借贷有关监管规定允许外，与其他机构投资、代理销售、经纪等业务进行任何形式的混合、捆绑、代理；

（十）虚构、夸大融资项目的真实性、收益前景，隐瞒融资项目的瑕疵及风险，以歧义性语言或其他欺骗性手段等进行虚假片面宣传或促销等，捏造、散布虚假信息或不完整信息损害他人商业信誉，误导出借人或借款人；

（十一）向借款用途为投资股票、场外配资、期货合约、结构化产品及其他衍生品等高风险的融资提供信息中介服务；

（十二）从事股权众筹等业务；

（十三）法律法规、网络借贷有关监管规定禁止的其他活动。

第十一条　参与网络借贷的出借人与借款人应当为网络借贷信息中介机构核实的实名注册用户。

第十二条　借款人应当履行下列义务：

（一）提供真实、准确、完整的用户信息及融资信息；

（二）提供在所有网络借贷信息中介机构未偿还借款信息；

（三）保证融资项目真实、合法，并按照约定用途使用借贷资金，不得用于出借等其他目的；

（四）按照约定向出借人如实报告影响或可能影响出借人权益的重大信息；

（五）确保自身具有与借款金额相匹配的还款能力并按照合同约定还款；

（六）借贷合同及有关协议约定的其他义务。

第十三条　借款人不得从事下列行为：

（一）通过故意变换身份、虚构融资项目、夸大融资项目收益前景等形式的欺诈借款；

（二）同时通过多个网络借贷信息中介机构，或者通过变换项目名称、对项目内容进行非实质性变更等方式，就同一融资项目进行重复融资；

（三）在网络借贷信息中介机构以外的公开场所发布同一融资项目的信息；

（四）已发现网络借贷信息中介机构提供的服务中含有本办法第十条所列内容，仍进行交易；

（五）法律法规和网络借贷有关监管规定禁止从事的其他活动。

第十四条　参与网络借贷的出借人，应当具备投资风险意识、风险识别能力、拥有非保本类金融产品投资的经历并熟悉互联网。

第十五条　参与网络借贷的出借人应当履行下列义务：

（一）向网络借贷信息中介机构提供真实、准确、完整的身份等信息；

（二）出借资金为来源合法的自有资金；

（三）了解融资项目信贷风险，确认具有相应的风险认知和承受能力；

（四）自行承担借贷产生的本息损失；

（五）借贷合同及有关协议约定的其他义务。

第十六条　网络借贷信息中介机构在互联网、固定电话、移动电话等电子渠道以外的物理场所只能进行信用信息采集、核实、贷后跟踪、抵质押管理等风险管理及网络借贷有关监管规定明确的部分必要经营环节。

第二部分 创新篇

第十七条 网络借贷金额应当以小额为主。网络借贷信息中介机构应当根据本机构风险管理能力,控制同一借款人在同一网络借贷信息中介机构平台及不同网络借贷信息中介机构平台的借款余额上限,防范信贷集中风险。

同一自然人在同一网络借贷信息中介机构平台的借款余额上限不超过人民币 20 万元;同一法人或其他组织在同一网络借贷信息中介机构平台的借款余额上限不超过人民币 100 万元;同一自然人在不同网络借贷信息中介机构平台借款总余额不超过人民币 100 万元;同一法人或其他组织在不同网络借贷信息中介机构平台借款总余额不超过人民币 500 万元。

第十八条 网络借贷信息中介机构应当按照国家网络安全相关规定和国家信息安全等级保护制度的要求,开展信息系统定级备案和等级测试,具有完善的防火墙、入侵检测、数据加密以及灾难恢复等网络安全设施和管理制度,建立信息科技管理、科技风险管理和科技审计有关制度,配置充足的资源,采取完善的管理控制措施和技术手段保障信息系统安全稳健运行,保护出借人与借款人的信息安全。

网络借贷信息中介机构应当记录并留存借贷双方上网日志信息,信息交互内容等数据,留存期限为自借贷合同到期起 5 年;每两年至少开展一次全面的安全评估,接受国家或行业主管部门的信息安全检查和审计。

网络借贷信息中介机构成立两年以内,应当建立或使用与其业务规模相匹配的应用级灾备系统设施。

第十九条 网络借贷信息中介机构应当为单一融资项目设置募集期,最长不超过 20 个工作日。

第二十条 借款人支付的本金和利息应当归出借人所有。网络借贷信息中介机构应当与出借人、借款人另行约定费用标准和支付方式。

第二十一条 网络借贷信息中介机构应当加强与金融信用信息基础数据库运行机构、征信机构等的业务合作,依法提供、查询和使用有关金融信用信息。

第二十二条 各方参与网络借贷信息中介机构业务活动,需要对出借人与借款人的基本信息和交易信息等使用电子签名、电子认证时,应当遵守法律法规的规定,保障数据的真实性、完整性及电子签名、电子认证的法律效力。

网络借贷信息中介机构使用第三方数字认证系统,应当对第三方数字认证机构进行定期评估,保证有关认证安全可靠并具有独立性。

第二十三条 网络借贷信息中介机构应当采取适当的方法和技术,记录并妥善保存网络借贷业务活动数据和资料,做好数据备份。保存期限应当符合法律法规及网络借贷有关监管规定的要求。借贷合同到期后应当至少保存 5 年。

第二十四条 网络借贷信息中介机构暂停、终止业务时应当至少提前 10 个工作日通过官方网站等有效渠道向出借人与借款人公告,并通过移动电话、固定电话等渠道通知出借人与借款人。网络借贷信息中介机构业务暂停或者终止,不影响已经签订的借贷合同当事人有关权利义务。

网络借贷信息中介机构因解散或宣告破产而终止的,应当在解散或破产前,妥善处理已撮合存续的借贷业务，清算事宜按照有关法律法规的规定办理。

网络借贷信息中介机构清算时，出借人与借款人的资金分别属于出借人与借款人，不属于网络借贷信息中介机构的财产，不列入清算财产。

第四章 出借人与借款人保护

第二十五条 未经出借人授权，网络借贷信息中介机构不得以任何形式代出借人行使决策。

第二十六条 网络借贷信息中介机构应当向出借人以醒目方式提示网络借贷风险和禁止性行为，并经出借人确认。

网络借贷信息中介机构应当对出借人的年龄、财务状况、投资经验、风险偏好、风险承受能力等进行尽职评估，不得向未进行风险评估的出借人提供交易服务。

网络借贷信息中介机构应当根据风险评估结果对出借人实行分级管理，设置可动态调整的出借限额和出借标的限制。

第二十七条 网络借贷信息中介机构应当加强出借人与借款人信息管理，确保出借人与借款人信息采集、处理及使用的合法性和安全性。

网络借贷信息中介机构及其资金存管机构、其他各类外包服务机构等应当为业务开展过程中收集的出借人与借款人信息保密，未经出借人与借款人同意，不得将出借人与借款人提供的信息用于所提供服务之外的目的。

在中国境内收集的出借人与借款人信息的储存、处理和分析应当在中国境内进行。除法律法规另有规定外，网络借贷信息中介机构不得向境外提供境内出借人和借款人信息。

第二十八条 网络借贷信息中介机构应当实行自身资金与出借人和借款人资金的隔离管理，并选择符合条件的银行业金融机构作为出借人与借款人的资金存管机构。

第二十九条 出借人与网络借贷信息中介机构之间、出借人与借款人之间、借款人与网络借贷信息中介机构之间等纠纷，可以通过以下途径解决：

（一）自行和解；
（二）请求行业自律组织调解；
（三）向仲裁部门申请仲裁；
（四）向人民法院提起诉讼。

第五章 信息披露

第三十条 网络借贷信息中介机构应当在其官方网站上向出借人充分披露借款人基本信息、融资项目基本信息、风险评估及可能产生的风险结果、已撮合未到期融资项目资金运用情况等有关信息。

披露内容应符合法律法规关于国家秘密、商业秘密、个人隐私的有关规定。

第三十一条 网络借贷信息中介机构应当及时在其官方网站显著位置披露本机构所撮合借贷项目等经营管理信息。

网络借贷信息中介机构应当在其官方网站上建立业务活动经营管理信息披露专栏，定期以公告形式向公众披露年度报告、法律法规、网络借贷有关监管规定。

网络借贷信息中介机构应当聘请会计师事务所定期对本机构出借人与借款人资金存管、信息披露情况、信息科技基础设施安全、经营合规性等重点环节实施审计，并且应当聘请有资质的信息安全测评认证机构定期对信息安全实施测评认证，向出借人与借款人等披露审计和测评认证结果。

网络借贷信息中介机构应当引入律师事务所、信息系统安全评价等第三方机构，对网络信息中介机构合规和信息系统稳健情况进行评估。

网络借贷信息中介机构应当将定期信息披露公告文稿和相关备查文件报送工商登记注册地地方金融监管部门，并置备于机构住所供社会公众查阅。

第三十二条 网络借贷信息中介机构的董事、监事、高级管理人员应当忠实、勤勉地履行职责，保证披露的信息真实、准确、完整、及时、公平，不得有虚假记载、误导性陈述或者重大遗漏。

借款人应当配合网络借贷信息中介机构及出借人对融资项目有关信息的调查核实，保证提供的信息真实、准确、完整。

网络借贷信息披露具体细则另行制定。

第六章 监督管理

第三十三条 国务院银行业监督管理机构及其派出机构负责制定统一的规范发展政策措施和监督管理制度，负责网络借贷信息中介机构的日常行为监管，指导和配合地方人民政府做好网络借贷信息中介机构的机构监管和风险处置工作，建立跨部门跨地区监管协调机制。

各地方金融监管部门具体负责本辖区网络借贷信息中介机构的机构监管，包括对本辖区网络借贷信息中介机构的规范引导、备案管理和风险防范、处置工作。

第三十四条 中国互联网金融协会从事网络借贷行业自律管理，并履行下列职责：

（一）制定自律规则、经营细则和行业标准并组织实施，教育会员遵守法律法规和网络借贷有关监管规定；

（二）依法维护会员的合法权益，协调会员关系，组织相关培训，向会员提供行业信息、法律咨询等服务，调解纠纷；

（三）受理有关投诉和举报，开展自律检查；

（四）成立网络借贷专业委员会；

（五）法律法规和网络借贷有关监管规定赋予的其他职责。

第三十五条 借款人、出借人、网络借贷信息中介机构、资金存管机构、担保人等应当签订资金存管协议，明确各自权利义务和违约责任。

资金存管机构对出借人与借款人开立和使用资金账户进行管理和监督，并根据合同约定，对出借人与借款人的资金进行存管、划付、核算和监督。

资金存管机构承担实名开户和履行合同约定及借贷交易指令表面一致性的形式审

核责任，但不承担融资项目及借贷交易信息真实性的实质审核责任。

资金存管机构应当按照网络借贷有关监管规定报送数据信息并依法接受相关监督管理。

第三十六条 网络借贷信息中介机构应当在下列重大事件发生后，立即采取应急措施并向工商登记注册地地方金融监管部门报告：

（一）因经营不善等原因出现重大经营风险；

（二）网络借贷信息中介机构或其董事、监事、高级管理人员发生重大违法违规行为；

（三）因商业欺诈行为被起诉，包括违规担保、夸大宣传、虚构隐瞒事实、发布虚假信息、签订虚假合同、错误处置资金等行为。

地方金融监管部门应当建立网络借贷行业重大事件的发现、报告和处置制度，制定处置预案，及时、有效地协调处置有关重大事件。

地方金融监管部门应当及时将本辖区网络借贷信息中介机构重大风险及处置情况信息报送省级人民政府、国务院银行业监督管理机构和中国人民银行。

第三十七条 除本办法第七条规定的事项外，网络借贷信息中介机构发生下列情形的，应当在5个工作日以内向工商登记注册地地方金融监管部门报告：

（一）因违规经营行为被查处或被起诉；

（二）董事、监事、高级管理人员违反境内外相关法律法规行为；

（三）国务院银行业监督管理机构、地方金融监管部门等要求的其他情形。

第三十八条 网络借贷信息中介机构应当聘请会计师事务所进行年度审计，并在上一会计年度结束之日起4个月内向工商登记注册地地方金融监管部门报送年度审计报告。

第七章 法律责任

第三十九条 地方金融监管部门存在未依照本办法规定报告重大风险和处置情况、未依照本办法规定向国务院银行业监督管理机构提供行业统计或行业报告等违反法律法规及本办法规定情形的，应当对有关责任人依法给予行政处分；构成犯罪的，依法追究刑事责任。

第四十条 网络借贷信息中介机构违反法律法规和网络借贷有关监管规定，有关法律法规有处罚规定的，依照其规定给予处罚；有关法律法规未作处罚规定的，工商登记注册地地方金融监管部门可以采取监管谈话、出具警示函、责令改正、通报批评、将其违法违规和不履行公开承诺等情况记入诚信档案并公布等监管措施，以及给予警告、人民币3万元以下罚款和依法可以采取的其他处罚措施；构成犯罪的，依法追究刑事责任。

网络借贷信息中介机构违反法律规定从事非法集资活动或欺诈的，按照相关法律法规和工作机制处理；构成犯罪的，依法追究刑事责任。

第四十一条 网络借贷信息中介机构的出借人及借款人违反法律法规和网络借贷

有关监管规定，依照有关规定给予处罚；构成犯罪的，依法追究刑事责任。

第八章　附　则

第四十二条　银行业金融机构及国务院银行业监督管理机构批准设立的其他金融机构和省级人民政府批准设立的融资担保公司、小额贷款公司等投资设立具有独立法人资格的网络借贷信息中介机构，设立办法另行制定。

第四十三条　中国互联网金融协会网络借贷专业委员会按照《关于促进互联网金融健康发展的指导意见》和协会章程开展自律并接受相关监管部门指导。

第四十四条　本办法实施前设立的网络借贷信息中介机构不符合本办法规定的，除违法犯罪行为按照本办法第四十条处理外，由地方金融监管部门要求其整改，整改期不超过12个月。

第四十五条　省级人民政府可以根据本办法制定实施细则，并报国务院银行业监督管理机构备案。

第四十六条　本办法解释权归国务院银行业监督管理机构、工业和信息化部、公安部、国家互联网信息办公室。

第四十七条　本办法所称不超过、以下、以内，包括本数。

中国银监会办公厅、工业和信息化部办公厅、工商总局办公厅关于印发网络借贷信息中介机构备案登记管理指引的通知

(银监办发〔2016〕160号)

各省、自治区、直辖市人民政府金融监管部门、通信管理局、工商局,各计划单列市人民政府金融监管部门、通信管理局、工商局:

为建立健全网络借贷信息中介机构备案登记管理制度,加强网络借贷信息中介机构事中事后监管,现将网络借贷信息中介机构备案登记管理指引发布如下:

网络借贷信息中介机构备案登记管理指引

第一章 总 则

第一条 为建立健全网络借贷信息中介机构备案登记管理制度,加强网络借贷信息中介机构事中事后监管,完善网络借贷信息中介机构基本统计信息,根据《网络借贷信息中介机构业务活动管理暂行办法》等规定,制定本指引。

第二条 本指引所称网络借贷信息中介机构是指在中华人民共和国境内依法设立,专门从事网络借贷信息中介业务活动的金融信息中介公司。

本指引所称备案登记是指地方金融监管部门依法申请对管辖内网络借贷信息中介机构的基本信息进行登记、公示并建立相关机构档案的行为。备案登记不构成对机构经营能力、合规程度、资信状况的认可和评价。

第三条 新设立的网络借贷信息中介机构在依法完成工商登记注册、领取企业法人营业执照后,应当于10个工作日内向工商登记注册地地方金融监管部门申请备案登记。网络借贷信息中介机构设立的分支机构无需办理备案登记。

本指引发布前,已经设立并开展经营的网络借贷信息中介机构,应当依据P2P网络借贷风险专项整治工作有关安排,在各地完成分类处置后再行申请备案登记。

第四条 地方金融监管部门应当结合监管工作实际,按照依法、准确、公开、高效的原则为本辖区内网络借贷信息中介机构办理备案登记。

第二章 新设机构备案登记申请

第五条 新设的网络借贷信息中介机构备案登记包括下列程序：

（一）网络借贷信息中介机构办理工商登记注册并取得企业法人营业执照，并在经营范围中明确网络借贷信息中介机构等相关内容；

（二）网络借贷信息中介机构向工商登记注册地金融监管部门提出备案登记申请；

（三）地方金融监管部门应当在文件资料齐备、形式合规的情况下，办理备案登记，并向申请备案登记的网络借贷信息中介机构出具备案登记证明文件；

备案登记证明文件由地方金融监管部门自行设计、印制，其中应当包括网络借贷信息中介机构的基本信息、地方金融监管部门公章等要素。

第六条 新设的网络借贷信息中介机构申请办理备案登记时应当向金融监管部门提供以下资料：

（一）网络借贷信息中介机构的基本信息，包括名称、住所地、组织形式等；

（二）股东或出资人名册及其出资额、股权结构；

（三）经营发展战略和规划；

（四）合规经营承诺；

（五）企业法人营业执照正副本复印件；

（六）法定代表人及董事、监事、高级管理人员基本信息资料；

（七）分支机构名称及其所在地；

（八）网络借贷信息中介机构官方网站网址及相关 APP 名称；

（九）地方金融监管部门要求提交的其他文件、资料。

第七条 新设的网络借贷信息中介机构申请备案时应当以书面形式提交合规经营承诺书，对下列事项进行承诺：

（一）在经营期间严格遵守《网络借贷信息中介机构业务活动管理暂行办法》有关规定，依法合规经营；

（二）依法配合地方金融监管部门、银监局的监管工作；

（三）确保及时向地方金融监管部门、银监局报送真实、准确的相关数据、资料。

第八条 地方金融监管部门应当在收到新设的网络借贷信息中介机构提交的备案材料后，采取多方数据对比、网上核验、实地认证、现场勘查。高管约谈等方式对备案材料进行审核，要求网络借贷信息中介机构法定代表人或经法定代表人授权的高级管理人员对核实后的备案信息进行签字确认。

第九条 新设的网络借贷信息中介机构办理备案登记的具体时限由地方金融监管部门根据本辖区情况具体规定，但不得超过 40 个工作日。

第三章 已存续机构备案登记管理特别规定

第十条 在本指引发布前，已经设立并开展经营的网络借贷信息中介机构申请备案登记的，地方金融监管部门应当依据 P2P 网络借贷风险专项整治中分类处置有关工作安排，对合规类机构的备案登记申请予以受理，对整改类机构，在其完成整改并经有关部门认定后受理其备案登记申请。

已经设立并开展经营的网络借贷信息中介机构在申请备案登记前，应当到工商登记部门修改经营范围，明确网络借贷信息中介等相关内容。

第十一条 在本指引发布前，已经设立并开展经营的网络借贷信息中介机构在申请备案登记时，除需要提交本指引第六条所列备案登记材料外，还应当提交机构经营总体情况、产品信息以及违法违规整改情况说明等。补充材料的具体内容可以由地方金融监管部门根据本辖区情况另行明确。

第十二条 在本指引发布前，已经设立并开展经营的网络借贷信息中介机构办理备案登记的具体时限，由地方金融监管部门根据本辖区情况具体规定，但不得超过50个工作日。

第四章 备案登记后管理

第十三条 网络信贷信息中介机构在完成备案登记后，应当根据《网络借贷信息中介机构业务活动管理暂行办法》有关规定，持地方金融监管部门出具的备案登记证明，按照通信主管部门的相关规定申请增值电信业务经营许可，并将许可结果在通信主管部门办理完成后5个工作日内反馈工商登记注册地地方金融监管部门。

第十四条 网络借贷信息中介机构在完成备案登记后，应当持地方金融监管部门出具的备案登记证明，与银行业金融机构签订资金存管协议，并将资金存管协议的复印件在该协议签订后5个工作日内反馈工商登记注册地地方金融监管部门。

第十五条 地方金融监管部门应该及时将完成备案登记的网络借贷信息中介机构的基本信息，增值电信业务经营许可信息及银行业金融机构存管信息等。

地方金融监管部门应当将本辖区备案登记的网络借贷信息中介机构设立分支机构情况于备案登记完成后5个工作日内告知分支机构所在地地方金融监管部门。

第十六条 地方金融监管部门在完成备案登记后，应当根据相关备案登记信息，建立本辖区网络借贷信息中介机构档案，并将档案信息与本辖区银监局进行共享，为后续日常管理提供依据。

第十七条 网络借贷信息中介机构名称、住所地、组织形式、注册资本、高级管理人员、合作的资金存管银行业金融机构等基本信息发生变更的，以及出现合并、重组、股权重大变更、增值电信业务经营许可变更等情况的，应当在变更之日起5个工作日内向工商登记注册地地方金融监管部门申请备案变更。地方金融监管部门应当在15个工作日内完成变更信息的工商登记注册核实并进行公示。

第十八条 网络借贷信息中介机构拟终止网络借贷信息中介服务的，应当在终止业务前至少10个工作日，书面告知工商登记注册地地方金融监管部门，同时提供存续贷业务处置及资金清算完成情况等相关资料，并办理备案注销。

经备案的网络借贷信息中介机构依法解散或者依法宣告破产的，除依法进行清算外，由工商登记注册地地方金融监管部门注销其备案。

第五章 附 则

第十九条 各银监局应当在职责范围内,发挥自身专业优势,配合所在地地方金融监管部门做好网络借贷信息中介机构备案登记工作。

第二十条 本指引第九条、第十二条、第十五条对地方金融监管部门具体行为的时限要求,均自其受理相关备案登记申请之日起计算,网络借贷信息中介机构按要求补正有关备案登记材料的时间不计算在内。

网络借贷信息中介机构按要求补正有关备案登记材料的具体时限由地方金融监管部门自行确定,但不得超过15个工作日。

第二十一条 地方金融监管部门可以根据本辖区实际情况,依据《网络借贷信息中介机构业务活动管理暂行办法》及本指引制定网络借贷信息中介机构备案登记的实施细则。

第二十二条 本指引由国务院银行业监督管理机构会同工业和信息化部、国家工商总局负责解释。

第二十三条 本指引自发布之日起施行。

中国银监会办公厅关于印发网络借贷资金存管业务指引的通知

(银监办发〔2017〕21号)

各银监局,各省、自治区、直辖市人民政府金融办(局),各大型银行、股份制银行,邮储银行,外资银行:

为贯彻落实人民银行等十部门《关于促进互联网金融健康发展的指导意见》和中国银监会等四部门《网络借贷信息中介机构业务活动管理暂行办法》关于建立客户资金第三方存管制度的工作部署和要求,实现客户资金与网络借贷信息中介机构自有资金分账管理,防范网络借贷资金挪用风险,银监会研究制定了网络借贷资金存管业务指引,现印发给你们,请结合实际贯彻执行。

2017年2月22日

网络借贷资金存管业务指引

第一章 总 则

第一条 为规范网络借贷资金存管业务活动,促进网络借贷行业健康发展,根据《中华人民共和国合同法》《中华人民共和国商业银行法》和《关于促进互联网金融健康发展的指导意见》《网络借贷信息中介机构业务活动管理暂行办法》及其他有关法律法规,制定本指引。

第二条 本指引所称网络借贷资金存管业务,是指商业银行作为存管人接受委托人的委托,按照法律法规规定和合同约定,履行网络借贷资金存管专用账户的开立与销户、资金保管、资金清算、账务核对、提供信息报告等职责的业务。存管人开展网络借贷资金存管业务,不对网络借贷交易行为提供保证或担保,不承担借贷违约责任。

第三条 本指引所称网络借贷资金,是指网络借贷信息中介机构作为委托人,委托存管人保管的,由借款人、出借人和担保人等进行投融资活动形成的专项借贷资金及相关资金。

第四条 本指引所称委托人,即网络借贷信息中介机构,是指依法设立,专门从事网络借贷信息中介业务活动的金融信息中介公司。

第五条 本指引所称存管人,是指为网络借贷业务提供资金存管服务的商业银行。

第六条 本指引所称网络借贷资金存管专用账户,是指委托人在存管人处开立的资金存管汇总账户,包括为出借人、借款人及担保人等在资金存管汇总账户下所开立的子账户。

第七条 网络借贷业务有关当事机构开展网络借贷资金存管业务应当遵循"诚实履约、勤勉尽责、平等自愿、有偿服务"的原则。

第二章 委托人

第八条 网络借贷信息中介机构作为委托人,委托存管人开展网络借贷资金存管业务应符合《网络借贷信息中介机构业务活动管理暂行办法》及《网络借贷信息中介机构备案登记管理指引》的有关规定,包括但不限于在工商管理部门完成注册登记并领取营业执照、在工商登记注册地地方金融监管部门完成备案登记、按照通信主管部门的相关规定申请获得相应的增值电信业务经营许可等。

第九条 在网络借贷资金存管业务中,委托人应履行以下职责:

(一)负责网络借贷平台技术系统的持续开发及安全运营;

(二)组织实施网络借贷信息中介机构信息披露工作,包括但不限于委托人基本信息、借贷项目信息、借款人基本信息及经营情况、各参与方信息等应向存管人充分披露的信息;

(三)每日与存管人进行账务核对,确保系统数据的准确性;

(四)妥善保管网络借贷资金存管业务活动的记录、账册、报表等相关资料,相关纸质或电子介质信息应当自借贷合同到期后保存5年以上;

(五)组织对客户资金存管账户的独立审计并向客户公开审计结果;

(六)履行并配合存管人履行反洗钱义务;

(七)法律、行政法规、规章及其他规范性文件和网络借贷资金存管合同(以下简称存管合同)约定的其他职责。

第三章 存管人

第十条 在中华人民共和国境内依法设立并取得企业法人资格的商业银行,作为存管人开展网络借贷资金存管业务应符合以下要求:

(一)明确负责网络借贷资金存管业务管理与运营的一级部门,部门设置能够保障存管业务运营的完整与独立;

(二)具有自主管理、自主运营且安全高效的网络借贷资金存管业务技术系统;

(三)具有完善的内部业务管理、运营操作、风险监控的相关制度;

(四)具备在全国范围内为客户提供资金支付结算服务的能力;

(五)具有良好的信用记录,未被列入企业经营异常名录和严重违法失信企业名单;

(六)国务院银行业监督管理机构要求的其他条件。

第十一条 存管人的网络借贷资金存管业务技术系统应当满足以下条件:

（一）具备完善规范的资金存管清算和明细记录的账务体系，能够根据资金性质和用途为委托人、委托人的客户（包括出借人、借款人及担保人等）进行明细登记，实现有效的资金管理和登记；

（二）具备完整的业务管理和交易校验功能，存管人应在充值、提现、缴费等资金清算环节设置交易密码或其他有效的指令验证方式，通过履行表面一致性的形式审核义务对客户资金及业务授权指令的真实性进行认证，防止委托人非法挪用客户资金；

（三）具备对接网络借贷信息中介机构系统的数据接口，能够完整记录网络借贷客户信息、交易信息及其他关键信息，并具备提供账户资金信息查询的功能；

（四）系统具备安全高效稳定运行的能力，能够支撑对应业务量下的借款人和出借人各类峰值操作；

（五）国务院银行业监督管理机构要求的其他条件。

第十二条 在网络借贷资金存管业务中，存管人应履行以下职责：

（一）存管人对申请接入的网络借贷信息中介机构，应设置相应的业务审查标准，为委托人提供资金存管服务；

（二）为委托人开立网络借贷资金存管专用账户和自有资金账户，为出借人、借款人和担保人等在网络借贷资金存管专用账户下分别开立子账户，确保客户网络借贷资金和网络借贷信息中介机构自有资金分账管理，安全保管客户交易结算资金；

（三）根据法律法规规定和存管合同约定，按照出借人与借款人发出的指令或业务授权指令，办理网络借贷资金的清算支付；

（四）记录资金在各交易方、各类账户之间的资金流转情况；

（五）每日根据委托人提供的交易数据进行账务核对；

（六）根据法律法规规定和存管合同约定，定期提供网络借贷资金存管报告；

（七）妥善保管网络借贷资金存管业务相关的交易数据、账户信息、资金流水、存管报告等包括纸质或电子介质在内的相关数据信息和业务档案，相关资料应当自借贷合同到期后保存5年以上；

（八）存管人应对网络借贷资金存管专用账户内的资金履行安全保管责任，不应外包或委托其他机构代理进行资金账户开立、交易信息处理、交易密码验证等操作；

（九）存管人应当加强出借人与借款人信息管理，确保出借人与借款人信息采集、处理及使用的合法性和安全性；

（十）法律、行政法规、规章及其他规范性文件和存管合同约定的其他职责。

第四章 业务规范

第十三条 存管人与委托人根据网络借贷交易模式约定资金运作流程，即资金在不同交易模式下的汇划方式和要求，包括但不限于不同模式下的发标、投标、流标、撤标、项目结束等环节。

第十四条 委托人开展网络借贷资金存管业务，应指定唯一一家存管人作为资金存管机构。

第十五条 存管合同至少应包括以下内容：

（一）当事人的基本信息；

（二）当事人的权利和义务；

（三）网络借贷资金存管专用账户的开立和管理；

（四）网络借贷信息中介机构客户开户、充值、投资、缴费、提现及还款等环节资金清算及信息交互的约定；

（五）网络借贷资金划拨的条件和方式；

（六）网络借贷资金使用情况监督和信息披露；

（七）存管服务费及费用支付方式；

（八）存管合同期限和终止条件；

（九）风险提示；

（十）反洗钱职责；

（十一）违约责任和争议解决方式；

（十二）其他约定事项。

第十六条 委托人和存管人应共同制定供双方业务系统遵守的接口规范，并在上线前组织系统联网和灾备应急测试，及时安排系统优化升级，确保数据传输安全、顺畅。

第十七条 资金对账工作由委托人和存管人双方共同完成，每日日终交易结束后，存管人根据委托人发送的日终清算数据，进行账务核对，对资金明细流水、资金余额数据进行分分资金对账、总分资金对账，确保双方账务一致。

第十八条 存管人应按照存管合同的约定，定期向委托人和合同约定的对象提供资金存管报告，披露网络借贷信息中介机构客户交易结算资金的保管及使用情况，报告内容应至少包括以下信息：委托人的交易规模、借贷余额、存管余额、借款人及出借人数量等。

第十九条 委托人暂停、终止业务时应制定完善的业务清算处置方案，并至少提前30个工作日通知地方金融监管部门及存管人，存管人应配合地方金融监管部门、委托人或清算处置小组等相关方完成网络借贷资金存管专用账户资金的清算处置工作，相关清算处置事宜按照有关规定及与委托人的合同约定办理。

第二十条 委托人需向存管人提供真实准确的交易信息数据及有关法律文件，包括并不限于网络借贷信息中介机构当事人信息、交易指令、借贷信息、收费服务信息、借贷合同等。存管人不承担借款项目及借贷交易信息真实性的审核责任，不对网络借贷信息数据的真实性、准确性和完整性负责，因委托人故意欺诈、伪造数据或数据发生错误导致的业务风险和损失，由委托人承担相应责任。

第二十一条 在网络借贷资金存管业务中，除必要的披露及监管要求外，委托人不得用"存管人"做营销宣传。

第二十二条 商业银行担任网络借贷资金的存管人，不应被视为对网络借贷交易以及其他相关行为提供保证或其他形式的担保。存管人不对网络借贷资金本金及收益予以保证或承诺，不承担资金运用风险，出借人须自行承担网络借贷投资责任和风险。

第二十三条 存管人应根据存管金额、期限、服务内容等因素，与委托人平等协商确定存管服务费，不得以开展存管业务为由开展捆绑销售及变相收取不合理费用。

第五章 附 则

第二十四条 网络借贷信息中介机构与商业银行开展网络借贷资金存管业务，应当依据《网络借贷信息中介机构业务活动管理暂行办法》及本指引，接受国务院银行业监督管理机构的监督管理。其他机构违法违规从事网络借贷资金存管业务的，由国务院银行业监督管理机构建立监管信息共享协调机制，对其进行业务定性，按照监管职责分工移交相应的监管部门，由监管部门依照相关规定进行查处；涉嫌犯罪的，依法移交公安机关处理。

第二十五条 中国银行业协会依据本指引及其他有关法律法规、自律规则，对商业银行开展网络借贷资金存管业务进行自律管理。

第二十六条 中国互联网金融协会依据本指引及其他有关法律法规、自律规则，对网络借贷信息中介机构开展网络借贷资金存管业务进行自律管理。

第二十七条 对于已经开展了网络借贷资金存管业务的委托人和存管人，在业务过程中存在不符合本指引要求情形的，应在本指引公布后进行整改，整改期自本指引公布之日起不超过6个月。逾期未整改的，按照《网络借贷信息中介机构业务活动管理暂行办法》及《网络借贷信息中介机构备案登记管理指引》的有关规定执行。

第二十八条 本指引解释权归国务院银行业监督管理机构。

第二十九条 本指引自公布之日起施行。

中国银监会办公厅关于印发网络借贷信息中介机构业务活动信息披露指引的通知

(银监办发〔2017〕113号)

各银监局，各省、自治区、直辖市人民政府金融办（局）：

根据《网络借贷信息中介机构业务活动管理暂行办法》关于建立网络借贷信息中介机构信息披露制度的工作部署和要求，银监会研究制定了《网络借贷信息中介机构业务活动信息披露指引》，现印发给你们，请结合实际贯彻执行。

附件：信息披露内容说明

2017年8月23日

网络借贷信息中介机构业务活动信息披露指引

第一章 总 则

第一条 为规范网络借贷信息中介机构业务活动信息披露行为，维护参与网络借贷信息中介机构业务活动主体的合法权益，建立客观、公平、透明的网络借贷信息中介业务活动环境，促进网络借贷行业健康发展，依据《中华人民共和国民法通则》《关于促进互联网金融健康发展的指导意见》《网络借贷信息中介机构业务活动管理暂行办法》等法律法规，制定本指引。

第二条 本指引所称信息披露，是指网络借贷信息中介机构及其分支机构通过其官方网站及其他互联网渠道向社会公众公示网络借贷信息中介机构基本信息、运营信息、项目信息、重大风险信息、消费者咨询投诉渠道信息等相关信息的行为。

第三条 网络借贷信息中介机构应当在其官方网站及提供网络借贷信息中介服务的网络渠道显著位置设置信息披露专栏，展示信息披露内容。披露用语应当准确、精练、严谨、通俗易懂。

第四条 其他互联网渠道包括网络借贷信息中介机构手机应用软件、微信公众号、微博等社交媒体渠道及网络借贷信息中介机构授权开展信息披露的其他互联网平台。各渠道间披露信息内容应当保持一致。

第五条 信息披露应当遵循"真实、准确、完整、及时"原则，不得有虚假记载、误导性陈述、重大遗漏或拖延披露。

第六条 信息披露内容应当符合法律法规关于国家秘密、商业秘密、个人隐私的有关规定。

第二章 信息披露内容

第七条 网络借贷信息中介机构应当向公众披露如下信息：

（一）网络借贷信息中介机构备案信息

1. 网络借贷信息中介机构在地方金融监管部门的备案登记信息；

2. 网络借贷信息中介机构取得的电信业务经营许可信息；

3. 网络借贷信息中介机构资金存管信息；

4. 网络借贷信息中介机构取得的公安机关核发的网站备案图标及编号；

5. 网络借贷信息中介机构风险管理信息。

（二）网络借贷信息中介机构组织信息

1. 网络借贷信息中介机构工商信息，应当包含网络借贷信息中介机构全称、简称、统一社会信用代码、注册资本、实缴注册资本、注册地址、经营地址、成立时间、经营期限、经营状态、主要人员（包括法定代表人、实际控制人、董事、监事、高级管理人员）信息、经营范围；

2. 网络借贷信息中介机构股东信息，应当包含股东全称、股东股权占比；

3. 网络借贷信息中介机构组织架构及从业人员概况；

4. 网络借贷信息中介机构分支机构工商信息，应当包含分支机构全称、分支机构所在地、分支机构成立时间、分支机构主要负责人姓名，分支机构联系电话、投诉电话，员工人数；存在多个分支机构的应当逐一列明；

5. 网络借贷信息中介机构官方网站、官方手机应用及其他官方互联网渠道信息；存在多个官方渠道的应当逐一列明。

（三）网络借贷信息中介机构审核信息

1. 网络借贷信息中介机构上一年度的财务审计报告；

2. 网络借贷信息中介机构经营合规重点环节的审计结果；

3. 网络借贷信息中介机构上一年度的合规性审查报告。

网络借贷信息中介机构应当于每年1月10日前披露本条款（一）（二）项信息；应当于每年4月30日前披露本条款（三）项信息。若上述任一信息发生变更，网络借贷信息中介机构应当于变更后10个工作日内更新披露信息。

第八条 网络借贷信息中介机构应当在每月前5个工作日内，向公众披露截至上一月末经网络借贷信息中介机构撮合交易的如下信息：

（一）自网络借贷信息中介机构成立以来的累计借贷金额及笔数；

（二）借贷余额及笔数；

（三）累计出借人数量、累计借款人数量；

（四）当期出借人数量、当期借款人数量；

（五）前十大借款人待还金额占比、最大单一借款人待还金额占比；

（六）关联关系借款余额及笔数；

（七）逾期金额及笔数；

（八）逾期90天（不含）以上金额及笔数；

（九）累计代偿金额及笔数；

（十）收费标准；

（十一）其他经营信息。

第九条 网络借贷信息中介机构应当及时向出借人披露如下信息：

（一）借款人基本信息，应当包含借款人主体性质（自然人、法人或其他组织）、借款人所属行业、借款人收入及负债情况、截至借款前6个月内借款人征信报告中的逾期情况、借款人在其他网络借贷平台借款情况；

（二）项目基本信息，应当包含项目名称和简介、借款金额、借款期限、借款用途、还款方式、年化利率、起息日、还款来源、还款保障措施；

（三）项目风险评估及可能产生的风险结果；

（四）已撮合未到期项目有关信息，应当包含借款资金运用情况、借款人经营状况及财务状况、借款人还款能力变化情况、借款人逾期情况、借款人涉诉情况、借款人受行政处罚情况等可能影响借款人还款的重大信息。

本条款（一）（二）（三）项内容，网络借贷信息中介机构应当于出借人确认向借款人出借资金前向出借人披露。

本条款（四）项内容，若借款期限不超过六个月，网络借贷信息中介机构应当按月（每月前5个工作日内）向出借人披露；若借款期限超过六个月，网络借贷信息中介机构应当按季度（每季度前5个工作日内）向出借人披露。若已发生足以导致借款人不能按约定期限足额还款的情形时，网络借贷信息中介机构应当及时向出借人披露。

出借人应当对借款人信息予以保密，不得非法收集、使用、加工、传输借款人个人信息，不得非法买卖、提供或者公开借款人个人信息。

第十条 网络借贷信息中介机构或其分支机构发生下列情况之一的，网络借贷信息中介机构应当于发生之日起48小时内将事件的起因、目前的状态、可能产生的影响和采取的措施向公众进行披露。

（一）公司减资、合并、分立、解散或申请破产；

（二）公司依法进入破产程序；

（三）公司被责令停业、整顿、关闭；

（四）公司涉及重大诉讼、仲裁，或涉嫌违法违规被有权机关调查，或受到刑事处罚、重大行政处罚；

（五）公司法定代表人、实际控制人、主要负责人、董事、监事、高级管理人员涉及重大诉讼、仲裁，或涉嫌违法违纪被有权机关调查，或受到刑事处罚、重大行政处罚，或被采取强制措施；

（六）公司主要或者全部业务陷入停顿；

（七）存在欺诈、损害出借人利益等其他影响网络借贷信息中介机构经营活动的重大事项。

第十一条 网络借贷信息中介机构应当向公众披露咨询、投诉、举报联系电话、电子邮箱、通讯地址。

网络借贷信息中介机构应当在其官方网站上定期以公告形式向公众披露其年度报告、相关法律法规及网络借贷有关监管规定。

第十二条 披露的信息应当采用中文文本。同时采用外文文本的，应当保证两种文本的内容一致。两种文本产生歧义的，以中文文本为准。

第十三条 披露的信息应当采用阿拉伯数字。除特别说明外，货币单位应当为人民币"元"。

第三章 信息披露管理

第十四条 网络借贷信息中介机构应当建立健全信息披露制度，指定专人负责信息披露事务，确保信息披露专栏内容可供社会公众随时查阅。

第十五条 网络借贷信息中介机构应当对信息披露内容进行书面留存，并应自披露之日起保存五年以上。

第十六条 网络借贷信息中介机构应当按要求将信息披露公告文稿和相关备查文件报送其工商登记注册地地方金融监管部门、国务院银行业监督管理机构派出机构，并置备于网络借贷信息中介机构住所供社会公众查阅。

第十七条 网络借贷信息中介机构的董事、监事、高级管理人员应当忠实、勤勉、尽职，保证披露的信息真实、准确、完整、及时。网络借贷信息中介机构信息披露专栏内容均应当有网络借贷信息中介机构法定代表人的签字确认。

第十八条 借款人应当配合网络借贷信息中介机构及出借人对项目有关信息进行调查核实，保证提供的信息真实、准确、及时、完整、有效。

第十九条 本指引没有规定，但不披露相关信息可能导致借款人、出借人产生错误判断的，网络借贷信息中介机构应当将相关信息予以及时披露。

第二十条 网络借贷信息中介机构拟披露信息属于国家秘密的，按本指引规定披露可能导致其违反国家有关保密法律法规的，可以豁免披露。本指引所称的国家秘密，是指国家有关保密法律法规及部门规章规定的，关系国家安全和利益，依照法定程序确定，在一定时间内只限一定范围的人员知悉，泄露后可能损害国家在政治、经济、国防、外交等领域的安全和利益的信息。

第二十一条 未按本指引要求开展信息披露的相关当事人，由相关监管部门按照《网络借贷信息中介机构业务活动管理暂行办法》第四十条、第四十一条予以处罚。

第二十二条 网络借贷信息中介机构应当按要求及时将信息披露内容报送监管机构。

第四章 附 则

第二十三条 网络借贷信息中介业务活动信息披露行为，应当依据《网络借贷信息中介机构业务活动管理暂行办法》及本指引，接受国务院银行业监督管理机构及其派出机构和地方金融监管部门的监督管理。

第二十四条 中国互联网金融协会依据本指引及其他有关法律法规、自律规则，对网络借贷行业的信息披露进行自律管理。

第二十五条 已开展网络借贷信息中介业务的机构，在开展业务过程中存在不符合本指引要求情形的，应在本指引公布后进行整改，整改期自本指引公布之日起不超过6个月。逾期未整改的，按照《网络借贷信息中介机构业务活动管理暂行办法》及《网络借贷信息中介机构备案登记管理指引》的有关规定执行。

第二十六条 本指引所称不超过、以内、以下，包括本数。

第二十七条 本指引解释权归国务院银行业监督管理机构。

第二十八条 本指引自公布之日起施行。

附件

信息披露内容说明

1.1 数据按月披露的,统计时点为统计月末最后一日 24 时。数据按季度披露的,统计时点为统计季度末最后一日 24 时。

1.2 信息披露货币单位为人民币"元",保留两位以上小数;数量单位为"个""人";比例统计单位为"%"。

1.3 信息披露日期格式统一为"yyyy-mm-dd",如"2015-1-31"。

1.4 信息披露电话格式统一为"区号-电话号码"或"手机号"。

1.5 网络借贷信息中介机构以下简称"网贷机构"。

2.1 网贷机构备案信息

2.1.1 备案信息:指网贷机构已经备案登记的相关信息,包括备案登记地方金融监管部门、备案登记时间、备案登记编号(如有)等。

2.1.2 电信业务经营许可信息:指网贷机构获得的网络借贷中介业务电信业务经营许可证号。

2.1.3 资金存管信息:指网贷机构资金存管的银行全称。

2.1.4 网站备案图标及编号:指网贷机构获得的公安机关出具的网站备案图标及编号。

2.1.5 风险管理信息:指网贷机构风险管理架构、风险评估流程、风险预警管理情况、催收方式等信息。

2.2 网贷机构组织信息

2.2.1 网贷机构工商信息

(1) 公司全称:指网贷机构在工商部门登记注册的公司全称。

(2) 公司简称(常用名):指网贷机构对外简称或常用简称,如有多个简称,应当逐一列明并以分号分隔。

(3) 统一社会信用代码:指网贷机构在工商部门登记注册后获得的统一社会信用代码;若无统一社会信用代码,则填写组织机构代码。

(4) 公司注册资本:指网贷机构在工商部门依法登记的注册资本。有限责任公司的注册资本为在工商部门依法登记的全体股东认缴的出资额。股份有限公司采取发起设立方式设立的,注册资本为在工商部门依法登记的全体发起人认购的股本总额;股份有限公司采取募集设立方式设立的,注册资本为在工商部门依法登记的实收股本总额。

(5) 实缴注册资本:指网贷机构已实际出资的资金总额。

(6) 公司注册地:指网贷机构在工商部门登记注册的公司地址。

(7) 公司经营地:指网贷机构实际开展经营的地址,如有多个经营地,应当逐一列明并以分号分隔。

（8）公司成立时间：指网贷机构注册成立的日期，即营业执照上的公司成立日期。

（9）公司经营期限：指网贷机构在工商部门注册的存续期间。

（10）公司经营状态：指网贷机构目前公司经营状况，分为开业、停业、注销、吊销。若为停业状况，应补充说明原因。

（11）公司法定代表人：指网贷机构营业执照上登记的法定代表人姓名。

（12）公司经营范围：指网贷机构于工商登记注册部门核准登记的经营范围。

2.2.2 网贷机构股东信息

（1）公司股东名称：指网贷机构股东在工商部门依法登记注册的全称。

（2）公司股东占股比例：指网贷机构股东持有股份占网贷机构全部股份的比例，单位为百分比。

2.2.3 组织架构及从业人员概况

（1）组织架构：指网贷机构内部部门设置及层级。

（2）从业人员概况：指在网贷机构工作，由网贷机构支付工资的各类人员，以及有工作岗位，但由于学习、病休产假等原因暂未工作，仍由单位支付工资的员工，包括正式人员、劳务派遣人员、临时聘用人员等的人员总数、年龄分布、学历分布等情况。

2.2.4 分支机构信息

（1）分支机构全称：指网贷机构的分支机构在工商部门登记注册的公司全称。

（2）分支机构所在地：指网贷机构的分支机构在工商部门登记注册的公司地址。

（3）分支机构成立时间：指网贷机构的分支机构注册成立的日期，即分支机构营业执照上的分支机构成立日期。

（4）分支机构负责人：指网贷机构的分支机构的负责人姓名。

（5）分支机构联系电话：指网贷机构的分支机构的联系电话。

（6）分支机构投诉电话：指网贷机构的分支机构的投诉电话。

（7）分支机构员工人数：指网贷机构的分支机构的员工总人数。同时应当区分正式员工、派遣员工、临时员工数量。

2.2.5 渠道信息

（1）公司官方网址：指网贷机构在运营的网站域名及 IP 地址。

（2）平台 APP 名称、微信公众号、微博：指网贷机构依法注册并使用的开展网络借贷信息中介服务的 APP、社交媒体账号及 IP 地址（或链接）。

2.3 网贷机构审核信息

2.3.1 财务审计报告：指会计师事务所出具的网贷机构上一年度审计报告。

2.3.2 重点环节审计结果：指会计师事务所出具的对网贷机构出借人与借款人资金存管、信息披露情况、信息科技基础设施安全、经营合规性、资金运用流程等重点环节的审计结果。

2.3.3 合规报告：指律师事务所出具的对网贷机构合规情况审查报告。

2.4 网贷机构经营信息

2.4.1 累计交易总额：指自网贷机构成立起，经网贷机构撮合完成的借款项目的本金总和。

2.4.2 累计交易笔数：指自网贷机构成立起，经网贷机构撮合完成的借款交易笔数总和。

2.4.3 借贷余额：指截至统计时点，通过网贷机构已经上线运行的网络借贷信息中介平台完成的借款总余额。

2.4.4 累计借款人数量：指借款人通过网贷机构成功借款的借款人总数。同一借款人多次借款的，按实际借款人计算。（例如，张三借款3次，累计借款人数量为1）

2.4.5 累计出借人数量：指出借人通过网贷机构成功出借资金的出借人总数。同一出借人多次出借的，按实际出借人计算。（例如，张三出借3次，累计出借人数量为1）

2.4.6 当前借款人数量：指截至统计时点仍存在待还借款的借款人总数。同一借款人多次借款的，按实际借款人计算。

2.4.7 当前出借人数量：指截至统计时点仍存在待收借款的出借人总数。同一出借人多次出借的，按实际出借人计算。

2.4.8 前十大借款人待还金额占比：指在平台撮合的项目中，借款最多的前十户借款人的借款余额占总借款余额的比例。

2.4.9 最大单一借款人待还金额占比：指在平台撮合的项目中，借款最多一户借款人的借款余额占总借款余额的比例。

2.4.10 关联关系借款余额：指截至统计时点，与平台具有关联关系的借款人通过平台撮合完成的借款总余额。关联关系指网络借贷信息中介机构主要股东、实际控制人、董事、监事、高级管理人员与其直接或间接控制、有重大影响的企业、自然人之间的关系，以及可能导致网络借贷信息中介机构利益转移的其他关系（主要股东，指持有或控制网络信息借贷中介机构5%以上股份或表决权的自然人、法人或其他组织；直接或间接控制企业，指直接或间接持有企业5%以上股份或表决权）。

2.4.11 逾期金额：指按合同约定，出借人到期未收到本金和利息的金额总和。收到，是指资金实际划付至出借人银行账户。

2.4.12 逾期笔数：指按合同约定，出借人到期未收到本金和利息的借款的笔数。收到，是指资金实际划付至出借人银行账户。

2.4.13 逾期90天以上金额：指逾期90天（不含）以上的借款本金余额。

2.4.14 逾期90天以上笔数：指逾期90天（不含）以上的借款的笔数。

2.4.15 代偿金额：指因借款方违约等原因第三方（非借款人、非网贷机构）代为偿还的总金额。

2.4.16 代偿笔数：指因借款方违约等原因第三方（非借款人、非网贷机构）代为偿还的笔数。

2.4.17 收费标准：指网贷机构向借款人收取费用的名目及费用计算标准。如涉及多个收费项目，应当逐一列明。

2.5 网贷机构项目信息

2.5.1 借款人基本信息

（1）借款人主体性质：指借款人为自然人、法人或其他组织。

（2）借款人所属行业：指借款自然人所在单位、借款法人或其他组织根据《国民经济行业分类》划分的行业类别。

（3）借款人收入及负债情况：指借款人在日常活动中所形成的、会导致所有者权益增加的、非所有者投入资本的经济利益的总流入，以及借款人过去的交易或者事项形成的、预期会导致经济利益流出企业的现时义务。

（4）借款人征信报告情况：指脱敏处理后，经借款人授权由中国人民银行征信系统出具的征信报告中借款人的逾期情况。

2.5.2 项目基本信息

（5）项目名称和简介：指网络借贷信息中介平台上展示的借款人借款项目的名称和基本情况介绍。

（6）借款金额：指借款人申请借款的本金金额。

（7）借款期限：指借款人申请借款的时长，应当以天、月、年为单位列明。

（8）借款用途：指借款人申请借款的具体去向。

（9）还款方式：还款方式应当以文字说明，并向出借人列明计算方式。如：按月付息到期还本。借款金额为 X，年利率为 Y，借款期限为 Z 月，则每月应还利息计算公式为：$X \times Y/12$，应还总利息计算公式为：$X \times Y/12 \times Z$。应还本金为 X。

（10）年化利率：指借款人向出借人支付的利息费率，利率应当以年化形式披露，年以 365 天计算。

（11）起息日：指利息产生的起始日期。

（12）还款来源：指借款人借款的还款依据。

（13）担保措施：指在借款活动中，债权人为保障其债权的实现，要求债务人向债权人提供担保的方式（包括担保主体名称、担保措施、是否已履行完毕法律法规需办理的相关手续等信息）。

最高人民法院关于审理民间借贷案件适用法律若干问题的规定

(法释〔2015〕18号)

为正确审理民间借贷纠纷案件,根据《中华人民共和国民法通则》《中华人民共和国物权法》《中华人民共和国担保法》《中华人民共和国合同法》《中华人民共和国民事诉讼法》《中华人民共和国刑事诉讼法》等相关法律之规定,结合审判实践,制定本规定。

第一条 本规定所称的民间借贷,是指自然人、法人、其他组织之间及其相互之间进行资金融通的行为。

经金融监管部门批准设立的从事贷款业务的金融机构及其分支机构,因发放贷款等相关金融业务引发的纠纷,不适用本规定。

第二条 出借人向人民法院起诉时,应当提供借据、收据、欠条等债权凭证以及其他能够证明借贷法律关系存在的证据。

当事人持有的借据、收据、欠条等债权凭证没有载明债权人,持有债权凭证的当事人提起民间借贷诉讼的,人民法院应予受理。被告对原告的债权人资格提出有事实依据的抗辩,人民法院经审理认为原告不具有债权人资格的,裁定驳回起诉。

第三条 借贷双方就合同履行地未约定或者约定不明确,事后未达成补充协议,按照合同有关条款或者交易习惯仍不能确定的,以接受货币一方所在地为合同履行地。

第四条 保证人为借款人提供连带责任保证,出借人仅起诉借款人的,人民法院可以不追加保证人为共同被告;出借人仅起诉保证人的,人民法院可以追加借款人为共同被告。

保证人为借款人提供一般保证,出借人仅起诉保证人的,人民法院应当追加借款人为共同被告;出借人仅起诉借款人的,人民法院可以不追加保证人为共同被告。

第五条 人民法院立案后,发现民间借贷行为本身涉嫌非法集资犯罪的,应当裁定驳回起诉,并将涉嫌非法集资犯罪的线索、材料移送公安或者检察机关。

公安或者检察机关不予立案,或者立案侦查后撤销案件,或者检察机关作出不起诉决定,或者经人民法院生效判决认定不构成非法集资犯罪,当事人又以同一事实向人民法院提起诉讼的,人民法院应予受理。

第六条 人民法院立案后,发现与民间借贷纠纷案件虽有关联但不是同一事实的涉嫌非法集资等犯罪的线索、材料的,人民法院应当继续审理民间借贷纠纷案件,并将涉嫌非法集资等犯罪的线索、材料移送公安或者检察机关。

第七条 民间借贷的基本案件事实必须以刑事案件审理结果为依据，而该刑事案件尚未审结的，人民法院应当裁定中止诉讼。

第八条 借款人涉嫌犯罪或者生效判决认定其有罪，出借人起诉请求担保人承担民事责任的，人民法院应予受理。

第九条 具有下列情形之一，可以视为具备合同法第二百一十条关于自然人之间借款合同的生效要件：

（一）以现金支付的，自借款人收到借款时；

（二）以银行转账、网上电子汇款或者通过网络贷款平台等形式支付的，自资金到达借款人账户时；

（三）以票据交付的，自借款人依法取得票据权利时；

（四）出借人将特定资金账户支配权授权给借款人的，自借款人取得对该账户实际支配权时；

（五）出借人以与借款人约定的其他方式提供借款并实际履行完成时。

第十条 除自然人之间的借款合同外，当事人主张民间借贷合同自合同成立时生效的，人民法院应予支持，但当事人另有约定或者法律、行政法规另有规定的除外。

第十一条 法人之间、其他组织之间以及它们相互之间为生产、经营需要订立的民间借贷合同，除存在合同法第五十二条、本规定第十四条规定的情形外，当事人主张民间借贷合同有效的，人民法院应予支持。

第十二条 法人或者其他组织在本单位内部通过借款形式向职工筹集资金，用于本单位生产、经营，且不存在合同法第五十二条、本规定第十四条规定的情形，当事人主张民间借贷合同有效的，人民法院应予支持。

第十三条 借款人或者出借人的借贷行为涉嫌犯罪，或者已经生效的判决认定构成犯罪，当事人提起民事诉讼的，民间借贷合同并不当然无效。人民法院应当根据合同法第五十二条、本规定第十四条之规定，认定民间借贷合同的效力。

担保人以借款人或者出借人的借贷行为涉嫌犯罪或者已经生效的判决认定构成犯罪为由，主张不承担民事责任的，人民法院应当依据民间借贷合同与担保合同的效力、当事人的过错程度，依法确定担保人的民事责任。

第十四条 具有下列情形之一，人民法院应当认定民间借贷合同无效：

（一）套取金融机构信贷资金又高利转贷给借款人，且借款人事先知道或者应当知道的；

（二）以向其他企业借贷或者向本单位职工集资取得的资金又转贷给借款人牟利，且借款人事先知道或者应当知道的；

（三）出借人事先知道或者应当知道借款人借款用于违法犯罪活动仍然提供借款的；

（四）违背社会公序良俗的；

（五）其他违反法律、行政法规效力性强制性规定的。

第十五条 原告以借据、收据、欠条等债权凭证为依据提起民间借贷诉讼，被告依据基础法律关系提出抗辩或者反诉,并提供证据证明债权纠纷非民间借贷行为引起的,人民法院应当依据查明的案件事实,按照基础法律关系审理。

当事人通过调解、和解或者清算达成的债权债务协议,不适用前款规定。

第十六条 原告仅依据借据、收据、欠条等债权凭证提起民间借贷诉讼,被告抗辩已经偿还借款,被告应当对其主张提供证据证明。被告提供相应证据证明其主张后,原告仍应就借贷关系的成立承担举证证明责任。

被告抗辩借贷行为尚未实际发生并能作出合理说明,人民法院应当结合借贷金额、款项交付、当事人的经济能力、当地或者当事人之间的交易方式、交易习惯、当事人财产变动情况以及证人证言等事实和因素,综合判断查证借贷事实是否发生。

第十七条 原告仅依据金融机构的转账凭证提起民间借贷诉讼,被告抗辩转账系偿还双方之前借款或其他债务,被告应当对其主张提供证据证明。被告提供相应证据证明其主张后,原告仍应就借贷关系的成立承担举证证明责任。

第十八条 根据《关于适用〈中华人民共和国民事诉讼法〉的解释》第一百七十四条第二款之规定,负有举证证明责任的原告无正当理由拒不到庭,经审查现有证据无法确认借贷行为、借贷金额、支付方式等案件主要事实,人民法院对其主张的事实不予认定。

第十九条 人民法院审理民间借贷纠纷案件时发现有下列情形,应当严格审查借贷发生的原因、时间、地点、款项来源、交付方式、款项流向以及借贷双方的关系、经济状况等事实,综合判断是否属于虚假民事诉讼:

(一) 出借人明显不具备出借能力;

(二) 出借人起诉所依据的事实和理由明显不符合常理;

(三) 出借人不能提交债权凭证或者提交的债权凭证存在伪造的可能;

(四) 当事人双方在一定期间内多次参加民间借贷诉讼;

(五) 当事人一方或者双方无正当理由拒不到庭参加诉讼,委托代理人对借贷事实陈述不清或者陈述前后矛盾;

(六) 当事人双方对借贷事实的发生没有任何争议或者诉辩明显不符合常理;

(七) 借款人的配偶或合伙人、案外人的其他债权人提出有事实依据的异议;

(八) 当事人在其他纠纷中存在低价转让财产的情形;

(九) 当事人不正当放弃权利;

(十) 其他可能存在虚假民间借贷诉讼的情形。

第二十条 经查明属于虚假民间借贷诉讼,原告申请撤诉的,人民法院不予准许,并应当根据民事诉讼法第一百一十二条之规定,判决驳回其请求。

诉讼参与人或者其他人恶意制造、参与虚假诉讼,人民法院应当依照民事诉讼法第一百一十一条、第一百一十二条和第一百一十三条之规定,依法予以罚款、拘留;构成犯罪的,应当移送有管辖权的司法机关追究刑事责任。

单位恶意制造、参与虚假诉讼的,人民法院应当对该单位进行罚款,并可以对其主要负责人或者直接责任人员予以罚款、拘留;构成犯罪的,应当移送有管辖权的司法机关追究刑事责任。

第二十一条 他人在借据、收据、欠条等债权凭证或者借款合同上签字或者盖章，但未表明其保证人身份或者承担保证责任，或者通过其他事实不能推定其为保证人，出借人请求其承担保证责任的，人民法院不予支持。

第二十二条 借贷双方通过网络贷款平台形成借贷关系，网络贷款平台的提供者仅提供媒介服务，当事人请求其承担担保责任的，人民法院不予支持。

网络贷款平台的提供者通过网页、广告或者其他媒介明示或者有其他证据证明其为借贷提供担保，出借人请求网络贷款平台的提供者承担担保责任的，人民法院应予支持。

第二十三条 企业法定代表人或负责人以企业名义与出借人签订民间借贷合同，出借人、企业或者其股东能够证明所借款项用于企业法定代表人或负责人个人使用，出借人请求将企业法定代表人或负责人列为共同被告或者第三人的，人民法院应予准许。

企业法定代表人或负责人以个人名义与出借人签订民间借贷合同，所借款项用于企业生产经营，出借人请求企业与个人共同承担责任的，人民法院应予支持。

第二十四条 当事人以签订买卖合同作为民间借贷合同的担保，借款到期后借款人不能还款，出借人请求履行买卖合同的，人民法院应当按照民间借贷法律关系审理，并向当事人释明变更诉讼请求。当事人拒绝变更的，人民法院裁定驳回起诉。

按照民间借贷法律关系审理作出的判决生效后，借款人不履行生效判决确定的金钱债务，出借人可以申请拍卖买卖合同标的物，以偿还债务。就拍卖所得的价款与应偿还借款本息之间的差额，借款人或者出借人有权主张返还或补偿。

第二十五条 借贷双方没有约定利息，出借人主张支付借期内利息的，人民法院不予支持。

自然人之间借贷对利息约定不明，出借人主张支付利息的，人民法院不予支持。除自然人之间借贷的外，借贷双方对借贷利息约定不明，出借人主张利息的，人民法院应当结合民间借贷合同的内容，并根据当地或者当事人的交易方式、交易习惯、市场利率等因素确定利息。

第二十六条 借贷双方约定的利率未超过年利率24%，出借人请求借款人按照约定的利率支付利息的，人民法院应予支持。

借贷双方约定的利率超过年利率36%，超过部分的利息约定无效。借款人请求出借人返还已支付的超过年利率36%部分的利息的，人民法院应予支持。

第二十七条 借据、收据、欠条等债权凭证载明的借款金额，一般认定为本金。预先在本金中扣除利息的，人民法院应当将实际出借的金额认定为本金。

第二十八条 借贷双方对前期借款本息结算后将利息计入后期借款本金并重新出具债权凭证，如果前期利率没有超过年利率24%，重新出具的债权凭证载明的金额可认定为后期借款本金；超过部分的利息不能计入后期借款本金。约定的利率超过年利率24%，当事人主张超过部分的利息不能计入后期借款本金的，人民法院应予支持。

按前款计算，借款人在借款期间届满后应当支付的本息之和，不能超过最初借款本金与以最初借款本金为基数，以年利率24%计算的整个借款期间的利息之和。出借人请求借款人支付超过部分的，人民法院不予支持。

第二十九条　借贷双方对逾期利率有约定的，从其约定，但以不超过年利率24%为限。

未约定逾期利率或者约定不明的，人民法院可以区分不同情况处理：

（一）既未约定借期内的利率，也未约定逾期利率，出借人主张借款人自逾期还款之日起按照年利率6%支付资金占用期间利息的，人民法院应予支持；

（二）约定了借期内的利率但未约定逾期利率，出借人主张借款人自逾期还款之日起按照借期内的利率支付资金占用期间利息的，人民法院应予支持。

第三十条　出借人与借款人既约定了逾期利率，又约定了违约金或者其他费用，出借人可以选择主张逾期利息、违约金或者其他费用，也可以一并主张，但总计超过年利率24%的部分，人民法院不予支持。

第三十一条　没有约定利息但借款人自愿支付，或者超过约定的利率自愿支付利息或违约金，且没有损害国家、集体和第三人利益，借款人又以不当得利为由要求出借人返还的，人民法院不予支持，但借款人要求返还超过年利率36%部分的利息除外。

第三十二条　借款人可以提前偿还借款，但当事人另有约定的除外。

借款人提前偿还借款并主张按照实际借款期间计算利息的，人民法院应予支持。

第三十三条　本规定公布施行后，最高人民法院于1991年8月13日发布的《关于人民法院审理借贷案件的若干意见》同时废止；最高人民法院以前发布的司法解释与本规定不一致的，不再适用。

关于印发
《P2P网络借贷风险专项整治工作实施方案》的通知

(银监发〔2016〕11号)

各省、自治区、直辖市人民政府：

《P2P网络借贷风险专项整治工作实施方案》已经国务院同意，现印发给你们，请认真贯彻执行。

2016年4月13日

P2P网络借贷风险专项整治工作实施方案

P2P网络借贷（以下简称网贷）作为一种互联网金融业态，在缓解小微企业融资难、满足民间资本投资需求等方面发挥了积极作用。但近年来，网贷行业风险有所积聚，爆发了一系列风险事件，严重损害了广大投资者合法权益，对互联网金融行业声誉和健康发展造成较大负面影响，给金融安全和社会稳定带来较大危害。为贯彻落实党中央、国务院决策部署，促进网贷行业规范有序发展，根据《关于促进互联网金融健康发展的指导意见》（银发〔2015〕221号，以下简称《指导意见》）和《互联网金融风险专项整治工作实施方案》，制定本方案。

一、工作目标和原则

（一）工作目标

按照任务要明、措施要实、责任要清、效果要好的要求，坚持重点整治与源头治理相结合、防范风险与创新发展相结合、清理整顿与依法打击相结合，妥善处置风险事件，遏制网贷领域风险事件高发势头，维护经济金融秩序和社会稳定。一是在市场主体层面，着力扶优抑劣，支持鼓励依法合规的网贷机构开展业务，促其健康发展，整治和取缔违法违规的网贷机构。二是在市场环境层面，加强规范优化，扭转行业机构异化趋势，实现正本清源，强化风险教育，引导出资人理性出资。三是在机制层面，坚持标本兼治，建立行业长效规范机制，消除监管空白，实现规范创新兼顾发展，形成良性循环。

（二）工作原则

态度积极，措施稳妥。高度重视本次专项整治工作，树立大局意识、责任意识，明确职责分工，确立时间进度表，积极推进各项工作。同时稳扎稳打，讲究方式方法，处理好工作力度和节奏的关系。

底线思维，预案完备。充分认识网贷领域风险的复杂性、隐蔽性、突发性、涉众性、传染性，在统筹考虑各种突发风险的前提下，制定完备的处置预案，有序化解存量风险，有效控制增量风险，坚决守住不发生系统性区域性金融风险的底线。

线上线下，统筹治理。兼顾市场主体的线上业务与线下实体，明确关联关系，依据其经营本质和实际控制人进行统筹治理。将从事线下金融业务活动的网贷机构及涉及网贷业务的综合性互联网金融平台纳入专项整治范围，做到风险防范和治理全覆盖。

分类处理，标本兼治。根据网贷机构违法违规性质、情节和程度分类处理，精准施策，把专项整治工作与贯彻落实行业有关制度、促进网贷机构改革创新与重组改造结合起来，以本次专项整治工作为契机，强化行业监管，构建长效机制。

依法合规，有章可循。贯彻落实《指导意见》《互联网金融风险专项整治工作实施方案》和本方案明确的原则和要求，严格遵循有关法律法规和规章制度，做到依法整治、合规处理，为网贷行业常态化监管奠定基础。

上下联动，协调配合。各有关部门、各地方人民政府加强组织领导，完善工作机制，充分考虑网贷行业跨区域、跨领域、跨行业的特点，加强部门间和区域间的协同联动，形成工作合力，提高整治效率，夯实整治基础，巩固整治成果。

二、全面排查、摸清底数

（一）排查目的

准确掌握网贷机构相关数据，提高数据的权威性、准确性和及时性，摸清行业底数，建立较为完整的行业基本数据统计体系，为专项整治工作及今后的行业监管奠定坚实基础。

（二）排查对象

本次排查摸底的对象是各地经工商登记注册的网贷机构，根据《指导意见》要求，该类机构应当以互联网为主要渠道，为借款人与出借人（即贷款人）实现直接借贷提供信息搜集、信息公布、资信评估、信息交互、借贷撮合等服务。同时，部分以网贷名义开展经营，涉及资金归集、期限错配等行为，已经脱离信息中介本质，异化为信用中介的机构，也是本次排查和整治的对象。

此外，对于互联网企业与银行业金融机构合作开展业务情况进行排查。互联网企业与银行业金融机构合作开展业务不得违反相关法律法规规定，不得通过互联网跨界开展金融活动进行监管套利。

（三）排查方式

采取多方数据汇总、逐一比对、网上核验、现场实地认证等方式进行。在数据汇总层面，银监会会同工业和信息化部、公安部、工商总局、国家互联网信息办公室及第三方统计机构、行业自律组织等，利用行业信息库、大数据检索、工商注册信息、接受举报等方式，汇总形成网贷机构基本数据统计，并发送至各省级人民政府。各省级人民政府以此为基础，综合采取公告确认、电话联系、现场勘查、高管约谈等方式对行业机构数据统计的内容进行逐一核实，并要求机构法定代表人或高级管理人员等对核实后的信息进行签字确认，做到对本地区网贷机构基本信息进行充分摸底排查，实现"一户一档"。

（四）排查内容

各省级人民政府对本地区机构的排查主要包括：一是网贷机构基本情况，包括但不限于股东或出资人、实际控制人、法定代表人、注册资本、借贷余额、出借人总数、分支机构数量及分布等。二是网贷机构各类产品及业务运营情况，包括产品期限、综合收益率、逾期率等。三是网贷机构存在的主要问题，包括但不限于机构是否存在设立资金池、自融、向出借人提供担保或者承诺保本保息、大规模线下营销、误导性宣传、虚构借款人及标的、发放贷款、期限拆分、发售银行理财和券商资管等产品、违规债权转让、参与高风险证券市场融资或利用类HOMS等系统从事股票市场场外配资行为、从事股权众筹或实物众筹等；是否存在信息披露不完整、不客观、不及时；是否未实行出借人资金第三方存管等问题。此外，对近年业务扩张过快、在媒体过度宣传、承诺高额回报、涉及房地产配资或校园网贷等业务的网贷机构进行重点排查。根据排查结果汇总本地区问题机构总体数量、各类问题机构的占比等，并据此对本地区机构风险状况进行判断。

对于跨区域经营的网贷机构，银监会协调相关省级人民政府加强合作，密切配合，进一步增强摸底排查的完整性、准确性、时效性。

三、明确标准、分类施策

（一）分类处置标准

专项整治工作的重点是整治和取缔互联网企业在线上线下违规或超范围开展网贷业务，以网贷名义开展非法集资等违法违规活动。分类处置标准以《指导意见》和有关监管要求等作为主要依据：一是网贷机构满足信息中介的定性。二是业务符合直接借贷的标准，即个体与个体之间通过互联网机构实现的直接借贷。三是不得触及业务"红线"，即设立资金池、自融、向出借人提供担保或者承诺保本保息、大规模线下营销、误导性宣传、虚构借款人及标的、发放贷款、期限拆分、发售银行理财和券商资管等产品、违规债权转让、参与高风险证券市场融资或利用类HOMS等系统从事股票市场场外配资行为、从事股权众筹或实物众筹等。四是落实出借人及借款人资金第三方存管要求。五是信息披露完整、客观、及时，并且具备合规的网络安全设施。

（二）分类处置措施

对各类网贷机构认真甄别，根据风险程度、违法违规性质和情节轻重、社会危害程度大小、处理方式等因素，准确分类，及时纠偏，制定差别化措施，防范处置风险的风险，确保风险全面排查、问题全面整治和监管全面覆盖。

根据以上标准将网贷机构划分为三类，并实施分类处置。一是合规类。该类机构严格遵守信息中介定位，稳健经营、运作规范，具有较强的管理技术和风险控制能力，基本符合《指导意见》规定，未违反有关法律法规和规章制度。应对此类机构实施持续监管，支持鼓励其合规发展，督促其规范运营。二是整改类。该类机构大多数运行不规范，风险控制不足，缺乏持续经营能力和自我约束能力，大多异化为信用中介，存在触及业务"红线"的问题。此类机构应按照有关要求限期整改,整改不到位的,责令继续整改或淘汰整合,并依法予以处置。三是取缔类。此类机构涉嫌从事非法集资等违法违规活动,应对其严厉打击,坚决实施市场退出,并按照有关法律法规和规章制度规定,由相关部门给予行政处罚或依法追究刑事责任,政府不承担兜底责任。同时,做好核实资本和财务状况工作,妥善处理债权债务关系,依法保护投资者合法权益。

四、职责分工

按照《互联网金融风险专项整治工作实施方案》要求,专项整治工作按照银监会会同中央有关部门与省级人民政府双负责制的原则,明确分工,落实责任。

(一)加强组织领导。银监会会同中央宣传部、中央维稳办、发展改革委、工业和信息化部、公安部、财政部、住房城乡建设部、人民银行、工商总局、法制办、国家网信办、国家信访局、最高人民法院、最高人民检察院成立网贷风险专项整治工作领导小组,银监会为组长单位,工业和信息化部、公安部、国家网信办、工商总局为副组长单位,其他部门为成员单位,网贷风险专项整治工作小组办公室设在银监会。

(二)中央监管部门职责。银监会作为网贷风险专项整治工作统筹部门,负责总体工作的组织和协调。一是制定规则,即制定网贷行业监管制度和第三方存管等系列配套制度,拟定网贷风险专项整治工作实施方案,明确专项整治工作目标、原则、内容、措施等。二是培训部署,即对专项整治工作进行周密部署,组织开展培训。三是划清界限,即明确网贷业务负面清单,划清网贷机构不得从事的业务边界。四是督导汇总,即加强跨部门、跨地区间协调,研究重大问题、汇总工作报告等。五是在省级人民政府统一领导下,省金融办(局)与银监会省级派出机构共同牵头负责本地区分领域整治工作,共同承担分领域整治任务。

各相关部门发挥职能作用,密切协作,互通信息,共享资源,形成合力。

(三)各省级人民政府职责。各省级人民政府按照中央监管部门的统一方案和要求,负责本地区具体整治工作。在各省级人民政府统一领导下,设网贷风险专项整治联合工作办公室,由省金融办(局)和银监会省级派出机构共同负责,办公室成员由省级人民政府根据工作需要确定相关部门组成,具体组织实施专项整治工作,并建立风险事件应急制度和处置预案,做好本地区维稳工作,最大限度预防和减少风险事件造成的不良社会影响,维护社会稳定。

五、时间进度

(一)部署培训阶段。根据《互联网金融风险专项整治工作实施方案》要求,银监会协调有关各方汇总网贷行业机构基本数据统计,部署培训各地方开展专项整治工作。此项工作于2016年4月底前完成。

(二)行业摸底排查阶段。各省级人民政府依照网贷行业机构基本数据统计对本地区机构进行摸底排查,并报银监会。此项工作于2016年7月底前完成。

(三)分类处置阶段。各省级人民政府依照摸底排查结果,结合《指导意见》和本方案要求,对本地区机构进行分类处置。此项工作于2016年11月底前完成。

（四）总结督导阶段。银监会将适时赴各地对专项整治工作进行督导，各省级人民政府应对检查、查处、整改情况进行总结，形成报告报送银监会。银监会将根据各地情况，形成规范整治工作总体报告，报送互联网金融风险专项整治工作领导小组办公室。此项工作于2017年1月底前完成。

六、配套支持措施

（一）加强舆论宣传引导。加强网贷风险专项整治工作正面宣传与舆论引导，鼓励网贷机构在依法合规的前提下创新发展。通过以案说法，厘清合法和非法的界限，适时主动发声，及时回应投资者关切。加强舆情监测，强化媒体责任，为整治工作营造良好的舆论环境。

（二）加强各方协调配合。加强各部门沟通协调，完善工作机制，坚持部门间和区域间纵横联动，协作配合。加强中央与地方金融监管协同配合，共同履行好监管职责，形成专项整治和日常监管的合力，确保中央和地方金融监管目标和规则的一致性，守住不发生系统性区域性金融风险的底线。

（三）注重工作方式方法。专项整治工作具有政策性强、涉及面广、敏感度高、难度较大等特点，要讲究整治策略，注意方式方法，做好风险隔离，依法依规，有节有度，妥善化解各类存量风险，防范风险蔓延和叠加，切实防范处置风险的风险，依法保护投资者合法权益，维护正常的经济金融秩序和社会稳定。

关于开展网络借贷资金存管测评工作的通知

(网贷整治办函〔2017〕49号)

各省(自治区、直辖市、计划单列市)网络借贷风险专项整治联合工作办公室,各大型银行、股份制银行、邮储银行:

自P2P网络借贷(以下简称网贷)专项整治工作开展以来,银监会印发了《网络借贷资金存管业务指引》(银监办发〔2017〕21号),部分商业银行积极开展网贷资金存管业务,在防止网贷机构挪用客户资金、规范网贷机构合规发展方面发挥了积极作用,但也存在各存管银行标准不一、落实不到位等问题,不利于专项整治验收整改及网贷行业的健康发展。为进一步推动网贷风险专项整治整改验收工作,P2P网络借贷专项整治领导小组办公室(以下简称全国网贷整治办)与中国互联网金融协会拟开展网贷资金存管业务测评。按照《关于促进互联网金融健康发展的指导意见》(银发〔2015〕221号)、《国务院办公厅关于印发互联网金融风险专项整治工作实施方案的通知》(国办发〔2016〕21号)、《P2P网络借贷风险专项整治工作实施方案》(银监发〔2016〕11号),特通知如下。

一、工作原则及目标

测评工作应按照"标准统一、质量优先、客观公正、实事求是"的原则有序开展,严格遵循有关规章制度和测评标准,做到依法合规、有章可循,促进存管银行合规开展存管业务,为网贷风险专项整治工作奠定基础,同时为第三阶段整改验收工作提供专业客观的参考依据和判断标准,加强规范优化,出清市场,扭转网贷行业异化趋势,促进行业健康发展。

二、测评实施

(一)测评依据

测评严格按照《网络借贷信息中介机构业务活动管理暂行办法》(银监会令〔2016〕1号)、《网络借贷资金存管业务指引》(银监办发〔2017〕21号)的有关要求,结合中国互联网金融协会发布实施的《互联网金融 个体网络借贷 资金存管业务规范》(T/NIFA 3-2017)和《互联网金融 个体网络借贷 资金存管系统规范》(T/NIFA 4-2017)等相关标准执行。

(二)测评范围

测评针对已开展网贷资金存管业务且已存在上线网贷机构的商业银行。首批测评对象为截至2017年10月31日已开展网贷资金存管业务且已存在上线网贷机构的商业银行。

（三）测评流程

1. 报名测评。申请参加测评的商业银行，应于2017年11月30日前向中国互联网金融协会提交《网络借贷资金存管测评申请书》（见附件）。

2. 实施测评。由中国互联网金融协会组织对商业银行采取现场与非现场测评相结合的形式，针对商业银行网贷资金存管业务流程与系统建设的合规性、完整性进行全面综合测评。

3. 测评结果。本次测评采用评级制，首次测评未达合规等级的商业银行可再次提交测评申请，再次测评机会仅一次且须自收到测评结果通知书之日起三个月内提交。

4. 结果公示。达到合规评级的商业银行，由中国互联网金融协会进行统一公示，申请测评的商业银行对测评工作和测评结果如有异议，可向全国网贷整治办申诉或投诉。

5. 持续跟踪。中国互联网金融协会可根据业务发展实际对达到合规评级的商业银行进行定期、不定期的抽检并公示结果。

三、职责分工

（一）中国互联网金融协会作为本次测评工作实施部门，负责总体工作的组织和协调，包括制定规则、资料收集、实施评审、结果汇总等。

（二）全国网贷整治办负责政策指导并就测评工作进行监督检查。

请各商业银行高度重视本次测评工作，并按照本通知要求积极配合！

附件：1. 关于开展网络借贷资金存管测评工作的通知（略）
   2. 网络借贷资金存管测评申请书（略）

P2P网络借贷风险专项整治领导小组办公室
中国互联网金融协会
2017年11月21日

(二) 互联网支付

中国人民银行办公厅关于进一步加强无证经营支付业务整治工作的通知

(银办发〔2017〕217号)

中国人民银行上海总部,各分行、营业管理部,各省会(首府)城市中心支行,各副省级城市中心支行:

为贯彻落实第五次全国金融工作会议精神,保障党的决策部署在支付结算领域全面执行,主动防范系统性支付风险,严肃支付结算纪律,落实支付服务市场主体责任,强化监管问责,促进支付服务良性循环和市场健康有序发展,根据《互联网金融风险专项整治工作实施方案》(国办发〔2016〕21号文印发)和《非银行支付机构风险专项整治工作实施方案》(银发〔2016〕112号文印发),人民银行决定在前期打击无证经营支付业务相关工作基础上进一步推进相关工作,以持证机构为重点检查对象,全面检查持证机构违规为无证经营支付业务机构(以下简称无证机构)提供支付清算服务的行为。现将有关事项通知如下:

一、整治工作主要目标

(一)切实加强无证机构整治,加大处罚力度,坚决切断无证机构的支付业务渠道,遏制支付服务市场乱象,整肃支付服务市场的违规行为。

(二)从严惩处违规为无证机构提供支付服务的市场主体,坚决整治严重干扰支付服务市场秩序的行为,规范支付业务活动,从根源上净化支付服务市场环境。

(三)持续强化人民银行支付结算监管工作,提高新形势下支付结算队伍的履职能力,培养敢于监管、勇于严管的监管精神,坚持问题导向和底线思维,筑牢支付安全防线。

二、整治工作检查范围

本次整治工作以持证机构为切入点,全面检查持证机构为无证机构提供支付清算服务的违规行为。持证机构包括:

(一)银行业金融机构。

(二)非银行支付机构(以下简称支付机构)。

(三)中国银联、农信银资金清算中心、城市商业银行资金清算中心。

(四)同城清算系统运营机构、小额支付系统集中代收付中心运营机构。

三、整治工作原则

(一)突出重点,以点带面。分析研究无证机构支付业务主要经营模式及特点(见附件1），重点检查为无证机构违规提供支付清算服务的持证机构，以点带面，排查清理无证机构。以打击为无证机构违规提供支付清算服务的持证机构为抓手，加强源头治理，掌握无证机构整治工作主动性。

（二）严肃执法，形成震慑。强化监管政策的执行与落实，重申持证机构监管底线要求，从严惩处持证机构违法违规行为，并曝光典型违法违规案例，保持高压震慑态势。

（三）防打结合，打早打小。既要着力整治已经暴露的支付服务市场乱象，讲求策略方法，依法、有序、稳妥处置无证机构支付业务风险；更要通过整治工作总结经验教训，研究建立支付服务市场监管治理长效机制，做好风险防范和预警，尽可能使无证经营支付业务行为不发生、少发生；一旦发生要在苗头时期、涉众范围较小时及时有效解决。

四、整治工作思路

（一）全面检查持证机构，排查持证机构事前、事中、事后各环节中的可疑违规线索，筛查无证机构名单。

（二）以查处无证机构为切入点，结合无证整治和投诉举报等线索，彻查为其提供支付服务的持证机构，并据此检查该持证机构为其他无证机构违规提供支付服务的情况。上述两条检查主线并行实施，实现检查全覆盖，无死角。对于重复排查发现的无证机构，责令终止支付业务，情节严重造成较大损失的，按照规定会同相关部门予以取缔和处罚；对于反复出现违法违规行为的持证机构，严惩不贷。

五、整治工作安排

人民银行支付结算司负责本次整治工作的组织、协调、持续督导和统筹处置。具体工作安排如下：

（一）持证机构自查自纠阶段（2017年12月底前）

持证机构对照监管制度和检查内容（见附件2）自查。自查主体包括持证机构总公司及各分支机构，要全面梳理支付业务合作主体、支付服务接口开放情况。针对自查发现的无证机构合作行为：

1. 客观分析查找原因，采取有效整改措施，在本阶段内确保整改到位。

2. 按照"了解你的客户"原则调查无证机构详细信息，并按照即查即报的原则，及时将相关信息报送所在地人民银行副省级城市中心支行以上分支机构（以下简称人民银行分支机构），配合开展相关无证机构清理工作。

持证机构应按周向人民银行分支机构上报自查自纠工作进展情况，并于工作完成后提交总结报告。

（二）人民银行分支机构组织检查阶段（2018年2月底前）

1. 检查无证机构。一是根据《互联网金融风险专项整治工作实施方案》和《非银行支付机构风险专项整治工作实施方案》等文件确定的工作机制，继续推进无证机构支付业务摸排、核查、处置工作。二是对于持证机构自查发现的无证机构，及时组织开展调查核实。

2. 检查持证机构。一是根据无证机构相关核查工作发现的线索,按图索骥,排查为无证机构提供支付服务的持证机构,并组织开展相应的检查。二是根据持证机构自查自纠工作情况,自行确定持证机构检查范围,组织开展现场检查,排查是否还存在为其他无证机构违规提供支付服务。

3. 分类处置无证机构。对查实的无证机构,人民银行分支机构要督促其限时整改并退出市场,整改期间存量违规业务必须下降、不合规业务不再新增。对于抗拒监管要求,以及违规情形严重、社会影响较大的,人民银行分支机构要积极协调工商、公安等相关部门依法查处。

4. 总结报告。人民银行分支机构每半个月向总行上报一次检查工作进展情况,包括持证机构为无证机构提供支付服务的模式分析、规模统计、市场影响研判等,并于工作完成后提交总结报告。

5. 人民银行总行将汇总违规线索信息,及时分办人民银行分支机构调查核实。违规情形涉及面广、影响范围大、情节严重的,由互联网金融风险专项整治工作领导小组办公室推进跨区域、跨部门协调开展清理整治。

(三)人民银行总行组织开展现场督查阶段(2018年4月底前)

人民银行总行以支付结算业务执法检查人员名录库为基础,统一组织成立3~5个检查组,对人民银行分支机构检查工作情况进行抽查,视情况直接对持证机构自查自纠情况进行飞行检查。人民银行总行抽查发现人民银行分支机构检查工作存在重大遗漏、持证机构为无证机构提供支付服务情形严重的,严肃追究相关责任人员责任。

人民银行分支机构检查工作期间,总行将视情况组织人员对重点地区的检查工作进行评估、督查和督办。

(四)处罚与总结阶段(2018年6月底前)

1. 处罚持证机构。人民银行总行统筹考虑全国整治工作情况,根据持证机构的违规性质、违规情节、影响程度等因素,统一处罚标准。人民银行分支机构根据处罚标准,对相关持证机构实施同案同罚。

2. 人民银行分支机构工作总结。将无证经营支付业务整治纳入人民银行分支机构支付结算工作年度考核。整治工作成绩突出的,通报表扬,并对相关经验做法进行推广;整治工作要求落实不到位,或辖区内出现重大风险的,支付结算工作年度考核一票否决。

3. 总结报告。全面总结本次整治工作情况,重点总结如何将专项整治和日常监管有机结合,推动形成常态化、长效化的制度安排,构建支付结算监管工作长效机制。

六、整治工作要求

(一)加强组织领导。人民银行分支机构对辖区内支付服务市场秩序负总责,要有效落实属地管理职责,确保辖区内无证经营支付业务整治工作组织到位、体系完善、机制健全、保障有力。要将无证经营支付业务整治工作作为履行支付结算监督管理职责的重要内容,明确责任,表扬先进,对工作失职、渎职行为严肃追究责任。在当前无证经营支付业务多发的形势下,要加强基础支持工作,做好人员、经费等保障工作。

持证机构要深刻认识整治工作对营造公平竞争的市场环境、促进支付行业健康持续发展的重要意义，积极配合人民银行监管工作。

（二）重视部门协作配合。人民银行分支机构要及时协调公安机关对初步认定的无证机构违法违规行为开展立案侦查；推动工商部门在企业信用信息公示系统公示有关情况，并按照公司登记管理、无照经营等法律法规采取吊销营业执照等惩处措施；会同相关部门共同做好群体性事件的预防和处置工作，齐抓共管，形成合力。对于检查中发现的疑似违反反洗钱、消费者权益保护等法律法规的行为，要及时移交反洗钱、金融消费者权益保护等部门进一步调查处理。

（三）建立健全工作机制。人民银行分支机构要周密部署、迅速行动，不断优化工作方法，加强对无证经营支付业务活动的监测预警和风险研判，做到早发现、早预防、早处置。检查工作要注意程序严格规范，调查取证充分有力。对于无证机构，要注意区分违法违规程度、风险大小等情况，分类处置。对于持证机构，要坐实违法违规事实，确保行政处罚有理有据，并注意总结违规情形及频次，不断完善日常监管工作。持证机构对于自身存在的问题，不推脱、不隐瞒，既要全面整改，更要研究利用互联网、大数据等技术手段不断提升风险控制能力，合规健康发展。

（四）做好宣传教育引导。中国支付清算协会、人民银行分支机构要加强关于无证经营支付业务整治工作的政策解读和舆论引导工作，主动适时发声，有针对性地回应社会关切，增信释疑，防范个别机构通过不实言论混淆视听。要充分运用各类宣传媒介或载体报道典型案件，通过案件剖析揭露无证经营支付业务违法违规手法和本质，提高支付风险宣传教育的广泛性、针对性和有效性。持证机构主动配合做好宣传教育引导工作或提供有力支持的，可在分类评级等日常监管中给予监管奖励。

（五）畅通举报投诉渠道。鼓励和引导社会公众及有关各方积极举报投诉无证机构，努力营造全社会共同抵制、打击无证经营支付业务的良好氛围。中国支付清算协会要充分发挥支付结算违法违规行为举报平台的作用，强化社会监督约束。持证机构主动提供有价值线索、有力协助整治工作的，可视情给予监管奖励，或对其违规行为酌情从轻处罚。

请人民银行分支机构将本通知转发至辖区内持证机构。

联系人及联系方式：冒犁文、张凯，010-66195160、66199553

附件：1. 无证经营支付业务筛查要点、认定标准及持证机构违规情形说明
   2. 持证机构自查内容

中国人民银行办公厅
2017年11月13日

附件1

无证经营支付业务筛查要点、认定标准及持证机构违规情形说明

一、无证经营支付业务筛查要点

在无证经营支付业务筛查中,对存在以下特点的资金划转行为进行重点关注:

(一)资金集中转入、分散转出,涉及跨区域交易。

(二)资金快进快出,不留余额;或留下一定比例余额后转出,过渡性质明显。

(三)拆分交易痕迹明显,故意规避交易限额。

(四)资金转入、转出金额与实际经营规模、经营活动明显不符。

二、无证经营支付业务主要认定标准

(一)银行卡收单业务

1. 以平台对接或"大商户"模式接入持证机构,留存商户结算资金,并自行开展商户资金清算,即所谓"二清"行为。

2. 从事其他收单核心业务,重点关注特约商户资质审核、受理协议签订等业务活动。

(二)网络支付业务

1. 采取平台对接或"大商户"模式,即客户资金先划转至网络平台账户,再由网络平台结算给该平台二级商户。

2. 为客户开立的账户或提供的电子钱包等具有充值、消费、提现等支付功能。

三、持证机构为无证机构违规提供支付服务的情形

(一)为无证机构提供资金清算、结算通道。(重点关注:中国银联等清算服务主体)

(二)通过系统发起集中代收付等业务的委托人直接从事支付业务。(重点关注:中国银联等清算服务主体)

(三)持证机构向无证机构开放支付接口,无证机构以平台对接或"大商户"模式接入持证机构。无证机构通过支付接口将其拓展的商户交易上送持证机构,由该持证机构为其商户结算资金,或者通过其他持证机构为其商户结算资金。(重点关注:银行业金融机构、支付机构)

(四)持证机构向无证机构开放支付接口,无证机构以平台对接或"大商户"模式接入持证机构。无证机构与持证机构签订代付合作协议(如代付工资等名义),由该持证机构直接将资金结算至无证机构指定账户。(重点关注:银行业金融机构、支付机构)

(五)持证机构将部分核心业务交由外包服务机构办理,或外包服务机构再次进行转让或转包,导致无证机构从事收单核心业务。该类核心业务主要包括特约商户资质审核、受理协议签订、受理终端主密钥生产和管理等。(重点关注:银行业金融机构、支付机构)

(六)为无证机构开立内部过渡户,用于接收无证机构的商户资金;或者直接从内部过渡户向无证机构指定账户划转资金。(重点关注:银行业金融机构)

附件 2

持证机构自查内容

一、特约商户资质审核

是否遵循"了解你的客户"原则，严格落实商户实名制，重点检查是否存在以平台对接或"大商户"模式拓展特约商户（含网络商户），特约商户巡检制度是否落实到位。通过外包商拓展的商户，收单机构是否履行了审核责任，收单机构与外包商协议及合作内容是否符合相关规定，是否存在将核心业务外包的违规行为。

二、受理终端主密钥与网络支付接口管理

是否建立商户终端主密钥和网络支付接口的日常管理、风险交易监测等内控制度，是否设置专人专岗负责密钥的生成与管理，是否存在由外包商办理商户终端主密钥的生成、灌装和管理的情况，巡检制度落实情况；各持证机构应重点排查是否存在网络支付接口转接、挪用的情况。

三、交易处理

收单机构是否自主完成收单业务交易处理；是否向其他收单机构、未获收单业务许可的其他机构开放交易接口；是否存在系统化变造、伪造交易信息的情形；是否与支付机构在相关领域合作开展收单业务；收单业务合作外包商是否建立交易处理平台，以直接向收单机构、发卡银行、中国银联、农信银资金清算中心、城市商业银行资金清算中心、同城清算系统运营机构、小额支付系统集中代收付中心运营机构直接发送交易信息。

四、资金结算

重点检查收单资金（包括与其他机构合作开展的收单业务）结算流程，是否完成系统改造确保交易信息真实、完整、可追溯；收单机构是否建立特约商户收单账户设置和变更审核制度，是否违规为不符合制度要求的特约商户提供 T+0 资金结算服务；是否按协议约定及时将交易资金直接结算到特约商户的收单银行结算账户，是否存在将商户资金汇总至收单机构支付账户后以代付名义转移资金的情况；是否存在将特约商户的结算资金划转至"二清"机构拥有或实际控制的账户，再由"二清"机构通过其他途径完成对商户入账；银行是否为未获收单业务许可的其他机构提供资金转移服务。

五、客户备付金管理与账户开立

客户备付金制度执行情况、客户备付金安全性，重点检查是否存在使用非备付金账户存放、划转客户备付金的情况。为支付机构开立备付金银行账户的情况，以及是否履行了相关监督职责。

六、账户开立与使用合规性

账户包含个人及单位的银行结算账户和支付账户。对于银行结算账户，账户实名制落实情况；2016年12月1日后，是否为同一个人在同一家银行新开立超过一个Ⅰ类户；个人银行账户分类管理落实情况，如是否远程开立Ⅰ类户，开立Ⅱ、Ⅲ类户时，是否存在直接向支付机构验证账户信息等行为，Ⅱ、Ⅲ类户限额管理执行情况，非柜面开立的Ⅱ类户是否可以从非绑定账户入金，Ⅱ类户是否可以超限额购买非银行自营或代销的理财产品。

对于支付账户，是否严格落实账户实名制；账户分类管理及交易限额落实情况；支付机构为客户开立支付账户，是否通过合法安全的外部渠道进行客户身份基本信息验证；通过银行验证个人客户身份基本信息的，是否为Ⅰ类银行账户或信用卡。

七、内部过渡账户开立情况

用于开展支付结算业务的内部过渡账户开立情况，具体业务背景为何；内部过渡账户开立和使用是否合规，是否直接或变相为无证机构结算商户资金提供便利；对无证机构大额或高频的可疑交易是否监测得力，是否存在直接从内部过渡户向无证机构指定账户进行资金转账的情况。

八、收单外包业务管理

外包商是否存在以特约商户名义入网，并发送其他特约商户的银行卡交易信息；是否再次转包业务；是否直接或间接掌握、存储商户交易明细信息。差错争议处理工作是否交由外包商办理，差错争议处理过程中收单机构提供的交易凭证是否真实。

九、代收付业务开展情况

重点调查与其他机构合作开展代收付业务的相关情况，是否以代付的名义直接或变相为无证机构提供商户收单资金的货币资金转移服务，是否就代收付业务与客户签订协议，协议内容是否符合有关法规制度规定，是否审核客户资质和申请开展代收付业务的实际背景，是否执行风险交易监测和反洗钱的相关职责要求。

十、防范电信网络新型违法犯罪的各项责任履行情况

《中国人民银行关于加强支付结算管理防范电信网络新型违法犯罪有关事项的通知》（银发〔2016〕261号）落实情况，如银行自助柜员机是否执行24小时后办理非本人同行转账、是否建立单位开户审慎核实机制、是否为入网不满90日或者入网后连续正常交易不满30日的特约商户提供T+0资金结算服务、是否在网上买卖POS机、刷卡器等受理终端。

十一、风险案件处置情况

外包商或支付业务合作方是否发生过风险案件；特约商户是否发生过风险案件。

最高人民法院 中国人民银行关于依法规范人民法院执行和金融机构协助执行的通知

(法发〔2000〕21号)

各省、自治区、直辖市高级人民法院,解放军军事法院,新疆维吾尔自治区高级人民法院生产建设兵团分院,中国人民银行各分行,中国工商银行,中国农业银行,中国银行,中国建设银行及其他金融机构:

为依法保障当事人的合法权益,维护经济秩序,根据《中华人民共和国民事诉讼法》,现就规范人民法院执行和银行(含其分理处、营业所和储蓄所)以及其他办理存款业务的金融机构(以下统称金融机构)协助执行的有关问题通知如下:

一、人民法院查询被执行人在金融机构的存款时,执行人员应当出示本人工作证和执行公务证,并出具法院协助查询存款通知书。金融机构应当立即协助办理查询事宜,不需办理签字手续,对于查询的情况,由经办人签字确认。对协助执行手续完备拒不协助查询的,按照民事诉讼法第一百零二条规定处理。

人民法院对查询到的被执行人在金融机构的存款,需要冻结的,执行人员应当出示本人工作证和执行公务证,并出具法院冻结裁定书和协助冻结存款通知书。金融机构应当立即协助执行。对协助执行手续完备拒不协助冻结的,按照民事诉讼法第一百零二条规定处理。

人民法院扣划被执行人在金融机构存款的,执行人员应当出示本人工作证和执行公务证,并出具法院扣划裁定书和协助扣划存款通知书,还应当附生效法律文书副本。金融机构应当立即协助执行。对协助执行手续完备拒不协助扣划的,按照民事诉讼法第一百零二条规定处理。

人民法院查询、冻结、扣划被执行人在金融机构的存款时,可以根据工作情况要求存款人开户的营业场所的上级机构责令该营业场所做好协助执行工作,但不得要求该上级机构协助执行。

二、人民法院要求金融机构协助冻结、扣划被执行人的存款时,冻结、扣划裁定和协助执行通知书适用留置送达的规定。

三、对人民法院依法冻结、扣划被执行人在金融机构的存款,金融机构应当立即予以办理,在接到协助执行通知书后,不得再扣划应当协助执行的款项用于收贷收息;不得为被执行人隐匿、转移存款。违反此项规定的,按照民事诉讼法第一百零二条的有关规定处理。

四、金融机构在接到人民法院的协助执行通知书后,向当事人通风报信,致使当事人转移存款的，法院有权责令该金融机构限期追回，逾期未追回的，按照民事诉讼法第一百零二条的规定予以罚款、拘留；构成犯罪的，依法追究刑事责任，并建议有关部门给予行政处分。

五、对人民法院依法向金融机构查询或查阅的有关资料，包括被执行人开户、存款情况以及会计凭证、账簿、有关对账单等资料（含电脑储存资料），金融机构应当及时如实提供并加盖印章；人民法院根据需要可抄录、复制、照相，但应当依法保守秘密。

六、金融机构作为被执行人，执行法院到有关人民银行查询其在人民银行开户、存款情况的，有关人民银行应当协助查询。

七、人民法院在查询被执行人存款情况时，只提供单位账户名称而未提供账号的，开户银行应当根据银发〔1997〕94号《关于贯彻落实中共中央政法委〈关于司法机关冻结、扣划银行存款问题的意见〉的通知》第二条的规定，积极协助查询并书面告知。

八、金融机构的分支机构作为被执行人的，执行法院应当向其发出限期履行通知书，期限为十五日；逾期未自动履行的，依法予以强制执行；对被执行人未能提供可供执行财产的，应当依法裁定逐级变更其上级机构为被执行人，直至其总行、总公司。每次变更前，均应当给予被变更主体十五日的自动履行期限；逾期未自动履行的，依法予以强制执行。

九、人民法院依法可以对银行承兑汇票保证金采取冻结措施，但不得扣划。如果金融机构已对汇票承兑或者已对外付款，根据金融机构的申请，人民法院应当解除对银行承兑汇票保证金相应部分的冻结措施。银行承兑汇票保证金已丧失保证金功能时，人民法院可以依法采取扣划措施。

十、有关人民法院在执行由两个人民法院或者人民法院与仲裁、公证等有关机构就同一法律关系作出的两份或者多份生效法律文书的过程中，需要金融机构协助执行的，金融机构应当协助最先送达协助执行通知书的法院，予以查询、冻结，但不得扣划。有关人民法院应当就该两份或多份生效法律文书上报共同上级法院协调解决，金融机构应当按照共同上级法院的最终协调意见办理。

十一、财产保全和先予执行依照上述规定办理。

此前的规定与本通知有抵触的，以本通知为准。

二〇〇〇年九月四日

电子支付指引（第一号）

（中国人民银行公告〔2005〕第23号）

为规范电子支付业务，防范支付风险，保证资金安全，维护银行及其客户在电子支付活动中的合法权益，促进电子支付业务健康发展，中国人民银行制定了《电子支付指引（第一号）》，现予公布。本公告自公布之日起施行。

中国人民银行
二〇〇五年十月二十六日

第一章 总 则

第一条 为规范和引导电子支付的健康发展，保障当事人的合法权益，防范支付风险，确保银行和客户资金的安全，制定本指引。

第二条 电子支付是指单位、个人（以下简称客户）直接或授权他人通过电子终端发出支付指令，实现货币支付与资金转移的行为。

电子支付的类型按电子支付指令发起方式分为网上支付、电话支付、移动支付、销售点终端交易、自动柜员机交易和其他电子支付。

境内银行业金融机构（以下简称银行）开展电子支付业务，适用本指引。

第三条 银行开展电子支付业务应当遵守国家有关法律、行政法规的规定，不得损害客户和社会公共利益。

银行与其他机构合作开展电子支付业务的，其合作机构的资质要求应符合有关法规制度的规定，银行要根据公平交易的原则，签订书面协议并建立相应的监督机制。

第四条 客户办理电子支付业务应在银行开立银行结算账户（以下简称账户），账户的开立和使用应符合《人民币银行结算账户管理办法》《境内外汇账户管理规定》等规定。

第五条 电子支付指令与纸质支付凭证可以相互转换，二者具有同等效力。

第六条 本指引下列用语的含义为：

（一）"发起行"，是指接受客户委托发出电子支付指令的银行。

（二）"接收行"，是指电子支付指令接收人的开户银行；接收人未在银行开立账户的，指电子支付指令确定的资金汇入银行。

（三）"电子终端"，是指客户可用于发起电子支付指令的计算机、电话、销售点终端、自动柜员机、移动通讯工具或其他电子设备。

第二章 电子支付业务的申请

第七条 银行应根据审慎性原则，确定办理电子支付业务客户的条件。

第八条 办理电子支付业务的银行应公开披露以下信息：

（一）银行名称、营业地址及联系方式；

（二）客户办理电子支付业务的条件；

（三）所提供的电子支付业务品种、操作程序和收费标准等；

（四）电子支付交易品种可能存在的全部风险，包括该品种的操作风险、未采取的安全措施、无法采取安全措施的安全漏洞等；

（五）客户使用电子支付交易品种可能产生的风险；

（六）提醒客户妥善保管、使用或授权他人使用电子支付交易存取工具（如卡、密码、密钥、电子签名制作数据等）的警示性信息；

（七）争议及差错处理方式。

第九条 银行应认真审核客户申请办理电子支付业务的基本资料，并以书面或电子方式与客户签订协议。

银行应按会计档案的管理要求妥善保存客户的申请资料，保存期限至该客户撤销电子支付业务后5年。

第十条 银行为客户办理电子支付业务，应根据客户性质、电子支付类型、支付金额等，与客户约定适当的认证方式，如密码、密钥、数字证书、电子签名等。

认证方式的约定和使用应遵循《中华人民共和国电子签名法》等法律法规的规定。

第十一条 银行要求客户提供有关资料信息时，应告知客户所提供信息的使用目的和范围、安全保护措施，以及客户未提供或未真实提供相关资料信息的后果。

第十二条 客户可以在其已开立的银行结算账户中指定办理电子支付业务的账户。该账户也可用于办理其他支付结算业务。

客户未指定的银行结算账户不得办理电子支付业务。

第十三条 客户与银行签订的电子支付协议应包括以下内容：

（一）客户指定办理电子支付业务的账户名称和账号；

（二）客户应保证办理电子支付业务账户的支付能力；

（三）双方约定的电子支付类型、交易规则、认证方式等；

（四）银行对客户提供的申请资料和其他信息的保密义务；

（五）银行根据客户要求提供交易记录的时间和方式；

（六）争议、差错处理和损害赔偿责任。

第十四条 有以下情形之一的，客户应及时向银行提出电子或书面申请：

（一）终止电子支付协议的；

（二）客户基本资料发生变更的；

（三）约定的认证方式需要变更的；

（四）有关电子支付业务资料、存取工具被盗或遗失的；

（五）客户与银行约定的其他情形。

第十五条 客户利用电子支付方式从事违反国家法律法规活动的，银行应按照有权部门的要求停止为其办理电子支付业务。

第三章 电子支付指令的发起和接收

第十六条 客户应按照其与发起行的协议规定，发起电子支付指令。

第十七条 电子支付指令的发起行应建立必要的安全程序，对客户身份和电子支付指令进行确认，并形成日志文件等记录，保存至交易后5年。

第十八条 发起行应采取有效措施，在客户发出电子支付指令前，提示客户对指令的准确性和完整性进行确认。

第十九条 发起行应确保正确执行客户的电子支付指令，对电子支付指令进行确认后，应能够向客户提供纸质或电子交易回单。

发起行执行通过安全程序的电子支付指令后，客户不得要求变更或撤销电子支付指令。

第二十条 发起行、接收行应确保电子支付指令传递的可跟踪稽核和不可篡改。

第二十一条 发起行、接收行之间应按照协议规定及时发送、接收和执行电子支付指令，并回复确认。

第二十二条 电子支付指令需转换为纸质支付凭证的，其纸质支付凭证必须记载以下事项（具体格式由银行确定）：

（一）付款人开户行名称和签章；

（二）付款人名称、账号；

（三）接收行名称；

（四）收款人名称、账号；

（五）大写金额和小写金额；

（六）发起日期和交易序列号。

第四章 安全控制

第二十三条 银行开展电子支付业务采用的信息安全标准、技术标准、业务标准等应当符合有关规定。

第二十四条 银行应针对与电子支付业务活动相关的风险，建立有效的管理制度。

第二十五条 银行应根据审慎性原则并针对不同客户，在电子支付类型、单笔支付金额和每日累计支付金额等方面做出合理限制。

银行通过互联网为个人客户办理电子支付业务，除采用数字证书、电子签名等安全认证方式外，单笔金额不应超过1000元人民币，每日累计金额不应超过5000元人民币。

银行为客户办理电子支付业务，单位客户从其银行结算账户支付给个人银行结算账户的款项，其单笔金额不得超过 5 万元人民币，但银行与客户通过协议约定，能够事先提供有效付款依据的除外。

银行应在客户的信用卡授信额度内，设定用于网上支付交易的额度供客户选择，但该额度不得超过信用卡的预借现金额度。

第二十六条 银行应确保电子支付业务处理系统的安全性，保证重要交易数据的不可抵赖性、数据存储的完整性、客户身份的真实性，并妥善管理在电子支付业务处理系统中使用的密码、密钥等认证数据。

第二十七条 银行使用客户资料、交易记录等，不得超出法律法规许可和客户授权的范围。

银行应依法对客户的资料信息、交易记录等保密。除国家法律、行政法规另有规定外，银行应当拒绝除客户本人以外的任何单位或个人的查询。

第二十八条 银行应与客户约定，及时或定期向客户提供交易记录、资金余额和账户状态等信息。

第二十九条 银行应采取必要措施保护电子支付交易数据的完整性和可靠性：

（一）制定相应的风险控制策略，防止电子支付业务处理系统发生有意或无意的危害数据完整性和可靠性的变化，并具备有效的业务容量、业务连续性计划和应急计划；

（二）保证电子支付交易与数据记录程序的设计发生擅自变更时能被有效侦测；

（三）有效防止电子支付交易数据在传送、处理、存储、使用和修改过程中被篡改，任何对电子支付交易数据的篡改能通过交易处理、监测和数据记录功能被侦测；

（四）按照会计档案管理的要求，对电子支付交易数据，以纸介质或磁性介质的方式进行妥善保存，保存期限为 5 年，并方便调阅。

第三十条 银行应采取必要措施为电子支付交易数据保密：

（一）对电子支付交易数据的访问须经合理授权和确认；

（二）电子支付交易数据须以安全方式保存，并防止其在公共、私人或内部网络上传输时被擅自查看或非法截取；

（三）第三方获取电子支付交易数据必须符合有关法律法规的规定以及银行关于数据使用和保护的标准与控制制度；

（四）对电子支付交易数据的访问均须登记，并确保该登记不被篡改。

第三十一条 银行应确保对电子支付业务处理系统的操作人员、管理人员以及系统服务商有合理的授权控制：

（一）确保进入电子支付业务账户或敏感系统所需的认证数据免遭篡改和破坏。对此类篡改都应是可侦测的，而且审计监督应能恰当地反映出这些篡改的企图。

（二）对认证数据进行的任何查询、添加、删除或更改都应得到必要授权，并具有不可篡改的日志记录。

第三十二条 银行应采取有效措施保证电子支付业务处理系统中的职责分离：

（一）对电子支付业务处理系统进行测试，确保职责分离；

（二）开发和管理经营电子支付业务处理系统的人员维持分离状态；

（三）交易程序和内控制度的设计确保任何单个的雇员和外部服务供应商都无法独立完成一项交易。

第三十三条 银行可以根据有关规定将其部分电子支付业务外包给合法的专业化服务机构，但银行对客户的义务及相应责任不因外包关系的确立而转移。

银行应与开展电子支付业务相关的专业化服务机构签订协议，并确立一套综合性、持续性的程序，以管理其外包关系。

第三十四条 银行采用数字证书或电子签名方式进行客户身份认证和交易授权的，提倡由合法的第三方认证机构提供认证服务。如客户因依据该认证服务进行交易遭受损失，认证服务机构不能证明自己无过错，应依法承担相应责任。

第三十五条 境内发生的人民币电子支付交易信息处理及资金清算应在境内完成。

第三十六条 银行的电子支付业务处理系统应保证对电子支付交易信息进行完整的记录和按有关法律法规进行披露。

第三十七条 银行应建立电子支付业务运作重大事项报告制度，及时向监管部门报告电子支付业务经营过程中发生的危及安全的事项。

第五章 差错处理

第三十八条 电子支付业务的差错处理应遵守据实、准确和及时的原则。

第三十九条 银行应指定相应部门和业务人员负责电子支付业务的差错处理工作，并明确权限和职责。

第四十条 银行应妥善保管电子支付业务的交易记录，对电子支付业务的差错应详细备案登记，记录内容应包括差错时间、差错内容与处理部门及人员姓名、客户资料、差错影响或损失、差错原因、处理结果等。

第四十一条 由于银行保管、使用不当，导致客户资料信息被泄露或篡改的，银行应采取有效措施防止因此造成客户损失，并及时通知和协助客户补救。

第四十二条 因银行自身系统、内控制度或为其提供服务的第三方服务机构的原因，造成电子支付指令无法按约定时间传递、传递不完整或被篡改，并造成客户损失的，银行应按约定予以赔偿。

因第三方服务机构的原因造成客户损失的，银行应予赔偿，再根据与第三方服务机构的协议进行追偿。

第四十三条 接收行由于自身系统或内控制度等原因对电子支付指令未执行、未适当执行或延迟执行致使客户款项未准确入账的，应及时纠正。

第四十四条 客户应妥善保管、使用电子支付交易存取工具。有关电子支付业务资料、存取工具被盗或遗失，应按约定方式和程序及时通知银行。

第四十五条 非资金所有人盗取他人存取工具发出电子支付指令，并且其身份认证和交易授权通过发起行的安全程序的，发起行应积极配合客户查找原因，尽量减少客户损失。

第四十六条 客户发现自身未按规定操作，或由于自身其他原因造成电子支付指令未执行、未适当执行、延迟执行的，应在协议约定的时间内，按照约定程序和方式通知银行。银行应积极调查并告知客户调查结果。

银行发现因客户原因造成电子支付指令未执行、未适当执行、延迟执行的，应主动通知客户改正或配合客户采取补救措施。

第四十七条 因不可抗力造成电子支付指令未执行、未适当执行、延迟执行的，银行应当采取积极措施防止损失扩大。

第六章 附 则

第四十八条 本指引由中国人民银行负责解释和修改。

第四十九条 本指引自发布之日起施行。

中国银监会、中国人民银行关于加强商业银行与第三方支付机构合作业务管理的通知

(银监发〔2014〕10号)

各银监局,中国人民银行上海总部、各分行、营业管理部,各省会(首府)城市中心支行,各副省级城市中心支行,各国有商业银行、股份制商业银行、邮政储蓄银行,银监会直接监管的信托公司、企业集团财务公司、金融租赁公司:

为切实保护商业银行客户信息安全,保障客户资金和银行账户安全,维护客户合法权益,加强商业银行与第三方支付机构合作业务管理,现就商业银行与第三方支付机构建立业务关联提出以下要求:

一、商业银行应按照有关法律法规要求,做好客户信息安全与保密工作。商业银行与第三方支付机构合作开展各项业务,对涉及的客户金融信息管理,应严格遵循有关法律法规和监管制度的规定,严格遵照客户意愿和指令进行支付,不得违法违规泄露。

二、商业银行应对客户的技术风险承受能力进行评估,客户与第三方支付机构相关的账户关联、业务类型、交易限额等决策要求应与其技术风险承受能力相匹配。

三、客户银行账户与第三方支付机构首次建立业务关联时,应经双重认证,即客户在通过第三方支付机构认证的同时,还需通过商业银行的客户身份鉴别。账户所在银行应通过物理网点、电子渠道或其他有效方式直接验证客户身份,明确双方权利与义务。

四、商业银行通过电子渠道验证和辨别客户身份,应采用双(多)因素验证方式对客户身份进行鉴别,对不具备双(多)因素认证条件的客户,其任何账户不得与第三方支付机构建立业务关联。

五、商业银行对账户与第三方支付机构建立业务关联的客户,应开通至少一种账户变动即时通知技术方式,不具备即时通知条件的客户,不得通过银行与第三方支付机构建立一次签约、多次支付的业务合作关系。

六、商业银行应设立与客户技术风险承受能力相匹配的支付限额,包括单笔支付限额和日累计支付限额。

商业银行应向客户提供临时调整支付限额的服务,在进行身份验证和辨别后,按照客户申请,在临时期限内可以适当调整单笔支付限额和日累计支付限额。

七、商业银行应对客户通过第三方支付机构进行大额资金划转强化身份认证,确保由客户本人发出资金划转要求。商业银行在与第三方支付机构签订业务合作协议时,应就非商业银行直接进行客户身份认证的批量扣款或电子支付,与第三方支付机构就

赔付责任达成一致。

八、对预留手机号码且设定短信通知的客户，商业银行应在客户进行支付时对第三方支付机构提供的手机号码和银行预留的手机号码进行一致性检验，通过后方可进行支付。如果银行已按照前述要求在业务关联时进行了相关信息验证，确保客户身份真实可靠，在交易时可以无需再次验证。

九、商业银行应保留完整的支付信息，在相关法律法规规定的期限内妥善保管，并向客户提供第三方支付机构的签约查询和交易查询功能。

十、商业银行应就大额支付、可疑支付及时通知客户。对开通短信或其他方式即时通知功能的客户，应就每一笔支付交易即时通知客户。通知信息中包含但不限于第三方支付机构名称、交易金额、交易时间等。

十一、商业银行应明确要求第三方支付机构不得在未经授权的情况下屏蔽本银行的支付界面与接口。

十二、从银行账户划出的支付交易资金，遇到交易终止、失败应划回原银行账户。

十三、商业银行接受客户申请，通过身份验证后，应当提供可以撤销客户账户与第三方支付机构业务合作关联的服务。

十四、商业银行应将与第三方支付机构的合作业务纳入全行业务运营风险监测系统的监控范围，对其中的商户和客户在本行的账户资金活动情况进行实时监控，达到风险标准的应组织核查。特别是对其中大额、异常的资金收付应做到逐笔监测、认真核查、及时预警、及时控制。

十五、商业银行应对客户通过第三方支付机构进行的交易建立自动化的交易监控机制和风险监控模型，及时发现和处置异常行为、套现或欺诈事件。

十六、商业银行应做好数据和操作指令的整理和日志备份，便于事后检查和审计。商业银行与第三方支付机构合作开展的各项业务，凡涉及备付金存放和资金划转的，均应建立每日对账制度，严格执行备付金银行及备付金银行账户相关监管要求，不得使用或变相使用银行内部账户以待清算资金等名义为第三方支付机构存放客户备付金。商业银行应就第三方支付机构备付金存管业务建立统一管理机制，未经总行书面授权，任何分支机构不得直接与第三方支付机构合作开展备付金存管业务，强化备付金的监督管理。

十七、商业银行应采取技术措施保障来自第三方支付机构的传输数据（如客户数据、交易数据等）和操作指令（如支付指令、身份验证指令等）的完整性、一致性和不可抵赖性。对不具备对等安全保障能力的第三方支付机构，原则上应不予合作。

十八、银行应构建安全的网络通道（如专线连接、VPN 通道等），指定安全边界（如部署防火墙、DMZ 隔离区等），防止第三方支付机构越界访问。

十九、商业银行应按照本通知各项要求，做好相应的制度及合同修订工作。相关工作最迟应于 2014 年 6 月 30 日前完成。

二十、其他银行业金融机构开展相关业务时，参照本通知执行。

特此通知。

中国银行业监督管理委员会关于印发《电子银行安全评估指引》的通知

(银监发〔2006〕9号)

各银监局,各国有商业银行、股份制商业银行:

现将《电子银行安全评估指引》印发给你们,请参照执行。请各银监局将此件转发辖内有关金融机构。

二〇〇六年一月二十六日

电子银行安全评估指引

第一章 总 则

第一条 为加强电子银行业务的安全与风险管理,保证电子银行安全评估的客观性、及时性、全面性和有效性,依据《电子银行业务管理办法》的有关规定,制定本指引。

第二条 电子银行的安全评估,是指金融机构在开展电子银行业务过程中,对电子银行的安全策略、内控制度、风险管理、系统安全、客户保护等方面进行的安全测试和管控能力的考察与评价。

第三条 开展电子银行业务的金融机构,应根据其电子银行发展和管理的需要,至少每2年对电子银行进行一次全面的安全评估。

第四条 金融机构可以利用外部专业化的评估机构对电子银行进行安全评估,也可以利用内部独立于电子银行业务运营和管理部门的评估部门对电子银行进行安全评估。

第五条 金融机构应建立电子银行安全评估的规章制度体系和工作规程,保证电子银行安全评估能够及时、客观地得以实施。

第六条 金融机构的电子银行安全评估,应接受中国银行业监督管理委员会(以下简称中国银监会)的监督指导。

第二章 安全评估机构

第七条 承担金融机构电子银行安全评估工作的机构,可以是金融机构外部的社会专业化机构，也可以是金融机构内部具备相应条件的相对独立部门。

第八条　外部机构从事电子银行安全评估，应具备以下条件：

（一）具有较为完善的开展电子银行安全评估业务的管理制度和操作规程；

（二）制定了系统、全面的评估手册或评估指导文件，评估手册或评估指导文件的内容应至少包括评估程序、评估方法和依据、评估标准等；

（三）拥有与电子银行安全评估相关的各类专业人才，了解国际和中国相关行业的行业标准；

（四）中国银监会规定的其他从事电子银行安全评估应当具备的条件。

第九条　金融机构内部部门从事电子银行安全评估，除应具备第八条规定的有关条件外，还应具备以下条件：

（一）必须独立于电子银行业务系统开发部门、运营部门和管理部门；

（二）未直接参与过有关电子银行设备的选购工作。

第十条　中国银监会负责电子银行安全评估机构资质认定工作。

电子银行安全评估机构在开展金融机构电子银行安全评估业务前，可以向中国银监会申请对其资质进行认定。

第十一条　金融机构在进行电子银行安全评估时，可以选择经中国银监会资质认定的安全评估机构，也可以选择未经中国银监会资质认定的安全评估机构。

金融机构选择经中国银监会资质认定的安全评估机构时，有关安全评估机构的管理适用本指引有关规定。金融机构选择未经中国银监会资质认定的安全评估机构时，安全评估机构的选择标准应不低于第八条、第九条规定的条件要求，并应按照《电子银行业务管理办法》的有关规定，报送相关材料。

电子银行安全评估机构无论是否经过中国银监会资质认定，在开展电子银行安全评估活动时，都应遵守有关电子银行安全评估实施和管理的规定。

第十二条　中国银监会每年将组织一次电子银行安全评估机构资质认定工作，评定时间应提前1个月公告。

第十三条　申请资质认定的电子银行安全评估机构，应在中国银监会公告规定的时限内提交以下材料（一式七份）：

（一）电子银行安全评估资质认定申请报告；

（二）机构介绍；

（三）安全评估业务管理框架、管理制度、操作规程等；

（四）评估手册或评估指导文件；

（五）主要评估人员简历；

（六）中国银监会要求提供的其他文件、资料。

第十四条　中国银监会收到安全评估机构资质认定申请完整材料后，组织有关专家和监管人员对申请材料进行评议，采用投票的办法评定电子银行安全评估机构是否达到了有关资质要求。

第十五条　中国银监会对评估机构资质评议后，出具《电子银行安全评估机构资质认定意见书》，载明评议意见，对评估机构的资质做出认定。

第十六条　中国银监会出具的《电子银行安全评估机构资质认定意见书》，仅供评估机构与金融机构商洽有关电子银行安全评估业务时使用，不影响评估机构开展其他经营活动。

评估机构不得将《电子银行安全评估机构资质认定意见书》用于宣传或其他活动。

第十七条　经中国银监会评议并被认为达到有关资质要求的评估机构，每次资质认定的有效期限为2年。

经评议不符合认定资质的，评估机构可在下一年度重新申请资质认定。

第十八条　在资质认定的有效期限内，电子银行安全评估机构如果出现下列情况，中国银监会将撤销已做出的评议和认定意见：

（一）评估机构管理不善，其工作人员泄露被评估机构秘密的；

（二）评估工作质量低下，评估活动出现重要遗漏的；

（三）未按要求提交评估报告，或评估报告中存在不实表述的；

（四）将《电子银行安全评估机构资质认定意见书》用于宣传和其他经营活动的；

（五）存在其他严重不尽职行为的。

第十九条　评估机构有下列行为之一的，中国银监会将在一定期限或无限期不再受理评估机构的资质认定申请，金融机构不应再委托该评估机构进行安全评估：

（一）与委托机构合谋，共同隐瞒在安全评估过程中发现的安全漏洞，未按要求写入评估报告的；

（二）在评估过程中弄虚作假，编造安全评估报告的；

（三）泄露被评估机构机密信息，或不当使用被评估机构机密资料的。

金融机构内部评估机构出现以上情况之一的，中国银监会将依法对相关机构和责任人进行处罚。

第二十条　中国银监会认可的电子银行安全评估机构，以及有关资质认定、撤销等信息，仅向开展电子银行业务的各金融机构通报，不向社会发布。

金融机构不得向第三方泄露中国银监会的有关通报信息，影响有关机构的其他业务活动，也不得将有关信息用于与电子银行安全评估活动无关的其他业务活动。

第二十一条　金融机构可以在中国银监会认定的评估机构范围内，自主选择电子银行安全评估机构。

第二十二条　电子银行主要系统设置于境外并在境外实施电子银行安全评估的外资金融机构，以及需要按照所在地监管部门的要求在境外实施电子银行安全评估的中资金融机构境外分支机构，电子银行安全评估机构的选择应遵循所在国家或地区的法律要求。

所在国家或地区没有相关法律要求的，金融机构应参照本指引的有关规定开展安全评估活动。

第二十三条　金融机构应与聘用的电子银行安全评估机构签订书面服务协议，在服务协议中，必须含有明确的保密条款和保密责任。

金融机构选择内部部门作为评估机构时，应由电子银行管理部门与评估部门签订评估责任确定书。

第二十四条　安全评估机构应根据评估协议的规定，认真履行评估职责，真实评估被评估机构电子银行安全状况。

第三章　安全评估的实施

第二十五条　评估机构在开始电子银行安全评估之前，应就评估的范围、重点、时间与要求等问题，与被评估机构进行充分的沟通，制定评估计划，由双方签字认可。

第二十六条　依据评估计划，评估机构进场对委托机构的电子银行安全进行评估。电子银行安全评估应真实、全面地评价电子银行系统的安全性。

第二十七条　电子银行安全评估至少应包括以下内容：

（一）安全策略；

（二）内控制度建设；

（三）风险管理状况；

（四）系统安全性；

（五）电子银行业务运行连续性计划；

（六）电子银行业务运行应急计划；

（七）电子银行风险预警体系；

（八）其他重要安全环节和机制的管理。

第二十八条　电子银行安全策略的评估，至少应包括以下内容：

（一）安全策略制定的流程与合理性；

（二）系统设计与开发的安全策略；

（三）系统测试与验收的安全策略；

（四）系统运行与维护的安全策略；

（五）系统备份与应急的安全策略；

（六）客户信息安全策略。

评估机构对金融机构安全策略的评估，不仅要评估安全策略、规章制度和程序是否存在，还要评估这些制度是否得到贯彻执行，是否及时更新，是否全面覆盖电子银行业务系统。

第二十九条　电子银行内控制度的评估，应至少包括以下内容：

（一）内部控制体系总体建设的科学性与适宜性；

（二）董事会和高级管理层在电子银行安全和风险管理体系中的职责，以及相关部门职责和责任的合理性；

（三）安全监控机制的建设与运行情况；

（四）内部审计制度的建设与运行情况。

第三十条　电子银行风险管理状况的评估，应至少包括以下内容：

（一）电子银行风险管理架构的适应性和合理性；

（二）董事会和高级管理层对电子银行安全与风险管理的认知能力与相关政策、策略的制定执行情况；

（三）电子银行管理机构职责设置的合理性及对相关风险的管控能力；

（四）管理人员配备与培训情况；

（五）电子银行风险管理的规章制度与操作规定、程序等的执行情况；

（六）电子银行业务的主要风险及管理状况；

（七）业务外包管理制度建设与管理状况。

第三十一条　电子银行系统安全性的评估，应至少包括以下内容：

（一）物理安全；

（二）数据通讯安全；

（三）应用系统安全；

（四）密钥管理；

（五）客户信息认证与保密；

（六）入侵监测机制和报告反应机制。

评估机构应突出对数据通讯安全和应用系统安全的评估，客观评价金融机构是否采用了合适的加密技术、合理设计和配置了服务器和防火墙，银行内部运作系统和数据库是否安全等，以及金融机构是否制定了控制和管理修改电子银行系统的制度和控制程序，并能保证各种修改得到及时测试和审核。

第三十二条　电子银行业务运行连续性计划的评估，应至少包括以下内容：

（一）保障业务连续运营的设备和系统能力；

（二）保证业务连续运营的制度安排和执行情况。

第三十三条　电子银行业务运行应急计划的评估，应至少包括以下内容：

（一）电子银行应急制度建设与执行情况；

（二）电子银行应急设施设备配备情况；

（三）定期、持续性检测与演练情况；

（四）应对意外事故或外部攻击的能力。

第三十四条　评估机构应制定本机构电子银行安全评定标准，在进行安全评估时，应根据委托机构的实际情况，确定不同评估内容对电子银行总体风险影响程度的权重，对每项评估内容进行评分，综合计算出被评估机构电子银行的风险等级。

第三十五条　评估完成后，评估机构应及时撰写评估报告，并于评估完成后1个月内向委托机构提交由其法定代表人或其授权委托人签字认可的评估报告。

第三十六条　评估报告应至少包括以下内容：

（一）评估的时间、范围及其他协议中重要的约定；

（二）评估的总体框架、程序、主要方法及主要评估人员介绍；

（三）不同评估内容风险权重的确定标准，风险等级的计算方法，以及风险等级的定义；

（四）评估内容与评估活动描述；

（五）评估结论；
（六）对被评估机构电子银行安全管理的建议；
（七）其他需要说明的问题；
（八）主要术语定义和所采用的国际或国内标准介绍（可作为附件）；
（九）评估工作流程记录表（可作为附件）；
（十）评估机构参加评估人员名单（可作为附件）。

在评估结论中，评估机构应采用量化的办法表明被评估机构电子银行的风险等级，说明被评估机构电子银行安全管理中存在的主要问题与隐患，并提出整改建议。

第三十七条 评估报告完成并提交委托机构后，如需修改，应将修改的原因、依据和修改意见作为附件附在原报告之后，不得直接修改原报告。

第四章 安全评估活动的管理

第三十八条 金融机构在申请开办电子银行业务时，应当按照有关规定对完成测试的电子银行系统进行安全评估。

第三十九条 金融机构开办电子银行业务后，有下列情形之一的，应立即组织安全评估：
（一）由于安全漏洞导致系统被攻击瘫痪，修复运行的；
（二）电子银行系统进行重大更新或升级后，出现系统意外停机12小时以上的；
（三）电子银行关键设备与设施更换后，出现重大事故修复后仍不能保持连续不间断运行的；
（四）基于电子银行安全管理需要立即评估的。

第四十条 金融机构对电子银行外部安全评估机构的选聘，应由金融机构的董事会或高级管理层负责。

第四十一条 已实现数据集中管理的银行业金融机构，其分支机构开展电子银行业务不需单独进行安全评估，在总行（公司）的电子银行安全评估中应包含对其分支机构电子银行安全管理状况的评估。

第四十二条 未实现数据集中管理的银行业金融机构，其分支机构开展电子银行业务且拥有独立的业务处理设备与系统的，分支机构的电子银行系统应在总行（公司）的统一管理和指导下，按照有关规定进行安全评估。

第四十三条 电子银行主要业务处理系统设置在境外的外资金融机构，其境外总行（公司）已经进行了安全评估且符合本指引有关规定的，其境内分支机构开展电子银行业务不需单独进行安全评估，但应按照本指引的有关要求，向监管部门报送安全评估报告。

第四十四条 电子银行主要业务处理系统设置在境内的外资金融机构，或者虽设置在境外但其境外总行（公司）未进行安全评估或安全评估不符合本指引有关规定的，应按规定开展电子银行安全评估工作。

第四十五条 电子银行安全评估工作，确需由多个评估机构共同承担或实施时，金融机构应确定一个主要的评估机构协调总体评估工作,负责总体评估报告的编制。

金融机构将电子银行系统委托给不同的评估机构进行安全评估,应当明确每个评估机构安全评估的范围,并保证全面覆盖了应评估的事项,没有遗漏。

第四十六条 金融机构应在签署评估协议后两周内,将评估机构简介、拟采用的评估方案和评估步骤等,报送中国银监会。

第四十七条 中国银监会根据监管工作的需要,可派员参加金融机构电子银行安全评估工作,但不作为正式评估人员,不提供评估意见。

第四十八条 评估机构应本着客观、公正、真实和自主的原则,开展评估活动,并严格保守在评估过程中获悉的商业机密。

第四十九条 在评估过程中,委托机构和评估机构之间应建立信息保密工作机制:

(一)评估过程中,调阅相关资料、复制相关文件或数据等,都应建立登记、签字制度;

(二)调阅的文件资料应在指定的场所阅读,不得带出指定场所;

(三)复制的文件或数据一般也不应带出工作场所,如确需带出的,必须详细登记带出文件或数据名称、数量、带出原因、文件与数据的最终处理方式、责任人等,并由相关负责人签字确认;

(四)评估过程中废弃的文件、材料和不再使用的数据,应立即予以销毁或删除;

(五)评估工作结束后,双方应就有关机密数据、资料等的交接情况签署说明。

第五十条 金融机构在收到评估机构评估报告的1个月内,应将评估报告报送中国银监会。

金融机构报送评估报告时,可对评估报告中的有关问题作必要的说明。

第五十一条 未经监管部门批准,电子银行安全评估报告不得作为广告宣传资料使用,也不得提供给除监管部门以外的第三方机构。

第五十二条 对未按有关要求进行的安全评估,或者评估程序、方法和评估报告存在重要缺陷的安全评估,中国银监会可以要求金融机构进行重新评估。

第五十三条 中国银监会根据监管工作的需要,可以自己组织或委托评估机构对金融机构的电子银行系统进行安全评估,金融机构应予以配合。

第五十四条 中国银监会根据监管工作的需要,可直接向评估机构了解其评估的方法、范围和程序等。

第五十五条 对于评估报告中所反映出的问题,金融机构应采取有效的措施加以纠正。

第五章 附 则

第五十六条 本指引由中国银监会负责解释。

第五十七条 本指引自2006年3月1日起施行。

中国人民银行关于规范支付创新业务的通知

(银发〔2017〕281号)

中国人民银行上海总部,各分行、营业管理部,各省会(首府)城市中心支行,各副省级城市中心支行;各国有商业银行、股份制商业银行,中国邮政储蓄银行;各非银行支付机构;中国银联股份有限公司、中国支付清算协会、城市商业银行资金清算中心、农信银资金清算中心、网联清算有限公司:

近年来,我国支付业务创新不断发展,支付服务环境日趋完善,对提高支付效率、便利社会生产生活发挥了积极作用。为进一步加强支付业务管理,促进支付创新,推动支付服务市场持续健康发展,现就有关事项通知如下:

一、开展支付创新业务应事前报告

各银行业金融机构(以下简称银行)、非银行支付机构(以下简称支付机构)提供支付创新产品或者服务、与境外机构合作开展跨境支付业务、与其他机构开展重大业务合作的,应当对相关业务的合规性和安全性进行全面评估,并于业务开展前30日书面报告中国人民银行及其分支机构。全国性银行报告中国人民银行;其他银行、支付机构按属地管理原则,报告法人所在地中国人民银行分支机构。

报告内容包括但不限于以下方面:拟推出产品或者服务的名称、基本业务流程、支付指令传输路径、资金清算及结算方式,合作机构名称及业务开展情况、合作方式,业务规则、技术标准、客户权益保护措施、内部控制及风险管理制度,业务试点开展时间及区域,收费项目及标准,潜在市场影响,相关合同及协议模板等。

二、维护支付服务市场公平竞争秩序

各银行、支付机构应当切实增强社会责任意识,遵循依法合规、安全可控、商业可持续的原则,稳妥推广支付业务,共同维护支付服务市场健康持续发展。不得滥用本机构及关联企业的市场优势地位,排除、限制支付服务竞争;不得采用低价倾销、交叉补贴等不当手段拓展市场;不得夸大宣传、散布虚假信息,损害其他市场主体的商业信誉。

中国支付清算协会应当充分发挥行业自律作用,动态调整支付结算违法违规行为重要举报事项,将扰乱市场秩序、侵害消费者合法权益等行为纳入重要举报事项范畴,进一步加大自律惩戒力度。

三、加强收单业务受理终端管理

收单机构应当建立并完善受理终端管理制度,明确受理终端选型、采购、布放、密钥管理、参数设置、程序灌装、日常维护、交易监测和巡检等各环节管理措施;自主完成受理终端采购、主密钥生成和管理，对终端密钥及相关参数实行专人管理。

收单机构及其外包服务机构不得通过任何传播媒体、宣传工具或者方式发布销售银行卡受理终端、条码支付受理终端或者收款码的广告。在推广业务时，收单机构及其外包服务机构应当围绕服务质量、安全保障等进行真实、合理的广告宣传，准确披露收单机构名称及联系方式，广告内容中不得使用或者变相使用"零扣率""低扣率""费率自由定义""商户滚动切换""一机多商户""T+0""D+0""即时到账""刷单""套现"等涉嫌不正当竞争、误导消费者或者违法违规行为的文字。

收单机构应当遵循"谁入网、谁负责"的原则，对通过其加入清算网络的银行卡受理终端、条码支付受理终端或者收款码承担管理责任，严格规范与外包服务机构的业务合作。

四、规范小微商户收单业务管理

对依据法律法规和相关监管规定免于办理工商注册登记的实体特约商户（小微商户），收单机构在遵循"了解你的客户"原则的前提下，可以通过审核商户主要负责人身份证明文件和辅助证明材料为其提供收单服务。辅助证明材料包括但不限于营业场所租赁协议或者产权证明、集中经营场所管理方出具的证明文件等反映小微商户真实从事商品或者服务交易活动的材料。

收单机构为上述小微商户提供收单服务的，不得为其开通受理终端磁条交易功能。收单机构应当结合小微商户的风险等级，动态调整其可受理的银行卡种类和交易限额，以同一个身份证件在同一家收单机构办理的全部小微商户受理信用卡的收款金额上限为日累计1000元、月累计1万元。

清算机构应当配套建立小微商户收单业务规则和管理系统，细化小微商户准入、商户注册数量、交易限额和交易监测等风险管理措施。

五、加强代收业务管理

银行、支付机构等代收服务机构根据收款人的委托协议，定期向付款人开户机构（包括银行和支付机构）发送支付指令，提请付款人开户机构不经交易验证直接扣划付款人账户资金的，应当执行下列要求：

付款人开户机构应当事先或者在首笔交易时取得付款人授权，明确收款人名称、支付款项的用途、扣款时间、授权期限、交易限额、异议处理和交易关闭方式等事项，并在后续交易时及时提示付款人交易信息。

代收服务机构应当要求收款人事先与付款人签订收款协议，并在代收交易处理中验证协议关系。代收服务机构应当真实、完整传输交易金额、交易时间、收款人名称和收款用途等代收交易信息，并采取有效措施禁止收款人滥用、出借、出租、出售代收交易接口。

具备合法资质的清算机构在核准业务范围内提供代收业务的交易转接和资金清算服务的，可通过与成员机构制定业务规则或者签订协议等方式，约定代收服务机构和付款人开户机构之间的权利、义务和责任。清算机构应当严格规范代收交易信息，完善交易监测机制，并及时处置违规交易。

上述代收业务的使用范围仅限于固定收款人定期发起的支付业务，其他支付业务应由付款人开户机构按照有关规定进行交易验证，不得由收款人代为验证。

六、加强支付业务系统接口管理

各银行、支付机构、清算机构应当建立支付业务系统接口统一管理制度，明确牵头部门，严格业务审批，加强接入单位审核、使用范围、交易信息和资金安全等管理。同时，加大交易监测力度，确保接入单位将支付业务系统接口用于协议约定的范围和用途，并采取有效措施防止支付业务系统接口被用于违法违规用途。各银行、支付机构之间不得相互开放和转接支付业务系统接口，预付卡发卡机构为其受理机构开放支付业务系统接口的，以及中国人民银行另有规定的除外。严禁银行、支付机构、清算机构支持或者变相支持无证机构经营支付业务。

七、严格遵守跨行清算政策要求

各银行、支付机构开展支付业务涉及跨行清算业务时，必须通过中国人民银行跨行清算系统或者具备合法资质的清算机构处理。自本通知印发之日起，各银行、支付机构不得新增不同法人机构间直连处理跨行清算的支付产品或者服务；对存量业务，应当按照中国人民银行有关规定尽快迁移到合法的清算机构处理。

八、强化监督管理

中国人民银行分支机构应当切实履行属地监管职责，将本通知执行情况纳入业务检查重点，加大对违规行为的处罚力度。银行、支付机构的行为违反法律、行政法规以及中国人民银行有关管理规定的，中国人民银行及其分支机构可以依法予以处罚。

请中国人民银行分支机构将本通知转发至辖区内城市商业银行、农村商业银行、农村合作银行、农村信用社、村镇银行、外资银行。

中国人民银行关于印发
《条码支付业务规范（试行）》的通知

银发〔2017〕296号

中国人民银行上海总部，各分行、营业管理部，各省会（首府）城市中心支行，各副省级城市中心支行；各国有商业银行、股份制商业银行、中国邮政储蓄银行；各非银行支付机构；中国银联股份有限公司，中国支付清算协会，网联清算有限公司：

为规范条码支付业务，保护消费者合法权益，维护市场公平竞争环境，促进移动支付业务健康可持续发展，现将《条码支付业务规范（试行）》（见附件）印发给你们，并将有关工作要求通知如下，请一并遵照执行。

一、严格遵循业务资质及清算管理要求

非银行支付机构（以下简称支付机构）向客户提供基于条码技术的付款服务的，应当取得网络支付业务许可；支付机构为实体特约商户和网络特约商户提供条码支付收单服务的，应当分别取得银行卡收单业务许可和网络支付业务许可。

银行业金融机构（以下简称银行）、支付机构开展条码支付业务涉及跨行交易时，应当通过人民银行跨行清算系统或者具备合法资质的清算机构处理。自本通知发布之日起，银行、支付机构不得新增不同法人机构间直连处理条码支付业务；存量业务应按照人民银行有关规定加快迁移到合法清算机构处理。

二、规范条码支付收单业务管理

条码支付收单业务，是指收单机构与特约商户签订受理协议，在特约商户按约定受理基于条码技术的支付方式并与付款人达成交易后，为特约商户提供交易资金结算服务的行为。银行和支付机构在为特约商户提供条码支付收单服务时，应执行《银行卡收单业务管理办法》（中国人民银行公告〔2013〕第9号公布）、《中国人民银行关于加强银行卡收单业务外包管理的通知》（银发〔2015〕199号）等规定。银行、支付机构应当加强条码支付收单业务管理，严格遵守商户实名制、商户风险评级、交易风险监测等基本规定。为实体特约商户提供收单服务，应履行本地化经营、商户定期巡检责任；为网络特约商户提供收单服务，应强化对网络支付接口的使用管理和交易监测，采取有效的检查措施和技术手段对其经营内容和交易情况进行检查。银行、支付机构与外包服务机构开展条码支付业务合作的，应明确外包服务机构定位，加强管理，防范业务风险。

三、发挥行业自律作用

银行、支付机构从事条码支付业务，应接受中国支付清算协会行业自律管理。中国支付清算协会应将条码支付特约商户纳入协会特约商户信息管理系统管理；对条码支付外包服务机构，一并纳入中国支付清算协会银行卡收单外包服务机构评级体系管理。对被实名举报涉嫌违法违规开展条码支付业务的，中国支付清算协会应按照《支付结算违法违规行为举报奖励办法》（中国人民银行公告〔2016〕第7号公布）及其实施细则的相关要求进行处理。

四、加大监督检查力度

已开展条码支付业务的银行、支付机构应当全面梳理自身条码支付业务情况（含境内、跨境、境外业务）并形成报告，包括但不限于按年度统计的业务量、产品介绍、业务流程、技术方案、风险管理机制、境内外机构合作情况、资金清算模式、收费标准及利润分配机制、客户权益保护措施、外包服务机构信息及外包范围，以及根据本通知进行自查的情况及整改方案等。2018年1月31日前，全国性银行将报告报送人民银行总行，其他银行和支付机构将报告报送法人所在地人民银行分支机构。银行、支付机构和清算机构开展条码支付业务创新，拓展跨境、境外条码支付业务的，应当至少提前30日向人民银行总行或法人所在地人民银行分支机构报告。人民银行分支机构依法对辖区内银行、支付机构条码支付业务进行监督管理，加大检查力度，对违规行为应按照《非金融机构支付服务管理办法》（中国人民银行令〔2010〕第2号发布）、《银行卡收单业务管理办法》、《非银行支付机构网络支付业务管理办法》（中国人民银行公告〔2015〕第43号公布）等相关规定予以处理；对情节严重的，依照《中华人民共和国中国人民银行法》第四十六条规定予以处罚。请人民银行分支机构将本通知转发至辖区内城市商业银行、农村商业银行、农村合作银行、农村信用社、村镇银行、外资银行。

附件：条码支付业务规范（试行）

中国人民银行
2017年12月25日

附件

条码支付业务规范（试行）

第一章 总 则

第一条 为规范条码（二维码）支付（以下简称条码支付）业务，保护消费者合法权益，促进条码支付业务健康发展，根据《电子支付指引（第一号）》（中国人民银行公告〔2005〕第23号公布）、《非金融机构支付服务管理办法》（中国人民银行公告〔2010〕第2号公布）、《银行卡收单业务管理办法》（中国人民银行公告〔2013〕第9号公布）、《非银行支付机构网络支付业务管理办法》（中国人民银行公告〔2015〕第43号公布）等规定，制定本规范。

第二条 本规范所称条码支付业务是指银行业金融机构（以下简称银行）、非银行支付机构（以下简称支付机构）应用条码技术，实现收付款人之间货币资金转移的业务活动。

条码支付业务包括付款扫码和收款扫码。付款扫码是指付款人通过移动终端识读收款人展示的条码完成支付的行为。收款扫码是指收款人通过识读付款人移动终端展示的条码完成支付的行为。

第三条 银行、支付机构开展条码支付业务应遵循本规范。

第四条 支付机构开展条码支付业务，应按规定取得相应的业务许可，并按相应管理办法规范开展业务。

第五条 支付机构不得基于条码技术，从事或变相从事证券、保险、信贷、融资、理财、担保、信托、货币兑换、现金存取等业务。

第六条 银行、支付机构开展条码支付业务应遵守客户实名制管理规定；遵守反洗钱法律法规要求，履行反洗钱和反恐怖融资义务；依法维护客户及相关主体的合法权益。

第七条 银行、支付机构应自觉遵守商业道德，不得以任何形式诋毁其他市场主体的商业信誉，不得采用不正当竞争手段排挤竞争对手、损害其他市场主体利益，破坏市场公平竞争秩序。

第八条 银行、支付机构应遵守中国人民银行发布的相关技术标准与规范要求，保证条码支付业务的交易安全和信息安全。

第二章 条码生成和受理

第九条 银行、支付机构开展条码支付业务，应将客户用于生成条码的银行账户或支付账户、身份证件号码、手机号码进行关联管理。

第十条 银行、支付机构开展条码支付业务，可以组合选用下列三种要素，对客户条码支付交易进行验证：

（一）仅客户本人知悉的要素，如静态密码等；

（二）仅客户本人持有并特有的，不可复制或者不可重复利用的要素，如经过安全认证的数字证书、电子签名，以及通过安全渠道生成和传输的一次性密码等；

（三）客户本人生物特征要素，如指纹等。

银行、支付机构应当确保采用的要素相互独立，部分要素的损坏或者泄露不应导致其他要素损坏或者泄露。

第十一条 采用数字证书、电子签名作为验证要素的，数字证书及生成电子签名的过程应符合相关规定，应确保数字证书的唯一性、完整性及交易的不可抵赖性。

采用一次性密码作为验证要素的，应当切实防范一次性密码获取端与支付指令发起端为相同物理设备而带来的风险，并将一次性密码有效期严格限制在最短的必要时间内。

采用客户本人生物特征作为验证要素的，应当符合国家、金融行业标准和相关信息安全管理要求，防止被非法存储、复制或重放。

第十二条 银行、支付机构应根据《条码支付安全技术规范（试行）》（银办发〔2017〕242号）关于风险防范能力的分级，对个人客户的条码支付业务进行限额管理：

（一）风险防范能力达到A级，即采用包括数字证书或电子签名在内的两类（含）以上有效要素对交易进行验证的，可与客户通过协议自主约定单日累计限额；

（二）风险防范能力达到B级，即采用不包括数字证书、电子签名在内的两类（含）以上有效要素对交易进行验证的，同一客户单个银行账户或所有支付账户单日累计交易金额应不超过5000元；

（三）风险防范能力达到C级，即采用不足两类要素对交易进行验证的，同一客户单个银行账户或所有支付账户单日累计交易金额应不超过1000元；

（四）风险防范能力达到D级，即使用静态条码的，同一客户单个银行账户或所有支付账户单日累计交易金额应不超过500元。

第十三条 支付机构向客户开户银行发送支付指令，扣划客户银行账户资金的，同一客户全部银行账户合计日累计交易限额执行第十二条的规定。

第十四条 银行、支付机构提供付款扫码服务的，应具备差异化的风控措施和完善的客户权益受损解决机制，在条码生成、识读、支付等核心业务流程中明确提示客户支付风险，切实防范不法分子通过在条码中植入木马、病毒等方式造成客户信息泄露和资金损失。

第十五条 银行、支付机构提供收款扫码服务的，应使用动态条码，设置条码有效期、使用次数等方式，防止条码被重复使用导致重复扣款，确保条码真实有效。

第十六条 银行、支付机构开展条码支付业务所涉及的业务系统、客户端软件、受理终端（网络支付接口）等，应当持续符合监管部门及行业标准要求，确保条码生成和识读过程的安全性、真实性和完整性。

第十七条 银行、支付机构应按照中国人民银行相关规定强化支付敏感信息内控管理和安全防护，强化交易密码保护机制；通过支付标记化技术应用等手段，从源头控制信息泄露和欺诈交易风险。

第十八条 银行、支付机构应指定专人操作与维护条码生成相关系统。条码信息仅限包含当次支付相关信息，不应包含任何与客户及其账户相关的支付敏感信息。

特约商户展示的条码，仅限包含与当次支付有关的特约商户、商品（服务）或商品（服务）订单等信息。

移动终端展示的条码，不得包含未经加密处理的客户本人账户信息。

第十九条 银行、支付机构应确保条码支付交易经客户确认或授权后发起，支付指令应真实、完整、有效。

移动终端完成条码扫描后，应正确、完整显示扫码内容，供客户确认。

特约商户受理终端完成条码扫描后，应仅显示扫码结果并提示下一步操作，不得显示付款人的支付敏感信息。

第二十条 银行、支付机构应根据条码支付的真实场景，按规定正确选用交易类型，准确标识交易信息并完整发送，确保交易信息的完整性、真实性和可追溯性。

交易信息至少应包括：直接提供商品或服务的特约商户名称、类别和代码，受理终端（网络支付接口）类型和代码，交易时间和地点（网络特约商户的网络地址），交易金额，交易类型和渠道，交易发起方式等。网络特约商户的交易信息还应当包括订单号和网络交易平台名称。

银行、支付机构应在支付交易报文中通过特定域标识该交易为条码支付交易，以供报文接收方正确识别并进行授权处理。

第二十一条 支付交易完成后，特约商户受理终端和移动终端应显示支付结果；支付失败的，特约商户受理终端和移动终端还应显示失败原因。

第三章 特约商户管理

第二十二条 银行、支付机构拓展条码支付特约商户，应遵循"了解你的客户"原则，确保所拓展的是依法设立、合法经营的特约商户。

第二十三条 中国支付清算协会、清算机构应将条码支付特约商户纳入特约商户信息管理系统及黑名单管理机制。银行、支付机构拓展特约商户时，应进行查询确认，如商户及其法定代表人或负责人在特约商户信息管理系统中存在不良信息记录的，应谨慎为该商户提供条码支付服务；不得将已纳入黑名单的单位和个人，以及由纳入黑名单个人担任法定代表人或者负责人的单位拓展为特约商户，已经拓展为特约商户的，应当自该特约商户被列入黑名单之日起10日内予以清退。

第二十四条 银行、支付机构拓展特约商户应落实实名制规定，严格审核特约商户的营业执照等证明文件，以及法定代表人或负责人的有效身份证件等申请材料，确认申请材料的真实性、完整性、有效性，并留存申请材料的影印件或复印件。

对依据法律法规和相关监管规定免于办理工商注册登记的实体特约商户（小微商

户),收单机构在遵循"了解你的客户"原则的前提下,可以通过审核商户主要负责人身份证明文件和辅助证明材料为其提供条码支付收单服务。辅助证明材料包括但不限于营业场所租赁协议或者产权证明、集中经营场所管理方出具的证明文件等能够反映小微商户真实、合法从事商品或服务交易活动的材料。

以同一个身份证件在同一家收单机构办理的全部小微商户基于信用卡的条码支付收款金额日累计不超过1000元、月累计不超过1万元。银行、支付机构应当结合小微商户风险等级动态调整交易卡种、交易限额、结算周期等,强化对小微商户的交易监测。

第二十五条　银行、支付机构应与特约商户签订条码支付受理协议,就银行结算账户的设置和变更、资金结算周期、结算手续费标准、差错和争议处理等条码支付服务相关事项进行约定,明确双方的权利、义务和违约责任。

第二十六条　银行、支付机构在条码支付受理协议中,应要求特约商户基于真实的商品或服务交易背景受理条码支付;按规定使用受理终端或网络支付接口、银行结算账户,不得利用其从事或协助他人从事非法活动;妥善处理交易数据信息、保存交易凭证,保障交易信息安全;不得向客户收取或变相收取附加费用,或降低服务水平。

第二十七条　银行、支付机构应建立特约商户信息管理系统,记录特约商户名称和经营地址、特约商户身份资料信息、特约商户类别、结算手续费标准、银行结算账户信息、开通的交易类型和开通时间、受理终端(网络交易接口)类型和安装地址等信息,并及时进行更新。

银行、支付机构应按规定向中国支付清算协会和清算机构特约商户信息管理系统报送特约商户基本信息。

第二十八条　银行、支付机构应建立特约商户检查制度,明确检查频率、检查内容、检查记录等管理要求,落实检查责任。

第二十九条　银行、支付机构应当对实体特约商户条码收单业务进行本地化经营和管理,通过在特约商户及其分支机构所在省(区、市)辖内的收单机构或其分支机构提供收单服务,不得跨省(区、市)开展条码收单业务。

第三十条　银行、支付机构应按照《中国人民银行关于加强银行卡收单业务外包管理的通知》(银发〔2015〕199号)相关要求审慎选择外包服务机构,严格规范与外包服务机构的业务合作,强化收单外包业务的风险管理责任。银行、支付机构作为条码支付收单业务主体的管理责任和风险承担责任不因外包关系而转移。

银行、支付机构不得将特约商户资质审核、受理协议签订、资金结算、交易处理、风险监测、受理终端主密钥生成和管理、网络支付接口管理、差错和争议处理工作交由外包服务机构办理。银行、支付机构与外包服务机构系统对接开展业务的,应确保外包服务机构无法获取或者接触支付敏感信息、不得从事或者变相从事特约商户资金结算。

第三十一条　银行、支付机构应尊重特约商户的自主选择权,不得干涉或变相干涉特约商户与其他机构的合作。

第三十二条 银行、支付机构开展条码支付业务应参照银行卡刷卡手续费定价标准科学合理定价，不得采用交叉补贴、低于成本价格倾销等不正当手段排挤竞争对手，扰乱市场秩序。

第四章 风险管理

第三十三条 银行、支付机构应建立全面风险管理体系和内部控制机制，提升风险识别能力，采取有效措施防范风险，及时发现、处理可疑交易信息及风险事件。

第三十四条 银行、支付机构开展条码支付业务，应当评估业务相关的洗钱和恐怖融资风险，采取与风险水平相适应的管控措施。

第三十五条 银行、支付机构应建立特约商户风险评级制度，综合考虑特约商户的区域和行业特征、经营规模、财务和资信状况等因素，对特约商户进行风险评级。

第三十六条 银行、支付机构应结合特约商户风险等级及交易类型等因素，设置或与其约定单笔及日累计交易限额。

第三十七条 银行、支付机构对风险等级较高的特约商户，应通过强化交易监测、建立特约商户风险准备金、延迟清算等风险管理措施，防范交易风险。

第三十八条 银行、支付机构应建立特约商户检查、评估制度，根据特约商户的风险等级，制定不同的检查、评估频率和方式，并保留相关记录。

第三十九条 银行、支付机构应制定突发事件应急预案，建立灾难备份系统，确保条码支付业务的连续性和业务系统安全运行。

第四十条 银行、支付机构应能够有效识别本机构发行的客户端程序和特约商户受理终端，能够确保条码生成和识读过程的安全性。

第四十一条 银行、支付机构应确保客户身份或账户信息安全，防止泄露，并根据收付款不同业务场景设置条码有效性和使用次数。

第四十二条 银行、支付机构应建立条码支付交易风险监测体系，及时发现可疑交易，并采取阻断交易、联系客户核实交易等方式防范交易风险。

第四十三条 银行、支付机构发现特约商户发生疑似套现、洗钱、恐怖融资、欺诈、留存或泄露账户信息等风险事件的，应对特约商户采取延迟资金结算、暂停交易、冻结账户等措施，并承担因未采取措施导致的风险损失责任；发现涉嫌违法犯罪活动的，应及时向公安机关报案。

第四十四条 银行、支付机构应持续完善客户服务体系，及时受理和解决条码支付业务中的客户咨询、查询和投诉等问题，自觉维护客户的合法权益。

第四十五条 银行、支付机构应充分披露条码支付业务产品类型、办理流程、操作规程、收费标准等信息，明确业务风险点及相关责任承担机制、风险损失赔付方式及操作方式。

第四十六条 银行、支付机构应开展对客户的条码支付安全教育，提升其风险防范意识和应对能力。

第四十七条 银行、支付机构应向中国支付清算协会、清算机构风险信息管理系统报送其条码支付特约商户风险信息。

银行、支付机构或其外包服务机构、条码支付特约商户发生涉嫌重大支付违法犯罪案件或重大风险事件的，应当于 2 个工作日内向中国人民银行或其分支机构报告。

第五章　附　则

第四十八条　采取自定义符号、图形、图像等作为信息载体传递交易信息用于支付服务的，参照本规范进行管理。

第四十九条　本规范相关用语含义如下：

移动终端，指客户使用的、具有移动通讯功能，用于展示或识读条码，完成支付的终端设备。如手机、平板电脑等。

特约商户受理终端，指具有条码展示或识读等功能，参与条码支付完成销售收款的特约商户端专用设备。包括具有条码展示功能的显码设备；识读条码并且向后台系统发起支付指令的专用设备，包括但不限于带扫码装置的收银系统、销售点终端（POS）、自助终端等。

支付敏感信息，是指一旦遭到泄露或修改，会对标识的信息主体的信息安全和资金安全造成危害的信息。包括但不限于支付密码、银行卡密码、验证码、卡片有效期、生物特征以及未获客户授权的金融信息。

第五十条　本规范自 2018 年 4 月 1 日起实施。

非金融机构支付服务管理办法

(中国人民银行令〔2010〕第 2 号)

根据《中华人民共和国中国人民银行法》等法律法规，中国人民银行制定了《非金融机构支付服务管理办法》，经 2010 年 5 月 19 日第 7 次行长办公会议通过，现予公布，自 2010 年 9 月 1 日起施行。

行长　周小川

二〇一〇年六月十四日

第一章　总　则

第一条　为促进支付服务市场健康发展，规范非金融机构支付服务行为，防范支付风险，保护当事人的合法权益，根据《中华人民共和国中国人民银行法》等法律法规，制定本办法。

第二条　本办法所称非金融机构支付服务，是指非金融机构在收付款人之间作为中介机构提供下列部分或全部货币资金转移服务：

（一）网络支付；

（二）预付卡的发行与受理；

（三）银行卡收单；

（四）中国人民银行确定的其他支付服务。

本办法所称网络支付，是指依托公共网络或专用网络在收付款人之间转移货币资金的行为，包括货币汇兑、互联网支付、移动电话支付、固定电话支付、数字电视支付等。

本办法所称预付卡，是指以营利为目的发行的、在发行机构之外购买商品或服务的预付价值，包括采取磁条、芯片等技术以卡片、密码等形式发行的预付卡。

本办法所称银行卡收单，是指通过销售点（POS）终端等为银行卡特约商户代收货币资金的行为。

第三条　非金融机构提供支付服务，应当依据本办法规定取得《支付业务许可证》，成为支付机构。

支付机构依法接受中国人民银行的监督管理。

未经中国人民银行批准，任何非金融机构和个人不得从事或变相从事支付业务。

第四条 支付机构之间的货币资金转移应当委托银行业金融机构办理,不得通过支付机构相互存放货币资金或委托其他支付机构等形式办理。

支付机构不得办理银行业金融机构之间的货币资金转移,经特别许可的除外。

第五条 支付机构应当遵循安全、效率、诚信和公平竞争的原则,不得损害国家利益、社会公共利益和客户合法权益。

第六条 支付机构应当遵守反洗钱的有关规定,履行反洗钱义务。

第二章　申请与许可

第七条 中国人民银行负责《支付业务许可证》的颁发和管理。

申请《支付业务许可证》的,需经所在地中国人民银行分支机构审查后,报中国人民银行批准。

本办法所称中国人民银行分支机构,是指中国人民银行副省级城市中心支行以上的分支机构。

第八条 《支付业务许可证》的申请人应当具备下列条件:

(一) 在中华人民共和国境内依法设立的有限责任公司或股份有限公司,且为非金融机构法人;

(二) 有符合本办法规定的注册资本最低限额;

(三) 有符合本办法规定的出资人;

(四) 有 5 名以上熟悉支付业务的高级管理人员;

(五) 有符合要求的反洗钱措施;

(六) 有符合要求的支付业务设施;

(七) 有健全的组织机构、内部控制制度和风险管理措施;

(八) 有符合要求的营业场所和安全保障措施;

(九) 申请人及其高级管理人员最近 3 年内未因利用支付业务实施违法犯罪活动或为违法犯罪活动办理支付业务等受过处罚。

第九条 申请人拟在全国范围内从事支付业务的,其注册资本最低限额为 1 亿元人民币;拟在省(自治区、直辖市)范围内从事支付业务的,其注册资本最低限额为 3 千万元人民币。注册资本最低限额为实缴货币资本。

本办法所称在全国范围内从事支付业务,包括申请人跨省(自治区、直辖市)设立分支机构从事支付业务,或客户可跨省(自治区、直辖市)办理支付业务的情形。

中国人民银行根据国家有关法律法规和政策规定,调整申请人的注册资本最低限额。

外商投资支付机构的业务范围、境外出资人的资格条件和出资比例等,由中国人民银行另行规定,报国务院批准。

第十条 申请人的主要出资人应当符合以下条件:

(一) 为依法设立的有限责任公司或股份有限公司;

(二) 截至申请日,连续为金融机构提供信息处理支持服务 2 年以上,或连续为电子商务活动提供信息处理支持服务 2 年以上；

（三）截至申请日，连续盈利 2 年以上；

（四）最近 3 年内未因利用支付业务实施违法犯罪活动或为违法犯罪活动办理支付业务等受过处罚。

本办法所称主要出资人，包括拥有申请人实际控制权的出资人和持有申请人 10% 以上股权的出资人。

第十一条　申请人应当向所在地中国人民银行分支机构提交下列文件、资料：

（一）书面申请，载明申请人的名称、住所、注册资本、组织机构设置、拟申请支付业务等；

（二）公司营业执照（副本）复印件；

（三）公司章程；

（四）验资证明；

（五）经会计师事务所审计的财务会计报告；

（六）支付业务可行性研究报告；

（七）反洗钱措施验收材料；

（八）技术安全检测认证证明；

（九）高级管理人员的履历材料；

（十）申请人及其高级管理人员的无犯罪记录证明材料；

（十一）主要出资人的相关材料；

（十二）申请资料真实性声明。

第十二条　申请人应当在收到受理通知后按规定公告下列事项：

（一）申请人的注册资本及股权结构；

（二）主要出资人的名单、持股比例及其财务状况；

（三）拟申请的支付业务；

（四）申请人的营业场所；

（五）支付业务设施的技术安全检测认证证明。

第十三条　中国人民银行分支机构依法受理符合要求的各项申请，并将初审意见和申请资料报送中国人民银行。中国人民银行审查批准的，依法颁发《支付业务许可证》，并予以公告。

《支付业务许可证》自颁发之日起，有效期 5 年。支付机构拟于《支付业务许可证》期满后继续从事支付业务的，应当在期满前 6 个月内向所在地中国人民银行分支机构提出续展申请。中国人民银行准予续展的，每次续展的有效期为 5 年。

第十四条　支付机构变更下列事项之一的，应当在向公司登记机关申请变更登记前报中国人民银行同意：

（一）变更公司名称、注册资本或组织形式；

（二）变更主要出资人；

（三）合并或分立；

（四）调整业务类型或改变业务覆盖范围。

第十五条 支付机构申请终止支付业务的，应当向所在地中国人民银行分支机构提交下列文件、资料：

（一）公司法定代表人签署的书面申请，载明公司名称、支付业务开展情况、拟终止支付业务及终止原因等；

（二）公司营业执照（副本）复印件；

（三）《支付业务许可证》复印件；

（四）客户合法权益保障方案；

（五）支付业务信息处理方案。

准予终止的，支付机构应当按照中国人民银行的批复完成终止工作，交回《支付业务许可证》。

第十六条 本章对许可程序未作规定的事项，适用《中国人民银行行政许可实施办法》（中国人民银行令〔2004〕第3号）。

第三章 监督与管理

第十七条 支付机构应当按照《支付业务许可证》核准的业务范围从事经营活动，不得从事核准范围之外的业务，不得将业务外包。

支付机构不得转让、出租、出借《支付业务许可证》。

第十八条 支付机构应当按照审慎经营的要求，制订支付业务办法及客户权益保障措施，建立健全风险管理和内部控制制度，并报所在地中国人民银行分支机构备案。

第十九条 支付机构应当确定支付业务的收费项目和收费标准，并报所在地中国人民银行分支机构备案。

支付机构应当公开披露其支付业务的收费项目和收费标准。

第二十条 支付机构应当按规定向所在地中国人民银行分支机构报送支付业务统计报表和财务会计报告等资料。

第二十一条 支付机构应当制定支付服务协议，明确其与客户的权利和义务、纠纷处理原则、违约责任等事项。

支付机构应当公开披露支付服务协议的格式条款，并报所在地中国人民银行分支机构备案。

第二十二条 支付机构的分公司从事支付业务的，支付机构及其分公司应当分别到所在地中国人民银行分支机构备案。

支付机构的分公司终止支付业务的，比照前款办理。

第二十三条 支付机构接受客户备付金时，只能按收取的支付服务费向客户开具发票，不得按接受的客户备付金金额开具发票。

第二十四条 支付机构接受的客户备付金不属于支付机构的自有财产。

支付机构只能根据客户发起的支付指令转移备付金。禁止支付机构以任何形式挪用客户备付金。

第二十五条　支付机构应当在客户发起的支付指令中记载下列事项：

（一）付款人名称；

（二）确定的金额；

（三）收款人名称；

（四）付款人的开户银行名称或支付机构名称；

（五）收款人的开户银行名称或支付机构名称；

（六）支付指令的发起日期。

客户通过银行结算账户进行支付的，支付机构还应当记载相应的银行结算账号。客户通过非银行结算账户进行支付的，支付机构还应当记载客户有效身份证件上的名称和号码。

第二十六条　支付机构接受客户备付金的，应当在商业银行开立备付金专用存款账户存放备付金。中国人民银行另有规定的除外。

支付机构只能选择一家商业银行作为备付金存管银行，且在该商业银行的一个分支机构只能开立一个备付金专用存款账户。

支付机构应当与商业银行的法人机构或授权的分支机构签订备付金存管协议，明确双方的权利、义务和责任。

支付机构应当向所在地中国人民银行分支机构报送备付金存管协议和备付金专用存款账户的信息资料。

第二十七条　支付机构的分公司不得以自己的名义开立备付金专用存款账户，只能将接受的备付金存放在支付机构开立的备付金专用存款账户。

第二十八条　支付机构调整不同备付金专用存款账户头寸的，由备付金存管银行的法人机构对支付机构拟调整的备付金专用存款账户的余额情况进行复核，并将复核意见告知支付机构及有关备付金存管银行。

支付机构应当持备付金存管银行的法人机构出具的复核意见办理有关备付金专用存款账户的头寸调拨。

第二十九条　备付金存管银行应当对存放在本机构的客户备付金的使用情况进行监督，并按规定向备付金存管银行所在地中国人民银行分支机构及备付金存管银行的法人机构报送客户备付金的存管或使用情况等信息资料。

对支付机构违反第二十五条至第二十八条相关规定使用客户备付金的申请或指令，备付金存管银行应当予以拒绝；发现客户备付金被违法使用或有其他异常情况的，应当立即向备付金存管银行所在地中国人民银行分支机构及备付金存管银行的法人机构报告。

第三十条　支付机构的实缴货币资本与客户备付金日均余额的比例，不得低于10%。

本办法所称客户备付金日均余额，是指备付金存管银行的法人机构根据最近90日内支付机构每日日终的客户备付金总量计算的平均值。

第三十一条　支付机构应当按规定核对客户的有效身份证件或其他有效身份证明

文件，并登记客户身份基本信息。

支付机构明知或应知客户利用其支付业务实施违法犯罪活动的，应当停止为其办理支付业务。

第三十二条 支付机构应当具备必要的技术手段，确保支付指令的完整性、一致性和不可抵赖性，支付业务处理的及时性、准确性和支付业务的安全性；具备灾难恢复处理能力和应急处理能力，确保支付业务的连续性。

第三十三条 支付机构应当依法保守客户的商业秘密，不得对外泄露。法律法规另有规定的除外。

第三十四条 支付机构应当按规定妥善保管客户身份基本信息、支付业务信息、会计档案等资料。

第三十五条 支付机构应当接受中国人民银行及其分支机构定期或不定期的现场检查和非现场检查，如实提供有关资料，不得拒绝、阻挠、逃避检查，不得谎报、隐匿、销毁相关证据材料。

第三十六条 中国人民银行及其分支机构依据法律、行政法规、中国人民银行的有关规定对支付机构的公司治理、业务活动、内部控制、风险状况、反洗钱工作等进行定期或不定期现场检查和非现场检查。

中国人民银行及其分支机构依法对支付机构进行现场检查，适用《中国人民银行执法检查程序规定》（中国人民银行令〔2010〕第1号发布）。

第三十七条 中国人民银行及其分支机构可以采取下列措施对支付机构进行现场检查：

（一）询问支付机构的工作人员，要求其对被检查事项作出解释、说明；

（二）查阅、复制与被检查事项有关的文件、资料，对可能被转移、藏匿或毁损的文件、资料予以封存；

（三）检查支付机构的客户备付金专用存款账户及相关账户；

（四）检查支付业务设施及相关设施。

第三十八条 支付机构有下列情形之一的，中国人民银行及其分支机构有权责令其停止办理部分或全部支付业务：

（一）累计亏损超过其实缴货币资本的50%；

（二）有重大经营风险；

（三）有重大违法违规行为。

第三十九条 支付机构因解散、依法被撤销或被宣告破产而终止的，其清算事宜按照国家有关法律规定办理。

第四章 罚 则

第四十条 中国人民银行及其分支机构的工作人员有下列情形之一的，依法给予行政处分；构成犯罪的，依法追究刑事责任：

（一）违反规定审查批准《支付业务许可证》的申请、变更、终止等事项的；

（二）违反规定对支付机构进行检查的；
（三）泄露知悉的国家秘密或商业秘密的；
（四）滥用职权、玩忽职守的其他行为。

第四十一条 商业银行有下列情形之一的，中国人民银行及其分支机构责令其限期改正，并给予警告或处 1 万元以上 3 万元以下罚款；情节严重的，中国人民银行责令其暂停或终止客户备付金存管业务：

（一）未按规定报送客户备付金的存管或使用情况等信息资料的；
（二）未按规定对支付机构调整备付金专用存款账户头寸的行为进行复核的；
（三）未对支付机构违反规定使用客户备付金的申请或指令予以拒绝的。

第四十二条 支付机构有下列情形之一的，中国人民银行分支机构责令其限期改正，并给予警告或处 1 万元以上 3 万元以下罚款：

（一）未按规定建立有关制度办法或风险管理措施的；
（二）未按规定办理相关备案手续的；
（三）未按规定公开披露相关事项的；
（四）未按规定报送或保管相关资料的；
（五）未按规定办理相关变更事项的；
（六）未按规定向客户开具发票的；
（七）未按规定保守客户商业秘密的。

第四十三条 支付机构有下列情形之一的，中国人民银行分支机构责令其限期改正，并处 3 万元罚款；情节严重的，中国人民银行注销其《支付业务许可证》；涉嫌犯罪的，依法移送公安机关立案侦查；构成犯罪的，依法追究刑事责任：

（一）转让、出租、出借《支付业务许可证》的；
（二）超出核准业务范围或将业务外包的；
（三）未按规定存放或使用客户备付金的；
（四）未遵守实缴货币资本与客户备付金比例管理规定的；
（五）无正当理由中断或终止支付业务的；
（六）拒绝或阻碍相关检查监督的；
（七）其他危及支付机构稳健运行、损害客户合法权益或危害支付服务市场的违法违规行为。

第四十四条 支付机构未按规定履行反洗钱义务的，中国人民银行及其分支机构依据国家有关反洗钱法律法规等进行处罚；情节严重的，中国人民银行注销其《支付业务许可证》。

第四十五条 支付机构超出《支付业务许可证》有效期限继续从事支付业务的，中国人民银行及其分支机构责令其终止支付业务；涉嫌犯罪的，依法移送公安机关立案侦查；构成犯罪的，依法追究刑事责任。

第四十六条 以欺骗等不正当手段申请《支付业务许可证》但未获批准的，申请人及持有其 5% 以上股权的出资人 3 年内不得再次申请或参与申请《支付业务许可证》。

以欺骗等不正当手段申请《支付业务许可证》且已获批准的，由中国人民银行及其分支机构责令其终止支付业务，注销其《支付业务许可证》；涉嫌犯罪的，依法移送公安机关立案侦查；构成犯罪的，依法追究刑事责任；申请人及持有其5%以上股权的出资人不得再次申请或参与申请《支付业务许可证》。

第四十七条　任何非金融机构和个人未经中国人民银行批准擅自从事或变相从事支付业务的，中国人民银行及其分支机构责令其终止支付业务；涉嫌犯罪的，依法移送公安机关立案侦查；构成犯罪的，依法追究刑事责任。

第五章　附　则

第四十八条　本办法实施前已经从事支付业务的非金融机构，应当在本办法实施之日起1年内申请取得《支付业务许可证》。逾期未取得的，不得继续从事支付业务。

第四十九条　本办法由中国人民银行负责解释。

第五十条　本办法自2010年9月1日起施行。

非金融机构支付服务管理办法实施细则

(中国人民银行公告〔2010〕第 17 号)

为配合《非金融机构支付服务管理办法》(中国人民银行令〔2010〕第 2 号发布)实施工作,中国人民银行制定了《非金融机构支付服务管理办法实施细则》,现予公布实施。

中国人民银行
二〇一〇年十二月一日

第一条 根据《非金融机构支付服务管理办法》(中国人民银行令〔2010〕第 2 号发布,以下简称《办法》)及有关法律法规,制定本细则。

第二条 《办法》所称预付卡不包括:

(一)仅限于发放社会保障金的预付卡;

(二)仅限于乘坐公共交通工具的预付卡;

(三)仅限于缴纳电话费等通信费用的预付卡;

(四)发行机构与特约商户为同一法人的预付卡。

第三条 《办法》第八条第(四)项所称有 5 名以上熟悉支付业务的高级管理人员,是指申请人的高级管理人员中至少有 5 名人员具备下列条件:

(一)具有大学本科以上学历或具有会计、经济、金融、计算机、电子通信、信息安全等专业的中级技术职称;

(二)从事支付结算业务或金融信息处理业务 2 年以上或从事会计、经济、金融、计算机、电子通信、信息安全工作 3 年以上。

前款所称高级管理人员,包括总经理、副总经理、财务负责人、技术负责人或实际履行上述职责的人员。

第四条 《办法》第八条第(五)项所称反洗钱措施,包括反洗钱内部控制、客户身份识别、可疑交易报告、客户身份资料和交易记录保存等预防洗钱、恐怖融资等金融犯罪活动的措施。

第五条 《办法》第八条第(六)项所称支付业务设施,包括支付业务处理系统、网络通信系统以及容纳上述系统的专用机房。

第六条 《办法》第八条第(七)项所称组织机构,包括具有合规管理、风险管理、资金管理和系统运行维护职能的部门。

第七条 《办法》第十条第（二）项所称信息处理支持服务，包括信息处理服务和为信息处理提供支持服务。

第八条 《办法》第十条所称拥有申请人实际控制权的出资人，包括：

（一）直接持有申请人的股权超过50%的出资人；

（二）直接持有申请人股权且与其间接持有的申请人股权累计超过50%的出资人；

（三）直接持有申请人股权且与其间接持有的申请人股权累计不足50%，但依其所享有的表决权足以对股东会、股东大会的决议产生重大影响的出资人。

第九条 《办法》第十条所称持有申请人10%以上股权的出资人，包括：

（一）直接持有申请人的股权超过10%的出资人；

（二）直接持有申请人股权且与其间接持有的申请人股权累计超过10%的出资人。

第十条 《办法》第十一条第（一）项所称书面申请应当明确拟申请支付业务的具体类型。

第十一条 《办法》第十一条第（二）项所称营业执照（副本）复印件应当加盖申请人的公章。

第十二条 《办法》第十一条第（五）项所称财务会计报告，是指截至申请日最近1年内的财务会计报告。

申请人设立时间不足1年的，应当提交存续期间的财务会计报告。

第十三条 《办法》第十一条第（六）项所称支付业务可行性研究报告，应当包括下列内容：

（一）拟从事支付业务的市场前景分析；

（二）拟从事支付业务的处理流程，载明从客户发起支付业务到完成客户委托支付业务各环节的业务内容以及相关资金流转情况；

（三）拟从事支付业务的技术实现手段；

（四）拟从事支付业务的风险分析及其管理措施，并区分支付业务各环节分别进行说明；

（五）拟从事支付业务的经济效益分析。

申请人拟申请不同类型支付业务的，应当按照支付业务类型分别提供前款规定内容。

第十四条 《办法》第十一条第（七）项所称反洗钱措施验收材料，是指包括下列内容的报告：

（一）反洗钱内部控制制度文件，载明反洗钱合规管理框架、客户身份识别和资料保存措施、可疑交易报告措施、交易记录保存措施、反洗钱审计和培训措施、协助反洗钱调查的内部程序、反洗钱工作保密措施；

（二）反洗钱岗位设置及职责说明，载明负责反洗钱工作的内设机构、反洗钱高级管理人员和专职反洗钱工作人员及其联系方式；

（三）开展可疑交易监测的技术条件说明。

第十五条 《办法》第十一条第（八）项所称技术安全检测认证证明，是指据以表明支付业务设施符合中国人民银行规定的业务规范、技术标准和安全要求的文件、资料，应当包括检测机构出具的检测报告和认证机构出具的认证证书。

前款所称检测机构和认证机构均应当获得中国合格评定国家认可委员会（CNAS）的认可，并符合中国人民银行关于技术安全检测认证能力的要求。

未按照中国人民银行规定的业务规范、技术标准和安全要求进行技术安全检测认证，或技术安全检测认证的程序、方法存在重大缺陷的，中国人民银行及其分支机构可以要求申请人重新进行检测认证。

第十六条　《办法》第十一条第（九）项所称履历材料，包括高级管理人员的履历说明以及学历、技术职称相关证明材料。

第十七条　《办法》第十一条第（十一）项所称主要出资人的相关材料，应当包括下列文件、资料：

（一）申请人关于出资人之间关联关系的说明材料；

（二）主要出资人的公司营业执照（副本）复印件；

（三）主要出资人的信息处理支持服务合作机构出具的业务合作证明，载明服务内容、服务时间，并加盖合作机构的公章；

（四）主要出资人最近2年经会计师事务所审计的财务会计报告；

（五）主要出资人最近3年内未因利用支付业务实施违法犯罪活动或为违法犯罪活动办理支付业务等受过处罚的证明材料。

主要出资人为金融机构的，还应当提交相关金融业务许可证复印件以及准予其投资支付机构的证明文件。

第十八条　《办法》第十一条第（十二）项所称申请资料真实性声明，是指由申请人出具的、据以表明申请人对所提交的文件、资料的真实性、准确性和完整性承担相应责任的书面文件。

申请资料真实性声明应当由申请人的法定代表人签署并加盖公章。

第十九条　《办法》第十一条、第十三条、第十四条、第十五条所需申请文件、资料均以中文书写为准，并应当提供纸质文档和电子文档（数据光盘）一式三份。

第二十条　申请人应当自收到受理通知之日起10日内在所在地中国人民银行分支机构的网站上连续公告《办法》第十二条所列事项3日。

第二十一条　《支付业务许可证》分为正本和副本，正本和副本具有同等法律效力。

支付机构应当将《支付业务许可证》（正本）放置其住所显著位置。支付机构有互联网网站的，还应当在网站主页显著位置公示其《支付业务许可证》（正本）的影像信息。

第二十二条　支付机构申请续展《支付业务许可证》有效期的，应当提交下列文件、资料：

（一）公司法定代表人签署的书面申请，载明公司名称、支付业务开展情况、申请续展的理由；

（二）公司营业执照（副本）复印件；

（三）《支付业务许可证》（副本）复印件。

支付机构申请续展《支付业务许可证》有效期的，不得同时申请变更其他事项。

第二十三条 中国人民银行对支付机构的经营情况进行全面审查和综合评价后作出是否准予续展《支付业务许可证》有效期的决定。

中国人民银行准予续展《支付业务许可证》有效期的，支付机构应当交回原许可证，领取新许可证。

第二十四条 《支付业务许可证》在有效期内非因不可抗力灭失、损毁的，支付机构应当自其确认许可证灭失、损毁之日起10日内，在中国人民银行指定的全国性报纸和所在地中国人民银行分支机构指定的地方性报纸上连续公告3日，声明原许可证作废。

第二十五条 支付机构应当自公告《支付业务许可证》灭失、损毁结束之日起10日内持登载声明向所在地中国人民银行分支机构重新申领许可证。

中国人民银行审核后向支付机构补发《支付业务许可证》。

第二十六条 《支付业务许可证》（副本）在有效期内灭失、损毁的，比照本细则第二十四条、第二十五条办理。

第二十七条 支付机构拟变更《办法》第十四条所列事项的，应当向所在地中国人民银行分支机构提交公司法定代表人签署的书面申请，载明公司名称、拟变更事项及变更原因。

第二十八条 《办法》第十五条第（四）项所称客户合法权益保障方案，应当包括下列内容：

（一）对客户知情权的保护措施，明确告知客户终止支付业务的原因、停止受理客户委托支付业务的时间、拟终止支付业务的后续安排；

（二）对客户隐私权的保护措施，明确客户身份信息的接收机构及其移交安排、销毁方式及其监督安排；

（三）对客户选择权的保护措施，明确可供客户选择的、两个以上客户备付金退还方案。

客户合法权益保障方案涉及其他支付机构的，还应当提交与所涉支付机构签订的客户身份信息移交协议、客户备付金退还安排相关证明文件。

第二十九条 《办法》第十五条第（五）项所称支付业务信息处理方案，应当明确支付业务信息的接收机构及其移交安排、销毁方式及其监督安排。

涉及其他支付机构的，还应当提交与所涉支付机构签订的支付业务信息移交协议相关证明文件。

第三十条 支付机构应当根据法律法规、部门规章的有关规定确定其支付业务的收费项目和收费标准。法律法规、部门规章未明确支付业务的收费项目和收费标准的，支付机构可以按照市场原则合理确定其支付业务的收费项目和收费标准。

支付机构应当在营业场所显著位置披露其支付业务的收费项目和收费标准。支付机构有互联网网站的，还应当在网站主页显著位置进行披露。

支付机构调整支付业务的收费项目或收费标准的，应当在实施新的支付业务收费项目或收费标准之前按照前款规定连续公示30日。

第三十一条 支付机构应当在每个会计年度结束之日起4个月内向所在地中国人民银行分支机构报送上一会计年度经会计师事务所审计的财务会计报告。

第三十二条 《办法》第二十一条所称支付服务协议，包括符合法律法规要求、可供调取查用的纸质形式或数据电文形式的合同。

支付机构应当在营业场所显著位置披露其支付服务协议的格式条款内容。支付机构有互联网网站的，还应当在网站主页显著位置进行披露。

第三十三条 支付机构的支付服务协议格式条款应当遵循公平原则，全面、准确界定支付机构与客户之间的权利、义务和责任。

支付机构应当提请客户注意支付服务协议格式条款中免除或者限制其责任的内容，并予以说明。

支付机构拟调整支付服务协议格式条款的，应当在调整前30日告知客户，并提示拟调整的内容。未向客户履行告知义务的，调整后的条款对该客户不具有约束力。

第三十四条 《办法》第二十二条所称支付机构的分公司从事支付业务办理备案手续时，应当提交下列文件、资料：

（一）公司法定代表人签署的书面报告；

（二）《支付业务许可证》（副本）复印件；

（三）分公司营业执照（副本）复印件。

上述文件、资料需提供纸质文档一式两份，由支付机构及其分公司分别报送所在地中国人民银行分支机构。

支付机构可以根据业务需要为备案的分公司申请《支付业务许可证》（副本）。分公司应当将《支付业务许可证》（副本）放置分公司住所显著位置。

第三十五条 《办法》第二十二条所称支付机构的分公司终止支付业务办理备案手续时，应当提交下列文件、资料：

（一）公司法定代表人签署的书面报告；

（二）《支付业务许可证》（副本）复印件；

（三）分公司营业执照（副本）复印件；

（四）客户合法权益保障方案；

（五）中国人民银行要求的其他资料。

前款第（四）项所称客户合法权益保障方案比照本细则第二十八条办理。

上述文件、资料需提供纸质文档一式两份，由支付机构及其分公司分别报送所在地中国人民银行分支机构。

支付机构分公司应当于备案时交回其持有的《支付业务许可证》（副本）。

第三十六条 《办法》第三十二条所称灾难恢复处理能力，是指支付机构应当在支付业务中断后24小时之内恢复支付业务，并至少符合以下要求：

（一）具有应急处理和灾难恢复的制度规定；
（二）具有稳妥的应急处理预案及演练计划；
（三）具有必要的灾难恢复处理人员和应急营业场所；
（四）具有同机房数据备份设施和同城应用级备份设施。

第三十七条 支付机构因突发事件导致支付业务中止超过 2 小时的，应当立即将有关情况报告所在地中国人民银行分支机构，并在 3 个工作日内以书面形式报告事故的原因、影响及补救措施。

支付机构的分公司出现上述情形的，支付机构及其分公司应当比照前款分别报告所在地中国人民银行分支机构。

第三十八条 支付机构应当采取必要的管理措施和技术措施，防止客户身份信息和支付业务信息等资料灭失、损毁、泄露。

支付机构不得以任何形式对外提供客户身份信息和支付业务信息等资料。法律法规另有规定的除外。

第三十九条 支付机构对客户身份信息和支付业务信息的保管期限自业务关系结束当年起至少保存 5 年。

司法部门正在调查的可疑交易或违法犯罪活动涉及客户身份信息和支付业务信息，且相关调查工作在前款规定的最低保存期届满时仍未结束的，支付机构应当将其保存至相关调查工作结束。

第四十条 支付机构对会计档案的保管期限适用《会计档案管理办法》（财会字〔1998〕32 号文印发）相关规定。

第四十一条 《办法》第三十八条所称重大违法违规行为，包括：

（一）支付机构的高级管理人员明知他人实施违法犯罪活动仍为其办理支付业务的；

（二）支付机构多次发生工作人员明知他人实施违法犯罪活动仍为其办理支付业务的。

第四十二条 本细则自发布之日起实施。

非银行支付机构网络支付业务管理办法

(中国人民银行公告〔2015〕第43号)

为规范非银行支付机构网络支付业务,防范支付风险,保护当事人合法权益,中国人民银行制定了《非银行支付机构网络支付业务管理办法》,现予发布实施。

中国人民银行

2015年12月28日

第一章 总 则

第一条 为规范非银行支付机构(以下简称支付机构)网络支付业务,防范支付风险,保护当事人合法权益,根据《中华人民共和国中国人民银行法》、《非金融机构支付服务管理办法》(中国人民银行令〔2010〕第2号发布)等规定,制定本办法。

第二条 支付机构从事网络支付业务,适用本办法。本办法所称支付机构是指依法取得《支付业务许可证》,获准办理互联网支付、移动电话支付、固定电话支付、数字电视支付等网络支付业务的非银行机构。本办法所称网络支付业务,是指收款人或付款人通过计算机、移动终端等电子设备,依托公共网络信息系统远程发起支付指令,且付款人电子设备不与收款人特定专属设备交互,由支付机构为收付款人提供货币资金转移服务的活动。本办法所称收款人特定专属设备,是指专门用于交易收款,在交易过程中与支付机构业务系统交互并参与生成、传输、处理支付指令的电子设备。

第三条 支付机构应当遵循主要服务电子商务发展和为社会提供小额、快捷、便民小微支付服务的宗旨,基于客户的银行账户或者按照本办法规定为客户开立支付账户提供网络支付服务。本办法所称支付账户,是指获得互联网支付业务许可的支付机构,根据客户的真实意愿为其开立的,用于记录预付交易资金余额、客户凭以发起支付指令、反映交易明细信息的电子簿记。支付账户不得透支,不得出借、出租、出售,不得利用支付账户从事或者协助他人从事非法活动。

第四条 支付机构基于银行卡为客户提供网络支付服务的,应当执行银行卡业务相关监管规定和银行卡行业规范。支付机构对特约商户的拓展与管理、业务与风险管理应当执行《银行卡收单业务管理办法》(中国人民银行公告〔2013〕第9号公布)等相关规定。支付机构网络支付服务涉及跨境人民币结算和外汇支付的,应当执行中国人民银行、国家外汇管理局相关规定。支付机构应当依法维护当事人合法权益,遵守反洗钱和反恐怖融资相关规定，履行反洗钱和反恐怖融资义务。

第五条 支付机构依照中国人民银行有关规定接受分类评价，并执行相应的分类监管措施。

第二章 客户管理

第六条 支付机构应当遵循"了解你的客户"原则，建立健全客户身份识别机制。支付机构为客户开立支付账户的，应当对客户实行实名制管理，登记并采取有效措施验证客户身份基本信息，按规定核对有效身份证件并留存有效身份证件复印件或者影印件，建立客户唯一识别编码，并在与客户业务关系存续期间采取持续的身份识别措施，确保有效核实客户身份及其真实意愿，不得开立匿名、假名支付账户。

第七条 支付机构应当与客户签订服务协议，约定双方责任、权利和义务，至少明确业务规则（包括但不限于业务功能和流程、身份识别和交易验证方式、资金结算方式等），收费项目和标准，查询、差错争议及投诉等服务流程和规则，业务风险和非法活动防范及处置措施，客户损失责任划分和赔付规则等内容。支付机构为客户开立支付账户的，还应在服务协议中以显著方式告知客户，并采取有效方式确认客户充分知晓并清晰理解下列内容："支付账户所记录的资金余额不同于客户本人的银行存款，不受《存款保险条例》保护，其实质为客户委托支付机构保管的、所有权归属于客户的预付价值。该预付价值对应的货币资金虽然属于客户，但不以客户本人名义存放在银行，而是以支付机构名义存放在银行，并且由支付机构向银行发起资金调拨指令。"支付机构应当确保协议内容清晰、易懂，并以显著方式提示客户注意与其有重大利害关系的事项。

第八条 获得互联网支付业务许可的支付机构，经客户主动提出申请，可为其开立支付账户；仅获得移动电话支付、固定电话支付、数字电视支付业务许可的支付机构，不得为客户开立支付账户。支付机构不得为金融机构，以及从事信贷、融资、理财、担保、信托、货币兑换等金融业务的其他机构开立支付账户。

第三章 业务管理

第九条 支付机构不得经营或者变相经营证券、保险、信贷、融资、理财、担保、信托、货币兑换、现金存取等业务。

第十条 支付机构向客户开户银行发送支付指令，扣划客户银行账户资金的，支付机构和银行应当执行下列要求：（一）支付机构应当事先或在首笔交易时自主识别客户身份并分别取得客户和银行的协议授权，同意其向客户的银行账户发起支付指令扣划资金；（二）银行应当事先或在首笔交易时自主识别客户身份并与客户直接签订授权协议，明确约定扣款适用范围和交易验证方式，设立与客户风险承受能力相匹配的单笔和单日累计交易限额，承诺无条件全额承担此类交易的风险损失先行赔付责任；（三）除单笔金额不超过200元的小额支付业务，公共事业缴费、税费缴纳、信用卡还款等收款人固定并且定期发生的支付业务，以及符合第三十七条规定的情形以外，支付机构不得代替银行进行交易验证。

第十一条 支付机构应根据客户身份对同一客户在本机构开立的所有支付账户进行关联管理，并按照下列要求对个人支付账户进行分类管理：（一）对于以非面对面方式通过至少一个合法安全的外部渠道进行身份基本信息验证，且为首次在本机构开立支付账户的个人客户，支付机构可以为其开立Ⅰ类支付账户，账户余额仅可用于消费和转账，余额付款交易自账户开立起累计不超过1000元（包括支付账户向客户本人同名银行账户转账）；（二）对于支付机构自主或委托合作机构以面对面方式核实身份的个人客户，或以非面对面方式通过至少三个合法安全的外部渠道进行身份基本信息多重交叉验证的个人客户，支付机构可以为其开立Ⅱ类支付账户，账户余额仅可用于消费和转账，其所有支付账户的余额付款交易年累计不超过10万元（不包括支付账户向客户本人同名银行账户转账）；（三）对于支付机构自主或委托合作机构以面对面方式核实身份的个人客户，或以非面对面方式通过至少五个合法安全的外部渠道进行身份基本信息多重交叉验证的个人客户，支付机构可以为其开立Ⅲ类支付账户，账户余额可以用于消费、转账以及购买投资理财等金融类产品，其所有支付账户的余额付款交易年累计不超过20万元（不包括支付账户向客户本人同名银行账户转账）。客户身份基本信息外部验证渠道包括但不限于政府部门数据库、商业银行信息系统、商业化数据库等。其中，通过商业银行验证个人客户身份基本信息的，应为Ⅰ类银行账户或信用卡。

第十二条 支付机构办理银行账户与支付账户之间转账业务的，相关银行账户与支付账户应属于同一客户。支付机构应按照与客户的约定及时办理支付账户向客户本人银行账户转账业务，不得对Ⅱ类、Ⅲ类支付账户向客户本人银行账户转账设置限额。

第十三条 支付机构为客户办理本机构发行的预付卡向支付账户转账的，应当按照《支付机构预付卡业务管理办法》（中国人民银行公告〔2012〕第12号公布）相关规定对预付卡转账至支付账户的余额单独管理，仅限其用于消费，不得通过转账、购买投资理财等金融类产品等形式进行套现或者变相套现。

第十四条 支付机构应当确保交易信息的真实性、完整性、可追溯性以及在支付全流程中的一致性，不得篡改或者隐匿交易信息。交易信息包括但不限于下列内容：（一）交易渠道、交易终端或接口类型、交易类型、交易金额、交易时间，以及直接向客户提供商品或者服务的特约商户名称、编码和按照国家与金融行业标准设置的商户类别码；（二）收付款客户名称，收付款支付账户账号或者银行账户的开户银行名称及账号；（三）付款客户的身份验证和交易授权信息；（四）有效追溯交易的标识；（五）单位客户单笔超过5万元的转账业务的付款用途和事由。

第十五条 因交易取消（撤销）、退货、交易不成功或者投资理财等金融类产品赎回等原因需划回资金的，相应款项应当划回原扣款账户。

第十六条 对于客户的网络支付业务操作行为，支付机构应当在确认客户身份及真实意愿后及时办理，并在操作生效之日起至少五年内，真实、完整保存操作记录。客户操作行为包括但不限于登录和注销登录、身份识别和交易验证、变更身份信息和联系方式、调整业务功能、调整交易限额、变更资金收付方式，以及变更或挂失密码、数字证书、电子签名等。

第四章 风险管理与客户权益保护

第十七条 支付机构应当综合客户类型、身份核实方式、交易行为特征、资信状况等因素，建立客户风险评级管理制度和机制，并动态调整客户风险评级及相关风险控制措施。支付机构应当根据客户风险评级、交易验证方式、交易渠道、交易终端或接口类型、交易类型、交易金额、交易时间、商户类别等因素，建立交易风险管理制度和交易监测系统，对疑似欺诈、套现、洗钱、非法融资、恐怖融资等交易，及时采取调查核实、延迟结算、终止服务等措施。

第十八条 支付机构应当向客户充分提示网络支付业务的潜在风险，及时揭示不法分子新型作案手段，对客户进行必要的安全教育，并对高风险业务在操作前、操作中进行风险警示。支付机构为客户购买合作机构的金融类产品提供网络支付服务的，应当确保合作机构为取得相应经营资质并依法开展业务的机构，并在首次购买时向客户展示合作机构信息和产品信息，充分提示相关责任、权利、义务及潜在风险，协助客户与合作机构完成协议签订。

第十九条 支付机构应当建立健全风险准备金制度和交易赔付制度，并对不能有效证明因客户原因导致的资金损失及时先行全额赔付，保障客户合法权益。支付机构应于每年1月31日前，将前一年度发生的风险事件、客户风险损失发生和赔付等情况在网站对外公告。支付机构应在年度监管报告中如实反映上述内容和风险准备金计提、使用及结余等情况。

第二十条 支付机构应当依照中国人民银行有关客户信息保护的规定，制定有效的客户信息保护措施和风险控制机制，履行客户信息保护责任。支付机构不得存储客户银行卡的磁道信息或芯片信息、验证码、密码等敏感信息，原则上不得存储银行卡有效期。因特殊业务需要，支付机构确需存储客户银行卡有效期的，应当取得客户和开户银行的授权，以加密形式存储。支付机构应当以"最小化"原则采集、使用、存储和传输客户信息，并告知客户相关信息的使用目的和范围。支付机构不得向其他机构或个人提供客户信息，法律法规另有规定，以及经客户本人逐项确认并授权的除外。

第二十一条 支付机构应当通过协议约定禁止特约商户存储客户银行卡的磁道信息或芯片信息、验证码、有效期、密码等敏感信息，并采取定期检查、技术监测等必要监督措施。特约商户违反协议约定存储上述敏感信息的，支付机构应当立即暂停或者终止为其提供网络支付服务，采取有效措施删除敏感信息、防止信息泄露，并依法承担因相关信息泄露造成的损失和责任。

第二十二条 支付机构可以组合选用下列三类要素，对客户使用支付账户余额付款的交易进行验证：（一）仅客户本人知悉的要素，如静态密码等；（二）仅客户本人持有并特有的，不可复制或者不可重复利用的要素，如经过安全认证的数字证书、电子签名，以及通过安全渠道生成和传输的一次性密码等；（三）客户本人生理特征要素，如指纹等。支付机构应当确保采用的要素相互独立，部分要素的损坏或者泄露不应导致其他要素损坏或者泄露。

第二十三条 支付机构采用数字证书、电子签名作为验证要素的,数字证书及生成电子签名的过程应符合《中华人民共和国电子签名法》、《金融电子认证规范》(JR/T0118-2015)等有关规定,确保数字证书的唯一性、完整性及交易的不可抵赖性。支付机构采用一次性密码作为验证要素的,应当切实防范一次性密码获取端与支付指令发起端为相同物理设备而带来的风险,并将一次性密码有效期严格限制在最短的必要时间内。支付机构采用客户本人生理特征作为验证要素的,应当符合国家、金融行业标准和相关信息安全管理要求,防止被非法存储、复制或重放。

第二十四条 支付机构应根据交易验证方式的安全级别,按照下列要求对个人客户使用支付账户余额付款的交易进行限额管理:(一)支付机构采用包括数字证书或电子签名在内的两类(含)以上有效要素进行验证的交易,单日累计限额由支付机构与客户通过协议自主约定;(二)支付机构采用不包括数字证书、电子签名在内的两类(含)以上有效要素进行验证的交易,单个客户所有支付账户单日累计金额应不超过5000元(不包括支付账户向客户本人同名银行账户转账);(三)支付机构采用不足两类有效要素进行验证的交易,单个客户所有支付账户单日累计金额应不超过1000元(不包括支付账户向客户本人同名银行账户转账),且支付机构应当承诺无条件全额承担此类交易的风险损失赔付责任。

第二十五条 支付机构网络支付业务相关系统设施和技术,应当持续符合国家、金融行业标准和相关信息安全管理要求。如未符合相关标准和要求,或者尚未形成国家、金融行业标准,支付机构应当无条件全额承担客户直接风险损失的先行赔付责任。

第二十六条 支付机构应当在境内拥有安全、规范的网络支付业务处理系统及其备份系统,制定突发事件应急预案,保障系统安全性和业务连续性。支付机构为境内交易提供服务的,应当通过境内业务处理系统完成交易处理,并在境内完成资金结算。

第二十七条 支付机构应当采取有效措施,确保客户在执行支付指令前可对收付款客户名称和账号、交易金额等交易信息进行确认,并在支付指令完成后及时将结果通知客户。因交易超时、无响应或者系统故障导致支付指令无法正常处理的,支付机构应当及时提示客户;因客户原因造成支付指令未执行、未适当执行、延迟执行的,支付机构应当主动通知客户更改或者协助客户采取补救措施。

第二十八条 支付机构应当通过具有合法独立域名的网站和统一的服务电话等渠道,为客户免费提供至少最近一年以内交易信息查询服务,并建立健全差错争议和纠纷投诉处理制度,配备专业部门和人员据实、准确、及时处理交易差错和客户投诉。支付机构应当告知客户相关服务的正确获取途径,指导客户有效辨识服务渠道的真实性。支付机构应当于每年1月31日前,将前一年度发生的客户投诉数量和类型、处理完毕的投诉占比、投诉处理速度等情况在网站对外公告。

第二十九条 支付机构应当充分尊重客户自主选择权,不得强迫客户使用本机构提供的支付服务,不得阻碍客户使用其他机构提供的支付服务。支付机构应当公平展示客户可选用的各种资金收付方式,不得以任何形式诱导、强迫客户开立支付账户或者通过支付账户办理资金收付，不得附加不合理条件。

第三十条　支付机构因系统升级、调试等原因，需暂停网络支付服务的，应当至少提前5个工作日予以公告。支付机构变更协议条款、提高服务收费标准或者新设收费项目的，应当于实施之前在网站等服务渠道以显著方式连续公示30日，并于客户首次办理相关业务前确认客户知悉且接受拟调整的全部详细内容。

第五章　监督管理

第三十一条　支付机构提供网络支付创新产品或者服务、停止提供产品或者服务、与境外机构合作在境内开展网络支付业务的，应当至少提前30日向法人所在地中国人民银行分支机构报告。支付机构发生重大风险事件的，应当及时向法人所在地中国人民银行分支机构报告；发现涉嫌违法犯罪的，同时报告公安机关。

第三十二条　中国人民银行可以结合支付机构的企业资质、风险管控特别是客户备付金管理等因素，确立支付机构分类监管指标体系，建立持续分类评价工作机制，并对支付机构实施动态分类管理。具体办法由中国人民银行另行制定。

第三十三条　评定为"A"类且Ⅱ类、Ⅲ类支付账户实名比例超过95%的支付机构，可以采用能够切实落实实名制要求的其他客户身份核实方法，经法人所在地中国人民银行分支机构评估认可并向中国人民银行备案后实施。

第三十四条　评定为"A"类且Ⅱ类、Ⅲ类支付账户实名比例超过95%的支付机构，可以对从事电子商务经营活动、不具备工商登记注册条件且相关法律法规允许不进行工商登记注册的个人客户（以下简称个人卖家）参照单位客户管理，但应建立持续监测电子商务经营活动、对个人卖家实施动态管理的有效机制，并向法人所在地中国人民银行分支机构备案。支付机构参照单位客户管理的个人卖家，应至少符合下列条件：（一）相关电子商务交易平台已依照相关法律法规对其真实身份信息进行审查和登记，与其签订登记协议，建立登记档案并定期核实更新，核发证明个人身份信息真实合法的标记，加载在其从事电子商务经营活动的主页面醒目位置；（二）支付机构已按照开立Ⅲ类个人支付账户的标准对其完成身份核实；（三）持续从事电子商务经营活动满6个月，且期间使用支付账户收取的经营收入累计超过20万元。

第三十五条　评定为"A"类且Ⅱ类、Ⅲ类支付账户实名比例超过95%的支付机构，对于已经实名确认、达到实名制管理要求的支付账户，在办理第十二条第一款所述转账业务时，相关银行账户与支付账户可以不属于同一客户。但支付机构应在交易中向银行准确、完整发送交易渠道、交易终端或接口类型、交易类型、收付款客户名称和账号等交易信息。

第三十六条　评定为"A"类且Ⅱ类、Ⅲ类支付账户实名比例超过95%的支付机构，可以将达到实名制管理要求的Ⅱ类、Ⅲ类支付账户的余额付款单日累计限额，提高至第二十四条规定的2倍。评定为"B"类及以上，且Ⅱ类、Ⅲ类支付账户实名比例超过90%的支付机构，可以将达到实名制管理要求的Ⅱ类、Ⅲ类支付账户的余额付款单日累计限额，提高至第二十四条规定的1.5倍。

第三十七条 评定为"A"类的支付机构按照第十条规定办理相关业务时，可以与银行根据业务需要，通过协议自主约定由支付机构代替进行交易验证的情形，但支付机构应在交易中向银行完整、准确发送交易渠道、交易终端或接口类型、交易类型、商户名称、商户编码、商户类别码、收付款客户名称和账号等交易信息；银行应核实支付机构验证手段或渠道的安全性，且对客户资金安全的管理责任不因支付机构代替验证而转移。

第三十八条 对于评定为"C"类及以下、支付账户实名比例较低、对零售支付体系或社会公众非现金支付信心产生重大影响的支付机构，中国人民银行及其分支机构可以在第十九条、第二十八条等规定的基础上适度提高公开披露相关信息的要求，并加强非现场监管和现场检查。

第三十九条 中国人民银行及其分支机构对照上述分类管理措施相应条件，动态确定支付机构适用的监管规定并持续监管。支付机构分类评定结果和支付账户实名比例不符合上述分类管理措施相应条件的，应严格按照第十条、第十一条、第十二条及第二十四条等相关规定执行。中国人民银行及其分支机构可以根据社会经济发展情况和支付机构分类管理需要，对支付机构网络支付业务范围、模式、功能、限额及业务创新等相关管理措施进行适时调整。

第四十条 支付机构应当加入中国支付清算协会，接受行业自律组织管理。中国支付清算协会应当根据本办法制定网络支付业务行业自律规范，建立自律审查机制，向中国人民银行备案后组织实施。自律规范应包括支付机构与客户签订协议的范本，明确协议应记载和不得记载事项，还应包括支付机构披露有关信息的具体内容和标准格式。中国支付清算协会应当建立信用承诺制度，要求支付机构以标准格式向社会公开承诺依法合规开展网络支付业务、保障客户信息安全和资金安全、维护客户合法权益、如违法违规自愿接受约束和处罚。

第六章 法律责任

第四十一条 支付机构从事网络支付业务有下列情形之一的，中国人民银行及其分支机构依据《非金融机构支付服务管理办法》第四十二条的规定进行处理：（一）未按规定建立客户实名制管理、支付账户开立与使用、差错争议和纠纷投诉处理、风险准备金和交易赔付、应急预案等管理制度的；（二）未按规定建立客户风险评级管理、支付账户功能与限额管理、客户支付指令验证管理、交易和信息安全管理、交易监测系统等风险控制机制的，未按规定对支付业务采取有效风险控制措施的；（三）未按规定进行风险提示、公开披露相关信息的；（四）未按规定履行报告义务的。

第四十二条 支付机构从事网络支付业务有下列情形之一的，中国人民银行及其分支机构依据《非金融机构支付服务管理办法》第四十三条的规定进行处理；情节严重的，中国人民银行及其分支机构依据《中华人民共和国中国人民银行法》第四十六条的规定进行处理：（一）不符合支付机构支付业务系统设施有关要求的；（二）不符合国家、金融行业标准和相关信息安全管理要求的，采用数字证书、电子签名不符合

《中华人民共和国电子签名法》《金融电子认证规范》等规定的；（三）为非法交易、虚假交易提供支付服务，发现客户疑似或者涉嫌违法违规行为未按规定采取有效措施的；（四）未按规定采取客户支付指令验证措施的；（五）未真实、完整、准确反映网络支付交易信息，篡改或者隐匿交易信息的；（六）未按规定处理客户信息，或者未履行客户信息保密义务，造成信息泄露隐患或者导致信息泄露的；（七）妨碍客户自主选择支付服务提供主体或资金收付方式的；（八）公开披露虚假信息的；（九）违规开立支付账户，或擅自经营金融业务活动的。

第四十三条　支付机构违反反洗钱和反恐怖融资规定的，依据国家有关法律法规进行处理。

第七章　附　则

第四十四条　本办法相关用语含义如下：单位客户，是指接受支付机构支付服务的法人、其他组织或者个体工商户。个人客户，是指接受支付机构支付服务的自然人。单位客户的身份基本信息，包括客户的名称、地址、经营范围、统一社会信用代码或组织机构代码；可证明该客户依法设立或者可依法开展经营、社会活动的执照、证件或者文件的名称、号码和有效期限；法定代表人（负责人）或授权办理业务人员的姓名、有效身份证件的种类、号码和有效期限。个人客户的身份基本信息，包括客户的姓名、国籍、性别、职业、住址、联系方式以及客户有效身份证件的种类、号码和有效期限。法人和其他组织客户的有效身份证件，是指政府有权机关颁发的能够证明其合法真实身份的证件或文件，包括但不限于营业执照、事业单位法人证书、税务登记证、组织机构代码证；个体工商户的有效身份证件，包括营业执照、经营者或授权经办人员的有效身份证件。个人客户的有效身份证件，包括：在中国境内已登记常住户口的中国公民为居民身份证，不满十六周岁的，为居民身份证或户口簿；香港、澳门特别行政区居民为港澳居民往来内地通行证；台湾地区居民为台湾居民来往大陆通行证；定居国外的中国公民为中国护照；外国公民为护照或者外国人永久居留证（外国边民，按照边贸结算的有关规定办理）；法律、行政法规规定的其他身份证明文件。客户本人，是指客户本单位（单位客户）或者本人（个人客户）。

第四十五条　本办法由中国人民银行负责解释和修订。

第四十六条　本办法自 2016 年 7 月 1 日起施行。

（三）资产管理

中国人民银行 中央宣传部 中央维稳办 国家发展改革委 工业和信息化部 公安部 财政部 住房城乡建设部 工商总局 国务院法制办 银监会 证监会 保监会 国家网信办 国家信访局 最高人民法院 最高人民检察院关于印发《通过互联网开展资产管理及跨界从事金融业务风险专项整治工作实施方案》的通知

（银发〔2016〕113号）

各省、自治区、直辖市人民政府：

《通过互联网开展资产管理及跨界从事金融业务风险专项整治工作实施方案》已经国务院同意，现印发给你们，请认真贯彻执行。

附件：通过互联网开展资产管理及跨界从事金融业务风险专项整治工作实施方案

中国人民银行 中央宣传部 中央维稳办
国家发展改革委 工业和信息化部 公安部
财政部 住房城乡建设部 工商总局
国务院法制办 银监会 证监会
保监会 国家网信办 国家信访局
最高人民法院 最高人民检察院
2016年4月14日

附件

通过互联网开展资产管理及跨界从事金融业务风险专项整治工作实施方案

为贯彻落实党中央、国务院决策部署,做好通过互联网开展资产管理及跨界从事金融业务(P2P网络借贷、股权众筹、互联网保险、第三方支付另有规定)风险专项整治工作,根据《关于促进互联网金融健康发展的指导意见》和《互联网金融风险专项整治工作实施方案》,制定本方案。

一、工作目标和原则

(一)工作目标

按照业务定性要准、整治责任要清、整治措施要实的要求,坚持防治结合,通过督促整改一批、取缔关停一批等整治措施,鼓励和保护有益的创新,形成正向激励机制,正本清源。同时建立健全行业奖惩机制、举报机制、信息披露和投资人保护机制,实现规范与创新并重,促进行业良性发展。

(二)工作原则

坚持实质穿透,明确职责分工。结合从业机构的持牌状况和主营业务特征,采取"穿透式"监管方法,透过表面界定业务本质属性,落实整治责任。业务跨省经营的,由注册地相关部门牵头负责整治工作,经营所在地的地方人民政府和金融管理部门应加强配合。

坚持全面覆盖,实施分层整治。依据法律法规和金融行业相关制度规范,运用现代技术手段对相关企业进行广泛排查,实现风险全面整治和监管全面覆盖。结合业务实质和违法违规严重程度,由牵头部门出具整改意见,情节较轻的督促限期整改,情节严重的移送公安机关等有关部门依法依规查处。

坚持整治并举,建立长效机制。在清理整顿违法违规业务的同时,对于确无法律和监管要求的创新业务,及时制定政策加以规范,强化功能监管和综合监管,防范监管套利,消除监管真空。

二、整治重点

(一)具有资产管理相关业务资质,但开展业务不规范的各类互联网企业。重点查处以下问题:一是将线下私募发行的金融产品通过线上向非特定公众销售,或者向特定对象销售但突破法定人数限制。二是通过多类资产管理产品嵌套开展资产管理业务,规避监管要求。三是未严格执行投资者适当性标准,向不具有风险识别能力的投资者推介产品,或未充分采取技术手段识别客户身份。四是开展虚假宣传和误导式宣传,未揭示投资风险或揭示不充分。五是未采取资金托管等方式保障投资者资金安全,侵占、挪用投资者资金。

(二)跨界开展资产管理等金融业务的各类互联网企业。重点查处以下问题:一是持牌金融机构委托无代销业务资质的互联网企业代销金融产品。二是未取得资产管理业务资质,通过互联网企业开办资产管理业务。三是未取得相关金融业务资质,跨界互联网金融活动(不含P2P网络借贷、股权众筹、互联网保险、第三方支付、资产管理业务)。

(三)具有多项金融业务资质,综合经营特征明显的互联网企业。重点查处各业务板块之间未建立防火墙制度,未遵循禁止关联交易和利益输送等方面的监管规定,账户管理混乱,客户资金保障措施不到位等问题。

三、职责分工

一是持有金融业务牌照但开展业务不规范的,由牌照主管部门进行整治。二是不持有金融业务牌照,但明显具备P2P网络借贷、股权众筹、互联网保险、第三方支付业务特征的,按照相关分领域的专项整治工作方案进行整治。三是不持有金融业务牌照,也不明确具备P2P网络借贷、股权众筹、互联网保险、第三方支付业务特征,或者不以P2P网络借贷、股权众筹、互联网保险、第三方支付为主营业务的,由省级人民政府统一组织,采取"穿透式"监管方法,综合资金来源、中间环节与最终投向等全流程信息,对业务实质进行界定,落实整治责任。

省级人民政府要全面掌握各类企业通过互联网跨界开展资产管理等金融业务的专项整治情况,督促省金融办(局)与相关金融管理部门当地派驻机构共同承担牵头整治责任,并督促当地工商、公安等部门积极配合做好整治工作。省金融办(局)利用各类举报信息或建立举报信息平台,汇总各方面关于互联网资产管理等跨界金融活动的信息;组织相关部门对涉嫌违法违规的信息进行业务性质界定,按照界定的业务性质由相关部门牵头进行整治。省金融办(局)牵头对本地区的各类交易场所、担保公司、小额贷款公司、典当行、租赁公司开展互联网金融活动进行整治。人民银行省级分支机构积极配合省金融办(局)开展信息摸查和业务定性等相关工作,对于业务嵌套关系复杂、职责难以界定的,要承担牵头责任,会同当地有关部门联合整治。银监会省级派出机构负责对界定为通过互联网开展银行理财、信托理财、消费金融、金融租赁以及其他基于借贷关系的金融活动牵头进行整治。证监会省级派出机构负责对界定为证券、基金、期货、私募股权投资基金相关的互联网金融活动牵头进行整治。保监会省级派出机构要负责对界定为从事互联网保险等金融活动进行整治。省工商局负责对相关机构违法广告行为进行整治,将企业登记注册信息提供给金融管理部门,金融管理部门与工商部门共同开展对以投资理财名义开展金融活动的整治。省通信管理局负责对相关部门认定存在违法违规行为的机构网站和移动应用程序依法予以处置,做好专项整治的技术支持工作。省公安厅(局)负责查处涉嫌犯罪案件,强化防逃、控赃、追赃、挽损工作,配合做好群体性事件的预防和处置工作。省宣传部门和互联网信息办公室牵头负责专项整治工作的新闻宣传和舆论引导工作。省住房城乡建设部门等其他部门要与金融管理部门共同对本行业的企业跨界开展互联网金融活动进行摸查取证、业务定性、督促整改,做好整治工作。

本方案不改变非法集资、非法证券期货活动现行处置机制安排,认定为非法集资、非法证券期货活动的互联网金融活动，仍按现行工作机制进行处置。

四、工作程序及时间进度

（一）信息排查。省工商局与整治工作的相关牵头部门实现工商登记信息的互联互通，牵头对本地区企业注册名称中使用"交易所""交易中心""金融""资产管理""理财""基金""基金管理""投资管理""财富管理""股权投资基金"等字样的企业进行筛选。省通信管理局运用现代技术手段，挖掘可疑的企业信息。省金融办（局）对外公布举报电话、传真、邮箱等信息，汇总各方面举报信息，以及信息排查获得的涉嫌违法违规企业信息。对于跨区域经营的互联网金融平台，注册所在地和经营所在地的省金融办（局）和金融管理部门当地派驻机构要加强合作，互通汇总摸查情况。对于房地产等重点行业企业开办的互联网金融平台，相关行业主管部门要积极配合摸查信息。摸查过程中，要积极做好客户资金保护工作。此项工作于2016年7月底前完成。

（二）职责界定。对于信息排查阶段获得的涉嫌违法违规的企业名册，省金融办（局）组织相关金融管理部门当地派驻机构进行业务性质界定，按照本方案的分工安排，分别由相关部门牵头进行整治。金融管理部门当地派驻机构应高度重视业务性质界定工作，积极配合省金融办（局）落实整治责任，不留监管空白。此项工作于2016年8月底前完成。

（三）清理整顿。各有关部门对涉嫌违法违规企业开展集中整治工作，并向违法违规从业机构出具整改意见。对于违法违规行为情节较轻的，由牵头出具意见的部门督促其限期整改，整改完成前不得开展新业务；对于违法违规行为情节严重、涉嫌非法开展金融活动的，由牵头出具意见的部门责令其限期停止开办金融业务，工商部门依法吊销营业执照。通信主管部门根据整改意见对违法违规从业机构的网站及移动应用程序依法予以处置。公安机关结合整改意见依法查处相关从业机构及责任人。

各有关部门应组织对各自负责领域的整治情况进行自查，将工作进展、疑难问题等情况及时向地方人民政府落实整治方案领导小组报告。地方人民政府落实整治方案领导小组要加强对相关工作的督导，开展工作效果评估。对于整治工作好的经验做法，及时推广；对于整治工作落实不力、整治一批、又出一批的，应查找问题、及时纠偏，并建立问责和惩处机制。此项工作于2016年11月底前完成。

（四）验收总结。各省级人民政府对本地区企业整治情况进行验收，组织起草各类企业通过互联网跨界开展资产管理等金融业务领域整治工作的总结报告，报送互联网金融风险专项整治工作领导小组办公室。此项工作于2017年1月底前完成。

关于加大通过互联网开展资产管理业务整治力度及开展验收工作的通知

(整治办函〔2018〕29号)

各省（自治区、直辖市）、深圳市互联网金融风险专项整治工作领导小组办公室；人民银行上海总部，各分行、营业管理部、省会（首府）城市中心支行、深圳市中心支行：

为做好通过互联网开展资产管理业务领域清理整顿工作，我办先后下发《关于做好通过互联网开展资产管理及跨界从事金融业务风险专项整治清理整顿工作的通知》（整治办函〔2016〕96号）、《关于进一步做好互联网金融风险专项整治清理整顿工作的通知》（银发〔2017〕119号）、《关于对互联网平台与各类交易场所合作从事违法违规业务开展清理整顿的通知》（整治办函〔2017〕64号）等文件，明确了合法合规标准和清理整顿要求。各省领导小组办公室（以下简称各省整治办）认真落实各项要求，相关工作取得积极进展，存量违法违规业务规模有所下降，增量风险有所控制。

根据专项整治总体进度安排，下一阶段将进入验收及总结阶段。验收是本领域专项整治工作的关键环节，是对专项整治开展以来工作成效的检验。请各省整治办高度重视，明确工作目标，加大工作力度，引导从业机构依法合规开展业务，坚决打击违法违规互联网资产管理活动，打赢防范化解金融风险攻坚战。根据《国务院办公厅关于印发互联网金融风险专项整治工作实施方案的通知》（国办发〔2016〕21号）、《通过互联网开展资产管理及跨界从事金融业务风险专项整治工作实施方案》（银发〔2016〕113号）文件精神，现就本领域验收工作有关事宜通知如下：

一、验收标准

1. 通过互联网开展资产管理业务的本质是开展资产管理业务。资产管理业务作为金融业务，属于特许经营行业，须纳入金融监管。非金融机构不得发行、销售资产管理产品，国家另有规定的除外。

依托互联网公开发行、销售资产管理产品，须取得中央金融管理部门颁发的资产管理业务牌照或资产管理产品代销牌照。未经许可，不得依托互联网公开发行、销售资产管理产品。

2. 未经许可，依托互联网以发行销售各类资产管理产品（包括但不限于"定向委托计划""定向融资计划""理财计划""资产管理计划""收益权转让"）等方式公开募集资金的行为，应当明确为非法金融活动，具体可能构成非法集资、非法吸收公众存款、非法发行证券等。相关认定标准参照《中华人民共和国刑法》《最高人民法院关于审理非法集资刑事案件具体应用法律若干问题的解释》《非法金融机构和非法金融业务活动取缔办法》《中华人民共和国证券法》等相关法律法规规定执行。

3. 未经许可，依托互联网发行销售资产管理产品的行为，须立即停止，存量业务应当最迟于2018年6月底前压缩至零。个别从业机构情况特别复杂、确有必要适当延长整改时限的，应经省级人民政府批准，并由省级人民政府指定相关部门负责后续整改监督及验收。

4. 互联网平台不得为各类交易场所代销（包括"引流"等方式变相提供代销服务）涉嫌突破国发〔2011〕38号文、国办发〔2012〕37号文以及清理整顿各类交易场所"回头看"政策要求的资产管理产品。互联网平台应配合各类交易场所妥善化解存量业务。

二、验收流程

1. 成立验收专班，制定工作方案。各省整治办应成立由省金融办（局）、人民银行分支机构以及银监局、证监局、保监局、公安、通信管理、市场监督管理等部门组成的验收工作专班，并充分调动第三方专业机构力量，制定验收工作方案并组织开展验收。

2. 验收阶段工作从2018年4月至6月底，各省整治办可根据实际情况，对辖内从业机构进行分批次验收。验收应当实现重点对象全覆盖，对前期随机抽查发现仍在开展互联网资产管理业务的非重点对象也应纳入验收工作范围。

3. 各省整治办应要求辖内从业机构提交整改落实报告及验收申请，对照整治办函〔2016〕96号文、银发〔2017〕119号文、整治办函〔2017〕64号文以及本通知明确的各项验收标准和相关法律法规，组织开展验收。验收措施可包括网络巡查、现场访谈、核查合同、调取账务数据、信息公示等，切实掌握从业机构违法违规业务化解情况。

三、分类处置

1. 对于已补齐资产管理业务相关牌照的机构，由各省整治办出具验收合格意见，并移交相关牌照发放部门进行日常监管。

2. 对于仍未持有资产管理业务相关牌照，但存量业务已经化解至零、未新增业务的机构，各省整治办应要求机构及其控制人出具不再从事互联网资产管理业务的承诺书，并限期办理工商及ICP备案变更等，确保工商注册信息及网站内容等不得含有与资产管理业务相关的误导性陈述。

3. 对于存量互联网资产管理业务未化解至零的机构，应明确为从事非法金融活动，纳入取缔类进行处置。各省整治办应当组织地方金融监管部门及中央金融管理部门派驻机构共同出具行政认定和处置意见，协调相关职能部门予以处置，包括注销电信经营许可、封禁网站、下架移动APP、吊销工商营业执照，要求从事金融业务的持牌机构不得向其提供各类金融服务等。

各省整治办应组织相关部门对非法金融活动是否涉及非法集资、非法发行证券等进一步研判定性，并根据定性情况移送处置非法集资、打击非法证券活动等工作机制予以查处。

4. 对于网贷机构将互联网资产管理业务剥离、分立为不同实体的,应当将分立后的实体视为原网贷机构的组成部分,一并进行验收,承接互联网资产管理业务的实体未将存量业务压缩至零前,不得对相关网贷机构予以备案登记。各地应加强拟备案网贷机构的股东资质审核,对于存量违法违规业务未化解完成的互联网资产管理机构,不得对其实际控制人或股东投资设立的网贷机构予以备案登记。各省整治办应当建立辖内网贷领域风险整治和互联网资产管理领域风险整治的协调协作机制,并加强与其他相关地区的沟通协作,加强信息互通。

四、其他相关要求

1. 以罚促改。对于未经许可依托互联网公开发行、销售资产管理产品的,应开展行政处罚,特别是对存量业务化解不力的机构,各省整治办应组织中央金融管理部门当地派驻机构对其是否存在变相吸收公众存款、非法发行证券等行为进行行政调查,按照《非法金融机构和非法金融业务活动取缔办法》《中华人民共和国证券法》《中华人民共和国商业银行法》等法律法规从重处罚。

2. 做好预案。各省整治办在相关工作开展过程中,要做好风险应对预案,避免形成连锁反应和交叉传染。对拟取缔对象要稳妥制定取缔方案,协调机构实际控制人做好兑付安排,对停止金融服务工作做出具体安排,确保取缔工作平稳有序。各省整治办要协调地方政府相关部门全面落实源头维稳措施,积极预防、全力化解、妥善处置风险,守住不发生系统性金融风险的底线,维护社会稳定。

3. 协同配合。对于实际经营场所与注册地分离的互联网平台,由注册地省级整治办负责组织验收,实际经营所在地省级整治办应积极配合、提供支持。

4. 信息公示。验收工作开展过程中,各省整治办应通过省金融办(局)官方网站及时公布辖内验收合格的机构、完成整改且承诺不再从事互联网资管业务的机构、取缔类机构名单,并动态更新,帮助公众有效识别风险。

5. 定期报告。请各省整治办自2018年4月起,每月月底前向我办报送当月验收工作进展情况。

互联网金融风险专项整治工作领导小组办公室
(人民银行金融市场司代章)
2018年3月28日

抄送:工业和信息化部、公安部、司法部、国家市场监督管理总局、中国银行保险监督管理委员会、中国证监会、最高人民法院、最高人民检察院办公厅(秘书行政司)。

国务院办公厅关于清理整顿各类交易场所的实施意见

(国办发〔2012〕37号)

各省、自治区、直辖市人民政府，国务院各部委、各直属机构：

为贯彻落实《国务院关于清理整顿各类交易场所切实防范金融风险的决定》(国发〔2011〕38号，以下称国发38号文件)，进一步明确政策界限、措施和工作要求，扎实推进清理整顿各类交易场所工作，防范金融风险，维护社会稳定，经国务院同意，现提出以下意见：

一、全面把握清理整顿范围

遵循规范有序、便利实体经济发展的原则，准确界定清理整顿范围，突出重点，增强清理整顿各类交易场所工作的针对性、有效性。本次清理整顿的范围包括从事权益类交易、大宗商品中远期交易以及其他标准化合约交易的各类交易场所，包括名称中未使用"交易所"字样的交易场所，但仅从事车辆、房地产等实物交易的交易场所除外。其中，权益类交易包括产权、股权、债权、林权、矿权、知识产权、文化艺术品权益及金融资产权益等交易；大宗商品中远期交易，是指以大宗商品的标准化合约为交易对象，采用电子化集中交易方式，允许交易者以对冲平仓方式了结交易而不以实物交收为目的或不必交割实物的标准化合约交易；其他标准化合约，包括以有价证券、利率、汇率、指数、碳排放权、排污权等为标的物的标准化合约。

各类交易场所已设立的分支机构，按照属地管理原则，由各分支机构所在地省、自治区、直辖市人民政府（以下称省级人民政府）负责清理整顿。

依法经批准设立的证券、期货交易所，或经国务院金融管理部门批准设立的从事金融产品交易的交易场所不属于本次清理整顿范围。

二、准确适用清理整顿政策界限

违反下列规定之一的交易场所及其分支机构，应予以清理整顿。

（一）不得将任何权益拆分为均等份额公开发行。任何交易场所利用其服务与设施，将权益拆分为均等份额后发售给投资者，即属于"均等份额公开发行"。股份公司股份公开发行适用公司法、证券法相关规定。

（二）不得采取集中交易方式进行交易。本意见所称的"集中交易方式"包括集合竞价、连续竞价、电子撮合、匿名交易、做市商等交易方式，但协议转让、依法进行的拍卖不在此列。

（三）不得将权益按照标准化交易单位持续挂牌交易。本意见所称的"标准化交易单位"是指将股权以外的其他权益设定最小交易单位，并以最小交易单位或其整数倍进行交易。"持续挂牌交易"是指在买入后5个交易日内挂牌卖出同一交易品种或在卖出后5个交易日内挂牌买入同一交易品种。

（四）权益持有人累计不得超过200人。除法律、行政法规另有规定外，任何权益在其存续期间，无论在发行还是转让环节，其实际持有人累计不得超过200人，以信托、委托代理等方式代持的，按实际持有人数计算。

（五）不得以集中交易方式进行标准化合约交易。本意见所称的"标准化合约"包括两种情形：一种是由交易场所统一制定，除价格外其他条款固定，规定在将来某一时间和地点交割一定数量标的物的合约；另一种是由交易场所统一制定，规定买方有权在将来某一时间以特定价格买入或者卖出约定标的物的合约。

（六）未经国务院相关金融管理部门批准，不得设立从事保险、信贷、黄金等金融产品交易的交易场所，其他任何交易场所也不得从事保险、信贷、黄金等金融产品交易。

商业银行、证券公司、期货公司、保险公司、信托投资公司等金融机构不得为违反上述规定的交易场所提供承销、开户、托管、资产划转、代理买卖、投资咨询、保险等服务；已提供服务的金融机构，要按照相关金融管理部门的要求开展自查自清，并做好善后工作。

三、认真落实清理整顿工作安排

（一）排查甄别。各省级人民政府要按照国发38号文件和本意见要求，组织对本地区各类交易场所的交易品种、交易方式、投资者人数等是否违反规定，以及风险状况进行认真排查甄别。对违反国发38号文件规定的交易场所，严禁新增交易品种。

（二）整改规范。各类交易场所对自身存在问题纠正不及时、不到位的，有关省级人民政府要按照国发38号文件及本意见的要求，落实监管责任，对问题交易场所采取整改措施。交易规则违反国发38号文件规定的，不得继续交易；已暂停交易的，不得恢复交易，并依据相关政策规定修改交易规则，报本省（自治区、直辖市）清理整顿工作领导小组批准。交易产品违反国发38号文件规定的，要取消违规交易产品并处理好善后问题；权益持有人累计超过200人的，要予以清理。

（三）检查验收。各省级人民政府应当组织对各类交易场所整改规范情况进行检查验收。重点核查交易场所章程、交易规则、交易品种、交易方式、投资者适当性、管理制度是否符合国发38号文件和本意见的规定，交易信息系统是否符合安全稳定性要求等。

（四）分类处置。各省级人民政府要对交易场所进行分类处置，该关闭的要坚决关闭，该整改的要认真整改，该规范的要切实规范。对确有必要保留的，要按照国发38号文件和本意见的要求履行相应审批程序。对于拒不整改、无正当理由逾期未完成整改的，或继续从事违法证券、期货交易的交易场所，各省级人民政府要依法依规坚决予以关闭或取缔。清理整顿过程中，各省级人民政府要采取有效措施确保投资者资金安全和社会稳定；对涉嫌犯罪的，要移送司法机关，依法追究有关人员的法律责任。

各省级人民政府要在清理整顿工作基本完成后，对清理整顿工作过程、政策措施、验收结果、日常监管和风险处置等情况进行全面总结，并书面报告清理整顿各类交易场所部际联席会议（以下简称联席会议）。

四、严格执行交易场所审批政策

（一）把握各类交易场所设立原则。

各省级人民政府应按照"总量控制、合理布局、审慎审批"的原则，统筹规划各类交易场所的数量规模和区域分布，制定交易场所品种结构规划和审查标准，审慎批准设立交易场所，使交易场所的设立与监管能力及实体经济发展水平相协调。

（二）严格规范交易场所设立审批。

1. 凡新设交易所的，除经国务院或国务院金融管理部门批准的以外，必须报省级人民政府批准；省级人民政府批准前，应取得联席会议的书面反馈意见。

2. 清理整顿前已设立运营的交易所，应当按照下列情形分别处理：

一是省级人民政府批准设立的交易所，确有必要保留，且未违反国发38号文件和本意见规定的，应经省级人民政府确认；违反国发38号文件和本意见规定的，应予清理整顿并经省级人民政府组织检查验收，验收通过后方可继续运营。各省级人民政府应当将上述两类交易所名单分别报联席会议备案。

二是未经省级人民政府批准设立的交易所，清理整顿并验收通过后，拟继续保留的，应按照新设交易场所的要求履行相关审批程序。省级人民政府批准前，应取得联席会议的书面反馈意见。

三是历史形成的从事车辆、房地产等实物交易的交易所，未从事违反国发38号文件和本意见规定，名称中拟继续使用"交易所"字样的，由省级人民政府根据实际情况处理，并将交易所名单报联席会议备案。

3. 从事权益类交易、大宗商品中远期交易以及其他标准化合约交易的交易场所，原则上不得设立分支机构开展经营活动。确有必要设立的，应当分别经该交易场所所在地省级人民政府及拟设分支机构所在地省级人民政府批准，并按照属地监管原则，由相应省级人民政府负责监管。凡未经省级人民政府批准已设立运营的经营性分支机构，要按照上述要求履行审批程序。违反上述规定的，各地工商行政管理部门不得为分支机构办理工商登记，并按照工商管理相关规定进行处理。

名称中未使用"交易所"字样的各类交易场所的监管办法，由各省级人民政府制定。

五、切实贯彻清理整顿工作要求

（一）统一政策标准。各省级人民政府在开展清理整顿工作中，要严格按照国务院、联席会议及有关部门的要求，统一政策标准，准确把握政策界限。实际执行中遇到疑难问题或对相关政策把握不准的，要及时上报联席会议。

（二）防范化解风险。各省级人民政府在清理整顿工作中，要制定完善风险处置预案，认真排查矛盾纠纷和风险隐患，及时掌握市场动向，做好信访投诉受理和处置工作。要加强与司法机关的协调配合，严肃查处挪用客户资金、诈骗等涉嫌违法犯罪行为，妥善处置突发事件，维护投资者合法权益，防范和化解金融风险，维护社会稳定。

（三）落实监管责任。各省级人民政府要制定本地区各类交易场所监管制度，明确各类交易场所监管机构和职能，加强日常监管，建立长效机制，持续做好各类交易场所统计监测、违规处理、风险处置等工作。相关省级人民政府要加强沟通配合和信息共享。联席会议成员单位和国务院相关部门要做好监督检查和指导工作。

国务院办公厅

2012 年 7 月 12 日

金融资产管理公司条例

(中华人民共和国国务院令第 297 号)

《金融资产管理公司条例》已经 2000 年 11 月 1 日国务院第 32 次常务会议通过，现予公布，自公布之日起施行。

总理　朱镕基
二〇〇〇年十一月十日

第一章　总　则

第一条　为了规范金融资产管理公司的活动，依法处理国有银行不良贷款，促进国有银行和国有企业的改革和发展，制定本条例。

第二条　金融资产管理公司，是指经国务院决定设立的收购国有银行不良贷款，管理和处置因收购国有银行不良贷款形成的资产的国有独资非银行金融机构。

第三条　金融资产管理公司以最大限度保全资产、减少损失为主要经营目标，依法独立承担民事责任。

第四条　中国人民银行、财政部和中国证券监督管理委员会依据各自的法定职责对金融资产管理公司实施监督管理。

第二章　公司的设立和业务范围

第五条　金融资产管理公司的注册资本为人民币 100 亿元，由财政部核拨。

第六条　金融资产管理公司由中国人民银行颁发《金融机构法人许可证》，并向工商行政管理部门依法办理登记。

第七条　金融资产管理公司设立分支机构，须经财政部同意，并报中国人民银行批准，由中国人民银行颁发《金融机构营业许可证》，并向工商行政管理部门依法办理登记。

第八条　金融资产管理公司设总裁 1 人、副总裁若干人。总裁、副总裁由国务院任命。总裁对外代表金融资产管理公司行使职权，负责金融资产管理公司的经营管理。

金融资产管理公司的高级管理人员须经中国人民银行审查任职资格。

第九条　金融资产管理公司监事会的组成、职责和工作程序，依照《国有重点金融机构监事会暂行条例》执行。

第十条 金融资产管理公司在其收购的国有银行不良贷款范围内,管理和处置因收购国有银行不良贷款形成的资产时,可以从事下列业务活动:

（一）追偿债务;

（二）对所收购的不良贷款形成的资产进行租赁或者以其他形式转让、重组;

（三）债权转股权,并对企业阶段性持股;

（四）资产管理范围内公司的上市推荐及债券、股票承销;

（五）发行金融债券,向金融机构借款;

（六）财务及法律咨询,资产及项目评估;

（七）中国人民银行、中国证券监督管理委员会批准的其他业务活动。

金融资产管理公司可以向中国人民银行申请再贷款。

第三章 收购不良贷款的范围、额度及资金来源

第十一条 金融资产管理公司按照国务院确定的范围和额度收购国有银行不良贷款;超出确定的范围或者额度收购的,须经国务院专项审批。

第十二条 在国务院确定的额度内,金融资产管理公司按照账面价值收购有关贷款本金和相对应的计入损益的应收未收利息;对未计入损益的应收未收利息,实行无偿划转。

第十三条 金融资产管理公司收购不良贷款后,即取得原债权人对债务人的各项权利。原借款合同的债务人、担保人及有关当事人应当继续履行合同规定的义务。

第十四条 金融资产管理公司收购不良贷款的资金来源包括:

（一）划转中国人民银行发放给国有独资商业银行的部分再贷款;

（二）发行金融债券。

中国人民银行发放给国有独资商业银行的再贷款划转给金融资产管理公司,实行固定利率,年利率为2.25%。

第十五条 金融资产管理公司发行金融债券,由中国人民银行会同财政部审批。

第四章 债权转股权

第十六条 金融资产管理公司可以将收购国有银行不良贷款取得的债权转为对借款企业的股权。

金融资产管理公司持有的股权,不受本公司净资产额或者注册资本的比例限制。

第十七条 实施债权转股权,应当贯彻国家产业政策,有利于优化经济结构,促进有关企业的技术进步和产品升级。

第十八条 实施债权转股权的企业,由国家经济贸易委员会向金融资产管理公司推荐。金融资产管理公司对被推荐的企业进行独立评审,制定企业债权转股权的方案并与企业签订债权转股权协议。债权转股权的方案和协议由国家经济贸易委员会会同财政部、中国人民银行审核,报国务院批准后实施。

第十九条 实施债权转股权的企业,应当按照现代企业制度的要求,转换经营机

制，建立规范的公司法人治理结构，加强企业管理。有关地方人民政府应当帮助企业减员增效、下岗分流，分离企业办社会的职能。

第二十条 金融资产管理公司的债权转股权后，作为企业的股东，可以派员参加企业董事会、监事会，依法行使股东权利。

第二十一条 金融资产管理公司持有的企业股权，可以按照国家有关规定向境内外投资者转让，也可以由债权转股权企业依法回购。

第二十二条 企业实施债权转股权后，应当按照国家有关规定办理企业产权变更等有关登记。

第二十三条 国家经济贸易委员会负责组织、指导、协调企业债权转股权工作。

第五章 公司的经营和管理

第二十四条 金融资产管理公司实行经营目标责任制。

财政部根据不良贷款质量的情况，确定金融资产管理公司处置不良贷款的经营目标，并进行考核和监督。

第二十五条 金融资产管理公司应当根据不良贷款的特点，制定经营方针和有关措施，完善内部治理结构，建立内部约束机制和激励机制。

第二十六条 金融资产管理公司管理、处置因收购国有银行不良贷款形成的资产，应当按照公开、竞争、择优的原则运作。

金融资产管理公司转让资产，主要采取招标、拍卖等方式。

金融资产管理公司的债权因债务人破产等原因得不到清偿的，按照国务院的规定处理。

金融资产管理公司资产处置管理办法由财政部制定。

第二十七条 金融资产管理公司根据业务需要，可以聘请具有会计、资产评估和法律服务等资格的中介机构协助开展业务。

第二十八条 金融资产管理公司免交在收购国有银行不良贷款和承接、处置因收购国有银行不良贷款形成的资产的业务活动中的税收。具体办法由财政部会同国家税务总局制定。

金融资产管理公司免交工商登记注册费等行政性收费。

第二十九条 金融资产管理公司应当按照中国人民银行、财政部和中国证券监督管理委员会等有关部门的要求，报送财务、统计报表和其他有关材料。

第三十条 金融资产管理公司应当依法接受审计机关的审计监督。

金融资产管理公司应当聘请财政部认可的注册会计师对其财务状况进行年度审计，并将审计报告及时报送各有关监督管理部门。

第六章 公司的终止和清算

第三十一条 金融资产管理公司终止时，由财政部组织清算组，进行清算。

第三十二条 金融资产管理公司处置不良贷款形成的最终损失，由财政部提出解决方案，报国务院批准执行。

第七章 附 则

第三十三条 金融资产管理公司违反金融法律、行政法规的，由中国人民银行依照有关法律和《金融违法行为处罚办法》给予处罚；违反其他有关法律、行政法规的，由有关部门依法给予处罚；构成犯罪的，依法追究刑事责任。

第三十四条 本条例自公布之日起施行。

财政部关于印发金融资产管理公司有关业务风险管理办法的通知

(财金〔2004〕40号)

中国华融资产管理公司,中国长城资产管理公司,中国东方资产管理公司,中国信达资产管理公司:

为促进金融资产管理公司(以下简称资产公司)不良资产处置回收,落实处置回收目标考核责任制,推动资产公司改革和发展,经国务院批准,现将《金融资产管理公司投资业务风险管理办法》《金融资产管理公司委托代理业务风险管理办法》《金融资产管理公司商业化收购业务风险管理办法》印发给你们,请遵照执行。

附件:1. 金融资产管理公司投资业务风险管理办法
2. 金融资产管理公司委托代理业务风险管理办法
3. 金融资产管理公司商业化收购业务风险管理办法

二○○四年四月二十八日

附件1

金融资产管理公司投资业务风险管理办法

第一条 为有效地提升不良资产处置回收价值，提高资产处置效率，规范金融资产管理公司（以下简称公司）投资行为，严格防范和控制投资业务风险，制定本办法。

第二条 本办法所称公司，是指经国务院批准成立的中国华融资产管理公司、中国长城资产管理公司、中国东方资产管理公司和中国信达资产管理公司。

第三条 本办法所称投资业务，是指公司以提升资产处置回收价值为目的，运用现金资本金对其管理的政策性和商业化收购不良贷款的抵债实物资产追加必要投资，最终实现现金回收的投资行为。公司不得对接受委托代理处置的资产追加投资。

第四条 本办法所称现金资本金，是指公司接收商业银行作为资本金划转的现金，作为资本金划转的固定资产和投资实体变现的现金，以及资本金投资增值产生的现金。公司不得挪用政策性收购不良资产回收的现金进行投资。

第五条 公司投资业务应遵循总量控制、规范运作、严格管理、控制风险、保值增值的原则。公司应针对投资业务中的市场风险、操作风险等制定具体的管理办法和控制措施。

第六条 公司投资项目必须符合以下条件：

（一）投资具有完善产权、完善功能或处理瑕疵，从而提升资产处置回收价值的作用；

（二）预计追加投资后的资产处置现金回收大于直接处置的现金回收和追加投资之和；

（三）政策性收购不良资产的投资期限不得超过资产处置目标责任的最后期限，商业化收购不良资产的投资期限原则上不得超过3年。

第七条 公司应对投资项目直接处置和追加投资后再予处置两种方式进行预测和比较分析。预测直接处置回收现金以资产评估或价值分析为基础；预测追加投资收益应计算资金成本及时间价值。

第八条 公司投资项目的现金回收首先归还投资额及其相应的资金成本，剩余部分计入资产处置回收现金。

第九条 公司应设有投资业务审议决策机构。投资项目无论金额大小，均应经审议决策机构审议决策。审议决策机构由公司和相关部门负责人组成，按照"集体审议、稳健严谨、规范高效、科学决策"原则开展审议工作。公司投资项目经审议决策机构审议，并获三分之二以上（含三分之二）成员投票通过后，由公司总裁批准实施。

第十条 公司应对投资项目严格遵循内部立项、审批和实施的程序。办事处未经公司授权不得擅自进行投资。

第十一条 公司投资（特指本办法所称投资）余额不得超过现金资本金的三分

之二。

第十二条 公司应建立健全内部控制机制，坚持资产处置部门、投资管理部门相分离的原则，资产处置部门负责测算直接处置的回收金额，投资管理部门负责投资可行性论证、投资方案设计、投资方案审查和报批等工作。公司应通过跟进审计、专项检查等方式，加强对投资项目的内部审计监督。

第十三条 公司应对投资项目效益定期进行评价。投资项目因人为因素造成损失的，必须追究有关责任人的责任。触犯国家刑律的应移交司法机关依法追究刑事责任。

第十四条 公司应自觉接受有关监管部门对投资业务的监督检查，定期报告投资业务的运营情况。

第十五条 公司投资业务的开办应报财政部和银监会等部门审核批准。公司应按照本办法规定制定实施细则，报财政部和银监会等部门备案。

第十六条 本办法自印发之日起施行。

附件2

金融资产管理公司委托代理业务风险管理办法

第一条 为规范金融资产管理公司（以下简称公司）委托代理业务，有效防范和控制不良资产委托代理业务的风险，制定本办法。

第二条 本办法所称公司，是指经国务院批准成立的中国华融资产管理公司、中国长城资产管理公司、中国东方资产管理公司和中国信达资产管理公司。

第三条 本办法所称委托代理业务，是指公司接受委托方的委托，按双方约定，代理委托方对其资产进行管理和处置的业务。

第四条 公司应针对委托代理业务中的风险制定具体的管理办法和控制措施。

第五条 委托代理业务主要范围包括：

（一）金融监管部门批准的金融机构关闭清算业务；

（二）财政部、人民银行和国有银行委托的不良资产管理与处置业务；

（三）其他金融机构及企业委托的不良资产管理与处置业务；

（四）经主管部门批准的其他委托代理业务。

第六条 公司可根据资产委托方要求和市场交易原则开展委托代理业务，选择适当的收费方式，确保委托代理业务收入大于支出。

第七条 公司接受委托前，应对被委托资产进行尽职调查，对资产状况、权属关系、市场前景等进行评价分析，合理预测风险。公司不得承担委托人的风险和损失。

第八条 公司开展委托代理业务应签订委托合同，并严格按照合同约定管理和处置资产。

第九条 公司总部和办事处应分别设有委托代理业务审议决策机构。审议决策机构由公司或办事处和相关部门负责人组成，按照"集体审议、稳健严谨、规范高效、科学决策"原则开展审议工作。公司可根据委托代理项目风险大小，确定总部和办事处对委托代理业务的审批权限。

第十条 公司应根据政策性资产处置任务的完成进度控制委托代理业务规模，合理确定对办事处的审批权限。

第十一条 公司应认真测算委托代理业务收入和成本，审慎决策，防范风险，确保盈利；同时建立健全绩效考评机制，定期进行考核。除必需的处置费用支出外，公司不得替委托人垫付任何资金。

第十二条 公司开展委托代理业务的财务收支和会计核算必须与自营业务严格区分，分账管理。

第十三条 公司应建立健全审计制度、责任追究制度。对于违规操作、玩忽职守造成损失的单位或个人，应视其情节轻重给予相应的处罚，触犯国家刑律的移交司法机关依法追究刑事责任。

第十四条　公司应自觉接受有关监管部门对委托代理业务的监督检查，定期报告委托代理业务的运营情况。

第十五条　公司委托代理业务的开办应报财政部和银监会等部门审核批准。公司应按照本办法规定制定实施细则，报财政部和银监会等部门备案。

第十六条　本办法自印发之日起施行。

附件3

金融资产管理公司商业化收购业务风险管理办法

第一条　为规范金融资产管理公司（以下简称公司）的商业化收购业务，有效防范和控制不良资产收购业务的风险，制定本办法。

第二条　本办法所称公司，是指经国务院批准成立的中国华融资产管理公司、中国长城资产管理公司、中国东方资产管理公司、中国信达资产管理公司。

第三条　本办法所称商业化收购业务，是指公司根据市场原则购买出让方的资产，并对所收购的资产进行管理和处置，最终实现现金回收的业务。

第四条　公司应针对商业化收购业务中的信用风险、市场风险和操作风险等制定具体的管理办法和控制措施。

第五条　公司商业化收购的范围是境内金融机构的不良资产。

第六条　公司商业化收购资产的资金来源为资本金和其他合法融资方式取得的资金。

第七条　公司应设有商业化收购业务审议决策机构。商业化收购项目无论金额大小，均应经审议决策机构审议决策。审议决策机构由公司和相关部门负责人组成，按照"集体审议、稳健严谨、规范高效、科学决策"原则开展审议工作。公司商业化收购项目经审议决策机构审议，并获三分之二以上（含三分之二）成员投票通过后，由公司总裁批准实施。

公司审议批准的商业化收购项目，可授权办事处实施。

第八条　公司应对计划收购的资产进行尽职调查，对资产状况、权属关系、市场前景等进行评价分析，合理预测风险。

第九条　公司应根据自身资金状况和政策性资产处置任务的完成进度进行审慎决策，严格控制商业化收购资产规模，优化资产结构，防范风险。

第十条　公司开展商业化收购业务应进行量本利分析，认真测算业务收入和成本，确保盈利；同时建立健全绩效考评机制，定期进行考核。

第十一条　公司应按照谨慎性原则，根据商业化收购资产的预计风险，足额提取风险准备。

第十二条　公司开展商业化收购业务的财务收支和会计核算必须与政策性业务严格区分，实行分账管理，严禁混淆、调剂、挤占两项业务的现金回收和费用。

第十三条　公司应建立健全审计制度、责任追究制度，对于违规操作、玩忽职守造成损失的单位或个人，应视其情节轻重给予相应的处罚。触犯国家刑律的移交司法机关依法追究刑事责任。

第十四条　公司应自觉接受有关监管部门对商业化收购业务的监督检查，定期报告商业化收购业务的运营情况。

第十五条 公司商业化收购业务的开办应报财政部和银监会等部门审核批准。公司应按照本办法规定制定实施细则,报财政部和银监会等部门备案。

第十六条 本办法自印发之日起施行。

财政部 银监会关于印发《金融企业不良资产批量转让管理办法》的通知

(财金〔2012〕6号)

各省、自治区、直辖市、计划单列市财政厅(局),各银监局,有关金融企业:

为盘活金融企业不良资产,增强抵御风险能力,促进金融支持经济发展,现将《金融企业不良资产批量转让管理办法》印发给你们,请遵照执行。

附件:金融企业不良资产批量转让管理办法

财政部(章) 中国银行业监督管理委员会(章)
二○一二年一月十八日

附件

金融企业不良资产批量转让管理办法

第一章 总 则

第一条 为盘活金融企业不良资产，增强抵御风险能力，促进金融支持经济发展，防范国有资产流失，根据国家有关法律法规，制定本办法。

第二条 本办法所称金融企业，是指在中华人民共和国境内依法设立的国有及国有控股商业银行、政策性银行、信托投资公司、财务公司、城市信用社、农村信用社以及中国银行业监督管理委员会（以下简称银监会）依法监督管理的其他国有及国有控股金融企业（金融资产管理公司除外）。

其他中资金融企业参照本办法执行。

第三条 本办法所称资产管理公司，是指具有健全公司治理、内部管理控制机制，并有5年以上不良资产管理和处置经验，公司注册资本金100亿元（含）以上，取得银监会核发的金融许可证的公司，以及各省、自治区、直辖市人民政府依法设立或授权的资产管理或经营公司。

各省级人民政府原则上只可设立或授权一家资产管理或经营公司，核准设立或授权文件同时抄送财政部和银监会。上述资产管理或经营公司只能参与本省（自治区、直辖市）范围内不良资产的批量转让工作，其购入的不良资产应采取债务重组的方式进行处置，不得对外转让。

批量转让是指金融企业对一定规模的不良资产（10户/项以上）进行组包，定向转让给资产管理公司的行为。

第四条 金融企业应进一步完善公司治理和内控制度，不断提高风险管理能力，建立损失补偿机制，及时提足相关风险准备。

第五条 金融企业应对批量处置的不良资产及时认定责任人，对相关责任人进行严肃处理，并将处理情况报同级财政部门和银监会或属地银监局。

第六条 不良资产批量转让工作应坚持依法合规、公开透明、竞争择优、价值最大化原则。

（一）依法合规原则。转让资产范围、程序严格遵守国家法律法规和政策规定，严禁违法违规行为。

（二）公开透明原则。转让行为要公开、公平、公正，及时充分披露相关信息，避免暗箱操作，防范道德风险。

（三）竞争择优原则。要优先选择招标、竞价、拍卖等公开转让方式，充分竞争，避免非理性竞价。

（四）价值最大化原则。转让方式和交易结构应科学合理，提高效率，降低成本，实现处置回收价值最大化。

第二章 转让范围

第七条 金融企业批量转让不良资产的范围包括金融企业在经营中形成的以下不良信贷资产和非信贷资产：

（一）按规定程序和标准认定为次级、可疑、损失类的贷款；

（二）已核销的账销案存资产；

（三）抵债资产；

（四）其他不良资产。

第八条 下列不良资产不得进行批量转让：

（一）债务人或担保人为国家机关的资产；

（二）经国务院批准列入全国企业政策性关闭破产计划的资产；

（三）国防军工等涉及国家安全和敏感信息的资产；

（四）个人贷款（包括向个人发放的购房贷款、购车贷款、教育助学贷款、信用卡透支、其他消费贷款等以个人为借款主体的各类贷款）；

（五）在借款合同或担保合同中有限制转让条款的资产；

（六）国家法律法规限制转让的其他资产。

第三章 转让程序

第九条 资产组包。金融企业应确定拟批量转让不良资产的范围和标准，对资产进行分类整理，对一定户数和金额的不良资产进行组包，根据资产分布和市场行情，合理确定批量转让资产的规模。

第十条 卖方尽职调查。金融企业应按照国家有关规定和要求，认真做好批量转让不良资产的卖方尽职调查工作。

（一）通过审阅不良资产档案和现场调查等方式，客观、公正地反映不良资产状况，充分披露资产风险。

（二）金融企业应按照地域、行业、金额等特点确定样本资产，并对样本资产（其中债权资产应包括抵质押物）开展现场调查，样本资产金额（债权为本金金额）应不低于每批次资产的80%。

（三）金融企业应真实记录卖方尽职调查过程，建立卖方尽职调查数据库，撰写卖方尽职调查报告。

第十一条 资产估值。金融企业应在卖方尽职调查的基础上，采取科学的估值方法，逐户预测不良资产的回收情况，合理估算资产价值，作为资产转让定价的依据。

第十二条 制定转让方案。金融企业制定转让方案应对资产状况、尽职调查情况、估值的方法和结果、转让方式、邀请或公告情况、受让方的确定过程、履约保证和风险控制措施、预计处置回收和损失、费用支出等进行阐述和论证。转让方案应附卖方尽职调查报告和转让协议文本。

第十三条 方案审批。金融企业不良资产批量转让方案须履行相应的内部审批程序。

第十四条 发出要约邀请。金融企业可选择招标、竞价、拍卖等公开转让方式,根据不同的转让方式向资产管理公司发出邀请函或进行公告。邀请函或公告内容应包括资产金额、交易基准日、五级分类、资产分布、转让方式、交易对象资格和条件、报价日、邀请或公告日期、有效期限、联系人和联系方式及其他需要说明的问题。通过公开转让方式只产生1个符合条件的意向受让方时,可采取协议转让方式。

第十五条 组织买方尽职调查。金融企业应组织接受邀请并注册竞买的资产管理公司进行买方尽职调查。

(一) 金融企业应在买方尽职调查前,向已注册竞买的资产管理公司提供必要的资产权属文件、档案资料和相应电子信息数据,至少应包括不良资产重要档案复印件或扫描文件、贷款五级分类结果等。

(二) 金融企业应对资产管理公司的买方尽职调查提供必要的条件,保证合理的现场尽职调查时间,对于资产金额和户数较大的资产包,应适当延长尽职调查时间。

(三) 资产管理公司通过买方尽职调查,补充完善资产信息,对资产状况、权属关系、市场前景等进行评价分析,科学估算资产价值,合理预测风险。对拟收购资产进行量本利分析,认真测算收购资产的预期收入和成本,根据资产管理公司自身的风险承受能力,理性报价。

第十六条 确定受让方。金融企业根据不同的转让方式,按照市场化原则和国家有关规定,确定受让资产管理公司。金融企业应将确定受让方的原则提前告知已注册的资产管理公司。采取竞价方式转让资产,应组成评价委员会,负责转让资产的评价工作,评价委员会可邀请外部专家参加;采取招标方式应遵守国家有关招标的法律法规;采取拍卖方式应遵守国家有关拍卖的法律法规。

第十七条 签订转让协议。金融企业应与受让资产管理公司签订资产转让协议,转让协议应明确约定交易基准日、转让标的、转让价格、付款方式、付款时间、收款账户、资产清单、资产交割日、资产交接方式、违约责任等条款,以及有关资产权利的维护、担保权利的变更、已起诉和执行项目主体资格的变更等具体事项。转让协议经双方签署后生效。

第十八条 组织实施。金融企业和受让资产管理公司根据签署的资产转让协议组织实施。

第十九条 发布转让公告。转让债权资产的,金融企业和受让资产管理公司要在约定时间内在全国或者省级有影响的报纸上发布债权转让通知暨债务催收公告,通知债务人和相应的担保人,公告费用由双方承担。双方约定采取其他方式通知债务人的除外。

第二十条 转让协议生效后,受让资产管理公司应在规定时间内将交易价款划至金融企业指定账户。原则上采取一次性付款方式,确需采取分期付款方式的,应将付款期限和次数等条件作为确定转让对象和价格的因素,首次支付比例不低于全部价款的 30%。

采取分期付款的，资产权证移交受让资产管理公司前应落实有效履约保障措施。

第二十一条 金融企业应按照资产转让协议约定，及时完成资产档案的整理、组卷和移交工作。

（一）金融企业移交的档案资料原则上应为原件（电子信息资料除外），其中证明债权债务关系和产权关系的法律文件资料必须移交原件。

（二）金融企业将资产转让给资产管理公司时，对双方共有债权的档案资料，由双方协商确定档案资料原件的保管方，并在协议中进行约定，确保其他方需要使用原件时，原件保管方及时提供。

（三）金融企业应确保移交档案资料和信息披露资料（债权利息除外）的一致性，严格按照转让协议的约定向受让资产管理公司移交不良资产的档案资料。

第二十二条 自交易基准日至资产交割日的过渡期内，金融企业应继续负责转让资产的管理和维护，避免出现管理真空，丧失诉讼时效等相关法律权利。

过渡期内由于金融企业原因造成债权诉讼时效丧失所形成的损失，应由金融企业承担。签订资产转让协议后，金融企业对不良资产进行处置或签署委托处置代理协议的方案，应征得受让资产管理公司同意。

第二十三条 金融企业应按照国家有关规定，对资产转让成交价格与账面价值的差额进行核销，并按规定进行税前扣除。

第四章 转让管理

第二十四条 金融企业应建立健全不良资产批量转让管理制度，设立或确定专门的审核机构，完善授权机制，明确股东大会、董事会、经营管理层的职责。

资产管理公司应制定不良资产收购管理制度，设立收购业务审议决策机构，建立科学的决策机制，有效防范经营风险。

第二十五条 金融企业和资产管理公司负责不良资产批量转让或收购的有关部门应遵循岗位分离、人员独立、职能制衡的原则。

第二十六条 金融企业根据本办法规定，按照公司章程和内部管理权限，履行批量转让不良资产的内部审批程序，自主批量转让不良资产。

第二十七条 金融企业应在每批次不良资产转让工作结束后（即金融企业向受让资产管理公司完成档案移交）30 个工作日内，向同级财政部门和银监会或属地银监局报告转让方案及处置结果，其中中央管理的金融企业报告财政部和银监会，地方管理的金融企业报告同级财政部门和属地银监局。同一报价日发生的批量转让行为作为一个批次。

第二十八条 金融企业应于每年 2 月 20 日前向同级财政部门和银监会或属地银监局报送上年度批量转让不良资产情况报告。省级财政部门和银监局于每年 3 月 30 日前分别将辖区内金融企业上年度批量转让不良资产汇总情况报财政部和银监会。

第二十九条 金融企业和资产管理公司的相关人员与债务人、担保人、受托中介机构等存在直接或间接利益关系的，或经认定对不良资产形成有直接责任的，在不良资产转让和收购工作中应予以回避。

第三十条 金融企业应在法律法规允许的范围内及时披露资产转让的有关信息，同时充分披露参与不良资产转让关联方的相关信息，提高转让工作的透明度。

上市金融企业应严格遵守证券交易所有关信息披露的规定，及时充分披露不良资产成因与处置结果等信息，以强化市场约束机制。

第三十一条 金融企业应做好不良资产批量转让工作的内部检查和审计，认真分析不良资产的形成原因，及时纠正存在的问题，总结经验教训，提出改进措施，强化信贷管理和风险防控。

第三十二条 金融企业应严格遵守国家法律法规，严禁以下违法违规行为：

（一）自交易基准日至资产交割日期间，擅自放弃与批量转让资产相关的权益；

（二）违反规定程序擅自转让不良资产；

（三）与债务人串通，转移资产，逃废债务；

（四）抽调、隐匿原始不良资产档案资料，编造、伪造档案资料或其他数据、资料；

（五）其他违法违规的行为。

第三十三条 金融企业和资产管理公司应建立健全责任追究制度，对违反相关法律、法规的行为进行责任认定，视情节轻重和损失大小对相关责任人进行处罚；违反党纪、政纪的，移交纪检、监察部门处理；涉嫌犯罪的，移交司法机关处理。

第三十四条 财政部和银监会依照相关法律法规，对金融企业的不良资产批量转让工作和资产管理公司的资产收购工作进行监督和管理，具体办法由财政部和银监会另行制定。对检查中发现的问题，责令有关单位或部门进行整改，并追究相关人员责任。

第五章 附 则

第三十五条 金融企业应依据本办法制定内部管理办法，并报告同级财政部门和银监会或属地银监局。

第三十六条 各省、自治区、直辖市人民政府依法设立或授权的资产管理或经营公司的资质认可条件，由银监会另行制定。

第三十七条 本办法自印发之日起施行。

中国银监会关于进一步规范银行业金融机构信贷资产转让业务的通知

(银监发〔2010〕102号)

为进一步规范银行业金融机构信贷资产转让，促进相关业务规范、有序、健康发展，现就有关事项通知如下：

一、银行业金融机构开展信贷资产转让业务，应当严格遵守国家法律、法规、规章和规范性文件的相关规定，健全并严格执行相应风险管理制度和内部操作规程。

二、本通知所称信贷资产是指确定的、可转让的正常类信贷资产，不良资产的转让与处置不适用本通知规定。

信贷资产的转出方应征得借款人同意方可进行信贷资产的转让，但原先签订的借款合同中另有约定的除外。

三、信贷资产转入方应当做好对拟转入信贷资产的尽职调查，包括但不限于借款方资信状况、经营情况、信贷资产用途的合规性和合法性、担保情况等。

信贷资产转入方应当将拟转入的信贷资产提交授信审批部门进行严格审查、核实，复评贷款风险度，提出审核意见，按规定履行审批手续。

四、银行业金融机构转让信贷资产应当遵守真实性原则，禁止资产的非真实转移。

转出方不得安排任何显性或隐性的回购条款；转让双方不得采取签订回购协议、即期买断加远期回购等方式规避监管。

五、银行业金融机构转让信贷资产应当遵守整体性原则，即转让的信贷资产应当包括全部未偿还本金及应收利息，不得有下列情形：

（一）将未偿还本金与应收利息分开；

（二）按一定比例分割未偿还本金或应收利息；

（三）将未偿还本金及应收利息整体按比例进行分割；

（四）将未偿还本金或应收利息进行期限分割。

银行业金融机构转让银团贷款的，转出方在进行转让时，应优先整体转让给其他银团贷款成员；如其他银团贷款成员均无意愿接受转让，且对转出方将其转给银团贷款成员之外的银行业金融机构无异议，转出方可将其整体转让给银团贷款成员之外的银行业金融机构。

六、银行业金融机构转让信贷资产应当遵守洁净转让原则，即实现资产的真实、完全转让，风险的真实、完全转移。

信贷资产转入方应当与信贷资产的借款方重新签订协议，确认变更后的债权债务关系。

拟转让的信贷资产有保证人的,转出方在信贷资产转让前,应当征求保证人意见,保证人同意后,可进行转让;如保证人不同意,转出方应和借款人协商,更换保证人或提供新的抵质押物,以实现信贷资产的安全转让。

拟转让的信贷资产有抵质押物的,应当完成抵质押物变更登记手续或将质物移交占有、交付,确保担保物权有效转移。

银行业金融机构在签订信贷资产转让协议时,应当明确双方权利和义务,转出方应当向转入方提供资产转让业务涉及的法律文件和其他相关资料;转入方应当行使信贷资产的日常贷后管理职责。

七、信贷资产转出方将信用风险、市场风险和流动性风险等完全转移给转入方后,应当在资产负债表内终止确认该项信贷资产,转入方应当在表内确认该项信贷资产,作为自有资产进行管理;转出方和转入方应当做到衔接一致,相关风险承担在任何时点上均不得落空。

信贷资产转让后,转出方和转入方的资本充足率、拨备覆盖率、大额集中度、存贷比、风险资产等监管指标的计算应当作出相应调整。

八、银行业金融机构应当严格按照《企业会计准则》关于"金融资产转移"的规定及其他相关规定进行信贷资产转移确认,并做相应的会计核算和账务处理。

九、银行业金融机构应当严格遵守信贷资产转让和银信理财合作业务的各项规定,不得使用理财资金直接购买信贷资产。

十、银行业金融机构开展信贷资产转让业务,不论是转入还是转出,应按照监管部门的要求及时完成相应信息的报送,并应当在每个季度结束后30个工作日内,向监管机构报送信贷资产转让业务报告。报告应当至少包括以下内容:

(一)信贷资产转让业务开展的整体情况;

(二)具体的转让笔数,每一笔交易的标的、金额、交易对手方、借款方、担保方或担保物权的情况等;

(三)信贷资产的风险变化情况;

(四)其他需要报告的情况。

十一、银行业金融机构开展信贷资产转让业务未能审慎经营,违反本通知规定的,监管机构可以根据《中华人民共和国银行业监督管理法》的有关规定,责令其暂停信贷资产转让业务,给予相应处罚,并追究相关人员责任。

请各银监局将本通知转发至辖内银监分局和银行业金融机构。

二〇一〇年十二月三日

中国银监会办公厅关于规范银行业金融机构信贷资产收益权转让业务的通知

(银监办发〔2016〕82号)

各银监局,各政策性银行、大型银行、股份制银行,邮储银行,外资银行,金融资产管理公司,其他会管金融机构,银行业信贷资产登记流转中心:

近年来,银行业金融机构开展信贷资产收益权转让业务,对进一步盘活信贷存量、加快资金周转发挥了积极作用,但部分业务存在交易结构不规范不透明,会计处理和资本、拨备计提不审慎等问题。为促进信贷资产收益权转让业务健康有序发展,现就有关事项通知如下:

一、信贷资产收益权转让应当遵守"报备办法、报告产品和登记交易"相关要求

(一)报备办法。银行业金融机构应当制定信贷资产收益权转让业务管理制度;银行业信贷资产登记流转中心(以下简称银登中心)应当根据银监会相关要求,制定并发布信贷资产收益权转让业务规则和操作流程,并及时报送银监会备案。

(二)报告产品。银登中心应当根据银监会相关要求,制定并发布产品报告流程和备案审核要求;银行业金融机构应当向银登中心逐笔报送产品相关信息。

(三)登记交易。出让方银行应当依照《中国银监会办公厅关于银行业信贷资产流转集中登记的通知》(银监办发〔2015〕108号)相关规定,及时在银登中心办理信贷资产收益权转让集中登记。

二、信贷资产收益权转让应当依法合规开展,有效防范风险

(一)出让方银行应当根据《商业银行资本管理办法(试行)》,在信贷资产收益权转让后按照原信贷资产全额计提资本。

(二)出让方银行应当按照《企业会计准则》对信贷资产收益权转让业务进行会计核算和账务处理。开展不良资产收益权转让的,在继续涉入情形下,计算不良贷款余额、不良贷款比例和拨备覆盖率等指标时,出让方银行应当将继续涉入部分计入不良贷款统计口径。

(三)出让方银行应当根据《商业银行贷款损失准备管理办法》《银行贷款损失准备计提指引》和《金融企业准备金计提管理办法》等相关规定,按照会计处理和风险实际承担情况计提拨备。

(四)出让方银行不得通过本行理财资金直接或间接投资本行信贷资产收益权,不得以任何方式承担显性或者隐性回购义务。

(五)信贷资产收益权的投资者应当持续满足监管部门关于合格投资者的相关要

求。不良资产收益权的投资者限于合格机构投资者，个人投资者参与认购的银行理财产品、信托计划和资产管理计划不得投资；对机构投资者资金来源应当实行穿透原则，不得通过嵌套等方式直接或变相引入个人投资者资金。

（六）出让方银行和其他相关交易主体应当审慎评估信贷资产质量和风险，按照市场化原则合理定价，必要时委托会计师事务所、律师事务所、评级机构、估值机构等独立第三方机构，对相关业务环节出具专业意见。

（七）出让方银行和其他相关交易主体应当按照有关要求，向投资者及时、准确、完整披露拟转让收益权的信贷资产相关情况，并及时披露对投资者权益或投资收益等产生重大影响的突发事件。

（八）符合上述规定的合格投资者认购的银行理财产品投资信贷资产收益权，按本通知要求在银登中心完成转让和集中登记的，相关资产不计入非标准化债权资产统计，在全国银行业理财信息登记系统中单独列示。

三、银登中心应当加强市场监督，并及时报告重要情况

（一）开展业务产品备案审核。审核内容包括但不限于资产构成、交易结构、投资者适当性、信息披露和风险管控措施等。

（二）加强市场基础设施建设。完善信贷资产收益权转让相关平台功能，加强软硬件设施建设，保障系统运行的稳定性和连续性。

（三）及时报告重要情况。定期向银监会报告信贷资产收益权转让产品备案、登记转让信息和相关统计分析报告。发生重大突发事件时，应当及时向银监会报告。

四、银行业监督管理机构对银行业金融机构的信贷资产收益权转让业务实施监督管理，必要时根据《中华人民共和国银行业监督管理法》等法律法规，采取相关监管措施或者实施行政处罚。

中国银行业监督管理委员会办公厅
2016 年 4 月 27 日

基金管理公司特定客户资产管理子公司风险控制指标管理暂行规定

(中国证券监督管理委员会公告〔2016〕30号)

现公布《基金管理公司特定客户资产管理子公司风险控制指标管理暂行规定》,自2016年12月15日起施行。

中国证监会
2016年11月29日

附件1:《基金管理公司特定客户资产管理子公司风险控制指标管理暂行规定》
附件1-1:基金专户子公司净资本计算表(略)
附件1-2:基金专户子公司风险资本准备计算表(略)
附件1-3:基金专户子公司风险控制指标监管报表(略)
附件2:关于《基金管理公司特定客户资产管理子公司风险控制指标管理暂行规定》的起草说明(略)

附件 1

基金管理公司特定客户资产管理子公司风险控制指标管理暂行规定

第一章 总 则

第一条 为加强对经营特定客户资产管理业务的基金管理公司子公司(以下简称专户子公司)的风险监管,促进专户子公司加强内部控制、提升风险管理水平、有效防范风险,根据《证券投资基金法》及《基金管理公司特定客户资产管理业务试点办法》《基金管理公司子公司管理规定》等有关法律法规,制定本规定。

第二条 本规定所称风险控制指标是指为确保专户子公司固有资产充足并保持必要的流动性,根据其业务范围和业务特点,建立的以净资本为核心的风险控制指标体系。

第三条 专户子公司应当按照本规定要求计提风险准备金,计算净资本和风险资本准备,编制风险控制指标监管报表,并建立动态的压力测试机制、风险控制指标监控机制和资本补足机制,确保各项风险控制指标持续符合规定标准。

第四条 专户子公司应当建立全面的风险管理体系,采取有效风险管理措施,确保业务发展规模与其风险承受能力、风险控制水平及经营实力相匹配。

第五条 专户子公司的董事会承担本公司风险控制管理的最终责任,负责确定管理目标,审定风险承受能力,制定并监督实施管理规划。专户子公司总经理全面负责风险控制管理的实施工作,并至少每季度将风险控制管理情况向专户子公司董事会、基金管理公司作出书面报告。

基金管理公司应当定期审阅及评估专户子公司的风险控制指标管理情况,按时向中国证监会及其派出机构提交专户子公司风险控制指标监管报表。

第六条 中国证监会可以根据市场发展情况和审慎监管原则,对各项风险控制指标标准及计算要求进行动态调整。

对本规定未作规定的新业务类别,专户子公司在开展该业务前,应当向中国证监会报告,中国证监会按照业务类别特点和风险属性,确定相应的风险资本准备计算系数和净资本扣减比例。

第七条 中国证监会可以根据专户子公司的治理结构、风险控制和合规管理等情况,对不同专户子公司的风险控制指标、风险资本准备计算系数和风险准备金计提比例等进行差异化调整。

第八条 中国证监会及其派出机构依法对专户子公司各项风险控制指标计算结果的真实性、准确性、完整性进行定期或者不定期检查。

中国证监会及其派出机构可以根据监管需要,要求专户子公司聘请具有证券、期货相关业务资格的会计师事务所对其风险控制指标监管报表进行审计。

第九条 中国证券投资基金业协会（以下简称证券投资基金业协会）按照中国证监会的规定，对专户子公司风险控制指标计算实施自律管理。

第二章 风险控制指标标准及计算

第十条 专户子公司应当持续符合下列风险控制指标标准：
（一）净资本不得低于1亿元人民币；
（二）净资本不得低于各项风险资本准备之和的100%；
（三）净资本不得低于净资产的40%；
（四）净资产不得低于负债的20%。

专户子公司可以根据自身实际情况，在不低于上述规定标准的基础上，确定相应的风险控制指标要求。

第十一条 专户子公司应当根据不同资产的特点和风险状况，按照规定的扣减比例对净资产进行调整。

净资本＝净资产－相关资产余额×扣减比例－或有负债调整项目＋或－中国证监会认定或核准的其他调整项目

专户子公司在计算净资本时，应当将不同科目中核算的同类资产合并计算，按照资产的属性统一进行风险调整。

第十二条 专户子公司计算净资本时，应当按照企业会计准则等规定充分计提资产减值准备、确认预计负债。

中国证监会及其派出机构可以要求专户子公司对资产减值准备计提的充足性和合理性、预计负债确认的完整性进行专项说明；有证据表明专户子公司未能充分计提资产减值准备或未能准确确认预计负债的，中国证监会派出机构应当要求专户子公司相应核减净资本金额。

第十三条 专户子公司开展的固有资金投资业务、特定客户资产管理业务、其他业务，应当纳入风险资本准备计算范围。

各类业务风险资本准备＝该类业务规模×风险资本准备计算系数

第十四条 专户子公司应当按照管理费收入的10%计提风险准备金，风险准备金达到专户子公司所管理资产规模净值的1%时可不再计提。

专户子公司风险准备金的管理及投资运作，参照公开募集证券投资基金风险准备金监督管理有关规定执行。

第三章 监管报表的编报

第十五条 基金管理公司应当在每月结束之日起7个工作日内，向中国证监会和公司所在地中国证监会派出机构报送专户子公司《月度风险控制指标监管报表》。如遇影响风险控制指标的特别重大事项，应当及时报告。

第十六条 中国证监会及其派出机构可以根据监管需要，要求部分或者全部基金管理公司在一定阶段内按周或者按日编报专户子公司风险控制指标监管报表。

第十七条 基金管理公司应当在年度结束之日起3个月内，向中国证监会和公司所在地中国证监会派出机构报送经审计的专户子公司《年度风险控制指标监管报表》。

《年度风险控制指标监管报表》应当由具有证券、期货相关业务资格的会计师事务所进行审计。

第十八条 基金管理公司及其专户子公司应当对监管报表的真实性、准确性、完整性负责。

基金管理公司总经理及督察长、专户子公司法定代表人及总经理应当对《风险控制指标监管报表》签署确认意见，并保证报表真实、准确、完整，不存在虚假记载、误导性陈述和重大遗漏。

第十九条 专户子公司应当在开展各类业务及分配利润前对风险控制指标进行敏感性分析，合理确定各类业务及分配利润的最大规模。

第二十条 专户子公司的风险控制指标与上月相比发生不利变化且超过20%，基金管理公司应当在该情形发生之日起5个工作日内，向中国证监会和公司所在地中国证监会派出机构书面报告，说明基本情况和变化原因。

第二十一条 专户子公司的风险控制指标不符合规定标准的，基金管理公司应当在该情形发生之日起2个工作日内，向中国证监会和公司所在地中国证监会派出机构书面报告，说明基本情况、问题成因以及具体的整改措施和整改期限，整改期限最长不得超过3个月。

第四章 监督管理

第二十二条 专户子公司风险控制指标管理存在下列情形之一的，中国证监会及基金管理公司所在地中国证监会派出机构可以对基金管理公司或其专户子公司采取责令改正、暂停相关业务等行政监管措施，对直接负责的主管人员和其他直接责任人员，采取监管谈话、出具警示函、认定为不适当人选等行政监管措施：

（一）未按照要求报送风险控制指标监管报表；

（二）风险控制指标监管报表存在重大错报、漏报以及虚假报送情况；

（三）未按照要求报送整改计划，或整改期内未采取有效整改措施、风险控制指标持续恶化；

（四）整改到期后风险控制指标仍不符合规定标准；

（五）违反风险控制指标监管的其他行为。

第二十三条 对未按要求完成整改的专户子公司，中国证监会及基金管理公司所在地中国证监会派出机构可视情况进一步采取下列措施：

（一）限制分配红利，限制向董事、监事、高级管理人员支付报酬、提供福利；

（二）限制转让固有财产或者在固有财产上设定其他权利；

（三）限制有关股东行使股东权利。

第二十四条 专户子公司风险控制指标持续恶化，严重危及该专户子公司稳健运行的,依照《基金管理公司子公司管理规定》第三十八条的规定处理。

第五章 附 则

第二十五条 中国证监会可以根据监管需要,要求基金管理公司及其他子公司参照本规定建立风险控制指标体系。

第二十六条 本规定自 2016 年 12 月 15 日起施行。相关过渡安排如下:

(一)专户子公司风险控制指标不符合第十条规定标准的,给予 18 个月的过渡期。自本规定施行后第 12 个月、第 18 个月,专户子公司各项风险控制指标达到规定标准的比例应当分别不低于 50%、100%。

(二)2016 年 1 月 1 日之前专户子公司已存续的各项业务,可豁免计提资产管理业务特定风险资本准备和其他业务风险资本准备。

2016 年 1 月 1 日之前存续的资产管理计划(含资产支持专项计划)可以存续到期,但到期前不得开放申购或追加资金,合同到期后予以清盘,不得续期。如上述资产管理计划的合同明确约定了可申购或追加资金的,可按合同约定执行,但新增资金应当按本规定计算风险资本准备。

(三)本规定施行前专户子公司下设的从事私募投资基金管理业务的机构,未按照《基金管理公司子公司管理规定》第四十一条第(三)款的规定予以清理的,须合并计算风险资本准备。

(四)过渡期内,基金管理公司为补充专户子公司净资本进行的专项增资,可予以单次豁免《基金管理公司固有资金运用管理暂行规定》第八条第一款的限制。

中国保监会关于清理规范保险资产管理公司通道类业务有关事项的通知

(保监资金〔2016〕98号)

各保险资产管理公司:

为进一步加强受托投资管理,防范资金运用风险,避免出现因内控措施不严导致资金被不法分子挪用或诈骗等风险事件,我会将开展保险资产管理公司银行存款通道等业务清理规范工作。现就有关事项通知如下:

一、清理范围

本通知规定需要清理规范的银行存款通道等业务(以下简称通道类业务),是指在本通知发布之日前开展的资金来源与投资标的均由商业银行等机构确定,保险资产管理公司通过设立资产管理计划等形式接受商业银行等机构的委托,按照其意愿开展银行协议存款等投资,且在其委托合同中明确保险资产管理公司不承担主动管理职责,投资风险由委托人承担的各类业务。

二、清理内容

此次清理工作以公司全面自查为主,自查内容包括:

1. 投资风险。逐笔核查相关业务合同,明确落实投资风险责任免除条款,即投资风险由委托人自担。

2. 信用风险。全面评估相关业务涉及交易对手的信用违约风险,同时进一步加强自身信用风险评估能力建设,建立完善合规交易对手库,严格制定信用风险管理交易对手选择流程。

3. 操作风险。建立完善通道类业务相关制度,明确公司内部及外部业务操作流程,将各关键操作环节具体化、标准化、制度化。

4. 道德风险。加强对内部员工的日常道德及法制教育,建立稳定长效机制,防范内部人员与外部人员串通共谋损害公司利益。

三、有关要求

1. 清理规范期间,保险资产管理公司暂停新增办理通道类业务。

2. 各公司应于2016年7月31日前完成自查及清理规范工作,并通过电子公文传输系统向我会报送经董事会或董事会授权机构审议通过的通道类业务自查报告。

3. 对存在风险的相关业务,公司应当及时整改,并采取有效风险防范措施;对已经发生损失风险的，公司应按照内部有关制度严肃追究相关人员的管理责任。整改情况应一并向我会报告。我会将根据非现场监测情况，对有关保险资产管理公司相关业务进行现场检查。

其他保险机构开展通道类业务自查及清理规范工作，参照本通知执行。

中国银监会关于印发金融资产管理公司资本管理办法（试行）的通知

（银监发〔2017〕56号）

各金融资产管理公司：

现将《金融资产管理公司资本管理办法（试行）》印发给你们，请遵照执行。

2017年12月26日

金融资产管理公司资本管理办法（试行）

第一章 总 则

第一条 为加强金融资产管理公司（以下简称资产公司）资本监管，维护资产公司稳健运行，根据《中华人民共和国银行业监督管理法》《金融资产管理公司条例》等法律法规，制定本办法。

第二条 本办法适用于资产公司及其附属机构组成的集团。

本办法所称集团母公司是指资产公司总部及分支机构。

本办法所称附属机构是指由集团母公司直接或间接持股的、按照本办法第三章第一节规定应当纳入集团资本监管范围的机构，包括附属法人机构以及特殊目的实体等附属经济组织。

第三条 集团及集团母公司应当确保持有的资本能够抵御所面临的风险，包括集团风险、个体风险和系统性风险。

第四条 集团及集团母公司应当持续满足本办法规定的资本充足性监管要求和监管指标。

第五条 本办法所称资本充足率，是指集团母公司持有的符合本办法规定的资本与风险加权资产之间的比率。

一级资本充足率，是指集团母公司持有的符合本办法规定的一级资本与风险加权资产之间的比率。

核心一级资本充足率，是指集团母公司持有的符合本办法规定的核心一级资本与风险加权资产之间的比率。

第六条 本办法所称集团超额资本，是指集团持有的符合本办法规定的合格资本净额超出本办法规定的集团最低资本要求之上的部分。

第七条 本办法所称资本净额，是指从集团母公司及附属机构持有的符合本办法规定的各级资本中对应扣除扣减项（调整项）后的资本余额。

第八条 除上述集团超额资本和资本充足率监管要求外，集团及集团母公司还应当满足杠杆率监管要求。

本办法所称杠杆率，是指集团母公司持有的、符合本办法规定的一级资本净额与调整后的表内外资产余额的比率。

集团财务杠杆率，是指集团合并净资产与符合本办法规定的、经调整后的合并表内外资产的比率。

第九条 集团及集团母公司资本充足性相关监管指标的计算应当建立在充分计提资产减值准备的基础之上。

第十条 集团母公司应当参照国务院银行业监督管理机构关于商业银行资本监管的相关规定，建立全面风险管理架构和内部资本充足性管理及评估程序。

第十一条 集团母公司应当按照本办法披露资本充足性信息。

第十二条 国务院银行业监督管理机构依照本办法对集团及集团母公司资本充足性、杠杆率、资本管理等情况进行日常监管和现场检查，可以视情况采取相应的监管措施。

第十三条 国务院银行业监督管理机构在国务院金融稳定发展委员会的领导下，加强与财政部、人民银行、国务院证券监督管理机构、国务院保险监督管理机构等主管部门和监管机构的监管协调和监管合作，最大限度地消除监管空白和减少监管套利。

第二章　集团母公司资本监管要求

第一节　资本充足率计算及监管要求

第十四条 集团母公司应当按照以下公式计算资本充足率：

$$核心一级资本充足率 = \frac{核心一级资本 - 对应资本扣减项}{风险加权资产} \times 100\%$$

$$一级资本充足率 = \frac{一级资本 - 对应资本扣减项}{风险加权资产} \times 100\%$$

$$资本充足率 = \frac{总资本 - 对应资本扣减项}{风险加权资产} \times 100\%$$

第十五条 集团母公司总资本包括核心一级资本、其他一级资本和二级资本。集团母公司应当按照本章第二节的规定计算各级资本和扣减项。

第十六条 集团母公司风险加权资产包括信用风险加权资产、市场风险加权资产和操作风险加权资产。集团母公司应当按照本章第三节的规定分别计量信用风险加权资产、市场风险加权资产和操作风险加权资产。

第十七条 集团母公司各级资本充足率不得低于如下最低要求：

（一）核心一级资本充足率不得低于9%。

（二）一级资本充足率不得低于10%。

（三）资本充足率不得低于12.5%。

第二节 资本定义

第十八条 核心一级资本包括：

（一）实收资本或普通股。

（二）资本公积。

（三）盈余公积。

（四）一般风险准备。

（五）未分配利润。

（六）其他综合收益。

（七）其他可计入部分。

第十九条 其他一级资本包括：

（一）其他一级资本工具。

（二）其他一级资本工具溢价。

第二十条 二级资本包括：

（一）二级资本工具。

（二）二级资本工具溢价。

（三）超额信用风险类资产减值准备。

1. 集团母公司采用权重法计量信用风险加权资产的，超额信用风险类资产减值准备可计入二级资本，但不得超过信用风险加权资产的1.25%。

前款所称超额信用风险类资产减值准备是指集团母公司实际计提的信用风险类资产减值准备超过最低要求的部分。信用风险类资产减值准备最低要求是指100%拨备覆盖率对应的信用风险类资产减值准备和应计提的信用风险类资产减值准备两者中的较大者。集团母公司信用风险类资产减值准备的计提标准，由国务院银行业监督管理机构另行制定。

2. 集团母公司采用内部评级法计量信用风险加权资产的，超额信用风险类资产减值准备可计入二级资本，但不得超过信用风险加权资产的0.6%。

前款所称超额信用风险类资产减值准备是指集团母公司实际计提的信用风险类资产减值准备超过预期损失的部分。

第二十一条 计算资本充足率时，集团母公司应当从核心一级资本中全额扣除以下项目：

（一）商誉。

（二）其他无形资产（土地使用权除外）。

（三）由经营亏损引起的净递延税资产。

（四）信用风险类资产减值准备缺口。

1. 集团母公司采用权重法计量信用风险加权资产的，信用风险类资产减值准备缺口是指实际计提的信用风险类资产减值准备低于信用风险类资产减值准备最低要求的部分。

2. 集团母公司采用内部评级法计量信用风险加权资产的，信用风险类资产减值准备缺口是指实际计提的信用风险类资产减值准备低于预期损失的部分。

（五）资产证券化销售利得。

（六）固定收益类的养老金资产净额。

（七）直接或间接持有的本公司股票。

（八）对资产负债表中未按公允价值计量的项目进行套期形成的现金流储备，若为正值，应予以扣除；若为负值，应予以加回。

（九）自身信用风险变化导致负债公允价值变化带来的未实现损益。

（十）对纳入集团资本监管范围的附属机构的核心一级资本投资。

第二十二条 集团母公司与其他金融机构之间通过协议相互持有的各级资本工具，或国务院银行业监督管理机构认定为虚增资本的各级资本投资，应从相应的监管资本中对应扣除。

集团母公司直接或间接持有本公司及附属机构发行的其他一级资本工具和二级资本工具，应从相应的监管资本中对应扣除。

对应扣除是指从集团母公司自身相应层级资本中一次性全额扣除。集团母公司某级资本净额小于应扣除数额的，缺口部分应从更高一级的资本净额中扣除。

第二十三条 集团母公司对未纳入集团资本监管范围的金融机构的小额少数资本投资，合计超出本公司核心一级资本净额30%的部分，应从各级监管资本中对应扣除。

小额少数资本投资是指集团母公司对金融机构各级资本投资（包括直接和间接投资）占该被投资金融机构实收资本（普通股加普通股溢价）10%（不含）以下，且根据本办法第三章第一节规定可不纳入集团资本监管范围的资本投资。

第二十四条 集团母公司对未纳入集团资本监管范围的金融机构的大额少数资本投资中，核心一级资本投资合计超出本公司核心一级资本净额30%的部分应从本公司核心一级资本中扣除；其他一级资本投资和二级资本投资应从相应层级资本中全额扣除。

大额少数资本投资是指集团母公司对金融机构各级资本投资（包括直接和间接投资）占该被投资金融机构实收资本（普通股加普通股溢价）10%（含）以上，且根据本办法第三章第一节规定可不纳入集团资本监管范围的资本投资。

第二十五条 除本办法第二十一条规定的递延税资产外，其他依赖于本公司未来盈利的净递延税资产，超出本公司核心一级资本净额10%的部分应从核心一级资本中扣除。

第二十六条 根据本办法第二十四条、第二十五条的规定，未在集团母公司核心一级资本中扣除的对金融机构的大额少数资本投资和相应的净递延税资产，合计金额不得超过本公司核心一级资本净额的35%。

第二十七条 计算资本充足率时，其他应在核心一级资本、其他一级资本、二级资本中扣除的项目,应从相应的监管资本中对应扣除。

第三节 风险加权资产计量

第二十八条 集团母公司应采用权重法计量信用风险加权资产,并可结合实际申请采用内部评级法。未经国务院银行业监督管理机构核准,集团母公司不得变更信用风险加权资产计量方法。

第二十九条 权重法下信用风险加权资产为表内资产信用风险加权资产与表外项目信用风险加权资产之和。

第三十条 集团母公司计量各类表内资产的风险加权资产,应首先从资产账面价值中扣除相应的减值准备,然后乘以风险权重。

本办法施行后新增的各类表内资产的风险权重按照本办法附件1的规定执行,存续的表内资产按照《中国银监会办公厅关于印发金融资产管理公司非现场监管报表指标体系的通知》(银监办发〔2016〕38号)规定的集团母公司表内资产的风险权重执行。

第三十一条 集团母公司计量各类表外项目的风险加权资产,应将表外项目名义金额乘以信用风险转换系数得到等值的表内资产,再按表内资产的处理方式计量风险加权资产。

各类表外项目的信用风险转换系数按照本办法附件1的规定执行。

集团母公司应当按照本办法附件2的规定计量资产证券化风险暴露的信用风险加权资产。

第三十二条 集团母公司采用权重法计量信用风险加权资产时,可按照本办法附件1的规定考虑合格质物质押或合格保证主体提供保证的风险缓释作用。

合格质物质押的债权(含证券融资类交易形成的债权),取得与质物相同的风险权重,或取得与对质物发行人或承兑人直接债权相同的风险权重。部分质押的债权(含证券融资类交易形成的债权),受质物保护的部分获得相应的较低风险权重。

合格保证主体提供全额保证的债权,取得与对保证人直接债权相同的风险权重。部分保证的债权,被保证部分获得相应的较低风险权重。

第三十三条 集团母公司采用权重法的,质物或保证的担保期限短于被担保债权期限的,不具备风险缓释作用。

第三十四条 集团母公司应采用标准法计量市场风险资本要求。

第三十五条 集团母公司应当制定清晰的交易账簿和非交易账簿划分标准,明确纳入交易账簿的金融工具和商品头寸以及在交易账簿和非交易账簿间划转的条件,确保执行的一致性。

第三十六条 集团母公司交易账簿总头寸如未达到80亿元或未超过表内外总资产的5%,可不计提市场风险资本。

第三十七条 集团母公司市场风险加权资产为市场风险资本要求的8倍,即:市场风险加权资产=市场风险资本要求×8。

第三十八条 集团母公司应当按照本办法附件 3 的规定分别计量利率风险、汇率风险、商品风险和股票风险的资本要求，并单独计量以各类风险为基础的期权工具风险的资本要求。

第三十九条 集团母公司应采用基本指标法计量操作风险资本要求。

第四十条 集团母公司操作风险加权资产为操作风险资本要求的 8 倍，即：操作风险加权资产 = 操作风险资本要求 ×8。

第四十一条 集团母公司应当以集团母公司最近三年平均总收入为基础计量操作风险资本要求。

总收入按照本办法附件 4 的规定进行确认，包括不良资产经营及处置净收入、手续费及佣金净收入、投资收益、利息净收入以及其他收入。

操作风险资本要求按照以下公式计量：

$$K_{BIA} = \frac{\sum_{i=1}^{n}(GI_i \times \alpha)}{n}$$

其中：K_{BIA} 为按基本指标法计量的操作风险资本要求。

GI 为过去三年中每年正的总收入。

n 为过去三年中总收入为正的年数。

α 为 15%。

第四节 杠杆率计算及监管要求

第四十二条 集团母公司杠杆率的计算公式为：

杠杆率 = 一级资本净额/（调整后的表内资产余额 + 衍生产品资产余额 + 证券融资交易资产余额 + 调整后的表外项目余额）×100%

第四十三条 调整后的表内资产余额为表内总资产扣减衍生产品资产会计余额、证券融资交易资产会计余额及一级资本扣减项后的表内资产余额。

表内总资产是指扣减针对相关资产计提的准备或会计估值调整后的表内资产余额。

扣减的衍生产品资产是指衍生产品的公允价值及其变动形成的衍生资产会计余额，但不包括作为有效套期的衍生工具。

扣减的证券融资交易资产是指交易合约价值通过市场估值确定且通常要求提供现金或证券作为抵质押品的交易形成的资产会计余额，包括买入返售、卖出回购、证券借贷及保证金贷款交易等。

第四十四条 调整后的表外项目余额为集团母公司表外业务根据相应的信用转换系数计算得到的风险暴露。

第四十五条 集团母公司杠杆率不得低于 6%。

第三章 集团资本监管要求

第一节 集团资本监管范围

第四十六条 集团资本监管范围包括集团母公司及其附属机构。

第四十七条 集团应当遵循"实质重于形式"的原则,以控制为基础,兼顾风险相关性,将符合下列条件之一的被投资机构,纳入集团资本监管范围:

(一)集团母公司或其附属机构直接拥有,或与附属机构共同拥有50%以上表决权的被投资机构。

(二)集团母公司拥有50%(含)以下的表决权,但有下列情形之一的被投资机构:

1. 通过与其他投资者之间的协议,拥有该机构50%以上的表决权。
2. 根据章程或协议,有权决定该机构的财务和经营政策。
3. 有权任免该机构董事会或类似权力机构的多数成员。
4. 在该机构董事会或类似权力机构拥有多数表决权。

确定对被投资机构的表决权时,应考虑集团持有的该机构的当期可转换公司债券、当期可执行的认股权证等潜在表决权因素。对于当期可以实现的潜在表决权,应当计入集团母公司对被投资机构的表决权。

(三)其他证据表明受集团母公司实际控制的被投资机构。

控制,是指投资方拥有对被投资方的权力,通过参与被投资方的相关活动而享有可变回报,并且有能力运用对被投资方的权力影响其回报金额。

国务院银行业监督管理机构有权根据集团母公司的股权结构变动、风险类别等确定和调整集团资本监管范围。

第四十八条 集团母公司未拥有被投资机构多数表决权或控制权,具有下列情况之一的,应当纳入集团资本监管范围:

(一)具有业务同质性的多个机构,虽然单个机构资产规模占集团整体资产规模的比例较小,但根据风险相关性,该类机构的总体风险足以对集团母公司的财务状况及风险水平造成重大影响。

(二)被投资机构所产生的合规风险、声誉风险造成的危害和损失足以对集团母公司造成重大影响。

第四十九条 下列被投资机构可以不纳入集团资本监管范围:

(一)已关闭或已宣告破产的机构。

(二)因终止而进入清算程序的机构。

(三)有证据证明决定在三年内出售的、集团母公司或附属机构的权益性资本在50%以上的被投资机构。

(四)受所在国外汇管制或其他突发事件影响、资金调度受到限制的境外附属机构。

（五）集团母公司或经批准实施债转股的附属机构短期或阶段性持有的债转股企业。

集团母公司或附属机构应制定阶段性持有债转股企业的退出计划，并报国务院银行业监督管理机构备案。超出计划退出期限仍未退出且具有实际控制权的债转股企业，原则上应纳入集团资本监管范围。

（六）符合以下任一条件的附属非金融机构：

1. 金融资产占总资产的比重低于50%（金融资产的范围应符合《企业会计准则第22号——金融工具确认和计量》的相关规定）。

2. 资产负债率低于70%。

3. 经国务院银行业监督管理机构认定不具有投融资功能。

本项规定的条件，主要依据该附属非金融机构最近两年经审计的年末财务报表的算术平均值进行判断，成立不满两年的，可依据自成立之日起至最近一期经审计财务报表进行判断。

第五十条　集团母公司及其附属金融机构对附属非金融机构提供长期清偿担保的，该非金融机构应纳入集团资本监管范围；无清偿担保或清偿担保可无条件撤销的，由集团母公司按审慎原则处理。

第五十一条　集团母公司应当加强附属机构资本管理，根据自身实际情况确定对各级附属非金融机构资本充足性的管理要求，并督促附属机构持续满足资本管理和监管要求。

第二节　集团合格资本计量

第五十二条　集团合格资本包括集团母公司合格资本和附属机构合格资本两部分。集团母公司应当根据集团内部交叉持股、互持资本工具、过度杠杆、未纳入集团资本监管范围的附属机构资本缺口等情况计量集团合格资本调整项，对集团合格资本进行相应调整。

第五十三条　集团合格资本净额按照以下公式计算：

集团合格资本净额 = 集团母公司合格资本净额 + $\sum$（附属机构合格资本净额 × 集团母公司对该附属机构的持股比例）− 集团合格资本调整项

前款公式中的附属机构只包括集团母公司直接持股的一级附属机构（含附属金融机构和非金融机构，并对二级及以下附属机构进行资本并表），对附属机构持股比例应包括直接及间接持股；集团母公司应当按照本办法第二章第二节的规定计算合格资本净额，按照本办法第五十六条的规定计算集团合格资本调整项。

第五十四条　附属金融机构是指由国务院银行业监督管理机构、证券监督管理机构和保险监督管理机构依法监督管理的集团附属机构，其合格资本净额是指在资本并表口径下按照相关行业资本监管规定计量得出的资本净额。

对于相关行业资本监管要求只适用于法人口径的附属金融机构，其合格资本净额按照法人口径计量；若其还存在附属机构，按照相关行业监管规定计量其合格资本，若无资本监管规定的,按本办法第五十五条规定计量其合格资本,并按照第五十六条规定计入二级及以下附属机构的资本缺口调整项。

第五十五条 附属非金融机构是指应纳入集团资本监管范围的除附属金融机构以外的其他附属机构,其合格资本净额是指在资本并表口径下参照本办法第二章第二节规定计量得出的合格资本净额,资本并表中产生的少数股东权益可按规定部分计入合格资本。

本办法发布前附属非金融机构已经持有的、按照此前相关监管规定属于合格资本但按照本办法规定不能认定为合格资本的部分,自 2018 年 1 月 1 日起按年递减 20% 计算,2022 年 1 月 1 日起不得计入监管资本;因新旧计量规则差异导致集团母公司和附属非金融机构增加资本扣除要求的部分,自 2018 年 1 月 1 日起分五年逐步实施,即第一年扣除 20%,第二年扣除 40%,第三年扣除 60%,第四年扣除 80%,第五年全额扣除。

第五十六条 集团合格资本调整项包括:

(一)集团补充资本调整项。该调整项包括集团母公司和各级附属机构之间、各级附属机构之间的持股额及相互持有的其他合格资本工具、经审核无法转移的资本额或国务院银行业监督管理机构认定为虚增资本的其他资本投资。

前款所称持股额主要包括过度杠杆,即将发债和借入资金以股权或其他方式注资获得的持股额;相互持有的其他合格资本工具包括优先股、二级资本债券等被认定为被投资机构合格资本的其他资本工具。但上述两项均不包括已在附属机构按照资本并表口径计量资本数据时合并抵销掉的持股额,以及在集团母公司合格资本中已扣除的各级资本工具。

(二)二级及以下附属机构的资本缺口调整项。该调整项是指,相关行业资本监管要求只适用于法人口径的一级附属金融机构时,该金融机构的附属机构的资本缺口与集团母公司对其持股比例(包括直接及间接持股)的乘积汇总之和。

二级及以下附属机构的资本缺口等于该附属机构的合格资本小于最低资本要求的差额,如合格资本超过最低资本要求,则超额部分在本项目中列为负值,即资本缺口调整项为负值。若相关行业监管机构对二级及以下附属机构有资本监管规定的,按相关规定计量其合格资本及最低资本要求,若无资本监管规定的,按本办法第五十五条、第六十条相关规定计算。

第三节 集团最低资本要求计量

第五十七条 集团最低资本要求包括集团母公司最低资本要求和附属机构最低资本要求两部分。集团应当根据集团内部借款、担保(含等同于担保的或有项目)等情况计量集团最低资本要求调整项,对集团最低资本要求进行相应调整。

第五十八条 集团最低资本要求计算公式如下:

集团最低资本要求 = 集团母公司最低资本要求 + $\sum$(附属机构最低资本要求 × 集团母公司对该附属机构的持股比例) - 集团最低资本要求调整项

集团母公司最低资本要求，应取以下二者中较高值：

风险加权资产总额×资本充足率监管要求，（调整后的表内资产余额＋衍生产品资产余额＋证券融资交易资产余额＋调整后的表外项目余额）×杠杆率监管要求。

第五十九条 附属金融机构最低资本要求是指在资本并表口径下按照相关行业资本监管规定计量得出的最低资本要求。对于相关行业资本监管要求只适用于法人口径的附属金融机构，其最低资本要求按照法人口径计量；若其还存在附属机构，按照相关行业监管规定计量其最低资本要求，若无资本监管规定的，按本办法第六十条规定计量其最低资本要求，并按照第五十六条规定计入二级及以下附属机构的资本缺口调整项。

第六十条 附属非金融机构最低资本要求计算公式如下：

附属非金融机构最低资本要求＝风险加权资产×资本充足率要求×管理层级难度系数

公式中的附属非金融机构最低资本要求是指对一级附属非金融机构在资本并表口径下参照本办法第二章第三节规定计量得出的风险加权资产总额与本办法第二章第一节规定的资本充足率监管要求以及管理层级难度系数三者的乘积。其中，附属非金融机构交易账簿总头寸未超过表内外总资产的5%，可不计提市场风险资本。

管理层级难度系数为（100＋N）%，附属非金融机构的集团层级不超过三级时 N＝0，层级为四级时 N＝10，层级为五级时 N＝20，以此类推。集团层级由集团母公司起算，特殊目的实体和项目公司可不纳入层级计算。管理层级难度系数自2018年底开始纳入附属非金融机构最低资本要求计算。

第六十一条 集团最低资本要求调整项，是指由于集团母公司与集团各级附属机构之间的借款、担保及等同于担保的或有项目形成的监管资本要求在集团范围内的重复计算而产生的调整项，等于上述借款、担保余额与集团母公司对附属机构持股比例（包括直接及间接持股）以及对集团母公司的资本充足率监管要求的乘积汇总之和。

第四节 集团超额资本计算及监管要求

第六十二条 集团超额资本计算公式如下：

集团超额资本＝集团合格资本净额－集团最低资本要求

第六十三条 集团超额资本不得低于0。

第六十四条 国务院银行业监督管理机构有权根据集团母公司及其附属机构的股权结构、业务类别及风险状况等确定和调整集团超额资本的计算范围。

第五节 集团财务杠杆率计算及监管要求

第六十五条 集团财务杠杆率的计算公式为：

集团财务杠杆率＝集团合并净资产／（集团表内总资产＋集团表外项目＋集团表外管理资产－调整项）×100%

集团表外项目，包括远期收购承诺、信用增级、对外提供融资性担保、非融资性担保、不可撤销的流动性支持承诺及其他或有项目。

集团表外管理资产，包括集团母公司及其附属机构实际进行管理而未纳入资产负债表内的各类资产，主要包括资产证券化资产、银行理财、委托贷款、信托计划、资产管理计划、私募基金等形式的资产。

调整项，包括集团母公司及其附属机构有充分证据证明自身对表外管理资产不承担会计、法律和事实上的本金或收益兑付义务的资产。虽未在合同中约定本金或收益的兑付义务，但根据此类资产的历史兑付情况很有可能履行兑付义务的资产不得列入调整项。国务院银行业监督管理机构有权通过日常监管和现场检查对调整项科目进行核实，如发现集团将不符合规定的资产纳入调整项，可根据有关监管法规及本办法第四章的相关规定对集团采取监管措施。

第六十六条 集团财务杠杆率不得低于8%。

第四章　监督检查

第六十七条 国务院银行业监督管理机构对集团及集团母公司实施资本充足性监督检查，确保资本能够充分覆盖所面临的各类风险。

第六十八条 除最低资本要求外，国务院银行业监督管理机构有权根据日常监管和现场检查情况提出更审慎的附加资本要求，确保资本充分覆盖风险，包括：

（一）根据单家资产公司的功能定位及发展战略执行情况、不良资产主业经营和发展状况、投资设立金融和非金融附属机构以及附属机构经营和发展情况等，提出的集团附加资本要求。

（二）根据对特定资产组合的风险及与主业相关度的判断，通过调整风险权重、相关性系数、有效期限等方法，针对特定资产组合提出的附加资本要求。

（三）根据监督检查结果，针对集团或集团母公司提出的附加资本要求。

（四）根据单家集团母公司未建立内部资本充足评估程序，或内部资本充足评估程序未达到相关要求等情况，结合对风险状况的评估结果，针对集团母公司提出的附加资本要求。

（五）根据单家集团母公司操作风险管理水平及操作风险事件发生情况，针对集团母公司提出的操作风险附加资本要求。

第六十九条 集团母公司应当在年度结束后的4个月内向国务院银行业监督管理机构提交内部资本充足性评估报告。

第七十条 根据资本充足状况，国务院银行业监督管理机构将资产公司分为三类：

（一）第一类资产公司：集团超额资本、资本充足率、一级资本充足率和核心一级资本充足率均达到本办法规定的各级资本要求。

（二）第二类资产公司：集团超额资本、资本充足率、一级资本充足率或核心一级资本充足率均不低于最低资本要求，但未达到附加资本要求。

（三）第三类资产公司：集团超额资本、资本充足率、一级资本充足率和核心一级资本充足率任意一项未达到最低资本要求。

第七十一条　对第一类资产公司，国务院银行业监督管理机构支持其稳健发展业务。为防止其资本充足水平快速下降，国务院银行业监督管理机构可以采取下列预警监管措施：

（一）要求资产公司加强对资本充足水平下降原因的分析及预测。

（二）要求资产公司制定切实可行的资本充足性管理计划。

（三）要求资产公司提高风险控制能力。

第七十二条　对第二类资产公司，除本办法第七十一条规定的监管措施外，国务院银行业监督管理机构还可以采取下列监管措施：

（一）与集团母公司董事会、高级管理层进行审慎性会谈。

（二）印发监管意见书，内容包括：集团资本管理存在的问题、拟采取的纠正措施和限期达标意见等。

（三）要求集团母公司制定切实可行的资本补充计划和限期达标计划。

（四）督促集团母公司对附属机构资本充足状况进行排查，督促资本不足的附属机构尽快提升资本水平。

（五）提高对集团资本充足性的非现场监管和现场检查频率。

（六）要求集团母公司对特定风险领域采取风险缓释措施。

（七）限制集团分配红利和其他收入。

（八）限制集团向董事、高级管理人员实施任何形式的激励。

（九）限制集团进行股权投资或回购资本工具。

（十）限制集团重要资本性支出。

（十一）要求集团控制风险资产增长。

第七十三条　对第三类资产公司，除本办法第七十一条和第七十二条规定的监管措施外，国务院银行业监督管理机构还可以采取以下监管措施：

（一）要求集团大幅降低风险资产的规模。

（二）责令集团停办全部高风险资产业务。

（三）限制或禁止新设机构、开办新业务。

（四）责令集团对附属机构进行清理整合，调整附属机构股权结构或转让资产。

（五）强制要求集团对非普通股的其他各级资本工具进行减记或转为普通股。

（六）责令集团母公司调整董事、高级管理人员或限制其权利。

（七）依法对集团母公司实行接管或者促成机构重组，直至予以撤销。

在处置此类资产公司时，国务院银行业监督管理机构还可以综合考虑外部因素，采取其他必要措施。

第七十四条　对于杠杆率低于最低监管要求的集团母公司，国务院银行业监督管理机构可以采取以下监管措施：

（一）要求集团母公司在限定期限内补充一级资本。

（二）要求集团母公司控制表内外资产增长速度。

（三）要求集团母公司降低表内外资产规模。

第七十五条 对于集团财务杠杆率低于最低监管要求的集团,国务院银行业监督管理机构可以采取以下监管措施:
(一)要求集团在限定期限内补充合格资本。
(二)要求集团控制表内外资产增长速度。
(三)要求集团降低表内外资产规模。
(四)限制或禁止新设机构、开办新业务。
(五)责令集团对附属机构进行清理整合,调整附属机构股权结构或转让资产。

第五章 信息披露

第七十六条 集团母公司应当通过公开渠道,向投资者和社会公众披露相关信息,确保信息披露的集中性、可访问性和公开性。

第七十七条 集团母公司信息披露频率分为临时、半年及年度披露。其中,临时信息应及时披露,半年度信息披露时间为期末后60个工作日内,年度信息披露时间为会计年度终了后4个月内。因特殊原因不能按时披露的,应至少提前15个工作日向国务院银行业监督管理机构申请延迟披露。

第七十八条 集团母公司应当分别按照以下频率披露相关信息:
(一)实收资本或普通股及其他资本工具的变化情况应及时披露。
(二)核心一级资本净额、一级资本净额、资本净额、最低资本要求、附加资本要求、核心一级资本充足率、一级资本充足率、资本充足率、集团合格资本、集团最低资本要求、集团超额资本、杠杆率、集团财务杠杆率等重要信息应每半年披露一次。
(三)资本充足性相关指标的计算范围、信用风险暴露总额、逾期及不良资产总额、信用风险资产减值准备、信用风险资产组合缓释后风险暴露余额、资产证券化风险暴露余额、市场风险资本要求、市场风险期末风险价值及平均风险价值、操作风险情况、股权投资及其损益、非交易账簿利率风险情况等相关重要信息应每年披露一次。

第七十九条 经国务院银行业监督管理机构同意,在满足信息披露总体要求的基础上,未在境内外上市的集团母公司可以适当简化信息披露内容。

第六章 附 则

第八十条 本办法未尽事宜,资产公司应当参照国务院银行业监督管理机构关于商业银行资本监管的相关规定执行。

第八十一条 资产公司应当在2020年底前达到本办法规定的集团超额资本和集团财务杠杆率监管指标要求,鼓励有条件的资产公司提前达标。

第八十二条 集团母公司应当根据本办法制定资本充足性指标计算的内部制度。集团母公司调整本办法规定的资本充足性相关指标计算范围的,应当说明理由,并及时报国务院银行业监督管理机构备案。

第八十三条 本办法由国务院银行业监督管理机构负责解释。

第八十四条 本办法自2018年1月1日起施行。

附件 1

表内资产风险权重、表外项目信用转换系数及合格信用风险缓释工具

一、表内资产风险权重

表 1　表内资产风险权重表

项目	权重
1. 现金类资产	
1.1 现金	0%
1.2 存放中国人民银行款项	0%
2. 对中央政府和中央银行的债权	
2.1 对我国中央政府的债权	0%
2.2 对中国人民银行的债权	0%
2.3 对评级 AA－（含 AA－）以上的国家或地区的中央政府和中央银行的债权	0%
2.4 对评级 AA－以下，A－（含 A－）以上的国家或地区的中央政府和中央银行的债权	20%
2.5 对评级 A－以下，BBB－（含 BBB－）以上的国家或地区的中央政府和中央银行的债权	50%
2.6 对评级 BBB－以下，B－（含 B－）以上的国家或地区的中央政府和中央银行的债权	100%
2.7 对评级 B－以下的国家或地区的中央政府和中央银行的债权	150%
2.8 对未评级的国家或地区的中央政府和中央银行的债权	100%
3. 对公共部门实体的债权	
3.1 对我国公共部门的债权（收入来源于中央财政）	
3.1.1 其中：对我国公共部门的贷款（收入来源于中央财政）	20%
3.1.2 其中：持有的我国公共部门发行的债券（收入来源于中央财政）	20%
3.2 对我国省级（自治区、直辖市）以及计划单列市人民政府的债权	20%
3.3 对评级 AA－及以上国家或地区注册的公共部门实体的债权	25%
3.4 对评级 AA－以下，A－（含 A－）以上国家或地区注册的公共部门实体的债权	50%
3.5 对评级 A－以下，B－（含 B－）以上国家或地区注册的公共部门实体的债权	100%
3.6 对评级 B－以下国家或地区注册的公共部门实体的债权	150%
3.7 对未评级的国家或地区注册的公共部门实体的债权	100%
4. 对我国金融机构的债权	
4.1 对我国政策性银行的债权	
4.1.1 对我国政策性银行的债权	0%
4.1.2 对我国政策性银行的次级债权（未扣除部分）	100%

续表

项目	权重
4.2 对我国商业银行的债权	
4.2.1 原始期限3个月以内	20%
4.2.2 原始期限3个月以上	25%
4.3 对我国商业银行的次级债权（未扣除部分）	100%
4.4 对我国其他金融机构的债权	100%
5. 对在其他国家或地区注册的金融机构的债权	
5.1 对评级AA-（含AA-）以上国家或地区注册的商业银行的债权	25%
5.2 对评级AA-以下，A-（含A-）以上国家或地区注册的商业银行的债权	50%
5.3 对评级A-以下，B-（含B-）以上国家或地区注册的商业银行的债权	100%
5.4 对评级B-以下国家或地区注册的商业银行的债权	150%
5.5 对未评级的国家或地区注册的商业银行的债权	100%
5.6 对多边开发银行、国际清算银行及国际货币基金组织的债权	0%
5.7 对其他金融机构的债权	100%
6. 对一般企（事）业单位和个人债权	
6.1 收购金融不良资产形成的债权	
6.1.1 批量收购金融不良资产形成的债权	50%
6.1.2 其他形式收购金融不良资产形成的债权	75%
6.2 收购非金融不良资产形成的债权	100%
6.3 其他对一般企（事）业单位和个人的债权	150%
7. 股权投资	
7.1 对金融机构的股权投资（未扣除部分）	250%
7.2 因政策性原因形成的对工商企业的股权投资	100%
7.3 围绕不良资产开展的追加投资	150%
7.4 市场化债转股	150%
7.5 对工商企业的其他股权投资（未扣除部分）	400%
7.6 对有控制权但未并表的工商企业的股权投资	800%
8. 其他	
8.1 非自用不动产	
8.1.1 因行使抵押权而持有的非自用不动产	100%
8.1.2 其他非自用不动产	400%
8.2 次级受益权资产	200%
8.3 因实质性重组项目形成的表内资产	50%
8.4 其他表内资产	100%

注：1. 多边开发银行包括世界银行集团、亚洲开发银行、亚洲基础设施投资银行、金砖国家新开发银行、非洲开发银行、欧洲复兴开发银行、泛美开发银行、欧洲投资银行、欧洲投资基金、北欧投资银行、加勒比海开发银行、伊斯兰开发银行和欧洲开发银行理事会。

2. 收购金融不良资产是指资产公司按照国家有关规定和市场化原则从金融机构收购的债权类不良资产（按规定程序和标准认定为次级、可疑、损失类的债权资产，不包括由金融机构作为中间人受托管理其他法人或自然人财产形成的不良资产），且与不良资产转出方之间不存在任何关于该笔资产的回购协议或约定最低处置收益的委托处置协议。

批量收购金融不良资产形成的债权是指资产公司按照《金融企业不良资产批量转让管理办法》（财金〔2012〕6号）及有关补充规定从金融企业收购的不良债权资产。

3. 因政策性原因形成的对工商企业的股权投资是指经国务院批准的政策性债转股以及为实现其保值增值而形成的对工商企业的股权投资，形成方式包括股权置换、增资、配股、转增股本、定向增发等。

4. 因实质性重组项目形成的表内资产是指资产公司参与对问题企业的实质性重组活动形成的债权、股权等各类表内资产。

实质性重组是指资产公司单独或者联合其他机构运用多种方式对问题企业的资金、资产、人才、技术、管理等要素进行重新配置，构建新的生产经营模式，帮助企业摆脱经营与财务困境，恢复生产经营能力和偿债能力，实现企业价值再造和提升。只对问题企业提供直接或间接融资的项目不包含在内。

问题企业是指经营或财务遭遇困难的企业，包括但不限于：（1）贷款、债券、票据、应付账款等债务不能按期偿付；（2）资产低效或无效运营，例如，企业涉及重大诉讼、核心资产被查封、资金被冻结等；（3）经营情况出现异常，例如，主营业务持续萎缩、对外过度投资、产能严重过剩等；（4）财务状况出现异常，例如，资不抵债、收不抵支、连续两年亏损，并且难以获得补充资金来源等；（5）意外、突发事件引致的暂时性困难，例如，遭遇短期流动性问题、资金链突然断裂、债务或权益被要求提前偿付或赎回等；（6）企业管理失效，例如，内部管理机制失灵、企业市场价值或公允评估值长期低于企业净资产等。

5. 资产公司附属房地产类子公司开发的房地产资产可填入"8.4 其他表内资产"。

二、表外项目信用转换系数

表2　表外项目信用转换系数表

项目	信用转换系数
1. 担保及等同于担保的或有项目	100%
2. 信用风险仍在资产公司的资产销售与购买协议	100%
3. 远期资产购买	100%
4. 部分交款的股票及证券	100%
5. 资产公司借出的证券或用作抵押物的证券	100%
6. 其他表外项目	100%

注：1. 担保及等同于担保的或有项目，包括一般负债担保、信用增级、远期收购承诺等。其中，担保是指资产公司作为担保人和债权人约定，当债务人不履行债务时，担保人按照约定履行债务或者承担责任的行为；担保方式主要包括《担保法》所列的抵押、质押和保证；担保人以自身信用或特定财产为债权人提供担保，以保障债权实现。其他等同于担保的或有项目是指虽不符合"担保"的法定含义，但效力等同于担保的其他或有项目，例如提供信用增级服务。

2. 资产公司为子公司借款、发债等融资方式提供的流动性支持、安慰函、维好协议等，符合我国《担保法》规定的，应当填入"1. 担保及等同于担保的或有项目"；不符合我国《担保法》规定，但资产公司基于声誉考虑，存在为子公司融资提供支持可能的，应当填入"6. 其他表外项目"。

三、证券、商品、外汇交易清算过程中形成的风险暴露

（一）货款对付模式下的信用风险加权资产计算

1. 货款对付模式是指在结算日，证券和资金、资金和资金进行实时同步、最终一

致、不可撤销的交收。

2. 货款对付模式下信用风险加权资产的计算公式为：

$$RWA = E \times R \times 8$$

其中，(1) RWA 为货款对付模式下信用风险加权资产；

(2) E 为货款对付模式下，因合约结算价格与当期市场价格差异而产生的风险暴露；

(3) R 为与延迟交易时间相关的资本计提比例，具体见表3。

表3　货款对付模式下交易对手信用风险资本计提比例

自合约结算日起延迟交易的交易日数	资本计提比例
4（含）个交易日以内	0%
5至15（含）个交易日之间	8%
16至30（含）个交易日之间	50%
31至45（含）个交易日之间	75%
46（含）个交易日以上	100%

（二）非货款对付模式下信用风险加权资产计算

非货款对付模式下，因填报机构已执行支付，而交易对手未在约定日期支付而产生的风险暴露：自填报机构执行支付之日起，交易对手未支付部分视同对该交易对手的债权进行处理；自交易对手应履行支付义务之日起，5个交易日后，交易对手仍未支付部分的风险权重为800%。

四、合格信用风险缓释工具

表4　合格信用风险缓释工具的种类

信用风险缓释工具	种类
质物	（一）以特户、封金或保证金等形式特定化后的现金； （二）黄金； （三）银行存单； （四）我国财政部发行的国债； （五）中国人民银行发行的票据； （六）我国政策性银行、公共部门实体、商业银行发行的债券、票据和承兑的汇票； （七）金融资产管理公司为收购国有银行不良贷款而定向发行的债券； （八）评级为BBB-（含BBB-）以上国家或地区政府和中央银行发行的债券； （九）注册地所在国家或地区的评级在A-（含A-）以上的境外商业银行和公共部门实体发行的债券、票据和承兑的汇票； （十）多边开发银行、国际清算银行和国际货币基金组织发行的债券。
保证	（一）我国中央政府、中国人民银行、政策性银行、公共部门实体和商业银行； （二）评级为BBB-（含BBB-）以上国家或地区政府和中央银行； （三）注册地所在国家或地区的评级在A-（含A-）以上的境外商业银行和公共部门实体； （四）多边开发银行、国际清算银行和国际货币基金组织。

附件 2

资产证券化风险加权资产计量规则

一、总体要求

（一）资产证券化交易包括传统型资产证券化、合成型资产证券化以及兼具两种类型共同特点的资产证券化交易。

传统型资产证券化是指基础资产的信用风险通过资产转让、信托等方式全部或部分转移给投资者，基础资产的现金流用于支付至少两个不同信用风险档次的证券的资产证券化交易。

合成型资产证券化是指基础资产的信用风险通过信用衍生工具或者保证全部或部分转移给投资者的资产证券化交易。该交易结构中至少具有两个不同信用风险档次的证券。信用衍生工具包括资金来源预置型和资金来源非预置型两种类型。

（二）资产公司因从事资产证券化业务而形成的表内外风险暴露称为资产证券化风险暴露。资产证券化风险暴露包括但不限于资产支持证券、住房抵押贷款证券、信用增级、流动性便利、利率或货币互换、信用衍生工具和分档次抵补。

储备账户如果作为发起机构的资产，应当视同于资产证券化风险暴露。储备账户包括但不限于现金抵押账户和利差账户。

（三）为充分抵御因从事资产证券化业务而承担的风险，资产公司应当基于交易的经济实质，而不仅限于法律形式计提监管资本。资产公司作为资产证券化发起机构、信用增级机构、流动性便利提供机构、投资机构或者贷款服务机构等从事资产证券化业务，只要产生了资产证券化风险暴露，就应计提相应的监管资本。

国务院银行业监督管理机构有权根据交易的经济实质，判断资产公司是否持有资产证券化风险暴露，并确定应当如何计提资本。

（四）资产公司应使用资产证券化标准法计算资产证券化风险暴露的资本要求。

（五）资产公司资产证券化风险暴露金额按照如下规定确定：

1. 表内资产证券化的违约风险暴露为扣除专门针对该资产证券化风险暴露所计提的减值准备后的账面价值。

2. 表外资产证券化的违约风险暴露为其表外名义金额扣除减值准备后，再乘以相应的信用转换系数得到的金额。

（六）资产公司为资产证券化交易提供信用支持而且该信用支持已经反映到外部评级中的，该公司不得使用外部评级而应当按照本附件关于未评级资产证券化风险暴露的有关规定计量监管资本要求。

（七）同一资产公司在同一资产证券化交易中具有重叠的资产证券化风险暴露的，应当对重叠部分的监管资本要求进行比较，只需按照最高值计提一次监管资本。

（八）资产公司在按照本附件要求扣减销售利得之后为资产证券化业务所计提的资

本，以基础资产证券化之前的监管资本要求为上限。

（九）对不符合以下条件的资产证券化风险暴露，资产公司应按照800%的风险权重计算监管资本要求：

1. 资产公司应当持续、全面了解其表内外资产证券化风险暴露及基础资产的风险特征。

2. 资产公司应当能够及时获取基础资产的相关信息，包括资产类别、债务人资信状况、各类逾期资产占比、基础资产抵质押品类别及其权属状况、平均抵质押率以及行业和地域分散情况等。

3. 资产公司应当全面了解可能对其所持有资产证券化风险暴露产生重大影响的资产证券化交易的结构特征，包括信用增级、流动性便利、与交易有关的违约定义、各种触发机制和资产支持证券偿付安排等。

二、信用风险转移与监管资本计量

（一）对于传统型资产证券化交易，在符合下列所有条件的情况下，发起机构才能在计算风险加权资产时扣减证券化基础资产：

1. 与被转让资产相关的重大信用风险已经转移给了独立的第三方机构。

2. 发起机构对被转让的资产不再拥有实际的或者间接的控制。

发起机构证明对被转让的资产不再拥有实际的或者间接的控制，至少需要由执业律师出具法律意见书，表明发起机构与被转让的资产实现了破产隔离。

发起机构对被转让的资产保留实际的或者间接的控制，包括但不限于下列两种情形：

（1）发起机构为了获利，可以赎回被转让的资产，但发起机构按照相关规定，因基础资产被发现在入库起算日不符合信托合同约定的范围、种类、标准和状况而被要求赎回或置换的情况除外。

（2）发起机构有义务承担被转让资产的重大信用风险。

3. 发起机构对资产支持证券的投资机构不承担偿付义务和责任。

4. 在信托合同和资产证券化其他相关法律文件中不包括下列条款：

（1）要求发起机构改变资产池中的资产，以提高资产池的加权平均信用质量，但通过以市场价格向独立的第三方机构转让资产除外。

（2）在基础资产转让之后，仍然允许发起机构追加承担第一损失责任或者增加信用增级的支持程度。

（3）在资产池信用质量下降的情况下，增加向除发起机构以外的其他参与机构支付的收益。

5. 清仓回购符合本部分（五）所规定的条件。

在符合上述1至5项条件的情况下，发起机构仍然应当按照本附件规定，为所持有的资产证券化风险暴露计提资本。

在上述1至5项条件中任何一项不符合的情况下，发起机构都应当按照资产证券化前的资本要求计提资本。

（二）对于合成型资产证券化交易，只有在符合下列所有条件的情况下，发起机构才能在计量证券化基础资产监管资本时认可信用风险缓释工具的信用风险缓释作用：

1. 信用风险缓释工具符合《金融资产管理公司非现场监管报表指标体系》附件1的相关要求，且信用风险缓释工具的到期日不早于基础资产的最晚到期日。

2. 发起机构必须将基础资产的重大信用风险转移给独立的第三方机构。

3. 信用风险缓释工具的相关合同文件不得包含限制信用风险转移数量的条件和条款，包括但不限于以下情形：

（1）在信用损失事件发生或者资产池信用质量下降的时候，限制信用保护或信用风险转移程度。

（2）要求发起机构改变资产池中的资产，以提高资产池的加权平均信用质量，但通过以市场价格向独立的第三方机构转让资产除外。

（3）在资产池信用质量下降的情况下，增加发起机构的信用保护成本。

（4）在资产池信用质量下降的情况下，增加向除发起机构以外的其他参与机构支付的收益。

（5）在资产证券化交易开始之后，仍然允许发起机构追加承担第一损失责任或者增加信用增级的支持程度。

4. 资产证券化交易必须由执业律师出具法律意见书，确认相关合同在所有相关国家或者地区的执行效力。

5. 清仓回购符合本部分（五）所规定的条件。

在符合上述1至5项条件的情况下，发起机构仍然应当按照本附件规定，为所持有的资产证券化风险暴露计提资本。

在上述1至5项条件中任何一项不符合的情况下，发起机构在计量证券化基础资产监管资本时均不得认可信用风险缓释工具的信用风险缓释作用。

（三）对于符合本部分（二）规定条件的合成型资产证券化交易，发起机构在计量证券化基础资产监管资本时，应当按照信用风险加权资产计量权重法的相关规定，认可信用风险缓释工具的信用风险缓释作用。

（四）如果资产池中的资产具有不同的期限，应当将最长的期限作为整个资产池的期限。

（五）资产证券化交易合同中含有清仓回购条款的，在符合下列条件的情况下，发起机构可以不为清仓回购安排计提资本：

1. 发起机构有权决定是否进行清仓回购，清仓回购的行使无论在形式还是实质上都不是强制性的。

2. 清仓回购安排不会免除信用增级机构或者资产支持证券投资机构理应承担的损失，也不会被用来提供信用增级。

3. 对于传统型资产证券化交易，只有在资产池或者以该资产池为基础发行的资产支持证券余额降至资产池或者资产支持证券初始金额的10%或者10%以下时，才能进行清仓回购。

4. 对于合成型资产证券化交易，只有在参考资产的价值降至初始金额的 10% 或者 10% 以下时，才能进行清仓回购。

在上述 1 至 4 项条件中任何一项不符合的情况下，对于传统型资产证券化交易，发起机构应当按照资产证券化前的资本要求计提资本，而且不能在监管资本中计入销售利得。对于合成型资产证券化交易，发起机构在计量证券化基础资产监管资本时不得认可信用风险缓释工具的信用风险缓释作用。如果合成型资产证券化交易包含赎回权，而且该赎回权在特定时间终止证券化交易及其所购买的信用保护，发起机构应当按照本部分（四）的规定计算该证券化交易的资本要求。

（六）资产公司以超过合同义务的方式为资产证券化交易提供隐性支持的，应当按照基础资产证券化之前的资本要求计提资本，而且应当公开披露所提供的隐性支持及其对监管资本要求的影响。

资产公司提供隐性支持的方式包括但不限于以下情形：

1. 以高于市场价格的方式从资产池赎回部分资产，或赎回资产池中信用质量下降的资产，但发起机构按照有关规定，因基础资产被发现在入库起算日不符合信托合同约定的范围、种类、标准和状况而被要求赎回或置换的情况除外。

2. 以打折的方式向资产池再次注入资产。

3. 增加合同约定之外的第一损失责任。

4. 所行使的清仓回购被认定为用作提供信用增级。

三、资产证券化标准法

（一）以经资产公司评估的合格评级机构的外部信用评级作为确定风险权重依据的，资产证券化风险暴露和再资产证券化风险暴露的风险权重按照表 1 和表 2 所示的对应关系确定。

表 1　长期信用评级与风险权重对应表

长期信用评级	AAA 到 AA -	A + 到 A -	BBB + 到 BBB -	BB + 到 BB -	B + 及 B + 以下或者未评级
资产证券化风险暴露	15%	35%	70%	220%	800%
再资产证券化风险暴露	30%	70%	150%	420%	800%

注：长期评级在 BB +（含 BB +）到 BB -（含 BB -）之间的，发起机构不适用表中的 220% 或 420% 风险权重，而适用 800% 的风险权重。

表 2　短期信用评级与风险权重对应表

短期信用评级	A - 1/P - 1	A - 2/P - 2	A - 3/P - 3	其他评级或者未评级
资产证券化风险暴露	15%	35%	70%	800%
再资产证券化风险暴露	30%	70%	150%	800%

（二）资产公司应当区分以下情形，为无信用评级或者信用评级未被资产公司认可作为风险权重依据的资产证券化风险暴露和再资产证券化风险暴露（以下简称未评级的资产证券化风险暴露）计提监管资本。

1. 对于最高档次的资产证券化风险暴露和再资产证券化风险暴露，如果资产公司能够确定资产池的平均风险权重，则可以按照资产池的平均风险权重确定资产证券化风险暴露的风险权重。

2. 对于没有合格外部评级且符合本部分（三）规定的合格流动性便利，按照资产池中单个风险暴露的最高风险权重确定风险权重。

3. 其他未评级的资产证券化风险暴露按照 800% 的风险权重计算风险加权资产。

（三）在满足以下条件的情况下，资产公司提供的流动性便利为合格流动性便利：

1. 流动性便利的合同文件明确限定使用流动性便利的情形。流动性便利的金额应当低于基础资产和信用增级所能清偿的全部金额。流动性便利不能用于抵补在其使用之前资产池中产生的任何损失。

2. 对流动性便利的使用应当具有不确定性。流动性便利不能用于永久性或者常规性地对资产证券化投资机构提供资金。

3. 对流动性便利应当进行资产质量测试，防止其被用于抵补因违约已经产生的信用风险暴露的损失。如果流动性便利用于支持具有外部评级的资产证券化风险暴露，则该项流动性便利只能用于支持外部评级为投资级以上的资产证券化风险暴露。

4. 流动性便利不得在所有的信用增级使用完毕之后动用。

5. 对流动性便利的偿付不能位于资产证券化交易投资机构之后，也不能延期或者免除债务。

（四）在满足以下条件的情况下，贷款服务机构现金透支便利为合格贷款服务机构现金透支便利：

1. 贷款服务机构有权得到全额偿付。

2. 该现金透支便利具有最高受偿顺序，优先于其他所有对基础资产的求偿权。

（五）表外资产证券化风险暴露按照如下方式确定信用转换系数：

1. 对于按照外部评级确定风险权重的流动性便利，运用 100% 的信用转换系数。

2. 对于不按照外部信用评级确定风险权重的合格流动性便利，若原始期限不超过 1 年，则运用 20% 的信用转换系数；若原始期限大于 1 年，则运用 50% 的信用转换系数。

3. 对于合格贷款服务机构现金透支便利，按照本附件关于合格流动性便利的有关规定计算监管资本要求。如果合格贷款服务机构现金透支便利可以在无需事先通知的情况下无条件取消，则可以运用 0% 的信用转换系数。

4. 对于其他的表外资产证券化风险暴露，运用 100% 的信用转换系数。

（六）采用资产证券化标准法的资产公司在计量具有信用风险缓释工具的资产证券化风险暴露的监管资本时，能够认可的合格风险缓释工具仅限于本办法附件 1 所规定的合格抵质押品及保证。

（七）采用资产证券化标准法的资产公司在计量由合格抵质押品提供信用风险缓释的资产证券化风险暴露的监管资本时，应当按照表内信用风险加权资产计量和风险权重的相关规定确认风险缓释工具的信用风险缓释作用，计算出该资产证券化风险暴露的风险加权资产。

（八）由合格保证人对资产证券化风险暴露提供具有风险缓释作用的信用保护的，该资产证券化风险暴露持有机构可以对具有信用保护的资产证券化风险暴露部分按照对保证人的直接债权计量监管资本要求。

（九）信用风险缓释工具仅覆盖部分资产证券化风险暴露的，对于所覆盖部分，资产公司应当按照本附件的有关规定计量考虑信用风险缓释作用后的监管资本要求；对于未覆盖部分，则应按照不存在信用风险缓释工具的情形计量监管资本要求。

信用风险缓释工具仅覆盖部分资产证券化风险暴露，并且资产证券化风险暴露具有不同档次的，若无明确约定，应当视为该信用风险缓释工具按照从高级到低级的顺序依次为各档次的资产证券化风险暴露提供信用保护。

（十）若信用风险缓释工具的期限比当前风险暴露的期限短，则不具有信用风险缓释作用。

（十一）作为非发起机构的资产公司为资产证券化风险暴露提供信用保护的，应当视同于该资产证券化风险暴露的投资机构来计量监管资本要求。

（十二）除了本部分（十三）规定的例外情形，当资产证券化交易同时具有下列提前摊还情形时，发起机构应当为部分或者全部投资者权益计提资本：

1. 在该资产证券化交易中有提前摊还条款的相关安排。

2. 基础资产具有循环特征，包括允许借款人在信用额度内在事先约定的限额内变动提款额与还款额而形成的资产。

当基础资产同时包含循环信贷和定期贷款时，发起机构应当对基础资产中的循环信贷风险暴露部分按照本部分（十四）的相关规定计提监管资本。

发起机构为投资者权益计提的监管资本要求不得大于以下两项的最大值：（1）剩余的资产证券化风险暴露的监管资本要求；（2）基础资产证券化之前的监管资本要求。

（十三）如有下列任何一项情形，发起机构都无需为证券化交易的提前摊还计提资本：

1. 在补充型证券化交易结构中，所补充的基础资产不具有循环特征，而且在提前摊还发生之后，发起机构不能再增加资产池中的基础资产。

2. 证券化交易的基础资产池虽然具有循环特征，但证券化交易的提前摊还安排导致其具有定期债权性质，使发起机构无需承担基础资产的风险。

3. 即使发生提前摊还，资产支持证券投资机构仍然完全承担循环额度债务人未来动用资金额度的风险。

4. 提前摊还的触发机制与证券化交易的基础资产或发起机构无关。

（十四）发起机构为投资者权益计提的资本为以下三项的乘积：

1. 投资者权益。

2. 相关信用转换系数。

3. 基础资产证券化之前的平均风险权重。

投资者权益等于投资机构在证券化基础资产已提取本金余额和未提取本金余额的等价信用金额中所占的数额。在确定未提取本金余额的等价信用金额时，证券化基础资产的未提取本金余额应当根据发起机构与投资机构在已提取本金余额中的份额进行分配。

信用转换系数按照下列两项条件确定：提前摊还是控制型结构还是非控制型结构，基础资产为非承诺零售信用额度还是其他信用额度。

（十五）对于具有控制型提前摊还安排的资产证券化交易，发起机构应当根据表3确定信用转换系数：

1. 对于承诺型信用额度，适用90%的信用转换系数。
2. 对于非承诺的非零售信用额度，适用90%的信用转换系数。
3. 对于非承诺的零售信用额度，按照表3中资产证券化交易的"三个月平均超额利差"与"超额利差锁定点"的比值确定信用转换系数。若该证券化交易未设定锁定超额利差，则超额利差锁定点为4.5%。

表3 具有控制型提前摊还安排的资产证券化交易的信用转换系数表

	非承诺型		承诺型
	三个月平均超额利差/超额利差锁定点（R）		
零售信用额度	R≥133.33%	0%信用转换系数	90%信用转换系数
	100%≤R<133.33%	1%信用转换系数	
	75%≤R<100%	2%信用转换系数	
	50%≤R<75%	10%信用转换系数	
	25%≤R<50%	20%信用转换系数	
	R<25%	40%信用转换系数	
非零售信用额度	90%信用转换系数		90%信用转换系数

（十六）对于具有非控制型提前摊还安排的资产证券化交易，发起机构应当按照表4确定信用转换系数：

1. 对于承诺型信用额度，适用100%的信用转换系数。
2. 对于非承诺的非零售信用额度，适用100%的信用转换系数。
3. 对于非承诺的零售信用额度，按照表4中资产证券化交易的"三个月平均超额利差"与"超额利差锁定点"的比值确定信用转换系数。若该证券化交易未设定锁定超额利差，则超额利差锁定点为4.5%。

表4　具有非控制型提前摊还安排的资产证券化交易的信用转换系数表

	非承诺型		承诺型
零售信用额度	三个月平均超额利差/超额利差锁定点（R）		100%信用转换系数
	R≥133.33%	0%信用转换系数	
	100%≤R<133.33%	5%信用转换系数	
	75%≤R<100%	15%信用转换系数	
	50%≤R<75%	50%信用转换系数	
	R<50%	100%信用转换系数	
非零售信用额度	100%信用转换系数		100%信用转换系数

四、外部评级使用规范

使用外部信用评级结果计量资产证券化风险暴露资本要求时，除满足《商业银行资本管理办法（试行）》附件17的外部评级使用规范外，还应满足下列操作标准：

（一）为有效计算风险权重，外部信用评级必须要全额考虑和反映债权的信用风险。如果资产公司的债权既包括本金又包括利息，那么评级就必须要考虑和反映与本金和利息及时偿还相关的信用风险。

（二）外部信用评级必须由经过国务院银行业监督管理机构认可的合格外部评级机构做出。合格的信用评级、流程、方法、假设和评级用关键要素应无选择地公之于众，并且完全免费。即信用评级必须以公众可以获取的方式发布，并且包括在外部评级机构的评级迁徙矩阵中。此外，损失和现金流分析，以及评级结果对主要评级假设变化的敏感性也应公开。仅对交易相关方提供信用评级是不能满足该要求的。

（三）合格的外部评级机构必须以市场接受程度高等来证明其在资产证券化方面具有专长。

（四）资产公司在使用合格外部信用评级机构的外部信用评级时，对于同一类型的资产证券化风险暴露应当保持连续性和一致性。针对同一资产证券化结构的所有档次，资产公司应使用同一家合格外部信用评级机构的外部信用评级结果。

（五）当信用风险缓释直接提供给特别目的机构时，如提供者当前外部信用评级在BBB－（含）以上，且在提供信用风险缓释时外部信用评级在A－（含）以上，并且该风险缓释反映在资产证券化风险暴露的外部信用评级中，则应使用与该外部信用评级相对应的风险权重。为避免重复计算，对于信用风险缓释不需持有额外资本。若信用风险缓释的提供者不满足以上要求，则该资产证券化风险暴露应作为未评级处理。

（六）如果特别目的机构未能得到信用风险缓释，而是在某个给定结构（如资产支持证券档次）中的特定资产证券化风险暴露中使用，资产公司应按照未评级来处理这些风险暴露，然后使用规定的信用风险缓释处理方法来确认相关风险的防范方式。

（七）同一资产证券化风险暴露具有两个不同的评级结果时，资产公司应当运用所对应的较高风险权重。同一资产证券化风险暴露具有三个或者三个以上的评级结果时，资产公司应从所对应的两个较低的风险权重中选用较高的风险权重。

五、名词解释

"传统型资产证券化"是指基础资产的信用风险通过资产转让、信托等方式全部或部分转移给投资者,基础资产的现金流用于支付至少两个不同信用风险档次的证券的资产证券化交易。

"合成型资产证券化"是指基础资产的信用风险通过信用衍生工具或者保证全部或部分转移给投资者的资产证券化交易。该交易结构中至少具有两个不同信用风险档次的证券。信用衍生工具包括资金来源预置型和资金来源非预置型两种类型。

"资金来源预置型信用衍生工具"是指在发生信用违约事件时,信用保护购买机构对于因获得信用保护而有权获取的资金或者资产,可以自行通过扣押、处置、转让等方式进行处理而获得赔偿。信用保护购买机构持有用于信用保护的抵质押资产或发行信用联结票据属于此种情形。

"资金来源非预置型信用衍生工具"是指在发生信用违约事件时,信用保护购买机构只能依赖信用保护提供机构履行承诺而获得赔偿。保证和信用违约互换属于此种情形。

"流动性便利"是指在基础资产的实际本息收取与资产支持证券的正常本息偿付暂时不匹配的情况下,由资产公司提供的一种短期融资,以确保投资者能按时、足额收取资产支持证券的本金和利息。

"分档次抵补"是指对于某一风险暴露,资产公司向信用保护提供方转移一部分风险,同时保留一部分风险,而转移部分和保留部分处于不同优先档次的情形。在这种情况下,资产公司所获得的信用保护既可以是针对较高档次的,也可以是针对较低档次的。

"现金抵押账户"是指资产证券化交易中的一种内部信用增级方式。现金抵押账户资金由发起机构提供或者来源于其他金融机构的贷款,用于弥补资产证券化业务活动中可能产生的损失。

"利差账户"是指资产证券化交易中的一种内部信用增级方式。利差账户资金来源于资产利息收入和其他证券化交易收入减去资产支持证券利息支出和其他证券化交易费用之后所形成的超额利差,用于弥补资产证券化业务活动中可能产生的损失。

"销售利得"是指资产公司作为发起机构在资产支持证券发行过程中取得溢价收入而导致的所有者权益的增加额。

"第一损失责任"是指资产证券化交易参与机构最先承担的资产池损失责任,为该参与机构向资产证券化交易其他参与机构所提供的首要财务支持或者风险保护。

"清仓回购"是指在资产池资产或者资产支持证券全部偿还之前,发起机构赎回资产证券化风险暴露的一种选择权。对于传统型资产证券化交易,清仓回购的通常做法是在资产池或者资产支持证券余额降至一定的水平之后,由发起机构赎回剩余的资产证券化风险暴露;对于合成型资产证券化交易,清仓回购通常是指提前终止信用保护。

"再资产证券化"是指至少一项基础资产符合正文关于资产证券化风险暴露定义并具有分层结构的资产证券化风险暴露。对一个或多个再资产证券化的风险暴露属于再资产证券化。

"服务机构现金透支便利"是指由贷款服务机构提供的一种短期垫款或者融资,包括但不限于垫付清收费用、抵押品相关费用以按时收回基础资产的本金和利息,从而使投资者能按时、足额收取资产支持证券的本金和利息。

"提前摊还"是指在资产证券化相关法律文件中事先规定的机制被触发时,投资机构将在事先规定的资产支持证券到期日之前得到偿还。

"控制型提前摊还"是指满足如下条件的提前摊还安排:

发起机构具有恰当的资本或者流动性方案,以确保其在发生提前摊还时有足够的资本和流动性资金。

在包括提前摊还期在内的证券化交易存续期内,发起机构与投资机构按照每月月初在证券化基础资产未偿余额中的相对份额所确定的同一比例,分摊利息、本金、费用、损失与回收金额。

发起机构所设定的提前摊还期应当足以使基础资产至少90%的未偿债务在提前摊还结束时已经被偿还或者认定为违约。

在提前摊还期内,偿还投资机构的速度不得快于直线摊销法下的还款速度。

不满足上述条件的提前摊还安排为"非控制型提前摊还"。"非承诺信用额度"是指无需事先通知,即可无条件随时撤销的信用额度。

附件 3

市场风险标准法计量规则

一、账簿划分

（一）资产公司应制定清晰的交易账簿和非交易账簿划分标准，明确纳入交易账簿的金融工具和商品头寸以及在交易账簿和非交易账簿间划转的条件，确保执行的一致性。

（二）市场风险资本计量应覆盖资产公司交易账簿中的利率风险和股票风险，以及全部汇率风险和商品风险。

（三）交易账簿包括为交易目的或对冲交易账簿其他项目的风险而持有的金融工具和商品头寸。为交易目的而持有的头寸是指短期内有目的地持有以便出售，或从实际或预期的短期价格波动中获利，或锁定套利的头寸，包括自营业务、做市业务和为执行客户买卖委托的代客业务而持有的头寸。交易账簿中的金融工具和商品头寸原则上还应满足以下条件：

1. 在交易方面不受任何限制，可以随时平盘。
2. 能够完全对冲以规避风险。
3. 能够准确估值。
4. 能够进行积极的管理。

二、利率风险

利率风险包括交易账簿中的债券（固定利率和浮动利率债券、央行票据、可转让存单、不可转换优先股及按照债券交易规则进行交易的可转换债券）、利率及债券衍生工具头寸的风险。利率风险的资本要求包括特定市场风险和一般市场风险的资本要求两部分。

（一）特定市场风险

表 1 特定市场风险计提比率对应表

类别	发行主体外部评级	特定市场风险资本计提比率
政府证券	AA－以上（含 AA－）	0%
	A＋至 BBB－（含 BBB－）	0.4%（剩余期限不超过 6 个月）
		1.6%（剩余期限为 6 至 24 个月）
		2.5%（剩余期限为 24 个月以上）
	BB＋至 B－（含 B－）	12.5%
	B－以下	18.75%
	未评级	12.5%

续表

类别	发行主体外部评级	特定市场风险资本计提比率
合格证券	BB+以上（不含BB+）	0.4%（剩余期限不超过6个月）
		1.6%（剩余期限为6至24个月）
		2.5%（剩余期限为24个月以上）
其他	外部评级为BB+以下（含BB+）的证券以及未评级证券的资本计提比率为证券主体所适用的信用风险权重除以8，风险权重参见本办法附件1。	

1. 政府证券包含各国中央政府和中央银行发行的各类债券和短期融资工具。

我国中央政府、中国人民银行及政策性银行发行的债券的资本计提比率均为0%。

2. 合格证券包括：

(1) 多边开发银行、国际清算银行和国际货币基金组织发行的债券。

(2) 我国公共部门实体和商业银行发行的债券。

(3) 被至少两家合格外部评级机构评为投资级别（BB+以上）的发行主体发行的债券。

3. 对于其他发行主体发行的债券，其资本计提比率为证券发行主体所对应的信用风险权重除以8，具体风险权重根据本办法附件1确定。

资产证券化风险暴露的风险权重根据本办法附件2确定。

(二) 一般市场风险

1. 一般市场风险的资本要求包含以下三部分：

(1) 每时段内加权多头和空头头寸可相互对冲的部分所对应的垂直资本要求。

(2) 不同时段间加权多头和空头头寸可相互对冲的部分所对应的横向资本要求。

(3) 整个交易账簿的加权净多头或净空头头寸所对应的资本要求。

2. 资产公司可以采用到期日法或久期法计算利率风险的一般市场风险资本要求。

3. 资产公司采用到期日法计算一般市场风险资本要求，应先对各头寸划分时区和时段，时段的划分和匹配的风险权重见表2，时区的划分和匹配的风险权重见表3。到期日法具体计算步骤如下：

(1) 各时段的头寸乘以相应的风险权重计算各时段的加权头寸。

(2) 各时段的加权多头、空头头寸可相互对冲的部分乘以10%得出垂直资本要求。

(3) 各时段的加权多头头寸和加权空头头寸进行抵销得出各个时段的加权头寸净额；将在各时区内各时段的加权头寸净额之间的可相互对冲的部分乘以表3所列的同一区内的权重得出各个时区内的横向资本要求。

(4) 各时区内各时段的加权头寸净额进行抵销，得出各时区加权头寸净额；每两个时区加权头寸净额之间可相互对冲的部分乘以表3所列的相邻区内以及1区和3区之间的权重得出时区间的横向资本要求。

(5) 各时区加权头寸净额进行抵销，得出整个交易账簿的加权净多头或净空头头寸所对应的资本要求。

表 2 时段和权重

票面利率不小于3%	票面利率小于3%	风险权重	假定收益率变化
不长于1个月	不长于1个月	0.00%	1.00
1至3个月	1至3个月	0.20%	1.00
3至6个月	3至6个月	0.40%	1.00
6至12个月	6至12个月	0.70%	1.00
1至2年	1.0至1.9年	1.25%	0.90
2至3年	1.9至2.8年	1.75%	0.80
3至4年	2.8至3.6年	2.25%	0.75
4至5年	3.6至4.3年	2.75%	0.75
5至7年	4.3至5.7年	3.25%	0.70
7至10年	5.7至7.3年	3.75%	0.65
10至15年	7.3至9.3年	4.50%	0.60
15至20年	9.3至10.6年	5.25%	0.60
20年以上	10.6至12年	6.00%	0.60
	12至20年	8.00%	0.60
	20年以上	12.50%	0.60

表 3 时区和权重

时区	时段	同一区内	相邻区之间	1区和3区之间
1区	0至1个月	40%	40%	100%
1区	1至3个月	40%	40%	100%
1区	3至6个月	40%	40%	100%
1区	6至12个月	40%	40%	100%
2区	1至2年	30%	40%	100%
2区	2至3年	30%	40%	100%
2区	3至4年	30%	40%	100%
3区	4至5年	30%	40%	100%
3区	5至7年	30%	40%	100%
3区	7至10年	30%	40%	100%
3区	10至15年	30%	40%	100%
3区	15至20年	30%	40%	100%
3区	20年以上	30%	40%	100%

4. 经国务院银行业监督管理机构核准，资产公司可以使用久期法计量一般市场风险资本要求。一旦选择使用久期法，应持续使用该方法，如变更方法需经国务院银行业监督管理机构认可。久期法具体计算步骤如下：

(1) 在表 4 中找出每笔头寸期限对应的收益率变化,逐笔计算该收益率变化下的价格敏感性。

(2) 将价格敏感性对应到表 4 的 15 级久期时段中。

(3) 每个时段中的多头和空头头寸分别计提 5% 的垂直资本要求,以覆盖基差风险。

(4) 按照到期日法的要求,计算横向资本要求。

(5) 按照到期日法的规定,将各区加权头寸净额进行抵销,得出整个交易账簿的加权净多头或净空头所对应的资本要求。

表 4 久期法计算表

	假定收益率变化		假定收益率变化
1 区		3 区	
0 至 1 个月	1.00	3.6 至 4.3 年	0.75
1 至 3 个月	1.00	4.3 至 5.7 年	0.7
3 至 6 个月	1.00	5.7 至 7.3 年	0.65
6 至 12 个月	1.00	7.3 至 9.3 年	0.6
		9.3 至 10.6 年	0.6
2 区		10.6 至 12 年	0.6
1 至 1.9 年	0.90	12 至 20 年	0.6
1.9 至 2.8 年	0.80	20 年以上	0.6
2.8 至 3.6 年	0.75		

(三) 利率及债券衍生工具

1. 利率衍生工具包括受利率变化影响的衍生金融工具,如:利率期货、远期利率协议、利率互换及交叉货币互换合约、利率期权及远期外汇头寸。

债券衍生工具包括债券的远期、期货和债券期权。

2. 衍生工具应转换为基础工具,并按基础工具的特定市场风险和一般市场风险的方法计算资本要求。利率和货币互换、远期利率协议、远期外汇合约、利率期货及利率指数期货不必计算特定市场风险的资本要求;如果期货合约的基础工具是债券或代表债券组合的指数,则应根据发行主体的信用风险计算特定市场风险资本要求。

三、股票风险

股票风险是指交易账簿中股票及股票衍生金融工具头寸的风险。其中股票是指按照股票交易规则进行交易的所有金融工具,包括普通股(不考虑是否具有投票权)、可转换债券和买卖股票的承诺。

(一) 特定市场风险和一般市场风险

特定市场风险的资本要求等于各不同市场中各类股票多头头寸绝对值及空头头寸绝对值之和乘以 12.5% 后所得各项数值之和。一般市场风险对应的资本要求,等于各不同市场中各类多头及空头头寸抵销后股票净头寸的绝对值乘以 12.5% 后所得各项数值之和。

（二）股票衍生工具

股票衍生工具包括股票和股票指数的远期、期货及互换合约。

衍生工具应转换为基础工具，并按基础工具的特定市场风险和一般市场风险的方法计算资本要求。

四、外汇风险

外汇风险是指外汇（包括黄金）及外汇衍生金融工具头寸的风险。

（一）结构性外汇风险暴露

结构性外汇风险暴露是指结构性资产或负债形成的非交易性的外汇风险暴露。结构性资产或负债指经营上难以避免的策略性外币资产或负债，可包括：

1. 经扣除折旧后的固定资产和物业。

2. 与记账本位币所属货币不同的资本（营运资金）和法定储备。

3. 对海外附属机构和关联公司的投资。

4. 为维持资本充足率稳定而持有的头寸。

（二）外汇风险的资本要求

外汇风险的资本要求等于净风险暴露头寸总额乘以 12.5%。

净风险暴露头寸总额等于以下两项之和：

1. 外币资产组合（不包括黄金）的净多头头寸之和（净头寸为多头的所有币种的净头寸之和）与净空头头寸之和（净头寸为空头的所有币种的净头寸之和的绝对值）中的较大者。

2. 黄金的净头寸。

（三）外汇衍生工具

外汇衍生工具应转换为基础工具，并按基础工具的方法计算市场风险资本要求。

五、商品风险

适用于商品、商品远期、商品期货、商品互换。

此处的商品是指可以在二级市场买卖的实物产品，如：贵金属（不包括黄金）、农产品和矿物（包括石油）等。

（一）商品风险对应的资本要求等于以下两项之和：

1. 各项商品净头寸的绝对值之和乘以 20%。

2. 各项商品总头寸（多头头寸加上空头头寸的绝对值）之和乘以 4%。

（二）商品衍生工具应转换为名义商品，并按上述方法计算资本要求。

六、期权风险

（一）仅购买期权的资产公司可以使用简易的计算方法。

1. 资产公司如持有现货多头和看跌期权多头，或持有现货空头和看涨期权多头，资本要求等于期权合约对应的基础工具的市场价值乘以特定市场风险和一般市场风险资本要求比率之和，再减去期权溢价。资本要求最低为零。

2. 资产公司如持有看涨期权多头或看跌期权多头，资本要求等于基础工具的市场价值乘以该基础工具的特定市场风险和一般市场风险资本要求比率之和与期权的市场价值两者中的较小者。

(二) 同时卖出期权的资产公司应使用德尔塔+（Delta-plus）方法。

德尔塔+方法计算的资本要求由以下三部分组成：

1. 期权基础工具的市值乘以该期权的德尔塔值得到德尔塔加权期权头寸，然后将德尔塔加权头寸加入到基础工具的头寸中计算资本要求。

2. 伽马（Gamma）风险的资本要求。

伽马效应值 $= 0.5 \times \text{Gamma} \times (VU)^2$

VU 为期权基础工具的变动。

其中：

（1）对于利率期权，当基础工具为债券时：VU = 基础工具市值 × 表1中相应时段的风险权重。

（2）当基础工具为利率时：VU = 基础工具市值 × 表1中相应时段的假定收益率变化。

（3）当基础工具为股票、股指、外汇与黄金时：VU = 基础工具市值 × 8%。

（4）当基础工具为商品时：VU = 基础工具市值 × 15%。

同一基础工具每项期权对应的伽马效应值相加得出每一基础工具的净伽马效应值。仅当基础工具的净伽马效应值为负值时，才须计算相应的资本要求，且资本要求总额等于这些净伽马效应值之和的绝对值。

3. 维加（Vega）风险的资本要求。

基础工具维加风险的资本要求 = 25% × 该基础工具波动率 × |该基础工具的各项期权的维加值之和| 维加风险的资本要求总额，等于各项基础工具维加风险的资本要求之和。

七、交易账簿信用衍生产品

资产公司应将交易账簿信用衍生产品转换为相关信用参考实体的本金头寸，并使用其当前市值计算利率风险的市场风险资本要求。

表5　交易账簿信用衍生产品转换规则

		多头/信用保护卖方	空头/信用保护买方
信用违约互换	一般市场风险	如有任何费用或利息的支付，则视为持有无特定市场风险债券多头	如有任何费用或利息的支付，则视为卖出无特定市场风险债券空头
	特定市场风险	视为持有信用参考实体多头，如为合格证券的情况，则视为持有互换风险暴露	视为持有信用参考实体空头，如为合格证券的情况，则视为卖出互换空头
总收益互换	一般市场风险	如有任何费用或利息的支付，则视为持有信用参考实体多头，及卖出无特定市场风险债券空头	如有任何费用或利息的支付，则视为卖出信用参考实体，及持有无特定市场风险债券多头
	特定市场风险	视为持有信用参考实体多头	视为卖出信用参考实体空头

续表

		多头/信用保护卖方	空头/信用保护买方
信用联系票据	一般市场风险	视为持有票据发行方多头	视为卖出票据发行方空头
	特定市场风险	视为持有票据发行方以及信用参考实体多头,如为合格证券的情况,则视为持有票据发行方多头	视为卖出信用参考实体空头,如为合格证券的情况,则视为卖出票据发行方空头
首次违约信用互换	一般市场风险	如有任何费用或利息的支付,则视为持有无特定市场风险债券多头	如有任何费用或利息的支付,则视为卖出无特定市场风险债券空头
	特定市场风险	视为持有所有参考实体多头,特定市场风险资本要求以可能的最大支出作为上限,如为合格证券的情况,则视为持有信用衍生品多头	视为卖出特定市场风险资本要求最高的参考实体空头(针对风险暴露),或视为卖出特定市场风险资本要求最低的信用参考实体空头(针对对冲头寸)
第二次违约信用互换	一般市场风险	如有任何费用或利息的支付,则视为持有无特定市场风险债券多头	如有任何费用或利息的支付,则视为卖出无特定市场风险债券空头
	特定市场风险	视为持有所有参考实体多头,但不包括特定市场风险资本要求最低的信用参考实体多头,特定市场风险资本要求以可能的最大支出作为上限,如为合格证券的情况,则视为持有信用衍生品多头	视为卖出特定市场风险资本要求最高的参考实体空头(针对风险暴露),当存在首次违约保护的情况下,视为卖出第二个特定市场风险资本要求最低的信用参考实体空头,或当特定市场风险资本要求最低的信用参考实体已发生违约的情况下,视为卖出信用参考实体空头(针对对冲头寸)

附件 4

操作风险基本指标法计量规则

基本指标法总收入定义

总收入为不良资产经营及处置净收入、手续费及佣金净收入、投资收益、利息净收入以及其他收入之和。总收入构成说明见表1。

表1 总收入构成说明

	项目	内容
1	不良资产经营及处置净收入	不良资产经营及处置收益减去经营及处置损失后的净额，包括因处置不良资产获取的价差收益或损失，因重组不良资产所获取的收益或损失，以及以公允价值计量的不良资产的公允价值变动损益
2	手续费及佣金净收入	手续费及佣金收入 – 手续费及佣金支出
3	投资收益	以各种方式对外投资取得的收益，包括债券及股票投资收益、股权投资分红等
4	利息净收入	金融机构往来利息收入及其他利息收入等 – 金融机构往来利息支出及其他借入资金利息支出等
5	其他收入	除以上各项外的其他业务所取得的收入
6	总收入	1 + 2 + 3 + 4 + 5

金融资产投资公司管理办法(试行)

(中国银行保险监督管理委员会令2018年第4号)

《金融资产投资公司管理办法(试行)》已经原中国银监会2017年第9次主席会议通过。现予公布,自公布之日起施行。

主席 郭树清

2018年6月29日

第一章 总 则

第一条 为推动市场化、法治化银行债权转股权健康有序开展,规范银行债权转股权(以下简称债转股)业务行为,根据《中华人民共和国银行业监督管理法》《中华人民共和国商业银行法》和《中华人民共和国公司法》等法律法规以及《国务院关于积极稳妥降低企业杠杆率的意见》《中国人民银行 中国银行保险监督管理委员会 中国证券监督管理委员会 国家外汇管理局关于规范金融机构资产管理业务的指导意见》,制定本办法。

第二条 本办法所称金融资产投资公司是指经国务院银行业监督管理机构批准,在中华人民共和国境内设立的,主要从事银行债权转股权及配套支持业务的非银行金融机构。

第三条 金融资产投资公司应当遵循市场化、法治化原则运作,与各参与主体在依法合规前提下,通过自愿平等协商开展债转股业务,确保洁净转让、真实出售,坚持通过市场机制发现合理价格,切实防止企业风险向银行业金融机构和社会公众转移,防止利益冲突和利益输送,防范相关道德风险。

第四条 银行通过金融资产投资公司实施债转股,应当通过向金融资产投资公司转让债权,由金融资产投资公司将债权转为对象企业股权的方式实现。银行不得直接将债权转化为股权,但国家另有规定的除外。

鼓励金融资产投资公司通过先收购银行对企业的债权,再将债权转为股权的形式实施债转股,收购价格由双方按市场化原则自主协商确定。涉及银行不良资产,可以按不良资产处置的有关规定办理。鼓励银行及时利用已计提拨备核销资产转让损失。

第五条 银行、金融资产投资公司应当与债转股对象企业、企业股东等相关方按照公允原则确定股权数量和价格,依法建立合理的损失分担机制,真实降低企业杠杆率，切实化解金融风险。

鼓励通过债转股、原股东资本减记、引进新股东等方式优化企业股权结构。支持金融资产投资公司推动企业改组改制，切实行使股东权利，履行股东义务，提高企业公司治理水平。

第六条 国务院银行业监督管理机构及其派出机构依法对金融资产投资公司及其分支机构和业务活动实施监督管理，对其设立的附属机构实施并表监管。

第二章 设立、变更与终止

第七条 金融资产投资公司应当具备下列条件：

（一）有符合《中华人民共和国公司法》和国务院银行业监督管理机构规定的章程；

（二）有符合本办法要求的股东和注册资本；

（三）有符合任职资格条件的董事、高级管理人员和熟悉业务的合格从业人员；

（四）建立有效的公司治理、内部控制和风险管理制度，有与业务经营相适应的信息科技系统；

（五）有与业务经营相适应的营业场所、安全防范措施和其他设施；

（六）国务院银行业监督管理机构规章规定的其他审慎性条件。

第八条 金融资产投资公司应当由在中华人民共和国境内注册成立的商业银行作为主要股东发起设立。商业银行作为主要股东，应当符合以下条件：

（一）具有良好的公司治理机制、内部控制体系和健全的风险管理制度；

（二）主要审慎监管指标符合所在地监管机构的监管要求；

（三）财务状况良好，最近3个会计年度连续盈利；

（四）监管评级良好，最近2年内无重大违法违规行为；

（五）为金融资产投资公司确定了明确的发展战略和清晰的盈利模式；

（六）入股资金为自有资金，不得以债务资金和委托资金等非自有资金入股；

（七）承诺5年内不转让所持有的股权，不将所持有的股权进行质押或设立信托，并在金融资产投资公司章程中载明；

（八）国务院银行业监督管理机构规章规定的其他审慎性条件。

商业银行作为金融资产投资公司股东应当符合前款第（一）、（二）、（三）、（四）、（六）、（七）、（八）项规定要求。

国有商业银行新设的金融资产投资公司应当依据国有金融资产管理规定做好相关工作。

第九条 其他境内外法人机构作为金融资产投资公司的股东，应当具备以下条件：

（一）具有良好的公司治理机制；

（二）有良好的社会声誉、诚信记录和纳税记录；

（三）其他境内外法人机构为非金融机构的，最近1年年末总资产不低于50亿元人民币或等值自由兑换货币，最近1年年末净资产不得低于总资产的30%；

（四）其他境内外法人机构为非金融机构的，权益性投资余额原则上不超过其净资产的50%（合并会计报表口径）；

（五）财务状况良好，最近2个会计年度连续盈利；

（六）经营管理良好，最近2年内无重大违法违规经营记录；

（七）入股资金为自有资金，不得以债务资金和委托资金等非自有资金入股；

（八）承诺5年内不转让所持有的股权，不将所持有的股权进行质押或设立信托，并在金融资产投资公司章程中载明；

（九）国务院银行业监督管理机构规章规定的其他审慎性条件。

其他境内外法人机构为金融机构的，应当同时符合所在地有关法律法规和相关监管规定要求。

第十条 有以下情形之一的企业不得作为金融资产投资公司的股东：

（一）公司治理结构与机制存在明显缺陷；

（二）股权关系复杂且不透明、关联交易异常；

（三）核心主业不突出且其经营范围涉及行业过多；

（四）现金流量波动受经济景气程度影响较大；

（五）资产负债率、财务杠杆率明显高于行业平均水平；

（六）代他人持有金融资产投资公司股权；

（七）其他可能对金融资产投资公司产生重大不利影响的情形。

第十一条 金融资产投资公司的注册资本应当为一次性实缴货币资本，最低限额为100亿元人民币或等值自由兑换货币。

国务院银行业监督管理机构根据审慎监管要求，可以调整金融资产投资公司注册资本最低限额要求，但不得少于前款规定的限额。

第十二条 金融资产投资公司设立须经筹建和开业两个阶段。

第十三条 筹建金融资产投资公司，应当由作为主要股东的商业银行向国务院银行业监督管理机构提交申请，由国务院银行业监督管理机构按程序受理、审查并决定。国务院银行业监督管理机构自收到完整申请材料之日起4个月内作出批准或不批准的书面决定。

第十四条 金融资产投资公司的筹建期为批准决定之日起6个月。未能按期完成筹建的，应当在筹建期限届满前1个月向国务院银行业监督管理机构提交筹建延期报告。筹建延期不得超过一次，延长期限不得超过3个月。

申请人应当在前款规定的期限届满前提交开业申请，逾期未提交的，筹建批准文件失效，由决定机关注销筹建许可。

第十五条 金融资产投资公司开业，应当由作为主要股东的商业银行向国务院银行业监督管理机构提交申请，由国务院银行业监督管理机构受理、审查并决定。国务院银行业监督管理机构自受理之日起2个月内作出核准或不予核准的书面决定。

第十六条 金融资产投资公司应当在收到开业核准文件并领取金融许可证后，办理工商登记，领取营业执照。

金融资产投资公司应当自领取营业执照之日起 6 个月内开业。不能按期开业的，应当在开业期限届满前 1 个月向国务院银行业监督管理机构提交开业延期报告。开业延期不得超过一次，延长期限不得超过 3 个月。

未在前款规定期限内开业的，开业核准文件失效，由决定机关注销开业许可，发证机关收回金融许可证，并予以公告。

第十七条　金融资产投资公司董事和高级管理人员实行任职资格核准制度，由国务院银行业监督管理机构及其派出机构按照有关金融资产管理公司董事和高级管理人员任职资格的行政许可范围、条件和程序进行审核。

第十八条　金融资产投资公司根据业务发展需要设立分支机构和附属机构，由国务院银行业监督管理机构及其派出机构参照有关金融资产管理公司的行政许可范围、条件和程序进行审核。

第十九条　金融资产投资公司有下列变更事项之一的，应当报经国务院银行业监督管理机构批准：

（一）变更公司名称；
（二）变更注册资本；
（三）变更股权或调整股权结构；
（四）变更公司住所；
（五）修改公司章程；
（六）变更组织形式；
（七）合并或分立；
（八）国务院银行业监督管理机构规定的其他变更事项。

金融资产投资公司股权变更或调整股权结构后持股 5% 以上的股东应当经股东资格审核。变更或调整股权后的股东应当符合本办法规定的股东资质条件。

经国务院银行业监督管理机构批准，金融资产投资公司可以发行优先股。

第二十条　金融资产投资公司有下列情形之一的，经国务院银行业监督管理机构批准后可以解散：

（一）公司章程规定的营业期限届满或者公司章程规定的其他解散事由出现；
（二）股东会议决议解散；
（三）因公司合并或者分立需要解散；
（四）其他解散事由。

第二十一条　金融资产投资公司因解散、依法被撤销或被宣告破产而终止的，其清算事宜按照国家有关法律法规办理。

第二十二条　金融资产投资公司的机构变更和终止、调整业务范围及增加业务品种等行政许可事项由国务院银行业监督管理机构受理、审查并决定，相关申请材料、许可条件和程序参照适用有关金融资产管理公司行政许可相关规定，本办法另有规定的除外。

第三章 业务范围和业务规则

第二十三条 经国务院银行业监督管理机构批准，金融资产投资公司可以经营下列部分或者全部业务：

（一）以债转股为目的收购银行对企业的债权，将债权转为股权并对股权进行管理；

（二）对于未能转股的债权进行重组、转让和处置；

（三）以债转股为目的投资企业股权，由企业将股权投资资金全部用于偿还现有债权；

（四）依法依规面向合格投资者募集资金，发行私募资产管理产品支持实施债转股；

（五）发行金融债券；

（六）通过债券回购、同业拆借、同业借款等方式融入资金；

（七）对自营资金和募集资金进行必要的投资管理，自营资金可以开展存放同业、拆放同业、购买国债或其他固定收益类证券等业务，募集资金使用应当符合资金募集约定用途；

（八）与债转股业务相关的财务顾问和咨询业务；

（九）经国务院银行业监督管理机构批准的其他业务。

金融资产投资公司应当以前款第（一）、（二）、（三）、（四）项业务为主业。金融资产投资公司全年主营业务占比或者主营业务收入占比原则上不应低于总业务或者总收入的50%。

第二十四条 金融资产投资公司应当建立系统规范的债转股各项业务经营制度，明确尽职调查、审查审批与决策流程，全面准确了解掌握债转股对象企业的真实情况，科学合理评估债权和拟投资股权的价值。

第二十五条 金融资产投资公司可以设立附属机构，由其依据相关行业主管部门规定申请成为私募股权投资基金管理人，设立私募股权投资基金，依法依规面向合格投资者募集资金实施债转股。

金融资产投资公司及其附属机构应当加强投资者适当性管理和信息披露，明确告知投资者募集资金用于债转股项目。

第二十六条 金融资产投资公司申请在银行间市场和交易所市场发行金融债券，应当符合以下条件：

（一）具有良好的公司治理机制、完善的内部控制体系和健全的风险管理制度；

（二）资本充足水平符合审慎监管要求；

（三）风险监管指标符合审慎监管要求；

（四）国务院银行业监督管理机构规章规定的其他审慎性条件。

金融资产投资公司发行金融债券募集的资金，应当主要用于流动性管理和收购银行债权。金融资产投资公司使用发行金融债券募集的资金开展债转股业务，不适用本办法第二十七条第三款和第三十一条。

第二十七条 商业银行控股或者参股的金融资产投资公司应当与该商业银行及其关联机构建立防止利益冲突和利益输送的机制。

金融资产投资公司使用自营资金收购债权和投资企业股权时,鼓励不同商业银行通过所控股或参股的金融资产投资公司交叉实施债转股。

金融资产投资公司使用募集资金收购债权和投资企业股权,应当主要用于交叉实施债转股。

第二十八条 商业银行不得对控股或者参股的金融资产投资公司投资的企业降低授信标准,对其中资产负债率持续超出合理水平的企业不得增加授信。

第二十九条 金融资产投资公司收购银行债权应当严格遵守洁净转让、真实出售的原则,通过评估或估值程序审慎评估债权质量和风险,坚持市场化定价,实现资产和风险的真实完全转移。

银行债权评估或估值可以由金融资产投资公司会同银行对企业进行尽职调查后确定,也可以由独立第三方实施。银行债权转让可以采取招标、拍卖等公开方式,也可在评估或估值基础上自主协商确定公允价格,允许金融资产投资公司折价收购银行债权。

金融资产投资公司对企业进行股权投资后,由企业将股权投资资金全部用于偿还银行债权的,应当与企业约定在合理期间偿还银行债权,并约定所偿还银行债权的定价机制,确保按照实际价值偿还银行债权。金融资产投资公司应当与企业约定必要的资金用途监管措施,严格防止企业挪用股权投资资金。

第三十条 金融资产投资公司收购银行债权不得接受债权出让方银行及其关联机构出具的本金保障和固定收益承诺,不得实施利益输送,不得协助银行掩盖风险和规避监管要求。

金融资产投资公司不得与银行在转让合同等正式法律文件之外签订或达成任何协议或约定,影响资产和风险真实完全转移,改变交易结构、风险承担主体及相关权益转移过程等。

第三十一条 金融资产投资公司收购银行债权,不得由该债权出让方银行使用资本金、自营资金、理财资金或其他表外资金提供任何形式的直接或间接融资,不得由该债权出让方银行以任何方式承担显性或者隐性回购义务。

金融资产投资公司对企业进行股权投资,股权投资资金用于偿还企业银行债权的,不得由该债权人银行使用资本金、自营资金、理财资金或其他表外资金提供任何形式的直接或间接融资。

第三十二条 转股债权标的应当以银行对企业发放贷款形成的债权为主,适当考虑其他类型银行债权和非银行金融机构债权。转股债权资产质量类别由债权银行、企业和金融资产投资公司自主协商确定,包括正常类、关注类和不良类债权。

第三十三条 金融资产投资公司应当加强对所收购债权的管理,认真整理、审查和完善相关债权的法律文件和管理资料,密切关注债务人和担保人的清偿能力和抵质押物价值变化情况，及时采取补救措施，切实维护和主张权利。

第三十四条 债转股对象和条件由金融资产投资公司、债权银行和企业根据国家政策依法自主协商确定，转股债权及股权价格按市场化原则确定。对于涉及多个债权银行的，可以由最大债权银行或主动发起债转股的债权银行牵头成立债权人委员会进行协调。

经过法定程序，债权可以转为普通股，也可以转为优先股。

第三十五条 金融资产投资公司确定作为债转股对象的企业应当具备以下条件：

（一）发展前景良好但遇到暂时困难，具有可行的企业改革计划和脱困安排；

（二）主要生产装备、产品、能力符合国家产业发展方向，技术先进，产品有市场，环保和安全生产达标；

（三）信用状况较好，无故意违约、转移资产等不良信用记录。

第三十六条 金融资产投资公司开展债转股，应当符合国家产业政策等政策导向，优先考虑对拥有优质优良资产的企业和发展前景良好但遇到暂时困难的优质企业开展市场化债转股，包括：

（一）因行业周期性波动导致困难但仍有望逆转的企业；

（二）因高负债而财务负担过重的成长型企业，特别是战略性新兴产业领域的成长型企业；

（三）高负债居于产能过剩行业前列的关键性企业以及关系国家安全的战略性企业；

（四）其他适合优先考虑实施市场化债转股的企业。

第三十七条 金融资产投资公司不得对下列企业实施债转股：

（一）扭亏无望、已失去生存发展前景的"僵尸企业"；

（二）有恶意逃废债行为的失信企业；

（三）债权债务关系复杂且不明晰的企业；

（四）不符合国家产业政策，助长过剩产能扩张和增加库存的企业；

（五）金融业企业；

（六）其他不适合实施债转股的企业。

第三十八条 金融资产投资公司应当按照公开、公平、公正的原则，根据自身业务经营和风险管理策略，开展市场化债转股业务。

金融资产投资公司应当对债转股对象企业开展尽职调查，合理评估对象企业价值，并与企业、企业股东等利益相关方协商明确转股价格、转股比例、资产负债重组计划、公司治理安排、经营发展规划、股权退出等事宜，签订债转股协议。

金融资产投资公司应当积极争取各级政府和相关部门推动债转股企业改组改制，并在剥离相关社会负担、分流安置富余人员、税收优惠、股权退出等方面给予支持。

第三十九条 金融资产投资公司应当建立严格的关联交易管理制度，关联交易应当遵循商业原则，以市场价格为基础，按照不优于非关联方同类交易的条件进行，防止利益输送、防范掩盖风险、规避监管和监管套利。

金融资产投资公司重大关联交易应当经董事会批准，并进行充分披露。重大关联交易是指金融资产投资公司与一个关联方之间单笔交易使用的自营资金总额占金融资产投资公司净资产5%以上的交易。重大关联交易应当自批准之日起10个工作日内报告监事会，同时报告国务院银行业监督管理机构及其派出机构。

上市商业银行控股或参股的金融资产投资公司，与该上市商业银行及其关联方的关联交易，应当符合证券监管有关规定。

第四十条 金融资产投资公司应当与相关主体在债转股协议中对企业未来债务融资行为进行规范，共同制定合理的债务安排和融资规划，对企业资产负债率作出明确约定，防止企业杠杆率再次超出合理水平。

第四十一条 金融资产投资公司应当建立和完善股权管理制度，明确持股目的和持股策略，确定合理持股份额，并根据《中华人民共和国公司法》等法律法规要求承担责任。金融资产投资公司对于实行债转股的企业，原则上不应当控股。如确有必要，应当制定合理的过渡期限。

债转股企业涉及上市公司和非上市公众公司的，应当符合证券监管有关规定。

第四十二条 金融资产投资公司应当按照法律法规、公司章程要求和合同约定，派员参加企业股东（大）会、董事会、监事会，审议修订公司章程和议事规则，明确重大事项决策程序，依法行使股东权利，参与公司治理和企业重大经营决策，督促持股企业持续改进经营管理。

第四十三条 金融资产投资公司应当依法行使各项股东权利，在法律法规和公司章程规定范围内依法采取措施，制止损害股东权益行为。当持股企业因管理、环境等因素发生不利变化，导致或可能导致持股风险显著增大时，应当及时采取有效措施保障自身合法权益。

第四十四条 鼓励金融资产投资公司建立股权退出策略和机制。对股权有退出预期的，可以与相关主体协商约定所持股权的退出方式。实施股权退出涉及证券发行或交易的，应当符合证券监管的有关规定。涉及国有资产产权登记和转让的，应当符合国有资产管理的有关规定。

第四十五条 鼓励金融资产投资公司通过市场化措施向合格投资者真实转让所持有的债转股企业股权。

第四十六条 金融资产投资公司应当建立履职问责制，规定在债转股业务过程中有关部门和岗位的职责，对违反法律法规、本办法及其他债转股监管规定的行为进行责任认定和处理。

第四十七条 金融资产投资公司开展业务应当遵守法律法规和监管政策，严禁以下违法违规行为：

（一）与债务人等串通，转移资产，逃废债务；
（二）违反规定对禁止性对象企业实施债转股或变相实施债转股；
（三）违规接受银行承诺或签订私下协议；
（四）伪造、篡改、隐匿、毁损债转股相关档案；

（五）其他违法违规及违反本办法要求的行为。

第四章 风险管理

第四十八条 金融资产投资公司应当建立组织健全、职责清晰的公司治理结构，明确股东（大）会、董事会、监事会、高级管理层以及业务部门、风险管理部门和内审部门的职责分工，建立多层次、相互衔接、有效制衡的风险管理机制。金融资产投资公司对其设立的附属机构应当加强并表管理。

控股或参股金融资产投资公司的商业银行与金融资产投资公司之间应当建立防火墙，在资金、人员、业务方面进行有效隔离，防范风险传染。

第四十九条 金融资产投资公司应当建立与其业务规模、复杂程度、风险状况相匹配的有效风险管理框架，制定清晰的风险管理策略，明确风险偏好和风险限额，制定完善风险管理政策和程序，及时有效识别、计量、评估、监测、控制或缓释各类重大风险。

第五十条 金融资产投资公司应当按照国务院银行业监督管理机构的相关规定建立资本管理体系，合理评估资本充足状况，建立审慎、规范的资本补充和约束机制。金融资产投资公司资本充足率、杠杆率和财务杠杆率水平参照金融资产管理公司资本管理相关规定执行。

第五十一条 金融资产投资公司应当严格按照有关规定，对所持有的债权资产进行准确分类，足额计提风险减值准备，确保真实反映风险状况。

第五十二条 金融资产投资公司应当确保其资产负债结构与流动性管理要求相匹配，建立、完善明晰的融资策略和融资渠道，提高融资来源的多元性、稳定性和可持续性，合理控制期限错配，实施流动性风险限额管理，制定有效的流动性风险应急计划。

第五十三条 金融资产投资公司应当加强债转股项目全流程管理，严格落实尽职调查、审查审批、风控措施、后续管理等各项要求，加强监督约束，防范超越权限或者违反程序操作、虚假尽职调查与评估、泄露商业秘密谋取非法利益、利益输送、违规放弃合法权益、截留隐匿或私分资产等操作风险。

第五十四条 金融资产投资公司应当制定合理的业绩考核和奖惩机制，建立市场化的用人机制和薪酬激励约束机制。

第五十五条 金融资产投资公司应当建立健全内部控制和内外部审计制度，完善内控机制，提高内外部审计有效性，持续督促提升业务经营、内控合规、风险管理水平。

第五章 监督管理

第五十六条 国务院银行业监督管理机构及其派出机构通过非现场监管和现场检查等方式对金融资产投资公司及其分支机构（附属机构）实施持续监管。

第五十七条 金融资产投资公司及其分支机构（附属机构）应当按规定向国务院

银行业监督管理机构及其派出机构报送监管信息，主要包括：

（一）业务经营和风险管理制度；

（二）组织架构及主要管理人员信息；

（三）财务会计报表、监管统计报表；

（四）信息披露材料；

（五）重大事项报告；

（六）国务院银行业监督管理机构及其派出机构认为必要的其他信息。

金融资产投资公司定期报送上述信息时，应当包括股权投资和管理业务运行及风险情况，作为其主要股东的商业银行及其关联机构对所投资企业及其关联企业的授信、融资及投资变化情况。

金融资产投资公司所投资企业出现杠杆率持续超出合理水平、重大投资风险、重大经营问题和偿付能力问题等重大事项时，应当及时报告。

第五十八条 国务院银行业监督管理机构及其派出机构应当定期对金融资产投资公司及其分支机构（附属机构）开展全面现场检查和股权投资管理等业务的专项检查。

第五十九条 国务院银行业监督管理机构及其派出机构根据履职需要，可与金融资产投资公司董事、高级管理人员及外部审计人员进行监管谈话，要求其就业务活动和风险管理等重大事项作出说明。

第六十条 国务院银行业监督管理机构应当按照法律法规要求，督促金融资产投资公司落实信息披露要求。

第六十一条 金融资产投资公司及其分支机构（附属机构）所投资企业出现企业杠杆率持续超出合理水平、重大投资风险、重大经营问题和偿付能力问题，或者可能对金融行业和金融市场产生不利影响的，国务院银行业监督管理机构及其派出机构可以依据有关法律法规规定对金融资产投资公司采取限期整改、暂停业务、限制股东权利等强制监管手段。

第六十二条 金融资产投资公司及其分支机构（附属机构）违反有关法律法规以及本办法有关规定的，国务院银行业监督管理机构及其派出机构应当依法责令金融资产投资公司限期整改，并可区别情形，依照《中华人民共和国银行业监督管理法》等法律法规，对金融资产投资公司采取暂停业务、限制股东权利等强制监管措施和行政处罚。

第六十三条 国务院银行业监督管理机构对金融资产投资公司及其分支机构（附属机构）业务开展情况和债转股效果定期进行评估，根据降低企业杠杆率实际效果、主营业务占比、购买债权实施转股业务占比、交叉实施债转股占比等情况，研究完善监督管理、激励约束和政策支持措施。

第六章 附 则

第六十四条 金融资产管理公司、信托公司等其他银行业金融机构参与开展市场化债转股，商业银行通过其他符合条件的所属机构参与开展市场化债转股，应当参照适用本办法规定的业务规则和风险管理要求，法律法规和金融监管部门规章另有规定的除外。

金融资产投资公司对非银行金融机构债权实施债转股适用本办法规定，法律法规和金融监管部门规章另有规定的除外。

第六十五条 商业银行已经签订框架性协议尚未实施的债转股项目应当符合本办法相关要求，已实施的债转股项目管理方式不得违反本办法相关要求，法律法规和金融监管部门规章另有规定的除外。

第六十六条 本办法由中国银行保险监督管理委员会负责解释。

第六十七条 本办法自公布之日起施行。

中国人民银行 中国银行保险监督管理委员会 中国证券监督管理委员会 国家外汇管理局关于规范金融机构资产管理业务的指导意见

(银发〔2018〕106号)

近年来,我国资产管理业务快速发展,在满足居民和企业投融资需求、改善社会融资结构等方面发挥了积极作用,但也存在部分业务发展不规范、多层嵌套、刚性兑付、规避金融监管和宏观调控等问题。按照党中央、国务院决策部署,为规范金融机构资产管理业务,统一同类资产管理产品监管标准,有效防控金融风险,引导社会资金流向实体经济,更好地支持经济结构调整和转型升级,经国务院同意,现提出以下意见:

一、规范金融机构资产管理业务主要遵循以下原则:

(一)坚持严控风险的底线思维。把防范和化解资产管理业务风险放到更加重要的位置,减少存量风险,严防增量风险。

(二)坚持服务实体经济的根本目标。既充分发挥资产管理业务功能,切实服务实体经济投融资需求,又严格规范引导,避免资金脱实向虚在金融体系内部自我循环,防止产品过于复杂,加剧风险跨行业、跨市场、跨区域传递。

(三)坚持宏观审慎管理与微观审慎监管相结合、机构监管与功能监管相结合的监管理念。实现对各类机构开展资产管理业务的全面、统一覆盖,采取有效监管措施,加强金融消费者权益保护。

(四)坚持有的放矢的问题导向。重点针对资产管理业务的多层嵌套、杠杆不清、套利严重、投机频繁等问题,设定统一的标准规制,同时对金融创新坚持趋利避害、一分为二,留出发展空间。

(五)坚持积极稳妥审慎推进。正确处理改革、发展、稳定关系,坚持防范风险与有序规范相结合,在下决心处置风险的同时,充分考虑市场承受能力,合理设置过渡期,把握好工作的次序、节奏、力度,加强市场沟通,有效引导市场预期。

二、资产管理业务是指银行、信托、证券、基金、期货、保险资产管理机构、金融资产投资公司等金融机构接受投资者委托,对受托的投资者财产进行投资和管理的金融服务。金融机构为委托人利益履行诚实信用、勤勉尽责义务并收取相应的管理费用,委托人自担投资风险并获得收益。金融机构可以与委托人在合同中事先约定收取合理的业绩报酬,业绩报酬计入管理费,须与产品一一对应并逐个结算,不同产品之间不得相互串用。

资产管理业务是金融机构的表外业务,金融机构开展资产管理业务时不得承诺保本保收益。出现兑付困难时,金融机构不得以任何形式垫资兑付。金融机构不得在表内开展资产管理业务。

私募投资基金适用私募投资基金专门法律、行政法规,私募投资基金专门法律、行政法规中没有明确规定的适用本意见,创业投资基金、政府出资产业投资基金的相关规定另行制定。

三、资产管理产品包括但不限于人民币或外币形式的银行非保本理财产品,资金信托,证券公司、证券公司子公司、基金管理公司、基金管理子公司、期货公司、期货公司子公司、保险资产管理机构、金融资产投资公司发行的资产管理产品等。依据金融管理部门颁布规则开展的资产证券化业务,依据人力资源社会保障部门颁布规则发行的养老金产品,不适用本意见。

四、资产管理产品按照募集方式的不同,分为公募产品和私募产品。公募产品面向不特定社会公众公开发行。公开发行的认定标准依照《中华人民共和国证券法》执行。私募产品面向合格投资者通过非公开方式发行。

资产管理产品按照投资性质的不同,分为固定收益类产品、权益类产品、商品及金融衍生品类产品和混合类产品。固定收益类产品投资于存款、债券等债权类资产的比例不低于80%,权益类产品投资于股票、未上市企业股权等权益类资产的比例不低于80%,商品及金融衍生品类产品投资于商品及金融衍生品的比例不低于80%,混合类产品投资于债权类资产、权益类资产、商品及金融衍生品类资产且任一资产的投资比例未达到前三类产品标准。非因金融机构主观因素导致突破前述比例限制的,金融机构应当在流动性受限资产可出售、可转让或者恢复交易的15个交易日内调整至符合要求。

金融机构在发行资产管理产品时,应当按照上述分类标准向投资者明示资产管理产品的类型,并按照确定的产品性质进行投资。在产品成立后至到期日前,不得擅自改变产品类型。混合类产品投资债权类资产、权益类资产和商品及金融衍生品类资产的比例范围应当在发行产品时予以确定并向投资者明示,在产品成立后至到期日前不得擅自改变。产品的实际投向不得违反合同约定,如有改变,除高风险类型的产品超出比例范围投资较低风险资产外,应当先行取得投资者书面同意,并履行登记备案等法律法规以及金融监督管理部门规定的程序。

五、资产管理产品的投资者分为不特定社会公众和合格投资者两大类。合格投资者是指具备相应风险识别能力和风险承担能力,投资于单只资产管理产品不低于一定金额且符合下列条件的自然人和法人或者其他组织。

(一)具有2年以上投资经历,且满足以下条件之一:家庭金融净资产不低于300万元,家庭金融资产不低于500万元,或者近3年本人年均收入不低于40万元。

(二)最近1年末净资产不低于1000万元的法人单位。

(三)金融管理部门视为合格投资者的其他情形。

合格投资者投资于单只固定收益类产品的金额不低于30万元,投资于单只混合类产品的金额不低于40万元,投资于单只权益类产品、单只商品及金融衍生品类产品的金额不低于100万元。

投资者不得使用贷款、发行债券等筹集的非自有资金投资资产管理产品。

六、金融机构发行和销售资产管理产品，应当坚持"了解产品"和"了解客户"的经营理念，加强投资者适当性管理，向投资者销售与其风险识别能力和风险承担能力相适应的资产管理产品。禁止欺诈或者误导投资者购买与其风险承担能力不匹配的资产管理产品。金融机构不得通过拆分资产管理产品的方式，向风险识别能力和风险承担能力低于产品风险等级的投资者销售资产管理产品。

金融机构应当加强投资者教育，不断提高投资者的金融知识水平和风险意识，向投资者传递"卖者尽责、买者自负"的理念，打破刚性兑付。

七、金融机构开展资产管理业务，应当具备与资产管理业务发展相适应的管理体系和管理制度，公司治理良好，风险管理、内部控制和问责机制健全。

金融机构应当建立健全资产管理业务人员的资格认定、培训、考核评价和问责制度，确保从事资产管理业务的人员具备必要的专业知识、行业经验和管理能力，充分了解相关法律法规、监管规定以及资产管理产品的法律关系、交易结构、主要风险和风险管控方式，遵守行为准则和职业道德标准。

对于违反相关法律法规以及本意见规定的金融机构资产管理业务从业人员，依法采取处罚措施直至取消从业资格，禁止其在其他类型金融机构从事资产管理业务。

八、金融机构运用受托资金进行投资，应当遵守审慎经营规则，制定科学合理的投资策略和风险管理制度，有效防范和控制风险。

金融机构应当履行以下管理人职责：

（一）依法募集资金，办理产品份额的发售和登记事宜。

（二）办理产品登记备案或者注册手续。

（三）对所管理的不同产品受托财产分别管理、分别记账，进行投资。

（四）按照产品合同的约定确定收益分配方案，及时向投资者分配收益。

（五）进行产品会计核算并编制产品财务会计报告。

（六）依法计算并披露产品净值或者投资收益情况，确定申购、赎回价格。

（七）办理与受托财产管理业务活动有关的信息披露事项。

（八）保存受托财产管理业务活动的记录、账册、报表和其他相关资料。

（九）以管理人名义，代表投资者利益行使诉讼权利或者实施其他法律行为。

（十）在兑付受托资金及收益时，金融机构应当保证受托资金及收益返回委托人的原账户、同名账户或者合同约定的受益人账户。

（十一）金融监督管理部门规定的其他职责。

金融机构未按照诚实信用、勤勉尽责原则切实履行受托管理职责，造成投资者损失的，应当依法向投资者承担赔偿责任。

九、金融机构代理销售其他金融机构发行的资产管理产品，应当符合金融监督管理部门规定的资质条件。未经金融监督管理部门许可，任何非金融机构和个人不得代理销售资产管理产品。

金融机构应当建立资产管理产品的销售授权管理体系，明确代理销售机构的准入标准和程序，明确界定双方的权利与义务，明确相关风险的承担责任和转移方式。

金融机构代理销售资产管理产品，应当建立相应的内部审批和风险控制程序，对发行或者管理机构的信用状况、经营管理能力、市场投资能力、风险处置能力等开展尽职调查，要求发行或者管理机构提供详细的产品介绍、相关市场分析和风险收益测算报告，进行充分的信息验证和风险审查，确保代理销售的产品符合本意见规定并承担相应责任。

十、公募产品主要投资标准化债权类资产以及上市交易的股票，除法律法规和金融管理部门另有规定外，不得投资未上市企业股权。公募产品可以投资商品及金融衍生品，但应当符合法律法规以及金融管理部门的相关规定。

私募产品的投资范围由合同约定，可以投资债权类资产、上市或挂牌交易的股票、未上市企业股权（含债转股）和受（收）益权以及符合法律法规规定的其他资产，并严格遵守投资者适当性管理要求。鼓励充分运用私募产品支持市场化、法治化债转股。

十一、资产管理产品进行投资应当符合以下规定：

（一）标准化债权类资产应当同时符合以下条件：

1. 等分化，可交易。
2. 信息披露充分。
3. 集中登记，独立托管。
4. 公允定价，流动性机制完善。
5. 在银行间市场、证券交易所市场等经国务院同意设立的交易市场交易。

标准化债权类资产的具体认定规则由中国人民银行会同金融监督管理部门另行制定。

标准化债权类资产之外的债权类资产均为非标准化债权类资产。金融机构发行资产管理产品投资于非标准化债权类资产的，应当遵守金融监督管理部门制定的有关限额管理、流动性管理等监管标准。金融监督管理部门未制定相关监管标准的，由中国人民银行督促根据本意见要求制定监管标准并予以执行。

金融机构不得将资产管理产品资金直接投资于商业银行信贷资产。商业银行信贷资产受（收）益权的投资限制由金融管理部门另行制定。

（二）资产管理产品不得直接或者间接投资法律法规和国家政策禁止进行债权或股权投资的行业和领域。

（三）鼓励金融机构在依法合规、商业可持续的前提下，通过发行资产管理产品募集资金投向符合国家战略和产业政策要求、符合国家供给侧结构性改革政策要求的领域。鼓励金融机构通过发行资产管理产品募集资金支持经济结构转型，支持市场化、法治化债转股，降低企业杠杆率。

（四）跨境资产管理产品及业务参照本意见执行，并应当符合跨境人民币和外汇管理有关规定。

十二、金融机构应当向投资者主动、真实、准确、完整、及时披露资产管理产品募集信息、资金投向、杠杆水平、收益分配、托管安排、投资账户信息和主要投资风险等内容。国家法律法规另有规定的，从其规定。

对于公募产品，金融机构应当建立严格的信息披露管理制度，明确定期报告、临时报告、重大事项公告、投资风险披露要求以及具体内容、格式。在本机构官方网站或者通过投资者便于获取的方式披露产品净值或者投资收益情况，并定期披露其他重要信息；开放式产品按照开放频率披露，封闭式产品至少每周披露一次。

对于私募产品，其信息披露方式、内容、频率由产品合同约定，但金融机构应当至少每季度向投资者披露产品净值和其他重要信息。

对于固定收益类产品，金融机构应当通过醒目方式向投资者充分披露和提示产品的投资风险，包括但不限于产品投资债券面临的利率、汇率变化等市场风险以及债券价格波动情况，产品投资每笔非标准化债权类资产的融资客户、项目名称、剩余融资期限、到期收益分配、交易结构、风险状况等。

对于权益类产品，金融机构应当通过醒目方式向投资者充分披露和提示产品的投资风险，包括产品投资股票面临的风险以及股票价格波动情况等。

对于商品及金融衍生品类产品，金融机构应当通过醒目方式向投资者充分披露产品的挂钩资产、持仓风险、控制措施以及衍生品公允价值变化等。

对于混合类产品，金融机构应当通过醒目方式向投资者清晰披露产品的投资资产组合情况，并根据固定收益类、权益类、商品及金融衍生品类资产投资比例充分披露和提示相应的投资风险。

十三、主营业务不包括资产管理业务的金融机构应当设立具有独立法人地位的资产管理子公司开展资产管理业务，强化法人风险隔离，暂不具备条件的可以设立专门的资产管理业务经营部门开展业务。

金融机构不得为资产管理产品投资的非标准化债权类资产或者股权类资产提供任何直接或间接、显性或隐性的担保、回购等代为承担风险的承诺。

金融机构开展资产管理业务，应当确保资产管理业务与其他业务相分离，资产管理产品与其代销的金融产品相分离，资产管理产品之间相分离，资产管理业务操作与其他业务操作相分离。

十四、本意见发布后，金融机构发行的资产管理产品资产应当由具有托管资质的第三方机构独立托管，法律、行政法规另有规定的除外。

过渡期内，具有证券投资基金托管业务资质的商业银行可以托管本行理财产品，但应当为每只产品单独开立托管账户，确保资产隔离。过渡期后，具有证券投资基金托管业务资质的商业银行应当设立具有独立法人地位的子公司开展资产管理业务，该商业银行可以托管子公司发行的资产管理产品，但应当实现实质性的独立托管。独立托管有名无实的，由金融监督管理部门进行纠正和处罚。

十五、金融机构应当做到每只资产管理产品的资金单独管理、单独建账、单独核算，不得开展或者参与具有滚动发行、集合运作、分离定价特征的资金池业务。

金融机构应当合理确定资产管理产品所投资资产的期限，加强对期限错配的流动性风险管理,金融监督管理部门应当制定流动性风险管理规定。

为降低期限错配风险,金融机构应当强化资产管理产品久期管理,封闭式资产管理产品期限不得低于90天。资产管理产品直接或者间接投资于非标准化债权类资产的,非标准化债权类资产的终止日不得晚于封闭式资产管理产品的到期日或者开放式资产管理产品的最近一次开放日。

资产管理产品直接或者间接投资于未上市企业股权及其受(收)益权的,应当为封闭式资产管理产品,并明确股权及其受(收)益权的退出安排。未上市企业股权及其受(收)益权的退出日不得晚于封闭式资产管理产品的到期日。

金融机构不得违反金融监督管理部门的规定,通过为单一融资项目设立多只资产管理产品的方式,变相突破投资人数限制或者其他监管要求。同一金融机构发行多只资产管理产品投资同一资产的,为防止同一资产发生风险波及多只资产管理产品,多只资产管理产品投资该资产的资金总规模合计不得超过300亿元。如果超出该限额,需经相关金融监督管理部门批准。

十六、金融机构应当做到每只资产管理产品所投资资产的风险等级与投资者的风险承担能力相匹配,做到每只产品所投资资产构成清晰,风险可识别。

金融机构应当控制资产管理产品所投资资产的集中度:

(一)单只公募资产管理产品投资单只证券或者单只证券投资基金的市值不得超过该资产管理产品净资产的10%。

(二)同一金融机构发行的全部公募资产管理产品投资单只证券或者单只证券投资基金的市值不得超过该证券市值或者证券投资基金市值的30%。其中,同一金融机构全部开放式公募资产管理产品投资单一上市公司发行的股票不得超过该上市公司可流通股票的15%。

(三)同一金融机构全部资产管理产品投资单一上市公司发行的股票不得超过该上市公司可流通股票的30%。

金融监督管理部门另有规定的除外。

非因金融机构主观因素导致突破前述比例限制的,金融机构应当在流动性受限资产可出售、可转让或者恢复交易的10个交易日内调整至符合相关要求。

十七、金融机构应当按照资产管理产品管理费收入的10%计提风险准备金,或者按照规定计量操作风险资本或相应风险资本准备。风险准备金余额达到产品余额的1%时可以不再提取。风险准备金主要用于弥补因金融机构违法违规、违反资产管理产品协议、操作错误或者技术故障等给资产管理产品财产或者投资者造成的损失。金融机构应当定期将风险准备金的使用情况报告金融管理部门。

十八、金融机构对资产管理产品应当实行净值化管理,净值生成应当符合企业会计准则规定,及时反映基础金融资产的收益和风险,由托管机构进行核算并定期提供报告,由外部审计机构进行审计确认,被审计金融机构应当披露审计结果并同时报送金融管理部门。

金融资产坚持公允价值计量原则,鼓励使用市值计量。符合以下条件之一的,可按照企业会计准则以摊余成本进行计量：

（一）资产管理产品为封闭式产品，且所投金融资产以收取合同现金流量为目的并持有到期。

（二）资产管理产品为封闭式产品，且所投金融资产暂不具备活跃交易市场，或者在活跃市场中没有报价、也不能采用估值技术可靠计量公允价值。

金融机构以摊余成本计量金融资产净值，应当采用适当的风险控制手段，对金融资产净值的公允性进行评估。当以摊余成本计量已不能真实公允反映金融资产净值时，托管机构应当督促金融机构调整会计核算和估值方法。金融机构前期以摊余成本计量的金融资产的加权平均价格与资产管理产品实际兑付时金融资产的价值的偏离度不得达到5%或以上，如果偏离5%或以上的产品数超过所发行产品总数的5%，金融机构不得再发行以摊余成本计量金融资产的资产管理产品。

十九、经金融管理部门认定，存在以下行为的视为刚性兑付：

（一）资产管理产品的发行人或者管理人违反真实公允确定净值原则，对产品进行保本保收益。

（二）采取滚动发行等方式，使得资产管理产品的本金、收益、风险在不同投资者之间发生转移，实现产品保本保收益。

（三）资产管理产品不能如期兑付或者兑付困难时，发行或者管理该产品的金融机构自行筹集资金偿付或者委托其他机构代为偿付。

（四）金融管理部门认定的其他情形。

经认定存在刚性兑付行为的，区分以下两类机构进行惩处：

（一）存款类金融机构发生刚性兑付的，认定为利用具有存款本质特征的资产管理产品进行监管套利，由国务院银行保险监督管理机构和中国人民银行按照存款业务予以规范，足额补缴存款准备金和存款保险保费，并予以行政处罚。

（二）非存款类持牌金融机构发生刚性兑付的，认定为违规经营，由金融监督管理部门和中国人民银行依法纠正并予以处罚。

任何单位和个人发现金融机构存在刚性兑付行为的，可以向金融管理部门举报，查证属实且举报内容未被相关部门掌握的，给予适当奖励。

外部审计机构在对金融机构进行审计时，如果发现金融机构存在刚性兑付行为的，应当及时报告金融管理部门。外部审计机构在审计过程中未能勤勉尽责，依法追究相应责任或依法依规给予行政处罚，并将相关信息纳入全国信用信息共享平台，建立联合惩戒机制。

二十、资产管理产品应当设定负债比例（总资产/净资产）上限，同类产品适用统一的负债比例上限。每只开放式公募产品的总资产不得超过该产品净资产的140%，每只封闭式公募产品、每只私募产品的总资产不得超过该产品净资产的200%。计算单只产品的总资产时应当按照穿透原则合并计算所投资资产管理产品的总资产。

金融机构不得以受托管理的资产管理产品份额进行质押融资，放大杠杆。

二十一、公募产品和开放式私募产品不得进行份额分级。

分级私募产品的总资产不得超过该产品净资产的140%。分级私募产品应当根据所投资资产的风险程度设定分级比例（优先级份额/劣后级份额，中间级份额计入优先级份额）。固定收益类产品的分级比例不得超过3∶1，权益类产品的分级比例不得超过1∶1，商品及金融衍生品类产品、混合类产品的分级比例不得超过2∶1。发行分级资产管理产品的金融机构应当对该资产管理产品进行自主管理，不得转委托给劣后级投资者。

分级资产管理产品不得直接或者间接对优先级份额认购者提供保本保收益安排。

本条所称分级资产管理产品是指存在一级份额以上的份额为其他级份额提供一定的风险补偿，收益分配不按份额比例计算，由资产管理合同另行约定的产品。

二十二、金融机构不得为其他金融机构的资产管理产品提供规避投资范围、杠杆约束等监管要求的通道服务。

资产管理产品可以再投资一层资产管理产品，但所投资的资产管理产品不得再投资公募证券投资基金以外的资产管理产品。

金融机构将资产管理产品投资于其他机构发行的资产管理产品，从而将本机构的资产管理产品资金委托给其他机构进行投资的，该受托机构应当为具有专业投资能力和资质的受金融监督管理部门监管的机构。公募资产管理产品的受托机构应当为金融机构，私募资产管理产品的受托机构可以为私募基金管理人。受托机构应当切实履行主动管理职责，不得进行转委托，不得再投资公募证券投资基金以外的资产管理产品。委托机构应当对受托机构开展尽职调查，实行名单制管理，明确规定受托机构的准入标准和程序、责任和义务、存续期管理、利益冲突防范机制、信息披露义务以及退出机制。委托机构不得因委托其他机构投资而免除自身应当承担的责任。

金融机构可以聘请具有专业资质的受金融监督管理部门监管的机构作为投资顾问。投资顾问提供投资建议指导委托机构操作。

金融监督管理部门和国家有关部门应当对各类金融机构开展资产管理业务实行平等准入、给予公平待遇。资产管理产品应当在账户开立、产权登记、法律诉讼等方面享有平等的地位。金融监督管理部门基于风险防控考虑，确实需要对其他行业金融机构发行的资产管理产品采取限制措施的，应当充分征求相关部门意见并达成一致。

二十三、运用人工智能技术开展投资顾问业务应当取得投资顾问资质，非金融机构不得借助智能投资顾问超范围经营或者变相开展资产管理业务。

金融机构运用人工智能技术开展资产管理业务应当严格遵守本意见有关投资者适当性、投资范围、信息披露、风险隔离等一般性规定，不得借助人工智能业务夸大宣传资产管理产品或者误导投资者。金融机构应当向金融监督管理部门报备人工智能模型的主要参数以及资产配置的主要逻辑，为投资者单独设立智能管理账户，充分提示人工智能算法的固有缺陷和使用风险，明晰交易流程，强化留痕管理，严格监控智能管理账户的交易头寸、风险限额、交易种类、价格权限等。金融机构因违法违规或者管理不当造成投资者损失的，应当依法承担损害赔偿责任。

金融机构应当根据不同产品投资策略研发对应的人工智能算法或者程序化交易，

避免算法同质化加剧投资行为的顺周期性,并针对由此可能引发的市场波动风险制定应对预案。因算法同质化、编程设计错误、对数据利用深度不够等人工智能算法模型缺陷或者系统异常,导致羊群效应、影响金融市场稳定运行的,金融机构应当及时采取人工干预措施,强制调整或者终止人工智能业务。

二十四、金融机构不得以资产管理产品的资金与关联方进行不正当交易、利益输送、内幕交易和操纵市场,包括但不限于投资于关联方虚假项目、与关联方共同收购上市公司、向本机构注资等。

金融机构的资产管理产品投资本机构、托管机构及其控股股东、实际控制人或者与其有其他重大利害关系的公司发行或者承销的证券,或者从事其他重大关联交易的,应当建立健全内部审批机制和评估机制,并向投资者充分披露信息。

二十五、建立资产管理产品统一报告制度。中国人民银行负责统筹资产管理产品的数据编码和综合统计工作,会同金融监督管理部门拟定资产管理产品统计制度,建立资产管理产品信息系统,规范和统一产品标准、信息分类、代码、数据格式,逐只产品统计基本信息、募集信息、资产负债信息和终止信息。中国人民银行和金融监督管理部门加强资产管理产品的统计信息共享。金融机构应当将含债权投资的资产管理产品信息报送至金融信用信息基础数据库。

金融机构于每只资产管理产品成立后 5 个工作日内,向中国人民银行和金融监督管理部门同时报送产品基本信息和起始募集信息;于每月 10 日前报送存续期募集信息、资产负债信息,于产品终止后 5 个工作日内报送终止信息。

中央国债登记结算有限责任公司、中国证券登记结算有限公司、银行间市场清算所股份有限公司、上海票据交易所股份有限公司、上海黄金交易所、上海保险交易所股份有限公司、中保保险资产登记交易系统有限公司于每月 10 日前向中国人民银行和金融监督管理部门同时报送资产管理产品持有其登记托管的金融工具的信息。

在资产管理产品信息系统正式运行前,中国人民银行会同金融监督管理部门依据统计制度拟定统一的过渡期数据报送模板;各金融监督管理部门对本行业金融机构发行的资产管理产品,于每月 10 日前按照数据报送模板向中国人民银行提供数据,及时沟通跨行业、跨市场的重大风险信息和事项。

中国人民银行对金融机构资产管理产品统计工作进行监督检查。资产管理产品统计的具体制度由中国人民银行会同相关部门另行制定。

二十六、中国人民银行负责对资产管理业务实施宏观审慎管理,会同金融监督管理部门制定资产管理业务的标准规制。金融监督管理部门实施资产管理业务的市场准入和日常监管,加强投资者保护,依照本意见会同中国人民银行制定出台各自监管领域的实施细则。

本意见正式实施后,中国人民银行会同金融监督管理部门建立工作机制,持续监测资产管理业务的发展和风险状况,定期评估标准规制的有效性和市场影响,及时修订完善,推动资产管理行业持续健康发展。

二十七、对资产管理业务实施监管遵循以下原则:

（一）机构监管与功能监管相结合，按照产品类型而不是机构类型实施功能监管，同一类型的资产管理产品适用同一监管标准，减少监管真空和套利。

（二）实行穿透式监管，对于多层嵌套资产管理产品，向上识别产品的最终投资者，向下识别产品的底层资产（公募证券投资基金除外）。

（三）强化宏观审慎管理，建立资产管理业务的宏观审慎政策框架，完善政策工具，从宏观、逆周期、跨市场的角度加强监测、评估和调节。

（四）实现实时监管，对资产管理产品的发行销售、投资、兑付等各环节进行全面动态监管，建立综合统计制度。

二十八、金融监督管理部门应当根据本意见规定，对违规行为制定和完善处罚规则，依法实施处罚，并确保处罚标准一致。资产管理业务违反宏观审慎管理要求的，由中国人民银行按照法律法规实施处罚。

二十九、本意见实施后，金融监督管理部门在本意见框架内研究制定配套细则，配套细则之间应当相互衔接，避免产生新的监管套利和不公平竞争。按照"新老划断"原则设置过渡期，确保平稳过渡。过渡期为本意见发布之日起至2020年底，对提前完成整改的机构，给予适当监管激励。过渡期内，金融机构发行新产品应当符合本意见的规定；为接续存量产品所投资的未到期资产，维持必要的流动性和市场稳定，金融机构可以发行老产品对接，但应当严格控制在存量产品整体规模内，并有序压缩递减，防止过渡期结束时出现断崖效应。金融机构应当制定过渡期内的资产管理业务整改计划，明确时间进度安排，并报送相关金融监督管理部门，由其认可并监督实施，同时报备中国人民银行。过渡期结束后，金融机构的资产管理产品按照本意见进行全面规范（因子公司尚未成立而达不到第三方独立托管要求的情形除外），金融机构不得再发行或存续违反本意见规定的资产管理产品。

三十、资产管理业务作为金融业务，属于特许经营行业，必须纳入金融监管。非金融机构不得发行、销售资产管理产品，国家另有规定的除外。

非金融机构违反上述规定，为扩大投资者范围、降低投资门槛，利用互联网平台等公开宣传、分拆销售具有投资门槛的投资标的、过度强调增信措施掩盖产品风险、设立产品二级交易市场等行为，按照国家规定进行规范清理，构成非法集资、非法吸收公众存款、非法发行证券的，依法追究法律责任。非金融机构违法违规开展资产管理业务的，依法予以处罚；同时承诺或进行刚性兑付的，依法从重处罚。

三十一、本意见自发布之日起施行。

本意见所称"金融管理部门"是指中国人民银行、国务院银行保险监督管理机构、国务院证券监督管理机构和国家外汇管理局。"发行"是指通过公开或者非公开方式向资产管理产品的投资者发出认购邀约，进行资金募集的活动。"销售"是指向投资者宣传推介资产管理产品，办理产品申购、赎回的活动。"代理销售"是指接受合作机构的委托，在本机构渠道向投资者宣传推介、销售合作机构依法发行的资产管理产品的活动。

（四）互联网金融广告

工商总局等十七部门关于印发《开展互联网金融广告及以投资理财名义从事金融活动风险专项整治工作实施方案》的通知

（工商办字〔2016〕61号）

各省、自治区、直辖市人民政府：

《开展互联网金融广告及以投资理财名义从事金融活动风险专项整治工作实施方案》已经国务院同意，现印发给你们，请认真贯彻执行。

工商总局　中央宣传部　中央维稳办
国家发展改革委　工业和信息化部　公安部
财政部　住房城乡建设部　中国人民银行
国务院法制办　银监会　证监会
保监会　国家网信办　国家信访局
最高人民法院　最高人民检察院
2016年4月13日

开展互联网金融广告及以投资理财名义从事金融活动风险专项整治工作实施方案

为贯彻落实党中央、国务院决策部署，发挥工商部门职能作用，积极配合相关部门防范和打击金融违法行为，切实维护市场经济秩序，根据《关于促进互联网金融健康发展的指导意见》（以下简称《指导意见》）和《互联网金融风险专项整治工作实施方案》，制定本方案。

一、工作目标和原则

（一）工作目标

认真落实"谁审批、谁监管，谁主管、谁监管"的要求，规范互联网金融广告及以投资理财名义从事金融活动的行为，防范化解潜在风险隐患。以专项整治为契机，推动长效机制建设，努力实现规范与发展并重、创新和风险防范并举，为互联网金融健康发展创造良好的市场环境。

（二）工作原则

高度重视，加强协作。各有关部门、各省级人民政府要高度重视此次专项整治工作，加强组织领导，完善工作机制，推动信息共享，形成工作合力，共同做好各项工作。

依法履职，稳妥推进。贯彻落实《指导意见》《互联网金融风险专项整治工作实施方案》和本方案明确的原则和要求，按照有关法律法规和规章制度规定，依法整治、合规处理。

突出重点，着眼长远。坚持问题导向，集中力量对当前存在的突出问题开展重点整治，有效打击违法违规行为，确保取得实效。及时总结工作经验，建立和完善长效机制。

二、清理整治互联网金融广告

（一）依法加强涉及互联网金融的广告监测监管，加强沟通协调，就广告中涉及的金融机构、金融活动及有关金融产品和金融服务的真实性、合法性等问题，通报金融管理部门进行甄别处理。对公安机关认定涉嫌经济犯罪以及有关职能部门认为已经构成或者涉嫌构成非法集资活动的，工商部门依法责令停止发布广告，各有关部门依法、依职责进行查处，严厉打击发布虚假违法广告行为。

（二）金融管理部门会同有关部门抓紧制定金融广告发布的市场准入清单，明确发布广告的金融及类金融机构是否具有合法合规的金融业务资格、可以从事何种具体金融业务等。研究制定禁止发布的负面清单和依法设立金融广告发布事前审查制度。对利用传统媒介和形式设计、制作发布虚假违法金融广告或类金融广告的，各有关部门依法严厉查处。

对涉嫌从事非法金融活动的或不符合有关法律、法规和规章要求的，各有关部门依法、依职责责令停止相关广告发布活动。

（三）突出重点网站。各有关部门要对大型门户类网站、搜索引擎类网站、财经金融类网站、房地产类网站以及P2P网络交易平台、网络基金销售平台、网络消费金融平台、网络借贷平台、股权众筹融资平台、网络金融产品销售平台等金融、类金融企业自设网站发布的广告进行重点整治。

（四）突出重点行为。互联网金融广告应当依法合规、真实可信，不得含有以下内容：

一是违反广告法相关规定，对金融产品或服务未合理提示或警示可能存在的风险以及承担风险责任的。

二是对未来效果、收益或者与其相关情况作出保证性承诺，明示或者暗示保本、无风险或者保收益的。

三是夸大或者片面宣传金融服务或者金融产品，在未提供客观证据的情况下，对过往业绩作虚假或夸大表述的。

四是利用学术机构、行业协会、专业人士、受益者的名义或者形象作推荐、证明的。

五是对投资理财类产品的收益、安全性等情况进行虚假宣传,欺骗和误导消费者的。

六是未经有关部门许可,以投资理财、投资咨询、贷款中介、信用担保、典当等名义发布的吸收存款、信用贷款内容的广告或与许可内容不相符的。

七是引用不真实、不准确数据和资料的。

八是宣传国家有关法律法规和行业主管部门明令禁止的违法活动内容的。

九是宣传提供突破住房信贷政策的金融产品,加大购房杠杆的。

(五)加强宣传引导。各有关部门、各省级人民政府要以宣传贯彻广告法等法律法规为重点,开展形式多样的宣传宣讲与学习培训,引导广告经营者、广告发布者增强广告制作、审查的金融知识和法律意识。按照国家有关规定,建立、健全广告业务的承接登记、审核、档案管理制度,严格按照广告法要求查验有关证明文件,核对广告内容,对内容不符或者证明文件不全的广告不得制作和发布。广告行业组织应当依照法律法规和章程的规定,制定行业规范,加强行业自律,引导会员依法从事广告活动,推动行业诚信建设。

三、排查整治以投资理财名义从事金融活动行为

(一)依托全国企业信用信息公示系统,加强工商登记注册信息互联互通和部门监管互动。在部委层面,实现工商总局与有关金融管理部门、公安部门全国企业登记注册信息的互联互通;在省级层面,实现全省工商登记信息与当地金融管理部门、公安部门互联互通。

(二)金融管理部门与工商部门结合登记信息和有关方面信息进行综合研判,在此基础上提出分类处置方案。

(三)对经金融管理部门认定为未经许可从事金融活动并且情节严重的企业,工商部门根据金融管理部门的认定意见,依法吊销营业执照。

(四)工商部门在企业信用信息公示系统中公示无证支付机构情况,将失联企业列入经营异常名录;会同人民银行对与无证机构开展支付业务的商户进行公示。

(五)工商部门对于被吊销营业执照企业的法定代表人依法予以三年任职资格限制,不得担任其他企业的法定代表人、董事、监事、高级管理人员。

(六)对于被认定为未经许可从事金融活动的企业法定代表人和股东,工商部门要进一步汇集其在其他企业任职和投资的信息并实施延伸监管,及时发现控制风险。对于在多个从事非法集资活动企业有投资的股东,工商部门要汇集有关信息,并将其未来投资的企业作为重点抽查对象。充分发挥组织协调作用,最大程度汇集各方面信息,充分运用大数据手段提高研判效率,并及时协调案件认定和查处过程中出现的问题,提高部门协同水平。

(七)非金融机构以及不从事金融活动的企业,在注册名称和经营范围中,原则上不使用"交易所""交易中心""金融""资产管理""理财""基金""基金管理""投资管理""财富管理""股权投资基金""网贷""网络借贷""P2P""股权众筹""互联网保险""支付"等字样。凡在名称和经营范围中选择使用上述字样的企业,工

商部门将相关企业注册信息（包括存量企业信息）及时告知金融管理部门，金融管理部门、工商部门对相关企业予以持续关注，并将相关企业列入重点监管对象，加强协调沟通，及时发现识别企业擅自从事金融活动的风险，视情况采取整治措施。

四、时间进度

专项整治时间为 2016 年 4 月至 2017 年 1 月，共分为四个阶段：

（一）方案制定阶段。根据《互联网金融风险专项整治工作实施方案》总体部署，结合工商部门职能特点和法律法规具体规定，制定落实整治任务的具体方案、办法和意见。此项工作于 2016 年 4 月底前完成。

（二）动员摸底阶段。各地工商部门按照设定的条件进行检索，摸清本地区涉及互联网金融企业（网站）的相关底数，提供给相关领域牵头部门。向网站开办者、网络广告经营者宣传国家有关法律法规规定，要求各类网站自查清理发布的广告及信息，认真审查链接网站的主体资格及网页上的广告和信息内容，不得为未经许可或备案的网站以及不具有业务资质的网站提供链接服务，不得为金融虚假违法广告以及含有虚假信息的网站（网页）提供链接服务；网络广告经营者不得为非法网站投放广告、提供广告代理服务。此项工作于 2016 年 7 月底前完成。

（三）清理整治阶段。各地区有关部门按照职责分工，对有关企业和网站自查整改后仍存在的问题进行治理，依法查处违法情节严重、性质恶劣的案件，严厉惩治违法责任主体，公开曝光典型案件，震慑违法行为。各地工商部门严格按照本方案规定的任务做好信息报送、协同监管工作。此项工作于 2016 年 11 月底前完成。

（四）评估总结阶段。各省级人民政府对本地区开展集中整治工作情况进行自查和总结，及时解决存在的问题和薄弱环节，巩固专项整治成果，形成整治报告送工商总局。工商总局汇总形成总体报告，报送互联网金融风险专项整治工作领导小组办公室。同时，完善制度建设，推动建立常态化工作机制。此项工作于 2017 年 1 月底前完成。

互联网广告管理暂行办法

(国家工商行政管理总局令第 87 号)

《互联网广告管理暂行办法》已经国家工商行政管理总局局务会议审议通过，现予公布，自 2016 年 9 月 1 日起施行。

局长　张茅
2016 年 7 月 4 日

第一条　为了规范互联网广告活动，保护消费者的合法权益，促进互联网广告业的健康发展，维护公平竞争的市场经济秩序，根据《中华人民共和国广告法》（以下简称广告法）等法律、行政法规，制定本办法。

第二条　利用互联网从事广告活动，适用广告法和本办法的规定。

第三条　本办法所称互联网广告，是指通过网站、网页、互联网应用程序等互联网媒介，以文字、图片、音频、视频或者其他形式，直接或者间接地推销商品或者服务的商业广告。

前款所称互联网广告包括：

（一）推销商品或者服务的含有链接的文字、图片或者视频等形式的广告；

（二）推销商品或者服务的电子邮件广告；

（三）推销商品或者服务的付费搜索广告；

（四）推销商品或者服务的商业性展示中的广告，法律、法规和规章规定经营者应当向消费者提供的信息的展示依照其规定；

（五）其他通过互联网媒介推销商品或者服务的商业广告。

第四条　鼓励和支持广告行业组织依照法律、法规、规章和章程的规定，制定行业规范，加强行业自律，促进行业发展，引导会员依法从事互联网广告活动，推动互联网广告行业诚信建设。

第五条　法律、行政法规规定禁止生产、销售的商品或者提供的服务，以及禁止发布广告的商品或者服务，任何单位或者个人不得在互联网上设计、制作、代理、发布广告。

禁止利用互联网发布处方药和烟草的广告。

第六条　医疗、药品、特殊医学用途配方食品、医疗器械、农药、兽药、保健食品广告等法律、行政法规规定须经广告审查机关进行审查的特殊商品或者服务的广告，未经审查，不得发布。

第七条 互联网广告应当具有可识别性，显著标明"广告"，使消费者能够辨明其为广告。

付费搜索广告应当与自然搜索结果明显区分。

第八条 利用互联网发布、发送广告，不得影响用户正常使用网络。在互联网页面以弹出等形式发布的广告，应当显著标明关闭标志，确保一键关闭。

不得以欺骗方式诱使用户点击广告内容。

未经允许，不得在用户发送的电子邮件中附加广告或者广告链接。

第九条 互联网广告主、广告经营者、广告发布者之间在互联网广告活动中应当依法订立书面合同。

第十条 互联网广告主应当对广告内容的真实性负责。

广告主发布互联网广告需具备的主体身份、行政许可、引证内容等证明文件，应当真实、合法、有效。

广告主可以通过自设网站或者拥有合法使用权的互联网媒介自行发布广告，也可以委托互联网广告经营者、广告发布者发布广告。

互联网广告主委托互联网广告经营者、广告发布者发布广告，修改广告内容时，应当以书面形式或者其他可以被确认的方式通知为其提供服务的互联网广告经营者、广告发布者。

第十一条 为广告主或者广告经营者推送或者展示互联网广告，并能够核对广告内容、决定广告发布的自然人、法人或者其他组织，是互联网广告的发布者。

第十二条 互联网广告发布者、广告经营者应当按照国家有关规定建立、健全互联网广告业务的承接登记、审核、档案管理制度；审核查验并登记广告主的名称、地址和有效联系方式等主体身份信息，建立登记档案并定期核实更新。

互联网广告发布者、广告经营者应当查验有关证明文件，核对广告内容，对内容不符或者证明文件不全的广告，不得设计、制作、代理、发布。

互联网广告发布者、广告经营者应当配备熟悉广告法规的广告审查人员；有条件的还应当设立专门机构，负责互联网广告的审查。

第十三条 互联网广告可以以程序化购买广告的方式，通过广告需求方平台、媒介方平台以及广告信息交换平台等所提供的信息整合、数据分析等服务进行有针对性地发布。

通过程序化购买广告方式发布的互联网广告，广告需求方平台经营者应当清晰标明广告来源。

第十四条 广告需求方平台是指整合广告主需求，为广告主提供发布服务的广告主服务平台。广告需求方平台的经营者是互联网广告发布者、广告经营者。

媒介方平台是指整合媒介方资源，为媒介所有者或者管理者提供程序化的广告分配和筛选的媒介服务平台。

广告信息交换平台是提供数据交换、分析匹配、交易结算等服务的数据处理平台。

第十五条 广告需求方平台经营者、媒介方平台经营者、广告信息交换平台经营者以及媒介方平台的成员，在订立互联网广告合同时，应当查验合同相对方的主体身份证明文件、真实名称、地址和有效联系方式等信息，建立登记档案并定期核实更新。

媒介方平台经营者、广告信息交换平台经营者以及媒介方平台成员，对其明知或者应知的违法广告，应当采取删除、屏蔽、断开链接等技术措施和管理措施，予以制止。

第十六条 互联网广告活动中不得有下列行为：

（一）提供或者利用应用程序、硬件等对他人正当经营的广告采取拦截、过滤、覆盖、快进等限制措施；

（二）利用网络通路、网络设备、应用程序等破坏正常广告数据传输，篡改或者遮挡他人正当经营的广告，擅自加载广告；

（三）利用虚假的统计数据、传播效果或者互联网媒介价值，诱导错误报价，谋取不正当利益或者损害他人利益。

第十七条 未参与互联网广告经营活动，仅为互联网广告提供信息服务的互联网信息服务提供者，对其明知或者应知利用其信息服务发布违法广告的，应当予以制止。

第十八条 对互联网广告违法行为实施行政处罚，由广告发布者所在地工商行政管理部门管辖。广告发布者所在地工商行政管理部门管辖异地广告主、广告经营者有困难的，可以将广告主、广告经营者的违法情况移交广告主、广告经营者所在地工商行政管理部门处理。

广告主所在地、广告经营者所在地工商行政管理部门先行发现违法线索或者收到投诉、举报的，也可以进行管辖。

对广告主自行发布的违法广告实施行政处罚，由广告主所在地工商行政管理部门管辖。

第十九条 工商行政管理部门在查处违法广告时，可以行使下列职权：

（一）对涉嫌从事违法广告活动的场所实施现场检查；

（二）询问涉嫌违法的有关当事人，对有关单位或者个人进行调查；

（三）要求涉嫌违法当事人限期提供有关证明文件；

（四）查阅、复制与涉嫌违法广告有关的合同、票据、账簿、广告作品和互联网广告后台数据，采用截屏、页面另存、拍照等方法确认互联网广告内容；

（五）责令暂停发布可能造成严重后果的涉嫌违法广告。

工商行政管理部门依法行使前款规定的职权时，当事人应当协助、配合，不得拒绝、阻挠或者隐瞒真实情况。

第二十条 工商行政管理部门对互联网广告的技术监测记录资料，可以作为对违法的互联网广告实施行政处罚或者采取行政措施的电子数据证据。

第二十一条 违反本办法第五条第一款规定，利用互联网广告推销禁止生产、销售的产品或者提供的服务，或者禁止发布广告的商品或者服务的，依照广告法第五十七条第五项的规定予以处罚；违反第二款的规定，利用互联网发布处方药、烟草广告的，依照广告法第五十七条第二项、第四项的规定予以处罚。

第二十二条 违反本办法第六条规定，未经审查发布广告的，依照广告法第五十八条第一款第十四项的规定予以处罚。

第二十三条 互联网广告违反本办法第七条规定，不具有可识别性的，依照广告法第五十九条第三款的规定予以处罚。

第二十四条 违反本办法第八条第一款规定，利用互联网发布广告，未显著标明关闭标志并确保一键关闭的，依照广告法第六十三条第二款的规定进行处罚；违反第二款、第三款规定，以欺骗方式诱使用户点击广告内容的，或者未经允许，在用户发送的电子邮件中附加广告或者广告链接的，责令改正，处1万元以上3万元以下的罚款。

第二十五条 违反本办法第十二条第一款、第二款规定，互联网广告发布者、广告经营者未按照国家有关规定建立、健全广告业务管理制度的，或者未对广告内容进行核对的，依照广告法第六十一条第一款的规定予以处罚。

第二十六条 有下列情形之一的，责令改正，处1万元以上3万元以下的罚款：

（一）广告需求方平台经营者违反本办法第十三条第二款规定，通过程序化购买方式发布的广告未标明来源的；

（二）媒介方平台经营者、广告信息交换平台经营者以及媒介方平台成员，违反本办法第十五条第一款、第二款规定，未履行相关义务的。

第二十七条 违反本办法第十七条规定，互联网信息服务提供者明知或者应知互联网广告活动违法不予制止的，依照广告法第六十四条规定予以处罚。

第二十八条 工商行政管理部门依照广告法和本办法规定所做出的行政处罚决定，应当通过企业信用信息公示系统依法向社会公示。

第二十九条 本办法自2016年9月1日起施行。